档案文献·甲

抗战时期大后方经济开发文献资料选编

编委会名单

主 任 委 员：况由志　陆大钺
副主任委员：郑永明　潘　樱
委　　　员：况由志　陆大钺　陈治平　李旭东　李玳明
　　　　　　郑永明　潘　樱　唐润明　胡　懿
主　　　审：况由志　郑永明
主　　　编：唐润明
副　主　编：胡　懿
编　　　辑：唐润明　胡　懿　冯丽霞　罗永华　高　阳

重庆出版集团 重庆出版社

图书在版编目(CIP)数据

抗战时期大后方经济开发文献资料选编/唐润明主编.—重庆：重庆出版社，2012.12
ISBN 978-7-229-05875-3

Ⅰ.①抗… Ⅱ.①唐… Ⅲ.①经济史—史料—汇编—西北地区—1937~1945 ②经济史—史料—汇编—西南地区—1937~1945 Ⅳ.①F129.6

中国版本图书馆CIP数据核字(2012)第265003号

抗战时期大后方经济开发文献资料选编
KANGZHAN SHIQI DAHOUFANG JINGJI KAIFA WENXIAN ZILIAO XUANBIAN
主编：唐润明　副主编：胡懿

出 版 人：罗小卫
责任编辑：曾海龙　林　郁
责任校对：何建云
装帧设计：重庆出版集团艺术设计有限公司·陈　永　吴庆渝

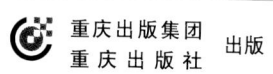

重庆出版集团 出版
重庆出版社

重庆长江二路205号　邮政编码：400016　http://www.cqph.com
重庆出版集团艺术设计有限公司制版
重庆华林天美印务有限公司印刷
重庆出版集团图书发行有限公司发行
E-MAIL:fxchu@cqph.com　邮购电话：023-68809452
全国新华书店经销

开本：890mm×1240mm　1/16　印张：47.25　字数：743千
2012年12月第1版　2012年12月第1次印刷
ISBN 978-7-229-05875-3
定价：94.50元

如有印装质量问题，请向本集团图书发行有限公司调换：023-68706683

版权所有　侵权必究

《中国抗战大后方历史文化丛书》

编纂委员会

总 主 编：章开沅
副总主编：周　勇

编　　委：（以姓氏笔画为序）
山田辰雄　日本庆应义塾大学教授
马振犊　中国第二历史档案馆副馆长、研究馆员
王川平　重庆中国三峡博物馆名誉馆长、研究员
王建朗　中国社科院近代史研究所副所长、研究员
方德万　英国剑桥大学东亚研究中心主任、教授
巴斯蒂　法国国家科学研究中心教授
西村成雄　日本放送大学教授
朱汉国　北京师范大学历史学院教授
任　竞　重庆图书馆馆长、研究馆员
任贵祥　中共中央党史研究室研究员、《中共党史研究》主编
齐世荣　首都师范大学历史学院教授
刘庭华　中国人民解放军军事科学院研究员
汤重南　中国社科院世界历史研究所研究员
步　平　中国社科院近代史研究所所长、研究员
何　理　中国抗日战争史学会会长、国防大学教授
麦金农　美国亚利桑那州立大学教授

玛玛耶娃	俄罗斯科学院东方研究所教授
陆大钺	重庆市档案馆原馆长、中国档案学会常务理事
李红岩	中国社会科学杂志社研究员、《历史研究》副主编
李忠杰	中共中央党史研究室副主任、研究员
李学通	中国社会科学院近代史研究所研究员、《近代史资料》主编
杨天石	中国社科院学部委员、近代史研究所研究员
杨天宏	四川大学历史文化学院教授
杨奎松	华东师范大学历史系教授
杨瑞广	中共中央文献研究室研究员
吴景平	复旦大学历史系教授
汪朝光	中国社科院近代史研究所副所长、研究员
张国祚	国家社科基金规划办公室原主任、教授
张宪文	南京大学中华民国史研究中心主任、教授
张海鹏	中国史学会会长、中国社科院学部委员,近代史研究所研究员
陈晋	中共中央文献研究室副主任、研究员
陈廷湘	四川大学历史文化学院教授
陈兴芜	重庆出版集团总编辑、编审
陈谦平	南京大学中华民国史研究中心副主任、教授
陈鹏仁	台湾中正文教基金会董事长、中国文化大学教授
邵铭煌	中国国民党文化传播委员会党史馆主任
罗小卫	重庆出版集团董事长、编审
周永林	重庆市政协原副秘书长、重庆市地方史研究会名誉会长
金冲及	中共中央文献研究室原常务副主任、研究员
荣维木	《抗日战争研究》主编、中国社科院近代史研究所研究员
徐勇	北京大学历史系教授
徐秀丽	《近代史研究》主编、中国社科院近代史研究所研究员
郭德宏	中国现代史学会会长、中共中央党校教授
章百家	中共中央党史研究室副主任、研究员
彭南生	华中师范大学历史文化学院教授

傅　高　义　美国哈佛大学费正清东亚研究中心前主任、教授
温　贤　美　四川省社科院研究员
谢　本　书　云南民族大学人文学院教授
简　笙　簧　台湾国史馆纂修
廖　心　文　中共中央文献研究室研究员
熊　宗　仁　贵州省社科院研究员
潘　　　洵　西南大学历史文化学院教授
魏　宏　运　南开大学历史学院教授

编辑部成员（按姓氏笔画为序）

朱高建　刘志平　吴　畏　别必亮　何　林　黄晓东　曾海龙　曾维伦

总　序

章开沅

我对四川、对重庆常怀感恩之心，那里是我的第二故乡。因为从1937年冬到1946年夏前后将近9年的时间里，我在重庆江津国立九中学习5年，在铜梁201师603团当兵一年半，其间曾在川江木船上打工，最远到过今天四川的泸州，而启程与陆上栖息地则是重庆的朝天门码头。

回想在那国破家亡之际，是当地老百姓满腔热情接纳了我们这批流离失所的小难民，他们把最尊贵的宗祠建筑提供给我们作为校舍，他们从来没有与沦陷区学生争夺升学机会，并且把最优秀的教学骨干稳定在国立中学。这是多么宽阔的胸怀，多么真挚的爱心！2006年暮春，我在57年后重访江津德感坝国立九中旧址，附近居民闻风聚集，纷纷前来看望我这个"安徽学生"（当年民间昵称），执手畅叙半个世纪以前往事情缘。我也是在川江的水、巴蜀的粮和四川、重庆老百姓大爱的哺育下长大的啊！这是我终生难忘的回忆。

当然，这八九年更为重要的回忆是抗战，抗战是这个历史时期出现频率最高的词语。抗战涵盖一切，渗透到社会生活的各个层面。记得在重庆大轰炸最频繁的那些岁月，连许多餐馆都不失"川味幽默"，推出一道"炸弹汤"，即榨菜鸡蛋汤。……历史是记忆组成的，个人的记忆汇聚成为群体的记忆，群体的记忆汇聚成为民族的乃至人类的记忆。记忆不仅由文字语言承载，也保存于各种有形的与无形的、物质的与非物质的文化遗产之中。历史学者应该是文化遗产的守望者，但这绝非是历史学者单独承担的责任，而应是全社会的共同责任。因此，我对《中国抗战大后方历史文化丛书》编纂出版寄予厚望。

抗日战争是整个中华民族（包括海外侨胞与华人）反抗日本侵略的正义战争。自从19世纪30年代以来，中国历次反侵略战争都是政府主导的片面战争，由于反动统治者的软弱媚外，不敢也不能充分发动广大人民群众，所以每次都惨遭失败的结局。只有1937年到1945年的抗日战争，由于在抗日民族统一战线的旗帜下，长期内战的国共两大政党终于经由反复协商达成第二次合作，这才能够实现史无前例的全民抗战，既有正面战场的坚守严拒，又有敌后抗日根据地的英勇杀敌，经过长达8年艰苦卓绝的壮烈抗争，终于赢得近代中国第一次胜利的民族解放战争。我完全同意《中国抗战大后方历史文化丛书》的评价："抗日战争的胜利成为了中华民族由衰败走向振兴的重大转折点，为国家的独立，民族的解放奠定了基础。"

中国的抗战，不仅是反抗日本侵华战争，而且还是世界反法西斯战争的重要组成部分。

日本明治维新以后，在"脱亚入欧"方针的误导下，逐步走上军国主义侵略道路，而首当其冲的便是中国。经过甲午战争，日本首先占领中国的台湾省，随后又于1931年根据其既定国策，侵占中国东北三省，野心勃勃地以"满蒙"为政治军事基地妄图灭亡中国，独霸亚洲，并且与德、意法西斯共同征服世界。日本是法西斯国家中最早在亚洲发起大规模侵略的战端，而中国则是最早投入反法西斯战争的先驱。及至1935年日本军国主义通过政变正式成为法西斯国家，两年以后更疯狂发动全面侵华战争。由于日本已经与德、意法西斯建立"柏林—罗马—东京"轴心，所以中国的全面抗战实际上揭开了世界反法西斯战争（第二次世界大战）的序幕，并且曾经是亚洲主战场的唯一主力军。正如1938年7月中共中央《致西班牙人民电》所说："我们与你们都是站在全世界反法西斯的最前线上。"即使在"二战"全面爆发以后，反法西斯战争延展形成东西两大战场，中国依然是亚洲的主要战场，依然是长期有效抗击日本侵略的主力军之一，并且为世界反法西斯战争的胜利作出极其重要的贡献。2002年夏天，我在巴黎凯旋门正好碰见"二战"老兵举行盛大游行庆祝法国光复。经过接待人员介绍，他们知道我也曾在1944年志愿从军，便热情邀请我与他们合影，因为大家都曾是反法西斯的战士。我虽感光荣，但却受之有愧，因为作为现役军人，未能决胜于疆场，日本就宣布投降了。但是法国老兵非常尊重中国，这是由于他们曾经投降并且亡国，而中国则始终坚持英勇抗战，主要是依靠自己的力量赢得最后胜利。尽管都是"二战"的主要战胜国，毕竟分量与地位有所区别，我们千万不可低估自己的抗战。

重庆在抗战期间是中国的战时首都，也是中共中央南方局与第二次国共合作的所在地，"二战"全面爆发以后更成为世界反法西斯战争远东指挥中心，因而具有多方面的重要贡献与历史地位。然而由于大家都能理解的原因，对于抗战期间重庆与大后方的历史研究长期存在许多不足之处，至少是难以客观公正地反映当时完整的社会历史原貌。现在经由重庆学术界倡议，并且与全国各地学者密切合作，同时还有日本、美国、英国、法国、俄罗斯等外国学者的关怀与支持，共同编辑出版《中国抗战大后方历史文化丛书》，堪称学术研究与图书出版的盛事壮举。我为此感到极大欣慰，并且期望有更多中外学者投入此项大型文化工程，以求无愧于当年的历史辉煌，也无愧于后世对于我们这代人的期盼。

在民族自卫战争期间，作为现役军人而未能亲赴战场，是我的终生遗憾，因此一直不好意思说曾经是抗战老兵。然而，我毕竟是这段历史的参与者、亲历者、见证者，仍愿追随众多中外才俊之士，为《中国抗战大后方历史文化丛书》的编纂略尽绵薄并乐观其成。如果说当年守土有责未能如愿，而晚年却能躬逢抗战修史大成，岂非塞翁失马，未必非福？

2010年已经是抗战胜利65周年，我仍然难忘1945年8月15日山城狂欢之夜，数十万人涌上街头，那鞭炮焰火，那欢声笑语，还有许多人心头默诵的杜老夫子那首著名的诗："剑外忽传收蓟北，初闻涕泪满衣裳！却看妻子愁何在？漫卷诗书喜欲狂。白日放歌须纵酒，青春作伴好还乡。即从巴峡穿巫峡，便下襄阳向洛阳。"

即以此为序。

庚寅盛暑于实斋

（章开沅，著名历史学家、教育家，现任华中师范大学东西方文化交流研究中心主任）

序 论

唐润明

我国西部地区幅员辽阔,蕴藏丰富。古代的西北不仅是中华民族的发祥地,中国文化的发源地,而且长时期是整个国家的政治、经济和文化中心;西南地区则气候湿润、水源充足、土地肥沃、物产丰富,四川更享有"天府之国"之美誉。但自明代中叶以来,由于航海业的发展和经济重心的南移,使得我国东部沿海地区逐渐发展成为国家经济的中心,加之适宜的气候,便利的交通以及外国资本主义的入侵等主客观因素的影响,东部沿海地区的经济迅速发展,而广大的西部地区则开始被视为"边陲地带",长时期处于一种交通阻塞、信息封闭、思想落后、民穷财尽、困苦不堪的状态,与东部地区的发展差距也越来越大。在此期间,虽然也不时泛起一些开发西部特别是西北之时论,但均音微势弱,影响不大。直到20世纪三四十年代,动荡的历史才给地处边陲、向来落后的中国西部带来一次前所未有的历史机遇,促使广大的西部地区发生着巨大变化。

导致20世纪三四十年代中国西部地区发生历史巨变的主要原因,是中日战争的爆发及国民政府的西迁重庆。执政的国民党中央在中国东部沿海广大富庶地区或沦为敌手或处于战区的同时,为配合其政治、军事的需要,先是将华北、华东、华中等地的机关、厂矿、学校、科研团体等最大努力地内迁西部各地;继而又在工业、农业、交通、金融、文化教育等方面制颁一系列的方针政策与法规法令,全力奖助上述各业的发展,在有力支撑长达八年、艰苦异常的抗日战争,维护国民党统治的同时,也促进了中国西部地区的开发和进步,在一定程度上缩小了中国东西部地区的发展差异,推动了整个中国历史与中国社会的进步,并为西部地区的进一步发展奠定了基础。

一、抗战前后中国西部开发的历史梗概

抗日战争时期大后方的经济开发,是在"战争"这一特殊的历史背景和条件下被迫进行的,所以无论是当时民间社团的一切主张、言论与建议,还是政府当局制定颁布的所有政策、法规和法令,无一不是以"军事第一,服务战争并最终赢得战争的胜利"为出发点和目的的,因而也就无一不留下战争的痕迹和时代的烙印。特殊的历史条件、历史背景与历史事实,要求我们在研究抗战时期大后方的经济开发时,必须首先将其纳入"战争"这一特定的范围内来考察。

由于历史的多方面原因,使得进入近代社会以来的中国的一切建设事业诸如政治统治中心的形成,经济事业的建立与发展,文化教育事业的设置以及军事防御的部署等,大多集中于东北、华北、华东等东部沿海地区,广大的西部地区则因交通的限制以及各个地方军阀的混战不休,长时期处于一种地瘠民困的混浊状态,其社会经济与文化的发展,与东部沿海地区越拉越大,形成巨大的差别。

据不完全统计,在抗战爆发之前,中国有合乎《工厂法》的工厂3 935家,资本377 857 742元,其中绝大部分集中在东部的上海(工厂1 235家,资本148 464 463元)、浙江(工厂783家,资本26 183 976元)、江苏(工厂318家,资本39 562 718元)、青岛(工厂148家,资本6 051 090元),而占全国土地总面积53.62%(全国38个省市区共11 562 588平方公里,西部10省共6 200 216平方公里)、总人口24.57%(全国为471 245 763人,西部10省为115 809 844人)的西部10省,仅有工厂344家,约占全国总数的8.74%[1];在1936年全国(东北除外)成立的193家新式工厂中,西部10省区只有5家,仅占总数的2.59%[2];在全国所有的1 397 653千市亩耕地面积中,西部10省只有328 692千市亩,约占全国总数的23.51%;在1937年底全国所有的

---

[1] 土地面积数、人口数分别见国民政府主计处统计局编制:《中华民国统计简编》,中央训练团1941年2月印行,第19、20页;工厂数见简贯三著:《中国工业建设的分区问题》,载《财政评论》第14卷第1期。

[2] 实业部统计处编印:《民国二十五年全国实业概况》,1937年3月版,第50~51页。

110 952 公里公路中,西部地区只有 28 370 公里,约占总数的 25.56%;在全国 164 家银行总行、1 927 家分行中,西部地区只有总行 23 家、分行 227 家,分别占总数的 14.02%、13.95%;在全国 108 所高等院校中,原设于西部各省的仅 9 所,约占总数的 8.33%;在全国 1 304 所医院中,西部各省仅有医院 172 所,约占总数的 13.19%;而作为国家和地方各项事业发展基础源泉的财政税收收入,西部各省不仅收入甚微(1936 年度仅 72 756 657 元,只占全国总数 385 328 575 元的 18.88%),且相当省份在很长时期内均无正规的财政预决算制度,而是处于一种随收随支的混浊状态[①]。

此种经济文化分布的差异性,不仅造成了中国东西部地区社会经济发展的极不平衡,而且也给没有强大海空军军备以保卫领海领空的中国国防带来诸多不利。这种不利到了 20 世纪 20 年代特别是日本帝国主义发动"九一八"事变、侵占我国东北三省,其全面侵略中国的野心昭然若揭之后,表现得更为明显和突出。对此,当时的一切有识之士,都深刻地认识到问题的严重性和迫切性,并有针对性地提出了解决问题的办法和对策——即向中国内陆发展。

早在 1919 年,护国军著名将领蔡锷在其辑录出版的《曾胡治兵语录》一书的结论中,就曾指出:"鄙意我国数年之内,若与他邦以兵戎相见,与其为孤注一掷之举,不如据险以守,节节而防,以全我军而老敌师为主,俟其深入无继乃一举歼除之。"[②]与蔡锷同学的我国著名军事理论家蒋百里也在 1922 年撰文指出:面对临近我国日富侵略性国家之唯一制胜方法,"即是事事与之相反:彼利速战,我恃之以久,使其疲惫;彼之武力中心在第一线,我侪则置之第二线,使其一时有力无处用"[③]。嗣后,我国的一些著名专家学者如傅斯年、胡适、丁文江等人,在全面分析比较了中日两国各方面的情形后,继续坚持并发扬光大着这种在敌强我弱、敌大我小的条件下,滞敌胜敌的唯一有效办法就是转向内地,持久作战的思想。他们纷纷撰文指出:"中国在抗战之初,不能

[①] 以上统计数字均见国民政府主计处统计局编制:《中华民国统计简编》相关章节,中央训练团 1941 年 2 月印行。

[②] 转引自台湾吴相湘著:《中国对日总体战略及若干重要会战》,载薛光前编著:《八年对日抗战中之国民政府》,(台湾)商务印书馆印行,1978 年 11 月版,第 56 页。

[③] 转引自台湾吴相湘著:《中国对日总体战略及若干重要会战》,载薛光前编著:《八年对日抗战中之国民政府》,(台湾)商务印书馆印行,1978 年 11 月版,第 57 页。

打胜日本,却可以长久支持,支持愈久,对我们越有利。"胡适则更明确地提出了要以最大的限度,以牺牲华北、华东等沿海、沿江口岸的决心,坚持"三年至四年的混战、苦战、失地、毁灭","我们只能期望在我们打的稀烂而敌人也打的疲于奔命的时候,才可以有国际的参加和援助"。胡适还认为"长期苦斗为不可避免的复兴条件"。

面对日益险恶的中日形势,执政的国民党中央政府同样有着较为清醒的认识,所以当1932年上海"一·二八"事变爆发后,执政的国民党中央即于事变后的第三天也即1月30日,向中外各国发布《国民政府移驻洛阳办公宣言》,宣布国民政府迁都洛阳办公。考虑到当时的国际国内形势,特别是中日两国战争的不可避免以及以首都南京为中心的东部沿海地区在对外战争中所处的不利地位,1932年3月在洛阳召开的中国国民党第四届第二次中央全会,就将"我们今后是否仍以南京为首都,抑或应该在洛阳要有相当的时间,或者我们更要另找一个适宜的京都"作为一个"重大问题",第一次正式提上国民党中央全会的议事日程,并视之为"此次会议的第一要义"①。会议讨论通过了国民党中央常务委员会所提的《提议以洛阳为行都以长安为西京案》,并作出了"(一)以长安为陪都,定名为西京;(二)以洛阳为行都;(三)关于陪都之筹备事宜,应组织筹备委员会,交政治会议决定"的重要决定②。此举表明,早在20世纪30年代初,国民党中央政府就确定了一旦战争爆发,即向中国内地迁移和发展的战略方针。

以国民党四届二中全会的召开为契机,国民党中央政府在此后相当长的一段时期内(直到1935年10月蒋介石策定四川为对日抗战的根据地),都是将其开发建设中国西部的重点放在了中国的西北和中原地区。1932年5月,西京筹备委员会的成立以及1933年10月全国经济委员会西北办事处的设立,都表明国民党中央已将西北的各项建设纳入其施政日程。此后,不仅是国民党中央将西北的政治、经济、文化和社会建设作为施政的重点之一进行;而且以张人杰、邵力子、邵元冲、张继、戴季陶为首的一大批在国民党中央有实力和

---

① 汪精卫在国民党四届二中全会上所致开幕词,载荣孟源主编:《中国国民党历次代表大会及中央全会资料》(下册),光明日报出版社1985年版,第142页。
② 台湾中国国民党中央党史委员会编:《革命文献》第89辑——《抗战前国家建设史料——西北建设》(二),1981年12月版,第4页。

影响的人士,对西北的建设和宣导更是不遗余力。"开发西北"、"建设西北"的呼声也是此伏彼起,成为当时全国最为响亮的口号和最具影响的声音。一时间,有关开发西北的提案诸如《开发西北案》、《促进西北教育案》、《西北国防经济之建设案》、《拟请组织健全机关集中人力财力积极开发西北以裕民生而固国本案》、《请设国立西北大学以宏造就而免偏枯案》等,相继在国民党的历次中全会或中常会上提出和通过;新亚细亚学会、开发西北协会、西北问题研究会等学术团体也纷纷成立;时人有关开发西北之建议、调查、计划和报告等言论,更是充斥于全国各个报纸杂志之中;前往西北各地进行考察、调查和研究的个人和团体,也是不绝于途。在全国各界的共同努力下,不仅陪都西京的筹备工作逐步推进,而且西北地区的其他各项事业也得到自民国成立以来的第一次大规模开发,各项建设在原有基础上均有了一定程度的发展和进步。到1937年初,公路方面完成了自西安至兰州全长约750公里的西兰公路和由西安至汉中全长约390余公里的西汉公路;铁路方面延长了陇海铁路;民用航空方面开辟了从兰州经宁夏至包头的航线;水利方面更于全国经济委员会下设立泾洛工程局,专门办理陕西泾惠、洛惠两水利工程,前者于1935年4月完工,可灌溉农田50万亩;后者于1937年夏完工,也可灌田50万亩以上。嗣后又相继兴办梅惠、洮惠、云亭等水利工程。农业推广方面,分别于青海、甘肃设立西北畜牧改良场及分场,并购置外国优良牲畜以推进西北畜牧事业的改进,并于陕西成立陕西农业合作事业委员会,以主持规划陕西的合作事业;鉴于新疆在国防上的重要地位,又于行政院下设立专门的新疆设计委员会,先后聘定委员80人,专负新疆的建设设计事宜[①]。

虽然国民党中央及国民政府最先将选择陪都、迁建首都的着眼点放到了中国的西北和中原地区,并在日后相当长的一段时间内开始经营西北和营建西京。但是,国民政府的此种决策,是根据当时的历史条件和政治环境决定的,是国民政府尚未实现全国真正统一的前提下作出的一种迫不得已的选择,因而具有其不可避免的局限性。而将土地虽广、资源虽丰,但地贫民困、人烟稀少、经济普遍落后、粮食尤为缺乏的中国西北地区作为中国对外战争

[①]《全国经济委员会对五届三中全会工作报告》(1937年2月),载台湾中国国民党中央党史委员会编:《革命文献》第90辑——《抗战前国家建设史料——西北建设》(三),1981年12月版,第500、502—503页。

的根据地来建设和经营，不仅在对外战争中仍将处于一种不利地位，而且建设起来也是十分困难、收效甚微的。用作为国民党中央负主要军事与国防责任的军事委员会委员长蒋介石自己的话说就是：一旦中国发生对外战争（即中日战争），即使国民政府迁都洛阳，但"政府所在地，仍不能算安全"[①]。因此，要下定与日本最后作战的决心，必须重新寻找一个比洛阳、西安更为安全且地大物博、资源丰富、人力众庶的地区，来作为战时政府首脑机关及整个国家的根据地。为此，蒋介石从1934年秋开始，率其主要幕僚，用一年多的时间，马不停蹄地对中原、西北以及西南的18个省区进行巡视、考察、分析和研究。最后，蒋介石通过对各地地形、物产、交通、人文等多方面的综合考察，在逐渐控制了西南各省后，于1935年10月作出了将战时国家的最后根据地定在西南四川的重大决策[②]。

与此同时，随着中国工农红军的长征及川陕革命根据地的建立，全国各界的注意力也骤然由江西转向四川，所谓"以前关心江西匪祸猖獗的人们，现在视线都转移到四川来了"是也[③]。全国性的一些著名报刊如《国闻周报》、《东方杂志》、《大公报》、《华北先驱报》等，都以极大的兴趣和篇幅关注着四川及西南的一切并对之作了大量的报道，中国科学社、中国各地新闻界、中国工程师学会以及江浙等地金融界的代表也纷纷组团，于此前后深入西南各地考察其政治、经济、文化和社会情形。当时国内的一些有识之士，也纷纷撰文，指出四川在未来战争中所处的重要地位及其与整个国家治乱、民族复兴的关系。"四川是中国的堪察加，西南是中国的安哥拉"，就成了"九一八"后数年间国内诸多有识之士的共同认识。

鉴于四川及西南在整个国家民族复兴中的重要地位，国民党中央才迅速地乘1935年"追剿"中国工农红军之机，完成了对四川乃至整个西南的控制，并开始着手对西南地区的开发和建设，在对西南各地采取整理军队、改革政治、开发交通、统一货币、转移风气等措施的同时，也有意识地开始将东部沿海地区的一些建设转向西南。在"追剿"红军途中，蒋介石不仅在贵州倡导发

---

① 蒋介石：《国府迁渝与抗战前途》（1937年11月19日），载中国国民党中央党史委员会编：《总统蒋公思想言论总集》第14卷，1974年版。
② 参见拙文：《试论蒋介石与四川抗日根据地的策定》，载《历史档案》1994年第4期。
③ 黄渠：《川军剿匪之经过》，载新中国建设学会编：《复兴月刊》第3卷第6、7期合刊《四川专号》，1935年3月1日版。

起了全国性的"国民经济建设运动",而且还于1935年6月25日致电兵工署署长俞大维,指示其将东南沿海各兵工厂"尚未装成之机器应暂停止,尽量设法改运于川黔两厂,并须秘密运输,不露形迹。望速派员来川黔筹备整理"。同年8月1日,蒋介石又致电资源委员会秘书长翁文灏,要求其将"四川重工业之建设程序与其负责筹备人员从速由资源会指定派来"[①]。在当时日益紧张、险恶的中日关系下,蒋介石指示将与国防密切相关的兵工企业和重工业秘密内迁西南地区之举动,不仅是国民党中央政府开始积极备战的表现,而且也是建设四川抗日根据地的先声,是国民党政府有意识、有目的、有准备开发西南的起点,是国民党中央开始将其建设中国内地的注意力由西北转向西南的标志。

在国民党中央开始认识西南地区于对外战争中所处重要地位并有意识地对之进行开发的同时,当时的其他有识之士也开始认识到开发四川及西南比开发西北更为重要。他们认为:中国未来的对日战争,"势将由东北打到西南,以地理观点而言,西南一定后亡,如果这个时期大家能够努力建设,可望做到西南不亡"。并认为只有"使后亡的西南,成为不亡的西南,必须这样,中国才有前途"[②]。更有论者直接著文,对比分析西南、西北之优劣及国民党中央政府将注意力由西北转向西南的原因:第一,抗战发动之后,华北各省即相继沦陷,西北以邻近战区,国人均以为不是安全区域,为策永久之计,不如先建设西南;第二,认为西北的气候与物质环境,比西南差,就建设的难易论,建设西北不如建设西南;第三,就对外交通路线论西南也比较西北便捷[③]。著名学者、科学家任鸿隽所认定的"四川天府之区,应该利用来做抵御外患,复兴中国的根据地,所以整理四川,应该比开发西北尤为重要急切"的观点[④],则代表了当时相当一部分有识之士的共同想法。从此以后特别是抗战爆发,国民政府没有迁到早已确定的作为行都的洛阳和作为陪都的西安,而是远迁到长江上游、位居西南的重庆。迁到重庆之后,先前曾一度高唱入云的"开发西

[①] 秦孝仪主编:《中华民国经济发展史》第2册,(台湾)近代中国出版社,1983年12月31日版,第599页。
[②] 刘航琛:《戎幕半生》(18),载台湾《新闻天地》,1967年11月4日版。
[③] 转引自赵宏宇:《如何巩固西北》,载《西北论衡》第9卷第6期。
[④] 黄渠:《川军剿匪之经过》,载新中国建设学会编:《复兴月刊》第3卷第6、7期合刊《四川专号》,1935年3月1日版。

北"的呼声,便突然地沉寂了下来。

　　正是基于上述认识,所以国民党中央不仅于战前在西南的重庆设立了国民政府军事委员会委员长重庆行营,以全面经营西南抗日根据地的建设,而且在抗战爆发后,迅速地宣布迁都重庆,将全国乃至整个世界的注意力吸引到了中国的西南地区。

　　受抗战爆发及国民政府西迁重庆的影响,战前密集于我国东部沿海地区相对先进的思想、文化、科学技术、管理手段、各种人才以及众多的机关、工厂、学校、银行和文化教育机关、科学技术团体等纷纷西迁广大的西部地区。但由于此时国民党中央党、政、军及其他中枢指挥机关迁到了西南的重庆,加之人事、人力、交通、物产以及自然条件诸方面的便利和优越,所以不仅内迁到西南的工厂、学校、机关数要远远多于西北,而且在国民党政府对整个中国西部的开发中,也采取了"以西南为中心"、"先西南后西北"的方针。1938年,经济部在其拟定的《西南西北工业建设计划》中,就明确指出战时工业建设的区域"以四川、云南、贵州、湘西为主,以西康、青海、甘肃、广西、陕西为补"。在1939年5月召开的第一次全国生产会议中,行政院长孔祥熙也在开幕词中指示:"现在政府已斟酌西南各省的资源及交通,决定在四川境内,选择适当地点,为第一期要发展的工业区域,从事于煤矿、煤油及煤气的开采,并已设立酒精厂、发电厂、化学工厂等,尚正在计划中的有造纸厂及制糖厂等。"[①]这样,在抗战爆发后的相当一段时间内,西南地区便成了国民党政府和社会各界开发建设的重点,在1938年底至1940年间更掀起了一股建设西南、开发西南的热潮。在此期间,除了国民政府及所属有关部门制定颁发了大量的开发西南的方针政策、法规法令和计划措施,如资源委员会拟定的《西南各省三年国防建设计划大纲》(1939—1941年)、西南经济研究所草拟的《西南经济建设纲要》、国民参政会川康建设期成会拟定的《川康建设方案》外,民间各社会组织还相继成立了以集合工商农矿金融各业协助开发川、康、滇、黔、桂、湘等省资源,增进后方生产,巩固抗战力量为宗旨的中国西南实业协会,以调查研究西南各省之经济实况并拟具建设方案为宗旨的西南经济研

[①] 孔祥熙:《全国生产会议开幕词》,载全国生产会议秘书处编印:《全国生产会议总报告》,1939年8月版。

究所及以促进川康经济建设并使其合理发展为宗旨的川康经济建设委员会等学术研究团体。除此之外,一些政府高官要员如孔祥熙、陈立夫、翁文灏、邓汉祥,一些著名的经济学者、经济理论家如卫挺生、罗敦伟、寿勉成、张肖梅、胡秋原、陈豹隐等,也是纷纷在当时的报纸杂志上发表文章,阐述开发、建设西南经济对于整个抗战建国和国家民族的重要,认为"建国必自建设西南始"。在国民党中央与社会各界的共同努力下,西南地区的工业、农业、金融、交通运输及其他各业的建设突飞猛进,在过去的基础上有了显著的发展和进步。

抗战时期大后方西南地区的经济开发,在1938年至1940年处于上升发展阶段,1941年达到顶峰。从1942年起,因受国民党有关政策和战事的影响,西南地区的经济发展开始显得后劲不足而处于徘徊和停止不前的状态。在此西南地区经济发展后继无力,而中日两国间的战争仍僵持不下的历史背景下,国民党中央才又重拾战前"西北开发"的旧旗,以"开发西北"来拓展大后方经济开发的内涵,不仅将政府而且也将民间的注意力引向了西北。

抗战时期国民党政府将其开发大后方经济的注意力由西南向西北拓展的标志,是1942年8月17日蒋介石在巡视甘肃时于西北干部训练团出席甘肃各界扩大纪念周上所作的《开发西北的方针》的讲话和1943年国民党五届十中全会通过的《积极建设西北以增强抗战力量奠定建国基础案》。在《开发西北的方针》一文中,蒋介石盛赞了抗战六年来西北各方面的进步及其广大肥美的土地、开采不尽的宝藏,明确地提出了"开发西北,建设中国"的口号,并表示要用十年甚至更长的时间,有计划、有决心地将西北建设成为中国"千年万世永固不拔的基础"[①]。回到重庆后,蒋介石又提出了"建国基础在西北"的号召。国民党五届十中全会通过的《积极建设西北以增强抗战力量奠定建国基础案》,主要系根据蒋介石"建国的基础在西北"的指示而提出,它不仅提出了建设西北的基本原则——"建设西北,应按照西北各种客观条件,采取合理步骤,特别注意安定地方,修明政治……同时并应培养其人民自治能力,扶植其文化宗教,加强其基层机构及文化团体之组织与指导,以树立民权主义之根基"。而且提出了建设的目的——"西北资源尚待开发,人民经济基础,至为落

---

① 蒋介石:《开发西北的方针》,载陶百川主编:《中央周刊》第5卷第27期。

后。今后开发建设西北之一切经济设施,无论农业、工矿、交通、实业、经济、金融与其它有关生产事业,应严格遵奉本党民生主义经济政策,期达厚殖国家资源,增进人民福利之目的"。更提出了建设、开发西北的具体项目、组织及条件,认为建设西北,必须要有整个计划、合理健全之组织,并集中人才,宽筹经费,对西北的交通、植林、水利、移民、屯垦、畜牧、文化、教育、卫生等,"因其人力、物力分别先后缓急,拟定整个方案,为有效之实施"①。

  以蒋介石的讲话和国民党五届十中全会通过的决议案为标志,加上1942年10月举行的国民参政会第三届第一次会议众多参政员集中提出的诸如《为开发西北,提请政府迅设专责机构,并制颁奖助条例,切实移民西北案》、《请奖励移民西北,以充实边疆人口案》、《为拟建议政府振兴西北农田水利,积极移民实边,藉以扩大战时生产,并作复员准备案》、《积极建设西北奠定建国基础案》、《请创建国立西北图书馆以资保存文物发扬文化案》等提案的推波助澜,一时间,全国的注意力又骤然地转向西北,开发、建设西北的呼声和口号也开始压倒开发、建设西南的声音而成为全国的主流,各报纸杂志刊登了大量的有关开发、建设西北的调查、建议、意见和报告;国立中央研究院中央博物馆筹备处、经济部、中央设计局分别于1942年3月、7月,1943年5月,组织西北地理考察团西北工业考察团西北建设考察团先后奔赴西北各地,对陕、甘、青、宁、新诸省各项事业进行考察;有关西北悠久历史文化、丰富资源矿藏的展览如"敦煌艺术展览"、"新疆图籍展览"、"西北资源标本展览"也频频在战时首都重庆举行;国民政府教育部于1942年12月专门召开了以西北边疆教育为主题的教育部边疆教育委员会第三次大会;国民党中央宣传部于1943年2月15日起在中央广播电台举办了为期一周的"开发西北广播周",国民党中央党政要员张道藩、于右任、吴稚晖等相继在广播周上发表讲演;有关热心西北开发的社会组织和个人,也不甘寂寞,于1943年3月在重庆成立了以"研究西北专门问题与协进西北建设事业"为宗旨的新西北建设协进会等学术团体,创办了专门讨论、刊登西北问题的《西北经济通讯月刊》、《西北研究》、《西北论衡》、《现代西北》等学术刊物。其火爆形势正如当时论

---

① 《国民党十中全会通过积极建设西北以增强抗战力量奠定建国基础案》,载《档案史料与研究》(季刊)2000年第2、3期合刊。

者所指出的那样:"全国的视线集中于西北,于是'建设西北'成为一个新的号召,成为政府一个新的决策①。"

虽然抗战中后期举国上下有关开发西北、建设西北的呼声鼓噪一时,但鉴于此时国民党统治区整个社会经济的普遍不景气,特别是受抗战后期国民党正面战场军事大溃退的影响,国民党政府既无心、更无力将其开发建设西北的口号和方案付诸行动。因此,抗战后期国民党政府乃至整个社会开发西北的心愿只能是雷声大、雨点小,多口头上的摇旗呐喊而少真正的实际行动,其收效当然是微乎其微,更不能与抗战前期国民党政府开发西南的实践和结果相提并论。

二、抗战时期大后方经济开发的理论

上节所论,使我们明白了抗战时期大后方开发的历史,大致经历了一个由战前的西北到西南,再到抗战时期的先西南后西北的历史轮廓。那么,抗战时期除了政府有关开发建设大后方经济的方针政策、法规法令、计划措施外,国人在开发建设大后方经济时提出了些什么主张、有何好的意见和建议,则是本节所要探讨的主要内容。

首先,虽然大后方的社会经济发展较为落后,与东部沿海地区存在很大差异,但在国土沦陷、东部发达地区被敌占领的历史大背景下,所有论者都不得不从当时的实际情况出发,重新认识广阔而又贫困的大后方地区的伟大及其在"支撑抗战,建设国家"中的地位,从而提出了战时开发建设大后方经济的重大意义和积极作用。

抗战时期的大后方,亦被称为华西地区,在抗战时期的国人眼中,其所包括的范围并不一致,有主张包括云南、贵州、四川、西康、陕西、甘肃、宁夏七省者②;有主张将中国的西部地区依经济条件和国防安全分为西南、西北两区,西南区包括四川、西康、云南、贵州四省,西北区包括陕西、甘肃、宁夏、青海、新疆五省者③;更有主张将中国大陆从经度110度一分为二,将西半之地距海

---

① 叶达光:《战时西北经济建设问题》,原载《中国农民月刊》第3卷第5、6期合刊。
② 简贯三:《开发华西产业与产业革命》,载《中央周刊》第2卷第37期。
③ 吴景超:《中国应当建设的工业区与工业》,载《经济建设季刊》第1卷第4期。

面1000~4000米不等之部分,称为华西高地,再将此高地于纬度33度上对分,则北部的西北高原包括陕西、甘肃、宁夏、绥远及青海之一角,南部的西南山地包括四川、云南、贵州、广西及西康之一角①。等等,不一而足。

战时所有关于开发大后方(无论是西南或西北)经济的论述,对战前因种种原因所造成的大后方的贫困、落后及因此所带来的"上海已成为典型的资本主义的城市,西昌尚充满封建社会的气息,青海尚有游牧部落的组织"这一中国社会经济发展的极不平衡并不忌讳。他们在对战前我国政治、经济、文化过分偏重于东部沿海地区而西部各省落后甚远的状况及其造成这一状况的原因和政策进行批评和反省的同时,又认为战前中国东部沿海地区的经济,"大都被外洋及买办资本直接间接所经营",因此,虽然抗战爆发后中国东部沿海地区经济遭受了巨大牺牲和损失,"但我中国实际上所受的损失,极其有限,因为这种建立在外国资本主义上之殖民地化的经济机构,就是完全摧毁了,也没有多大关系"②。中国反而可以借抗战发生,东部沿海受损,国民党中央及大批机关、工厂、学校和人口、资金内移,云集大后方这一千载难逢的有利时机,利用外国资本主义对中国经济控制的削弱,举全国之人力、物力和财力,来集中进行大后方的经济开发和建设,并使中国的经济建设从此进入到一个摆脱外国控制,能够独立发展的新阶段。

为引起国人对开发、建设大后方经济的注意和重视,实现中国大后方经济的发展和进步,时人在其论著中,更多的是对大后方地大物博、物产丰富及其在中华民族悠久历史上重要地位的赞赏和论述,认为大后方地区之富饶,自古闻名,其物产不仅对于轻重工业的原料,而且对于人民的日常生活与国防建设,均尚可供给,只是"可惜缺少科学的技术,迄今仍未大量开发"而已。他们认为:"过去我民族兴起伸展的地方,既然在此,今后抗战建国的最后堡垒亦是在此,则这些地方的产业开发、物质建设,不能不有精密的筹划与艰苦的努力。"③也有论者指出:"西北、西南两区,在国防地理上俨如全国之心脏,可以'居高临下,高屋建瓴'之势,控制华北和华南,但在经济地理上则只是华

---

① 张有龄:《西北与西南农田水利之展望》,载《中农月刊》第2卷第7期。
② 张国瑞:《今日开发西南之先决条件》,载《开发资源与西南新经济建设》,中国建设出版社,1939年11月30日版。
③ 简贯三:《开发华西产业与产业革命》,载《中央周刊》第2卷第37期。

北及东南两区之尾巴……失掉了华北和东南沿海区的工业区和贸易港,则其物资的供应,特产的输出,资源的开发,都感受到沉重的威胁,而不能完全自立自存"。因此,为纠正过去大后方经济的缺陷,同时也建立中国今后国防安全的始基,不仅要将西南西北这两区建设成为"在经济上能达到独立发展的地步,并且还要使它们声气相通,打成一片,形成一横断的国防经济的单元①"。时任经济部部长的翁文灏更直言不讳地指出:"我们的内地,资源甚为丰富,假如各界能够合作,努力开发这些资源,实在可以作为我们抗战建国的基础。②"

开发建设大后方经济,除了厚殖大后方之国力并依托之,以源源不断地取之、用之于抗战,最后赢得抗日战争的胜利外,还有巩固西南西北国防,加强内地与各少数民族之间的沟通、交流与联系,促进西部地区社会经济综合发展的积极作用。时人认为:西部大后方是我国少数民族荟萃的主要居住地,也是我国与外国接壤最多、陆上国防线最长的地区。因此,实现中国西部大后方经济的开发和建设,不只是单纯的经济意义和作用,而且还有着其重大的政治意义和国防作用。有论者指出:西南各省的少数民族,约占西南全部人口总数的1/8,由于与内地各民族的生活方式、语言习惯、宗教信仰各不相同,加之历代统治者治边政策的失宜,不仅造成少数民族区域经济文化的极端落后,而且带来了"汉族与边区种族的关系,始终无法接近,其间且曾数度引起极大之祸变而酿成严重之边患"。他们认为:"当今全国抗战,加强充实建设后方之时,西南边区之急待开发,已不容再缓。……将来复兴国家民族,有赖于各种民族团结者殊巨。"且边区一带,均为国防重镇,开发建设边疆,"于国防上亦有很大的意义"③。也有论者指出:"今当重建大西北之时,我们以巩固西北的国防,利用西北的土地,发掘西北的矿产等等工作,不过是一些上层的建筑,而最基础、最根本、最重要的,是在于统一与加强民族意识,完成坚固的下层建筑,才是长久治安之策,才是建设西北的最终目的。④"因此他们积极主张移民边疆,并选择、奖励那些富有边务知识且乐于边务工作的

---

① 齐植璐:《由地理观点论西北西南之经济依存关系》,载《新经济半月刊》第5期。
② 翁文灏:《开发内地》,载《西南导报》第2卷第2、3期合刊。
③ 张国瑞:《如何建设西南》,载《开发资源与西南新经济建设》,中国建设出版社,1939年11月30日版。
④ 李承三:《从地理环境论西北建设》,载《中央周刊》第5卷第29期。

官员去经营、管理、建设边地,通过发展边区文化、增进边区经济、转变边区风俗等措施和手段,加强和沟通汉族与各少数民族的关系,达到巩固边区、巩固国防的目的。

不仅如此,开发建设大后方经济,还有均衡发展国家建设,缩小东西部地区差别,促进国家共同进步的重大作用。时论认为:"我国自海禁开放以还,一切建设,偏重东南沿海省份,以致广大西北,无人过问。此种畸形发展,殊非邦家之利,今若促进西北建设,则内地与边境之发展,渐趋平衡,全国现代化之目的,自易达到。"[①]国民党中央宣传部部长张道藩更是将开发建设西北,看作是医治过去所造成的"东南人口密度畸形繁荣"和"东南西北建设不均衡发展弊端"的良药,从而提出了开发建设西北、"不但是今日抗战的大计,而且更是明日建国的大计"的思想[②]。

其次,大后方特殊的地形条件及其所造成的交通闭塞和落后,既是大后方社会经济落后的重要标志,又是造成大后方政治上长期处于分裂割据状态,经济上远远落后东部沿海地区的重要原因。因此,战时所有开发大后方经济的主张、建议,都将建设、发达大后方交通放在了第一位,并视之为开发大后方是否成功的重要标志和条件。

交通是国民经济的命脉,交通之于经济事业,犹如血液之于人体,通则行动自如,滞则麻木不灵。这一经济学上的基本观念和理论,过去是、现在是、将来仍是经济建设中必须遵循的重要法则。在抗战时期大后方经济开发的理论中,面对着大后方落后的现状及其造成此种现状的原因,无论是政府官员或是专家学者,虽然他们对开发、建设大后方的程序和条件有着不同的主张和建议,但在这所有不同的言论和主张中,一个大家都主张且承认的共同点是:要开发、建设大后方经济,必须首先发达、建设交通,只有交通发达,其他各业才可能得到顺利开发;否则,一切建设事业便无从谈起。这在当时论者的言论中,是俯首皆是、举不胜举的。

胡秋原在《谈西南经济建设》一文中指出:"要发展实业,第一步必须发达交通,必须交通发达,才能增加出口,输入机器。"因此,他认为在开发西南

---

① 王尊山:《一年来西北建设之时论》,载《中农月刊》第5卷第1期。
② 《开发西北广播周张道藩部长播讲》,载重庆《大公报》1943年2月17日。

的诸多事项中,"第一事是设法解决交通困难"。卫挺生在《西南经济建设之我见》一文中,认为"交通建设为经济建设之首要","经济建设各方面之成功,无一不唯交通是赖",要开发、建设西南地区的经济,必须首先"建立一西南交通网,伸入西南各地,则西南交通路线,可联成一气,每省再以一重要城镇为中心,连络各支线,脉脉相接,处处沟通,经济建设,可以迅速发展也"。张国瑞在《如何建设西南》一文中,更明确指出:"在今日而言建设西南,其更重要的,第一就是要整理交通,从交通建设上着手。"他认为,战前大后方文化之所以不发达,工商业之所以凋敝,政治之所以不统一,其最大原因就是交通阻塞。因此他认为:开发西南交通,是开发整个西南的第一条件,"今后之建设均需以西南为中心,俾使西南与贯通西北之诸省之间,处处有路,路路可通,以期建立强大坚实之后方为根本任务"。朱家骅在《西北经济建设之我见》一文中,认为:"西北目前最急切需要的,要算是交通建设。交通事业为一切经济建设之基础,全国各地皆然,但就经济的国防的观点来说,则西北的交通建设,尤其重要。"因此他认为:"要推进西北经济建设,就非首先发展交通不可。"时任交通部部长的曾养甫在《西北交通建设》一文中指出:"欲树立西北国防,必先充实西北;欲充实西北,必自交通建设始。"曾任交通部部长的张嘉璈在《如何开发西北》一文中指出:"西北建设的困难,具体的讲,是人力与自然力之争,突破这障碍唯一的办法,就是建筑运量大速度快与运价低廉的交通工具,有了此种工具,然后才可逐渐地去克服社会的人为的自然的各种困难。"他认为,交通发达之后,不仅工业生产因为交通的便利而互增其繁荣,而且许多不能用科学知识和道理解释的自然因素,如气候的转移、疾病的减少等都因之而改变。因此,他主张:"我们要建设西北,先要建设交通,为不成问题的事。"

在所有主张经济开发必先建设交通的论者中,他们又几乎是不谋而合地倡导建设交通必先建设虽然投资大,但运量亦大且速度快、运价低的铁路。他们认为,铁路的功用,非常巨大:"第一,可促成政治的统一;第二,可发挥国防的威力;第三,可帮助工商的发达;第四,可推进文化的流通。"而且还可从"观察一国铁路里数与人民密度的比例,看出其政治、经济、文化程度的高低"[1]。因此虽然他们已意识到在战争的环境下,在国家财力基础普遍薄弱、

---

[1] 简贯三:《开发华西产业与产业革命》,载《中央周刊》第2卷第37期。

道路器械原始落后的基础上,于大后方这种特殊的地理环境和地势条件下修建铁路,其投资之巨大,其工程之艰苦,其建成后初期营运之亏本,都是不可避免的事实。但他们仍未因此而放弃其主张,反而是更加坚决地表示:"就是亏本,我们以国防的眼光以及为促进其他建设而言,也是无所顾虑的。"经济部部长翁文灏就一针见血地指出:"铁路为开发之先锋。惟此项建设最初不免亏本,必有亏本之决心,始能获建设之成果。[①]"更有论者指出:如果不完成西南西北的铁路系统,那么所谓的"开发西南,建设西北,不过是'小就'而已,曷能有辉煌然的成绩呢"?

在重视交通这一基础设施建设在经济开发中重要作用的同时,鉴于西北地区干旱缺水的特殊性,主张开发、建设西北者还将兴修西北水利放到了仅次于开发西北交通的第二重要地位。他们从历史上经营西北成功者无一不特别重视、首先经营水利设施建设的实践以及西北地区"凡是有水的地方,一定繁荣;缺水的地方,一定荒凉"的现实出发,十分强调水利建设在西北经济开发与社会发展中的重要作用。经济部部长翁文灏就主张"有水斯有粮,有粮斯有人",认为此乃"开发西北之基本条件也"。又称"吾人欲谈开发西北,必先从移民起,欲谈移民,必先从兴水利起……故开发西北,必先从增加人口起,欲增加人口,必先从水利着手"[②]。巴里特、罗德民、沈百先、章元义、李翰如等一大批水利专家都在其论著中详细陈述了西北用水的来源——河水、地下水和雪水以及水利建设设施的主要措施——开渠、筑堤、凿井、河流之整理及水量之储藏。于是乎,一大批的中外水利专家相继奔赴西北,进行实地考察和研究,然后纷纷提出他们自己对西北水利建设的意见。更有论者将西北各省水利建设应有之途径,按照各省的特殊情形,分别提出其详细的方案:"今后在陕宁二省,应以扩充支渠增加耕地为主;在甘肃利用河流,大规模兴修渠道,并推行河西十年万井计划;在青海应设法利用东北部及柴达木盆地各河流引水灌溉;在新疆应修复原有渠道,引导各河流灌溉假沙漠及推行坎井灌田。[③]"应该说,这些在深入调查研究基础上得出的结论,是具备一定的真知灼见的,也是有其历史的积极作用的。

---

① 翁文灏:《开发西北经济问题》,载《档案史料与研究》2000年第2、3期合刊。
② 翁文灏:《开发西北经济问题》,载《档案史料与研究》2000年第2、3期合刊。
③ 胡元民:《经济复员与建设西北问题》,载《金融知识》第2卷第4期。

第三，开发应以经济开发为主，但又不是简单的、唯一的经济开发，而应是多角度、深层次、全方位的开发，即既有经济的开发，也有政治的开发，还有文化教育、传统思想、卫生环境以及社会习俗等方面的开发，并以开发后的经济发展、经济力量来带动、促进其他各业的开发和进步。只有这样既有重点又统筹兼顾，才能达到开发的终极目的，实现被开发区域经济与社会的共同进步和协调发展。抗战时期倡导大后方经济开发者，在"战争"这一特殊的历史背景和条件下，虽然过多地强调着经济开发的意义和作用，但仍不是只要经济的开发而忽略其他各业的发展和进步，而是主张在经济开发的前提下，实现其他各业的共同开发。

抗战时期的有识之士都认为，现代战争最为显著的特征，不只是战场上一时的胜负，而是双方国力的总决斗，只有其综合国力支撑最久的国家，才能获得最后的胜利。而所谓综合国力，乃是指全国军事、经济、政治诸力之总和。因此，要赢得抗战的最后胜利，只开发大后方的经济是远远不够的，还必须进行整个大后方各项国力的综合开发。朱家骅在《西北经济建设之我见》一文中就指出："如果我们要发展某一种事业，必须同时发展和它有关系的其他各种事业，否则，因它种事业的影响，会使某种事业也莫由发展。"经济交通专家凌鸿勋也指出："凡一事业，必靠其他有关之事业，同时举办，方易发展。若一切均须靠自己，则其建立必较慢，而进展必较迟。[①]"即使经济建设一项，也不是简单地单指某一项实业（即使是最重要的一项）而言，而是包括了工业、农业、交通运输业、矿业、林业等业的综合协调发展。因此，他们主张在条理万端的建设事项中，"非有整个之计划，使一切农林工矿交通，齐头并进，不足以副此意"[②]。更有论者进一步将建设分为物质建设和精神建设两大类，认为"交通运输，农林水利，移民屯垦，此为物质建设"；而"启发民智，阐扬国策，宣达建设西北与建国关系之重要，使全国同胞及西北各民族明了自身对于建国之责任，自觉自动，拥护国策，协和团结，起为建设西北之先锋，共赴建设西北之大业，以收事半功倍之效，此为精神建设"[③]。

基于上述认识，许多论者在其主张开发大后方的理论中，都提出了各行

[①] 凌鸿勋：《西北交通建设的几个问题》，载《经济建设季刊》第1卷第2期。
[②] 邓汉祥：《建国必自建设西南始》，载《西南实业通讯》第1卷第6期。
[③] 赵守钰：《从文化动员论建设西北》，载《中央周刊》第5卷第29期。

各业齐头并进、协调发展、共同进步的思想。陈长蘅在其提出的"西南西北各省区有计划地建设"的九项措施中,其中的第一(建设西北及西南之铁路系统和公路网)、二(开垦荒地)、四(举办土地测量和登记)、五(移民垦边)、六(建设水利电力)项属经济建设,第三(设立户籍机关训练户籍人员实施户籍法)、九(推行征兵制普及国民军训)两项属于政治建设,第七(重视教育)、八(重视医疗卫生)两项属于精神或心理建设。文中并特别强调教育在开发和建设中的重要作用,认为在文化水准普遍落后、种族关系极为复杂、语言文字不甚统一、封建迷信较深的大后方普及教育,提高人民的文化水平,"既可扫除迷信与黑暗,复可增进人民之自治能力与生产能力"①。因此,他们认为"建设西北一定要从教化人民和提倡生产着手",并"特别希望教育家和技术家去做开发西北的先锋"②。张国瑞在其《如何建设西南》一文中,在强调以交通为主的经济建设的同时,也十分强调经济建设的政治前提,认为在"抗战"这一大的历史背景下,经济建设的政治前提有二:"(一)对外须审度情势,除技术合作或借用外资外,一切国家的富源或其他权益均不得作为利用外资或其他协定的交换条件。(二)对内通令各级地方政府,举凡后方各种有关经济建设之生产机构,均须特别维护。"为此,他要求各级地方政府命令驻军,不得对农民"横征暴敛,强拉夫役";不得随意"征扣留难"运输食粮农产之船只;凡有关矿产品之开发,林木之开采,政府均须"尽力给予协助"。更有论者一针见血地指出,中国实业之所以发展缓慢,除了外受不平等条约特别是协定关税之束缚外,内在的原因有二:其一是军阀内战与割据,国内没有一个统一的市场,而"统一是发达实业的政治条件";其二是贪污和官僚资本横行,"国有贪污,实业也无法发达"。因此,他们认为,在一个落后的国家发达实业,"必须政治对经济作有系统的保护","但要经济建设有成绩,必须有良政府,良官吏"③。因为"只有行政上了轨道,然后各事方有办法"④。

除了被开发各业的综合利用外,他们还特别重视开发者的协调与合作——即政府与社会各界的合作,并要求明确国营与民营的范畴,反对与民

---

① 陈长蘅:《论战时人口变动与后方建设》,载《财政评论》第3卷第11期。
② 《开发西北广播周张道藩部长播讲》,载重庆《大公报》1943年2月17日。
③ 胡秋原:《谈西南经济建设》,载《西南实业通讯》第2卷第3期。
④ 张国瑞:《今日开发西南之先决条件》,载《开发资源与西南新经济建设》,中国建设出版社,1939年11月30日版。

争利,反对官僚资本。经济部部长翁文灏在《开发内地》一文中,就明确批评了那种"以为开发内地,只是政府的工作"的错误观点。他认为:"政府对于这种大事,不可透避责任,应当去担任他所能够做的部分,不过如谓政府已在那儿推动这种工作,别人便可束手旁观,那便是最大的错误。政府的工作重在推动与领导全国的人力、财力,在一定方针之下,去努力开发内地,在这种统率之下,实在努力的当然须靠各界的勇往直前,尽瘁尽力。"陈立夫也认为,当此战事方殷,军政各费支用浩繁之际,政府仍能根据计划,拨出巨款来从事经济、交通、水利、教育等项事业的建设并初见成效。但因大后方土地广大,又向未经过开发,各项事业同时并举,头绪纷繁,"以政府目前财力,良有未逮,此则不得不于政府举办事业之外,更望实业界人士,本匹夫有责之义,按照政府施行方针,一致参加,先由政府统筹计划,负责兴办其艰巨部分,并领导推动,共同努力进行"。通过此政府与社会各界的分道扬镳,达到众擎易举、殊途同归、事半功倍之效①。

其他的许多论者,也都在其主张中,将"官民合作,协同一致"当作大后方经济开发能否成功的前提、条件和基础。他们普遍认为:在大后方经济的开发与建设中,政府与人民应该打成一片,通力合作。对百余年来中国经济中的官营现象,他们给予了激烈抨击,认为近百年来的中国政府,对于经济事业,或怕人民程度不够干不好,或怕人民得了好处而不肯放手,从而形成了"不是漠视经济事业,就是动辄自己来办"的官营作风。但"官营企业,主持者把工场当作衙门,历来稀有好成绩"。因此,他们要求"转移官营的风气",极力革除"这种腐败的官厅包办现象",明确"规定民营与官营的范围,不要把可以民营的事业,偏划作官营,而政府又搁着不做"②。为此,他们希望政府能够审时度势,将各级不合理的行政机构,努力改善,建立起能适应战时体制、增强行政效率的新的政府机构,来扶植企业界,共同开发后方的经济资源。在此过程中,政府机关也可以经营一部分经济事业,但其目的在于为国增产,而非与民争利。因此,政府经营的事业,应该以下列原则为范围:"(一)国防所急需,应当特别经营的;(二)有统筹或统制之必要的;(三)规模

---

① 陈立夫:《如何共同建设西南》,载《实业通讯》创刊号。
② 张国瑞:《今后西南新经济建设之途径》,载《开发资源与西南新经济建设》,中国建设出版社,1939年11月30日版。

宏大,设备艰巨,非寻常财力所能举办的;(四)为国防民生所亟须,而盈亏无甚把握的;(五)为民营工业供给动力或燃料的。"而且即使是上述事业,政府也不能独占和垄断,只要人民愿意投资,就应该允许人民兴办或商定合办。"除有特别的理由以外,政府不因办了某种事业,便禁止或妨碍人民举办同类的事业,就是法令上规定是由国营的,政府也可以合办或出租的方法,委托人民经营。"民营事业,则被看作是"国家经济的基本",必须认真发展,极端看重[1]。他们认为,民营企业之效率,远在国营企业之上。究其主要原因,是民营企业商业化而国营企业未商业化。而商业化的经营,其主要优点有三:"其一,事权集中,无受人掣肘之弊,经营之效率,大为增进;其二,手续简单,不受烦重公文之束缚,临机而应变,乃为可能;其三,组织紧密,不至于有骈枝松懈之现象,力量之增强,经费之节省,是为必然。[2]"因此他们主张在大后方的经济的开发中,应由"政府与私人分工合作,共策进行"。

与此同时,他们还反对官僚资本垄断经济,反对官吏经商。认为官僚只知贪目前之小利,官吏生活费用之高,官厅手续之烦琐,官吏对于公物之无爱护心以及官吏之假公济私等等,都是造成商人裹足不前、国穷民困的重要原因。且官僚之资本性质,属于中世纪的高利性,与现代工业资本完全是两个不同的概念。如果让官僚资本凭借其特殊势力去垄断经济,不但一般民族资本无法发展,就是官僚资本本身,也必腐败无疑。因此,他们明确提出了"反对贪污、反对官僚资本"的口号[3]。

第四,在抗战时期大后方经济的开发中,时人除了强调"人(特别是人才和人力)"、"财(即资金)"及专门的领导机构在开发中的积极作用和不可缺少外,也重视"科学"的力量在开发中的地位和作用,提出了"科学开发"的口号,同时注意将"开发(新的)与保护(旧的)"相结合,将首次开发与后继开发相结合。

在抗战时期所有主张开发与建设大后方的专家学者中,他们普遍认为:大后方地区之所以贫穷落后,除了历史和自然的原因外,还有四个直接的原因,"第一是资本缺乏,第二是技术缺乏,第三是生产工具缺乏,第四是计划缺

---

[1] 翁文灏:《开发内地》,原载《西南导报》第2、3期合刊。
[2] 卫挺生:《西南经济建设之十大政策》,载《西南实业通讯》第2卷第2期。
[3] 胡秋源:《谈西南经济建设》,载《西南实业通讯》第2卷第3期。

乏"。为此,他们提出了大后方经济开发与建设中,必须牢把"三 M 主义"原则——即 Man(人)、Money(钱)、Mechinery(组织)。认为在大后方经济开发中,必须坚持和把握人、财、组织机构这三个基本条件或基本要素。否则,"纵令口号喊到何时,建设工作还是没法着手的"①。继而纷纷提出了他们在大后方经济开发与建设中有关人、财、组织机构的建议和设想。

人——是生产力三要素中最活跃的因素,是一切建设的设想者、组织者和实施者。战时主张开发大后方经济之专家学者对人的认识,虽然还未上升到如此的理论高度,但他们也认为"无论谈什么建设,首先就离开不了人",并认为在"人尽其才,地尽其利,物尽其用,货畅其流"中,第一要做到的是"人能尽其才",然后才能谈到其他②。为此,他们建议:无论是政府当局或是民间各业,都应利用抗战爆发、国府西迁,全国技术人员云集西部各地这一千载难逢的大好时机和有利条件,一方面充分调动发挥这些内迁人士在开发建设大后方各项事业中的积极性,使他们真正做到"人尽其才,才尽其用";另一方面又要根据大后方建设的实际需要,合理地、有计划地培养和训练人才,使他们成为发展大后方各项事业的骨干和主力。卫挺生在《开发西南经济意见》一文中所持的"目前东南东北人才,几均以抗战关系而集中西南,其中各部门多阶级之人材均有……上自有经验之事业专家,中而曾受大学高等教育有训练之学生,下至中小学毕业之学生,十之八九因抗战之故,而暂陷于失业。此批人材,如能量材器使善为利用,则所望不奢,且均盼能于抗战期间对国家作无论直接间接之贡献"。故"所费必小,而收效必宏"的观点,在相当程度上代表了当时人们的看法。

还有论者把"人力"分成了加强人力、集中人力、组织人力、分配人力四个方面。认为:加强人力包括了消极地训练人才和积极地培植人才两个方面,其目的一方面在谋人才数量上的增加,另一方面在谋人才质量上的健全;集中人力包括了广为培植和多方罗致两个方面,其主要目的是防止因人力分散所造成的人力浪费和人力牺牲(上述两点是指人力的供给);组织人力则属于运用、统制人力的范畴,它的主要目的是"使人力在统一的机关的指导与运用

---

① 陈笠泰:《半年来建设西北动向之总检讨》,载《西北论衡》第11卷第1期。
② 《开发西北广播周张道藩部长播讲》,载重庆《大公报》1943年2月17日。

之下,发挥其最大效率的作用";分配人力则是按照实际工作的需要,对人力作适当的分配,"以达到人力经济化与人力效率化的目的"①。应当说,上述的人才培植观和使用观,是有其积极意义的。

财即钱,也就是人们通常所说的资金或资本。时人视之为开发建设大后方的第一要件。认为只要有了资本,其他大后方建设中所缺乏的人才、技术、生产工具、计划等问题都是不成问题的。否则,一切计划,皆等于具文。陈豹隐就曾撰文指出:"年来各方面提倡西南建设尤其工业建设,而真正实际的建设仍迟迟未能发展者,其主因在于资本之缺乏。这不但为许多想从事工业建设者所同声忧叹,而且为一些已从事工业建设者所终日忧虑;不但私营工业如此,就是国营或公营工业也是如此。"②

既然大后方建设中最感缺乏的是资本,而资本在建设中又具有如此重要的作用,那么应该怎样来筹集大后方经济建设中所感缺乏的资金呢？时论者认为除了政府拨款外,还可从以下五个方面想办法:一是接受外国资本。利用外资发展实业,原本为孙中山遗教中的重要主张,也是落后国家发达经济必须采用的重要举措。时论者均认为:在抗战烽火日炽、国家军费开支浩大而收入锐减、大后方各项建设事业百业待举的历史背景下,要发展、建设落后的大后方,仅靠国内有限的资金是远远不够的,非大量地接受利用外资不可。并认为中国"抗战之必胜与建国之必成,皆为外人投资我国所取得的安全保证"③。从而提出了抗战时期中国使用外资建设大后方的必要性和可能性。但他们同时也强调,利用外资要以不丧失国家的主权为原则,要"权操我手"。而且利用外资,并不是简单的"借款","借款办事万万不可",而是"应与外国财产订立契约,建设交通实业,若干年后,由中国收回"④。二是鼓励华侨投资。华侨素具爱国之心且又有一定的经济实力。抗战爆发后,我国外汇基金供给之维持与增强,多赖海外华侨源源不断的汇款。因此,在开发建设大后方的过程中,政府应广为宣传建设大后方的重要意义,同时辅以优厚的奖励办法,最大限度地吸引华侨资本投资于大后方经济建设。三是吸收社会游

---

① 卫挺生:《西南经济建设之我见》,载《西南实业通讯》第1卷第6期。
② 陈豹隐:《西南工业建设与特种奖励制之创设》,载《西南实业通讯》第2卷第1期。
③ 卫挺生:《西南经济建设之我见》,载《西南实业通讯》第1卷第6期。
④ 胡秋源:《谈西南经济建设》,载《西南实业通讯》第2卷第3期。

资。时人认为：抗战爆发后，东部沿海及长江中下游一带向大后方各地虽然内移了大量资金，但因受投资利益、安全及国人传统习俗的影响，这些资金大多游弋私人手中或都市之间，进行商业投机或囤积居奇，而很少投资于生产事业。因此，他们建议政府要"深入民间，加紧宣传，推行储蓄教育，养成人民储蓄之习惯，并提高储蓄之利益，以增高人民储蓄之兴趣"，从而达到吸收社会游资用于生产建设的目的。四是银行创造资金。所谓银行创造资金，是指国营或商业银行，于大后方各地遍设网点，构成西南西北金融网，一面活泼大后方各地之金融，一面巩固银行自身之阵地，从而达到资金活跃、运转迅速、生产扩张、经济发展的目的。五是发行建设公债。通过政府向人民宣讲建设大后方的重要性，来推进各项建设公债的发行，以筹得所需的资金。还有论者主张在大后方通过设立投资公司或证券交易所的形式，来聚集游荡在社会上的闲散资金，在筹集生产资金的同时，也可避免这些游资囤积居奇，扰乱物价，达到事半功倍、一举两得的效果。

　　机构——即统筹、领导或指挥战时大后方经济开发和建设的领导和执行机关。抗战时期的大多数学者均认为：经济建设特别是经济区域的建设，与一般的行政区划大不相同。虽然普通的行政区域或行政区划，也有因地制宜的性质，但其划分的标准，与经济建设区域的划分标准不尽相同，"经济建设应按资源之分布，地质之差异，环境之不同，而为各别之建设单位，在同一政令下分途推进其工作"[①]。正因为经济区域建设与行政区划的上述不同，所以抗战时期无论是主张西南开发或西北开发者，都一致认为：要开发西南、西北的经济，就必须要组织一个统一的、最高的、系统的领导机构。这个机构应自成一独立的单位，在纵的方面，它有统一、系统的组织，既可避免组织不系统所造成的"叠床架屋"之弊病，又可节省组织上之浪费，使力量得以集中，"则在人力物力财力方面，皆有通盘之筹划，为全盘之设计，而且层层相连，呼应也可灵活"。在横的方面，它在统一的组织之下，还有各个分组织，这些分组织，"联成一气，彼此连串，相呼相应，互为连锁之作用，同以建设西南经济为唯一之目标，同以统一建设计划为唯一之准则，分工而合作，集中而分散，则

---

① 卫挺生：《西南经济建设之十大政策》，载《西南实业通讯》第2卷第2期。

力量不仅集中而已，抑且可以增强"①。

　　基于此种认识。主张开发西南、西北经济之论者，均各自提出了他们想象中的指导大后方经济建设和开发的领导机构。主张开发西南者认为，虽然抗战爆发后国民党中央政府经过调整，经济建设的权力大多集中于经济、交通二部，使得过去经济事业和建设中所存在的机构层叠、系统紊乱、工作重复、职权含糊的状况有所改变。但抗战时期的西南经济建设，既是以国防为中心，那么，经济、交通二部能否负此重大责任，值得考虑；即使是一般的经济建设和经济事业，既有赖于经济部的计划经营，又有赖于财政部的款项支持，还有赖于交通部的运输配合以及各地方政府的协同合作。如果只有统一的计划而无统一的机构，"各方如不依照此项计划，齐一步调的做去，经济部、交通部或财政部在事实上是否有此权力强制各方，纠正各方，恐是一个疑问；即使计划完成，是否适合国防需要，更系一大疑问"。因此，他们主张在国防最高委员会之下从速设立一个西南最高的经济计划机构——战时西南经济计划委员会，以国防最高委员会委员长即蒋介石兼任该会委员长，行政院院长即孔祥熙兼该会副委员长，国防最高委员会秘书长即张群兼该会秘书长，财政、经济、交通三部部长以及川、康、滇、黔、桂等省政府主席、全国银行公会首脑、全国商联会主席等兼任该会委员，并聘请全国各方面的专家，担任各部分的计划指导责任。"凡是在西南计划经济范畴内的工作，统由这个机关来主持。"原有的经济、财政、交通三部，则专门办理计划以外的事以及工作上的有关联系和协调。只有这样采取经济独裁的方式来经营计划经济，战争环境下的经济开发和国防力量的充实，才有希望和可能②。其他如陆鼎揆、罗敦伟、寿勉成等，在其相关论著中均持此种观点。

　　同样地，主张西北开发者也都认为统一的领导指挥机关，是西北开发和建设必不可少的第一要件，是西北开发能否成功的前提和条件。他们认为：建设西北的口号，虽然早在抗战之前就已喊出，但数年来之所以成绩渺小、进步不大，其中最大的原因"就是政府和人民，没有一个统一的机构，有计划地来负这个责任"。以致"多年来建设西北的责任不集中，事权不统一，尤其在

---

① 卫挺生：《西南经济建设之十大政策》，载《西南实业通讯》第2卷第2期。
② 张国瑞：《我们需要一个西南最高的经济计划机关》，载《开发资源与西南新经济建设》，中国建设出版社，1939年11月30日版。

人民方面,更是五花八门,各行其是。这样的结果,必定是事倍功半,得不偿失"。不仅如此,由于没有统一的机构和计划,还造成了各地的冲突矛盾、损失浪费。因此他们主张开发西北经济,必须"在政府方面构成一个大单元,成立一个强有力的主持机构,专负统一设计及指导之责,以收实效"①。除了组织成立统一的强有力的主持机构外,还有论者详列了政府当局在西北应当设立的其他分支机构,包括:组织西北经济调查团,分赴各地作精密的调查勘测,以为将来编制各种计划作材料上的准备;组织西北探矿队,赴西北各省详细探测矿藏状况,以作有计划采矿之参考;组织西北各省生产计划委员会,对西北各省的生产事业,作一整个的三年计划,以确定各省设厂的种类、数量、地址以及资金数、逐年出品之期成数,同时制定出各年建设的进度,以便督促;组织西北实业学会,创办刊物,发表各种工业之原理及应用,并刊发实业界开发西北的有关消息;组织西北实业研究所,分析各矿之成分,并作各种工业之小规模试验,同时研究各种紧缺物资和原料的代替品②。

总之,时论者均认为:"国家经济建设之在战时,第一必须要有一全能机关主持其事。否则……结果各自为谋,对于国家战时之经济政策,未能在整个计划下通力合作,难免缓急不分,事权颠倒。非但不足增强抗战经济力量,且足削弱以国防为中心之经济计划。"③要开发、建设大后方的经济,无论是西南经济圈或是西北经济圈,其首要条件,就是要建立一个实施经济的总机构和总计划。只有这样,各种建设事业才有实现的可能。

除此之外,抗战时期主张大后方经济开发的专家学者,也开始认识到"科学"和"技术"在生产建设事业中的重要作用。他们认为:历史的进步是科学技术发展的结果,近代工业之所以有今日之繁盛,完全是"积三百余年科学研究的结果而来"④。因此,在落后的中国要发展经济、开发实业,除了外部的资金、交通、能源和基础设施要具备一定条件外,还必须"在思想上作一革新,尊重资本,尊重科学"。既然"工业离不了科学",那么,我们就"必须解除一切

---

① 陈笙泰:《半年来建设西北动向之总检讨》,载《西北论衡》第 11 卷第 1 期。
② 马铎:《增加后方生产与西北资源之利用》,载《中央银行经济汇报》第 2 卷第 1 期。
③ 张国瑞:《我们需要一个西南最高的经济计划机关》,载《开发资源与西南新经济建设》,中国建设出版社,1939 年 11 月 30 日版。
④ 张国瑞:《今后西南新经济建设之途径》,载《开发资源与西南新经济建设》,中国建设出版社,1939 年 11 月 30 日版。

八股的束缚,纠正生产的虚无主义,树立合理的、法治的、企业的风气与精神"①。长时期在西北工作的青海省参政员李㳽,更是以其在西北各地的亲身体会,把"科学"在经济与社会发展中的作用,列为仅次于交通的第二要素。他主张不仅西北的教育要偏重科学,"就是西北的政治、经济、调查、建设,非持重科学,即无以进步,无以成功"。因为在西北的许多地方,"'神'还保持着无上伟力。信任自然,信任宿命论,浪费(人力与土地)、散漫、迟缓、不正确……这些病,只有科学是唯一的对症药。当科学扩展领域时,神的领域便在沦陷着"。为此,他在《再建西北的几点意见》一文中,时时、处处都在强调科学的作用,并把是否相信和运用科学,看成是西北能否建设成功的先决条件,卫生建设"使我们想念科学,想念科学的卫生设备",水利建设"要加以近代科学工具的利用",并特别强调要"建设科学的西北,唯有科学能使西北进步,唯有科学才能建设起西北"。有的论者更直接地提出了"以技术建设西北"的观点和口号,他们认为:开发西北、建设西北,固然仁者见仁、智者见智,各有各的观点,各有各的论调,"但是无论主张有何差异,总离不开'技术'。要想开发西北,欲使抗战期间的物资供给与需要得到适当的配合,欲使战后的轻重工业迅速发展,而奠定建国的基础,莫不需要技术人员的努力与改进"②。

由此我们可以看出:抗战时期主张大后方经济开发的专家学者,虽然对科学的认识还未达到我们今天"科学是第一生产力"的高度,但他们已开始认识并强调"科学"和"技术"在生产建设以及社会经济发展中的巨大作用,并提出了依靠"科技"来发展社会经济、改变落后现状的思想。这应该是战时主张开发大后方经济之专家学者在认识上的一大进步,也是他们对开发大后方在理论上的一大贡献。

开发与保护、建设新的与维持旧的,是矛盾的统一体,是互相联系、互为因果的。二者表面上看似矛盾,但只要处理得当,是相得益彰、互为促进的。因此,如何认识并处理好两者的关系,是开发与建设中必须面对的一个重要问题。抗战时期主张大后方经济开发者,对此也有比较正确的认识并提出了他们自己的观点。蒋介石在《开发西北的方针》一文中就曾指出:"西北政治

---

① 胡秋源:《谈西南经济建设》,载《西南实业通讯》第2卷第3期。
② 《以技术建设西北》,载《中工所通讯》第6卷第4、5、6期合刊。

目前的要务,一方面固然要建设新的基础,一方面对于旧有应该保存的事物,必须妥善保存,不可再任其破坏下去。所以爱护与保存旧有事物,是当前行政上第一要务。"蒋介石所认为的当时应该保存的,主要有二项:其一是"保护森林渠塘",其二是"保护畜牧牲口"。蒋介石的这种观点,在当时应该说还是有相当见地的,也是得到了许多专家学者的同意和支持的。他们认为:森林在人类的现实生活中"用途极大,不仅可作燃料和建筑材料,还可以调节气候,防止水旱与沙漠移动和改善风景"[1]。我国西北地区之所以干旱严重、河水泛滥、处处童山、土质贫瘠、水土流失严重,其中最重要的原因就是森林缺乏,也就是我国古人错误地将农、牧、林三者视为彼此"不共戴天的敌人"而滥伐滥采的结果。即"农人为了增辟农地,常把牧场改作田园,烧毁森林充作耕地;牧人为补充草地,亦常驱牲畜入山林,伐木作薪,炊炉靠火,结果侵害森林,有时更引起火灾。森林一去,土地直接暴露,大雨之时不能蕴蓄,无法阻止降水之急湍横流,田园牧场次第被其冲刷割裂,终至沟石满目,不能复用。而同时,土沙冲失,淤塞河流,以致大雨稍久,遂泛滥为害。现在西北方面陕甘等地举目荒凉,不见一树,夏天大雨,暴洪成灾,冬天刮风,尘沙堵口,多半是前人为了农田,伐掉森林的结局"。因此,他们主张在开发西北经济时,特别是涉及到农、牧、林三者的发展时,"宜有彼此俱全的策划,应遵一个原则,就是植林须不妨害农田牧场,垦殖不能伤害森林牧草,务使农、林、牧三者相存而不相克"。作者还特别强调,经济开发和建设一定要实事求是,要根据西北各地的地理、气候、自然环境等客观条件,在建设之始就应有"深长的计划,合理的配搭,精密的选取",决"不可把雨量不可靠、水分很不足的地方都去辟为农田",而"应该农牧各得其所,收雨利之效"[2]。

同样是在处理开发与保护的问题上,还有论者对不顾客观条件和事实,片面、过分地强调某一方面而忽略其他各方协调发展的错误做法,也提出了严厉批评。他们从历史与现实的对比研究中得出结论,认为"在现实之沙漠戈壁区域,常发现昔日富庶繁荣之国都古镇。细研其因,虽其间因子多端,问题复杂,但用归纳法追求其主因,均不出当时人民贪图目前小利,滥行垦种陡

---

[1] 朱家骅:《西北经济建设之我见》,载重庆市档案馆编:《档案史料与研究》2000年第2、3期合刊。

[2] 叶达光:《战时西北经济建设问题》,载《中国农民月刊》第3卷第5、6期合刊。

峻山坡之所致也"。而这种(垦种山坡)错误做法,在战时全国各地各阶层,到处存在。如果不加以及时的积极的纠正而任其继续泛滥下去,"则今日之繁华城市,未始非将来沙漠下之古城"。因此,他们主张,在经济建设与开发中,不能过分强调某一方面而忽略其他,而应"以农、牧、林、工、商兼筹并顾,互为利用,平衡发展为中心原则"①。沈君怡在其《西北公路观感及其他》一文中,明确地提出了"建设公路应尽量设法保存沿线风物"的思想,这不仅在当时是不多见的,而且与我们今天所说"建设与保护"的思想,基本上是相吻合的。还有论者直接提出了开发中除了"必须采客观的、实证的科学态度"外,更重要的是要具有"开发可能胜于资源丰富"的认识②。应该说,这些观点直到今天,也是正确的、有用的,它对我们今天西部大开发中的退耕还林、退耕还牧、综合开发、协调发展等,在理论上仍具有相当的借鉴和指导作用。

  上述诸点,只是拾抗战时期主张开发大后方经济之专家学者在众多理论上之荦荦大者。人类社会的历史,简单地说就是不断总结前人经验、吸取前人教训,在过去基础上不断提高、不断进步、不断发展的历史。抗战时期大后方经济的开发,是在战争压迫下的开发,是迫不得已的被动开发,是在整个国家力量弱小、人民生活水平十分低下的历史背景下的开发,其开发的终极目的就是要依托尚未沦陷的大后方潜在的人力、物力和财力,打赢与日本侵略者之间的战争,同时为日后的国家复兴奠定一些基础,即达到其所谓的"抗战建国"的目的。它与今天我国所实施的西部大开发相比较,有着根本不同的本质区别。因此,虽然当时主张大后方开发之专家学者提出了许多对我们今天开发中国西部有所借鉴的好主张、好建议和好观点,但受时代和环境的限制,他们在主张大后方开发时,不可能达到我们今天所要求的开发要讲综合开发、讲生态平衡、讲保护环境、讲山川秀美的高度,即使个别学者有这些方面的认识,也仅仅是处于一种萌芽状态,既不系统,也未形成各方之共识,更未运用到实际的工作之中。这是时代的局限、历史的差异,也是不可避免的、正常的。

---

① 任承统:《建设西北与水土保持》,载重庆《大公报》1943年1月14日。
② 倪渭卿:《建设西北的前提》,载《军事与政治》第4卷第5期。

三、抗战时期大后方经济开发的实践

抗战时期政府当局有关促进大后方经济开发的法规法令、政策措施以及各方专家学者对大后方经济开发的大力鼓吹及其理论，只能算是实施大后方经济开发和建设的一种适宜背景和气候。但要实现战时大后方经济的开发，仅仅有这种适宜的气候和背景是远远不够的，还必须要有优良的"种子"和适宜种子生存的"土壤"。长达八年之久的抗日战争，在给伟大的中华民族带来毁灭性灾难和巨大牺牲的同时，也给以重庆为中心的广大西部地区注入了一大批优良的"种子"——内迁西部地区的数以百计的新式工厂、十余万吨的新式机器、数万名技术工人、数百亿的生产资金以及东部沿海发达地区数十年积累起来的丰富的生产经验和经营管理策略。所有这些优良的"种子"，与西部地区固有的丰富资源、广阔市场、廉价劳动力相结合，加之政府与社会各界营造的种种适宜气候，便共同促成了抗战时期大后方各省的"大开发"和"大建设"。尽管这种开发和建设在当时就显现出其固有的弊端和不足，抗战胜利后又因国民政府的还都南京搁置了下来，但抗战时期大后方的经济开发，不仅是中国中央政府第一次对中国西部的大规模开发，而且其开发和建设的成绩，也是有目共睹的；其开发的结果和建设的作用，也是居功至伟的。因篇幅所限，下面仅以经济生活中最为重要的工业、金融业、交通运输业为例，对抗战时期大后方经济开发的成效，作一对比研究和说明。

工业方面：如前所述，由于中国历史发展的不平衡，使得抗战前中国工业畸形（一是工厂的分布地域，二是轻重工业的比例）发展的现象十分突出，各种工业大多设在以上海为中心的沿海各通商口岸，广大的西部大后方则很少有工业特别是机器大工业的出现，即使是西部地区工业最发达、最优越的重庆，一些专家在评论战前重庆的工业基础时仍称："它在战前几乎是无工业可言的。"[1]抗战之前中国东西部在工业上的巨大差距，可从经济部1937年底公布的统计数字得到证实。

为明了全国工业发展状况，国民政府实业部从1931年11月开始，对全

---

[1] 李紫翔：《胜利前后的重庆工业》，载《四川经济季刊》第3卷第4期。

国的工厂进行统计登记,到 1937 年底止,全国共有符合工厂登记法的工厂(即具备动力或有工人 30 人以上者)3 935 家、工业资本 37 785 余万元。其地域分布详如下表：

分布地区	工厂数目(家)	资本数目(元)
上海	1 235	148 464 462
浙江	783	26 183 976
江苏	318	39 562 718
福建	170	3 843 370
广东	101	1 427 758
天津	44	11 755 000
威海卫	43	215 645
河北	19	22 049 700
青岛	148	6 051 090
山东	137	23 308 149
其他	937	122 316 543
总计	3 935	377 857 742

上表清楚地凸现了战前中国工业发展的不平衡性,其中仅工商重镇上海一地,即拥有工厂 1 235 家,工业资本 14 846 余万元,分别占总数的 31%、39% 强。其他的 9 个东部沿海省市共有工厂 1 763 家,占总数的 45%,有工业资本 13 440 余万元,占全国总数的 35% 强；而在"其他"地区所拥有的 937 家工厂中,尚包括南京市的 102 家,北平(今北京)市的 101 家,湖北省的 206 家,河南省的 91 家,山西省的 91 家,安徽省的 2 家,其余在西部广大地区(11 个省区)的只有可怜的 344 家,仅占全国总数的 8.7% 强[①]。至于西部各省所有工厂的工业资本,虽没有具体的统计数字,但因这些西部工厂大多是一些手工业工厂,故其在全国工业资本中所占的比例,当比其工厂数在全国所占的比例更为弱小。

战前中国工业的如此分布,加之中国缺乏强大的海空军来保护沿海地区的国防,所以抗战一爆发,沿海地区的大多数工厂,不是被炮火毁灭,便是沦

[①] 简贯三:《中国工业建设的分区问题》,载《财政评论》第 14 卷第 1 期。

陷敌手；而作为中国对日抗战复兴基地的广大西部地区，其固有的经济基础和经济实力，显然是不能承担抗战重任的。面对此种不利局面，国民党中央政府在抗战爆发后采取的一项重要经济措施就是"密者疏之"，即将集中于沿海沿江一带的过密工业，"设法迁移内地，使其疏散于西南西北广大区域"，以实现西南西北地区工业经济的"无中生有"[①]。为此，国民党中央于抗战之始即成立专门机构，并在战火纷飞之际以大量人力、物力来组织实施东部沿海地区工矿企业的内迁。这当中，国民政府所采取的一系列有效措施为各行业的内迁创造了条件，而素抱爱国热忱、不甘沦于敌手为敌利用奴役的各界爱国人士所表现出的积极态度和牺牲精神，则是内迁得以实现并获得较好结果的有力保障。经过政府与社会各界的共同努力，不仅政府的各级管理机关和大部分直属单位迁到了以重庆为中心的大后方各地，而且一些重要的厂矿，也辗转移植到了大后方各省。据不完全统计，到1940年底内迁厂矿暂告一段落时，经工矿调整处协助内迁的民营厂矿即多达448家，机器材料70 900吨，技工12 000余人。此数尚不包括未经该处协助而自行内迁的其他200余家民营工厂和资源委员会、兵工署所经营管理的大型国营厂矿。国营大型厂矿虽然在数量上远远不及民营厂矿，但他们的生产规模、技术力量、拥有的资金和机器设备，则是民营厂矿望尘莫及的。这些内迁厂矿，除小部分迁到中部的湖南省外，其余全部迁到了广大的西部地区特别是以重庆为中心的西南地区，仅以工调处协助内迁的448家工厂为例，四川即占总数的54.8%，湖南占29.2%，陕西占5.9%，广西占5.1%，贵州、云南等省占5.7%[②]。

大规模的工业内迁，无疑给广大的大后方播下了"开发"的种子；抗战时期国民政府为开发建设大后方经济所采取、颁布的一系列方针政策、法规法令、计划措施，则是对大后方经济开发和建设的一种培植和耕耘；大后方固有的丰富资源、廉价劳动力和因战时巨大的军需民用所形成的广阔市场，则是战时大后方经济开发和建设的适宜土壤；而战时经营工业经济所获取的高额利润，又成了刺激人们从事工业生产的无穷动力。各种因素合力的结果，共同促使大后方

---

① 经济部工业司编：《西南西北战时经济建设方案·工业部分》（1938年），中国第二历史档案馆馆藏档案。
② 《迁都重庆时的经济部》，载重庆市档案馆等编：《迁都重庆的国民政府》，北京出版社1994年7月版，第124页。

各地工业经济的迅速勃兴和繁荣进步。到1940年年底,大后方各地的工厂总数已达1544家,形成了以重庆为中心的11个工业区域,其中除沅辰区(共有工厂69家)在中部的湖南外,其余10个工业中心1475家工厂均在西部地区,在西南区有8个中心区域1398家工厂,分别占总数的72%、90%以上,西北区有2个中心区域77家工厂①。此数与战前西部诸省的334家工厂相较,增加了4倍有余。抗战时期大后方工业的基础,遂于兹奠定。

这以后,为适应战时军需民用的需要及受战时投资工业高额利润的刺激,国民党中央政府和西部各省地方政府,以及社会上的各种官僚资本、商业资本、金融资本、土地资本等,都热衷于工业生产的投资和生产,一时间,"经营工厂成为一个最时髦的运动,不单是资本所有者,即是有经验的技工,亦多有合伙的或独立的设立工厂者,一时小规模之工厂,风起云涌,对于机器、原料和技工的争夺,造成过空前的工业繁荣"②。战时大后方各地的工业经济也于此繁荣中进一步发展壮大,据不完全统计,到1942年,由国民党控制的大后方20个省区的工厂数已增加到3758家,资本1939026035元,工人241662人,动力设备143915.75匹,其中大后方各省拥有的工厂、资本、工人、动力设备详如下表:

总计	工厂数(家)		资本数(元)		工人数(人)		动力设备(匹)	
	3 758	%	1 939 026 035	%	241 662	%	143 915.75	%
四川	1 654	44.01	1 130 012 285	58.28	108 205	44.77	62 207.5	43.22
西康	12	0.32	3 298 000	0.17	393	0.16	426	0.30
贵州	112	2.98	46 264 600	2.39	4 578	1.89	1 634	1.13
云南	106	2.82	209 499 176	10.8	18 094	7.49	14 847	10.32
广西	292	7.77	153 129 662	7.89	15 987	6.63	11 393	7.92
陕西	385	10.24	105 310 803	5.43	23 510	9.74	13 854.75	9.63
甘肃	139	3.69	61 905 883	3.19	7 888	3.26	1 637.5	1.14
青海	1	0.03	1 000 000	0.05	11	0.003	70	0.05
宁夏	14	0.40	950 307	0.05	1 448	0.44	155	0.11

---

① 翁文灏:《战时经济建设》,1940年底出版,重庆市档案馆馆藏资料。
② 李紫翔:《抗战以来四川之工业》,载《四川经济季刊》第1卷第1期。

上表所示,1942年时的西部9省,已有工厂2 715家,资本1 711 370 716元,工人180 114人,动力设备106 224.75匹,分别占总数的72.24%、88.26%、74.53%、73.81%;而包括广东、福建、浙江、江苏、湖北、湖南、江西、安徽等东部沿海和中部地区的11个省,却只有工厂1 043家、资本227 655 319元、工人61 548人、动力设备37 691匹,仅占总数的27.76%、11.74%、25.47%、26.19%,不仅在全国总数中所占的比例大大缩小,而且其每省的平均数也远较西部各省低①。抗战时期大后方开发的实践,在工业经济上所取得的成效和进步,于此可见一斑;同时也可证明我们前面所论述的战时中国西南经济之开发远较西北开发为成功的观点。

抗战时期中国西部包括国民党其他统治区域经济的发展,到1943年达到其顶峰,1943年以后则开始走向衰退和停滞不前。这期间,虽然国统区总体上的经济呈倒退和衰败趋势,但抗战时期因国民政府西迁所带来的大后方工业经济的发展基础,则牢固地确立了下来,西部各地的工厂数目仍在不断增加和扩大,到1944年底,大后方20个省区的工厂进一步增加到5 266家,资本4 801 245千元,其中仅西南的四川、西康、云南、贵州、广西五省,即有工厂3 156家、资本3 502 722千元,分别占总数的59%和72%②。此时西南地区的工厂数,略等于战前全国的工厂总数。抗战胜利后,随着政治、经济、军事、文化重心的东移,日伪控制企业的接收,先前内迁大后方及战时在大后方的新设工厂,或迁返原地,或缩小生产规模,或关闭破产,使得整个大后方地区的工业经济在全国的比重与战时相比,有所下降;人们在大后方经营工厂的热情,也有所降低。但是,国人并未停止在西部各地投资经营工厂的步伐。据国民政府经济部工业司的统计,在1946年,全国26个省市共新设立工厂1 808家,实缴资本44 056 489千元,西部的四川、陕西、甘肃、广西、云南、贵州、重庆等7省市共新设立工厂212家,实缴资本2 237 660千元,分别占全国总数的11.72%、5.07%③。此数虽然不能和战时西部地区工业建设高潮时的繁荣景象相比,但若与战前的1936年全国17个省市共新设立工厂193

---

① 经济部统计处编印:《后方工业概况统计》(1942年),1943年5月版。这里应特别提醒的是:统计表中的东部沿海和中部地区,国民党控制的地域只是少数的边远地区,而作为工业集中地的大中城市,大多控制在日伪手中,其工厂数目当然不在此统计表内。
② 中国工业经济研究所编印:《工业统计资料提要》,1945年7月版。
③ 经济部统计处编制:《经济统计》,1946年版。

家,西部地区只新设立 5 家(四川 3 家,陕西、甘肃各 1 家),其在全国所占的比例仅为 2.59% 相比[①],其在全国所占的比例则增加了近 10 个百分点,这不能不说是经过战争洗礼后,中国西部工业的一种进步。

经过抗战洗礼后中国西部工业的进步,还不只是表现在新设工厂在全国比重的增加,更表现在战后所拥有的工厂数,再也不是在整个国家的工业经济中处于一种微不足道、忽略不计的尴尬境地,而是成了中国工业的一个重要组成部分。据经济部统计,直到 1947 年 6 月,全国 38 个省市(包括已收复的东北诸省和台湾)共有工厂 11 877 家,资本 222 606 263 元,工人(包括职员)705 640 人。其中中部、东部 28 个省市共有工厂 8 068 家,平均每省市为 288 家;资本 210 672 118 千元,平均每省市为 7 524 004 千元;工人 414 279 人,平均每省市为 14 795.6 人。西部 10 省市则共同拥有工厂 3 809 家,平均每省市为 380 家;资本 11 934 145 千元,平均每省市为 1 192 414.5 元;工人 291 361 人,平均每省市为 29 136 人。不仅其工厂的绝对数量超过了战前的 10 倍以上,而且其在全国工业经济中所占的比例,也已从战前的 8.7% 上升到战后的 32.07%,与全国的工业发展水平基本持平,在全国的工业格局中形成了"三分天下有其一"的局面[②]。除此之外,国民政府主管国营工矿事业的资源委员会,虽然早在抗战之前就关注着富庶的中国西部地区,并曾组团对西北地区的水利设施、地质矿产、垦牧及民族、农作物及移垦、人文地理等进行调查。但除了 1936 年 4 月在西安筹设的西京电厂、9 月在四川巴县筹设的四川油矿探勘处及四川彭县筹设的四川彭县铜矿筹备处外,直到抗战爆发时,资源委员会也未能在广大的西部地区建成一家真正的大型国营工矿企业[③]。抗战爆发后,不仅该会本身随国民政府迁驻西部的重庆,而且更将其工作的重点全部放在西部,凡是民营工矿企业无力也无能的大型基本工业如电力、煤炭、石油、冶金、机械、化工等国家必须的重要骨干工业,该会无不举全力筹措资金、添购设备,于适当的地点开工设厂,终整个抗战八年,资源委员会共创办生产及管理单位八类 129 个,其中除 7 个管理机构全部集中在西部的重

---

① 实业部统计处编印:《民国二十五年全国实业概况》,文心印刷社 1937 年 3 月版。
② 经济部统计处编:《经济统计月报》第 4 期,1948 年版。
③ 郑友揆等著:《旧中国的资源委员会——史实与评价》,上海社会科学院出版社 1991 年 5 月版,第 351—353 页。

庆、昆明、贵阳、兰州外,内冶炼工业9个,除江西炼铁厂位于江西吉安外,其余8个全部在西部的四川、云南二省;机械工业7个,江西3个,余5个全部在西部;电器工业5个,江西1个,余4个在西部;化学工业37个,除4家酒精厂、1家水泥厂、1家硫酸厂共6家在江西外,余31家全部在西部各省;煤矿工业19家,除4家在湖南、2家在江西、1家在广东外,余12家在西部;石油工业2家,分别在西部的四川巴县和甘肃玉门;铜铅锌锡锑汞等工业17家,内湖南3家、江西1家,余均在西部各省;电气工业27家,除湖南2家、浙江1家外,其余24家全部在西部各省。总计资源委员会在抗战八年间于西部各省区经办的各种国营大型企业多达100家,不仅为其战前在西部经办企业3家的33倍有余,而且还占其战时经办企业总数122家的81.96%[①]。抗战胜利后,随着国民政府的东迁,资源委员会也开始将其工作重点放在接办敌伪重要工矿事业上,并于东北、台湾等地创办了一批新的国营企业。虽然如此,但它仍未停止在西部各地的投资办厂,据该会自己统计,该会自抗战胜利至1947年12月底止,经办有电力、煤、石油、钢铁、金属、机械、化工等生产事业96个,拥有员工223 775人;在西部各省的有26个,员工21 742人,各占总数的27.08%和9.71%[②]。

再如军政部兵工署主办的国营大型兵工企业,在战前的中国西部,虽然也有少数几家兵工企业,但无一家纳入到国民政府兵工署的统一管理之下,而是分别掌握在西部各省的地方军阀手中,其生产的功能也不是为了国防而是为了各个军阀的争权夺利。抗战爆发后,为了满足抗战所需械弹的需要,国民政府一方面采取措施,将西部各省原由各地方军阀控制的兵工厂统一纳入军政部兵工署的管理控制之下;一方面最大限度地将东部沿海各地的兵工厂内迁西南西北大后方,到1940年兵工企业内迁结束时,不但有15家兵工厂家内迁到了大后方地区,而且此时国民政府控制的17家兵工厂家全部都集中在大后方地区。这以后,国民政府一方面对已有的兵工企业进行整理扩充,另一方面又根据需要不时地在各地创办一些新的兵工厂。到1945年8月抗战胜利前夕,根据国民政府军事委员会制定的《后方区各兵工厂现状调

[①] 《资源委员会经办事业一览表》(1945年7月1日),载《资源委员会公报》第9卷第2期。
[②] 资源委员会编印:《复员以来资源委员会工作述要》,1948年1月版。

查表》统计,当时国统区共有国营兵工厂32个(包括分厂),员工兵夫87 670人,机器设备22 191部。其中除1家总厂(兵工署第11工厂,有员工5 114人、机器1 178部)、1家分厂(东南区第五分厂,有员工693人、机器105部)在湖南,4家分厂(东南区第一、二、三、四分厂,有员工3 055人、机器647部)在福建外,其余26家兵工厂、78 808名员工、20 261部机器全部集中在中国的西部特别是以重庆为中心的西南地区,分别占总数的81.25%、89.89%、91.30%①。

上述史实表明:经过抗战八年举国上下对中国西部大后方的开发和建设,战前工业经济远远落后于全国平均水平的中国西部地区,工业经济在战后已有了明显进步,这种进步不只是表现在其自身绝对工业厂家的增加方面,更表现在其工业经济在全国比重的大大提高;也不只是表现在一般工业的增加方面,而是表现在国营化大型重工业的增加。其开发之速效与进步之神速,都是前所未有的,它不仅最大限度地满足了战时军需民用的需要,有力地支撑了中国长达八年之久、艰苦卓绝的抗日战争;而且也奠定了中国西部工业发展的基础,现在西部地区的许多大型工厂,都可以追溯而且也只能追溯到抗战时期。所以有论者当时就指出:抗日战争,使中国西部"各省的工业化,提早了几十年。因为假如没有这次抗战,我们很难想象在这几年内,四川会有规模宏大的钢铁厂,云南会有簇新设备的机器厂。然而这些钢铁厂、机器厂,以及其他不可胜数的各色厂矿,均在内地建设起来了,这是抗战对于建国的一个重大贡献"②。这是当时亲历其事者的切身感受。我们今天则要说,抗战时期中国西部工业经济的快速发展,不仅完成了平时需要数十年乃至百余年才能完成的过程,而且在相当程度上改变了战前中国工业经济偏重沿海地区的畸形发展状态,缩小了中国东西部地区之间的发展差异,有利于整个中国历史的前进和进步。

金融业方面:抗战爆发前中国西部地区的金融业,极为落后——整个西部地区除重庆金融业较为发达外,贵州、甘肃等省甚至没有一家总行存在,分支行也只有可怜的4家。据有关方面统计,到抗战爆发后的1937年底,全国

---

① 根据《军事委员会兵工厂库整理计划》(军政部1945年8月编造)附表之统计,中国第二历史档案馆馆藏档案,全宗号:2,目录号:1,卷号:8662。

② 吴景超:《抗战与经济变迁》,载《西南实业通讯》第4卷第5、6期合刊。

27个省共有银行总行164家,分支行1 627家,其中仅江苏、浙江两省,就有总行90家,分支行572家,分别占总数的54.87%和35.15%,西部的四川、云南、陕西等10省区则只有总行27家,分支行227家,各只占全国总数的16.46%和13.95%[①]。不仅如此,战前中国西部地区落后的金融业,还始终与其他各业处于一种互相制约的恶性循环之中,一方面,其他各业如工业、农业、交通运输、公用设施、市政建设等业的落后,限制了金融业的资本积累和扩大;另一方面,本小利薄的金融业不敢也不愿意将其有限的资金投入到各个生产事业,而是投向投资少、见效快的商业。战前中国西部地区金融业与其他各业的互相掣肘,既是各业感到资金缺乏、不能发展的一个重要原因,也是整个西部地区落后的一个重要原因。

抗战爆发后,随着全国政治、经济、军事、文化中心向大后方地区的大转移,原集中于东部地区以中、中、交、农等国有银行为首的一大批国营、省营、商营银行,均纷纷将其总行向以重庆为中心的中国西部大后方迁移;未能西迁者,也相继在大后方各地设立分支行处;再加上政府当局采取的以扶植大后方"农矿工商各业发展"为中心任务的金融政策的实施以及有关健全、发展西南西北金融网方针政策、法规法令、计划措施的制定和施行,使得战时大后方各地金融业的发展十分迅速。例如中、中、交、农四大国有银行,不仅其总行战前全部在东部地区,而且其所设立的分支行处,也因政治、经济、交通、投资盈利、投资安全等种种原因,大多集中在东部沿海地区。广大的西部地区除少数重要城市设立有分支机构外,其余地区均未设立。抗战爆发后,不仅四大国有银行总行全部迁至重庆,而且随总行内迁的四行分支行处,也多达200余处。随后,中央、中国、交通、中国农民四大国家银行不仅进一步在重庆成立了全国金融业的最高指导决策考核机构——中央、中国、交通、农民四银行联合办事处总处即"四联总处",而且还遵照财政部制定的"贯通内地金融脉络,发展内地经济力量"的方针,先后通过了《关于加速完成西南西北金融网的决议》、《完成西南西北金融网方案》等,决定在大后方各省有关军事、政治、交通及货物集散地以及人口众多的地方遍设分支机构,以达到"一方面在适应军事交通运输之需要,同时负有活泼内地金融,发展后方生产之使命"的

---

① 中国银行经济研究室编印:《银行年鉴》(1937年)第1章。

目的①。

经过数年苦心经营,到1941年12月31日止,中、中、交、农四行在其控制区内(17个省)共设立分支机构450个(不包括国外的19个),其中设于大后方9省的为264个,占总数的58.67%;中东部其他8省为186个,占总数的41.33%②。嗣后,四行继续其完善西南西北金融网的政策,在各地设立的分支机构也进一步增加,到1943年12月底,在其控制的19个省之分支机构已多达895个(不包括国外的11个),总数上比1941年增加了近一倍,其中大后方10省(与1941年相较,增加了新疆)为550个,占总数的61.45%,较1941年增加了一倍有余,其平均增长速度,高于整个国统区的增长速度③。抗战胜利后,虽然原内迁的大批金融机构迁返原地,四行又于新接收的台湾、东北地区创设了一些新的分支机构,但直到1946年底,四行二局(中信局、邮汇局)在全国27个省(国外的25个分支机构未计算在内,东北九省作为一省统计)的分支机构也只有908个,平均每省约为33个,其中西部10省为263个,占总数的28.96%④。虽然其平均水平略低于全国平均数,但与战前相比,其在全国所占的比例则大大提高,在全国金融业中,也形成了"三分天下有其一"的局面。

与此同时,随着沦陷区各类资金的大量涌入以及西部各地各种生产建设对资金投入的迫切需要,一大批省营、商营和私营银行及其分支行又于大后方各地如雨后春笋般地冒出,作为战时首都的重庆,在金融业繁荣发达时,几乎每月都有好几家新的银行或分支行开业;其他各地的金融业虽不及重庆发达,但与战前相较,也都有长足进步。这样,终整个抗战时期,大后方便成了整个战时中国金融业最集中、金融资本最活跃的地区。到1945年8月抗战胜利时,国民党统治区各省金融机构(包括银行、银号、钱庄、信托公司、保险

---

① 《完成西南西北金融网方案》(1940年3月30日),载重庆市档案馆、重庆市人民银行金融研究所合编:《四联总处史料》(上册),档案出版社1993年7月版,第191页。
② 《四行分支机构1941年分布表》(1941年),载重庆市档案馆、重庆市人民银行金融研究所合编:《四联总处史料》(上册),档案出版社1993年7月版,第197—198页。
③ 《四行分支机构1941年分布表》(1943年12月),载重庆市档案馆、重庆市人民银行金融研究所合编:《四联总处史料》(上册),档案出版社1993年7月版,第208—209页。
④ 《四联总处关于1946年度各行局分支机构分布概况及今后筹设调整原则的报告》(1946年),载重庆市档案馆、重庆市人民银行金融研究所合编:《四联总处史料》(上册),档案出版社1993年7月版,第227—228页。

公司、合作金库等)的分布状况详如下表[①]：

省名	合计	总机构	分支机构	省名	合计	总机构	分支机构
总计	3 817	1 145	2 672	广西	131	58	73
浙江	167	80	87	云南	217	58	159
安徽	73	10	63	贵州	181	65	116
江西	175	19	156	河南	142	101	41
湖北	96	34	62	陕西	314	143	171
湖南	166	27	139	甘肃	183	29	154
四川	1 481	485	996	青海	4		4
西康	66	17	49	宁夏	18	1	17
福建	175	12	163	绥远	7	1	6
广东	175	4	171	新疆	46	1	45

由此可见,到抗战胜利时,中国西部10省的金融机构已多达2 641家,占国民党统治区总数的69%；其中仅银行就有总行309家,分支行1 680家,分别为战前的11倍、7倍强。抗战胜利后,虽然也有部分银行特别是国有大型银行及其分行从西部迁回东部,国民党政府又于收复区内接收、新建了一大批新的金融机构及其分支机构,使得因抗战所带来的中国西部地区的金融地位较战时有所降低,但与抗战前其在全国所拥有的金融地位相比,又有明显进步和大大提高。直到1946年11月,在全国39个省市所拥有的5 274家金融机构(其中总机构1 808家,分支机构3 466家)中,中国西部的15个省市仍拥有金融机构2 045家,其中总机构696家,分支机构1 349家,各占总数的38.7%、38.5%、38.9%。其在全国所占比例,已较战前大大增加。若以全国各省市平均数计,则东部、中部24个省市平均拥有134.5家,西部15个省市的平均数则为136.3家,略高于东部、中部的平均数[②]。因此,因抗战和国民政府西迁所带来的中国西部地区金融业的发展与进步,也是显而易见的。

抗战时期大后方金融机构的增多,是战时大后方地区银钱、保险、信托诸业繁荣进步的标志,而金融业的繁荣,必然带来资金总额的大幅增加与频繁

---

① 朱斯煌:《民元来我国之银行业》,载银行学会编印:《民国经济史》,1947年版,第35页。
② 朱斯煌:《民元来我国之银行业》,载银行学会编印:《民国经济史》,1947年版,第43页。

流通。而所有这些,都对战时大后方地区其他之工矿、农商、交通、公用等各业的发展与进步,起着积极的保护与促进作用。

交通方面:与抗战时期大后方地区工业、金融业的开发发展不完全一样,在被誉为"中国战时史诗般壮举"的内迁中,工业、金融业都直接从东部沿海地区迁入了大量的工厂和金融机构,于大后方直接播下了开发与发展的种子。交通方面则不能将东部沿海地区的公路、铁路直接迁入内地,内迁大后方各地的只是部分的机车、铁轨等交通器材以及主管交通运输的管理机关及其所属技术员工,和用于交通建设的大量经费。但在战时主张大后方开发众多专家学者所共同强调的交通是一切建设之基础与前提,要建设、发达大后方,必须首先建设、发达交通的理论指导下,加上战时军需民用对交通运输的特殊要求和实际需要,二者共同促使着抗战时期大后方交通运输业的不断进步和发达。

抗战爆发前中国西部地区的交通,受地形复杂、气候多变、山高河险等客观条件的制约,加上西部各省区长时期的政治动荡和经济窘境,不仅建设交通的人力、财力及器材十分缺乏,而且建设的计划、工程标准也是各自为政,互不统率。因此,虽然国民党中央政府早在1931年"九一八"事变后就开始注重中国西部地区的交通建设,铁路建设方面有五年内建成8 500公里之计划并特别注重长江以南及西南、西北诸干线的建设,以期脉络贯通;公路方面设有公路专管机构——西北西南公路管理局,由中央负责经营运输,以示倡导;航空方面则督饬各航空公司在内地预为部署场站,储存机械油料,建筑油库,并开辟新的航线的计划[①]。但因西部地区基础太落后,加之国民党政府此时也无更多的力量和心思来实施这些计划,以致直到抗战爆发前,中国西部各地的交通仍是极为落后。以公路言:虽然国民党当局在1934至1936年间为"追剿"中国工农红军于西部各地建造了众多公路,但直到抗战爆发时的1937年,在全国30个省区(包括西藏)共有的110 952公里公路中,西部11个省区只有公路28 370公里,平均每省为2 579公里,低于全国平均数(3 698公里)1 000余公里[②]。以铁路言:战前中国西部地区的铁路,西南仅

---

① 交通部交通司编印:《十五年来之交通概况》,1946年4月版,第1—2页。
② 国民政府主计处统计局编制:《中华民国统计简编》,中央训练团1941年2月印行,第61页。

云南境内滇越铁路一段约641公里,西北则只有陇海铁路潼关至宝鸡段200余公里,合计长不过900公里,只占当时全国铁路总数15 000余公里的6%[1]。以航空言:因航空业产生较晚,加之国民政府在1935年之后已确定西南的云、贵、川三省为中国抗战复兴基地,开始有意识地加强对西部航空事业的建设,所以战前中国西部的航空业与其他各业相较,略有进步,不仅设有专门的西南航空公司,而且在中国航空公司、欧亚航空公司所开辟的8条航线中,西部地区拥有宜昌—万县—重庆—成都、重庆—贵阳—昆明、上海—南京—郑州—西安—兰州、北平—归绥—宁夏—兰州、西安—汉中—成都5条航线,占全国总数的62%[2]。

抗战爆发后,国民政府于抗战期间在交通方面的两个主要目标和任务是:一、"为敌争线,我建设新线,敌封锁,我打破封锁,始终维持国际运输路线,输入国外物资";二、"建设西南西北大后方之交通网,开发地方经济,增强国家力量"[3]。为达此目的,国民政府除在大后方各地先后成立全国性交通管理机构——水陆运输联合委员会、水陆运输设计委员会、运输总司令部、运输总监部、公路运输总局、中国运输公司、运输统制局、运输会议、公路总局、战时运输管理局外,还成立了许多专门设计、建筑、管理大后方各地交通运输的机构,全力主持、经营大后方各种交通事业的建设和管理。这些专门机构主要有西南进出口物资运输总经理处、滇缅公路运输管理局、川桂公路运输局、滇缅公路运输工程监理委员会、中缅运输总局、川滇东路运输局、西南公路运输局、川滇西路运输局、滇缅公路运输局、西南进出口物资督运委员会、西北公路运输局等,可谓是举全国的人力、物力、财力和技术力量,来从事大后方各地交通运输业的开发和建设。

在国民政府与社会各界的合力经营下,经过大后方各界各族人民的艰辛努力,大后方的交通建设在抗战时期得到了大力开发和长足进步:

铁路建设方面,先后修建了叙昆铁路173公里、滇缅铁路35公里、湘黔铁路175公里、湘桂铁路605公里、黔桂铁路474公里、綦江铁路66公里、宝

---

[1] 据《中国战时经济特辑续编》第9章《战时之交通》及交通部交通司编印的《十五年来之交通概况》内等数字统计。
[2] 交通部交通司编印:《十五年来之交通概况》,1946年4月版,第53页。
[3] 交通部交通司编印:《十五年来之交通概况》,1946年4月版,第2页。

天铁路155公里,总长达1 683公里,占整个抗战时期国民政府所筑铁路2 007公里的83.75%,较抗战爆发前增加了近2倍①。若加上战前的900余公里铁路,到1945年抗战胜利时,中国西部地区的铁路总长达2 580公里,虽然仍只占全国(包括东北诸省在内的14 483公里、台湾省的3 925公里、海南岛的289公里)铁路总数30 030公里的8.59%。但与战前相较,其进步仍是明显的。不仅如此,国民党政府抗战时期开发建设西南西北交通网的政策,还大大地影响着其战后建设中国西部铁路的兴趣和计划。在国民党当局制订的《战后第一期铁路建设五年计划》中,拟修建的铁路共35线总长为13 886公里,其中计划修建于中国西部的铁路线就有21线总长度达9 609公里,分别占其计划总数的60%和69.19%②。此计划虽因内战的爆发未能实施,但却表明了国民党中央政府对中国西部铁路建设的关注,也为日后西部地区的铁路建设提供了借鉴和参考。

公路建设方面,抗战时期大后方的公路建设,主要是为了加强后方各省之间的联系,同时弥补国际交通运输中铁路运输之不足,达到既能支撑抗战,又能发达、繁荣后方经济的双重目的。终整个抗战,大后方的公路建设,主要采取了以下三种途径:一是建设国际交通运输线。中国半殖民地半封建的社会性质及其弱小的海空军力量,决定了其在中日战争发生之初,必将失败退却;也决定了其漫长海岸线的不保和制空权的丧失殆尽。为保持中国的对外联系,也为了获得更多的外援物资,国民政府在铁路建设耗资巨大、建设周期过长,航空运输建设条件未备、缓不救急的条件下,以其主要力量从事着公路运输的建设,这当中,其首要者又为对外国际交通运输线的建设。此间,西南方面建设的战时国际通道有桂越公路、滇越公路、滇缅公路及抗战后期修建完成的中印公路。其中,桂越公路、滇越公路两线均于1938年10月广州、武汉失陷后开始运输,至1940年5月日军占领越南时宣告停顿,为抗战前期中国西南地区重要的国际交通运输线。滇缅公路自缅甸畹町至云南昆明,全长959公里,是抗战时期中国历时最久、规模最大的国际陆路交通运输线。该路在战前为云南省道,由昆明至下关,全长412公里。抗战爆发后,国民党中央

---

① 中华年鉴社编印:《中华年鉴》(下册),1948年版,第860页。
② 交通部交通司编印:《十五年来之交通概况》,1946年4月版,第19—20页。

政府鉴于国际运输的重要,于1937年冬令交通部会同云南地方政府共同(中央政府出资金、技术和材料,云南地方政府出人工)修筑并延长至缅甸之畹町。自1938年起动员民工25万余人加紧赶修,经七月余的时间完成,于1938年底正式通车,是抗战中期中国最为重要的国际交通运输线。中印公路从印度利多经缅甸密支那、八莫到中国昆明,全长约1 800余公里。该路1942年12月10日正式在利多动工,经过中、美两国工兵及当地土著劳工数年间的艰辛努力,被誉为"二战中最伟大的工程奇迹"之中印公路,终于在1945年1月28日正式通车,该路成为抗战后期缅甸失守后中国抗战的重要国际通道。西北方面国际交通运输的大动脉是甘新线。该线自甘肃兰州经哈密至新疆迪化(今乌鲁木齐),是战时中国与苏联最为重要的通道,全长约2 600余公里。该路战前已有一基本路基,但破烂不堪,有的地段不仅不通汽车,就连马车也难以通过。抗战爆发后,为维持中国西北的国际运输,保证该路畅通,国民政府用大量的人力、物力和财力对该路进行维修,更换路基,完善桥梁、涵洞和水道,沿路共建有桥梁260余个,涵渠水道1 000余条,车站房屋200余间,使其运输能力大大提高[①]。二是整理大后方原有旧路。战前中国西部各地的公路,不仅数量少,而且又因行政的紊乱互不统率,更因经济的落后参差不齐,加之西部各地本身地形、气候的限制,致已成公路,"一切设施,未能悉合工程标准。路线纵坡有大于25%以上,曲线半径有小至6公尺以下者。路基宽度亦不一律,大部分山路宽仅6公尺左右,甚至宽仅4公尺者。路面每以大块片石与泥土相胶结,缺乏粗细混合之级配材料。桥梁则大多为石拱或半永久式之石台木面,载重既不一律,且皆岁久失修,桥身腐朽,难于负重"[②]。战前西部地区交通运输的此种状况,显然是不能适应抗战发生后后方繁重的运输需要的,政府当局也深知"非整顿后方公路交通与国际路线,不足以持久抗战",遂于1937年7月1日由行政院、军事委员会、全国经济委员会、军政部、交通部、铁道部及川、滇、黔、湘四省当局,在南京开会,讨论并修正通过了《川陕滇黔湘五省公路联运办法》,旋即于长沙成立西南各省公路联运委员会,统一办理西南各省公路的运输事宜。与此同时,国民政府

---

① 刘晨:《西北之陆路交通》,载《西北论衡》第14、15合期。
② 萧庆云:《抗战中成长之西南公路》,载《经济建设季刊》第1卷第3期。

还拨巨资对大后方的旧有公路进行改造和完善——减少渡口,增建大桥;拓宽路面,减小坡度;加固路基,完善保养;扩充车辆,增建车站。政府当局在此方面的投入,虽然迄今尚无一准确的统计数字,但我们仍可从一些个案中,窥其一斑。如西南公路全长3 000余公里,计有桥梁13公里、涵洞6 000余尺、渡口20处,其他弯多坡急、路面狭窄之处,更是不可数计。自国民政府统一接收后,于辰溪、海棠溪两渡口添建码头,增加汽划,使其日渡车能力从20余辆增加到300辆以上,其余18个渡口,均改为桥梁;那些路窄坡大、弯急险峻之处,也均加改善;仅负责维护该路的道班,即多达330余班、路工6 600余人;此外,还有监工150余人、临时雇佣的捶石工5 000余人,使战时运输最为繁忙的西南公路,不仅运输能力大大增加,而且始终保持着一种正常的运输状态①。西北公路总长约4 700余公里,是西北地区经济社会发展不可或缺的大动脉,战前仍然存在着屡作屡辍、标准参差、基础脆弱、运力低下等弊病。抗战期间,国民政府仅1941至1943年间用于改善西北公路工程方面的款项就多达114 804 000元,平均每公里达24 426元②。终整个抗战时期,大后方共改善公路108 246公里。这些改善公路虽不能说全部在大后方,但其绝大部分在大后方,应该是毫无疑问的③。由此可以看出:抗战时期大后方的公路建设,无论是资金、技术或是人力方面的投入,都是战前远远不可比拟的,这是抗战时期大后方公路建设得以取得重大进步的一个重要原因。三是重要国内交通线的新建。此部分是战时公路交通施政的重点,也是联系对外国际交通运输线与国内各重要都市、地区的主线,是构成战时大后方公路交通网络的骨干。其在西南地区以贵阳为中心,除先前西南地区最为重要的西南公路——北达重庆,接成渝线可直通西北各地,称筑渝线,长488公里;西迄曲靖,与川滇东路滇缅公路相接,称筑曲线,长502公里;南抵柳州,称筑柳线,长632公里;东至湖南桃源县的郑家驿,由水路达长沙、衡阳,称筑桃线,长764公里。先后新建的重要交通干线有:川滇东路,1938年3月开工,自四川泸州至云南昆明,纵贯川、滇、黔三省,全长901公里;川滇西路,1939年秋开始修建,1941年底完成,系由原在四川境内的川中、乐西、西祥三路合并而成,

---

① 薛次莘、莫衡:《抗战以来之西南公路》,载《抗战与交通》第33期。
② 凌鸿勋:《西北公路三年来之工程与管理》,载《交通建设》第2卷第4期。
③ 许涤新、吴承明主编:《中国资本主义发展史》第3卷,人民出版社2003年6月版,第532页。

北由内江接成渝路,南由下庄接滇缅路,全长1 234公里,为纵贯川、康、滇三省边区的重要交通线;川康公路,系联系四川与西康两省的重要通道,全长447公里;川陕公路(又分川陕西路、川陕中路、川陕东路),系自重庆至四川广元再接西北公路,全长约650余公里,为重庆通西北的重要公路[①]。由此构成了战时西南地区较为完善的公路交通网络,重要的国际通道有桂越公路、滇越公路、滇缅公路、中印公路,昆筑渝公路、川滇东路、川滇西路等则为各国际通道的辅助线兼国内干线,川黔路、川康路、川湘路、滇黔路和成渝路等,则成了连接西南各省市的重要干线。除此之外,一些省道、县道及延伸至各边远地区的支线,更是遍布城乡各地,从而形成了远较战前繁荣、发达、通畅的交通网络和运输体系。西北地区的公路,主干是西北公路。该路包括陕、甘、宁、青、新五省路线,以甘肃兰州为中心,东有西兰路(719公里)达西安;南则华双路(411公里)、川陕路(280公里)接四川广元,汉白路(536公里)至湖北白河;西有甘新路(2 600公里)通新疆迪化、甘青路(380公里)至宁夏;中有宝平路(176公里)连接宝鸡、平凉,甘川路(445公里)接四川绵阳而达成都;除此之外,还有支线约81公里,总计约5 834公里[②]。由此可见,抗战时期西北地区的公路交通,虽不如西南地区齐备、完善,但各省的主要城市和重要地区都有公路大动脉贯通,这不能不说是战时西北地区公路交通的一大进步。

经过抗战时期国民党中央政府及各地方政府特别是广大工程技术人员和民工的共同努力,战前一直制约着西部地区政治、经济和社会发展的交通运输,在战时有了突飞猛进的进步,在战后也有了长足的进展。据统计,到抗战胜利后的1947年,在国民政府交通部公路总局所属的9个运输处,管辖的30 334公里公路(营运里程)、597辆完好客车、2 245辆完好货车中,西部地区共有5个运输处、17 114公里公路、132辆完好客车、1 595辆完好货车,各占总数的55.55%、56.41%、22.11%和71.04%。不仅如此,经过抗战时期的开发与建设,西部地区的运输能力也较战前大幅度提高。在公路总局所属的9个运输处中,1947年度共运输物资378 610吨、旅客11 341 110人次,其中西部地区的5个运输处共运输物资180 751吨、旅客426 402人次,分别占

[①] 龚学遂著:《中国战时交通史》,商务印书馆1947年6月版,第67—78页。
[②] 龚学遂著:《中国战时交通史》,商务印书馆1947年6月版,第73—75页。

总数的 47.74% 和 3.75%①。此为国营部分。在省营和商营方面,据不完全统计,1947 年度全国 22 个省共有公路(通车里程)39 846 公里,营业客车 954 辆,营业货车 611 辆,其中西部 7 省(即四川、西康、云南、贵州、广西、陕西、甘肃)有公路 13 629 公里、营业客车 88 辆、营业货车 300 辆,分别占总数的 34.2%、9.25%、49.09%;全国 22 个省市共有商用客车 3 587 辆、商用货车 11 915 辆,平均每省市为 163(客)、541(货)辆,其中西部 6 省市有商用客车 680 辆、商用货车 2 859 辆,平均每省市为 113(客)、476(货)辆,只略低于全国的平均水平②,而战前中国西部地区无论是公路通车里程、营运客车和货车,其数量在全国都是微不足道的。

航空运输方面,战前中国西部地区就在全国的航空事业中占有重要地位。抗战时期的航空运输业,更是以大后方为绝对中心,其表现首先是战时我国仅有的两个航空公司——中国航空公司、欧亚航空公司(后改为中央航空公司)相继将其总部迁到重庆、昆明,并于部署稍定后,迅速开辟大后方各主要城市与国外重要城市之间的航线;抗战期间成立的中苏航空公司,所经营的路线也全部在中国西部地区。据不完全统计,抗战期间上述三航空公司先后开辟航线 24 条,其中以大后方各重要城市为起讫点的航线就多达 23 条,占总数的 95.83%。即使是抗战胜利、国民政府完成还都后的 1946 年 2 月,在中国、中央两航空公司所开辟的 13 条航线中,西部地区仍多达 7 条,占总数的一半以上③。直到 1947 年 12 月底,在两航空公司开辟的 34 条国内航线中,连接中国西部地区的航线仍多达 23 条,占总数的 67.64%④。由此可见,抗战时期对大后方航空运输的开发,并未因抗战胜利、国民政府及其党政军机关的还都南京而抵消多少,而是始终保持并在一定程度上超过了其战前在全国的地位。

抗战时期大后方交通运输业的进步,一方面保障了战时军需民用物资的供给及国际进出口物资的运输,有力地支撑了中国的抗日战争;另一方面又大大加强了大后方各省区之间、省内各市县之间的交往与联系,有利于这些

---

① 中华年鉴社编印:《中华年鉴》(下册),1948 年版,第 959 页。
② 中华年鉴社编印:《中华年鉴》(下册),1948 年版,第 964 页。
③ 交通部交通司印:《十五年来之交通概况》,1946 年 4 月版,第 56—64 页。
④ 中华年鉴社编印:《中华年鉴》(下册),1948 年版,第 989 页。

地区之间人民的相互了解、交流与物资的往来、沟通,从而对促进这些地区的经济发展与社会进步,改变这些地区长时期存在的闭塞落后状况,融合汉民族与各个少数民族之间的风俗文化,缩小西部落后地区与东部沿海地区之间的发展差异,都有着十分重要的积极意义。

　　由于历史、社会、自然和人为的多种原因,中国沿海与内地特别是与西部各省区之间,自明清以来的发展差距就愈来愈大,这种差距不只是表现在基础设施、工农业发展水平、文化社会建设等显而易见的地方,更表现在生产技术、管理水平、思想意识等许多无形的方面。抗战时期对大后方的开发,是近代以来中国中央政府第一次大规模、有目的地对这片贫穷、落后土地的开发。虽然这次开发是在战争背景下迫不得已的开发,是被动的开发,是仓促的开发,是在整个国家的综合国力远远不够的条件下勉为其难的开发,而且在开发过程中还存在着各种各样的问题和弊端,但是,西部地区固有的良好的区位优势、丰富的自然资源、优越的自然条件、重要的国防地位,无一不显示出其在中国历史上的重要地位及其发展中的巨大潜力,这也是抗战时期大后方经济开发能在如此艰难困苦的条件下得以成功的最为重要的原因。加之抗战时期各行各业的大规模内迁、社会各界的共同努力以及政府当局制颁的一系列政策法规,更为战时大后方的开发提供了良好的前提和条件。因此,抗战时期大后方开发的成功,用史实证明:只要有适宜的政策,有资金,有技术,勤劳的西部各族人民一定能将富饶的中国西部建设得更加美好。而且只有中国西部得到开发、建设和发展,才能改变长时期以来形成的我国生产力的不合理布局,提高整个中国的综合国力,巩固绵延万余里的边防线,实现中华民族的共同富裕和伟大复兴。

编 辑 说 明

一、本书既为文献选编,除在文献的刊录上有所选择外,凡已选定的文章,均尊重原意,但原文内明显的错别字作了更正。

二、所有选录的文章,标点符号在尊重原作的基础上,个别与现行不符者作了更正。

三、原文中的数字(几乎全为汉字),均按现行出版物的规定,改为阿拉伯数字。

四、原文中的年月日等,均尊重原文,未作改动。

五、原文中个别字迹不清、不能辨认者,用□代替;纠正错别字,用〔 〕表示;增补漏字,用[ ]表示。

六、原文多为竖排,文内的"如左"、"如右"、"左列"、"右列"改为横排后,均变成"如下"、"如上"、"下列"、"上列",并将"上"、"下"二字加〈〉标识。

七、为便于研究者更好地窥其全貌,保持各文章的整体性、连续性,我们均系原文照录;个别节录的文章,均在文内作了说明。

八、本书所选文献资料,以抗战时期国民政府统治区域为限;至于抗战时期中国共产党领导下的陕甘宁边区的有关文献和开发建设情形,因有关方面已出有专书,不包括在本书刊录之内,这是应特别向读者说明的。

编 者
2012 年 2 月

目　录

总序 ··· 1
序论 ··· 1
编辑说明 ·· 1

开发内地 ·· 翁文灏 1
开发华西产业与产业革命 ·· 简贯三 4
我国西部地理大势与公路交通建设 ···························· 胡焕庸 11
论战时人口变动与后方建设 ····································· 陈长蘅 16
中国应当建设的工业区与工业 ·································· 吴景超 23
由地理观点论西北西南之经济依存关系 ······················ 齐植璐 30
西北与西南农田水利之展望 ····································· 张有龄 39
西北西南军事交通建设管见 ····································· 姚鸿德 44
资金内移之前提与后果 ·· 万树源 48
如何吸引游资以济后方工业之需要 ···························· 欧阳仑 54
创设中国内地投资公司私议 ····································· 章乃器 58
当前之内地证券市场建立问题 ·································· 邹宗伊 61
西南证券市场之我见 ·· 丁道谦 71

西南经济建设问题 ·· 孔祥熙 74
如何共同建设西南 ·· 陈立夫 77
西南经济建设之前瞻 ·· 翁文灏 79

建国必自建设西南始	邓汉祥	82
开发西南经济意见	卫挺生	84
西南经济建设之十大政策	卫挺生	92
西南经济建设之我见	卫挺生	95
西南经济建设与计划经济	罗敦伟	98
谈西南经济建设	胡秋原	105
西南经济建设之商榷	寿勉成	112
对开发西南实业应有之认识	张肖梅	115
今日开发西南之先决条件	张国瑞	120
如何建设西南	张国瑞	125
今后西南新经济建设之途径	张国瑞	138
我们需要一个西南最高的经济计划机关	张国瑞	144
建设西南的必然性及其方案	陆鼎揆	150
从战时经济说到西南经济建设	贾士毅	158
西南经济建设与工业化	方显廷	164
西南工业建设与特种奖励制之创设	陈豹隐	173
西南经济建设与农业推广	乔启明	177
西南煤田之分布与工业中心	黄汲清	182
西南天然林之开发及其途径	李德毅	193
开发西北的方针	蒋介石	200
如何开发西北	张嘉璈	209
开发西北经济问题	翁文灏	219
西北经济建设之我见	朱家骅	224
为什么我们要开发西北	张道藩	230
发展西北事业之管见	杨亦周	232
开发西北管见	李烛尘	236
再建西北的几点意见	李　洽	240
战时西北经济建设问题	叶达光	243
从地理环境论西北建设	李承三	251

从文化动员论建设西北	赵守钰	259
如何巩固西北	赵宏宇	261
从总裁指示论西北建设	张聿飞	272
增加后方生产与西北资源之利用	马 铎	277
论西北金融网之建立	李京生	286
视察西北归来谈片	巴里特讲 吕春晖译	300
西北交通建设的几个问题	凌鸿勋	308
如何要建设西北铁路	郭维民	314
西北公路观感及其他	沈君怡	320
交通界人士应如何参加开发西北工作	李季清 王紫星	323
西北工业考察归来的感想	林继庸	333
论西北工业建设	徐 旭	336
西北食品工业之发展问题	钟 超	343
西北羊毛与我国毛纺织业	刘鸿生	350
抗建时期之西北林业	刘兴朝	353
西北的垦牧问题	周介康	366
西北的水利建设	李翰如	372
考察西北水利纪要	沈百先	378
西北水利问题	沈 怡	392
建设西北与水土保持	任承统	397
行政院顾问罗德民考察西北水土保持初步报告	罗德民	400
西北水土保持问题	章元义	419
西北的沃野农业	陈正祥	421
地下水与西北灌溉问题	黄汲清	434
经济部的战时工业建设	翁文灏	443
中国工商经济的回顾与前瞻	翁文灏	447
抗战期内中国实业概况	翁文灏	456
战时经济建设概况	傅润华	459
中国战时经济概观	刘大钧	468

篇目	作者	页码
中国战时工业概观	吴承洛	475
资源委员会经办事业一览表	资源委员会经济研究室	487
我国战时工业生产之发展趋势	李紫翔	493
战时工业管窥	杨桂和	516
抗战时期后方工业鸟瞰	国民政府经济部统计处	528
战时后方工业建设概况	袁梅因	544
我国战时民营工业之鸟瞰	吴文建	550
后方民营机器工业过去及现在概况	马雄冠 叶竹	553
抗战八年来之我国钢铁工业	王子祐	556
抗战期间后方煤矿之开采及利用	萧柱中	585
抗战八年来之电气事业	孙玉声	590
抗战期间之大后方纺织业概况（节选）	中国纺织染工程研究所资料室	603
战时之交通（节选）	《中国战时经济特辑续编》编委会	625
扬子江水利委员会整理后方水道之经过	傅汝霖	635
中国西南之经济发展	李卓敏	639
云贵高原上的民营工业	建子	644
抗战中成长之西南公路	萧庆云	649
西北工业建设现况及其前途	高平叔	654
西北民营工业概观	建子	673
西北之陆路交通	刘晨	678
后记		692

开发内地

翁文灏

过去我们的重要事业，很自然的多集中于沿海及沿铁路线，对于重要的内地，政府及一般投资的人，都来不及充分注重。抗战以来，内地资源的重要与利用的必要，已为国人所公认。开发西南与开发西北的呼声，现在已充溢国内，可见国人的视线已经转移，过去不十分受人注意的内地，现在已成为朝野经营的对象了，这是一件可以庆慰的事。

我们的内地，资源甚为丰富，假如各界能够合作，努力开发这些资源，实在可以作为我们抗战建国的基础。拿四川一省来说，岷江、沱江之间，便是一个很明显的经济区域。在这个区域里，不但农产品甚为发达，就是主要的工矿业，如煤、盐、丝、纸及糖，都已有相当基础。如能发展电力，利用本区域的丰富资源，别种工业，也可有相当的发展。又如以重庆为中心的嘉陵江流域，过去为川省的工商业中心，工业方面，如染织工业、制革工业、玻瓷工业、火柴工业、面粉工业、肥皂工业，都有若干工厂设立；矿业方面，如江合、天府、燧川等煤矿，都有若干生产能力；输出货物，如桐油、猪鬃、丝、羊皮、药材、夏布、烟叶等等，每年均在百万元以上。抗战以后，从沿海沿铁路线移来的工厂，在100家以上。所以这个区域，将来一定是一个工业中心，不但轻工业在这儿可以发展，就是重工业因为重庆附近煤铁及石油等均有蕴藏的缘故，也可在这儿树立基础。四川除却这两个区域之外，还有以万县为中心的川东区域。我们都知道：中国近来的出口贸易，以桐油居第一位，而四川的桐油，产量与品质，在国内均首屈一指，万县便是四川省桐油集中的最大市场。这个区域，在国际贸易上的重要，于此可见一斑。四川以外，如西康青海的金，贵州的水银及煤矿，云南个旧的锡，以及滇越路、滇缅路附近的煤、铜、铅、锌、银等矿，广西的锡及其他矿产,陕西的棉花及煤,甘肃青海一带的羊毛、皮革及药材,都在那儿等待我们开发。这些资源,有的可以树立我们国防工业的基础,有的可以作民生工业的原料,有的可以运输国外,以换取抗敌的军备及生产的工具,都是在抗战建国的过程中所应努力经营的。

我们既已明了开发内地的重要,又看清楚了内地有许多富源急待开发,便可进而讨论开发内地的方法。现在社会上有一种误解,以为开发内地,只是政府的工作。当然,政府对于这种大事,不可诿避责任,应当去担任它所能够做的部分,不过如谓政府已在那儿推动这种工作,别人便可束手旁观,那便是最大的误解。政府的工作重在推动与领导全国的人力、财力,在一定方针之下,去努力开发内地,在这种统率之下,实在努力的当然须靠各界的勇往直前,尽瘁尽力。在这样共同努力之中,政府机关也担任经办一部分经济事业,其用意乃是为国增产,而非与民争利。所以举办的事业,都以下列原则为范围:(一)国防所急需,应当特别经营的;(二)有统筹或统制之必要的;(三)规模宏大,设备艰巨,非寻常财力所能举办的;(四)为国防民生所亟需,而盈亏无甚把握的;(五)为民营工业供给动力或燃料的。政府所办的事业,都要合乎上列几个标准,而且并不独占。政府所办的事业,如人民愿意投资,也可商定合办或互相联系的方法。除有特别的理由以外,政府不因办了某种事业,便禁止或妨碍人民举办同类的事业,就是法令上规定是由国营的,政府也可以合办或出租的方法,委托人民经营。如经济部最近曾公布国营矿区管理规则 15 条,便是要把依法划定的国营矿区,给人民以开采的机会。现在最大的需要,便是生产,而且要大量的生产,以为前方、后方及输出之用。假如现在把国营的范围定得太广,同时又无力量去经营这个范围内所规定的事业,那么国内的生产力,反因受了拘束而不能发挥其功能。所以我们一方面对于国营事业,认真整理,以期造成事业的规模;同时对于民营事业,也极端看重,认为国家经济的基本,必须认真发展。

政府对于民营的事业,一向是竭诚奖助的。现为加增开发内地的速度起见,预备从下列三方面积极推行,使民营事业,可以更为发达:第一为工作的联络。以前民营事业,每皆各自为政,毫无组织,现在政府拟使各业均依照新定法规组织同业公会,各业间亦发生联系。如化学工业所需之机器,可以交给机器业代为制造,而机器业所需之钢铁,又正在设法协助供给。彼此之间,声息相通,供求相应,以形成一有机体,便可事半功倍,效率大增。这种联络组织的工作,政府自应担负。第二为资金的协助。民间事业,每以缺乏资本,而中途停顿。现在抗战期间,若干工厂,由沿海沿江迁至内地,举凡运输、建厂、购料等事,都需要大批的资金;后方的厂矿,因扩充生产,改良设备,也要加增资本。政府顾念他们的需要,一方面代向银行以低利借贷款项,一方面由政府直接拨助资金,两种合计,在过去一年之内,已达1 000万元以上。以后还要照原定计划,陆续协助。第三为奖励的规定。二十七年六月修正的特种工业保息及补助条例,规定六种应由政府补助及保息的工业,范围未免过狭,而且奖励的方法,限于保息及补助二种,也未能尽奖励的能事。最近通过的非常时期工矿业奖助暂行条例,把奖励的方法,加至九种,除保息及补助之外,还有减税、便利运输、免除地租等项。至于应行奖励之工业,其范围亦拟扩大,凡(一)为国防民生所必需而亟宜举办的;(二)发展内地大宗生产,或使旧有大宗生产品质更为精良的;(三)可供输出国外,以增进对外贸易的;(四)利用本国原料,仿制外洋产物,以减少贸易漏卮的;均在奖励之例〔列〕。

  政府对于经济事业全盘统筹,共同促进,如此进行,可谓之管理,亦可谓之统制。其方针以整个的国家利益为最高前提,悉力以赴,以期奠定复兴的基础。大家也应明白国家的利益,亦是一般国民的真正利益,而且亦惟有不分朝野向同一方向认真进行,方能达到此极重要的目的。因此特为说明,望大家都秉匹夫有责之义,来完成此伟大的使命。

原载《西南导报》1938年第2卷第2、3期合刊

开发华西产业与产业革命

简贯三

一

人类的历史若是绵延的洪流，则产业革命必是其中的急湍。

产业革命有广狭二义之不同：广义的是泛指历史上一切产业上的剧烈变革而言；狭义的是专指十八九世纪的工业革命而言。其实，人类历史只要向前进展，则产业革命必连续不断的发生，永不休止。例如文化进化的四大阶段，木器时代、石器时代、金石并用时代、金属时代，每一阶段固然算是重要的产业革命，即每一大阶段里面的小阶段，如石器时代之中由〔有〕曙石器时期、旧石器时期、中石器时期、新石器时期，亦何尝不算是产业革命的行程呢？十八九世纪发明了动力机器及工厂制度以后，一切政治、经济、军事、教育等无不随之发生急激的变革，这在数十万年来的人类历史上，是空前的盛事，是最大的突跃，所以近代人一提起产业革命，往往只联想到十八九世纪的"动力文明、机器世界与工厂制度"。然而细细推敲起来，十八九世纪的产业革命，只是人类全部产业革命史的一页，何能笼罩全体呢？十八九世纪以来的西欧产业革命，也只是世界产业革命的一角，亦何能概括全部呢？准此以观。若说十八九世纪的产业革命是空前的，未尝不可，若说是绝后的，就错误了。因为继十八九世纪而起的产业革命，一定是日新月异，继续无穷。即如近代短短150年之内，竟有第一产业革命、第二产业革命、第三产业革命之分，以后进化更速，更不知有好多花样的产业革命了。

近代的产业革命，始于1770年至1830年的英国，继而，法国于1830年，美国于1850年，俄国于1860年，德国于1870年急起直追，亦能在最短期间，迎头赶上。中日两国虽远处东亚,于1870年之后,也踏上了产业革命的征途。

  中国在1840年的鸦片战争以前,严守封建主义的壁垒,后来连次打了败仗,才逐渐醒悟非学习外国的新式产业与物质文明,绝不足以强国御敌。所以中国的产业革命是外国的,是被动的,而非自动的。是因为外来的严重打击,才强迫走上产业革命的道路,这确是中国五六十年以来的实况。外来的打击,严重极了,至六十年的光阴,亦不算短促了,然而自曾李的军事技术运动起,一直到现在,还没有完成产业革命的大功,这便是我们国家积弱的所在,外寇日亟的间隙。日本、德国和我国差不多同时开始努力于产业革命(约在1870年),可是日德二国早已迎头赶上,而我国呢,还是瞠乎其后,望尘莫及,及今思之,何等的痛心,愧悔!近几年来,政府深切感觉产业革命之急需,故培养各种建设人才,指拨巨额基金专款推进农工商的改进与充实。例如注重实科教育,考送理工留学学生,提倡国民经济建设运动,修筑公路、铁道、工厂、船坞,奖励发明,保育国货等等,无不是近数年来政府当局及一般人民共同努力本国产业革命的重要成绩。

二

  产业先进的国家,亦有经济上不平衡的发展,如英国从西海岸之布里斯托,向东海岸的乌斯河引划一线,其南为"绿色的英国",其北为"黑色的英国"。即一为农业区域,一为工业区域。中国因幅员的广大,交通有滞涩,地理上的阻碍以及与外洋接触的先后迟速,政治统一条件的欠缺,所谓产业上不平衡的情况,尤为显著。如上海已成为典型的资本主义的城市,西昌尚充满封建主义的气息,青海尚有游牧社会的组织。具体言之,在纺纱、织布、缫丝、丝织、毛织、针织、制革、玻璃、制纸、火柴、面粉、碾米、榨油、烟草、罐头、砖茶、蛋粉、铜铁、电气19种现代工业之中,几乎全在上海、天津、广州、武汉、青岛、无锡。再分析言之,上海、天津、青岛、武汉、无锡等处的纺织工业,几占全国70%;上海、天津、武汉、济南、无锡、南通、哈尔滨等地的面粉工业及榨油工业,几占全国60%。

  新式工商业如此集中于交通便利、沿江沿海一带的地方,平时因为运输买卖、人力、物力的较易,尚感觉不出什么危机。一旦到了战时,由于中国海军孱弱和敌人海空军袭击的便利，就有全部被毁或倒闭的危险了。况且这种少数地域的畸形发展，在平时已经是潜伏的病态，其影响所及，外而为各国经济的漏斗，内而为本国社会的肿瘤，尤不可视为当然，而应改弦更张，重行分配。抗战以来，这些病态危机，一一暴露出来，以前因为安土重迁，障碍重重，不易改弦更张，现在因为大敌践踏在沿海及交通线一带，所谓安土重迁的观念，绝难成立，所谓"工业网"的分配，此其时矣。

无论按照社会平衡发展的原则，西南西北天然富源的生产及蕴藏，以及抗战建国根据地的树立，则华西的产业革命，确有加速的推进之必要。建设华西到底指哪些地方而言？这在国人论坛中有两种论调，即一为"西南路线"，一为"西北路线"。因为西南各省的富源较厚，所以"西南路线"的论调，稍占上风。其实，评情论理，以现在的局势看，以将来的发展看，西南与西北是相辅而行，相依为命的。无西北，西南不能高枕而卧；无西南，西北如失去灵魂的躯壳。所以我们要以最大的决心，最快的方法，谋西南西北的密切联系与积极建设。

最近行政院所召集的生产会议及领袖于去年冬间通令西部各地速谋物质建设，很可以表明华西的产业革命已在当局深切注意之中。去岁以来，民间迁入内地的厂家约计400余家，机件约重80 000吨以上，亦可以证明工商业界因抗战的刺激，目光转移到华西一带了。

三

华西的范围，严格讲起来，意见很不一致。现在姑以云南、贵州、四川、西康、陕西、甘肃、宁夏七省为其主体。这七省的面积、人口、物产如下：

云南省

面积　39万余方公里

人口　1 056万

物产　铁、煤、铜、盐、茶、宝石、云腿、蜡树、药材、大理石

贵州省

面积　176 400方公里

人口　1 100万

物产　汞、煤、桐油、松柏

四川省

面积　403 000方公里

人口　45 552 500

物产　猪鬃、羊毛、烟、茶、石油、煤、铁、盐、生丝、甘蔗

西康省

面积　47万方公里

人口　1 380余万

物产　兽毛、兽皮、麝香、鹿茸、羚角、当归、大黄、金矿、石膏

陕西省

面积　195 070方公里

人口　1 168万

物产　棉花、苎麻、烟草、药材、漆、桐、煤、石油

甘肃省

面积　380 800余方公里

人口　576万

物产　烟草、煤、金、石油、盐

宁夏省

面积　302 400余方公里

人口　70万

物产　羊皮、甘草、红漆

这七省的面积合计约为2 317 600余方公里,约占全国领土1/6;人口合计约为99 052 000余,约占全国1/5。物产方面,轻工业重工业的原料,对于

人民的日常生活与国防建设，均尚可供给。按《史记·货殖传》所载，西南各地的出产，有：卮、姜、丹砂、石、铜、铁、竹、木、马、牛、畜牧，亦足见西部之富饶，自古闻名，可惜缺少科学的技术，迄今仍未大量开发。过去我民族兴起伸展的地方，既然在此，今后抗战建国的最后堡垒亦是在此，则这些地方的产业开发，物资建设，不能不有紧密的筹划与艰苦的努力。

四

阿卡德分析中国工业发展迟缓的重大原因有六端：一为守旧思想的深入人心，二为关税自主权的丧失，三为交通的滞涩与币制的零乱，四为资本的缺乏，五为经济组织的落后，六为政治的紊乱。这六点的意见，我们在推进工业发展时，亟应引为戒鉴，以期功效立见。但是这些意见多是消极的，我们一方面需要消极的意见，他方面更需积极的行动。

计划的进展：1929年起世界经济发生空前的恐慌，1928年起苏俄开始第一个五年计划的实施，于是统制经济、计划经济的名称喧腾世界。按社会经济学的研究，政府实施计划经济固然需要统制力量，推行统制经济固然按照一定计划。但是严密的辨别起来，计划经济等于病前的预防，统制经济等于病后的治疗。现在华西既非资本主义社会，将来亦不打算实行资本主义，这种资本主义式的经济恐慌，自然不至于发生，所以用不着统制经济，而必须采行计划经济。计划经济的内容是要根据抗战建国的需要，人民生活的改进，分期进行的步骤，使整个华西的产业达到健全的发展。这个计划的拟定，是要把政府人物、工商业家、专门学者、人民代表的见解，合一炉而治之，以期完善而利推行。

官民的合作：我们采用计划经济而不用统制经济，还有一个理由，即是统制经济偏于政府权威的发挥，计划经济偏于政府与人民的合作。例如中央与地方的联系，我们采取的是均权制，既不偏于中央，亦不偏于地方；经济建设的理想，我们采取的是民生主义，既不偏于自由放任，亦不偏于绝对统制。五全大会宣言曾经表明这样一个原则："根据民生主义之信条，实施计划经济，凡事业之宜于国营者，由国家筹集资本，以事兴办，其宜于私人企业者，于国家整个计划之下，受政府之指导并奖励，以为有利之发展。"现在是抗战时期，政府本应发挥极大的权威,统制一切。但是我们抗战的性质是全民的,是一体的,所以于战时统制之下,应多方发挥民主的精神,以期官民合作,协同一致。目前,重要的政府机关以及许多的建设事业多聚集于华西一带,政府人民合作的精神,尤应表现十足,以为全国的楷模。

长久的建设:有些人在华西一带经营工业商业,不免存着"暂时逃难"的打算,这是极错误的。前面说过,"华西是我们民族的发祥地,是我们建国的最后堡垒,是我们产业革命的大本营",我们在这里的一切建设,当然要具持久打算的决心,而不应怀着临时逃难的意思。况且这些地方还有些未开发的天然富源,还有些剩余的人力,还有些未用的游资,而南北东西的交通,又正在积极扩充,可以说将来的工商发展,真是蒸蒸日上,未可限量。只要工商业者在这里经之营之,不遗余力,日后无论为国为己,均有莫大的利益。政府为奖励工商业者在这里长久经营起见,可规定"奖励办法",这样长久建设的产业必呈现容光焕发的姿态。

自主的立场:我们为建设新的华西,资本方面与人才方面自然有借用外国的地方。考之苏俄推行伟大的五年计划,既〔即〕是如此,证之现在中国资力人才的缺乏,亦不得不如此。但是我们要注意我们借用外国的资本与人才,并不是大权旁落,失去自主,而是一切政治经济的主权仍然操之在我,丝毫不能损害。这样建设的开发成功以后,才永远属于我们,为我们所享受。我们这一次对日抗战,其中有一个最大的理由,便是为着争取"经济的自主",日本所标榜的"经济提携"无非是抹杀我们经济上的自主,成为它的经济附庸。所谓"经济的自主",我们方拼命的抗战以争取,当然不能丝毫的让予他国。

西南西北铁路网的建筑:铁路的功用,非常巨大,第一,可促成政治的统一;第二,可发挥国防的威力;第三,可帮助工商的发达;第四,可推进文化的流通。所以观察一国铁路里数与人民密度的比例,亦足以看出其政治、经济、文化程度的高低。据铁道部1933年的统计,我国铁路合计13 125公里,平均每100万人口有铁路28公里,每1 000方公英里的面积,有铁路6公里,而美国每100万人口有铁路3 700公里,每1 000方公英里的面积,有铁路115公里。这样比较之下,我们何等的愧汗!中山先生有建筑10万英里铁路的主张,其拟定之铁路系统有七。关于西南西北者,一为西北铁路系统,包有蒙古、新疆及甘肃一部分之地域,为欧亚铁路系统的主干;二为西南铁路系统,包有四川、云南、广西、贵州及广东、湖南之一部,全长约7 000英里;三为高原铁路系统,包有西藏、青海、新疆之一部及甘肃、四川、云南等地。这些铁路系统,因〔固〕然需款浩大,工程困难,但是为巩固内线国防,增进人民生活,确保民族生命线起见,亦需要立下破除种种困难的决心,尽速早日完成。否则所谓开发西南,建设西北,不过是"小就"而已,曷能有辉煌然的成绩呢?

  辅植小商人及改良手工业的发达:中国的产业革命,由于时机的错过(中国反李鸿章时期是最好的时机),外力的限制,资本的缺乏,幅员的广大,很难一时而就,使动力文明、机器工厂,极难林立,普及各地。因此,我们必需采取过渡的办法,用资救济,即是对于小本商人及改良手工业者要予以扶植奖助,以免为国内外的大资本家所排斥。这在18世纪的西洋是采取"自然淘汰主义",然而在复杂的次殖民地式的中国社会,情况特殊,决不允许其如此。华西各地的小商人及手工业者,数目不在少数,我们准此原则,应引导他们向新式工商业的组织与经营逐渐学习改进。他们为着本身的发展及民族资本的充实,亦听受国家政府的指导与扶助。临全大会宣言有云:"抗战期间关于经济之建设,政府必当根据民生主义之信条,施行计划经济,凡事业之宜于国营者,由国家筹集资本,从事兴办,务使之趋于生产之合理化,且必制节谨宽,树之楷模;其宜于私人企业者,由私人出资举办,于国家的整个计划之下,受政府的指导及奖励,以为有利之发展。"我希望这几句话,在开发华西产业的进程中——能够实现出来。

原载《中央周刊》1939年第2卷第37期

我国西部地理大势与公路交通建设

——二十九年[①]二月二日在公路总管理处演讲

胡焕庸

我国过去对于地理,因为设备不全,认识亦差,一般说来,只知地名,未明地理,因为各地种种地理现象,还没有好的地图把他一一表现出来。其实我国幅员广大,东南半壁和西南北半壁,比较起来,大不相同,单看现有全国公路图,西北之部地名少,而公路路线亦少,很显明的,可以看出我国地理之分野,东南和西北,地理现象,实有很大的差异。

我国的地形,东南半壁,仅是平原或丘陵,西北半壁,则是山地和高原,蒙古高原大都在1 000公尺以上,西藏高原大都在3 000公尺之上,我国东部的人,登东山而小鲁,登泰山而小天下,其实泰山不过一千四五百公尺高,四川峨嵋山山顶高3 000公尺,号称巍峨,昆明的高度就有1 900公尺,康定的高度就有2 600公尺,至于西藏的平地,大都就有三四千公尺的高度。一般人因对于各地的地形,认识不够清楚,常见有许多误解的事,现在不妨举两件关于交通建设方面的例子。最近西康要想开辟一个飞机场,航空公司要求地面不可高于1 500公尺,康定省会所在的地方,高约2 600公尺,在他附近,总没有在1 500公尺以下的地面,终于选不着适合这样条件的飞行场,为这件事,航空公司和省政府不知往返了多少公文,无法解决。以后才知航空公司尚没有良善设备,可以在1 000公尺以上低气压的地面,使得飞机起飞,反之西康地面多在3 000公尺左右,两方面的条件无法适合,这是地形和航空站建设的关系。又从前曾有这样一个建设方案,想利用万里长城来改建汽车道,这也是不明西北地形,才有这种理想。山东济

---

① 编者注:二十九年指民国二十九年,即1940年。

南省垣的城墙,确是用来改建汽车道的,但是万里长城,东起山海关,西迄嘉峪关,完全依山修筑,高低起伏,绝无一段平地,可以改辟为路,这也是昧于西北地形的观念。

我国东部和西部,气候的差异也很大,就雨量而论,东南香港一带,每年平均的降水量有 2 200 公厘,到长江流域,只有 1 000 多公厘,黄河流域只有 500 多公厘,愈向西北内陆之地,雨量愈少,西北各省,每年雨量多在二三百公厘以下。因为雨量不足,遂成草地和沙漠,西藏高原,除掉极南边境外,雨量只有 100 公厘左右,还不到 4 吋。我国西部各省,一因距海太远,二因地势太高,所以雨量稀少,气候干燥,尝见有旅行西北的人归来著述报告,有说西北没有森林,所以气候干燥,开发西北,首应培植森林,不知这是倒果为因,西北没有森林,正因气候干燥,雨量稀少所致。时人对于西北西南之开发,不是过分乐观,就是过分悲观,其实总只看到一面,西北地面,因多荒凉,沙漠戈壁,遥无人烟,飞鸟走兽,并皆绝迹,但是西北也有很好的水草地,像河西三郡——凉州、甘州、肃州,新疆城邑所在之地,凡有水草田的地方,可以耕种,可以居人,可以建置城邑。如只见到沙漠,而觉得西北无大希望,或只见到水草地的肥美,而过分乐观,这是同样的错误。西北的水草地,多在高山脚下,乃是靠了雪水融化而灌溉,并不是靠了本地的雨水,西北农民最怕天阴,更怕下雨,天阴则没有阳光来融雪,雨水入地,则因土面蒸发而使地下碱质因微管作用而上升,肥田成为碱土,遂成荒废。这许多特殊情形,有非外路人所能十分明了的。

西部人口稀少,本人曾经研究我国人口分布之问题,东北从瑷珲西南到腾冲划一直线,在此线之东南,居民占全国人口 95%,在此线之西北,居民仅占 5%。当时还有人责难,说是何所据而云然。现在我们把四川定为抗战之中心,并不是偶然之事。四川一省人口为 5 000 万,这个数目等于西北西南甘、宁、青、新、康、藏以及云南、贵州、广西诸省人口合计之总数,由此可想而知,新疆省之面积有四川省之大,但是新疆全省人口仅有 300 万,东南上海一个城市就有 360 万人,新疆面积 16 倍于江苏省,但人口何能相比。西康省康属的人口,决不能超过 30 万人,西藏全境也总不过 100 万人,贵州全省的田赋共只有 70 万,实收不过 40 万,江苏一省每年田赋共有 3 600 万元,江苏一县的田赋,就可等于贵州全省,这真叫从何比起。前闻滇缅公路修筑之时,人工已感太少，川康公路自雅安以西，人工征集之困难，食粮供给之缺乏，在在多成问题。至于新疆，除了水草地之外，即无城邑人口，数十天旅行之地，竟是毫无人烟。在这样的地方来谈建设，所有一切人力，皆需外来，处此情形，实际工作，谈何容易。

以上不过就我国西部的地理大势，从地形、气候、人口三方面，先提一个概念，现在再来略微谈谈关于公路交通建设的问题。在我国西部兴建公路，路线的选择，是与西北及西南各地的地理情势很有关系。目前我国通西面的出路，西南方面除滇越路外，则有滇缅公路，西北方面，则有从兰州经迪化以至塔城或霍尔果斯的公路，以及经过绥远草地通新疆之路。从工程方面来说，西北的西兰公路和绥新公路两线，因为所经地形区域不同，工程难易，就大不相同，绥新公路并没有听说如何大兴工程，而全路早可通车，当年铁道部特派斯文赫定踏勘此路，估计改善此路只要三五万元的经费，此中原因，即因绥新公路路线完全在蒙古高原之上，地形非常之平，既无高山，又无大水，乃在大戈壁之上，戈壁是天然的坚硬地面，上为石子或石片，不像沙漠是流沙的性质，所以无须修筑工程，即可驰行汽车，同样像蒙古的张库汽车道，也是并未筑路，而汽车早通。至如西兰公路，则所经为黄土区域，地形特殊，石料缺乏，连铺路石子亦难采集，加以黄土深沟，工程远比高原之上，困难多多。目前我国西部公路，最感迫切的是如何增加西北和西南的联系路线，现经四川北通陕西，南通贵州云南之外，很望在西康方面有辟路线之议，过去内地和西藏之交通，一经康定向西去拉萨，一经青海去拉萨，在目前这两条路如改修公路，恐困难尚多，尤以康定向西，即为横断山区，高山深谷，锯齿式的地形，公路工程不易穿过西康西部。修筑联系南北的路线，如由西宁经玉树通云南北部，希望较大，因为横断山区，南北交通比东西交通容易，尤以沿金沙江上游较为便利，金沙江以东，汉人力量较大，至金沙江以西，则为藏人管辖区域，汉官政治力量，尚难指挥。如由玉树沿金沙江东岸，南通云南北部之阿墩子，及中甸维西而通丽江大理，即可连接滇缅公路。此路所经康省西部，从地形上及人事上，对于将来的工程，或可减少很多的困难，而此路为西北西南连贯最直捷的路线，鄙意以为颇有实地探查的价值。近闻有康印通路之议，以经缅甸而出印度加尔各答的海口。这个问题，恐不甚容易，地形上固属如前所说，是横断山中先修东西的交通，而且在民族方面，西康的西南部以及印缅的比邻地带,这个康藏印缅瓯脱之地,不但人口稀少,且为野人山区,就本人所知,就是外国探险家到过此区的也只有一二人,人事上的困难,不但难得土民协助,工程进行恐不容易,而且这路的交通,目的不过是联络四川以达印度洋,经过云南,如觉有将交通枢纽从昆明再向西移的必要,不妨将现在乐西公路的工程,更向西南展修,经过盐边而通云南的大理,以接缅甸公路,则较经过康定,去修康印路线,容易多多。至如青海南通西藏高原以至拉萨的公路,将来或有可能,目前实亦匪易,最困难的也是人力问题。

西北方面的路线,猩猩峡已成为甘肃通新疆唯一的公路,北面的绥新公路,现利用尚少。青海通新疆之路,走祁连山之南,也闻有人建议,不过此线在青海省境,非万不得已,亦难兴修成功。因为青海省人口较密之区,偏在东部一角,青海海子以西,则为柴达木盆地,地面非为碱土,即为沿泽沮洳之地,人烟亦甚稀少,如经都兰以至敦煌安西,路线或有可能。至如新疆境内之交通线,南疆广漠,流沙浩瀚,非蒙古戈壁可比,汽车驰行流沙之上,几不可能,且如南疆出口,西通帕米尔高原,及葱岭山脊,从前法国雪铁隆的爬行汽车,虽曾由阿富汗越过葱岭,进入南疆,而至迪化。此种汽车,究非普通车辆可比,故欲于短期间取道南疆以出国境,良非易事,决非现有天山北路各道可比。最后更请一谈四川青海间之公路,四川西北松潘一带,比较荒凉,且地势在 3 000 公尺以上,修建公路,由平原之上,翻越如此高山,汽车爬山,固非易事,且青海东南一隅,又属少数民族①所居之地,故经过此种区域,赶修公路,值得慎重考虑。

我国西部地形特殊,地旷人稀,除非像蒙古高原之地,不需要多大工程,即可开辟路线,通行汽车,否则高山深谷之区,兴建伟大工程,则人力如何征集,供养如何取给,在在均费筹措。举一个近例,川康公路修至雅安以西,人工即成一大问题,且人数一多,米粮供给,本地出产不足,全赖远道输送,实是甚大困难。像康定名为西康省会,实则其地之市面,尚不及重庆近郊瓷器口之热闹,边地城镇所在之地,大多类是。所以谈到边地之兴建工程,人烟稀少,供养困难,是一件很值得注意的大事,不是说边地种种困难,就不值得开发,就不进行建设工作,不过对于这种地方,当先明了其困难所在,有所准备,

---

① 原文为"野蛮番人",为表述规范,改为"少数民族"。

再去应付困难,克服困难。从前美国在瘴疠最盛的巴拿马,去开通运河,固是我们从事建设工作的好榜样,他们初步的工作,也是先研究该地的困难所在,而设法克服,终底于成。

原载《抗战与交通》1940年第48期

论战时人口变动与后方建设

陈长蘅

一、战时人口变动的特征及人的要素与战争胜败之关系

现代的战争常使一国发生重大的人口变动。所谓人口变动（Population-Movement），在人口统计与生命统计学上，不仅指人口的迁徙，并且指人口数量的消长与人口组合的变更。换言之，即在人口的量与质两方面均能发生变动。大规模的现代战争所招致的人口变动至少有下列数大端：

（一）因参战将官士兵的伤亡与疾病，致增高壮年男子的死亡率。

（二）因壮年妇女的辗转迁徙或被日人蹂躏，致增高壮年妇女的死亡率与婴孩的死亡率，乃至一般儿童死亡率。

（三）因战区日人的屠杀及种种暴行，与夫战时百物腾贵营养不足，致一般人民的死亡率及疾病率均比平时增高。

（四）因战时征兵征工与生活的不安定不规则，及室家流离分散，致人口之生育率及结婚率比平时减低。

（五）人民因逃避战乱，凡有迁移能力者，多由战区及沦陷区域徙居比较安全之区域。

在平时政治不甚修明，国防不甚充实，社会组织不甚严密，国民经济不甚富裕，与教育不甚普及之国家，一旦战事发生，上述各种人口变动亦愈大。尤幸我国人口大半犹散居乡村，其集中都市之程度尚不如欧美之深。不然，各种人口变动当影响更大。一国作战的要素有三：曰人，曰物，曰财。这三大要素之中，当然以人为最要。从人道方面着想，任何交战国家都希望以最少的生命牺牲，得到最大的战争收获。一国在战事发生之前，固然要养精蓄锐，生

聚教训,即在战事发生之后,不必要的生命牺牲仍当尽量避免。故战时一切政治的经济的与社会的设施,不但要使物力财力,用得经济;尤其要使人力,用得经济。然后战事能支持最久而得到最后胜利。此在人口及土地资源不如对方的或人口及土地资源约与对方相等的国家,固属如此。即在人口及土地资源大于对方的国家亦莫不如此。

所以国家虽在抗战期中,仍应重视民命和注意民生问题。吾人所谓不惜任何牺牲,乃指为保卫国家民族所可避免之正当牺牲而言。并非若穷兵黩武的侵略国家之草菅民命,残民以逞。我们此次抗战既系为求国家的生存独立,民族的自由平等,不得已而用兵。所以一方面要杀敌致果,一方面要爱民如伤。先圣说:"仁者无敌。"又说:"哀军必胜。"又说:"天时不如地利,地利不如人和。"又说:"无竞惟人。"又说:"以佚道使民,虽劳不怨。以生道杀民,虽死不怨杀者。"兵法说:"为国之大务,爱民而已。"又说:"军国之要,察众心,施百务。"又说:"兴师之国,务先隆恩,攻取之国,务先养民。以寡胜众者,恩也。以弱胜强者,民也。"又说:"图国家者必先教百姓而亲万民。"又说:"用兵之道,在于人和,和则不劝而自战。"前次欧洲大战之时,帝俄地大民众虽倍于德国,但不能爱民、和民、教民,卒败于德,是其明征。

我国虽有地大民众的先天优厚条件,惜因国民革命尚未成功,三民主义的国家尚未建设完成,所以日阀敢于趁我毛羽未丰,国力未厚,大举入犯,肆行无忌。在日人方面可以说是"不度德,不量力"。但是我们在过去对于建立国家所应推行的各种基本建设,大半都还没有推行或是推行不够,也是我们无可讳言的事实。我们这次对日全面抗战,为时已越二年有半。比之满清时代的甲午庚子诸役,一战即败,或即为城下之盟,当然不可同年而语。不过我们国家民族的地位直到如今还是非常危险。这是我们应该惭愧反省的,所以我们仍然要战战兢兢,勤勤恳恳,操必危,虑患深,才能"抗战必胜,建国必成"。蒋总裁说:"我们想一想,俄国革命发动于我国之后,何以能成功于我们之先?中俄两国同与日本接邻,何以日本不敢侵略苏俄,而敢随便来压迫中国?这就是我们应该彻底反省的一个最大教训。"古人说:"民众而不用者与无民同。"清政府①时代确系如此,即民国以来,倘能早日注重全国人民的善保

---

① 原文为"满清",为表述规范,改为"清政府",全书同,不赘述。

善养善教善生,用以造成三民主义的新国家,则今日定能不战而屈人之兵了。此次外患既如此水深火热,我们当生死存亡兴衰成败的紧要关头,一方面要忍痛牺牲以求战胜;一方面要加紧建设,创造新邦。这个继往开来遗大投艰的重大使命,我们全国同胞及国民公仆都是责无旁贷的。

二、战时人口变动的改善方法及人口向后方省区移殖的可能性

前段所述各种人口变动,虽在抗战期间,如能加紧修明政治,加强国防建设,严密社会组织,改善经济制度,普及国民教育,则前四种人口变动的严重性皆可分别减轻。至于第五种人口变动更可因势利导,借以促进后方各种建设。因此次抗战形势曾使人口由东南或华北华中分向西南及西北迁徙,大致与平时为调节局部人口过剩所希望移殖之方向不谋而合。除东北各省区暂时不能移殖外,西北计有甘、宁、青、新及外蒙等省区,西南计有川、黔、滇、康、西藏等区,皆可利用人口移殖以促成后方之迅速开发。

目前所谓后方,除已有一部沦为战区之各省不计外,大致即指西南的川黔滇康西藏与西北的陕甘宁青新疆外蒙各省区而言。此为我们全民族最后之生命线。此 11 省区之中,外蒙已呈独立状态。其余 10 省区的面积虽约占全国总面积之半,但包括有全世界最大之西藏高原,有世界著名之葱岭、喜马拉雅山、横断山、昆仑山、天山及阿尔泰山等诸山脉之一部或全部。有亚洲中部最大之塔里木或大戈壁沙漠。故现有人口估计不过 10 000 万人左右,其中四川人口即约占一半,滇黔陕甘人口约占 4 000 万,至于宁、青、新、康、藏五省区之人口,则仅占 1 000 万左右而已。此五省区约占全国总面积 36%,惟因山脉高原沙漠等占了其面积十之六七,加以最大部分皆雨量不足,此为人口稀少之主要原因。这 10 个省区的自然环境虽有一重大部分绝对不能殖众民,但其人口尚多未达到饱和点,则似毫无疑义。所以在抗战期中乃至抗战以后若干年内,西北与西南如果积极建设,完全开发,定有每年吸收本部各省过剩人口数十万的可能性。关于西南与西北各省区之可耕地,可牧地及森林地,翁文灏先生及鄙人皆曾有一番估计。本文因限于篇幅,不及赘述。

三、对于后方各省区应实施有计划的建设与有系统的人口移殖

孙总理的遗教中将建设分为心理建设、物质建设、社会建设及国家建设四大部门。对于前三种建设皆著成专书,昭示国人。至国家建设一书因较前三书为独大,涵有民族主义、民权主义、民生主义、五权宪法、地方政府、中央政府、外交政策、国防计划八册,惜未全部完成。但总理在其他遗教中已昭示有大方针大原则及大政策可以遵循。蒋总裁亦明白指示吾人谓:"我们要建立国家,就要推行五种建设。一是心理建设,二是物质建设,三是社会建设,四是政治建设,五是武力建设。这五种建设能够成功,三民主义才能真正实现,现代的国家才能够真正建立起来。这五种建设,是要建设五种力量:就是精神力量、物质力量、社会力量、政治力量和武力。这些力量总合起来就是国力,这五种之中不能缺少一种,但是这五种力量必须以武力为基础。五种力量的建设,亦应以武力建设为中心。"蒋总裁并提醒总理所著"《实业计划》一书,如从军事的意义言之,就是总理所订之一部最精密的国防计划"。我们目前对于沦陷区域比较不容易从事有计划的建设。但是尽可加紧后方各省区有计划的建设,使作收复河山及复兴民族之根据地。就后方各省区言之,上述各种建设,固然吸引本部各省的人口移殖。反之,本部人口之向后方移殖,亦可加速后方的各种建设。两者互相利赖,互为因果,这是我们可以预料的。

总理的物质建设或实业计划中之第一计划第三部,即提到移民与物质建设之相互关系。总理说:"殖民蒙古新疆实为铁路计划之补助。盖彼此互相依倚,以为发展者也。顾殖民政策,除有益于铁路以外,其本身又为最有利之事业。以此之故,余议于国家机关之下,佐以外国练达之士,及有军事上组织才者,用系统的方法,指导其事。以特惠利民,而普利全国。"总理对于移民计划曾为下列主张:

"土地应由国家买收,以防专占投机之家置土地于无用,而贻毒于社会。国家所得土地应均为农庄,长期贷诸移民,而经始之资本、种子、器具、屋宇,应由国家供给,依实在所费本钱,现款取偿,或分年摊还。而兴办此事,必当组织数大机关,行战时工场制度,以为移民运输居处衣食之备。第一年中,不取现值,以信用贷款法行之。一区之移民,为数已足时,应授以自治特权。每

一移民,应施以训练,俾能以民主政治的精神经营其个人局部之事业。

假定10年之内,移民之数为1 000万,由人满之省,徙于西北垦发自然之富源,其普遍于商业世界之利当极浩大。靡论所投资本庞大若何,计必能于短时期内,子偿其母。故以有利之原则论,别无疑问也。"

故当前急务,应依据总理遗教并参照目前形势,对西南西北各省区从事有计划的建设,与有系统的移民。其办法至少应包含下列诸大端:

(一)提前建设西北及西南之铁路系统及公路网,并疏浚后方水道。此在抗战期中虽困难万端,仍应不断努力,勇迈进行。观于近年国家总预算中对于交通建设支出之逐年增多,足见中央政府对于后方交通建设尚难积极推进,建造敷施。

(二)荒地之无人税纳者,应依总理所著实业计划及地方自治开始实行法与国府公布之土地法各规定,由公家收管开垦。其所有权属于国家,以防私人专占投机。至于有人纳税而不耕之荒地,则科以值百抽十之税,至垦竣为止。如三年后仍不开垦,则当收归公家开垦。凡山林、沼泽、水利、矿场,悉归公家所有,由公家管理开发。开垦后支配之方法亦分两种:其为一年收成者,如植五谷菜蔬之类,宜长期租与私人自耕,使长期享有耕作权。其数年或数十年乃能收成者,如森林果药等地,宜由公家管理。重要森林及重要矿产均应以国营为原则,地方公营、私人经营次之。

(三)应设立户籍机关训练户籍人员及保甲长,实施户籍法,推行户籍及人事登记。并选定适当省区试办户口普查,逐渐推广,俾政府与人民均能明了各处人口分布之实况,可供人口移殖与实行地方自治及办理国家庶政之参考。又户籍机关成立之后,人民结婚愿在官署举行者,可由户籍主任为之证婚,以节糜费而崇法治。

(四)举办土地测量及土地登记,并将各种土地按其性质用途,为适当之分类。又公有土地之地价应由政府自定之。私有土地之地价则应令地主申报,以为征收地价及土地增值税之根据。报价不实者,政府得备价收买之。

(五)移垦事务应由政府主管机关用系统的方法协助指导,俾人民之有力无资者,亦能从事移殖,不至裹足不前。凡垦民所需之长短期借款可由农本局、中国农民银行等凭担保或凭信用供给之。其经始之屋宇、种子、器具、牲畜等,能由政府供给尤佳。农场及牧场均可采合作或个人经营两种方式。

（六）水利电力等经济事业及有关国防之各种重工业，应以政府举办为原则。以期收益最薄，收效最宏。对外贸易亦应以国营为主，以便办理对外易货。又对内贸易亦可局部国营，以期调节供需，及平抑国内物价。惟对于农产山货及制造工业之直接生产者，亦应由政府予以适当之奖励，以期普遍增加后方生产，维持长期抗战，及供给民众需要。六中全会最近决定对农林水利与国营对外进口贸易，均各设专部管理，固有正大理由也。

（七）教育亦宜极端重视，力求普及。既可扫除迷信与黑暗，复可增进人民之自治能力与生产能力。总理说："学校之目的，于读书识字学问智识之外，当注意于双手万能，力求实用。"我国后方各省区的文化水准较为落后，忝以种族较为复杂，言文不甚统一，迷信亦较深。因此普及教育的工作，更不容或缓。抗战以来，政府对于边疆教育已比过去远较重视，中央对于边远省区之教育补助费，亦年多一年，殊堪欣慰。

（八）后方各省区人民的医疗卫生亦极关重要，应由中央卫生行政主管机关监督指导，认真举办，以宏治疗，而重民命。总理说："人类之尽忠社会，不慎而偶染疾病，富者固有医药之治，贫者以无余资，终不免沦落至死，此亦不幸之事也。社会主义学者主张设公共病院以医治之，不收医治之费，而待遇与富人纳资者等，则社会可少屈死之人矣。"吾国人民因医药卫生不知讲求，每年短命死者不知凡几。先进国家的人口死亡率，有低至15‰以下者，平均人寿有达五六十岁者，我国的人口死亡率则尚在20‰以上乃至30‰，平均人寿仅为30余岁。原因虽多，而医药卫生不知讲求乃其重要原因之一，则毫无疑义。又如婴儿死亡率，在先进国家有低至每年每千婴儿中仅死五六十人者，我国婴儿死亡率则尚在250‰左右。又孕妇之因小产及难产枉死者，亦比先进国家为多。所以政府对于助产育幼之保护工作亦宜致应有之努力。近年中央除令国立各医学院与高级助产学校护士学校等移设后方外，并在后方各省区设有蒙古卫生院、西昌卫生院、蒙绥防疫处、西北防疫处。二十九年度更当增设康定卫生院、新疆卫生院，及公路卫生站等。倘能实事求是，扩充推进，收效之宏，可以预卜。

（九）在军事方面如推行征兵制度，普及国民军训，扩充兵工制造等亦为后方武力建设之重要设施，并为得到抗战最后胜利之确实基础。我们全民爱戴的贤明最高军事当局早已深谋远虑，措置有方，固无待吾人多所拟议也。

上述各种建设倘能积极筹维,努力推进,必能加厚国力,增进民福。及鼓励人口向后方各省区移殖,既可重整后方的大好山河,并可加强前方的战斗力量,以期早日收复东南东北各省失地。即使抗战十年八年,战后亦易迅速恢复元气。譬如苏联在帝俄时代人口约为一万万六千数百万,前次欧洲大战,曾与德奥血战三四年,既而国内发生流血的空前大革命,又继以资本主义各国联军干涉,与国内灾荒,但苏联内清反动,外抗强权,苦斗数年,其人口比较欧战以前约削减了3 000万之多,卒能抗战胜利,革命成功。随后遂由过渡的新经济政策进到社会主义的计划经济。仅完成两个五年计划,即一变而为世界一等强国。最近且扩张领土,收复前次欧战结果所被宰割之失地。苏联现在的人口已达到19 000万。即除去因收复失地所增加之人民数,其全国人口亦超过帝俄时代的最高总数。苏联最近十年全国人口增加,并非由于生育率之增高,乃大半由于死亡率之大减。中国如能抗战胜利,建国成功,则将来的人口变动将与苏联甚为相似。只要减低死亡率,便可使人口继续有增无减。诚如德国人口学专家库辛斯吉(Dr. R. R. Kuezynski)有云:"中国人口之生育率尚远较西欧各国为高。其死亡率倘能大大减低,则中国将来人口增加之速当与19世纪之欧美各国甚为类似。"何况我们国内的残余封建势力已随十余年来国民革命的进展而次第土崩瓦解。中山先生所揭橥之民生主义亦非如苏联之必须经过重大的流血才可实现。同志国人只要依照中山先生所指示的方略,彻底做去,国民革命,必定成功。

原载《财政评论》1940年第3卷第1期

中国应当建设的工业区与工业

吴景超

一

抗战以前，中国的工业区，都集中在沿江沿海一带。上海、天津、广州、青岛、汉口等沿江沿海的大都市，尤其是抗战前工业的中心。这些地方之所以成为工业中心，自有其经济上的理由。以上海而论，其地点之优越，实在是够得上做一个头等工业都市的资格。第一，上海的腹地，原料丰富，特别是在上海发展的棉纺织工业及丝纺织工业，其原料可以就近取给。其次，上海是一个运输的中心，不但华中华北华南，有水运与上海联系，就是全球各重要商业国家，都有定期或不定期的轮船，来往上海。因此，凡是利用国外原料从事制造的工业，多集中于上海。第三，上海有很多的技术工人，粗工亦从江北及其他区域，汇集上海，因此在那儿开工厂，工人的招募，不成问题。第四，上海是中国最大的市场，一切制造成功的货品，不愁没有出路。最后，上海是中国金融的中心，一厂开在那儿，资金的通融，甚为方便。有了这几个优点，所以上海能成为一个工业的中心，别的沿江沿海都市，所以能够吸引工业，也是因为他们多少具有上述的几个优点。

抗战发生之后，沿江沿海的都市，为敌人所占据或摧毁。中国过去数十年辛辛苦苦所培植的工业，遭受了严重的打击。于是有一部分人士，以为过去将工业集中于沿江沿海，实为失策。他们以为从国防方面着眼，应当把工业建设在敌人的威力所难达到的内地。西南与西北，是他们理想的工业区域。可是太平洋战争爆发之后，证明了西南也不是最安全的区域。同时，我们还要记得，现在的敌人是从东北来的，是从海上来的，所以西南西北，似乎比东南东北安全一些。这次抗战胜利之后,我们能够保险,将来的敌人,就不会来自西北或西南吗? 所以,假定某一个区域是安全的,而把工业集中于这个区域之内,从国防的观点看去,与过去把工业集中于沿江沿海,同样的是失策。

二

我们将来所要建设的工业区,第一要顾到经济的条件,第二要考虑国防的安全。只有一个办法,可以达到这两个目的,那就是,在中国境内,分建若干工业区,而非如过去的集中于沿江沿海,也不是如少数人所提倡的集中于内地。

中国有一句俗语,告诉人谋安全的方法,就是狡兔三窟。外国也有一句意思相同的话,就是不要把你所有的鸡蛋,放在一个篮子里面。外人的工业区,似乎是与这个原则吻合的。以英国而论,他的主要工业区,至少有五个。第一是伦敦区;第二是中部区,包括曼彻斯特(Manchester)、里子(Lecds),及北明翰(Birmingham)等都市;第三是苏格兰平地区,包括格拉斯哥(Glasgow),及爱丁堡(Edinburgh);第四是南威尔士区,包括布利斯托(Bristol)及加的夫(Cardilf);第五是东北区,以纽卡斯尔(Newcastle)为中心。在这一次欧战中,第一第二两区,遭受轰炸的次数最多,其余各区,则比较安全。再看德国,也有五个重要工业区。第一是柏林区;第二是萨克森(Saxony)区,有开姆尼斯(Chemnitz)及德累斯顿(Dresden)等都市;第三是西里西亚(Silesia)区,以布累斯劳(Breslau)为中心;第四是巴伐利亚(Bavaria)区,包括努连堡(Nurnberg)、慕尼黑(Munich)及斯图加特(Stuttgart)等都市;第五是最重要的鲁尔区,从埃森(Essen)到曼海姆(Mannheim),沿着莱因河畔,排列着大大小小无数的工业都市,连接起来,成为世界上一条最有名的工业带,可与美国从纽约到芝加哥的工业带相媲美。最近这一两年,柏林区与鲁尔区,常遭英国飞机的轰炸,但别的区域中,生产仍能照常进行。苏联的情形,与英德相仿佛。最重要的乌克兰区,是沦陷了,列宁格勒成为战区了,但他还有莫斯科区,还有以马格尼多高尔斯克(Magnitogorsk)为中心的乌拉区,及以斯太林斯克(Stalinsk)为中心的阿尔泰区。就是我们的敌人,在他小小的岛国内,也有四个重要的工业区,即东京横滨区,名古屋区,大阪神户区,及长崎区。一个国家如把工业分散在各区,从国防的观点看去,是最安全的,因为除非敌人把整个的国家占据了,他决不能把各区的工业,完全加以摧毁,英德苏三个国家的例子,最可以说明这一点。从经济的观点看去,也只有把工业分散在各区,才可以做到地尽其利。一个国家的资源,是分散在各地的,只有把工业分散在各区,才能充分开发各地的资源。

三

从上面所述的观点出发,我们以为中国至少可以建立七个重要工业区域,即(一)东北区,(二)华北区,(三)西北区,(四)华东区,(五)华中区,(六)华南区,(七)西南区。每区的面积、人口及主要物产,兹列表如下。

(一)东北区,包括辽宁、吉林、黑龙江及热河四省。

(A)面积　1 247 356 方公里。

(B)人口　28 543 985 人。

(C)主要物产　小麦、高粱、大豆、皮革、木材、煤、铁、锰、铝、金、石油、盐。

(二)华北区　包括察哈尔、绥远、河北、山东、山西、河南六省。

(A)面积　1 231 628 方公里。

(B)人口　116 754 702 人。

(C)主要物产　小麦、高粱、小米、玉米、大豆、甘薯、花生、棉花、芝麻、火麻、烟草、皮革、煤、铁、铝、金、盐。

(三)西北区　包括宁夏、陕西、甘肃、青海、新疆五省。

(A)面积　3 379 437 方公里。

(B)人口　23 030 794 人。

(C)主要物产　小麦、燕麦、高粱、小米、玉米、羊毛、皮革、乳酪、煤、石油、盐。

(四)华东区　包括江苏、浙江、安徽三省。

(A)面积　353 650 方公里。

(B)人口　81 054 258 人。

(C)主要物产　稻米、小麦、大豆、花生、油菜、棉花、蚕丝、茶、烟草、桐油、煤、铁、盐。

（五）华中区　包括湖北、湖南、江西三省。

（A）面积　565 044 方公里。

（B）人口　69 614 213 人。

（C）主要物产　稻米、小麦、大麦、高粱、油菜、甘蔗、棉花、苎麻、茶、桐油、烟草、煤、铁、锰、钨、钼、锑、锡、铅、汞、金。

（六）华南区　包括广东、广西、福建三省。

（A）面积　558 969 方公里。

（B）人口　57 593 651 人。

（C）主要物产　稻米、甘薯、甘蔗、蚕丝、茶、皮革、煤、铁、锰、钨、钼、盐。

（七）西南区　包括四川、西康、贵州、云南四省。

（A）面积　1 386 067 方公里。

（B）人口　75 635 548 人。

（C）主要物产　稻米、小麦、大麦、燕麦、高粱、玉米、油菜、甘蔗、蚕丝、烟草、桐油、羊毛、皮革、猪鬃、木材、煤、铁、镍、铜、铅、锌、铝、锡、汞、金、石油、盐、磷。

以上这七个区域，面积广大，人口众多，物产丰富，工业发展的可能性是很大的。西北区的人口，在这七个区域中是最少的，但就以西北区而论，南北美27个国家，只有美国与巴西的人口超过他，非洲32个国家或殖民地，没有一处的人口，赶得上他。人口最庶的华北区，世界上只有印度、苏联、美国3个国家超过了他。人口次庶的华东区，与德国相差无几，华中、华南及西南三区，每区的人口，都超过了英、法及意大利。我们如利用这些区域中的人力，加上新式的生产工具，来开发这些区域中的资源，我们是不难成为世界上头等的富强康乐之国的。

四

工业区域的范围，已经划定，我们便可进而讨论，在这些工业区域之内，我们应当建设一些什么工业。

我们只要检查一下欧美各国的工业分类表，就可以知道工业已经发达的国家，其工业是有一整套的，这一整套工业，彼此互相扶助，互相满足，以达到巩固国防,增进人民福利的目的。我们过去的工业,如与欧美各国的工业相比,我们的一个缺点,就很显然。这个缺点就是:我们的工业,不是整套的工业,而是枝节的,不是整体的,而是局部的。我们常说过去中国只有轻工业,而无重工业。就是说明了我国过去的工业,并不是整套的。不是整套的工业,其最大危险,就是失掉了外界的联络,就很难生长发育。

整套的工业,应当包括哪些部门呢?我们的意见,以为至少应当包括十个部门,即(一)冶金工业,(二)机械工业,(三)动力工业,(四)化学工业,(五)兵工工业,(六)食品工业,(七)衣着工业,(八)建筑工业,(九)交通器材工业,(十)印刷工业。每类工业,还可再分为若干种。譬如冶金工业,便包括炼铁、炼钢、炼铜、炼铅锌铝锡等工业,其中以炼铁炼钢为最基本、最重要。有了钢铁,许多别的工业,都可以立足。匹兹堡是美国的钢铁业中心,在匹兹堡及其附近,便有2 500多个工厂,利用当地钢铁厂的产品,制造钢管、铁链、锅炉、引擎及其他各种铁器。现代的生产方法,与以前不同的,就是以前用人力生产,而现在则用机械生产。机械都是用钢铁做成的,所以假如机械工业是近代工业的中心,钢铁工业可以说是机械工业的基础。有了钢铁工业,机械工业才可以自立,以前在上海附近设立的机器厂,所需的原料,大部分要靠海外供给,就是因为我们自己没有钢铁厂的缘故。将来我们要在各区,于可能的范围内,设立许多钢铁厂。这些钢铁厂设立之后,我们便可发展机械工业,制造别的工业中所需要的生产工具。这些生产工具,应当利用电力来发动他,所以在各区内,应当利用水力及煤力,设立许多电力厂,构成几个电力网的系统。在动力工业中,电力自然是最重要的,但炼油及制造酒精,也要加以注重。化学工业,其种类虽然繁多,但其所用的重要原料,也不过几种,凡是出产这种原料的地方,都可以设立化学工业。这些原料之一,便是煤焦。我们可以利用炼焦的副产品,制造炸药、染料、药品、香料及摄影化学材料。其次是盐,我们可以用他制造纯碱、烧碱、白漂粉及盐酸。第三是木材,我们可以用他制造人造丝及纸张。第四是油,我们可以用他制造油漆及烛皂。第五是硫磺及磷,我们可以用他制酸、炸药及肥料。这些产品,对于国防或民生,均有贡献。兵工工业,制造枪炮弹药,可以说是狭义的国防工业。食品工业、衣着工业、建筑工业及交通器材工业,解决人生衣食住行四大问题,其中交通器材工业中之造车、造船、造飞机等部门,在平时的出品,可为运输之用,一旦战事爆发,便可改造坦克车、轰炸机、战斗舰等等武器。印制工业,包括印书、印报纸、印杂志等部门,是供给我们各种读物的。

五

以上这十种工业,有的在中国还未下种,有的在中国只现萌芽。我们主张在抗战胜利之后,在每一区域中,都要设立这些工业。我们研究一下各地的资源,知道这是很可能的。

冶金工业中的钢铁工业,既是各种工业的基础,我们愿意先研究一下在各区设立钢铁厂的可能性。钢铁工业最主要的原料是铁砂与可以炼焦的煤。东北区的铁砂,在中国全部最为丰富,庙儿沟、弓长岭、鞍山等处的铁砂,敌人已在大规模的开采。煤焦可取自抚顺、本溪湖等煤矿,或利用华北区中开滦的煤,运输亦便。华北区的主要铁矿,有察哈尔的宣化,河北的滦县,及山东的金岭镇。其中宣化的龙烟铁矿,抗战后敌人已在利用。炼焦可取自河北的磁县、井陉及开滦,山东的博山中兴。华东区的主要铁矿,在安徽的当涂与繁昌,及江苏的凤凰山与利国驿,煤焦可取自安徽的淮南,江苏的铜山,及浙江的长兴。华中区大冶的铁矿,早已开发,他如鄂城、宁乡、茶陵等处,尚有铁砂,可以利用。煤焦可以取自萍乡及湘潭资兴。华南区的广东钢铁厂,数年前即有设立的计划,铁砂取自云浮,焦煤取自乐昌及乳源,不足时可由他区以水运供给,或向国外补充。西南区是抗战的中心,四川的綦江与涪陵铁矿,及云南之易门铁矿,已经开采,煤焦则仰给于四川的江北,贵州的桐梓,及云南的宜良、嵩明。在我们的七个工业区域中,只有西北区设立钢铁厂还成问题,因为西北还没有发现大规模的铁矿,新疆虽然很有希望,但铁矿的所在地,偏于西部,离市场太远,是其缺点。此外,就各区的共同缺点来说,就是铁砂与焦煤,并不是产生于共一地域(东北区的情形较佳),所以将来钢铁厂设立的地点,颇费考虑。

环绕着各区的钢铁厂,一定可以设立许多机器厂。各区的机器厂,可以看当地的需要,制造各种生产工具。譬如东北及华北的机器厂,可以制造磨粉的机器;而华东及华南的机器厂,则可以制造碾米的机器;华北及华东的机器厂,可以制造棉纺织的机器;华中的机器厂,可以制造麻纺织的机器;而华南的机器厂，则可以制造丝纺织的机器。诸如此类的例[子]，只是要说明各区虽然都要设立机器厂，但不一定要制造同样的机器。他们的业务计划，是要研究市场上的需要而后定的。最好各区能够分工合作，以收大量生产的效果。

动力工业中的电力厂，是各区都要设立的，因为各种新式生产事业，都需要电力来发动。

兵工工业的各式工厂，也应在各区中设立，以谋国防上的最大安全。

其余各类工业，在各区域中都可以设立多少种，即是每类工业，在各区中都可以有若干代表，但其性质却不一定相同。举例而言，西北区的食品工业，当然要有面粉厂，但不必设碾米厂。西北区的衣着工业，可以有棉纺织厂，也可以有毛纺织厂，但不必有丝纺织厂。交通器材工业中，西北也许可以设立飞机制造厂，但决不能设立造船厂。在各区中，某一类的工业，应当设立哪几种，及每种的规模如何，都要详细研究各区天然的资源及市场的需要，始能决定。

假如分区设立整套工业的计划，可以实现，那么每一个区域中的资源，都可以开发，结果一定可以加增各区人民的收入，提高其生活程度。各区工业的机构，在平时固然以满足人民日常需要为其最大目的，但一旦战争发生，这套机构，便可略加改造，使其尽量供给军事上的需要。所以各区的工业，可以说是巩固国防的，也可以说是改善民生的。

从我们上面的讨论中，可以知道我们虽然主张各区都要设立整套的工业，但却不主张各区在经济上的自给自足。自给自足的理想，以整个国家为单位，世界上还没有一个国家可以完全做到，以国内的区域为单位，来企图自给自足，在理论上是不可能，在实际上也不合算。将来各区虽然都有机器厂，但所制造的机器是不一致的；各区虽然都有化学工厂，但各工厂的出品，是不尽相同的。所以各区的贸易，在工业发达之后，不但不会减少，而且还会加增。现在世界上贸易最发达的区域，就是东美的工业区，与西北欧的工业区。这两个区域中的工业，在世界上是最发达的，但他们彼此间的贸易，也超过世界上任何区域间的贸易。根据这个例子，我们可以相信，将来中国各区域中的工业建设完成之后，中国的国内贸易，将有空前的发展，经济割据的思想，将彼此绝迹，正如这种思想，在欧美各国已经绝迹一样。

原载《经济建设季刊》1943年第1卷第4期

由地理观点论西北西南之经济依存关系

齐植璐

一、引言

  不久以前,时贤之言建设西北问题者,曾有一有力的观点,即以西南之余力,助西北之发展。盖西北经济建设的主要症结,为人才、资金、器材的缺乏,致许多农矿资源,不能充分开发。而西南为抗战后内迁厂矿汇集之区,人才萃聚,游资充斥,一部分工业更感觉到原料的不继,与成品的滞销,前者如纺织工业,后者如机器及钢铁工业,而这些问题都要由建设西北来解决,因为西北不但为一部工业原料的产地,并且还是一部工业成品,特别是机器与钢铁材料的销场。这个观点曾鼓励了西南许多热心建设的技术企业专家联袂往西北实地考察,最近更有钢铁、机器、盐碱等若干工厂在积极筹设西北分厂,这的确是非常可喜的现象。不过,我们认为西北与西南的经济建设,是应从建国的久远大计着眼,而不应仅由战时权宜之计设想的。目前促进西北建设的西南实业家,其热诚及志趣实可令人钦佩,我们很相信他们对于西北的建设都具有无穷的期望,而并不是单纯的为了推销滞销成品,消纳过剩资金,以解救其目前所遭受的胁迫而去的。但对于战后西北与西南两区经济建设联系的前途,则恐怕很少有人加以考虑和估计。

  从中国经济发展的趋势和自然地势的限制来看,为战时特殊情势所促成的西北西南两区之经济结合,到抗战胜利、常态恢复之后,此结力脆弱的一环,一定会为华北和东南两区的重大拉力所破坏。目前,我们虽不敢说西北西南的各个企业家,都抱着"五日京兆"之心,但却也不敢说在各个企业家心目中毫无战后"另起炉灶"之想。所以今日对于战后西北西南建设之依存关系极应高瞻远瞩深思熟虑,树立起坚定不拔的信念,不但政府要拟订"建设十年计划",即私人企业家,也应拟订一个比较长期的事业计划,以为西北西南两区奠立一个互给互足自立自存的基础。

现在,我们试从中国经济地理和国防地理上的特征,来说明西北西南两区,在国防经济建设上有相互依存的必要与可能。

二、中国地理的特征——纵断经济与横断国防

从中国的自然地理上观察,可以得到两个主要的特征:第一,即中国大陆自海拔5 000公尺以上号称"世界之屋顶"的西藏高原起像阶梯一样向东南海岸逐级下降,最显明的一级,即是由东北的兴安岭经燕山、太行山、嵩山及鄂西的"长江峡山",以迄西南部贵州高原东缘的一线,此线以东,包括松辽平原、黄河平原、长江中下游平原和粤江流域,除东北边境的山地、台地,山东、辽东两岛,和东南沿海区的丘陵地以外,都是广大的平原地带。自此线而西则仅可找到四川盆地、陕西泾渭盆地、绥远宁夏的河套平原、新疆的塔里木与准噶尔盆地这几块局部平原,其余都是高原、山地和台地。第二,中国的分水岭,除横断山脉外,都是东西走向的,阴山、秦岭、南岭三大山系将中国本部沿纬度横分为四段,即内蒙草原、黄河流域、长江流域和粤江流域,由于这些横断山脉的阻隔,各流域间很少天然的通道相互沟通,黄河与长江二流域的交汇地带,淮泗平原,和纵流其间的运河,可以说是南北交通的唯一的康庄大道了。除此之外,则仅有黄河冲积平原与长江中游盆地之间,由秦岭与大别山的缺口所构成的"南襄夹道",及斜贯此夹道中间的汉水支流唐白二河,和长江中游谷地与西南台地之间,由南岭和都庞岭的缺口所构成的"湘桂夹道",及连接长江支流湘水与粤江支流漓水的灵渠,为纵贯中国中部的两条重要交通孔道。

由于此种自然地势的影响,中国在经济地理上,也表现着一个主要的特征:即各区域经济的发展,除东北区外,其趋势大都是东西走向,并且和江河的流域一致的。海口和河流就是构成每个经济区的心脏和动脉,农产品和工制品的对流,输出品和输入品的吐纳,水产品和林产品、畜产品的交换,以及劳力的移动,资本的流通,都依循着这国内海口和河流所构成的循环系统而进行。因之在同一流域之中,从乡村而城市内,从内地而沿海,从高地而平原

乃由其盈亏相济,有无相通的依存关系,而构成一个不可分割的经济单元。

第一单元为长江流域区。长江最饶航利,有"长海"之称,大小汽轮可通航 5 200 公里,民船可通航 11 750 公里,帆樯所及,西藏高原的药材、羊毛,四川盆地的生丝、牛羊皮、豚毛、桐油、蔗糖,汉水流域的小麦、羊毛、棉花,唐白河及郧水流域的大豆、芝麻,湘沅、资、沣诸水流域及洞庭湖滨的米、茶、桐油、苎麻、木材、锑砂、水银,赣、信、昌诸江流域的米、茶、木材、药材、钨砂、瓷器,巢湖及水阳江流域的米、茶、木材、铁砂,均可沿江东下,汇集于上海。第二单元为粤江流域区。粤江航利,仅次于长江,综计航程,可通大小汽轮 1 140 公里,电船 2 080 公里,民船 1 230 公里,不仅东、北、西三江流域之丝、茶、糖、水果、桂油、茴油、桐油、石膏、锰砂、锡砂,均可顺流直下广州,即赣南之钨,湘南之锑,黔东之汞、木材,滇东之锡、茶叶,亦均可溯滇水、武水、榕江、右江等粤江支流,转运以至广州。第三单元为黄河流域区。黄河仅上游兰州至包头段,与支流洮、湟、渭、汾诸河可通民船。下游黄河口至济南,涨水时可通轮船,包头至济南一段,尚无法航行,惟两地之间,已有平绥、平浦二铁路为之连接,仍可维持一完整之运输系统。加之北方原野广漠,陆行极便,驿运有晋、陕、甘之骡马,内外蒙、新疆之牛、马、骆驼,青海、西藏之牦牛,可北至库伦、乌里雅苏台,西至奇台、疏勒,故宁夏、张掖、西宁、包头、张家口之羊毛,及兽骨、胡麻子、甘草、吐鲁番、西安、太原、灵宝之棉花,大同、太原、张家口之山羊皮,乌里雅苏台之狐皮,张家口、多伦之马,大青山之羊,井陉、平定、晋城、唐山乃至焦作、六河沟之煤,宣化、阳泉之铁,以及陕豫各省之余麦,均可汇集于天津。以上长江、粤江、黄河三流域,和松花江辽河流域之东北,为中国四大经济单元,其余各小江河流域,如以宁波、海门、温州为出海口的甬、灵、瓯三江流域,以三都澳、闽侯、晋江、厦门、汕头为出海口的闽、晋、漳、韩四江流域,以烟台、青岛为出海口的胶莱河流域,依其地势、山系、气候、资源、交通等条件分析,都只能分别算为长江、粤江、黄河三大流域的一部。

所以,中国的经济区,都是纵断发展的,虽然铁路的交通,对此种趋势可能的加以转变,如河南周家口地当颍河上游,江苏青江浦位于淮运交点,均为过去水陆交通之要冲,自平汉、津浦二铁路通车后,其繁荣即各为郑州、蚌埠所夺,但其影响终是有限的。我们可以举出两个事实加以证明,其一,凡是与水路平行的铁路,其货物运输都遭遇强烈的竞争,而不能充分发展,如战前各铁路全年的营业进款（据民国二十三年申报年鉴资料改算），广九路客运的收入，要占到总收入的81%，货运收入则仅占12%，京沪路客运占总收入79%，货运仅占18%，沪杭甬路客运占总收入72%，货运仅占26%，南浔路客运占总收入60%，货运仅占38%。可见各该路沿线的货运，仍分别在与之平行的粤江、长江、南江（及沪甬海航线）、赣江等航线掌握之中，铁路只能作为水道交通的辅助线，对物资输送的方向，根本不能加以改变。其二，凡连接海口和内地都市，或贯通内地都市之间的横线铁路，其货运业务常较连接两个沿海都市或两地内地都市的纵线铁路为发展，如平绥路货运占总收入72%，客运占19%，而津浦路则货运仅占总收入43%，客运反占52%。如再依运货量分析，北宁路二十三年全年平均每公里运货5 012公吨，而平汉路则每公里仅运货3 262公吨，可见铁路只能作为海口交通的营养线，各横线的铁路，固不必说，即就纵贯中国本部的津浦、平汉二路来看，它们也决不能使沿线的大小市镇，完全摆脱沿海口岸和江河流域的影响，如前者的徐州蚌埠，后者的郑州，即是淮泗平原和兖豫平原物资南北分运的交点，如郑州之棉花，徐州之莱牛，由此或北上以运平津，或南下以趋沪汉，或东向以至青岛，仍旧要就近择一海口为尾闾，而不能建立起两个从天津至浦口，从北平至汉口的横断的经济单元。

  基于上节的分析，可知中国各经济区，工业和贸易的中心都分布在沿海各"点"，凭借着交错的铁路和航运"线"，控制着广大的"面"。因之，区区527方公里的上海，可以利用16 900余公里的长江航线，和2 500余公里的东南沿海与华中铁路线，在经济上控制着将近190万方公里的长江流域，并进而控制1 100余万方公里的全中国。不及90方公里的天津，可以利用6 000余公里的黄、白、淮、运诸河航线，和6 000余公里的华北铁路线，控制着不下600万方公里的黄河流域和蒙古新疆。同时，由于这几个经济中心都偏在于每条横线的东端，所以全区经济的繁荣程度，也由东往西而成波状之递减，距中心愈远，愈由冷落以渐趋于荒凉，这种趋势，正和我们前面所说的，自然地势成阶状之递降的趋势相反，其分别最显著的一线，也就是从大兴安岭至贵州高原东缘的一线，假如我们从北平起，沿太行山南向，经郑州、宜昌、常德、梧州到钦州划一弧线，则此线以东，土地面合计64万方里[①]，占全国的15%，

---

 ① 此处有误，原文如此。

人口合计31 000万人，则占全国的70%以上（据翁咏霓先生估计）。如再将此圈扩大，从东北的瑷珲，到西南的腾冲划一直线，则此线东南，面积不过占全国土地的30%，而人口则要占到全国人口的90%以上（据胡焕庸先生估计）。我国最丰富的粮食库，最完备的军火库，最密集的交通网，最进步的工业带，最繁盛的贸易港，最古老的文化城，都分布在此一地带。

由于前述自然地势的影响，中国在国防地理上，则表现一个刚刚和经济地理相反的特征，即我们国防线的形成，应该是横断的南北走向的。我国版图，三面环陆，以直线计，陆防线可达15 000公里左右。虽较海岸线为长，但我大陆边界，颇多天然要塞，如东北区，面临鸭绿、图们、乌苏里、黑龙诸江；背负长白、兴安二山，表里山河，可称为两重障壁。西北区外隔阿尔泰、喀剌昆仑诸山，内区大戈壁沙漠，亦不失为天然沟堑，西南区则喜马拉雅山屏障边围，更不啻险要天成。惟沿海国防线，北起鸭绿江口，南迄北仑河口，长达6 000海里，沿海岛屿之海岸线，尚有4 400海里，自北库页岛、朝鲜、琉球群岛、台湾、澎湖列岛、香港等外围海防线，不为我有，沿海藩篱尽撤，门户洞开，杭州湾以北至渤海湾，大部为上升的沙岸，固以海岸平直，而不易设防，即杭州湾以南至雷州半岛的岩岸，虽港宽水深，岛屿棋布，利于设防，然在缺乏优势海军作外线防御之我国，亦无所用之，并易资为敌人内侵之捷径，故我沿海国防，其险要形势，还不足与大陆国防同日而语。

海防形势，既非万全，沿海陆防，尤为不利。渤黄二海沿岸，当黄河长江下流，大部为冲积平原，坡度平缓，地势坦荡，利于机械化部队之活动，而长江自吴淞以上，江面浩阔，至江阴靖江之间，始由七八里缩窄至一里半，再上在苏皖境，则仅有南京镇江间之焦、象、狮子、乌龙诸山，芜湖当涂间之东西梁山，夹江对峙，足为门户，但吃水27呎之兵舰，仍可溯流直上。所以我沿海大陆，从燕山东北端，西南行经太行、伏牛二山，再折向东南，沿大别山，渡江接黄山、天目山，以至钱塘江，可划一纵弧线，此线以东包括黄河、淮泗。长江下游诸平原，除鲁南之泰山及沂、蒙、峄诸山山地，江南之大茅山地，皖南之九华山地，以险要著称，江北之运河湖群，江南之太湖及河汊泽地，足以发生阻塞作用外，其余之广漠平原，均极难于设防。

此外，华北由阴山山脉西行，至大青山、乌拉山，折向东南，溯黄河而下，以至风陵渡，华中由汉水中流南下，掠武当、大巴诸山脉之东端，折而东向，横越洞庭湖,沿幕阜山、鄱阳湖,以至武夷山,华南由韩江中游西向,横越梅、龙、漪、绥各江至西江之羚羊峡,再经云开大山以至十万大山,都可分别划一弧线,第一弧线之内,包括山西及绥东高原,"太行八陉",夙称险要。西南部吕梁、中条二山,亦有军事上有利之据点,惟山西境内,地沟盆地与地垒山地并,汾河两岸,地势殊为平缓,口北一带,自张北至多伦则为凸凹沮洛之草场。即置身高原之上,亦至平夷旷衍,极目无际,诚所谓"既不见峰峦之蔽,亦不见沟壑之隔,昔既便胡马之长驱,今复见汽车之驰骋",在兵略地理上亦非绝对有利之形势。第二弧线之内,包括洞庭盆地、鄱阳盆地,东北部之桐柏、大别,中部之幕阜山,东南部之武夷、黄山,均为天然屏障,惟长江虽有马当、武穴二门户,设江防不固,敌优势海军仍可逆流而上,平汉路来自黄河平原,敌奇如冒险南下,所受威胁亦甚大。第三弧线之南为广东沿海区,广东海岸线最长,自东而西,有南澳岛、汕头湾、碣石湾、墩头湾、大鹏湾、香港、澳门、珠江口、广州湾、钦州湾,除雷州半岛外,均为岩岸,极便于敌舰之活动。所以,以上之区,都非国防绝对安全之区域。

拉铁摩尔(Owen Lattimore)论"相持不下之中日战争"曾有云:日本不能战胜中国的最大原因,为其不能掌握征服中国的三大筦钥,即山西全省、潼关和汉水流域,所以吕梁山接连三崤、熊耳、外方、武当、巫诸山东端的一线,即所谓"大西北"的东缘,可以说是中国国防线的第一条天然沟堑,从幕阜、九岭、武功诸山,经大庾岭,至云开、十万二大山一线,即所谓"大西南"的东缘,可以说是中国国防线第二条天然沟堑。因此在全中国疆域中,只有"西南"、"西北"这一大横断区域,才是我们抗战建国的根据地。

三、西北与西南区经济联系之必要与可能

基于以上的说明,可知"西北"、"西南"两区,在国防地理上俨如全国之心脏,可以"居高临下,高屋建瓴"之势,控制华北及东南,但在经济地理上则只是华北及东南两区之尾巴,有羊毛棉花而无棉毛纺织工厂,有森林矿山而无木材矿砂市场,失掉了华北和东南沿海区的工业区和贸易港,则其物资的供应,特产的输出,资源的开发,都感受到沉重的威胁,而不能完全自立自存。所以为了纠正过去经济发展的缺陷,为了建立今后国防安全的始基,我们不

但要求这两区在经济上能达到独立发展的地步，并且还要使它们声气相通，打成一片，形成一横断的国防经济的单元。

西南的经济中心在四川，西北的经济中心在陕甘，将来此横断的国防经济区的中心，当然也应该在重庆、成都、西安、兰州四个据点之间。所以四川和陕甘的联系，实为构成此国防经济单元的前提。但在前面我们已经说过，这两个最有联系之必要的西南区和西北区，在自然地理上是绝少康庄大道可通的，秦岭和大巴山地就是其间的两重障壁：秦岭地形，长700公里，宽150公里，平均高2 000公尺，若干一部分且超过3 000公尺以上，山地的贯穿，均赖水流之侵蚀，河流在北较短，南坡较长，互接之低矮山径，即成为道路的由来，惟谷狭且险，常成峡谷隘路，因有所谓"栈道"。大巴山较秦岭狭且低，约宽80公里，高1 000至2 000公尺，地质构成，以页岩及石灰岩为主，前者使高度减杀，形成谷地，后者则呈现悬崖与峡谷，穿过秦岭至大巴山的路径，只有：（一）秦岭道，即由西安沿大略河越秦岭隘路，循干祐河至洵阳东向走安康紫阳，再沿任何［河］谷以入川。（二）子午道，由西安经子午镇翻一高隘至石泉，亦可转紫阳沿任何［河］谷入川。（三）黑水蒲河道，由盩厔经黑水河或蒲河于文公庙越岭，以至汉中。（四）陈仓道，由渭水流域经煎茶坪越岭，循嘉陵江支流至凤县越凤岭以至汉中，或由凤县经两当徽县入川。（五）徽县天水道，由渭河上游盆地经天水，以至徽县。除最后一条路径，仅须翻越一低缓之山岭外，其余均崎岖难行。

由此可知，我们如欲使"西北"和"西南"这两个孤立的区域，在经济上相互联系，以结合成国防经济的单元，则对于这些天然的限制，必须以极宏大的人力加以打破，其最重要的关键，当然在于交通。兹试分水道、铁路、公路三项，以说明其可能：（一）水道。水运铁路的载量都很大，但两者运费比较常为七与一之比，故今后对交通建设，自应着重水运，且该两区水道连络，为沟通黄河长江上游之重要航线，将来疏浚成功，则东北至沽河诸江，东南至珠江，均一苇可通，影响所及，将不仅为两区本身之连络，抑且为全国水道网之完成。至其联络路线，就目前所知，可有两条：第一，为渭水与汉水之沟通，汉水大水时可通航至陕西沔县之新口湾，小水时可达城固，城固距渭水流域之宝鸡，尚有120公里，渭汉二水之联络，据李仪祉先生设计，可由西安经引驾回至沿大峪河逾秦岭，循干祐河至西河关入洵河，以达与汉水交汇之洵阳、干祐、洵河,如筑堰作闸,以渠化之,可全部通航,由洵阳直达营盘,营盘至西安相距非遥,可以过山轻便铁路连络,干祐、大峪二河富水力,行车动力,亦可不费而获。第二,为渭水与嘉陵江之沟通,嘉陵江可由重庆上航740公里至广元,广元至白水江镇160公里如加疏浚,亦可通航10吨木船。广元至南郑相距180公里,如再上航至略阳则汉水之沔县相距仅70公里,白水江镇距甘肃徽县相距亦仅50公里,联络至为易易。第三,为洮河与嘉陵江之沟通,即沟通白龙江与洮河,亦曾由黄河水利委员会实地测量,加以设计。(二)铁路。秦岭大巴山山径险阻,铁路修筑,自非甚易,然"西北"、"西南"两区铁路之修筑,自可尽量采用"窄轨制",而不一定要采用1.435公尺之标准轨距,此办法就国防及经济观点而言,不但合理,而且切要,因为如此则我们可以减轻建筑时国家财政的负担,减少初期铁路营业的亏蚀,而迅速完成国防交通的需要。所以我们不妨把这两区划为窄轨铁路区。对于铁路线的规划,依照国父的实业计划可有两条,其一为重庆西安线,全长450英里,其经过路线约与我们前面谈的"子午道"相当。其二为重庆兰州线,全长约600英里,沿嘉陵江纵贯川境,入甘境后取笔直线至兰州。此外在一般专家计划之中者尚有天水成都线,在川境之一段,沿旧驿路及川陕公路,然后北溯涪江转循嘉陵江之纵向支流,于绕过剑门关的悬崖峡谷后,再沿嘉陵江北越秦岭,至天水与陇海路接轨。(三)公路。公路运输,虽非至廉,然西北盛产石油,燃料取给甚便,同时战时交通建设,复以公路为最易,且川陕、成兰二公路,交通颇便,另一新线甘川公路北段已由兰州通至×××,南路已由重庆及成都通至××,仅余450公里一段,尚未修完,将来全线通车,较旧线更可缩短458公里。由上可见,陕、甘及四川的交通联络,无论水道、铁路与公路,均可不成问题。

构成两区经济连锁的第二个重要关键,则为资源的配合,即农、林、牧及工矿业产品的互给与交换。西南各省农产有稻米、小麦、油菜、甘蔗、烟草、苎麻、生丝;林产有木材、桐油、茶;畜产有山羊皮、水牛皮、猪鬃;矿产有煤、铁、铜、铅、锌、铝、钨、锡、汞、锑、锰金、磷、盐;工业产品有制糖、造纸、棉纺织、冶铁。西北区农产有棉花、小麦、大麦、高粱、燕麦、荞麦;畜产有羊毛、羊皮、牛皮、驼毛;林产有槲树皮、生漆;矿产有石油、石膏、硫磺、盐、碱、硝、煤、金;工业产品有皮革、毛纺织、棉纺织、面粉。前者特饶于金属矿,而最感缺乏者为石油、棉花;后者特饶于石油、盐碱、毛革,而最感缺乏者为铁及非铁金属矿、糖、茶,纸亦极感需要。故两区之间,对各项产品之生产与供应,亟应统筹规划,期能有无相通,盈歉互济,以促进其全盘经济事业之依存发展。例如汉中气候,与河南灵宝颇为相近,对灵宝已推行有效之德字531号棉种,自可尽量推广种植,增产棉花,以供四川一部分纱厂之原棉需要,甘肃石油亦可大量开采,以接济西南区工业及交通之燃料,川北煤铁量质俱优,可筹设小型炼铁厂,以供应汉中及陇南一带工业用铁及农具。构成两个经济连锁的第三关键,为企业的联系,政府应一面奖励西南区厂矿尽量移植或设立分支机构于西北,一面促进西南西北原有各有关厂矿在器材、技术、经营各方面完密配合,再一面拟定战后保障及奖励西南西北民营工矿业的根本办法,俾各厂矿目前能安心生产,将来能赓续发展。其他各项,无不有相互配合及调剂的可能。

总结言之,在西北西南两大区域中,其农业、森林、畜牧、矿冶、盐业和工业等区位的配合,甚为完整,如诚能在交通的沟通、资源的调剂和企业的联系三方面,都完全做到,则这一个综合的国防经济单元,一定有无限发展的希望!

原载《新经济》半月刊1943年第9卷第5期

西北与西南农田水利之展望

张有龄

一、西北西南之农田水利

抗战以来，人皆曰西北或西南，试述其简略分法。置地图于案端，可知除东三省外，吾国主要省份乃在经线100度至120度与纬线23度至43度间，将此正方于110度经线上对分为二，西半之地距海面1 000至4 000公尺不等，可称之华西高地，将此长条再于纬度33线上对分为二，则北部可称为西北高原，南部称为西南山地。南北之分由于地理环境，西北全年平均气温约摄氏12度，西南为16度，西北全年平均雨量为400公厘，西南为1 000公厘，西北包括陕西、甘肃、宁夏、绥远及青海之一角，大部在黄土区域，山层埋没于下，表面广大平原，是以称为西北高原；西南包括四川、贵州、云南、广西及西康之一角，按地质学家之研究乃古代湖海，因地壳之演化而突升陆地者，表面土层浅薄，是以称为西南山地。

概论吾国农田水利，华东以大片平原，黄河淮河长江珠江蜿流其间，是以引水易而排洪缓，华西则山域高地，大小河流几皆引注黄河长江之上游，是以泄水速而取水难，故华东之农田水利着重排洪，华西之农田水利着重灌溉。西北大部为黄土高原，地面平坦，灌溉计划以规模大为经济。按本文所划定之西北面积约计10 000万[①]平方公里，美国地理教授CroSSoy估计此区域内黄土高阜地约占全面积之半。黄土为黄河流域之主要土质，乃风力所携积者，其厚度约60至80公尺，是以地下水极深，土质虽具有显著毛细管作用，

[①] 此处有误，原文如此。

然以雨量微少,未足以供农产品之需求,加以林木疏缺,气候干燥,各种农产无不有赖于天雨,天雨不足,即患旱灾。试统计绥远、宁夏、陕西、甘肃、山西(青海估计缺如,其在所论范围内之一角,以山西省补进)五省之总面积约140 000万亩以上,垦殖之地约计14 000万亩,占全面积1/10,此乃整个西北之平均数目。其农作繁盛地带,亦鲜有超过20%者,比之德国农作地占全国面积63%,诚可知吾国西北地利之未尽善用也;而垦殖地面内已施灌溉者约1 400万亩,仅占垦殖地面1/10,垦殖之地,既极有限,而10亩中又仅1亩受灌溉之益。换言之,其余9亩,仍有赖天雨,偶遇旱灾,颗粒不收,是以史中西北旱灾,屡载不鲜,民国十七年至廿一年陕西五年大旱,人民待毙无救,诚文化古国之一奇耻。根据以上数字,西北可开垦之地尚多,而已开垦者尤急需灌溉,故西北农田水利前途大有展望。

吾国有史以来,历代人民以农作营生于西北者从未感土质之退化衰老,可知黄土之赐益于吾族者实至宏且巨,以土层深厚,农作品所需土壤中之矿物质,可源源由下上输,以供吸收,故无庄稼层之困难,地面耕种,虽历千载,其生活力仍旺。是则西北之土壤无劳吾人改进,然干枯之土,质虽肥饶,仍无助于生产,以必需水为媒介也。

至于西北水源,黄河中游为主干,汾洛泾渭四大支流布其间,黄河除由宁夏至归绥间一段外,均循流黄土深谷中,其四大支流莫不皆然,是以需要灌溉之地恒在河水之上,非筑坝升高水位,凿渠引水下灌,无济于事,是项工程规模宏大而艰巨,非目下经济及技术情形所允许,且黄土高原广汛平坦,局部仍多谷壑,非如冲积层平原之一望无际者也。观乎陕西之褒惠汉惠诸渠,其施设之艰巨亦不亚于山地工程。是以此区内之灌溉事业或将有赖于水电之开展,水力发电,以电输水,则耕地虽高出水面甚多,其困难不过形成一电力之问题而已;而水电工程恒以适宜之水库为先决条件,然水库之议限于泥沙,未可贸然从事;夏日大水经流于黄土深谷中,挟携泥沙之力甚大,于七八月间汾河含泥量为重量23%,洛水25%,泾水尤高,最大含沙量达重量之46%,此巨大挟沙量形成水库设计中严重问题之一。

民国以来新兴之灌溉事业,在西北有陕西之泾惠、洛惠、渭惠、褒惠、汉惠,甘肃之洮惠、通惠等渠,总计灌田30万亩,仅占已施灌溉地亩之2%;陕西近年极努力于灌溉事业,成就且及于此;若以整个西北言,农田水利事业之前瞻实甚远大。以上所论皆指农田,此外不能用于耕植之地,尽可发展森林、草药、果园、牧畜,亦西北农业之大计也,农田水利乃一概括之名词耳。

西南农田水利,其与西北之区别奚若,前已述及西南之雨量比西北大两倍半,农田仰给于天雨已足,其于水利之设计,只在如何蓄水排水耳。西南除四川之成都平原为例外,余多山地,环峰之中每有平坝(即小盆地之谓),二坝之间,殊少连系,上百万亩之平地已荦荦大者矣,亦有筑堰凿渠其灌田不达万亩者。可知山地之灌溉规模与平原上者迥异。再西南山地表面土层肥饶者消薄,其土肥饶有助于农产,其层消薄则贵乎保养;西南土层所以向能保存未失者,端赖水田截流,渗透下注,不毛之山,其土受冲刷乃下积成坝,否则水流挟去,不可复得。黔省常见农人从他处取土铺山石坡面,厚仅数寸,种植玉蜀,可知山地中土壤之可贵矣。防冲问题在西南或西北皆极重要,西南之治理在防止冲刷,西北之治理则在减少冲刷,因绝对防止黄土之被冲刷乃不可能也。

西南农田水利按金陵大学 Buck 教授之统计以云南最为普遍,其施水地亩占垦殖地 80%,然吾人于滇省未见有大规模之灌溉工程,盖皆零星之施设,如木堰、水车、沟洫、渠塘等,利用山水下流之势作简易之引水、提水、排水、存水等工事,其规模虽小,而水利之效能一也。此固地势使然,以平地之可贵,曷不充分利用,雨水虽足,不截蓄乃流去,不渲泄则泛滥,稍施设备,即成大用。故西南之农田水利属于小规模者,其施工易而奏效捷,此与西北之伟大工事不同焉。

二、农民地位

吾人研究西北西南之农田水利经济,而于农民之地位亦当顾及,根据 Buck 教授之调查(此调查系根据麦区稻区以分,故于西北西南之情形稍有出入),此二区内有关之大略数字列表如次:

区别		西北	西南
(一)	垦殖地	20%	10%
(二)	灌溉地	10%	70%

续表

区别		西北	西南
（三）	两季种植地	20%	70%
（四）	产品	麦、小米、棉、高粱	稻、扁豆、玉米、菜油
（五）	产量	86%	138%
（六）	每农夫产能	284公斤	616公斤
（七）	出售量	1/4	1/6
（八）	工人工资	31元	87元

附注：（一）表中第五项以全国平均为100%　（二）此表系抗战前调查之结果

表中前二项示以西北开垦之地广而施用灌溉者少，西南开垦地面有限，然施用灌溉达70%，此纯由于地势使然。至三、四、五各项，则因气候雨量之不同所致，固极明显，而后四项可借以测定二区内农民地位之不同，得如下结论：西南之农民生产力大，而消耗量亦大，故生活程度高，西北之农民生产力小，而消耗量亦小，故生活程度低。至第七项更表示在西北，民生有赖于农民之需求更切，而在西南则较微。总结全表，西北对于农田水利需要之急切远胜于西南，故曰大规模之农田水利当向西北开展。

在国家之立场，西北农民之地位较重于西南，而其经济能力则次于西南，换言之，开发西北农田水利，农民自身无此经济能力，必需政府全力之协助，方克有成。其主要原因在：（一）灌溉规模以广大为经济；（二）农民自身之经济能力薄弱；（三）受自然环境之限制，非个人或少数人所可为力；（四）对于民生之需要较切。故吾人主张西北之农田水利以国营为当，而投资建设之眼光，尤宜远大，盖农民受惠即国家之福也，因请简陈其经济施设应当如何。

三、农田水利之经济设施

抗战开端，农田水利非但在水利工程中占第一重要地位，即于整个经济建设程序中亦列于前题，而事业本身之工程问题并无巨大艰难，其主要因素似仅在于财力问题；历年来关于西南农田水利事业，有各省农田水利贷款委员会之设，其措施在贷与或支出款项用以协助或主办小规模之农田水利工程，其优点在于款小工简，易于实现局部之成就，虽不无小补，然于大局实进展有限。根据前述西南之地势气候雨量情形，此类工作之需要实远不逮西北之急迫，盖西北处其自然境遇内，有非人力所能及者，无雨即无衣食；农田水利事业之兴办乃其惟一补救方法，今政府厚于彼而薄于此者，殆为财力所限欤。

吾人常见高楼大厦之兴筑，仓库工厂之林立，大半属于银行界之投资结果，惟灌溉工程，银行界对之似尚不感兴趣，则无非以为用款巨大利率又薄，还本且迟，以及保证程度种种有以致之。今试举陕西泾惠渠为例，引泾水以灌醴泉、泾阳、三原、高陵、临潼五县之田达60万亩，共费工款160余万，每亩折合2元6角，渠成后植棉极盛，产量增进一倍以上，其利之厚究何如耶，今则五县地价高腾，农民衣食皆足，受惠实深，即川中之棉布亦有源出陕州者，是投资之保证更高于其他建设事业者也。兴办大规模农田水利工程事业为国营或为私有皆无不可，前者之组织有如设一西北灌溉局，各工程之工款由银行投资，该局负偿债之责，后者之组织有如设一垦殖公司，购进广大垦区，施以种植灌溉，完成以后自营其产业，或转售其地于农民。在吾国环境中似以前者即国营办法较为切实简洁，其组织内容兹不赘述，原则在于由金融界大量投资扩展西北农田水利，实吾国农村建设中之一大展望，其能稳定西北民生巩固建国基础乃无疑义也。

原载《中农月刊》1941年第2卷第7期

西北西南军事交通建设管见

姚鸿德

欧战爆发，国人视线咸集中此点。诚然，二次世界大战一起，于远东于我国，影响极大，但困难时期，无论国际情势如何演变，惟有凛遵委座迭次训谕，抗战到底，并一面抗战，一面建设，充实后方，以增强前方实力，向建国必成抗战必胜之决定国策勇猛迈进，硬着头皮，咬紧牙关，打开一条出路，则转败为胜，转弱为强，亦正此时，是则鸿德草拟此文之微意也。

西北与西南，非高原即山岳，山谷高深，道路崎岖，欲谈建设，胥自交通入手。自七七抗战以来，短短两年期间，西北公路，西南公路，均粗具规模，而北通苏联，南达缅甸，大陆上国际通路，迅速完成，尤具有重大之意义，但为适应长期抗战暨建国大计起见，现有公路，仍嫌不够，且有可议之点。故扩展路线，为刻不容缓之举。

查现在的西北通苏公路，由川、陕、甘渡漠入新疆哈密，经天山北路迪化、丞化以达苏俄之西伯利亚。

拟议中扩展路线，由川、康、青经新疆天山南路诺羌、且末、和阗、莎车、疏勒（喀什喀尔）以达苏俄之土耳基斯坦。

又现在的西南通缅公路，由川之泸叙，黔之毕节，经滇之昆明、大理、腾越，以达英属缅甸。

拟议中扩展路线，由大理另辟一道，经大姚、元谋，渡金沙江，入西康之会理、西昌，以达川境，其理由则：

1. 新线比较安全；

2. 新线巨〔距〕离比较缩短；

3. 新线经过地方或较富庶，或将来大有发展希望；

4. 新线国防上关系重大。

谨再逐节详述之如下：

甲. 现在的西北通苏公路。首述嘉峪关外至天山一段，此段路线最长（约占全路3/5），所经地方最苦（两渡大漠，人迹稀少），其最大缺点，新疆地处极边，幅圆〔员〕极大，于西北全国关系极巨，而与内地通路，仅此嘉峪关至新疆哈密一线，无论从国防上或任何方面言之，均宜从速补救，此其一；天山北路与乌里雅苏台、科布多、辅车相依（清初剿灭准噶尔平定伊犁，大军即由此路进入）。外蒙独立以后，北东两边，均成国防前线，当此中苏邦交辑睦之时，互不侵犯条约业经签定，目前固不成问题，但肩背单寒，尤感觉孤悬绝域，此事实也，此其二。

再述嘉峪关内经兰州、西安、汉中以达川境一段，嘉峪关兰州间，千里长途，处处与西蒙古之额济纳阿拉善二旗接壤，广汉平原，最感空虚，且易攻难守，亦防不胜防。近来绥远日寇，大青山以北，以百灵庙为据点，大青山以南已占包西，逼近五临，万一大举西侵，以上蒙古二旗，悉为敌骑驰逐之场，西北干路，有被切断之虞，至兰州汉中间，愈行愈近战区，处处感受威胁，更不待言矣。

拟议中扩展路线（即第二西北国际通路），首述由青海至天山南路一段，亦即汉唐通西域旧道，此段巨〔距〕离缩短，经过和阗、莎车、疏勒各回城，均系名城大邑，人口繁庶，出产甚多，尤非北路可比。而由疏勒就近购运苏联里海巴库石油，或英法在波斯经营之石油，更觉便利，而内地新疆间，有干路两条，南北经行，在国防上及西北建设上关系尤为重大。再述由青海西康以达川境一段。此段系由青海西北部都兰寺（青海29旗蒙古之大集市）直达南部盖古多（玉树土司大集市），渡金沙江东岸，东南入西康，经邓柯、甘孜、炉霍、道孚、康定，以达川境，沿途所经，北部蒙古、南部以及西康概系番族，仍渡其原始生活，这一片广大处女地带，一旦公路贯通，着手建设，将来发达，不可限量，如青海林、垦、牧、矿池盐、西康金、铁、煤矿，蕴藏极富，尤著称于世。再青海开辟以后，新疆后路坚实，不感孤露，甘肃南路，有所屏蔽，不啻频〔凭〕添一支生力军，以资援应，裨益西北国防，不綦重欤，至路线缩短（在二三千里左右），行车安全，更其余事，不待赘述矣。

乙. 现在的西南通缅公路（川、黔、滇通缅公路）。查此路到达昆明，即与滇越铁路通运，东经贵阳，复与川桂线衔接。交通网雏形已具，是其特点，且通国际道路有三，两通越南，一通缅甸，尤较西北通路为优，若于昆明以西，再辟一线，直达西康，则更完密无虞矣。

拟议中扩展路线（川、康、滇通缅公路）由滇西大理，另辟一线，直达西康，以通川境。缘昆明以东，目前行车，固甚安全，但欧战既起，将来如何演变不可知，万一东京湾畔（越南内海）一有风尘之警，则公路东段，均将感受威胁，此路一成，则畅行无阻，有备无患矣。再滇西北之金沙江附近一带，地极膏腴，亟待开发，滇西富庶，过于滇东，滇西地方紧要，尤过于滇东、滇南，滇西巩固，则久悬未决之片马问题，将来亦自易于解决矣。

抑犹有进者，青海、西康、滇西地方，为南北横断山脉所经行区域，故行政上虽分属三省，而地理上实不可分离，无青海，西康一日不能安枕（清初大军平定康藏均取道青海，缘地势北高南下，随山脉河流长驱大进，势如破竹）；无滇西，康南门户洞开。困难时期，四川系临时国都所在地，四川之直后方即西康，故西康今日地位重要，尤非往日可比。西康者，形成后方一大堡垒，而青海乃北门锁钥，滇西为南路屏障，在整个建设计划之下，一气呵成，则突飞猛进，有出人意料之外者。

且也，西北、西南扩展新线，一旦完成，从此西北与西南，可以打通，不必绕道，而直接通车，暴日倘疯猛，敢深入我西北重地，即偏远西南，其兵员物资，均可迅速运输，如期补充援应，其裨益长期抗战，实非浅鲜。

再德俄互不侵犯条约成立以后，日寇所受打击最大，今后无论其外交上取如何途径，必仍以我中国为对象，所谓大陆政策依然，军阀势力如故。甚至恼羞成怒，向我国全力一拼，均在意中。故前线积极调整，以期坚强抗击，遇机大举反攻，后方于广汉处女地带，全力经营，努力建设，以期成邑成聚，闾里相望，鸡犬相闻，而我唯一之西北、西南国际通道，尤为其破坏目标，更宜早事图维，免遭损害。总之无论军事如何紧张，暴日手段如何毒辣，而我后方命脉所关之通路，仍行车安全，不感威胁，不失常度，以适应长期抗战，则所拟议之西北、西南两扩展路线，正合以上要求，尤为草拟此文之第一宗旨云。

又文已杀青，最后尚须补充一言者，即川甘邻省，迄今直接通路，尚付缺如，西北方面，在不久将来，不免有一场苦战恶斗。而南北运输，概经由汉中以达陕甘，在军略上诚属至大缺憾，况川北之龙安旧属，甘南之白龙江流域

（蜀汉姜维屯田旧壤），均非不毛之地，听任土地荒芜，行人绝迹，川北甘南，长此梗塞，尤非胜算。现拟由四川江油、平武经甘肃文县、武都、西和，以达天水，而至兰州（天水、兰州已通汽路），路线虽短，关系甚大，谨贡所见，附于篇末，以供一并采择。

本文原件藏重庆市档案馆089全宗3目33卷

资金内移之前提与后果

万树源

最近,《非常时期奖励资金内移兴办实业办法》业经行政院通过公布施行。酝酿已久之资金内移问题,至此可谓已入具体化之阶段。惟所谓资金,原有其特质,彼之移动与流向,皆视其特质及其对现实经济环境之反应而定。换言之,即资金之流动,系以其本身之特质与经济背景为契机。故资金内移之呼声,虽曾甚嚣一时,然其实际内移之程度,终不如我人所预期者,盖以经济背景未变,初非啧啧空言所易为力。惟时至今日,情境已非,在英美封存资金,敌伪阴谋,强化外汇管制,严厉消灭黑市,以及港埠国防金融条例之公布种种遭遇之下,滨海口岸,已非游资用武之地。复以国际风云谲变,美日冲突激化之程度,有如箭在弦上,沪港地位,形同飞幕,更非资金安居之所。情势既尔,资金之内移,殆为必然。《奖励办法》(《非常时期奖励资金内移兴办实业办法》,以下同此)正于此时公布,当更促其内移向心力之加大。惟资金内移,事实上并不如我人想象之简易,彼之移动,必有其经济性之前提,尤以金融为经济之机心,前者之措施,往往足以转捩后者之态势。故在顾及单纯经济性前提之外,实更不能不作国防经济性前提之考虑。拙篇之撰,即欲对此作所论列,并进而略陈资金内移之后果。

资金内移之前提

资金内移单纯经济性之前提　资金之特质有二:一为安全性,即资金原值之确保与自由运用之可能,一为优利性,亦即利之就上性。假定资金之"安全度"不变,则资金"资本化"之条件,视利率与资本界限效能

（Marginal eliicieney of Capital）（即寻常所谓之利润）之差额而定。资本之界限效能是为"社会生产容量"所决定，"社会生产容量"又为"社会消费限度"所决定，"社会消费限度"又为国民所得所决定，国民之所得，来自投资，即资金之资本化。而资金之资本化，却由资本之界限效能与利率之差额所决定。在利率与资本界限效能之外，加上"安全度"之权衡，即成为资金之"流动愿望"或"转化优先欲"（Lig uidity Preference）。资金资本化之可能方向与程度，即视此流动愿望或转化优先欲之有无，强弱与倾度为转移，如资本之界限效能大于利率，则转化优先欲偏向于资本化，于是发生投资，投资之方向，视乎各种质的资本界限效能之差额，至于投资之程度，则被决于"社会生产容量"，"社会生产容量"达到一定之投资，则资本之界限效能与利率之差额将等于零，于是流动愿望在此平衡状态之下并不明显，若利率大于资本之界限效能，则发生反流动愿望，即资本向"资金化"逆流，此即所谓"不景气"之征象。根据上述之理论，故资金内移，必先争取彼之流动愿望。而流动愿望之争取，即在徇乎资金之特质，给以"安全"与"优利"之获得，此即为资金内移单纯经济性之前提，此前提若不存在，则资金内移必不可能。过去大量资金之所以集中于口岸而不内移者，即以口岸之畸形经济背景，适于彼之流动愿望。自国军西撤，上海沦为孤岛，政府对该地之控制已感鞭长莫及，资金之运用因得绝对之自由而莫之干涉。益以殖民地性之经济特质，以及战时经济之失调，使畸形资本（如投机资本）之界限效能特为提高，于是资金遂齐趋于畸形资本化之途。当日沪地投机之昌炽，遂达空前。反观后方，畸形资本之界限效能虽亦相当高超，然在政府威权控制之下，资金之自由运用，不无合理之限制，畸形资本之取缔，更时感威胁，前后相较，则口岸对资金之安全，利益之优厚，均远过后方。以是舆论上资金内移之说虽甚嚣尘上，而实际上，内地资金反作对口岸之外流。政府虽曾运用内汇政策及其他取缔手段，然而走私之行为却因此而更炽。此盖资金之特质有以使然。但洎乎今日，已时过境迁，自英美封存资金，继之外汇管制之严化，彻底消灭黑市，以及最近港岛国防金融条例之公布，各种统制资金活动之办法一一见诸实施，口岸资金之运用已不复能如过去之绝对自由，资金之安全已大受威胁，同时畸形资本之界限效能亦因各项统制由极而反，投机已由"繁荣"转入"衰落"之反境，资金之畸形资本化已不容易。

此点可由上海银行之减息,折息下降,汇划申水,现钞贴水等现象,充分看出市场资金充斥之程度,以及资本化途径之阻塞。而后方情形,却正相背,以言优利,后方"社会消费限度"极广,"社会生产容量"至大,各种正常资本之界限效能极高,资金资本化之途径,诚康庄坦荡,尽多用武之地。而《奖励资金内移办法》复极尽奖掖保护之能事,举凡保值、保息、补偿,无不周详备至。以言安全,奖励办法,除规定保值保息保险(兵险)补偿等外,至于资金之运用,亦充分给予所有主以合理之自由。如第十二条即明白载明"到期本息红息之收回,得申请财政部核准,予以汇兑之便利"。至于资金之不因时势变化,如上海等地之易受敌伪所乘,则更其解事。今口岸经济背景既如彼,而后方经济背景复如此,资金之流动愿望,何去何从,盖可明矣,资金内移军事经济性之前提既具,资金之必然内移,殆无疑义。惟前已言之,金融为经济之机心,金融之变动,足以转捩经济之局势,故为消极的防止资金内移波动战时经济之破坏性,并积极的把握其建设性以健全国防经计,在其内移单纯经济性之前提外,实更不能不有国防经济性之前提。

资金内移国防经济性之前提 所谓资金移动国防经济性之前提者,即资金在国防金融政策控制运用之下,使作合乎国防经济需要(积极的需要与消极的需要)之合理分配,以平衡各种资本之界限效能,而达成国防经济体制之健全建立。

中国过去由于殖民地性之经济特质,"社会生产容量"在帝国主义者高度技术大量倾销之下,几全为外来资本所侵占。又以人口众多,"社会消费限度"极大。由于前者,故造成民族产业资本界限效能之低下,由于后者,遂造成商业资本界限效能之高扬。结果所致,民族资本产业资本化之途行为之阻塞,而商业资本化之途径则特为扩张,买办资本在帝国主义产业资本有意无意孵育之下,培成压倒势力。产业利润因此永居商业利润之下,二者差额既然如此,民族资金之转化优先欲,遂集中于交换过程,以是形成经济形态之失去平衡,此就平时而言。至于战时经济体制,则由倭寇"谋我过狠",在我备战措施尚未就绪之前,即发出其卢沟桥头侵略第一炮。战衅既启,战费之筹措,自不能不作金融之调度,通货之增发,势在不免。只以健全之金融机构,优良之税收制度,未能早日建立,致政府之战时膨胀,不克即时收缩还原,更以生产机构之破坏,战时社会生产缩小,而战时"社会消费限度",却反以军需膨胀，民生必需而扩大，因此商品资本之界限效能相应增涨，资金之流动愿望遂群于商品逃遁，于是社会之既有游资，与政府战时膨胀无法还原部分均竟作商品资本化。资金愈向商品资本化，则商品资本之界限效能愈高，商品资本之界限效能愈高，则资金之转化优先欲愈作商品资本偏在，资金愈作商品资本偏在，则愈使市场商品减少与货币资本之膨胀，市场商品愈减少，货币资本愈膨胀，则人民之战时心理愈反常，货币资本之界限效能愈低落，商品资本之界限效能愈提高，于是资金之转化优先欲愈作商品资本偏在，而形成商品之"资金累积逃遁"。结果通货膨胀势不免有被迫趋于恶性化之虞，然而上述循环之关键，厥为商品资本界限效能不合理之畸形涨跃。商品资本界限效能之所以如此猖獗趋涨者，固然因素颇多，但其主因，当推资金"质""量"运用上、配分上之不合理与失衡。病症既明，则对症下药似莫过于资金质量运用上、配分上之合理化与平衡化。即以国防金融政策作资金质量运用之调整，以矫正产业资本与商业资本界限效能反常之相差，《奖励办法》之主旨，即有意于产业资本界限效能之提高。但此二种资本界限效能之高低，原属相对，欲提高其一，必同时压低其二。故欲产业资本界限效能之提高，必同时谋商业资本界限效能之抑低。否则，产业资本之界限效能虽高，其奈商业资本界限效能之更高何？如此资金之转化优先欲自仍偏于商业资本化。故在《奖励办法》谋提高产业资本界限效能之同时，实不能不作压低商业资本界限效能之图！吾人知膨胀商业信用之主体为商业银行，故对商业银行之控制，殆为理论与实际之必然。非如此，则资金之质量运用，将不获合理化，因而经济失调亦将永无顺调之日，此即资金内移国防经济性之绝对前提。至于商业银行之具体控制办法，容拟专篇论之。

资金内移之结果

资金之内移，若诚依据上述二大前提，则其后果，必能：（一）消灭口岸资金之作祟，（二）缓化后方信用膨胀，与（三）有助战后国防经济之建立。惟在此三端保留解析之前，拟对若干不正确之认识，先作一番廓清工夫。

"恶性膨胀"与"膨胀偏在"。论坛上有此一种见解，认为中国通货膨胀（尤其是后方）已至恶性化之程度，因此逻辑地推演出所谓货币资本副作用论。对于此点，愚不拟多从理论上解析，姑随举一例。当前陪都11家商业银行，所壅积资金之总额，计达80万万以上，而各工厂，若无四联总处之工贷，则即无法圆滑进行生产过程。有此一例，即知当前之经济现实系所谓"恶性膨胀"，抑系"膨胀偏在"？至于"膨胀偏在"之理论与实际，上已详言，毋庸重赘，今政府之奖励资金内移，即在谋资金"资本化"之合理化，使资金透过政府在（国防经济性之前提）质量平衡运用之下，一面收缩商业资本，一面膨胀产业资本，使畸形之"膨胀偏在"，经此一缩一扩达到准衡，故合乎国防经济性前提之资金内移，不但无所谓副作用可言，抑且为解决当前"膨胀偏在"所必须，亦即解决当前战时金融与经济所必须，此其一。

"充分就业"与"就业失调"。尚有一派所谓"充分就业"说。所谓"充分就业"，有二前提即：（一）产业组构之僵化（完满化），与（二）技术准度之固定。若产业组构未至完满化之地步，技术准度尚有改进之余地，则生产因素决不致发生充分就业。试问今日中国之产业组构是完满化抑未合理化？技术水准系高度之固定抑低度之不及，产业组织既不合理，技术水准又极低落，则奚致发生所谓"充分就业"？实质言之，后方经济之病源，实如前所云：即商品资本之界限效能压倒产业资本之界限效能所致！生产因素以其用作生产，毋宁用为"商品"囤积，资金商业资本化之扩张与产业资本化之阻塞前已言之。余如土地原料，何一不为投机居奇之"商品"？事且彰然，曷用多赘。生产因素既然变质而趋于畸形资本化，生产因素之供需，自无怪其悬殊，因而又显现貌似之"充分就业"现象，而实质上乃为"就业失调"。故挽救之策，固在物资与技术之消极补充，而有效毋宁积极之办法，则端在产业组构之合理化，与生产因素畸形资本化之遏止。口岸资金之内移，果然合乎国防经济之前提，则此问题，即近解决之道矣。此其二。

进而解析资金内移之后果

（一）消灭口岸资金之作祟：过去口岸资金作祟之猖獗，今犹令人发指，如破坏外汇，波动金融风潮，影响战时经济……无不为其孽迹。今幸以各种统制政策，消极使之固化，若进而使之内移转化，则不仅彼之破坏性，由此无从发挥，而其建设性，尤将大有利于战时经济。

（二）缓化后方信用膨胀：资金为购买力之泉源，调节物资之手段。今资金内移兴办实业，私人资金因得转化产业资本，而政府则因公营事业之转让，势必减除对产业信用之膨胀威胁，资金既经透过政府，政府自可以此购买力作物资之调度，而不再膨胀信用，此所以消极缓化后方信用膨胀者一。尤其因此使商业资本与产业资本之界限效能得以平衡，资金之畸形流动愿望为之矫正，资金之畸形流动愿望既不发生，"膨胀偏在"现象自归消灭，而信用膨胀之"内在膨胀力"亦因之消弭，信用膨胀当不虞于恶性化，此其由消极信用膨胀之缓化进而促致后方膨胀偏在之合理化者二。以上系就对战时抗战经济言。

再就对战后建国经济之影响言。

中国平时经济之失调，商业利润之压倒产业利润，原系殖民地性经济特质所使然。今以国际环境之催促与后方经济背景之优化，使民族资金得顺利地向产业资本化迈进，民族产业资本将由此而形成，而长育，以至于发皇。其对战后中国建国经济体制合理化与国防化基石之奠定，诚为我人所馨祷。故资金内移，不仅益于抗战经济，其对建国经济之俾利，实尤深切！

今日之时机，既使口岸资金有不得不移之□，而后方对资金由移植经济性之前提，又极具备。所遗之问题，即在政府如何切实把握资金内移国防经济性之前提，使资金对抗建经济作有利之发挥。惟兹事体大，我人于分析其前提与后果之余，实盼政府与资金保有者有以共同赐诸毅力！

原载《中央银行经济汇报》1941年第4卷第11期

如何吸引游资以济后方工业之需要

欧阳仑

我国工业之发展，为近五十年来，清末民初，始具端倪，至欧战期间，而奠其始基，二十二三年遭受顿挫，二十五六年略见繁荣。就工业种类言，以往之侧重纺织日用品等轻工业者，至此而酸、碱、硫酸钛、钢、铁、机器等重工业及基本化学工业，方经次第举办。就经营方式言，以往之仅由民营工业发荣滋长者，至此而国营事业，亦经积极进行。尤可注意者，金融界对于工业建设事业之投资，至此而日趋积极，或则合组银团或公司直接管理，或经营某一企业，或则承购事业机关所发债票，以促进其事业之完成，或则对于某一企业直接贷予巨额营运资金，当时大规模企业之相继成立者，为数甚多。原本工业建设有赖于资本、原料与劳工，以我国资源蕴藏之丰富，劳力供给之雄厚，苟加以大量资金之招致，工业之进步，自在预期之中。惟当时以交通及市场关系，所有工厂，多集中于沿海沿江一带通商口岸，如天津、上海、汉口、广州等处，所集尤多。抗战之后，一部分工厂以政府之督促协助，以其机器设备及技术员工相继内迁者，为数达639家，其工业种类有机器、电器、纺织、化学等，而机器为最多。其分布地域，有四川、湖南、云南、广西、陕西等省，而四川为最多。此项内迁工厂，连同后方原有及新设各厂，即负供应后方工业产品之责，裨益抗战，且以为将来复兴战后工业之张本者也。

工业之发达，有其连环性，一种工业之繁荣，足以刺激其他工业，而其他工业之兴盛，复转足使该种工业之更加繁荣。抗建大计：本以自力更生为原则，后方幅员广大，交通不便，百工所需，有待于自给自足，因而各种工业之创始，虽以其需要之缓急，而互有先后，然以工业具有连环性之故，短时间后即渐有等量发展之观。后方物资品材，本皆取给于外省，抗战以后，输入不易，所需倍增,故现在内迁工厂及后方原有与新设各厂,均在急遽发展之中,新兴企业为数尤多,但以需要迫切之故,犹仅能为一部分之供应。其一般情势,不患销路之少,而患制品之不敷行销,不患扩充类数之多,而患扩充之仍不足供需要。即以机器制造一业而论,各厂现在所具之设备,较之二十八年均已增多,而制造货物,日不暇给,交货期有远达半年后者。此项急遽发达之结果,既使各厂营运资金及所得利润,一部分转变为机器设备,而时感资金之不足,更以机器设备增多之故,所需原料物料消耗诸品随之增加,转使资金不足之象,俞以深刻。盖以其他时期,工厂数年或十数年之进步,乃于此时期实现于甚短之二三年中,自非有大量资金,不足以供周转。顾现在各厂所能供给后方之物资,不过一部分耳,若谋全部之自足自给,当需更多之资金。现在后方资源之已开发者,不过一小部分耳,若谋大部乃至全部资源之开发,所需资金,当更庞大,吾人求抗建大计之完成,当先求工业建设之猛进,求工业建设之猛进,必先取得所需资金,求资金之取得,必先研究资本之积聚处所,以及如何吸取之方。

  经济学家之视察,均谓港沪各埠所存游资,达数十万万元之巨,吾人于此项游资之精确数目,虽无法加以估计,证之历年投机市场之波动,此项巨额游资之存在,殆无疑义。若指善为吸引,而使运用于工业建设之途,一方足以杜塞投机取巧扰乱市场之弊端,一方足以助成工业建设抗建大计,一举两得,利莫大焉。然探本莫如穷源,治病必先辨症。吾人研究吸引之方,不能不先明游资之如何形成,大凡资本运用,均趋于最安全最有利之一途,若无途可循,始浮游于市场以待有利机会之到临,若无机会可用,始挺而出于行险侥幸之途。抗战以还,各业失其正常,凡沿海沿江各省市工商业,其所利用之资本,既已无可利用,则走集港沪等地,以求目前暂时之安全,然以时局动荡不定之故,仍不能举以经营实业,则或以短期存款之方式,存入中外金融机关,或以购买外汇、外币或黄金。中外金融机关,收取存款之后,不能不设法运用,即以之囤积大量货物,市场一有变动,此项资本即纷纷各寻出路,求取一更安全更有利之动用,扰扰攘攘,无时或休。夫资金之迁移,随需要为行止,内地工业之急待资金既如彼,沪港游资之急待运用复如此,何以游资依然不流入内地,推原其故,不外乎下列三项原因:(一)对抗战建国,犹未确立必胜必成之信念;(二)对于内地情形,不甚熟悉,即欲投资亦有无从下手之苦;(三)内地各厂成本,因种种关系,不较沿海各厂为低廉,抗战胜利之后,能否与国内其他各地工厂相竞争,尚不可知,如果投资设厂,势必冒若干危险。以上三项,除不能确立信念一点,由于心理误解,凡注意内地建设或曾亲到内地之人,无不起顽立懦,幡然改观外,所有(二)(三)两项原因,政府固可以奖励协助之方式加以解除者也。

工业之奖励协助,本为政府之一贯政策。抗战以后,或则修改旧章,或则另制新规,以期适合当前需要,其应用机器或改良手工制造货物,在国内外市场有国际竞争,或采用外国最新方法,首先在本国一定区域内制造等工业,均可依工业奖励法为免税减运及给予专制权之奖励,其制造各种原动机,工作机器,运输器材,液体燃料及金属材料等重要工业,均可依特种工业保息及补助条例,请求政府保息补助,其与国防民生有关之重要工矿业,得依非常时期工矿业奖助暂行条例为保息,补助,免税减运,利用公有土地,协助低利贷款等项之奖助。对于投资内地之工业,本已多方鼓励奖助,兹为吸引游资起见,似可采取更积极之步骤:

(一)内地现有民营工厂之成绩优良有待扩充者,制成详细扩充计划,供投资者之参考。

(二)内地现有国营工厂之成绩优良可准人民接办者,特许接办或合办。

(三)就内地急待办理及有成功希望各事业,制成具体计划,诱导投资。

(四)资励设立大规模企业公司,吸收游资转以投资后方企业。

以上四项办法,对于游资未能内移之第二个原因,为最有效之答案。企业兴趣,人各不同,计划之种类宜多,以便选择,各地情形,多所不同,计划之内容宜详,以便研究,资金运用,务求有利,事业之本身,以已成功或有成功希望者为限,以提起投资经营之兴味。至上节所述游资未能内移之第三个原因,则系抗战胜利以后,国家整个工业政策之一部。我国幅员广大,后方各省,交通不便,原料间须外来,技工时虞不足,生产成本,原不能上〔与〕沿海一带工厂相比拟,目前之所以能蒸蒸日上有利可图者,纯以交通阻滞,输入困难,军民需要量大,供不应求之故。一旦战事结束,交通恢复常态,沿江沿海各地工厂制品,亦可以源源流入,现时设立之后方工厂,势将限于无法竞争之途,征沪各地游资之所以越趄徘徊,迟迟不即流入者,恐以此一原因影响最大。故为祛除企业家之疑虑起见,似宜由政府明白宣示,对于后方工厂在战后之保护政策,详订规章,俾资信守。保护之方,仍用非常时期工业奖助条例,工业奖励法及特种保息及补助条例等所有之方法,对于地区一项,应详予规定,务使后方现有工厂,于得此项保护之后,可以不受沿江沿海各厂低廉成本竞争之压迫,而能确然继续生存。疑虑既除,信心之坚,对于游资之吸收以及内地原有各厂之鼓励,均具有深切影响,则可断言者也。

原载《西南实业通讯》1941年第3卷第6期

创设中国内地投资公司私议

章乃器

当前经济抗战之切需,为巩固币制与增加生产。巩固币制之要义,为汇价物价之稳定,而增加生产之要图,则为资本与人力之合一。

中国内地投资公司之创设,即为适应此当前经济抗战之切需,而以资本市场之建立为其营业之特色。吾人今日如能在后方各大都市建立规模完备影响广大之资本市场,以从事于产业股票之买卖与承受,则:

一、华侨汇款可由过去之小额接济家用与捐助祖国,进而为大量之生产投资;其投资之程序,亦不必伤时费事以另组团体,而仅须简易的运用此新兴之资本市场。

二、沦陷都市及后方拥有游资者,不必违法背令从事于购买外汇与囤积商品,而可转移方向,在资本市场购入产业股票。

三、企业家有精密之设计,技术家有完善之发明或制造方法,均可通过股票承受之程序,为之设立公司,以发展其抱负,运用其技能。

我国金融制度之缺陷,即为仅有银钱市场而无资本市场;若干银行虽亦投资于生产事业,然既不经过市场之运用,即难望其效力之伟大。要之,资本市场之建立,原为各国产业发展之枢纽。而衡以我国当前之形势,则其效用,除增加生产外,且能巩固币制于无形,洵一举而数善也。

资本市场之造成,其先决条件,一为原有产业股票之上市;二为新产业股票之产生,此则为本公司之业务范围。至于此等股票公开买卖之执行,则为交易所之业务范围。故本公司业务之进行,不独无碍于交易所之营业,反可助长其发展。但在交易所机构未备之都市,则本公司须自为股票代理买卖之初步设备,并须经常公布其市价,先形成一抽象之市场。

原有产业股票之上市,事实上需要第三者之介绍与支持。现在各产业公司,如愿使其股票上市,可提供其决算表及负责人详细经历于本公司,申请介绍。本公司经过审查后,认为合格,即可为之介绍于市场。甚至股票价格之稳定,均可以技术指导或特约为之。

新产业股票之产生,则以股票承受之方式行之。在此种方式之下,本公司不但须协助公司之成立,参加公司之管理,且须稳定公司股票之价格。为股票之推行尽利计,一切广告宣传工作之进行,亦均唯本公司是赖也。此为本公司之主要业务,亦为市场技术之最高运用。

资本市场之发展,为吸收游资最有效之手段。除此以外,本公司尚可以投资介绍及投资指导之地位,吸收下列之资金:

一、信托资金——投资人对于资金之运用完全信托本公司。

二、委托资金——投资人附条件以资金交付本公司。

三、特约资本——投资人指定金额及范围,由本公司随时接洽决定之。

本公司资金之运用,以承受股票为主,但亦可随时买入股票,平准市场。除上述各项业务外,并拟附带经营地产业务。

为业务之必需,本公司除在重庆设立总公司外,并在昆明、西安、桂林等处设立分公司,在上海、香港、菲律宾等处设置代理处。

股票之介绍上市及承受,均须经过精密之审查,故须设立一组织健全之审查委员会,其人选尽量利用各机关之研究及技术人员。

本公司应为股份有限公司组织,资本额须稍大,为1 000万至2 000万元。惟初期营业有限,可先收1/4。公司董事及监察人,须包括财界、实业界及各地有声誉之人士,俾易取得华侨及一般投资者之信任。

本公司经常开支,须力求节约,但对于华侨及国内投资者之宣传,则须大量推行。

或谓:其他各国,往往于战时停止资本市场之活动,何以我国反欲于此时建立资本市场?此则因我国战争之性质,与他国不同,吾人既须于抗战中建国,则此发展产业所必需之资本市场,实应速谋其成立也。

或又曰:战争之际,胜负无常,将不影响资本市场,转以动摇人心乎?则须知今日法币之基础,所赖于国运之昌隆者,决不下于产业,人民当军事紧急之际,对法币之信仰不变,则对于产业股票之信仰,自亦不至有所变化,硬币时代抛售债票之现象，必不至重现于今日也。

最后有须申言者，则今日资本市场之发展，更决不至蹈过去信交风潮之覆辙。而信交风潮之历史，反足以证明今日资本市场发展之可能。信交风潮之酿成，实因当时各种股票所代表之公司，多为空虚之投机事业，故其兴起也，如海市蜃楼之眩人耳目，而其衰落，则烟消云散，不堪收拾。今后之投入市场者，既为产业股票，则其发展，自必和缓而稳定。而其裨益国计民生者，更迥非信交风潮之所可比拟。惟信交风潮以如是薄弱之基础，竟能风靡一时，则此时代所切需之资本市场，其必可飞黄腾达，实了无疑义也。

补充意见三点

一、欧美各国产业之发展，不外二途：其一为银行之大量投资，如德国是；其二为资本市场之运用，如英美是。就吾国现况而言，似宜兼收并蓄，双管齐下，始足以应抗战建国之需求。盖吾国金融力量，年来虽已集中甚多，然游离于政府控制之外者，为数仍属不少，借大华侨资本，更惟诱致之所能为功，而非法令之所可约束。此国内游离资金，与海外华侨资本，欲求其大量投资于产业，实非创设一权威之资本市场不可也。

二、商品之大量买卖，必须有市场，商品之买卖欲求其远及外埠及他国，更非有市场不可，资本亦然。上海商人可以购买股票及商品之方式，投资纽约，然而竟不能投资后方产业，为一极堪痛心之事实。此痛心事实之存在，半由于心理上之病态，半亦由于市场机构之未备。若彼投资纽约，仅须与纽约经纪人之代表机关通电话，订一契约，即可蒇事，而欲投资后方产业，非自订计划，自派人员，自成组织不可，难易之差，何只倍蓰。

三、近以国际形势激变，上海租界不但有被敌人占领之可能，一旦美日战争爆发，且将备受海空军炮火之威胁，盖以外汇回涨，战祸不断扩大，资本逃避，亦难觅安全之途径。上海大量游资，实已至彷徨无主之阶段。如能顺应时机，于此时从速建立后方资本市场，其诱致资本之力量，必有可观也。

原载《西南实业通讯》1941年第3卷第3期

当前之内地证券市场建立问题

邹宗伊

概自抗战发生以来,沿江沿海经济重心,业已逐渐倾注内地。后方各省,基于抗战建国同时并进之要求,工商百业,顿见繁荣。矿产实业之开发,已有蒸蒸日上之势。各大规模公司企业,蓬勃兴起。其所发行之股票及公司债票,如有一证券市场公开买卖,于促进企业发展,增进抗建力量,当能裨助不少。而政府发行公债,如有一市场流通,俾能增加民间销纳量,则于战时财政及节省法币问题,自亦有相当裨益。抑海外华侨及沦陷都市及后方之游资,日愈增益,允宜因缘时会,诱致内移,纳入正轨。故近来主张在内地建立证券市场者,颇不乏人。重庆市证券交易所,亦有恢复营业之说。据4月18日大公报载称,该所业已筹备就绪,资本100万元,现正以各项管制问题,谋与当局作通盘筹划。俟商定后,即可宣告成立。此事之利害关系,颇为复杂。谨就研究所得,略献刍荛,俾供参考。

一、战时证券市场应否开放

证券市场在平时对于社会金融之功效有四:

(一)证券市场能使社会上之浮游资金与浮游才能,最容易结合。证券本身,原亦具有此种作用,惟证券之大量买卖并欲求远及外埠或他国,非有公开买卖之市场不可。因市场之通讯设备及代理机构,广泛分布各大商埠。上海商人之欲投资纽约者,只须与纽约经纪人之代理机关,通一电话,订一契约,即可蒇事。故证券市场对于国际资本之移动以及浮游资金与浮游才能之结合,具有莫大吸引力与调和作用,此其一。

（二）股票公司债及公债等，均为长期投资凭证。其收回本金，近者三五年，远者十年二十年不等。投资人原非酿有长期资金，不能承受。但因有公开买卖之市场，能使证券流通，则社会上短期浮游资金及银行库存丰厚短期内苦无正当投放途径者，可向市场购进证券，以孳生息。一旦需用现款，随时可向市场脱手，收回资金，以作其他更有效之利用。故有证券市场，可供短期浮资运用之府库，俾资金尽可能的用之各得其所，以发挥资金运用之最大效能。此其二。

（三）证券既有公开买卖之市场，则其市价随供求关系而有上落，往往与票面额发生差额。例如票面100元之公债，市价仅90元。则投资是项公债者，除应享规定之息金外，尚可获得10元之市价折扣利益。两项合并计算，是为投资证券收益。此项收益按月分摊数对其本金（即购进时之市价90元）之比率，称为证券投资收益率。如市场利率低于此项收益率，则银行放款不如投资证券之有利。势将收缩放款转向证券投资，市场利率藉可抬高。反之，如市场利率大过证券投资收益率，则银行投资证券不如放款之有利，势将吐出证券，扩大放款，市场利率藉可降低。故有证券市场可使市场利率发生调节作用，避免逸出轨外之剧烈波动，此其三。

（四）中央银行控制信用之手段，最重要者有二：一为贴现政策，二为公开市场政策（Open market operation）。所谓公开市场政策云者，即中央银行直接参与市场上证券之买卖，以增减市场资金之谓。在金融松弛之时，由中央银行出售巨额公债，以吸收市场上一部过剩资金，使整个市场不因资金之充裕，致流入信用过度膨胀，投机过度活跃之域。反之，在金融紧张之际，由中央银行购进巨额公债，以接济市场资金之不足。使整个市场，不因资金之缺乏，致流入过度紧缩，金融过度呆滞之境。且在市场金融过度松弛并过度紧张之情况下，中央银行之贴现政策或竟不能发生最大之效力。此时更不能不借公开市场政策，为之先驱，以增减市场之流动资金，从而增加一般银行对于中央银行一时之依赖性，使逐渐听从中央银行贴现率之指挥，以纳整个市场于正轨。此项公开市场政策之运用，非有证券市场不可，此其四。

证券市场对于社会金融之功效，虽如上述。但在战争状态下。时局变化靡定，人心惶惑，投机活跃。尤以战事发生之初，一般持有证券者，或欲逃避资金，或欲变换现款以购回实物，或恐政府征发，种种原因，纷纷抛出证券，一时证券市场狂跌之现象,很有发生之可能。加以投机家推波助澜,益使证券市价变动剧烈,其在平时所可发生之功效,至此已归消失。例如证券市场之通讯设备及代理机构之分布,平时有调节国际资本便利浮游资金与浮游才能结合之功,战时则以证券市场变动过剧,往往波及整个金融市场,并远及外埠以恶劣影响。平时证券市场可以发挥资金运用之效能,战时反有助长投机活跃浪费资金运用之弊。平时证券市场有调节利率之功,战时因证券市价变动过剧,波及市场利率亦即发生巨大变化(按证券市价之涨落,与市场利率之升降,有成反比例之关联)。平时证券市场有协助中央银行控制信用之功;而在战时,因其市价变动过巨,投机活跃之故,中央银行不但未能利用市场以实施其公开市场政策,抑且因证券市场及于金融市场之紊乱,致中央银行控制信用之机能,归于无效。不独此也,战时证券市场之存在,易启资金逃避之机,自于战时金融不利。而证券市价狂跌,直接影响银行持有证券之减值,间接影响市场利率之高涨,二者之共同结果,造成社会金融之梗塞与紊乱,甚至波及产业经济,发生恐慌。且公债市价之涨落,代表政府债信之安危,其变动足以影响政治军事,关系非鲜。故战时证券市场,以停闭为宜。观于上次欧战及此次欧战各国,莫不皆然。

二、主张建立内地证券市场之理由

我国自八一三沪战发生后,上海证券交易所随即停业。二十七年间沪上交易所曾有恢复营业之说,政府为顾虑后方金融受其影响,始终未予允许。即后方交易所无形停顿(如重庆证券交易所),政府亦未过问。此项消极之限制,在战时自属正办。惟今昔情形不同,长此消极限制,似非所宜,据主张建立内地证券市场者所持理由,可概括如次:

(一)战时证券交易所之停业,大多由于战事初起时,一般人心惶惑,或欲逃避资金,或欲购囤实物,或恐政府征发,纷纷抛出证券,致证券市价狂跌,迫使交易所停业。政府为取缔投机稳定金融市场起见,在战事发生之初,亦有责令交易所停业之必要。惟我国抗战,现已三年有半,因政府之措施得宜,金融市场异常安定,战事初起时之恐慌状态,早已消失,人心安定如恒,故开放证券市场,决不致有如战事初起时之危险。例如上海证券交易所于八一三沪战发生停业后，不数月间，已有非正式之公开市场出现，开拍统一公债，市价尚称平稳，初未有如战事初起时理想之可怕。且经济条件，与时俱进。战时后方大规模公司企业之蓬勃兴起，亦实有一证券市场以资融通之需要。此时主张在内地建立证券市场，以应当前产业界之需要，俾在政府严额〔格〕监督之下，进行交易，当非恢复上海证券交易所之可比。

（二）各国战时往往停止证券市场之活动，我国何以反须于战时建立内地证券市场，此则因我国战争之性质与他国不同。盖我国必于抗战同时，完成建国之使命。当前抗建经济之切需，厥为巩固币值与增加生产。建立内地证券市场，可以吸收华侨资金，以为稳定汇价之助，吸收沦陷都市及后方游资，以为稳定物价之助。汇价物价之稳定，可以巩固币值。一面以所吸收之资金，投诸生产事业，借股票公司债之流通，以谋资本与人力之合一。是以刺激生产之增加，促进企业之发展。

（三）吾国金融力量，年来虽已集中甚多，然游离于政府控制之外者，为数仍属不少。沦陷都市之巨额游资及海外华侨资本，既非法令之所可约束，更非诱致之所能为功。证券为投资之主要目标，自证券市场停闭以后，社会游资，多趋于投机外汇及实物两途。以致汇市波动，物价增高。不良影响，甚为昭著。此时如在内地开放证券交易，可使一部分游资归入证券市场，以减少汇价及物价之压力，于解决当前抗建经济问题，至关重要。

（四）近来国际局势紧张，上海及其他口岸地位岌岌可危。万一太平洋战事爆发，且将备受海空军炮火之威胁。届时积聚上海之大量资金，欲觅一安全之所，殊属不易。故上海银钱机关及工商团体，应以一部分资金调往内地，预为布置，树立基础，以为万一事变发生后撤退后方之准备。此种情形，尤以在内地少有分支机构之信托保险公司及银钱机关，要求最为迫切。盖彼等所最惧者，为战事发生后，留沪既无业可营，又无路可走也。政府此时自应设法协助将上海聚积之大量资金，转移后方，以免局势发生变化后，全部归入掌握，以致不能不俯首附人。但实行上颇有困难，盖彼等所有资金，富于流动性，如存作活期存款，则利息微薄，恐不够成本，如投资证券，则因内地无市场，将来战事不发生而上海有需要时，不易脱手。且在内地购买政府战时公债，须照票面购入，不如在沪照市价购入战前所发各项旧债之为合算。此时唯有在内地建立证券市场，俾彼等资金能照市价投入证券之后，不致固定，一旦需要现款时，仍可随时向市场出售，而获得极公允之代价，始能便利口岸资金之内移。且自敌人盛倡南进以后，所有上海之外汇市场及证券市场，均应预为设法转移内地，以免一旦事变发生，金融市场失其重心，故目前建立内地证券市场，实具有其重大意义。

以上四项，为主张者所持之理由，就我国目前情形而论，在内地建立证券市场，实有其特殊理由与迫切之需要。惟市场之营业范围、组织方式，以及管制等问题，均有详为研讨之价值。

三、内地证券市场之营业范围问题

证券市场之交易标的，包括产业证券与政府债券两种。股票公司债，属于前者，中央地方公债，属于后者。中央战前所发旧债，现在上海已有非正式之公开市场，与战时所发各种公债之尚未上市者，情形迥不相同。而战时所发建设公债，系用于生产建设事业，其性质实与公司债无异。内地证券市场成立后，其营业范围，究应开拍以上各种证券，抑应选择某种证券为营业对象？其中利害关系。颇为悬殊。兹就（一）产业证券，（二）政府新旧各债两项分论之。

（一）内地市场开拍产业证券，可得如下之利益：

（1）目前后方经济事业已有相当发展，实业之开发，已有蒸蒸日上之势。各大公司企业蓬勃兴起，如能在后方建立一规模完备影响远大之证券市场，俾产业股票及公司债能在市场自由流通，于促进企业发展，增进抗建力量，当能裨助不少。（2）在此时景气之情况下，基于产业资产之继续增值，其股票市价，料无跌落之虞。证券交易所虽属一种投机事业，但容纳一部分游资于产业证券之投机，其对于社会经济所发生之影响，必较外汇与物品两项投机事业为良好。（3）海外华侨及沦陷都市之拥有余资者，近以国际战云密布，确有投资内地生产事业之意。惟因缺乏市场机构，如欲投资内地，非自订计划，自派人员，自成组织不可。伤时费事，困难殊多，倘有证券市场，彼等只须简易的运用此新兴市场可也。故开拍产业证券，诚能一举数得，利多弊少。

（二）如开拍政府公债，则其可能发生之不利影响有四：（1）自抗战发生以来，公债市场无剧烈变动，主要原因，实缘于战事发生之初，政府即饬交易所停业,使一般投机分子,无所施其伎俩。同时对于战时所发各种新债,尚少在市面流通者。因此债市乃有长期安定之良好现象。如一经开放,于吸收社会游资与公债消纳量,因不无裨益,但公债行市,决不能如现在之稳定。(2)战时所发各项新债,尚未在市面流通,一旦开放债市,持券人不免纷纷向市场抛出,影响债券信用,当非浅鲜。政府为稳定债市起见,固可令四行收买。然四行收进大量公债,其反面即为放出大量法币。结果徒使市面公债归宿于四行,殊与开放证券市场增进公债销纳量之旨有背,而大量法币之放出,激刺物价之影响,亦甚可虑。惟战前所发旧债,津沪等埠已有非正式之公开市场,每日有行市公布,列为后方证券市场之营业范围,尚无大碍。(3)或以为公债如有市场公开买卖,必较易于劝募,实则依前所述,新债一旦开拍,惟期其市价不落于发行价格以下,倘落至发行价格以下,影响以后劝募新债,不但未能顺利,转生窒碍。政府如欲维持新债市价于一定之标准,姑无论采用暗中操纵或由交易所公布官定市价之方式,均无不可。惟此项标准如低于发行价格以下,则新债之劝募亦必降低其发行价格,如再将标准降低,发行价格亦须随之降低,如此循环不已,新债发行价格不知伊于胡底。如将标准抬高至发行价格以上或与发行价格相等,则恐一面劝募,一面持券人即送上市场,政府为维持所定标准起见,须尽量依是项标准价格收买,一出一进,债券仍归宿于政府手中,有何益乎?(4)交易所为谣言之渊薮,中外殆无二致。如开放债市,谣言必多,对于军事政治金融,影响甚大。

综上所述,建立内地证券市场,其营业范围,如只以开拍产业证券为限,自属有利无弊,战前所发旧债,因津沪各埠已有非正式之公开市场,如在内地开拍,亦无大碍。惟战时所发各种新债,尚未在市面流通者。应否开拍,不得不特为慎重。

四、建立内地证券市场与资金内移问题

建立内地证券市场之主要目的,似在造成证券之大量买卖并远及外埠或他国,以吸收海外华侨资金及沦陷都市游资,使之纳于证券市场,纳入正轨,以增进抗建财力,而后杀外汇与物品之投机风气。此项目的,如能圆满达到,则内地证券市场方能产生大量交易,左右外埠金融。将来营业,始有发展之

望。于内地证券市场之前途,关系甚大。不能不预为筹划,对资金内移之种种困难,谋一根本解决。兹先就华侨资金内移之困难述之。

（一）海外侨胞爱护祖国,向不后人。近以国际战云密布,投资祖国之念弥殷。惟以海外各地统制外汇綦严,华侨汇回家用及捐款,已多受数额之限制。至购买政府公债或投资国内产业证券之款,在统制外汇地方,根本不能汇出。如以证券在各该当地推销,亦为法令所不许。如以华侨所投资本移充购买当地物料之用,则因统制贸易关系,可能利用之范围甚为狭隘。如转作政府或本国人民抵付债务之用,亦因统制法令不准转户移提之故,难以办到。故目前欲求华侨大量投资本国证券,非对海外统制外汇一事,谋一根本解决之办法不可。其对量的限制,如循外交途径要求放宽,或可收相当效果。惟放宽之程度,料亦有限。其对质的限制,以外人封锁资金之严密,企以取巧方法大量逃回,实所难能。愚见惟有仿照英日汇兑协定先例,与英国及其他有关政府缔结支付协定,俾南洋及其他各地华侨投资祖国,悉依支付协定条款办理,不受当地统制法令之约束。然后建立内地证券市场,始有诱致华侨大量投资祖国之可能性。其次华侨远处异域,对于祖国经济情况,向极隔膜,欲期其以大量资金投资祖国,必先将证券市场组织情形,营业种类,市况及国内经济事业资产负债状况,向海外广事宣传,以供华侨选择投资某项证券之考虑。此外,华侨在国内人地生疏,大量资金调回后,无人主持管理运用,必须由本国银行及信托机关之在海外设有分支机构或代理店者,举办信托投资业务,普遍分布其机构于海内外,以为华侨投资祖国证券之信托机关,代为主持运用,始能生效。

（二）至沦陷都市之资金内移,如内地证券市场建立后,市况相当繁荣,自有一种吸引力。现在内地对口岸之汇水高昂,口岸资金调回内地投资于证券市场,首先即可获得巨额内汇升水之利益。如此项利益大过于其在口岸投机外汇或物品之利益时,自可将原来用于口岸外汇及物品投机事业之资金,移置后方,从事证券买卖。将来口岸汇水降低,复可移出。故证券市场只能有一种暂时吸引力,而无永久之留置力。万一届时资金重复流出,则证券市场之营业,必受影响。其真正欲将资金移置后方长期投资证券者,以及惟恐上海情势发生变化而须移置内地者,仅有一证券市场之存在,其吸引力尚嫌不足。因彼等在内地缺乏分支机构,资金调入内地后,无人主持管理运用,故亦必须指定银钱机关,举办信托投资业务,以为辅助不可。

依前所述,必须(一)与英国及其他有关政府缔结支付协定,俾华侨投资祖国,不受海外当地政府统制法令之约束。(二)对于内地证券市场之各项情形,在海内外广事宣传,以供投资人之参考。(三)指定适当之银钱机关举办信托投资业务,普遍分布其机构于海内外,然后华侨及沦陷都市资金,始有吸引内移于证券市场之可能。倘以上三项未能办到以前,冒〔贸〕然成立内地证券市场,则可能发生之证券交易,恐多偏重于投机买卖。即:

1. 后方游资之向证券市场从事投机买卖者。

2. 沦陷都市原来用于外汇物品投机事业之资金,于口岸汇水高昂时,调入内地证券市场,口岸汇水低落时,再调出口岸者。

3. 内地商人之欲向口岸购货,或欲调款往口岸希图逃避资金,或因种种关系须支付口岸款项者,因汇款汇水较高,向市场购进证券寄往口岸,再变现款者。

4. 一部分以投机为职业之人,专为察视内地及口岸之汇水以及两地证券市价之差额,而从事于两地间证券之套利者。

投机交易活跃而正当之投资交易反形冷落时,则与建立内地证券市场之原意有背。此在政府立场,不得不设法取缔。现在内地证券市场尚未开放,与其取缔于事后,不如防范于事前。所谓防范于事前者,并非根本不准设立证券市场,乃谓对于内地证券市场成立后可能发生之投机交易,预先设法消弭。其可能发生之正当投资交易,预为扶植之谓。关于消弭投机交易者,有一重要之现象,即申汇汇水高旺,须设法使之压平。压平申汇汇水之根本办法,莫若解除法币流动及发行银行汇兑之限制。关于扶植正当投资交易者,有一前提,即对资金内移之困难,须先设法解除。使证券市场成立后,正当之证券投资交易能占大部分,投机交易,则缩至最小部分,则建立内地证券市场之原意,方可圆满达到。

五、建立内地证券市场之方式管制问题

内地证券市场之营业范围,依前所述,以开拍产业证券为有利无弊,政府战前所发旧债,亦可开拍,唯战时所发各种新债,因种种顾虑,以暂不开拍为

宜。如不开拍新债，则其业务范围已属狭隘。再查过去我国产业证券上市之情形，实甚寥寥。其原因盖有多端：（一）我国股份公司组织，不甚发达，股票及公司债之发行，根本有限。市场交易之标的物既属寥寥，虽有市场，交易仍少。（二）我国商人积习，对于事业经济状况，向守秘密，股票及公司债之发行，不得外间信仰。（三）公司发行公司债，手续较繁，不若向银行借款为便利。（四）纵令发行公司债者，亦因受公司法之限制，为数甚少。最主要之原因，即为过去公司组织，规模甚小。其所发行之股票或公司债数量不多，一上市场开拍，即被多头操纵。大凡够格上交易所开拍之证券或物品，必须有巨额数量之存在，非任何投机家以一人之财力，所能操纵。如数量有限（或为几百万元者），则拥有百余万元之投机家，即可向市场一网打尽，然后垄断居奇，市价被其操纵。过去上海交易所曾开拍产业股票 30 余种，毕竟有行无市。结果仅有公债交易而无产业证券交易者，即因公债发行数量动辄几千万乃至万万元，而产业证券之发行额，不过几百万乃至几十万元耳。内地证券市场成立后，开拍产业证券，其交易情形如何，须视大规模公司企业组织所发行之大数额股票及公司债，够格上市开拍者之种类多寡以为断。惟以过去内地既无证券市场以供大规模公司企业融通资金，则大数量之公司债发行，料亦不多。

至政府战前所发各项旧债，现在津沪已有交易市场，大部分想已集中津沪市场，以前内地民间保有之旧债，亦有被人吸收寄往津沪情形（因在内地吸收是项公债寄往津沪售得法币，无异由内地汇款往津沪而可免高昂汇水之负担）。因此已多流出，留存内地者恐甚有限。证券市场成立后，如此项旧债市价与上海市价相等，决无人在内地市场出售其上海债券，因持有债券者在内地旧价 80 元，汇往上海，仅可得法币 60 元之谱，不如向上海出售为有利也。倘内地市价较上海市价为高，而所高出之数不足以填补汇水之损失，持券人亦无向内地市场出售之理。现在上海统甲市价颇高，曾达 80 元之高价，内地市场开拍后，决无过超百元之可能。果如是，则内地旧债一经上市，亦有被人吸收寄往上海市场出售之可能。至各银行充领券及发行准备所保有之旧债，届时亦将向上海出售。调款至内地再向市场换购新债，缴充准备。据此推论，则在申汇汇水未能压平以前，欲在内地市场开拍政府旧债，其前途亦殊冷淡。

证券市场之营业范围既属狭隘,而产业证券及政府旧债交易,又未能期其有大量买卖,则此证券市场究应采取交易所之组织,大张旗鼓,抑应另组其他简易机构,先行试办,颇有研究之价值。依个人愚见,不如仿上海先例,集合原有证券交易所经纪人,利用重庆证券交易所原址,成立一种茶会组织,先行试办。俟具有相当规模后,再行正式设所。以免市场建立之后,偶有波动,随即停业,影响过大。

至市场管制问题,如期货交易应否禁止,每一成交数量应否限制,均为颇费研究之问题。惟既以茶会组织先行试办,则前项禁止或限制,似无必要。而其管制问题,亦甚简单矣。

1. 内地证券茶会组织,政府准予备案。

2. 茶会以外为证券之买卖,一律禁止。

3. 由财政经济两部合组监理委员会,派员驻会监督,遇有大量操纵及市况变动过剧时,许以便利行事。

六、结论

总之,我国目前情形,建立内地证券市场,确有需要。但以开拍产业证券为有利,政府旧债亦可开拍,新债则须特别审慎。为求市场营业有起色,须先对资金内移之困难,谋一根本解决办法。但无论如何,创办之初,恐无大量交易,与其以交易所之方式,不若成立茶会组织,先行试办。俟有相当规模后,再行设所。

原载《中央银行经济汇报》1941年第4卷第2期

西南证券市场之我见

丁道谦

一、何谓证券市场

欲明了证券市场为何？不可不先明了何谓证券。

证券乃有价证券之简称，简单说来，证券亦可谓票据之一种别名也。盖近世信用制度之发达，票据流通之需要大为增加；尤以商业之发达，船载证券与仓库证券等之商业有价证券，亦随之而增加，此种指定表示对于一定物权之请求之票据，即所谓有价证券。执行证券买卖及控制证券市价之惟一场所，即为证券市场。

在证券市场中，主要之活动者当推银行，因近世以来，各银行投资证券，有上述之效能与便利，于是遂为银行业务之一目的物，在其资产中，一部分即为证券之购买，银行之放款，一部分乃以证券为抵押。至其余资又大都以证券为短期投资之标的。且国家法定纸币发行时，可以部分之证券作准备，故证券市场，在平时不啻为金融市场余资活动之地。而在金融恐慌时，各银行又势必抛售证券，换取现金，于是证券市场，又为金融市场之现金供给地，则不啻为金融市场之准备库及储蓄库。

在证券市场之中，证券之范围包括甚多，公债票固为其目的物，股票、公司债等亦为交易之对象。

二、证券交易之种类

现请一言证券交易之种类。证券交易之种类，普通分为现期及定期二种,现期交易又曰现交易,指证券之买卖成交,即行交割者而言,上海证券物品交易所对于现期交易之例规:凡前市成交者,于翌日午前即需履行交割,后市成交者,翌日午后五时前即行交割,由交易所将证券交于买方,将现金交于卖方,但此项规定,如得买卖双方之同意,亦得延期履行,但以七日为限。至于定期交易,则曰期货买卖,即为定期履行交割也,时限普通有三种:即一月期、二月期、三月期。一月期者即在一月之末交割,不得延迟至一个月之外。二月期者,即于下个月底交割,但不得在第一个月内或第三个月内交割。三月期者即于第三个月底交割,但不得于第一二月或第四个月交割。惟在期内之任何一日,皆得转卖或卖出,而卖出之后,亦仍可买回。

证券可以有此等之便利,故证券在银行业务中所占之势力遂亦甚大,证券可以作存款,可以作信托,可以作保险,故其在金融市场中,为一不可缺乏之工具。

三、西南证券市场之必需

证券市场成立之利益,已如前述,其便利至多,毫无疑义。西南今日,社会经济已有极大之变迁,金融市场亦因社会经济之变而成立,四川、云南、贵州、广西诸省无不呈欣欣向荣之态,以各省重要城市为例,行都重庆,滇、黔、桂等省会之昆明、贵阳与桂林,银行已达20余家之多,中央、中国、交通、中国农民、中央信托局、中央储蓄会、邮政储金汇业局、金城、上海商业储蓄、四川美丰、聚兴诚、湖南省及广东省等银行,几无一市无之。而在企业方面,西南诸省自抗战以来,情形尤属可观,确有雨后春笋之势,新兴的官商合办或商办或官办之企业,在川、滇、黔、桂诸省均有长足进展,如果并战前战后者而论,川省一省便有从事轻重工业之工厂400余家,四川省某水电厂、酒精厂以及四川丝业公司皆洋洋大观。云南之情形亦然,如云南耀龙电力公司、某水力发电厂、云南钢铁厂、云南电气制钢厂、裕滇纺纱厂、桐油厂、水力厂、锯木厂、云南矿业公司、全省钨锑公司、滇北矿务公司、宣明煤矿公司、裕滇磷矿公司、一平浪盐场、开蒙火电厂、佛海樟脑厂、树胶厂、昆华煤业公司、铁业公司。贵州省则有贵阳电厂、中国机械制造厂、化学工业厂、玻璃厂、大兴面粉厂、烟草公司、火柴公司、丝织公司、木业公司、贵州印刷所、煤矿公司、制糖厂、水泥厂、陶瓷厂、五金工厂、制革厂等。广西省则有中华铁工厂、纺织机械厂、造纸试验所、面粉厂、玻璃厂、迁江合山煤矿公司、平桂矿务局、士敏土厂、橡胶厂等等，不一而足。这些厂矿，以公司组织者为多，资本小者虽仅数万元，然大者则数百万至千万元而上之。这些公司的股票，如果有一证券市场为其活动之地，至少必可免除今日各事业感到资金之缺乏之困难。细考各厂家之实际情形。几无不感事业有扩充之必要者，然以无证券市场之存在，均于所需资金之获得，遂惟有采用透支、抵押等之方式，而不能发见新增股票或公司债券，以获得所需的资金，固然各家均有往来银行，需用资金，采用透支、抵押借款等方式亦属必要，然如能有证券市场之存在，必可开一所需资金之获得的途径。

因无证券市场之存在，厂家所受之影响遂甚多，自由获得其所需之资金固不可能，新公司创办新事业，尤感困难，而每一事业成功与失败之社会评价，亦不易获得。因为如有证券市场，则新公司创办新事业，便可借发行有价证券，卖于证券市场，由市场换回资金，而每一事业之股票价值亦可于市场得到实际表现。进而言之，即可由市场之股票价值，以度量该事业之成功与失败之程度。

总之，西南证券市场，实为必需，惟如欲其出现，则尚有待于金融家与实业家之共同努力。

原载《新经济》半月刊 1941 年第 6 卷第 3 期

西南经济建设问题[1]

孔祥熙

主席、各位社友：

今天上午承主席之命，已经说了许多无关紧要的话。现在主席又要兄弟来说话，未免耽误时间太多了。今天下午所讨论的中心问题是西南经济建设。无疑的，西南经济建设，是十分重要的问题，而在抗战期间，关系尤为重大。兄弟现在虽担任行政院长，兼管财政，其实个人兴趣，毋宁是致力于经济事业。记得在国内求学时代，鉴于清政府[2]之腐败，民生凋敝，帝国主义者的步步侵略，国家前途十分危殆，所以在出国留学时，就抱定八个字的主义，就是"提倡教育，发展实业"。相信提倡教育，可以唤起民众，颠覆满清，拯救中国；发展实业，可以解决民生疾苦，使人民饱食暖衣。回国之后在山西，一方创办学校，一方致力于工商事业。从政以来，也多半在金融实业方面服务。当北伐之际，到了广东，代理财政部长，后来改任实业部长。北伐成功，国民政府建都南京，就任工商部长，其后工商农矿两部合并为实业部，又担任实业部长，在工商部长任内，除提倡民营事业外，并根据总理实业计划，制订各种国营工业计划，聘请国内专家学者，厘定工商法规，以奠立发展实业之基础。这许多计划，虽未能完全实现，但个人兴趣，仍未衰懈；所以今天下午经济学社讨论的这个问题，不但在职责上是行政院的职掌范围，而且在兴趣上也是投我所好。

经济建设，为增强国力的唯一办法，不过经济建设必须与政治相辅而行；

---

[1] 此文为孔祥熙1938年12月4日下午在中国经济学社第14届年会上的讲演辞。
[2] 原文为"满清政府"。

没有良好的政治，经济建设无从谈起。中国政治，久不循规，清①之腐败，姑不具论，即民国成立以后，北京政府时代，政治上也是非常紊乱，而军阀割据自肥，各省均成独立状态，弄得四分五裂，政令不出都门。后来国民革命军北伐，铲除了许多军阀，建立国民政府，但因军阀余孽，仍潜伏各地，封建思想，未能革除尽净，致中央权力，仍不能充分行使，而种种经济上的设施，也受到很大的阻碍。自抗战以来，全国人民因敌人铁蹄所至，受尽许多痛苦，才一致觉悟，热烈拥护统一，以完成抗战建国的使命，各省负责军政长官，也深觉在此时期，如不一致团结，抵抗强敌，不能得到民众同情拥戴。各党各派，也都能顾全大局，精诚团结，所以全国上下，到现在才算真正的完全统一了。政府政令一出，莫不竭诚拥护，抗战一年余，虽然沦陷了许多区域，人民颠沛流离，惨遭荼毒，但是拥护政府抗战的决心，仍是与日俱增，因此国家才愈打愈巩固了。

"多难兴邦"，古有明训。征之过去史迹，不乏其例。就以德国而论，当欧洲大战刚结束的时候，大块的国土，被人割裂，经济竭蹶，民生困苦，并订立许多苛刻的条约，被束缚的几有永不能翻身之势。但是希特勒上台后，不但许多不平等条约，完全废除，已失掉的土地，次第收复，而且政府的力量，较之德皇威廉时代还要强固。因为威廉虽然叱咤风云，称霸一时，但国内始终保持一种联邦体制，各邦有各邦的法律和权能，中央权力并不十分集中。国社党秉政后，在很短的时期内，完成国内统一，树立了强有力的政府，恢复日耳曼民族过去的声威。其实希特勒在初上台的时候，并没有强大武力作后盾，也没有雄厚的经济为背景，赤手空拳，就把德国复兴起来。其所以至此之由，就是因为德国人民，受了战败的耻辱，感于国家前途的危险，彻底觉悟，精诚团结，一致拥护他的缘故。现在敌人虽已踏进了我们的腹地，侵占了我们广大的区域，但我们还有无穷的人力物力，只要全国上下能拥护政府，拥护抗战始终不渝，我们终有得到最后胜利的一天。目前的危急形势，就是复兴、富国的机运。

五年前兄弟就任财政部长之初，正是财政部没办法的时候，国库空竭，罗掘俱穷，有人估计至多只能维持三个月，当时就有人说："孔某人长财政，顶多三个星期就要下台。"岂料叨天之幸，托中华民国之福，虽然在万分困难中仍能继续

---

① 原文为"满清"。

下去，而且情况一天一天的在好转，终于把重重难关，安然渡过。其实兄弟也没有什么特别的办法，还是一句老生常谈，"开源节流"四个字而已。抗战迄今，军需供应，开支浩繁，而财政仍能应付裕如，即使长期抗战下去，财政也决不致发生问题，只要能本"开源节流"之旨，一方面努力增加生产，开发富源，一方面节省无谓的消耗，保存国力，则平凡的建设，自然就会有惊人的成绩。

还有一点，就是建设要用自己的力量，应分别缓急先后。记得兄弟有一次到外国去，道经日本，在东京火车站下车，看见车上的设备，异常简陋，月台晒棚，都是用木头建造，车站办公室，也不过木房数间而已。但回到中国来，情形就大不相同了，各大火车站的建筑，都是巍峨奇伟，月台车棚，完全用钢骨水泥，比较日本考究得多。可是日本的车站，完全是用自己的材料造成的，我们的巍峨奇伟，却是向外国借来的，因此我就感觉到我们的建设，没有分出一个缓急先后来，只图表面，没有实际。过去数十年中，不知浪费了多少人力财力，实在可惜。现在抗战期间，一切人力物力，更为艰难，不能再像从前那样浪费，应该分出缓急先后，看看与抗战有没有关系，与人力〔民〕有没有迫切的利益，如果与抗战无关，与人民无迫切利益，就不妨缓办，其为抗战所急需者，则以全力为之。所以兄弟近来对于救济流亡难民，辅助工商业迁移内地，发展后方交通，扶助西南经济建设等事业都是毫无犹豫的拨巨款协助，就是因为这些工作，是目前最急切需要的。话云"种瓜得瓜种豆得豆"，我们必须下到本钱，才能得到伟大的收获。

最后要说的就是事在人为，各种事业的成败，全看是否尽到人力。如果大家没有决心，没有勇往直前的精神，没有为国为民的诚意，就是国家有钱，政府想建设，还是没有办法。所以建设必须有建设的人才，不畏难，不苟且，不假公济私，不贪污渎职，建设才能有成功的希望。总理常说，革命必须要先革心，心理不改革，革命终究不能成功。现在建设也是如此，必须先从心理建设起。诸位都是国内知名的学者，品行学问在社会上久已著称，希望不但在理论上多多贡献意见，更要在工作上多所为力，以助成抗战建国的大业。

今天因讨论西南经济建设问题，个人兴趣所及，不觉又说了许多话，尚望各位加以教正。

原载《四川经济月刊》1939年第11卷第1、2期合刊

如何共同建设西南

陈立夫

自战局转移，国府西迁，西南数省，遂为抗战复兴之根据地，举国上下，咸明晰西南建设之重要。夫以西南之广土众民，加之蕴藏丰富，地势雄胜，物质环境，深足负此重任。无如数十年来，我国以沦居次殖民地地位，所有萌芽之工业，类皆循外人侵渐路几，散布于东南沿海区域，全国物质供给，几全恃此一隅之地，而于西南天赋特厚之区，虽日倡言开发，迄仍货弃于地。抗战军兴，东南财赋，遽被摧毁，无以赓续作军事供应，此其亟须在最短时期，完成西南以国防为中心之建设，为维抗战持久之计，实已无烦侈言，惟在朝野人士如何指臂相连，同心协力，以超速度完成必要建设，以应时代需要而已。

前线军事之胜负，其关键端系于后方物资供应之有无。抗战建国，必须同时并进，足食足兵，方足以言持久。西南范围，包括川、康、滇、黔、湘、粤、桂诸省，土地面积达 2 108 041 方里，人口总额计 15 000 余万，重要工业原料，煤、铁、石油、铜、锡、铅、锌、锑、钨、硝、盐、硫磺等，靡不尽有，且因擅天时地利之胜，土质膏腴，农产富饶，苟加适当经营，抗战物资，不难获得源源供给。政府当此战事方殷，军政各费支用浩繁之际，仍复指拨巨款，以从事于经济交通水利教育各项之新建设，业已草定方案设施进行者，如兴修国际路线，改善西南北交通，疏浚川、滇、黔、桂水道，开采煤铁矿藏，建立钢铁炼炉，增加动力设备，协助内迁工厂，推广轻小工业，改良农产品种，指导农村合作，培植技术人员，教抚战后退出子弟诸端，各初具端倪。惟以西南区域之广袤，又向未经实力开发，同时并进，头绪纷繁，以政府目前财力，良有未逮。此则不得不于政府举办事业之外，更举实业界人士，本匹夫有责之义，按照政府施行方针，一致参加，先由政府统筹计划，负责兴办其艰巨部分，并领导推动，共同努力进行,分道扬镳,即可博众擎易,举事半功倍之效,复能于时间上赶上需要。举例言之,如川省煤铁矿藏,普遍散布,难于集中,倘由政府在适中地点,设厂领导,人民分区仿效进行,因地制宜,各别采炼,则其一日所获之产量,仍不亚于大规模之炼炉,而小单位分散各区,不但免空袭威胁之虞,且得分工合作之利,其他各项,莫不皆然。凡急待建设各端,除关系国防及重大工业必须由政府举办者外,殆均可采此共同进行方式,政府人民一致着力,则今兹一年之所成就,将远胜于前此十数年之筹划,足以弥补以往之失。

且西南建设,自有其本身经济上之价值,一为西南远处腹地,向未被沿海外来势力所侵渐,今兹建设,就地取材,经济机构,创立完整,将不复如以前次殖民地式之为外力所操纵左右;次为西南富有天然资源,不难作到自给自足地步,抗战时期,固可为前线物资之供应,时势承平,亦可以供西南 15 000 万人口之消费,工业基础,可垂久远,亦所以免蹈以前集中东南一隅之覆辙,如能次第推行于西北、东北各区,将可赖以获得普遍的繁荣。故西南建设,不仅为目前国防上之需要,且足为树立全国共同努力之先声。

原载《西南实业通讯》1940 年第 1 卷第 1 期

西南经济建设之前瞻

翁文灏

抗战前我国经济重心,集中在沿海各省市。时时在敌人侵略威胁之下,抗战后我国经济重心,已渐移置于西南、西北各省区,而西南尤有重要发展。这正是国内外集中人力财力发展内地经济建设事业的良好时机。

对于抗战时期,西南经济事业之突飞猛进,是国内外人士所共认的。但有的人鉴于以往内地新式经济事业之落后,并深受经济学上自由竞争理论的影响,似乎以为一旦战事结束,由于经济法则的支配,四川、云南、贵州、广西各省的工厂矿场,恐怕是不能与上海、天津、广州、青岛等沿海各地相竞争的。其实内地具有极丰富天然资源,农产及矿产皆有超越寻常之生产能力,最重要事业自应设在富源所在之内地,以期大量开发,而不应舍近就远,将工业中心设在沿岸各埠。上海等埠之意义,在乎进出口之对外贸易,内地各经济中心之意义,则为各种物产之大量生产与利用。两者各有极大关系,但决不可抹煞事实需要,而以为生产中心非在沿海各埠不可。试更阐明此义,以期热心人士更为努力。

第一,经济学上的竞争法则,乃是在政府采行自由主义的经济政策时方能发挥作用的,如今自由主义政策,已非彻底通行,而我国的抗战建国纲领,更早已明白规定实行计划经济与统制经济,在施行计划经济与统制经济的国家,政府自应决定把国家的经济重心安置在妥适区域。我们因为以前的经济重心,过于偏重沿海各省市,而对于内地重要地方则作为过少,以至轻重失宜,因愿利用抗战之机会,校正从前之分布。所以在此三年中艰苦奋斗,在内地建树经济重心,缔造经营,渐见成效。但因抗战方殷,运输未甚畅通,规模不甚宽大,战事停止之后,方拟继起补充,益求完备,岂有反而听其自趋萎缩之理。政府为扶植工矿事业,曾颁行非常时期工矿业奖助暂行条例,规定凡我人民在后方所办有关国防民生之重要工矿业,需要扶助者,得由政府予以保息补助、减免税捐、减免国营交通事业运输费、协助低利贷款等项之奖助。更为优待华侨回国投资起见,于适用上述条例外,增订非常时期华侨投资国内经济事业奖助办法。各主管人员亦热诚扶助,孜孜不倦,更得许多企业人士本爱国热心,用业务经验,不畏艰辛,奋起用力,到现在各业生产,已有相当成效。例如内迁厂矿,在民国二十九年度出产价值之总额,可达 30 000 万元,即此可以约见抗战时期内地工业新生产之绩效。但此仅建设之初基,自今以后,更加努力,继续发扬,尤恐不及,决不宜始勤终怠,中途而废。此就国家经济政策言,投资内地经济事业,为建设国家最正当之途径,一也。

第二,今日内地,由于政府与人民之三年奋斗,经济状况已较抗战前略有进步,举凡工矿事业发展的必要条件,已渐具基础。工矿事业第一要件为燃料,关于煤的开发,现已分三区经营。在川康区,有天府、嘉阳、南桐、威远、石燕各煤矿,皆加装新式设备,增加出产数量;在滇黔桂区,有宣明、明良、一平浪、筑东、迁江等煤矿,亦改良组织,增加资金,以期更为发展;在湘赣区,有祁零、辰溪、湘南、湘潭、鄱乐等煤矿,或新开矿井,或加多产量,以供要需,凡此皆以奠定主要煤业基础。此外新开各矿,尚正在继续经营之中。其次为动力,三年来在湘、川、黔、滇、陕、甘等省,经政府扩充或新设之火力发电厂,已有 11 处,此外还有 3 处较大规模的水力发电厂,正在筹备开工,对于将来的工矿业可以分区供给廉价的电力。其次为机器,由于多数机械工厂的内迁,及中央机器厂的创设,现在对于各种动力机、工具机及作业机,类能自制,对于内地工矿业可能供给必需的机器。其次为原料,关于轻工业原料如棉麦,关于重工业原料如钢铁及铜,关于化学工业原料如酸碱盐,或在积极推广增产,或在设法采冶制造,均已有初步成效。其次为交通,公路方面,随时势之需要,开辟整理,汽车所需要之汽油,虽多赖外国输入,但如大量酒精之出产,以及煤气炉之开始制造,亦有相当补救,对于铁路及水道亦有若干准备。凡此略举数例,兹以说明初步工作意义之所在,同时亦正可见,行远自迩,登高自卑,以后工作,方兴未艾,以后之责任,以视今日,只有加重,而决不减轻。就此事实言,内地建设之任务,有加无已,势甚明显者,二也。

第三,内地各省,地区广袤,蕴藏丰富,西南人口较多,尤便开发,经济事业有方始发起而正待继起方能成功者,例如云南气候最适宜于蚕桑,今在开远昆明等县提倡植桑养蚕,并设厂制丝,如果办理成功,则数年之后,云南当为我国出丝最重要之省份。而是否成功,端视后起努力。有如四川人口众多,而衣料不给,今已有内迁纺厂十余万锭,将来更可增多,政府为提倡植棉起见,三年以来,迭购德字脱字棉种分送民间,俾长绒棉花可以发荣滋长,惟此类工作,必须经常努力,方能有成。凡此皆极有宏大意义之事业,而必待继续推进者也。亦有关系重大尚未开始而必宜创办者,例如四川之糖业,须有新式工厂,多量毛皮,须有近代工业善为利用,许多矿业,须待善为经营方能充分开发,此又急要事业,应办而尚待善办,不可或忽者也。由此可见待办之事业正自甚多,此就以后之成就言,急待有为,不可中止者,三也。

经营事业之基本,一待资本,二待劳力。资本方面,各银行存款甚多,极宜充分利用之于生产事业,使供给之数量大加,即人民之生活较易,而国家之力量亦为之增高。切不可以有用之资财,为投机之工作。当此抗战方殷,物资之供应,实为后方之责,充分生产以贡献于国家之进行,凡我同胞皆与有责,奋起为之,实所切望。劳力方面,当知"所其无逸",古训昭垂,宝惜寸阴,遗规可法,吾人应知工作为人生之义务,生产为国民之天职,劳作即是贡献,贡献即是快乐。直前勇往,相与有成,事业成功,可以操券。瞻顾前途,企予望之矣。

原载《西南实业通讯》1940 年第 2 卷第 3 期

建国必自建设西南始

邓汉祥

抗战建国，固人人能言之，然言之非艰，行之维艰。国都移渝后，西南数省，遂为民族复兴地，是则建国必先建设西南明矣。至建设事件，条理万端，非有整个之计划，使一切农林工矿交通，齐头并进，不足以副此意。

两年以来，中央各部会，计划建设于西南之事亦多矣，西南各省政府标榜其政治方针，以建设为言者，更数见不鲜矣。究其实际，距预期之效力尚远，此中固有种种困难，然人事容有未尽，计划或有未周，无可讳也。区区之愚，以为此时应确定办法，何者国营，何者省营，何者民营，同时并举，不相妨而相成。须知西南之能否建设，即我国之能否建立，关系至重，绝无游移之余地，务使各级政府及地方人士，了然于此项意义，分头努力，方底于成。

抗战以前，西南因僻远之故，开发较迟，货弃于地，非一日矣。其最大原因，一以资力不充，一以技术人员之缺乏。抗战而后，国家既以充分之经济分头经营，全国技术人才，复云集于后方，此为建设西南之唯一机会，趁此千载一时，所有地方不健全之金融基础，必须保持而培养之，使能担负建设事业，又劝导地方人民，大量投资，如是则众擎易举矣。一面又培养技术人才，继续供用，抗战成功而后，以西南之人力财力，可自以建设效用于国家。是政府对于建设，除国营者外，始终处于提挈之地位，并尽其扶植之力量，西南各省人士，当无不奋起图之矣。

今日建设事项，其应立即着手者，略如左〈下〉：

(1)农业之改进(选种施肥，以及农具等)。

(2)工艺用作物之添种(如棉麻桐丝茶之类，即农产物之工业化)。

(3)森林之推广及保护(滇黔无论已，即川省亦不少童山)。

（4）河道之疏浚及渠塘之开凿（水利以川为优，滇次之，黔又次之）。

（5）一切工业（应注重机器工业，但手工业亦不可偏废）。

（6）矿藏之开发（民间土法开采，所在而有，第须指导而扶持耳，其重要者，更须公家经营）。

（7）交通（各省公路之干线，大致完成，此时只余各县支线耳，必要地方，更以铁路连贯之）。

即此数者，不能不全部着手，时不我待，又非立即开发不可，人尽其用，地尽其利，急起而直追之，计无有善于此者。

西南数省，蕴藏极富，惜以交通不便之故，开发较迟，以前国人，皆注重沿江沿海地方，学校也，交通也，农工业也，凡百兴举，麇集于此，一遇外力侵凌，立即摧破，仓皇西移，保有几何，回首前尘，无往慨叹。就我国形势说，为避免帝国主义之威胁，一切建设基础，皆应奠定于西南，尤以重工业及军需工业为必要，此时建设之初，即应合盘打算，将来抗战成功后，何者移回江海省份，自属临时性质，何者仍留西南，远作百年之计，此在目前，即应注意及之。

尤有进者，沦陷区域之西来人士，皆系优秀分子，不愿加入伪组织者，间关万里，辛苦跋涉，自为全国所景仰，西南之人，当具同情，不特无歧视之心，更应表敬爱之意。外来者，见百废之未举也，文化之较迟也，又以言语隔阂，风尚不同之故，每因同异，易启嫌隙，似乎主客之异势，不免意见之横生，此为最可忧虑之事，徒使亲者痛而仇者快也。窃以为今兹建设，正可以合作之故，消除成见，假令意见仍不融洽，则影响于西南者甚大，希望两方，皆以国家为前提，力求改善，则同舟风雨，必可共济矣。拙见所及，敬与海内贤豪一商之。

原载《西南实业通讯》1940年第1卷第6期

开发西南经济意见

卫挺生

战争之必需以经济力量为之支持,自古已然,于今为甚,故曰"衣食足而后知荣辱",又曰"明耻教战"。现代战争动员之力量愈大,影响之范围亦愈广,故军事学者,每谓现代战争,必须动员全国之一切人力、物力、财力以决胜负,西方军事学家更谓"以后战争拥有最后十万万元预算者,胜利即属之"。言简意括,经济力量为战事胜负决定因素,更为揭露无遗。

吾国经济事业之落后尽人皆知,其需开发,无待赘述。惜乎自民国成立以还,早年军阀窃据,日惟勾心斗角,争权夺利,自相残杀,对于经济事业曾未见政府有何提倡。国民政府成立后,虽未及全国底定即行提倡经济事业,然外以格于帝国者之百端阻挠,内以残余军阀之割据尚未尽除,故短短数年之努力,尚无如何巨大成绩之可见,然而关税之自主也,厘金之裁撤也,苛杂之废除也,币制之改革也,铁道之增建也,公路之开筑也,招商局之整理也,对于经济事业之发展,固已奠强固之基础。二十六年春统一完成,政府更可以全力从事经济之开发,不幸日本帝国主义,恐我经济发达后,国力强盛,难遂其大陆政策之实施,故迫不及待,急施侵略。致自七七及八一三以后,吾国北部东部经济重心悉陷为战区,此于吾经济上之损失至为重大,而均为前此经济之发展偏于沿海一带,有以致之也。虽然此种经济事业集中沿海一带之情形,自有其历史上地理上之成因,如帝国主义者经济侵略之,以沿海为根据地,与夫沿海一带以地理上之关系交通便利等是。往者已矣,来者可追,此后吾国经济之发展,务本内重外轻之原则,使集中于内地,而使沿海及接近边境外围,成为商业地带,然后国家之经济基础,不易受外国武力侵略之影响。此次教训中吾人应有之认识,与作者之草本文主张开发西南经济之理由也。

就战争之形势而言,目前战局已入第二阶段,沿海一带经济中心不为日寇暴力占据者,亦在日寇不法之海军封锁中,且时有寇舰寇机炮击轰炸,此种局面虽因吾国国际贸易,本为入超,自一方面言,未尝非有利于吾国,然自他方面言,则抗战所直接间接需要之物品,原料来源未见减少,为贯彻吾持久抗战之国策,以求最后胜利起见,吾国目前不特须发展一般经济,以巩固基础,充实抗战力量,尤须另行打开国际交通路线,使抗战所需之一切物品原料,得由此新路线充分进口,源源不绝以达前线以渗入后方各地。

由上论据,吾国目前所亟应采行之办法,按其重要性之程序应为(一)打开国际交通路线,(二)发展一般经济。欲打通国际路线,并发展一般经济,就吾人上面所论,似应由西南各省如川、滇、黔三省入手,然后向前推进至接近前线之各省,其理由如次:

(一)西南各省离前方较远,其所受战事之种种影响,在程度上究比较为轻,故欲开发经济比较为易。

(二)西南各省与安南及缅甸接壤,而安南缅甸可通欧美法国,英国对于吾国目今之抗战甚表同情,故由西南各省打通国际路线比较容易。

(三)川、滇、黔三省人口土地,物产富藏,较之德国有过之而无不及,如能尽量开发经济,足可为抗战之根据地。

根据以上理由,于西南各省中,吾人应各以川、滇、黔三省为根据地,首先打通国际路线,就地理上之自然环境言,此项路线可有两条:一通安南,一通缅甸,均暂以四川泸县为终点,必要时得展开延长之,以达成都或重庆。由安南至四川泸县,亟应赶筑与越南铁路同轨之铁路,俾安南所产米与欧美产品,可由该路直达内地,再由长江或公路转输各地及前线,如重轨铁道一时不易建筑完成,即暂行先筑轻便铁道以利运输,亦无不可。法国之欲筑该路由来已久,徒以吾迄未允许,故未能达其目的,现在国际情势改变,吾国似不妨放弃以前顾忌,许外资建筑,以节省本国财力,而招外资建筑是项铁路线,应以法国为宜。盖法国对于吾抵抗日本,系抱同情态度,且日本若在中国得势,安南亦必不保,况舍此而外,将来路运收入与关税之增加,均为利之所在,故吾若与法政府相商,招法商展筑越南铁路,自昆明以达泸县,必得法政府之赞助。

至若自缅甸至泸县之铁路,可由滇缅边界之八莫经大理而至泸县。此项铁路英人觊觎云南，亦已久欲建筑，以吾国不许，迄未实现。现在国际风云大部集中太平洋，时移势殊，为节省国家财力起见，此路若准英人建筑，实为利多而弊少，况此路一通，英人于运费及关税收入，必能增加，亦属利之所在，吾若与英政府相商，招英商承筑，必不至无动于衷。再者英法关系每不免貌合神离，彼此不欲使对方占得优势，法国越南铁路本已筑至昆明，其势力已较英国为优，若再至泸县，法人势力更将优出英人万倍，故吾若与英国接洽，彼必乐于承筑该路也。为求该线之迅速完成通车起见，亦不妨先行赶筑轻便铁道。

以上两条国际铁路，务须限于几个月之最短期内赶筑完成通车，以宣泄内地之出产货物，输入外国之军火械弹，以及其他必要之原料与产品，军用上直接间接品之必须多辟路线，尽量输入，固系必然之事，毋庸赘述。同样国内产品亦须多辟路线尽量输出，始能繁荣国内经济，并增加外汇，以供购买作战必须外国货物及原料之用。依照目前之交通情形，西南各省以交通停滞，百业均大受影响，商店倒闭者累累，其结果且拖累资本较少银钱业，就四川而论，此种实例已不胜枚举。川省最大出口货首推桐油丝等，今以运输不易，价值均一落千丈，唯白猪鬃以体质较轻，闻竟以飞机载运出口，此种情形，对于西南各省之整个经济组织实至危殆。西南各省目前所恃之交通维持只赖公路，而公路交通较铁路运输，金钱时间，两不经济，于安全及载重能力方面，亦不如铁路运输远甚，军事方面如坦克车飞机大炮等重兵器及弹药之运输，经济方面如机器之运入，皆需有铁路，始可接济前方需要，开发后方经济。

为促成该两路之迅速完工通车计，吾政府似可用发行公债之方式，向英法国募集外债，除以全部路基路产为担保外，并以国家普通收入为担保，否则或用股款方式，而由政府担保股息若干年，如此则其必需之资本，必易于迅即募集。在铁路之建筑时，更宜由政府征用国民工役与建筑者充分合作，以便土方之开挖，路基之培填等，普通工程能迅速进行，而各该路全线工程能克日完成，以利通车。

为疏通货运挽救西南各省，尤其四川目前之经济呆滞起见，在该两路未筑成通车以前，宜先与滇越铁路与龙州铁路，商议增开车次多挂货车，滇越铁路目前每天仅两头对开客车 1 列，闻所挂货车只 4 辆，而纯粹货车，则须 3 天开行 1 列，其为迟缓可知。不过铁路以营利为目的，苟货物增多则与之商协加车,自亦并非十分困难之事。故目前一方当与之商协加车,一方当求其在吾竭力以下列方式流通货运,则要求滇越铁路与龙州铁路加开列车与加挂货车,必易办到也。

(一)流畅货运之第一方法,断在充分利用各已成之公路

西南各省如湖南、湖北、广西、云南、贵州、四川、西康、陕西、甘肃,本已有国道,彼此联络,且有省道至省内各地,目前为疏通西南各省货运,以救济经济之呆滞,应充分利用此种公路运输货物。闻公路运输,目前所以不流畅之原因,系由于车辆缺乏,缘公路交通,目前大抵均系由各省所设公路局办理,公路局因缺乏资本,无力多多添办新车,又因零件来路甚少,旧车不易修理完好,而管理方面亦未能尽善,故公路交通,一时不易于省公路局之下,积极整顿。商人方面,虽曾有人提议集资倡办长途汽车交通运输公司,终以省公路局方面所定征收之养路费用,为数太高,实际上无力负担,故迄未成议。根据以上种种情形,现在欲充分利用各已成公路,似可分三方面,分别办理。

第一,令省公路局竭力设法添购新车,购储零件,以便随时修理之用,并改善管理方法。

第二,提倡商办公路运输事业,减低养路费之征收。

第三,由铁道部之公路总管理处,就以上之两种办法所得结果,斟酌需要筹资,购备车辆加入营业,以补不足。第一步不妨先行购办卡车1 000辆乃至5 000辆,以后再随时斟酌需要,加添或减少。

能如此,则已成各公路,可以刻无闲暇充分利用,不特货运流通,经济活泼,军需接济亦可源源不绝,供应无穷。货运既畅,则欲法国增开滇越龙州两铁路货车,自属易事。惟与法国协商增开该两路货车时,尚有一事,尚须同时商请协助,即安南税关,对于由该两路转运之货物,务须勿再如前此之予以种种留难,以利通过,最好于入境时,迳行按照沪出口办法,不先缴付金〔全〕额进口税而再于沪出口时,请求退税,以省手续时间与金钱上之损失。此乃外交方面应有之努力,而按照目前国际情形,非难于办到之事焉。

(二)流畅货运之第二方法,应积极修筑未完成各公路

一面充分利用已成各公路,西南各省几全赖陆路运输,过去以牲口或人力运输之方法，既属迟缓，又因载重能力极少，不特于军事上极端不适，即于经济上亦无甚功效。故未完成各国道省道，固应积极开筑，即县道亦须尽力兴建，俾成整个完密之公路交通网，此为修筑公路打通西南交通之最终目的，而着手伊始则最急要者，莫如建筑叙府至昆明，大理至缅甸八莫之两公路。此两公路，前者系由四川至昆明转滇越铁路，以达安南海防之国际路线。而后者则由云南通缅甸八莫，以与铁路衔接，而达缅甸仰光之国际路线。此两路之重要，在于可使欧美之军火弹药，与安南仰光之粮食以及其他必需品，均可由此转入吾国，直达扬子江而不虞寇舰之封锁，故其建筑最为急要，应由中央与地方以全副力量，于最短期间并力建筑，完成通车。

与上述积极开发交通计划并进，同时更须竭力将各种妨害交通之障碍物除去，如一切妨碍交通之税捐之除去，与用清乡之方法消灭充斥之土匪是。

通过税之病商扰民，久已为世诟病，故国府成立后，即揭橥裁撤厘金之政策，经积极筹备，于孔财长就任不久，即行裁去。而中华民国约法，既有第62条规定，中央对于各地方妨害交通之课税与地方之物品，通过税以法律限制之，于前财政收支系统法，复有第9条第二项"一切货物税均为中央税，地方政府不得征收，并不得阻止国内货物之自由流通"，与第10条"各级政府均不得在货物通过地点征收任何税捐，但因改良水陆道路而对于通过舟车征收使用费，不在此限"之规定于后。良以一切货物之通过税捐，对于人民之负担重，而税吏中饱侵吞之结果，政府之所得少，妨害货物流通，阻碍经济发展，自不得不严加禁止。西南各省通过税捐，尚未尽除，为调整各省经济起见，现决应断然决然于最短期内，一律予以勾销，另筹抵补办法（抵补办法请参阅本文后段）。

西南各省土匪甚多，尤以川黔鄂三省边境为甚，为祸之烈，民不安居，商旅裹足，于经济发展上之妨害，不亚于妨害交通之各种税捐。行营有鉴于此，日前已令各关系省军政当局会商剿办，限期肃清。考土匪之成，因与经济之发展互为因果，经济发达土匪自少，反之经济不发达土匪易多，故欲消灭土匪，一方自当进行剿办，一方尤当开发经济以裕民生，则土匪不除自除。就目前西南各省土匪之众多情形而论，剿办之法，除大股土匪，必须军队剿办，及其他应另有特别规定办法者外，似应依十八年九月十七日国府公布之清乡条例办理，于各省县设清乡局主办之。一方面严密改组各省保甲，先从改善县长及联保主任之人选着手，县长必须受过大学教育，受过军事训练者任之，联保主任必须受过中学以上教育与军事训练者充任；一方依清乡条例，以清乡局长及分局长之资格，搜除土匪，一方以民政官员之资格，依照广西已著成效之办法，推行管教养卫四政，如此则短短数月之间，土匪绝迹可以完堵〔睹〕矣。

以上所述纯系交通方面之问题，开发经济固须交通方面有办法，然开发经济之中心工作，断在工农矿各业本身之发展，然后交通事业业务殷繁，不特可以维持已有之组织设备，且可推而广之，以助长工农矿各业之发展，否则如缺乏货运，交通事业本身将日就萎缩，尚何开发经济之足云。而作者开首先言交通将无本末倒置之嫌，然吾人苟一察目前西南各省情形，则知西南各省经济之停滞，实出于因战事而引起之运输滞塞，以致历来外销各货无从运出，而仰给外来之货物无法运入，遂致有造成百业停滞之现象。此种现象苟一任自然演变，终必至令西南各省全部经济组织陷于无办法之中，急则治标，故作者先以交通方面应有之设施为言也。

至于开发西南经济之治本方面，无疑的应从工农矿各方着手。据报载四川省政府为增加粮食生产以求供应起见，已于二月十五日令各县政府凡公私所有整块或零星熟地亩，应即日开垦加紧生产，可见地方当局对此已在筹划进行之中。西南经济基础系筑于农林矿及手工业上，故欲发展西南经济仍当从此着手，农业方面西南未垦之荒地甚多，而已垦熟之地须相当丰收，始能仅足自给。为充裕抗战期间之民食起见，深耕广耕务须同时并进，已垦熟者，改良水利，改善种子，未垦熟者，利用难民，积极垦殖，由中国农民银行尽量对农民予以金融上之援助。西南各种工矿业为数虽属不小，然大抵系小规模者，虽云囿于地理上之自然环境，要亦交通未十分发达，过去金融界之未予注意，有以致之。今后当极力纠正以前东南经济上之错误，本吾人前面内重外轻之主张，竭力发展西南蕴藏极富之矿业，与前途远大之工业。现在以抗战关系，沿海一带及长江下游移来之游资甚多，此项游资正可乘机利用，万不能再令其集中都市。盖西南经济基础不在商而在农林小工业，必须令资本散达各地普及至民间，然后农林矿及小工业始能发荣滋长，而金融方面亦可免资本过剩之虞矣。

如上项游资不够，应由中央银行与中国农民银行充分制造信用，以为接济制造信用之法,最简而易行者,莫如扩大重贴现业务,对各种工农矿产品之票据,促各银行积极贴现,而由中央中农两行,对各银行以是种票据作担保为之重贴现,扩大此项重贴现业务之办法有:(一)多设分支行使普及各地,(二)酌减利息,(三)延长到期期间。

至大规模之垦荒,或工厂与矿场之扩大,或设立如需要巨额资本,中央、中农两行不便自行投资时,除提倡由商业银行实业银行尽量供给资本外,尤须提倡利用外资。日本系举世共指之侵略国,尚图以实业组织名义企图向外国借债,吾国抗战,全世界一致表示同情,尤宜善自利用此种优良情势,向国外募债,或招外商投资以充发展农工商各业之用。利用外资发展经济,本为总理所主张,只要权操自我,不要太阿倒持便不虞受人宰制,而可充实吾抗战之力,而当此抗战期间,尤宜积极提倡者也。

发展西南工农商业之条件,不能逃避经济上之原则,即土地、资本、人力三者是。土地既无问题,资本亦可以吾人上述方法,获得解决。兹当再论人力问题,企业所需之人力,大别之可分为二:一曰智力,即组织指挥之能力;二曰劳力,即受指挥而执役之能力,请分论之。

关于智力方面,目前东南东北人才,几均以抗战关系而集中西南,其中各部门多阶级之人才均有,徒以尚未详细调查,尚未组织,故未能充分利用。此种人才,上自有经验之事业专家,中而曾受大学高等教育有训练之学生,下至中小学毕业之学生,十之八九因抗战之故,而暂陷于失业,此批人材,如能量材器使善为利用,则所望不奢,且均盼能于抗战期间对国家作无论直接间接之贡献,故所费必小,而收效必宏。利用之法,断在赶即详细加以调查,与大规模加以组织耳。

劳力方面,目前为止,自东南东北逃来西南之难民,无虑数百十万,其中曾受教育与训练者,固当以上述方法,别为安插,而老农与熟练工人为数又岂在少,能利用此种老农与熟练工人,训练各种普通劳力者,则发展西南工商矿各业所需之劳力,短时期内已可不生问题,此关于外来之劳力应用者一也。舍此而外,尚有原来之烟民,其数甚巨,亦可加以利用,此种烟民之生产能力,纵不完全等于零,在现状之下,亦必大为减少,如能于一年以内禁绝鸦片,则不特生产能力可以大增,即经济能力,前之用于无益之鸦片消耗者亦可大增,而前此种植鸦片之地亩,更可充为种植粮食,于战时粮食问题之解决,尤为重要之贡献。书至此见报载蒋委员长与孔院长联电各有关省府切实禁烟,并将种烟地亩改种粮食,可见吾人兹篇所贡献之意见,已在当局运筹之中,实为抗战确有整个计划之良好证明,至可欣慰。至特税抵补问题,与前面所述,取消一切妨害交通之税捐之抵补问题,似可同时举办战时财富税以替代之,妨害交通之各项税捐,其危害之甚,吾人前面已有叙述。特税之征收,向系等于摊派性质,每县每区各有类似比额之限制不得短少。以是不特不能寓禁于征,且有愈征愈不禁之流弊,而税收所入,据言四川全省年有 6 000 余万而报由行营转解者不及三分之一。今蒋委员长与孔院长,既联衔电令省府切实禁烟,自可于最短期内禁绝,其抵补问题如以战时财富税充之,仍以摊派之方式出之,当不致难于解决战时财富税之征收,可以财产总值与每总所得,两者之一为标准,大体可仿旧来绅富捐办法而加以改良,使估税上务求公平,如有敲诈情事,必须有一定机关有容易办法,便人申诉,然后能使人民比照其实际力量以其财力,充分援助国家。

以上所述,系关于开发西南经济上应行即时着手之各主要工作,诚能本此前进,必能改善西南经济情形,奠定西南基础。蒋委员长去年在庐山训练时有一篇演说中,曾言"建国在抗战的时候",这句名言是值得吾们大家深思的。

原载《四川经济月刊》1938 年第 9 卷第 3 期

西南经济建设之十大政策

卫挺生

对于经济建设事业,首先应拟定政策。政策为行动之母,有适当确切之政策,始有合理之行动。自抗战军兴,西南经济建设之呼声,甚嚣尘上,惟鲜有注意及整个政策者,迩来蒋总裁指示吾人关于四川经济建设之纲要,其中首列五大政策,以为建设事业之张本,可见政策之决定,厥为经济建设之首要。则西南各省之经济建设,亦应在整个政策之下,由政府与私人分工合作,共策进行,而其政策,可得而言者有十:

一曰区域单位化　经济建设,非如普通行政,普通行政虽有因地制宜之性质,惟其划分区域之标准,与经济建设则不尽同。经济建设区域应接资源之分布,地质之差异,环境之不同,而为各别之建设单位,在同一政策下分途推进其工作。至于划分之标准,则有下列二点:

其一,建设区域独立:建设区域是以纯自然的地理性为其特质,不必为行政区域所限。在建设时,可免零碎支离重复与偏枯之弊。

其二,利益比较原则:建设区域之分工,以比较利益之大小为准绳,而达到经济化之目的。

二曰组织系统化　西南经济建设,应自成一独立之单位。在纵的方面,有统一之组织。组织不系统化,则有叠床架屋之可能,反之组织有系统,可节省组织上之浪费,力量得以集中。组织上,有统一之行政组织,有统一之设计组织,则在人力物力财力方面,皆有通盘之筹划,为全盘之设计,而且层层相连,呼应亦可灵活。

三曰机构合作化　就横的方面来论,在统一组织之下,其所有之分组织,应联成一气,彼此联串,相呼相应,互为连锁之作用,同以建设西南经济为唯一之目标,同以统一建设计划为唯一之准则,分工而合作,集中而分散,则力量不仅集中而已,抑且可以增强。

四曰经营商业化　我国对于事业之经营,多为官僚化之方式。因此,民营企业之效率,远在国营企业之上,考其原因,以其经营未商业化故。商业化之经营,有其优点三:

其一,事权集中,无受人掣肘之弊,经营之效率,大为增进。

其二,手续简单,不受烦重公文之束缚,临机而应变,乃为可能。

其三,组织紧密,不至于有骈枝松懈之现象,力量之增强,经费之节省,是为必然。

五曰工作计划化　经济建设事业着重在完整之计划。美国的西迁运动之成功,其最大理由,在美国政府于西迁之前有适当之计划与统一之步骤,我国对任何事业,向来缺乏合理之计划。其结果颇少成功之希望。因此西南经济建设,应确立目标,分年完成,并权衡轻重,分别缓急,一一逐步实施。惟工作之计划,应注意下列两点:

其一,不尚空谈,着重实际,不事幻想,实事求是。

其二,按时间之长短,而有各别之计划。如苏联之计划方式,有现行方式与久远方式两种。五年有五年之计划,一年有一年之计划,一月有一月之计划。

六曰机械工业化　近代的生产事业,皆利用重工业之进步,而制成生产工具,以求生产量之增加。我国为生产落后之国家,今后欲从事经济建设事业,应从机械工业化着手。有高度工业化之机械,则生产效率可以提高,生产事业可以发达。我国为三民主义之国家,生产方法应走上资本主义化之道路,俾与欧美各先进国之生产程度并驾而齐驱。生产工具为经济建设之本,生产工具工业化,经济建设才有迅速发展之可能。

七曰管理科学化　生产事业之管理,应以科学化为其标准,科学化之意义,是有组织、有系统、有秩序、有机能之谓。科学化之要求,为近代生产事业所必需,亦为建设事业成功之要素。管理得法,则运行灵活,环境相接,事事连系,表现最高之效率,促进建设事业合理之发展。

八曰分配社会化　我国经济建设事业,应以民生主义为依归,而达到民享之目的。民生主义兼采资本主义共产主义两者之长,使社会生产之利,普及为全体人民所享受,其事业不为特殊分子所操纵,其利益不为资本阶级所独占。一方面由国家用商业方式以直接经营生产事业,一方面由国家指导小规模之民营企业,构成社会生产之一环,即是一方面发达国家资本,一方面节制私人资本。在生产上,力求生产之增加,在分配上,力求分配之合理。民生主义之分配社会化,是在渐进方法中,同时解决生产与分配之问题。

九曰建设合理化　无论其为农、为工、为林、为矿,皆应根据实际需要,作合理之建设。西南蕴藏甚富,事事待举,各方面都应同时并进,谋其发展。我国虽为农业国家,而轻重工业之建设,实为当务之急。农工如此,林矿亦然。要之,建设合理化,应有下列之标准:

其一,我国生产落后,一切均待开发,不必过行偏重,而失去其平衡作用。

其二,所有建设,应合乎国防上之要求,无国防之建设,与不建设无异。

十曰消费经济化　消费经济化为一种消极之生产政策。我国人力财力物力并不充分,倘不善为利用,避免浪费,则建设之前途,在在堪虞。故消费之经济化,在我国之意义,尤为重大。根据吾人以往之经验,各项建设事业,对于物资之过分消耗,劳力之重复牺牲,与金钱之不必要浪费,早为国人所诟病。今后西南经济建设,必须以最小之劳费,而获得最大之效果。

政策为原则之说明,原则为指导行动方向之基础。政策之拟定,即是目标之确立。西南经济建设,既有十大政策之树立,若全国上下集中人力财力物力,共策进行,则吾人于其前途,当有成功之最大信念。

原载《西南实业通讯》1940年第2卷第2期

西南经济建设之我见

卫挺生

　　现代的战争,是以军事经济为表里的。最后胜负之决定,不在一城一池之得失,不在一枪一炮之攻击,而在两方人力财力物力三者之和的总决斗。我国自抗战军兴以来,早树起一面抗战一面建国的旗帜,举国上下莫不尽全力以赴。而欲求抗战之胜利与建国之成功,必须致力于国家经济力之培养与增强,不但抗战之最后胜利以之为必要的基础,而且建国之百年大计,亦莫不以之为先决的条件。培养并增强国家经济力之道为何?曰:加紧西南经济建设是也。盖西南地居温带,土壤肥饶,物产丰富,蕴藏特多,素为各国所垂涎,国人亦多以民族复兴根据地视之。

　　所谓西南,其范围系包括川、黔、桂、湘、滇、粤六省而言。以言农产,如川省土壤膏腴,农产颇饶,白蜡、桐油为其特产,米豆产量为全国之冠,麦与丝则较次之,烟叶、麻糖并为出口之大宗。以言矿产:川黔各省储藏量几甲于全国,金、银、铜、铁、锑、铅、煤、汞、盐、石油等,均甚丰富,矿产为工业之基础,为国防之物质条件,其藏量既丰,则西南工业之发展,我国国防之建设,均有光明之前途。以言工业:如川省之丝,年产10万担左右,巴县火柴,乐山白蜡,隆昌夏布皆甚著名,如云南之皮革、面粉工业,在全国亦占重要之地位。吾人可知西南经济力之富饶,殆为不必置疑之事实。

　　西南经济建设之基本原则,就管见所及,请分人力物力财力三方面言之。

甲、人力方面:

　　一、加强人力:所谓加强人力,即是消极的训练人才,积极的培植人才,一方面谋人才在数量上的增加,一方面谋人才在质量上的健全。就建设西南所需要之各项专门人才,有计划的有步骤的创设专门技术学校,以供给大量人才,同时,并开办短期训练学校,提高建设人才之技术水准,矫正人民的旧式作业习惯。

二、集中人力:集中人力的反面,即是人力分散,人力分散,不仅为一种不必要的人力浪费,而且为一种不合理的人力牺牲。我国既感人才缺乏,则对人力不能有丝毫浪费,甚至牺牲的行为,而应该力求全国建设人才之集中。办理西南经济建设当局,必须一面广为培植,一面多方罗致。

三、组织人力:加强人力与集中人力是指人力之供给方面而言,组织人力则属于运用人力的范围。建设西南经济,必须合理的组织人力,统制人力,使人力在统一的机关的指导与运用之下,发挥其最大效率的作用。经济建设的机构,需要系统化、单一化,不宜叠床架屋,而有事倍功半之弊。

四、分配人力:人力经集中与组织之后,应加以适当之分配。有从事调查者,有从事研究者,有从事计划者,有从事实践者,分工合作,步骤井然。对人力有适当之分配,可以达到人力经济化与人力效率化的目的。

乙、财力方面:

一、接受外人资金:利用外资,发展实业,为总理遗教之主张。西南经济建设事业,需用资本浩大,自非大量利用外资不可。我国抗战之必胜与建国之必成,皆为外人投资我国所取得的安全保证。应由政府拟具外人投资之详细办法,向国际作有效之宣传,则外人对我西南经济建设之投资,必形踊跃也。

二、鼓励华侨投资:我国外汇基金供给之增强,多赖华侨汇款,可见华侨爱国之热诚,颇为浓厚。如设法鼓励华侨对我西南经济建设事业之投资,自必大有可观。盖华侨之资金,乐投之于国内之建设事业,倘政府加以宣传,再辅以优厚之奖励办法,则西南建设资金,将无忧虑之必要。

三、吸收社会游资:社会游资,可用社会储蓄之方式,多方吸收之。其数额或不甚巨,而涓滴成江河,有助于西南建设资金之筹措,殊匪浅鲜。惟政府促进社会储蓄,必须深入民间,加紧宣传,推行储蓄教育,养成人民储蓄之习惯,并提高储蓄之利益,以增高人民储蓄之兴趣。

四、银行创造资金:构成西南金融网,一面活泼西南金融,一面巩固银行阵线。金融不枯竭，运转迅速，即无异于消极的创造资金，同时，积极的由银行发行钞票，扩张信用，刺激生产。

五、发行建设公债：西南经济建设公债，可以说是一种国防兼生产的公债性质。西南经济建设之重要性，由政府及建设西南经济机关向社会人士作普遍之说明，则建设公债之发行，可能筹得大笔资金。建设西南，是生产事业，投资生产事业，等于物资在握，国人必乐为也。

丙、物力方面：

一、建立交通网：交通之于经济建设事业，犹如血液之于人体，经济建设各方面之成功，无一不惟交通是赖。今日西南经济之落后，交通之不发达，必然为要因之一。西南一隅，可自成一交通单位，须建立一西南交通网，伸入西南各地，则西南交通路线，可联成一气，每省再以一重要城镇为中心，连锁各支线，脉脉相接，处处沟通，经济建设，可以迅速发展也。

二、农业工业化：现代的农业，已走上工业化的道路。西南农业建设，不仅以自给自足为原则，并且以供给全国，乃至运销国外为目标。故西南农业，应尽量利用工业化设备，尽可能的采用机械，革新旧式农业，以达到增加农产的目的。

三、机械化采矿：西南各省矿藏特富，构成西南经济最大之特色。惟西南矿产之开采量，则微乎其微。其原因，则为土法开采之不科学化也。故今后开发西南之矿藏，须改用新法，尽量利用机械，以求矿产大量之增加。

四、发展重工业：重工业为经济建设之基础。苏联第一届五年计划，大批资本均投在重工业之发展方面，约占总投资50%以上。我国在建设西南之初，应以树立重工业之基础为首要。所谓重工业，是以机械工业为中心，不但为建国的根本建设，抑且可以供给战时军械上之需要。故西南之工业建设，应以重工业之发展占主要之地位也。

本文所论各点，只限于西南经济建设之基本原则的阐明，关于笔者之详细意见及具体办法，容后一一论之。

原载《西南实业通讯》1939年第1卷第6期

西南经济建设与计划经济

罗敦伟

一

"战时战后西南经济建设与计划经济"问题,在中国抗战建国的过程上是一个极重要的课题。因为西南经济建设表面上看起来,似乎是一个局部的问题,或者是中国整个经济建设中间的一个重要的环节。其实,站在整个的中国计划经济看,西南的经济建设,实在是中国计划经济实践过程上的一个重心。

话也不是现在方说起,更不是因为替西南实业通讯写文章,才特别把西南经济建设加以夸大。十年以前个人提倡统制经济(就是计划经济,个人是不在名辞上加以争论的,见拙著《中国统制经济论》)的时候,即主张"事业集中"、"地域集中",反对面面俱到的空虚的全盘建设论。在地域集中原则之中,特别提出"国防中心区域"的建设计划,即是认为应该因时、因事、因地制宜,而集中在若干地区,完成一个进可以战、退可以守的国防经济基础。现在这个时期,虽然可惜的让他过去了,正因为随便让他过去,抗战才吃了这个大苦头。话又说回来,今日的西南建设,也正符合个人所说地域集中的意义,在整个中国的经济建设上是一个基本的工作,也可以说是中国整个建设的基础,决不要误认以为是抗战中间一个急救的办法。——当然,在抗战时期更有其重要性。

过去的教训总算够了。过去一切建设,完全没有走上民族经济独立的道路,十十足足的是作了帝国主义的附庸,沿江沿海的一切经济建设,都是依存于帝国主义经济,完全没有独立生存的能力。就是不逢着这次的民族大战争,也没有健全发展可能,更没有方法让一切建设成为我国建国的基本工作之可能性。因此,我们应该认识,今日的西南经济建设,即是完成民族独立经济的基本工作,决不是一个单纯的战时建设,也绝不是一个单纯的局部建设。

二

本来所谓战时建设与战后建设,技术上虽然有所不同,原则上并没有什么重大的区别。

基于上面的说明,西南建设工作既是建国的基本工作,那么,西南经济建设,在战时及战后,它的重要性可以说完全相等。大家不必设想到抗战终了以后,政治军事重心的移转,也许会使西南经济建设减低他对于整个中国经济建设的比重。反而可以说,在抗战时期西南经济建设因为在客观上有许多困难,不能不受一种事实上的限制,不能充分发挥他的作用,而在抗战终了之后,他才可以充分的把应有的任务担负起来。它的功能、作用,也随着抗战终了而更增大。所以西南经济建设的重要性,在战时固然十分明白,而到战后其性质之重要,也是非常显明的。

三

实施计划经济,已经定为国策,西南经济建设,无论在战时或者战后,应该与整个国策相配合。换句话,即是要合乎实施计划经济的要求,这是没有问题的。而且按照上面的说明,西南的经济建设在整个中国经济建设过程中间既如此重要,那末,西南经济建设也应该成为实施计划经济的基础。由此,西南经济建设与整个中国计划经济的实施,其关系之密切也就不用再详细的说明了。

当前的问题,即是在西南经济建设进展的时候,如何去适合计划经济的要求?如何才可以使西南经济建设成为实施中国计划经济的基础?这个问题,如果让它横在我们前面,而不加以解决,不仅西南经济建设没有路线可以遵循,而整个中国计划经济的实施,也必然的会受到严重的阻碍。因为假定让现在的西南经济建设不与整个经济国策互相配合,漫无计划的乱跑,在西南经济建设本身固然会要遭遇极大的困难,而将来建立了一个违反国策的经济单位,到了那个时候,实施计划经济,必然的感到阻碍,想要加以纠正,也就失掉了方法。所以在今日西南经济建设开始之初,一定要立定一个计划经济的西南经济建设计划,按照计划经济国策去实施西南经济建设。

四

人们每每谈到计划经济,即联想到苏联的五年计划或者德国的四年计划。基于客观条件的差别,在技术可以说是彼此不同,而说到大的原则,自然有许多地方不能不一致。最主要的,实施计划经济虽然已经明定为国策,可是没有一个实施的机构,没有一个实施的计划,到底从何处下手。实施而没有负责的机构,计划经济而本身即没有计划,真是如一部二十四史,不知道应该从何处说起。苏联、德国的经济建设,其所以成就很大,主要原因,即在他们有良好的计划,有适当的机构,为什么我们不吸取这个教训呢!

过去个人写过很多的文章,生产会议的时候,也曾经托战时生产促进会提出过建议案,要求赶快成立一个实施计划经济的中央机构,赶快决定一个实施计划经济的"总计划"。说到西南经济建设与计划经济,首先的要求,还是希望中央成立一个实施计划经济的总机构与总计划,然后西南的经济建设,才能够在总的计划经济机构指导之下,按照总计划去开展,也才能走上计划经济的道路。

五

所谓计划经济的总机构,并不是说一切实施计划经济的实际工作,都由他去担负,也不过是需要一个相当于计划经济参谋本部的建设指导、监督的机关。现在已经决定设置的"中央计划设计局",就可以担当这个任务。

不过我们要小心,过去成立的机构,"有背初衷"的,实在太多了。在设立之初,大家对于他存很大的希望;而到了成立之后,发表一批人员,也就仿佛精疲力竭下来,说到成绩,就不能尽如所期,甚至还与原来设立的初意相反。这个绝不是说中央设计局也可能有这个趋势;而是希望在组织之始,有一种妥当的措置,使他能够适应客观的要求,而同时使它本身的能力,一定有发挥他应有效能的把握,达到我们的预期的目的。

详细的讨论中央设计局的组织本身问题,不属本文范围。不过站在西南经济建设的立场上,确确实实希望有一个中央最高的设计指导机关。能够在这个机关之下,走上计划经济的大道。这个可以说是西南经济建设与计划经济的第一个基本的要求。

六

上面已经说过,我们如果要实施计划经济,必然的首先要求一个"总计划";而要西南经济建设与计划经济的实施相适应,尤其非根据这个"总计划"不可。所以这个"总计划",无论就整个计划经济的实施说,无论就西南经济建设说,都是一个迫切的要求。所以中央设计局的成立,第一个基本工作,即是应该把实施计划经济的总计划立定下来。有了这个总计划,然后西南经济建设计划才能有了计划经济的根据,也才能够与计划经济发生联系。

总计划,当然只能够规定实践计划经济的大纲大领或实施计划经济的一个原则,解决一些经济建设的基本问题。例如说,如何才能够使经济建设不会走到资本主义,而必然的会走到三民主义的大道。过去有许多人以为一谈到中国的经济建设,必然的会走上资本主义,甚至还以为民生主义即是资本主义,这种不理解三民主义的机械唯物论者,到处还是存在。或者也有许多实利主义者以为何必谈到这些问题,"少谈主义,多谈实事",以为商谈主义的人,都是书呆子。其实要知道建国为百年大计,假定不谈主义,即不必革命,也就不必抗战。实施计划经济,正是要实践"民生主义的实现,要于抗战期中求之"的宣言。因此,我们要了解在实施计划经济之初,开始西南经济的时候,这个问题,必须得到解决。可是所谓要得到解决,并不是说马上即应该实现三民主义,或者说立刻即实行平均地权,节制资本;而不过是说,应该预留地步,为将来实现三民主义的打算。自然,这个在技术上有程度之差。就目前抗战说,应该为私人资本打算的程度高一点;而在战后,即应该把专为私人资本的打算稍微放底〔低〕,至少要不致诱导私人资本权威超过国家资本;私人对于社会经济的控制力量,大过国家的控制力量(这个即涉及到特许制度、投资方式、私人资本的奖励程度等等问题)。就整个中国经济建设说是如此,就西南经济建设说,也是如此。再如国防与民生的问题,当然,广义的国防即包括了一切人民的生活,国防与民生在本质上没有什么了不得的区别;不过总计划上也应该注意这点。就抗战时期说,"军事第一",当然应该把民生问题附带在国防需要之内,在战后也许应该把民生问题分量加重,把国防的强化,附属到民生问题中间去解决(这里当然不是指狭义的民生),即是把国防的力量建立在民生问题健全解决的基础之上,这个当然不是目前可以完全想象得到的。上面不过举两个例,而且也不过是一个最简单的说明。虽然这些总计划内容的检讨,不属西南经济建设的范围;但是这些项目却是西南经济建设如果要计划经济化,乃为不可不涉及的问题。没有远见的人们,也许会觉得这些检讨为多事,为迂庸,可是真正注重西南经济的人们,一定会感到要使西南经济建设成为整个中国计划经济实施的一个环节,或者希望提高西南经济建设本质上的地位,使他成为建国工作的基础,那末,必然会感到上述那些问题的重要,而且是急切有待于解决的。而这些问题解决的前提,还是需要一个实施计划经济的"总计划"。

七

可是并不是说有了实施计划经济的总计划,西南经济建设的要求,即已经满足了。满足西南经济建设最起码的要求,至少还有几件事:

1. 需要一套的分计划、分期计划、分业计划。总计划决定之后,西南经济建设的分计划,即应该重行检讨,加以决定。立定了一个分计划,再决定一套工作进展的分期计划,同时还需要各种各样的分业计划。最好就主要的事业,分别作成各种事业的分业计划,使一般投资的人们,包括华侨或者银行乃至外资,于明白分业计划之后,按照总计划的标准,得到应有的保障,或者得到国家的"特许权",而努力地去经营。如果属于国营事业,有了分业计划,也便于筹集资本,规划进行的步骤,而切实进行。

2. 需要适宜的执行机构。计划并非万能,机构十分重要,这一项关系复杂,说来话长,本文避免冗长起见,不必详加说明。大体上说,西南各省,各有相当的政治界限;但是大规模的经济建设,必然是超越省界的。如果甲省不与乙省合资,甲省的资本,不开发乙省的资源,或者甲省的资源,不许乙省去开发,那末,西南经济建设,必然没有方法大规模的进行。所以必须有一种超越省界的机构。这个机构,也许是政治性的,也许是财团法人而受政府的统制,都未尝不可"因时制宜"去斟酌决定。

3.需要行政的技术与建设技术。近来讲"技术"的人们,往往重视建设技术,而忽略行政技术,以为建设一种事业,只需要工程上的技术人才,而行政的技术,即可以随便。殊不知道,在行政技术科学化的时代,行政技术之良好与否,和建设事业的成败有绝大的关系。如人事上的处理,政令的推行,工作的配合等等,不仅需要技术,而且需要高度的技术。总理所谓"能",即是指行政的技术。在"能"的政治中间,技术为加强效率的基本条件,离开行政技术,即没有方法谈到行政效率。"能"的政治,即是个人所倡导的"技术政治"。

抗战以来,各种经济行政,成绩固然非常良好;但是总有些不能十分满足的地方;而最大的病根,即是大家仅仅了解建设技术,而忽视行政技术。执行经济政策的人们,没有一个研究经济政策的,但是却都是"有学有术"之士,他们的学与术,都是范畴在自然科学或者其他科目之内,对于建设工程或其他方面,很有用处;而说到行政措置,当然不能说是内行。结果,对于建设工程方面虽然很有成绩;而对于经济行政方面,不免有些心有余而力不足。西南经济建设,决不可以让他再走上以前的道路。所以必须行政的技术与建设的技术同时并重。

上面三点,是西南经济建设走到计划经济道路上不可缺少的需要,当然,西南经济建设的需要,决不止此,一般建设上显而易见的需要,也没有一一加以说明的必要(如资本、劳工、生产工具、动力之类)。

八

西南经济建设与计划经济,关系既如此密切,而西南方面,资源虽然非常丰富,可是民族工业以及一切建设,并没有良好的基础;尤其在抗战时期,有许多基本需要是没有方法满足的,或者不是立刻可以办到的。例如一般机械以及一切生产工具,必然的缺乏,而动力的设备,也不是马上可以完成,客观上的困难,一定相当的尖锐。如果在主观上还不去设许多方法加以克服,那末,西南经济的前途,至少在抗战时期是难说的。

过去,有许多从事建设的人们,总是轻视行政的技术,尤其忽略良好的计划,以为只要能够"埋头苦干",即可以有所成就,用不着什么组织、计划,更用不着什么行政的技术。这个错误的观念,至今还是残留着,也许还正在那里发展。本年 5 月 11 日的伦敦的 Economist 周刊上面有一篇指责政府的文章,其中有几句话说:"英国的财力比德国大过若干倍,而英国政府的支出预算反比德国小,而且因为组织的不健全与计划的缺乏,政府并此小小的支出也不知道良好的利用;结果,在大陆战争中间,饥饿的敌人,竟战胜了世界最富裕的帝国。"可见资源的丰富,并不足以视为绝对成功的保证;而组织与计划以及良好的利用,却是必具的条件。由这几句话,不是,由这个大英帝国的教训,更足以证明上面本文意见的重要。因为我们西南的经济建设,在资源方面可以说不成问题;而客观的困难,则不能不说到处都有。因此,必然的需要有一个总的计划,根据总计划再去规划分计划、分期计划以及分业计划。还需要在总的机构之下有一个适当的执行机构。更需要执行的技术和工程的技术。用妥当的组织,良好的计划,优异的工作技术与客观的困难搏战,自然才可以有战胜困境走上成功之路的可能。而一切工作既然是在实施计划经济总计划之下去展开,那末,西南经济建设,无论在战时,无论在战后,必然的是走上了中国计划经济的康庄大道。

原载《西南实业通讯》1940 年第 2 卷第 3 期

谈西南经济建设

胡秋原

战争到现在,业已三年多了,我们虽然到处看到许多经济的计划,但总使人生一种不愉快的感想。因为时至今日,我们所应该有的,不是计划的讨论,而是切实的执行。而且国家的环境,时刻在变化中。例如抗战开始之日,我们所能做的事是太多了,到了今天,在大部分的交通线受到敌人的封锁之时,我们所能做的事,就要大受限制,而这对于战后的经济建设,无疑又要发生极大的影响。这就是说今天再谈计划,实在太迟。我们中国人对于伦理问题非常敏感,然对于经济,对于机器,则不免迟钝,我敢大胆说一句,我们在抗战以前,说不上什么经济计划,抗战以后,也没有一个适应长期抗战的切实计划。虽然如此,不是说今天根本谈不到计划,而是必须切切实实惩前毖后,急起直追。我们不必痛惜过去,然前事不忘,后事之师。而要想从今天好好迈步走,必须知道绊脚石是什么。否则,纵然有好多名词和统计,是毫无结果的。西南实业通讯征文讨论现在及战后西南建设问题,作者相信,如不将根本问题弄清楚,这问题是无法谈起的。因此,题外的话,似乎不能不多说几句。这不是计划,也不算文章,只是一个渴望中国实业发达的国民一分子的意见而已。

一、经济建设之基本观念

假使中国还有人以为建筑房屋或公寓是建设,可知谈谈建设之基本观念,不是多余的。

1. 中国经济建设之目的,是发展中国的实业,发展民族的工业,使农业手工业的中国变为工业的中国。必须工业发达,才能改革农业,健全财政,也才能充实国防,改善民生。所谓现代国家就是工业国家。所以中山先生说实业问题是中国存亡问题。时至今日,还有人讨论以工以农立国问题,实在使人太息。

2. 要发展实业,第一步必须发达交通,必须交通发达,才能增加出口,输入机器。第二步必须建设动力,发达矿业。第三步,才是工业的本身。

3. 中国要发达工业,必须实行保护政策,这是一切落后国家发达工业的定理。所谓保护政策,除保护关税之外,尚必须实行合理税制,取消国内市场障壁,统一币制,铲除贪污,奖励发明。

4. 中国要发达工业还必须欢迎外资,即是欢迎外国机器。中山先生所说国家资本,乃以外资为前提,并非官吏营业之意。

5. 中国要发达工业,还要在思想上作一革新,尊重资本,尊重科学。中国好多人不知何谓资本,以为金钱即是资本。中山先生说:"资本乃机器,非金钱。"直至今日,有人将资本家与有钱人混为一谈。直至今日,还有人谈士农工商。其实在现代国家,任何人要读书,没有士的这一特殊阶级。中国之农指种田者,工指手艺人,商就是买卖人。但新时代则有三种新人物,即是企业家、劳动者和技术家,这是古代所无的。中国过去重农轻商,因将商业工业混为一谈,于是也轻视工业家了。士大夫轻视工业家,左倾家反对工业家。然国家如不保护财产,即无人生产;不保护资本,资本是不会发达的。其次,工业离不了科学,我们必须解除一切八股的束缚,纠正生产的虚无主义,树立合理的、法治的、企业的风气与精神。

二、中国实业不发达之原因

由上节所说,已可看出中国过去实业不发达的原因。在海通以前,中国农业生产勉强可以维持自给,没有发生工业革命,我们且不多说。海通以后,我们已知工业生产方法,而工业犹不进步者,则有两个原因:

一是外的原因,即是不平等条约之束缚,特别是协定关税之束缚。

二是内的原因,内的原因之中最主要者有二:一是军阀内战与割据。统一是发达实业的政治条件。没有统一的国内市场,是不能发达实业的。内战、扣车、紊乱的币制、厘金和其他自杀税制,都是阻碍实业的。二是贪污及官僚资本。国有贪污,实业亦无法发达,而中国贪污又常把持经济。许多人以为统制经济是一新东西,其实清末以来官营实业,也就是今天许多所说的统制经济。官僚资本借特殊势力垄断经济,一般民族资本既无法发展,而其本身亦必腐败。官僚只知贪目前之小利,其资本性质是中世高利贷性的,这与现代工业资本是两个东西。中国有许多银行,亦有同一性质,很少现代扶助工业之意义。

一落后国家开始发达实业,必须政治对经济作有系统之保护,其本身之奋斗,亦必是一部悲壮的史诗,中国实业过去未受政治之扶助,反受其抑压,其不易发达,还有什么奇怪呢?

中山先生是中国第一个现代人,第一个有实业眼光的人,发展中国实业的方法计划,他都有精到的指示。国民政府之成立及统一事业的进步,当然是于中国实业有利的事。然而成绩还不能自满者,就是因为我们没有力行民生主义,详见祖国三十八期民生主义研究,兹不赘。

三、抗战以后我们的教训

因为工业落后,我们在抗战中才有暂时的失利。经济是国防的基础,这是人人皆知之理。我们抗战之日,准备未充,这也是我们自知之事。抗战一发动,理应一面抗战一面准备,所谓一面抗战一面建国者,无非是一面抗战一面准备之意。然而在事实上,我们的准备工作,不如预期,我们失策之点有二:

1. 对于长期抗战必须措置之缺乏。在长期抗战中,我们必受敌人封锁,所以我们一开战,必须尽量输入必需原料、必需器材,必须充分储蓄国防资源,节约国防资源,如抗战以后我们对必需品作充分估计,利用粤汉路尽量输入,同时对于汽油钢铁及其他五金充分节约储备,则我们今天的地位必大为增强。又如抗战以后,立将所有工厂迁至西南并以全力集中人民资金开拓西南交通,则我们今天的地位,必定大为增强。

2. 统制政策阻碍了经济之发达。战后我们对于贸易交通采取统制政策。所谓统制,乃是由官吏直接经营。官吏生活费之高,官厅手续之繁重,官吏对于公物之无爱护心,已使效率减低,而其中更不定假公济私之徒,务行垄断,使商人裹足,而民困国穷随之。至于其他弊端,亦是公开之秘密。最近液体管理委员会取消输入证,如果早能如此,岂不更好呢?对于工业,政府虽有保护意向,然而仅于贷款一事。其实今日企业家所苦者在交通,在动力,在原料。

因为第一原因,今日常见捉襟见肘之象,因为第二原因,使输出输入萎缩,物价高涨。今日囤贱卖贵如物价高涨之直接原因,然囤积之所生,乃由于大量游资之存在,而此均为官僚资本之直接与间接恶果。因囤积之资金,多为官僚资金,而因官僚之统制,阻碍资金向生产流入,必作逃避或囤积。一害百害,有如此者。

欲谋今后实业之发达,不在计划之宏大,亦不在名词之新鲜,而在根本改变政策,即废止统制政策,厉行保护政策。以政府之政策,驱使人民努力。不独贸易应如此,即交通工矿以至军需工业皆应开放,并扶助民营,此作者不得不大声疾呼者。

四、今日西南经济建设问题

以上为作者之根本论点。综上所述,愿对今日西南建设,略贡数言。

作者在上面说到今天谈西南建设,略为嫌迟,那就是因为今天西南的国际交通现状,已使大规模的建设,异常困难。我们今天所能做的,是改善现在状况,适应目前需要,渐进工业建设,以为将来基础。为目前计,急应进行之事如下:

1. 交通问题

今天第一事是设法解决交通困难。政府除办理驿运外,应开放交通事业,除军运由政府外,其余概奖励民营,包括公路之经营在内。其能设法进行轻便铁路之建设者,政府亦予协助。即政府所有之大小汽车,亦不妨租与人民使用。

滇缅须加以充分利用。凡可运之物应择最必要者输入,特别是制造机器的机器、电气器材等。

2. 动力问题

已有之动力必须平均分配。动力不疏散,工厂是无法疏散的。小型发电机之制造,蒸汽马达之制造,乃至将无用汽车之马达拆下,都要政府督促办理。

此外水电事业亦当扶助人民办理。如灌县之水力发电,决非难事。

3. 必需原料问题

电气材料、化学药品、废铁及其他五金,以及液体燃料等等,除政府尽力设法外,应扶助人民输入、征集、研究代用品。

以上三项问题解决之后,政府再能推广贷金及保险,工业是能尽可能发展的。

4. 手工业问题

政府除以贷款奖励小工业之创办外,尚可在各学校、各妇女学校,聘请手工匠人,从事教授。并派有科学知识者与手工业者接近,从事改良。

5. 农业问题

种杂粮、种蔬菜、除虫害、开荒地,是目前可行之事。为补劳动〔力〕之缺乏起见,可动员各地学生作为星期之工作或劳作。

6. 畜牧事业

养牛、养羊、养猪、养鸡,应力予提倡。一面利用国民月会,劝各乡村妇女从事养育,其种金亦可由合作社借贷;一面当利用草原地带,组织西北人民从事养畜。

7. 棉丝麻煤盐糖

此六项乃衣食必须之品。目前只有一面奖励商运救急,一面奖励种植,奖励开采,并改良品质。

8. 劳动力之节约及调整

目前有劳力不足之恐慌,这是好事,不是坏事。但为救济劳力不足,也要有办法。我们亦须知道,有许多劳动力是没有充分利用。除了提倡勤劳,肃清烟毒之外,我们应设法利用腐烂中的劳力。

一是公务人员。有许多公务人员应"节约"下来,从事手工业。

二是妇女。我们无须女人当兵,但希望他们在后方劳动。

三是游民乞丐。一律强迫劳动。

四是学生。应使生产教育打成一片。

五是俘虏。可惜太少了。

六是爱护母性及儿童,奖励生育。

9. 劳动纪律问题

现在工人工钱事小,而怠工、对机器公物不知爱护、不愿吃苦耐劳(例如汽车工人就不愿用代汽油)等等,是今日一大问题。还有许多农民及手工业者,一饱以后,即不愿做事。政府应动员党及青年加以组织,提高其勤劳刻苦的美德。

10. 技术问题

为提高技术、奖励发明起见,政府除应派真正专家再到外国学习,实行专利制度之外,还应责成各研究机关、各大学、各技术家,各就当地生产情形,悉心研究,以求增进质量。

11. 政治问题

但要经济建设有成绩,必须有良政府、良官吏。什么是良政府、良官吏的标准?第一,不贪污,其所行不妨害工商。第二,进一步扶助工商业之发达。不仅官吏行为应如是,而国家的经济政策财政政策亦应如是。或者有人以为这标准太狭,但如果知道实业问题是建国根本问题,必知其不谬。

我以为今日西南经济建设所能努力的范围,大体不过如此。

今天政府还应做一事,即是组织实业家。我们有工会,有商会,有同业公会,有银行公会,可是工业家的团体除了迁川工厂联合会等少数团体以外,并无工业家组织。我们须知,工业家才是新中国的钢骨水泥,政府应该去组织他们。

五、战后西南经济建设

我对于战后中国经济抱极大乐观,因为我相信抗战必胜。必须战胜日本,中国实业才能发展,也必能发展。因此,我对于西南经济建设,亦抱无限乐观。

但在战后,我们必首先做到两件事情。第一,已迁此处工厂,千万不要再迁回去。工厂一迁,就是一年半载的停业。我们既在西南立了根,就应在此开花结实。第二,战后我们在关税上必须厉行保护政策。机器自然欢迎,凡我们有的东西,必须课以重税。否则我们在战争中所费成本如此之高,一旦不加保护,我们幼稚的工业不要一个星期,可以全部消灭的。

然后我们可以谈谈将来的计划。

这计划的目的,就是要使西南工业化,永为国防之不拔根据地。

1. 我们进行之步骤

一是开发水陆交通。我们要依次完成几条铁路线:第一将滇缅、滇越二路完成并延至四川。第二修川陕线及川甘线。我们的目的不是如此即足,但这是必须至少完成的。此外即修整长江及川江航运。此外即扩充公路。交通一发达,西南名产,就容易输出。而机械原料也就容易进来了。

二是建设动力。川江及长江上游与云南境内之水电,尤须充分利用。

三是改良农业及开采矿业。兴水利,开荒地,改进园艺(如橙子),许多士兵应奖励移殖西康及甘陕一带。农业之工业化须俟工业发达以后。煤、铁、铜、铅、煤油、盐均用新法开采。畜牧事业,亦须同时振兴。

最后便是工业本部。以西南矿产之富及手工业之发达,第一步应发展重工业及军需工业、化学工业。因抗战以后,还是国防第一。民生日用之资,尚可赖于工业供给。若先办轻工业,且将马上予西南固有经济以威胁。就全国而论,财源茂盛,宜于发展轻工业的地方,是长江下游。

交通、工业及化学发达以后,我们就可改造农业及手工业,及其他民生日用之工业了。

2. 我们应有的政策

一是欢迎外资政策。大规模的建设是非外资不可的,欢迎外资不是借款,借款办事万万不可。我们应与外国财产订立契约,建设交通实业,若干年后,由中国收回。

二是民营国有政策。无论交通及国防工业,先由人民自办,而由政府扶助之。若干年后,由政府收回。

三是扶助民营政策。其他原在此处之工业及新办事业,属于民生日用范围者,政府一概奖励之。

这都是中山先生的政策。如此不出十年,我们一定在西南立下国防的根据地。纵有第二次外敌侵入,我们也一定能迅速胜利。不出二十年,西南将真正成为天府之国了。

原载《西南实业通讯》1940年第2卷第3期

西南经济建设之商榷

寿勉成

最近军事委员会重庆行营方面倡议组织西南经济建设委员会，以利西南各省建设事业之推进，将于10月15日在昆明开成立大会。此举关系后方经济动员，至重且大，因特为文论之。

我国抗战迄今，所谓沦陷区域，虽多半仍在我国人手中，并未完全为敌方所占领，地方经济对于整个国家之经济的价值，系以交通与金融为其关键，盖必货物与资金能有其必需的流通，而后彼此乃能发生效用也。但我国今日沦陷区域之与战区及后方，其交通与金融既多不能自由，或且完全断绝，是犹人身血脉之仅能局部流通，则今后抗战经济力量之将惟西南各省是赖，盖彰彰明甚。

或以为西南经济建设，虽甚重要，然政府既已有经济部之组织，则一切经济行政，理应均由该部主管。此亦未始不言之有理。然当此抗战时期，殆已无不知事权之应求统一，效率之应求提高，故如无特殊之原因与价值，自必不致积极进行此特殊之组织，此则吾人所可深信也。然则此特殊之原因与价值，果安在哉？据余个人推测，大约不外下列数点：一曰战时经济建设，既应以军事为重心，则由军事机关参加经济建设之计划与统制，或较易与需要相适合。二曰战时经济建设，比较迫切，且富有强制性，仅赖普通经济行政力量，或尚不足以资应付，故必另设委员会以补充之。三曰经济行政机关，往往因系统关系，形成中央与地方相对立之局势，今特设一委员会使中央与地方之当局可在同一委员会商讨一切，工作进行或可较顺利。四曰经济建设，与中央各部均有关系，非经济部所能单独进行，故能有一委员会之组织，俾得共同计划，或亦不无利益。故若仅就该会之产生而言，其意义非不重要，然他日实际成效,能否尽如所期,则将视今后努力之何如矣。

关于西南经济建设之具体工作,如炼钢炼铜等厂之设置,机器工厂之创办,植物油及煤炼汽油之经营,酒精厂之筹设,以及煤、铁、铜、锡、金、油等矿之开采,经济部方面均已有具体方案,此时仅以全力助其实现亦可。他如交通之改善,改良种子之推广,农业金融之整理,农产运销之调整,农田水利之改进,难民移垦之进行,林业畜牧之提倡,民营企业之奖励,乡村工业之推动,以及战区工矿各厂之迁移,亦未尝无相当计划。

然吾人于西南经济建设之方针,尚有不能已于言者:第一为西南交通之亟应谋其便利。盖战时无论人口物品,其移动必远较平时为繁,且数量甚大,距离甚远,而时间又每受极严格之限制,故交通如多障碍,每足使损失加重而建设陷于停顿。现在湘桂铁路尚仅能通至桂林,西南公路联运,尚未能正式达于昆明及成都,车辆皆拥挤不堪,湘西一带且多盗劫,其他西南各公路铁路,完成更有所待。在此种交通情形未改善以前,西南经济建设之发展,必至有限。第二为工厂建筑之应有防空设备。军需工厂之规模,自不能不相当宏大,但如无安全之保障,则值此敌机四出袭击之际,其必为所牺牲,自属无疑。故此项工厂之建筑,必须有掩护之设备,而空袭警报高射炮驱逐机等之布置,尤应与之取得密切之联系,同时,附近各地之社会组织与民训工作,亦当充分注意,以防止汉奸之活动。第三为建设资本之亟应宽筹。现在各银行所供给之资本,不但数额甚小,而且期限甚短,并有因畏避战时损失而裹足不前,怯于投资者。窃意政府此时似可发行西南建设公债,摊派于公私各银行,以其所得,组织战时建设银公司,根据建设计划,妥为运用,利息从低,期限放长,条件改宽,庶几水到渠成,可以收建设之效矣。第四为国货生产之应与国际贸易统制及消费统制相配合。夫民营企业,虽应加以奖进,但似应依其能替代进口货之程度,及其是否合于消费节约之标准而酌定之。至农产品之奖励,则应视出口市场之大小而异其规定。盖必如是而后生产之资本与劳动可不致浪费,而外汇亦可较易维持耳。第五为合作组织之应确立完整之系统。我国合作社之组织,现已遍及全国,深入农村,虽其成效尚未显著,然其必将成为我国抗战建国之基层经济机构,则已夫人而知之。但在现有系统之下,恐终不能发挥极大之效用。似应仿农本局之例,专设合作事业管理局,任用专门人才,统筹全国合作组织而调整之,使其内容得更充实,功能得更伟大,即从西南各省着手,则其有补于西南乡村工业之兴办,农产运销之集中,以及垦荒工作之进行,必匪浅鲜。

今西南经济建设委员会已将成立矣。经济建设为持久抗战所重赖,而西南经济建设又为现阶段经济建设之重心,甚愿其能发挥最大之力量,以策进政府原有各计划之实现,并从而改善之调整之,使不失其产生之意义也。

原载《中央周刊》1938 年第 1 卷第 12 期

对开发西南实业应有之认识

张肖梅

我国实业之进展，虽已有将近百年之历史，但过去大部工业，均集中于沿海各通商都市。

战时工业之所以能在西南各省立足成长，其可资凭借之特殊经济环境乃：（一）军需民用之物资，需要量与日俱增，不得不仰给于后方而予后方工业以充分发展之机会。（二）因政治中心之西移，许多重要工矿事业得赖政府之直接经营或有效协助而获得充分发展。（三）因金融中心之西移，使工矿事业获得资金调剂之便利而发育滋长。

惟此种种特殊经济条件，纯系战时特殊环境所造成，一旦战事终了，今日处于有利条件下之西南工业，彼时又将处于不利地位，当为意中之事，故如何开发西南，实尚待吾人作进一步之研究与认识。

西南各省矿产藏量，目前尚无精确详尽之统计。据第六次全国矿业纪要所载：煤矿储量约为105万万余公吨，其中可以炼焦之烟煤，有79万万公吨；铁矿储量约为7 000余万公吨；石油储量约为39万万余桶；钨矿储量约为25 000公吨；锰矿储量约360余万公吨；铬矿储量约为63万公吨；而铜、锡、磷三种矿产，尤为西南各省所特有，计铜矿储量为258万余公吨，锡矿储量为52 000公吨，磷矿储量为1 450余万公吨。

水力方面，据黄文熙先生之估计：中国水力之蕴藏，约为2 100万马力，其中80%以上集中于西南区。又据丁□先生估计，四川水力可发之电力，达2 900余万千瓦之巨。更据美国水力工程师萨凡奇氏去年9月对扬子江水力之考察，及其所拟订之扬子江水电工程伟大计划：在宜昌峡口装设机器96部，计共有马力1 500万匹，发电1 056万千瓦，超过美国最大之大苦力水电厂5倍以上。

农业方面,滇、黔、桂三省食粮,均感不足,而川省则大率均有盈余。只要天无亢旱风雹之灾,尚勉可自给。

就森林资源言,西南林区,北起青甘南达滇北,绵延约近1 000公里,其总面积约在50万方公里以上。主要树木中,如云杉质轻而韧,为极良好之航空用材;铁杉、柏木、丝栗质坚耐腐,堪供枕木之用;油松、松木强度适中,适于建筑;杉木为一般习用之交通木材;尤青杠,亦为溥木用材之上选。

西南各省特产,种类之多,产量之富,冠于全国,其中如:(一)桐油:四川桐产量及出口量,约占全国总数三分之一。(二)蚕丝:川丝地位仅次于浙、粤,几与江苏齐驱。据一般估计,大概战前年产约23 000余关担,云南天然环境,宜于蚕桑,年可饲育4次,蚕病毫无,均能丰收,实较江浙为尤胜。(三)猪鬃:全国猪鬃产量,以四川为第一位。二十五年约产18 000市担,二十八年产约为1 750公担。(四)羊毛:四川羊毛出产,集中于松潘草地,每年平均产量,约六七十万斤左右。(五)牛羊皮:四川牛羊皮出产,至为普遍。西康牛羊皮为宁属山货出口之大宗,黔省牛皮出产,年约6 200余公担,目前虽属外销物资,但在社会经济上,亦占重要地位。(六)茶叶:云南为我国产茶名区。近年虽与国茶同趋衰落,然全省产量,仍不下8万余担。产茶县份,几占全省四分之一。黔省81县中产茶地区约有40余县,据二十八年调查,全省产量约为3 300余公担。川茶产量,在宁雅两属未划归西康以前,估计年达20至25公担①。广西产区,亦极辽阔,西康雅安、天全、荣经及四川名山、邛崃,盛产边茶,向有五县茶山之称。(七)药材:四川药产,素负盛名,民元以前,出口年达千余万元之巨。在战前因外人逐渐认识中药,以中药原料,提炼制品者逐有增加,黔省所产药材,以银耳及五倍子为主,银耳每年约产730担,五倍子年产约2 000担。(八)麻:西南麻产最以四川为丰,建厅二十五年之统计,全省苎麻产量达96 000担,而据中国农业概况估计,火麻产量达45担出万千②。次为广西,据资委会湘桂办事处三十一年之调查,全省苎麻产量约41 000余市担,黄麻产量,亦与此数省〔相〕埒,贵州年产苎麻约47 000担,火麻25 000

---

① 此数字有误,原文如此。
② 原文如此。

担。云南亦有少数出产,计苎麻8000担,火麻约3000担。(九)木棉:木棉为云南特产,纤维细长,品质优良,普通可纺二十八支以上之细纱;其上级者,细长柔软,可纺四十支以上之细纱,所纺纱支,匀净强韧,为中国其他各地棉产所不及。

西南各省资源之丰富,既如前述。而以往西南各省实业所以不发达之原因,厥有数端:(甲)交通阻塞:西南水道,多属上游。水流急而滩险多,益以运输工具,墨守成法,不知改进,行动需缓,不易争取时间。牲畜或人力驮运,时间尤不经济,费用亦复高昂,致成本增高,因此生产事业,往往痛感生产之不易,如非企业家都具有敏锐之眼光,熟悉操奇计赢之技术,其又谁愿为此不合经济原则之投资?此过去西南实业不发达之第一主要原因。(乙)金融呆滞,币制紊乱,生产界不易充分获得资金之援助。投资先须冒币值变动之风险,且农村大部贫困,使日用必需品工业无法扩充市场,此过去西南实业不发达的第二主要原因。(丙)技工缺乏:西南各省人民,对于新工业缺乏相当认识,训练较感困难。故在西南各省创办实业,工人——尤其技术工人——仍须向工业集中地之沿海都市招考,除非重赏之下,否则东南各省工人,每不愿背井离乡而为遥远之奔波。惟是工资过高,对生产成本自有绝大影响,在企业家精明计算之下,非其事业前途之发展有绝对把握,又决不愿出特别高大之工资以增高其生产成本。此过去西南实业不发达之第三主要原因。(丁)捐税繁苛:过去西南各省因地处边陲,政治紊乱,苛捐杂税,无所不用其极点,种类之繁多,名目之离奇,笔难尽罄,所予实业界之威胁,至为重巨。无怪企业家望而生畏,裹足不前矣!此过去西南实业不发达之第四主要原因也。(戊)治安不良:过去西南各省,土匪蜂起,民不安居,商旅裹足,为祸之烈,罄竹难言。更以连年内战,局势荒乱,实业之安全,毫无保证,企业家自不敢以其资金作冒险之尝试。此又过去西南实业不发达之第五主要原因也。

战后发展西南实业之重要,除实业建设之集散问题外,亦可从国防的意义与经济的意义两点言之:(甲)国防的意义:此次大战结束以后,吾人纵坚信世界和平可以永久保持,但工业建设则不可不假定万一沿海有事如何避免再遭遇惨酷破坏之命运。西南方面之国防安全性,远较华北及沿海一带为高。四川尤为西南之中心,内部物资丰富,无论重工业与轻工业有发展可能,而粮食生产之充盈,闭门足以自给,更不畏敌人之封锁,尤为特点。故就国防的意义而言，其条件之优越，实以西南区为最。（乙）经济的意义：据前节所述西南各省资源情形，西南区钢铁工业之建立，实无问题。而钨、锰、铜、锡、锑、铅、锌、铝等矿，均有相当储量，尤宜于建设轻金属工业与特种金属工业。其次，森林资源之丰富，更较东北适于化学工业之应用，尤适宜木材纤维之制造。再则川、滇井盐生产，质优量富，更宜于基本化学工业之发展。更就轻工业而言，主要民食工业之碾米及面粉工业，主要民衣工业之棉纺织工业，及特产加工工业，皆易一一兴办。据上所述，西南实业之必须积极推进，当无疑问。惟实业建设并非一简单问题，必先具备种种必要之条件，而后得以顺利推动。

兹略举政府应有之措施如下：（甲）谨订计划：关于计划之拟订，首应注意纵横的联系，即各部门实业之合理配合与工业地域之合理分布。兹分述之：（一）工业地域之分布：西南工业密集于重庆一市之现象，至为显著，此种工业地域之分布，显然不能认为合理，是今后西南实业之推进，应对各地自然经济环境作严密之调查与研究，拟订切实而具体之计划，藉作企业家兴办实业之准则，庶实业本身得树坚强之基础，而各地经济能平衡之发展。（二）各部门实业之配合，吾人并不主张经济之区域自给制度，西南为全国之一个工业区，当然与其他各工业区仍有互助联系之必要。惟以求整个实业之健全发展，在推动西南实业建设时，决不宜片面注重某一部门或特别忽略某一部门，亦不宜采取听其自由发展之态度，而应于事先作通盘之筹划，尽可能范围使各部门实业配合无间，藉以符合计划的自由企业之原则。

（乙）建设交通：现代实业之进展，趋重于地理之分工，然经济地理之分工，必须赖交通运输为之维系。西南各省，现犹停留于人工畜力运输之状态下，是以建立西南实业必须积极建设西南交通，除便利经济地理分工外，尚有三大理由：第一，欲谋各地实业作有计划之进展，必须求政治之统一。第二，现代实业须在竞争中求进展，而降低成本与争取时间为竞争之两大要则。第三，社会治安之有无确切保障，为投资实业者最关心之问题。凡此皆与交通发达有关。

（丙）特别奖励：所谓"特别"奖励，须注意两大要点：第一，须针对西南区之特殊环境；第二，须有长期性。此外对于一般长期投资，并应规定一种特别奖励金制度，予投资者以切实的奖励。

（丁）取消苛杂：苛捐杂税之续征或摊派，为发展实业之一大障碍，四川各县捐税摊派之紊乱,今后如不能彻底废除,实使投资者裹足。

西南实业之开发,政府固应有前述种种必要之措施。而企业家本身,仍应认定西南实业建设之重要,抱牺牲奋斗之精神,而不能斤斤于一时之利益,庶大西南实业得以树坚强之基础。吾人所企望于企业家者,亦有四点:

(甲)牺牲暂时利益:投资于西南之企业家,必须具有远大之眼光,可以收获于将来之实效。

(乙)实事求是,埋头苦干:西南实业在战时虽已立下相当基础,但由于后方物质条件之缺乏,所有厂矿,大都因陋就简,故如何除旧布新,如何改进技术,如何改良管理,皆为维持生存之切要问题。希望企业家从无办法中求办法,以打破重重难关,完成伟大任务也。

其次,我国战前之所谓新式工业,大部分重要原料,均须仰给于外来,今后为求工业基础之强固,建立各种原料工业及领导改进农产原料品质,均为切要之图。此又为煞费苦心之工作,亦非有牺牲及苦干之精神,不易获圆满之成绩。

(丙)积极训练当地技工:战事一告终止,外来技工纷纷离厂返里,工厂当局势将无法应付,一部分工厂,恐难免形成生产停顿之局面,大足阻碍今后西南实业之发展。故当地技工之训练,不能不视为迫切之工作。

(丁)辅助发展农村经济:中国为一大农业国家,工业化之进展,不得不受农业之限制。如果落后之农村经济,不能改善,则工业品生产,更无从获得广大之市场,试观我国战前若干种工业制品,竟发生生产过剩之恐慌,其基本原因,即由于农村经济衰颓之故。是以中国工业之前途,有赖于农业之发展,绝无疑义。

原载《中国工商界月刊》1945年第2卷第5期

今日开发西南之先决条件

张国瑞

中日战事爆发以来,已历一年。在这一年间,中国因为要应付战时急切的需要,一般工商业已有显著的进步。中国本来是个次殖民地化的国家,所有沿江沿海一带的工商业,大都被外洋及买办资本直接间接所经营,这次被敌人破坏虽多,但我国实际上所受的损失,极其有限。因为这种建立在外国资本主义上之殖民地化的经济机构,就是完全摧毁了,也没有多大关系。况且中国几十年来经济的主流,均非发源于内地,都是由外而内的,所以凡租借口岸的机械工业逐渐发展起来,而中国全国整个的农村经济却反日趋崩溃,无论直接间接均足以影响我国之经济发展。这次自京沪失陷,大量人口及工商业机关多相率跟着政府移往内地,或许因为这次战事的影响,今后国家的经济建设反能进入一新阶段,以后的经济主流或可由内而外。外缘的高压既除,中国合理化的经济体系便可因此建立起来。但如何开发新资源与建立我们的国防经济,至少还须具有下列几个先决条件,然后再能谈及怎样才足以完成我们民族复兴地的经济建设。下面所列三点,即为今日开发新西南之必要条件:

一、考察各省地理环境,实际调查各种资源状况。

二、建设各项新交通线,疏通运输,以谋发展及改进经济建设。

三、调整或改善内地行政机构。

上面所述三点,以第二点的建设交通线为最重要,因为交通无办法,整个的西南区域便无从建设起。同时调查经济状况与改善内地行政机构,亦都相当重要。这三点都有了办法,便可言开发西南,否则空谈理论,尽是废话,实际上毫无益处。且调查西南各省之经济状况,尤非易事,第一步须由政府各主管机关与国内著名之学术团体,或由金融界与企业界联合专家组织考察团体,或由中央另组大规模之西南调查机关,分类调查各种资源情形,比方,何地产煤,何地产铁,甲地工商业情形如何,乙地农村状况又如何,等等。就是说,无论资源情况、土地、工商现状,均需详细调查。此外如夷苗等族聚居之边区一带,亦须由政府选派专家及熟谙边地情形者前往调查考察,或能因而发现各种未经发现之新资源,亦未可知。总之,无论调查之结果如何,须经专家多方缜密之研究,才能规定资本,筹划开发办法,决不能听凭些毫无事实根据的私人报告,便认为有利可图,相率投资,结果费了许多人力财力,事业的本身上或仍不免归于失败。例如:广西这几年来励精图治,全省人民十之八九都穿布服,因而布业很发达,但省中却无新式设备之大规模纱厂,用寻常商业的眼光看来,纺织事业一定很可以办得,其实不然,第一需要详细调查广西所用的土布,是纯土纱所织抑由洋纱用土法所织,事先须调查明白。因为这两种土布所用的原料完全不同,如用当地土法纺出的土纱来织,成本较低,售价当然便宜。倘改用机器织纺,成本较高,将来销路上与洋布竞销时是否可不成问题。又如纺纱与织布均系机器织制,则当地的棉作产量是否足供需用,品质是否合宜;倘当地所产之棉质纤维不合需要,其原料又需购自他处,因此又要涉及交通问题,运输是否便利,增加大量运费后是否尚能合算,以及动力的供给与其他各种应用物料之购置等等当地有无办法。要经过这许多严密调查的手续后方能着手开办,倘贸然从事,其结果必遭失败。现在我们无论做什么事,必须用科学的头脑来慎重将事,因为目前的环境已不容我们再来随便尝试,这一点,希望将来投资从事于西南方面的企业界,加以深切的注意。工商业是如此,开发矿产品与经营农林事业亦是如此,其他无不尽然。

至于交通建设,为开发新西南中之第一个大问题。现西南方面的公路,近几年来虽已建设得有相当规模,但照目前的需要情形看来,还是不够。交通方面的设备不完全,运输上便发生了很大的困难。因为运输不便,建设过程中所需的各种器材物资,便无法输入,大宗出口之农产亦无法运出;交通工具的不灵活,足以阻碍生产,甚至可影响经济发展。现在西南数省中除云南仅有法人经营之由河内直达昆明的一段铁路外,至今尚无新路完成。万一敌人进窥海南岛,不幸粤汉路被敌破坏而无法通车时,则由粤南直达长江中心之一线又告截断,那时我们将怎样办?所以铁道建设之在今日,不容再缓。

一个国家的铁路,等于一个国家的命脉,铁道网非四通八达便不足以言发展经济,中国内地至今犹闭关自守的主要原因,就是因为交通不发达的缘故。以前西南各省,因皆偏居边地,政府鞭长莫及,故新路之建设,殆为近年之事。现大量之人口移往内地者日多,交通设备极应力求扩充。如内河航线之增辟,公路距离之展长,以至可能范围内尽量力谋沟通运输之便利,使货物无堆积阻塞之弊,国家经济亦可日见发展,对于开发新资源与加强战时国民经济,无不连带发生很大的影响。现在听说在西南几省进行中的几条新路,因外汇高涨,钢铁和其他各种应用材料,价格较战前几高一倍,又因辗转运输,运费特别高昂的缘故,各路虽仍在继续工作,但通车无期,无异无形搁置。我以为料价与运费虽高,运到后即可加紧赶筑,不久便有路可通,否则将永无通车之一日。国家建路之目的,其原意本为调剂经济与充实国防,纯非如商业机关之只求能获取盈益即为已足,所以现在为应目前环境的需要,就是多花些经费也无甚关系,因为将来得益之大,必较现在所费为尤多。况且,运载辎重,输送军队,后方倘无充分完备之交通网,兵站联络之组织,即成问题。万一前线须调遣后方军队,费时既多,影响所及,甚至可牵动战局。交通当局或已有见于上述各点,而因限于经济能力,无法限期完成这点,我以为财政当局与金融界取得合作后,可发行铁路公债,或发行交通公债,甚或迳与外国接洽,以不辱伤国家主权为原则,举借外资,但是这许多办法中,怎样办都可以,就是要说做就做,决不能再从容其事。否则今日企业界或欲投资于开发西南数省之建设事业者,每以交通之不便引为开发资源之无办法。即今中央屡有调整农村经济之金融措施,亦须交通畅达,方能将农业的产品尽量输出,否则金融机关大量的投资与农民应得的利润都无形损失在运费上面,不但生产力减弱,时间上也极不经济。虽然现在很多交通工具的材料或因限于客观条件的束缚,一时不易兴办,但至少限度也须用最简单的方法来办些最简陋的交通工具,作为过渡。一面再加紧修建新路,增辟航线,扩充公路,以期在短时间内尽速完成战时初期之交通建设,俾今日欲投资开发西南者,可不再以交通无办法而视为畏途。

这里之所谓最简陋的交通工具,在铁路未完成之前,当然以公路汽车为主要工具,如果车辆不够应用时,我们不妨先办些畜力或人力的车辆来代替。运输的效率虽不高,但至少限度比没有总要好些。人力与畜力的运输虽然慢些，然终有一天能把东西运到，比较等候汽车运载，一连候了人力或畜力的车辆来回了二三次还无法运出，那可不是用人力或驮运较有把握吗？我说到这里，一定有人反对说我们在主张"开倒车"，其实，从无办法中想办法，是最合理的。现在我们不是高谈阔论"好不好"的问题，而是我们应该怎样解决"有没有"困难为主要条件。

在几年以前，倘欲谈开发西南，事实上或有很多困难，不易随便放手做去。现在环境与以前不同，自对日抗战发动以来，各省地方当局与中央政府的各种隔膜，以前割据分治的局面，现在亦完全无形消除。惟近来内地各处的行政制度方面，仍有很多地方散漫得一如往昔，令人不无遗憾之处。因为战时的行政机能要简单迅速而能够发生实效，凡重复或事权不统一的地方，应即加以调整或改善，并且要权衡轻重，把事权全部集中起来，功效亦就可以立刻看出来了，总之，要以能适合战时环境为第一条件。因为行政上了轨道，然后各事方有办法，否则很多骈枝机关里的官员尽是拿钱不做事，事实上必须办的事反因借口战时节省财力起见而又多不办，事权颠倒缓急不分，影响抗战前途，关系至大。如要开发内地经济资源，说不定又要受到种种阻碍。现在国家经济的重心，既已移植在西南数省，今后西南在国防经济上所占地位之重要，可以想见。希望政府这时亟应审度环境之严重，将各级不合理的行政机构，极力改善，使能适合战时体制，以增进行政效能。全国金融界与商界均一致瞩目于开发内地之时，政府尤应予投资之企业界以种种便利，凡有碍于工商发展之横征暴敛，以及一切不合于战时适用之工商法规，均应一律废除。并需饬令各省地方当局通力合作，他如货物之运输，金融之周转，尤需通饬各主管机关，尽量扶持。是则京沪一带失陷区域内之拥有资财者，必将挟其余资，乐于从事新西南各地实业之开发。如敌人在东三省组织之满铁会社以及最近在华北创设之兴中公司，是以政治的力量来帮助企业界开发华北资源，他们的动机虽以侵掠为前提，但他们的政府尽量帮助人民，不无可以效法之处。我们为保卫自己目前仅有的富源计，政府应扶植企业界来共同开发后方的经济资源，其意义极为重大。这时大量的人力财力，政府倘仍不知利用，势必逼着工商界渐渐与政府愈走愈远，那是多么危险。久而久之，这许多资本劳力或已不为我国所有。政府这时亟须通盘筹及，同时力谋交通畅达，并给以调查考察各种资源状况之种种便利。政府既能与企业切实合作，企业界投资西南数省便可无所顾虑,大量的资金即可移往内地,中国经济的主流亦可日渐由内而外。后方大量的生产有了办法,前方抗战即可有恃无恐。"抗战"与"建国",是相辅而行的,这几个先决条件有了办法,新西南的富源便可一一开发起来,我们的国家经济,亦便可于此时建立一新基础。

原载张国瑞编:《开发资源与西南新经济建设》,中国建设出版社发行,1939年11月30日初版

如何建设西南

张国瑞

一、为什么要建设西南

中国自抗日战事爆发以来,战区财富,损失极巨,不论工商事业以及其他一切生产机构,亦无不遭受极大之影响。现战争方始,吾人今日最大之要求,一面除用全力来增强前方作战力量外,一面则应从事于后方生产之建设,以完成抗战建国之任务。换言之,没有后方积极的生产,前方是无法作战的。否则军队断了军火和食粮的供给,士兵还能作战吗?所以这时我们除动员兵役直接参加前线战争外,还需侧重动员后方经济之建设。最近中央发表之抗战建国纲领,对于发展战时之经济计划,亦引论极详,确为今日当前切要之图。据项江氏在中日战时资源问题中所载,1935年波兰军事家对近代战时消耗曾作详细之调查统计,180 000人每一日作战所耗的枪炮弹数量约1 000 700发,它的生产的劳动力,至少需100 000人,此仅单指一日的枪炮弹而言,他如战时所用之战车、军舰、枪炮、飞机、药品、军装、食粮,以及电信与交通器材等等,种类极多。据美国台乌依斯氏的计算,战时之全部军需用品,分析起来总数约有35 000种之谱。所以法国军事杂志上曾说,一个在前线作战的兵士,需要后方八个人的劳动力来维持他,方才足够,那末180 000人的兵力,即需1 440 000人的劳动力,这1 440 000人的劳动力,又需几十万人的劳动力来供给他们生活上必需的消耗。且所需之各种原料与劳动力恰成一正比例,在此庞大数量原料之要求上,必须大量开发富源,方足济事。今日之言开发西南与建设西南,至为切要。举凡难民与失业者之如何救济,新资源之如何开发,轻重工业之如何兴办,交通设备之如何整调,边地特种民族之如何教化,战时农村经济之如何整理,以及如何增加出口贸易,稳定金融,如何征调适龄壮丁加入兵役等等,均为当前增加抗战力量中的几个最重要的根本问题。

这里所谓西南,其范围是指川、康、黔、滇、湘、桂、粤数省区域而言,全部面积总计共为 2 108 041 方英里,人口总数约 149 395 263 人,四川商务发达,人口亦较多,西康地处边境,面积最大,而人口最少,全省总计共 472 704 方英里,人口仅 3 581 612 人,平均计算起来,每方英里尚不足一〔十〕人。西南区域各省,因为大部均在温热地带,气候寒燥调和,物产丰富,各种工业之主要原料,如棉、铁、煤、石油、铜、锑、锌、钨、树胶、羊毛、硝盐、丝、麻、木材、云母、硫磺等等,无不尽有。将来对于轻重工业之原料供给方面,可无困难,川、滇等省,气候温和,土质膏腴,耕种畜牧均极适宜,为西南最良之农牧地带。今前线土地蹙失既多,全国之粮食,必更感不够。据最近中央报纸所载专家之调查统计,本年度苏、浙、皖三省因战事影响,已减少产米 23 000 000 担,每担平均法币 6 元计,则损失已达 138 000 000 元。由此可见这个问题是非常的严重,倘不早些设法补救,势必形成严重之粮食恐慌。同时,现在长江下游及华北战区一带之人民均相率内移,内地各省人口骤增,日用所需,又因内地工业之不发达,供不应求,这时企业家正可利用时机,大事经营。以前中国经济发展之所以沦于次殖民地化,由于集中在条约口岸而易受国际资本支配所使然。内地工业又受外货倾销影响,无法竞争,所以现在还停滞在农村手工业时代。现在我们既发觉以前的错误,就当极力矫正这个弊病,力使今后中国新经济的主流,发源于内地。外货因运输阻塞,输入锐减,这时正是发展民族工业与培养战时经济自力更生之机会,我们这时在政府领导之下来提倡建设西南与开发西南之动机与目的即在此,其最大要求,无非为要建设一强大之后方以增强抗战之力量而已。

二、建设西南与长期抗战之影响

长期抗战,这是我们这次应付日本战事所决定的国策,其意义就是用持久战与消耗战的方法来削弱敌人的国力,以击破其速战速决之策略,而达我最后胜利之目的。这次战事如长期的持续下去,日本军阀至少会感受到下列几种严重的压迫：其一，自战事延长后，国际间必因远东权利关系的冲突摩擦而更趋尖锐化，日本外交必陷于孤立，处于不利地位。其二，国内党派复杂，人民尤以军阀之强征兵役为苦，因而工商停顿，经济呆滞，国际贸易入于半睡眠状态。其思想较进之青年与大部无产阶级，又素不满现政治组织，极易引起爆发革命。其三，日本现金准备，共计 121 800 余万元，开战以来，每日所耗军费平均需要 1 000 万元以上，日本现金有限，专以发行公债维持，变相之货币膨胀后，其社会经济基础，即将日趋崩溃。其四，其国内及朝鲜等处，又时有我义勇军及便衣队之袭击，即配置大批军力，尚难应付。日本战时，既有上述之各种困难，其在军事上已感受到许多牵制。这次日本想再用九一八故智，不战而取华北数省，谁知出乎日本意料之外，中国竟起而抗战。作战以来，敌人所耗财力已达 50 万万元，兵士死亡已达数十万，因各国抵货运动而所受之损失，又约 20 万万元，其国力之消耗，由此可见。所以我们这次既以长期抗战的决心来应付日本，日本迟早是必败的。

现代战争与以前的战争完全不同，除战术与战略可以胜过敌人外，尚须以整个国家之国力如何，方能决定胜负。换句话说，因为现代战争的基本条件，就是经济条件，所以战时后方之经济组织健全与否，可以影响整个战局，将来战争之成败胜负，亦以今日后方之经济机构是否健全为断。现在根据第一时期的经验看来，我们后方的新经济基础还没有形成，现阶段的经济形态，还有停滞在农业化的手工业时代。我们要大量的增加生产来供给战时军需及人民日常生活的需要，显然是不够的。我们要同日本对抗，必须要我们新的经济基础能够在短时间内自己建立起来。同时，建设西南与开发后方资源，与中国整个国家的富强有关，所以到了战时，战区的财富或因受了战争的影响而遭受极大之损失，但我们便不能因一切生产组织之中止，而不设法在后方继续生产，致前方军需给养，遭受断绝，因其危险性较军事上一城一市之得失为更大。现在我们主张开发内地西南各省，其目的就是为补救这个缺陷。因为万一将来军事上必要时，因战略关系而不欲固守目前阵地与据点时，后方可不因前线战事之变动而发生紊乱与骚动。中国有句古话，"胜败为兵家常事"，打胜仗固然不必自骄自满，打了败仗也不必过分胆馁，无论战胜或战败，我们事先必须有一个充分的准备与将来万一战败后如何收拾的办法。进一步说，我们这次不与敌人开战则已，既与敌人开战，则断不能稍存侥幸之心，以为将来即可必胜。万一第二期战事又因种种关系而再告失利，我们将用什么方法来支持下去？和我们再用什么方法才能再接再厉地和暴敌一拼，但是怎样拼法，也应有一定的步骤和充分的准备，否则，又将大量之人力物力，徒供牺牲而已。现在我们眼前最主要的，对战事便是不应从过分乐观方面看，第一固不能自己估量太低，但也不能对自己估量过高，将来战局的演变，不可预测，我们在下手建设西南的第一着时，即应顾及今日和将来之许多客观条件上面。换句话说，前方作战顺利，有进无退，其最重要的原因，便是使他们无后顾之忧。万一再受顿挫，则有实力坚厚之后方，可供退守。倘不幸而战得只剩西南半壁，尚不失为一民族复兴之根据地。以西南数省土地、人口、资源及地理形势等方面来讲，还是像一个强大之新兴国家一样，考诸往昔欧洲战时诸国，即可了然。只要大家在政府领导之下，上下一心，踊跃加入兵役与全力参加生产建设，实力自可日见充足，等待国际间矛盾尖锐化而另起冲突及日本国内矛盾日深时，倾全国之力，再与日本一拼，则旧日山河，不难全复旧观。所以，吾人今日建设西南之最大企图，是在能给敌人以长期抵抗与足以制敌死命之重大打击，同时我们要建一个新堡垒来抵御敌人足以使我们亡国灭种之各种阴谋的侵掠。

三、开发新资源与培养国民动力

西南数省，素以地大物博著称。川、康、滇、黔、湘、桂、粤等省，从中国省区的分布上来讲，幅员广大，而人口密度却较稀，每方公里平均统计仅得60人强，较之长江下游及黄河流域以北一带各省人口密度相较，相去5倍。滇省地势高峻，尚多宽旷之平原，每年多雨，气温适宜。除山脉重叠地势高险处外，凡属于亚热带性的低地，均极适宜种植农作物。其森林面积，约占全省50%，木材丰富，矿产中有金、银、锡、铁、锌、铝、锰以及硫磺、矾、石灰、云母、盐、水晶岩、滑石、明矾等等，其中尤以铜、锡为大宗出产，每年产量至丰。此外锑、钨、煤等矿，亦蕴藏至富。他如贵州清溪之铁，安顺大定之煤，以及泡木冲之石油，四川贡井之岩盐，潘松之金，奉节之硫磺，与广西桂平之锰，贵县之铅、银，钟山之煤，亦均蕴量至丰。其中除以云南之铜、锡，四川之盐，现已改用新法采取外，其余仍多沿用土法采取，成效未著，产量不多，如能大规模应用新式机械开煤,据专家估计,足供全国之需用。据中央地质调查所统计,仅四川一省而言,其煤矿藏量为 98 790 000 公吨,铁矿则据四川中国西部科学院之调查,其藏量亦有 19 000 000 吨之谱,足供 130 年之开采。他如石油,和西康的藏量一样丰富。现在抗战时期中最重要的就是军需工业原料的获得,我们既有了这许多富足的资源,已不怕不能建设我们的国防工业,所以开发新资源,就是战时经济建设中最重要的一个问题。

中国本来是一个农业国家,农民占全人口约 80.5%,与欧美各国农民所占之人口数量,适成反比例。西南靠近边境偏僻的地方,农民较少,现在正好乘战区人民逐渐内移的机会,由当局设立专门管理机关,分配荒地,办理大规模的新垦区。其最大之目的,有下列三点:(一)可将荒废不生产之荒地,垦成熟田;(二)可用平均地权的方法来分配耕地,俾无地主农户与佃农之弊,使可自食其力;(三)可使食粮自给。同时希望由政府主管机关,办理集体农场,或召集移民合作经营。总之,我们希望增加农业产量,提高农民生活水准,以培养及巩固国民经济基础为第一要义。

中国在昔时向以丝茶为大宗输出物品,即以茶叶一项而论,其最高数量,竟曾达 30 000 万镑之巨。今乃各国需用日多,而中国之输出,反大见减缩。其失败原因,由于品质不知改良,以致在国际市场中,一落千丈。中国棉花产量除美国与印度外,占世界第三位。据二十四年海关报告进口入超 4 000 余万元,加以棉织物以及其他一切制造品棉货一同计算起来,为数更属可惊。就是食粮,亦因交通不便,运输困难,苛捐杂税,使生产较丰的省份农民之囤积物,无法运出,反要购买外洋米麦来供给市场需要,故历年米麦进口,常占第一位,每年入超平均约 45 600 余万元。现在进口的数量,恐怕较以前更大,每年资财流出国外,为数至巨。请问一个农业国最主要的食粮,尚须仰给于外国接济,岂非笑话?万一国际间发生了更大的纠纷而外国停止了食粮的输入,难道叫全国的人民,都出诸饿毙的一途吗?所以我们建设新西南农业政策,第一要能自足自给,务使每一个人,都成了国家的原动力。西南各省的土地,因为面积广大,蕴藏物产亦极丰富,在战时着手开发,反较平时为容易。其主要原因,不外有下列三点:(一)敌舰封锁中国沿海口岸外货进口锐减之时,适足造成强制人民服用国货之机会,因此内地之手工艺及轻工业得有不受外货之摧残而能有长足之进步;(二)利用历史上空前大移民的机会,开采各种矿产,垦拓荒地,耕种农作物与开发新资源;(三)各种工业品中,如国产货品中,国内如尚无自行制造者,此时可自行研究办法,设法仿制,中国人用中国货,藉以强化复兴国民经济。以上三点,因战时关系,反而易著功效。在这千载一时的大时代中,有了这么好的机会,我们岂能随便放过吗？

四、第一须从整理交通着手

在今日而言建设西南,其更重要的,第一就是要整理交通,从交通建设上着手。以前中国的铁路事业,在华北及华中一带,较为发达。现在北宁、津浦、胶济、正太、平绥、同蒲、平汉等路,除平汉线已失去大半外,其余各路,已均先后被敌人侵占,而完全仍由国人经营者,只粤汉、陇海、浙赣、广九、南浔等线。目前运输军队及装载旅客货物,全靠这几条路。西北方面,由宝鸡到成都的宝成线,西安到新疆的西新线,现尚由交通部在计划进行之中。而陕甘等省,现又成了西北的国防前线,在军事上极其重要,此路亟应赶筑。西南方面之镇南关到衡阳的湘桂线,衡阳到贵阳的湘黔线,成都到昆明的川滇线,他如广州到成都的广成线,成都到重庆的成渝线,中除湘桂及湘黔、成渝三线已在着手次第兴建外,广成与川滇两线,尚在计划设计之中。较之以前华北与华中一带之铁路建设,相差甚远。今日之西南,无论在军事上政治上以及经济或文化上,均占着非常重要的地位。旧有交通的整理与各新路线之建设,更属重要。视之以前日本之以南满铁路作为侵略华北之利器,即可知铁路建设之在今日,不可忽视。中国西北高原蒙、新、康、藏,以及云贵高原川、滇、黔、桂等边远之处,以前仅有法人所办之从海防到云南昆明的470公里之滇越铁路外,即无其他铁路之设。而康藏等处,至今独以牲畜负载,短程一二百里,须行旬日方能到达,时间上之不经济,于此可以想见。他如四川、贵州、广西等省,商务比较繁盛之区,至今亦无寸轨之设。即公路交通,亦极简陋,内河航船,又因墨守数千年成法,有很多地方,因滩险阻碍,至今仍旧不能通航。因此,文化的不发达,工商业的凋敝,政治的不统一,由于交通之阻塞为一大原因。现自战争开始以来,国人竞以从事后方之生产建设,因以渐知西南之重要,一切工商业活动,其重心亦逐渐内移。人口突增,各种交通设备,即感不敷应用,虽湘黔、湘桂等线,已在极力赶修,但依照目前西南诸省今日在国防上所处之形势看来,即此外之川滇、广成等线,亦当加速筹建,以完成贯通西南、西北之大动脉。因为战时后方最重要的,就是调遣军队,运输辎重,装载货物,疏通行旅。同时就增加生产与开发资源方面之经济价值而言,更非发展交通建设不可,因为一方面可藉以增进和发展沿线农业生产与农村经济,一方面可藉以开发内地各处富源及建设各种轻重工业。如果交通无办法,我们便无法运送机械去开采矿产品,假使没有交通工具来开发重要工业之基本原料煤、铁等矿产,试问我们还能建立国防工业吗?自己不能造军火来给自己用,还能持久作战吗?我们既要长期抗战,对于建设与整理西南交通及赶修国际路线,应认为系开发西南之第一条件。他如公路之展长,航线之开辟,邮电传递之力谋迅速,以及凡有关于西南交通方面者,均应从速办理,增进其效能。惟今后之建设均须以西南为中心,俾使西南与贯通西北之诸省之间,处处有路,路路可通,以期建立强大坚实之后方为根本任务。

五、经济建设之政治前提

在平时,中国因为以前有很多地方的封建势力没有完全铲除,差不多有许多省份,暗中割据分治,实际上各自为政,以致政统紊乱,很多中央政府的行政设施,无法推行。倘欲开发资源,计划经济,而与各省通力合作,殊非易事。所幸这次自对日战事发动以来,全国团结,在统一民族战线的立场上,一致对外。人无老幼,地无南北,无不攘臂奋起。现政治因军事之一元化,同时亦进入一新阶段,在全民抗战之今日,不能谓非一好现象。我们亟应利用这个对期,来从事于国民经济之建设,以增强抗战力量。同时,我们希望今日后方之各种经济机构,均须以战争为前提,政府亦必定要坚持培植国家经济的政策,来巩固和加强培养独立的民族经济,切不能只认日本为当前中国唯一之敌人,将来国际形势或突起变化,尤须顾及,决不能只图一时眼前的关系,而反将今日后方惨淡经营之各种建设事业致又为他人所经营,则中国腹地各处尚未与外人有任何条约束缚之民族复兴地,又将永沦为被侵掠之殖民地化或次殖民地化。这一点在我们计划开发内地之时,不能不特别注意到。同时在推行各种经济建设运动的时候,后方之农业生产这时比较最为重要,凡农民在耕种时期,须通令地方政府命令各地驻军不得横征暴敛,强拉夫役,即运输农产食粮之船只,亦不准随意征扣留难。他如各种制造工厂,无论其产品为日用品抑为军需品或半军需品,军队皆不许占用。其余如矿产品之开发,林木之开采,不论其间接直接于军需有关,政府尤须尽量给予协助。今日经济建设之政治前提有二:(一)对外须审度情势,除技术合作或借用外资外,一切国家的富源或其他权益均不得作为利用外资或其他协定的交换条件。(二)对内通令各级地方政府,举凡后方各种有关经济建设之生产机构,均须特别维护。否则侈谈建设,实际上则仍无济于事。

六、生产工业化与工业国防化

近世之生产机构,自19世纪产业革命以来,改手制工业为工厂制度,农业生产技术,亦逐渐机械化。俄国本为农业国家,在1928年,各种农具,仍有镰刀犁头等类,其工作效能与耕种方法,大体与中国现今农村状况相同。至1931年,农业工具逐渐机械化,耕种机器有110 000万架,其马匹〔力〕约计为1 600 000余万匹,其他国营农场及规模较大之私营农场,几全部机械化,因以产量大增。他如英美诸国,亦先后改用机械化农具,农产所以日趋增多。美国全国务农者约计10 000 000人,而此10 000 000人工作之所得除足供给100 000 000人以上食粮外,并可运输国外,吸收外国资金,这都是改用机械化农具后的结果。以前普通工业,亦均以手工制造,产量极小,费时很多,依据经济原理上讲来,殊不合理。中国是个向来以经济落后著称的国家,无论农业工业,无不瞠乎人后,但在中国人口的数量上来讲,拥有459 165 555的人口,以全国土地的面积来讲,则有11 173 558方公里,占亚洲全部总面积约四分之一,而在偌大的土地中,其全年食粮生产,尚不足全国人口之消费。据历年海关统计,每年进口米麦,为数至巨。二十一年度最高之数量约20 000 009 652元,历年现金输出,至足惊人。中国农业之凋敝不振,其原因固多,而耕种技术之陈腐,乃为一主要原因。他如荒地过多,土地未尽其利,亦足以减少产量。据可靠之调查统计,全国可耕之土地为27%,现已耕种者只13%,尚未耕种者反较已耕者超出一倍以上,全国官荒土地竟达128 110 220余亩之多,我们在战时倘不再策动人民到川、滇等处土壤肥沃之平原区去垦殖,则失地愈多,产量愈小,供给全国所需,势将更感不敷。希望政府这时能将大量荒地,来办大规模的国营农场,极力推行工业化之生产技术,农具尽可能范围内逐步改用机器,只需极少数人之劳动,即可有大量之收获,而无私有耕地田亩大小不均,与不宜应用集合耕种之流弊。至于今日之工业政策,亦须应用适于战时制度与办法,例如手工艺及小工业部门,因手续简单而办理较易,尽量促其自由发展外,但惟亦须顾及是否直接间接合乎国防民生需要为原则。这时政府最重要的,就是应该厉行统制计划,将各种无关军需及人民日用之奢侈物品,概行禁止制造与市场发售,即原料部分,亦只限于必需之工业方面,方准输入采用,此外之各种轻重工业,亦应由政府颁布战时动员法令,将平时织造厂造纱罗绸缎之机器,改织军用布匹及药水、纱布等等,将化妆品厂制造化妆品之机器,改制化学材料及医药用品,凡机件之不能起用制造他物者,就应将机器设法配装或改造。俾使战时所需大量物资,均能自给。其他经营有关军需制造之水泥、炼铁、翻砂、液体燃料等之特种工业者,政府应特别奖掖,其经费不足或范围不大的,应由政府设法协助扩充或补助经费,这样,才可以逐渐使得全国的工业,都能国防化,而国防的工业,都能自己来制造。

七、开发边区与扩大生产机能

中国西南区的幅员,颇为广大,其间散居原始民族特多,尤以滇、黔、川、桂边区一带,崇山深谷,土地辽阔,栖息其间者尤多。这种民族,普通社会上称他们为"苗"、"瑶人"或"苗子",实则种类极多,名称亦极复杂。根据中国历代文献所载,大别分析起来,可分为三大系:(一)苗瑶族系,(二)掸台族系,(三)藏缅族系。苗瑶族系包括红苗、白苗、青苗、黑苗、花苗、杂苗、瑶群、畲民、濮喇等族。掸台族系包括僰夷、蒲蛮、狆家、仡佬民家、那马等族。藏缅族系包括西番、古宗、猓猡喇狰、开钦等族。其种族名称不下百数十种之多。据1909年英人台维斯所著《印度与扬子江间之云南》一书所载,即云南与川南一带,因人种繁杂,语言之种类亦多,同时异名与异地殊号者,不下120余种。各族大部分居于云南之西南部与邻近四川之金沙江流域一带,此外四川松潘、理番及邻近贵州一带之川边,广西本省之偏北部,与贵州大定府、安顺、同仁等处集居亦多,其数量约占西南各省全部人口总数八分之一左右,因为数千年来，国人于边疆问题，素不注意，且言语隔阂，习尚不同，历代所谓边吏，尤多只知鱼食边民，以致汉族与边区种族的关系，始终无法接近，其间且曾数度引起极大之祸变而酿成严重之边患。这些边区民族因为生活简单，除耕织自给外，别无他求。故极大之区域仅耕用极少之一部分土地外，余皆任其荒弃。况边远之处，人迹少至，其丰富之蕴藏，因调查不便，至今尚无较为可靠之统计。且边民素极迷信，顽固异常，外族之侵入其区域者，殊为不易。推其原因，还是我们几千年来谬误心理歧视边民为"生番"、"苗子"和"贱民"等劣等民族所遭遇之结果。据私人考察，边区土地肥沃，很适于农作物，矿产品的藏量，尤极丰富。当今全国抗战，加强充实建设后方之时，西南边区之急待开发，已不容再缓。况且夷苗民族的勇猛好斗，成为本性，能给以经过相当时期的军事训练，必能成为国防之劲旅，将来复兴国家民族，有赖于各种民族团结者殊巨。倘化苗工作无办法，西南有很多地方即无从建设起。所以我们一面开发边区，移殖战地难民；他面则施行开化教育，俾使大量文化言语迥异之边民能渐归同化，同时利用边地财富，扩大生产机能，使全国都能人无遗力，地无遗利，以完成这伟大的全民抗战之任务。且边区一带，均为国防重镇，中国对边务素少注意，以前缅甸、安南、布鲁特、科干、木邦等处之蠲失，即为前车之辙。将来一旦有事，安能自守，所以这时将大量的人民逐渐移殖边区，于国防上亦有很大的意义。

八、安辑流亡与救济失业

中国自战争发动以来，为时已十阅月，前方战区及战区附近一带难民之流亡后方者，虽无准确详细之统计，为数殊属可惊。据外电合众社依据远东评论所载调查之数，江南区域总数约千余万人，农民总损失达全年总收入三分之二。这次因战事而失业的人数，亦极可观，倘不预为设法，危险殊甚。且今日之救济难民，与往昔之赈济灾旱饥荒之灾民迥异。昔者只须给以一食一衣为已足，今者因难民皆来自战区，战事又不知何日方能结束，故吾人除力筹治标之办法亟谋救济外，尤须筹及治本之办法。目前最要之工作，应由政府之救济机关设立登记处，办理难民之技术登记，凡有一技之长者，即分别设法介绍职业，分配工作，使人力不致闲散，难民的生计亦可得以维持下去。倘没有这许多工作场所，政府应即指拨巨款，办理各种生产机关，一面救济失业，一面从事生产，倘毫无系统之通盘筹划，而只仅仿效慈善机关办法，难民除免成饿殍外，根本无重大意义。战事一时不能结束，难道这许多难民永远全仗一粥一饭便能永远维持下去了吗？国家不再设法安置，何以为生？政府此时倘无巨大的款可供应用，可发行救济公债一万万或两万万元，专作办理各种生产机关，作为积极救济难民的各种事业费用，大量之人力一经发动，关系整个战局殊巨。倘难民之低值的劳动力尚不知利用，还谈什么发动民力来增强抗战力量，岂非欺人之谈！此外如前方将士之拼命抗敌，或临阵受伤而残废，甚或伤重身故者，数量极多，此等将士之本身或其眷属，亦均应亟谋救济之道，凡是已经残废的，应使其终生生活无忧，如办理养老院及残废军人工厂等等是。或已身故者，其家属得享有授田及垦期内规定期限免除课税之义务，其子女均得入政府所办理之将士遗族教养院及准予免费就学公立学校。这样一来前方将士已无后顾之虑，自能捍卫国土。以前德国建玛希克在欧战时，主张东普鲁士的大地主们将土地分给一般贫农，使他们与祖国的土地发生直接密切的关系，这倒是很能收得实效之一个战时的土地政策。现西南各省荒地极多，大可由政府办理大规模国营农场，以救济难民，增加农产收入，且可划分若干处作为慰恤军士家属之用，使为国捐躯的壮士遗族，有数亩之田，可供生活，不致有流离失所之虞。这时中央之救济方针应须注意及此而积极着手，俾大量的金钱不致糜费，而难民在实际上亦可以得一点实益，否则徒费巨款，其结果仍无补时艰。

九、建设新西南之三原则

建设西南，我们一定要在一个新的阶段的立场上来着手，为要达到我们理想中建设的功效，最低限度须注意下面的三原则：（一）要不说空话。现在我们做事，第一要脚踏实地，凡事要实事求是，不尚空谈。现在已不容我们再说空话，已到了着手做的时候了，因为说空话的结果，是欺人欺己，费了许多有用的时间，把许多应兴应革以及应做的国家大事，多搁起不做，贻误个人事小，贻误国家事大，影响所及，才造成了中国今日之局面。所以欲图自强，处处须埋头苦干，干了再说，甚至干了也不说。决不要只说不干，全凭空话来敷衍了事。个人须要这种精神来做，政府亦须要这种精神来做，我们以后建设西南的精神，是要说干就干，因为只有咬紧牙根埋头苦干，才有办法。（二）要迁就环境。战前、战时与战后，这三个时期完全不同。而每个时期之对于任何方面，皆应有其应付各种不同的环境之政策与方针，所以在战时，各事须有战时政策，以如何才能应付战时环境为原则。现在只以工业来说，战时最感困难者，厥为原料与运输两项无法解决，同时各地环境不同，供求又不一致，战时之工业政策，决不能像平日之只求增加产量及其高速度之充分发展为已足，因为第一交通不便，极易形成生产过剩，无法运销的危险。至于大规模的工业计划，在今日有很多地方，亦不很适宜，那么这时的工业政策到底应该怎样呢？简单说起来，第一是要因地制宜，就是凡可以经营机器工业的地方，就办理机器工业，机器工业条件不完全而只适宜办理中小工业或手工业的地方，即办理中小工业或手工业，人口较密的区域大量生产，人口较少的地方，限制生产过剩，千万再不可造成偏在性畸形的发展，同时又不可侈谈些大计划，结果限于客观环境，反弄得一事不做。所以这时原料中或有缺乏不全，或是动力与机件的供给不够支配，我们决不能因为工业本身的条件上有了问题，就停顿工作。这时吾人唯一办法，就是只有实事求是，迁就环境，凡是目前实际环境上所不可能的许多工厂或工业计划，可以不做。认为可以做的事情，做时倘有发生任何困难，就应该追溯原因后设法解决，今日对于工业上的方针是如此，农业上的方针亦是如此，其他无不尽然。（三）要从无办[法]中求办法。中国人有一个最大的弊病，凡事不求深究，每遇稍感困难，即谓无办法。却不知埋头苦干，世界上没有一件是做不通的。在战时我们尤须具有这种精神，才能打破重重难关。以前国人的通病，就是喜欢做现成事，现在不是平时，中国的军火与食粮，决不能全凭自己的金钱向国外去购买就可，万一国际上发生了重大变遇而停止军火供给，食粮停止入口，难道我们就束手无策，坐以待毙了吗？这种带着依赖性的办法，是不能永远维持下去的，我们今日极力倡言建设西南之目的，就是我们要自己制造各种武器与军火来给自己使用，我们要自己种各种农产品来给自己吃，凡是我们平时所认为不易做或不能做的，这时都要从无办法中求办法来解决，要能这样做，我们才会有希望，我们才会有办法，中国才可以得救。

十、实现足食足兵政策

这次我们同日本战事，到什么时候方能了结，谁也不能知道。惟其如此，我们不但要在后方从事开发资源来增加我们战时的生产效率，同时我们还要将后方的人民都加紧组织训练起来，要在各处切实推行二十五年三月一日由中央正式明令施行的兵役法，使得人民都能参加兵役，换言之，就是我们的兵役制度要做成通国皆兵的地步。以前募兵制度的弊病，就是当兵的，均因逼于生计应募而来，既无充分之智识能力，又无坚强之国家观念，要他们来担负保卫国土的责任，岂不大难？稽之古籍，中国在宋前已有征兵办法，征之世界进步各国今日之兵役政策，无不尽然。况中国土地辽阔，尤非巨大之兵额，不足以言守，供养大量之兵额，又非巨量之军费莫办。当今战事方殷，前线伤亡必巨，须有大量补充，方足言战，今日施行之壮丁训练，须设法严厉推行，使能深入民间，否则功效未见，百弊丛生，倒反失了推行通国皆兵政策之意义。广西这几年来军事上能有很大的进步，就是民团办理得法的一个明证。现在作战决非只求兵器之新颖精锐，倘人力之在军事上配合得当，亦占着主要部分；兵器虽好，没有士兵，试问如何作战？我们现要达到通国皆兵之这个目的，自非厉行征兵制度不可，在训练时期，最好以一日分为两部，半日为训练时间，半日为从事生产工作时间，俾使人人能训练成一精兵以卫国，人人能从事生产工作来自己养活自己。并希望政府把大批难民从速移垦殖边地，一面从事垦种，以力求全国食粮之自足自给；一面推行义务兵役，使人人不费国家给养而能尽力镇守边土之重任。今日前方战事或一时稍受挫折，但倘我们均能不屈不挠地抗战，最后之胜利必属于我。要之，一面生产，一面抗战，集全国人力物力与日本一拼，吾人或可于此时得一新希望，中国或许因此一战而复兴起来。

原载张国瑞编：《开发资源与西南新经济建设》，中国建设出版社发行，1939年11月30日初版

今后西南新经济建设之途径

张国瑞

今日国家已至最后关头，西南各省之建设，其成败足以影响战事之全局，极关重要。现在听说当局已在筹划成立西南经济建设的统筹机关，以图发展战时经济，充实国力，用意至善。惟希望将来不要仅挂一"招牌"，便算了事。更希望至少限度要将今日后方之工业农业都能大量增加生产，和用我们自己的力量来克服经济上一切的困难。倘使我们要使新经济地带的一切物资足以供给战时需要，至少须注意下列几点：

第一，要适应环境的新变化。在广州陷落武汉撤守之今日，长江中部殷富区域及珠江下流的通海大埠，已经为敌人的铁蹄所践踏。今后我们惟有加紧西南经济之开发，在此大陆之腹地，树起新中国的经济基础。惟如何开发西南经济，却要把握核心，集中精力，从几桩扼要处下手。既不可重床架屋，纷设机关，致迷职责所在；又不可侈谈计划，辩争枝节，反离实际所需。质言之，今日开发西南经济之主眼，只是"足食足兵"的问题。民众有了吃，才可继续工作，国家有了兵，才可继续作战。除此之外，非眼前所必需的，就应从缓举办。我说到这里，又有个很大的感慨。中国是个农业的国家，而其农产中之食粮一项，尚不能自给，每年米麦输入，平均竟达 45 600 余万元之巨，时常列在进口第一位，这不是令人很痛心的现象吗？中国农业不振的原因，当然很多，但其主要的症结，是在水利不修，耕种技术的墨守成法，与苛税杂捐及地主阶级之剥削所致。现在战区愈扩愈大，华中及华北一带食粮产量较丰区域，已全为敌人占领。西南各省人口突增，后方之人民已有一部分加入兵役，或被征发修筑工事，无形中已将生产力减弱，目前已渐在形成严重之食粮恐慌。不能"足食"，士兵还能作战吗？所以，我们希望主持农业行政及农业金融之主管机关,把大量的资金输入农村,藉以利用战时刺激,促进建立农业工业化的基础,使得生产量可以大量增加,桐油、茶叶、蚕丝等可供出口之农产骤增,国际间每年贸易的差额,便可渐趋平衡。关于这点,目前是非常重要的。

第二,要重视工业地域的分布。工厂的迁移与分布,是调整战时工业的重要工作。政府虽于战事发生后即辅助京、沪一带工厂内移,因为事前没有缜密的全盘计划,以致若干工厂,在一年之中,数迁厂址,花了许多运费,在中途损失了很多机件,迁到汉口指定的工业区后,因为地基、动力、交通等很多客观条件的限制,又致仍无法工作。后来武汉撤守,迁厂委员会又令各厂内迁,大都集中在四川省。在四川本省,又都集中重庆及其附近。迁入云南与广西、贵州的却并不多,且亦多集中于少数都市。致和四川密接而新近划定的西康行省,迄今未闻有工厂迁入与新工业的建设。且西康之畜牧事业,素为国内所著称。中国的羊毛、牛皮,只见大批出口,由外商制成衣料、呢帽、毡毯、皮革后再行输入中国销售,每年漏卮至巨,难道这样资源丰富的工业地带,就没有人利用低值的原料和劳动力来设厂制造吗?虽然交通上比较不便,但是大量的输出品不是由内地辗转运至海口后输出外国吗?何以我们自己的制成品就不能运出来呢?况且,现在军需品的需要量极大,军毡与皮件,需用尤多。这许多简单的军需品,自己尚不设法制造,而仍辗转向国外采购,这种畸形的工商发展是会使中国的产业经济永沦于次殖民地化的。

现在内移工厂之密集的少数都市,何异于战前的集中平、津、京、沪一带,而致使经济脉络偏于一隅,广大内地,仍停留于纯手工艺时代。我觉得政府这时应该有计划的在西南各省合于工业条件的地方,从速建立工业环境,把最简单的交通与动力等设备,完全办起来,然后再把内移或新办的工厂迁到指定的工业区域。是则一面可以限制各种工业偏在性的发展,一面尤可免除供求不平衡的现象发生,以致物价腾贵,各种制成品的成本十九都消耗在运输上面。现在我们只要能把在甲地制造的东西,专供甲地需用,在乙地制造的东西,专供乙地采购,这种化整为零的工业制度,在战时非常适宜,同时又可避免敌机的威胁,这样才能减少损失与普遍的把新工业建立起来。至于哪里才是最合理想的工业环境呢?只要原料丰富,必需的机械可以运入,以及交通便利与附近有水源及有防空掩护的地方,都可以设厂制造出品。规模较大之国防工业,可分散在滇、黔、西康及西北各省,至四川省内,则着重于川南、川北与川边的分布,广西的工业区,最好在龙州边境,及接近黔边一带。一切搬运和设备,由经济部工矿调整处与地方政府共同负责。同时,还希望银行界能切实遵行财政部召开金融会议时所制定的改善地方金融办法纲要,扶植工商业,使后方能充分发展,增加生产的效率。

第三,要工业化。中国非工业国家,内地工业活动,还没有离开手工业时代。应用新式技术及大规模制造出品的,尚不多观〔见〕。现在沿海港口均被封锁,有许多工业器材,已无法输入,去年京沪工厂由迁厂委员会协助迁入的机械,数量极少,总共仅约5万吨,连同自行迁入的,总共不过10万吨。这时倘要把后方的经济建设促成进入工业化之一途,事实上非常困难。但是假使我们这时还不想法使所办的各种经济事业工业化,亦是不对的,我们为什么要使他工业化呢?因为惟有合理的生产制度,才能使国家富强,这时我们要建立新经济的基础,尤非工业化不可。在战前我们要扭转这一方向,比较困难,现在战区的各种工业已横遭敌人摧残殆尽,内地的新工业,尚在萌芽时代,含有计划性的经济政策推行起来,亦较为容易。在目前内地交通不便,动力设备不周全的小城市,提倡手工艺及半机械的小工业,固然亦很重要,但决不能受了目前环境的影响,即不从事于现代工业之提创与建立,因为一个国家经济机构,舍此即不能居于独立之地位。那么现在我们要怎样才能建立工业化新经济的基础呢?其最紧要的办法,不外下列两点:第一,把各种同一性质之手工艺或小工业,组织合作团体,集体经营,既可使资力增厚,又可使产量增加,同时复可将各生产方式逐渐调整后,改用机械,以促渐臻工业化。第二,我国农业之耕种技术,仍都沿用人力畜力,应用新式机械代替生产工具的,简直可以说没有。农业产品之产量不丰,就是因为这个缘故。中国欲求食粮及棉产品等自给,尤非把农业工业化不可。否则中国经济,将永远站立在被动的附属地位。

第四,要大规模奖掖科学的研究。我们必得理解,近代工业有今日之繁盛,是积300余年科学研究的结果而来,我们这时如果要把今后中国经济的重心移植在西南区,这段历史,不可抹杀。以前法国有巴斯德发酵菌研究的成功,不怕赔款无着;德皇敢与世界为敌,完全是哈伯氮气工业的力量所促成。从这许多情形看来,不能说学术研究,与战事无关,所以目前我们应在四川设一大规模的科学研究机关,集中全国科学名家,分类调查试验研究,以辅助新资源之开发与新工业之建设。此外,对于一般失业而富于专门经验的技术工人,亦须特别设法收容,如听其逃散流亡,将来势必形成严重之劳动恐慌。倘然有了事,没有人去做,试问这件事能成功吗?当然不会成功的。我们这时倘再不知爱惜人才,把流亡到后方来的各种技术员工,任他闲散无事,不去延揽招致,殊非得计。因为他们在后方无事可做,便设法辗转而假道返籍,现在听说已有很多技术人才被敌利用,令人言之痛心,例如交通部各处路局撤退时无通盘计划,没有把熟练的员工疏送到后方来,现在各段新路通车及修筑新辟之公路、铁路时,反感技术人才不够分配的痛苦,而敌人在沦陷区内修复之平汉线、京沪线、京浦线各路,已先后开始通车,但给敌人开车修路的还不是我们的工人吗?为什么我们的人力要给敌人利用呢?这只能怪主管当局只知浪〔滥〕用私人而太不爱惜人才了。

第五,要注意铁路建设在国防经济上之意义。中国以前铁路建设之发展,是由外而内的,故充分包含着外力侵掠的意味。这次抗战发动以来,我们就受了很大的影响。政府计划在西南各省铁路之建设,还是几年来的事,战争爆发后,方才开始兴建。现在除湘桂铁路北段一线已经通车外,通达桂边镇南关直达法境越南之南段一线的工程,现尚在建筑之中。其他成渝、宝成、川滇、桂黔各线,其中已在修建者有之,正在进行建筑者有之,尚在测勘中者,亦有之,就目前国防与经济之立场言,川滇与湘桂路镇南段两线均系通达法属安南之国际交通线,湘桂南段拟由镇南关展至同登后与安南铁路衔接,假海防为我之吞吐港。但安南的铁路仅系一米达阔之窄轨,每日运输量最高只能运载200余吨。安南铁路之建筑,专供法国在远东殖民地输送货物与运载军队之用,并未顾及当作为我国货物转口之集散地。是则湘桂路南段之工程,因安南铁路运输量有限,即以普通货运而论,将来每日运输费用之收入,恐尚不足以养路。目前最重要的还是希望将兰州至哈密经迪化、塔城以通俄边之国际交通线,能即日测勘筹建,在国防与经济上,似乎都较有价值。以外交立场言,通英通法之国际路线,均有沟通之必要,惟默察世界政治情势,英国似不愿中国过分强盛,深怕这次战胜后影响其远东之殖民地,因此不能全力援华。倘怯于日本之威力而一旦对日妥协,法必跟着英国与中国为难,甚至将来安南铁路不准运输中国货物,亦未可知。去年法国曾一度接受日本非正式要求，严禁越南军火输华，这便是个很明显的证明。同时广州沦陷后，广东海口被封，钦州路形势顿见紧张，此线在战略上虽不能发生若何威力，反因此增加了许多牵掣。这时交通当局，倘还不考察目前形势需要，把主要的路线先来着手赶修，然后再筹建其他各线，使各路发展之形势，力谋由内而外。西南既为抗战复兴之根据地，开发经济，其目标在求西南各省为中国富强之基础。与国防经济有密切关系之交通建设，尤须以"军事第一"为前提，方有价值。

第六，要转移官营的风气。近百年来政府当局，不是漠视经济事业，就是动辄自己来办。就以国防工业而论，十九都系官办，与欧美各先进国家完全成一反比例。因欧美等工业国家，没有一国不寓兵于工，平时是民间经济事业，战时即改造军需。中国人力物力，百不如人，偏不如此打算，未免矛盾。如其怕人民程度不够，干不好，或怕人民得了好处而不肯放手，我觉得此一教导责任，还在政府，不必因此与百姓分家，各行其是。因为官营这个风气太盛，与民心向背，不无影响，施政当局或不易感到。况官营企业，主持者把工场当做衙门，历来稀有好成绩，故亦必得反省。我们从建国大局着想，今后得把这个政策改过来，除重工业，如钢铁厂等之类，以及非国家资本不能经营者外，皆应以民营为原则。

这里所谈六点，概括起来不外：（一）如何才能增加战时农业生产以减低粮食恐慌与换取外汇，（二）如何发展新工业与改善工业制度，（三）如何改进交通建设与推行计划经济等等几个基本问题。反过来说，就是我们如何才能把抗战中的西南几省建设起来，成为支持这次战事的根据地，如何才能把中国渐趋于工业化。我们要中国富强，必须要工业化，但如何才能工业化呢？这是希望负责主持经济事业的最高当局，把战时内地的各种手工业尽力提倡，并力谋用最简单的机械来代替人工，加速生产效能，渐入于工业化之途径。同时又须规定民营与官营的范围，不要把可以民营的事业，偏划着官营，而政府又搁着不做，这种腐败的官厅包办现象，须极力改除；否则中国的新经济，又将变成半官僚化，狭义的半商业性的资本主义组织，对于整个国民经济，毫无好处。在战时倘要由这样半官僚化的经济机构来支持现阶段的抗战，已极困难，将来要靠他在战后来开发新资源，复兴中国的经济基础，根本是不可能的事。概括起来说，目前中国的经济事业，已进入一新阶段，可以说是一个自力更生的时代,今后经济建设之途径,应侧重于生产工业化与工业合理化之一途。因为生产能工业化,生产量大增后,国家的经济便可富裕。工业能合理化,便可侧重于国防工业方面,这是求强之道。富强是建国的要素,但这却不可以与国防分开,各国都这样,中国当然不能例外,故我们只有照着这一条路做去。现在我们的新经济基础正在开始建设之中,一切经济计划,均须循序而进,至于目前能否支持战局与战后中国之能否复兴而跻于世界列强之域,则全视今日我们之努力如何而为断了。

原载张国瑞编:《开发资源与西南新经济建设》,中国建设出版社发行,1939年11月30日初版

我们需要一个西南最高的经济计划机关

张国瑞

一、西南经济建设应以国防为中心

西南经济建设,应以工业化为进行之方策,以跻西南各省于富强之域,时贤论之綦详。近因粤汉沦于敌手,西南地位,更臻重要,不久将来,或将由后方而转变为前线,故求西南之强,较求西南之富,尤为迫切。自经济建设立场言,欲求西南之强,应以建立国防工业为目前最迫切的中心工作,而其他一切经济建设事业,如农业之改良,矿藏之开发,交通之促进,贸易之增加,与夫金融之流通,都应以促成国防工业的早日建立为鹄的。

此项建议,经纬万端,粗略说来,要不外:(一)促进西南农、矿、林、牧等业,俾国防工业所必需之原料,有所取给而不致中断。(二)增辟西南国际交通线,俾不能自给之机器、原料或制成品,而为国防工业所必需者,得由国外源源输入;换取外汇后购置上项机器、原料或制成品的出口物品,亦得由西南源源输出,以平衡国际贸易。(三)调整西南金融制度与机构,庶币制得告统一,而法币价格亦得借外汇之维持而更趋稳定。

西南各省中,贵州比较贫瘠,西康尚待开发;加以民众历受苛捐杂税之剥削及黑祸之摧残,至今仍少进取精神。故西南经济建设,困难滋多,而国防工业之建立,尤非旦夕可冀。惟自抗战以来,外资竞争失却作用,外货输入已受限制,消极辅益于民族工业的发展者,已属不鲜。而战区人口与资金大量集中向内,金融重心的渐由长江口岸移至西南各埠,更予民族工业的建立以有利条件。此外国内政治的空前稳定,民族意识的普遍加强,国际援助的逐日增进,更无一不利于工业化之进行。如有统筹全局的领导机关,主持其事,则吾人今日在内地建立之新经济，必可成功。

二、组织西南最高经济计划机关

西南经济建设之意义和使命，前已概要言之，在求国防之巩固，以增强抗战实力之目标下，应实行以军事为中心的计划经济，可无疑义。因此我感到前重庆行营之筹设西南经济建设委员会，意义异常重大，如今行营虽因军委会移渝而结束，而此项组织仍须促其早日实现，或由中央另设西南经济之最高计划机关，使负统筹全局的责任。

过去的建设事业以机关之层叠，统系之紊乱，工作之重复，职权之含糊，以致若干年来，各方固力求建设，而互相摩擦与抵消之结果，在建设上所受的影响虽无统计，但其成分之大，自可断言。中央建设机关自经一度调整之后，集中权力于经济交通两部，且赋以较大之指挥统筹之权，已经合理多了，但西南经济建设，既以国防为中心，经、交两部能否负此重大责任，值得考虑。即以一般经济建设而言，亦有集中事权之必要，如生产事业，固有赖于经济部的计划经营，然而财政部如无法筹集款项，不亦枉然；又如经济部应设计开采之矿产，倘交通部不照经济部的计划，筹设交通运输的便利，经济部的计划亦是徒然的。故此三部对于建设工作，必须有亲密的联系，现在出口贸易又属于财政部，各部间的关系更有联系之必要。至于西南国防工业的建立，不独要计划而已，而且要有权力来实施，各方如不依照此项计划，齐一步调的做去，经济部交通部或财政部在事实上是否有此权力强制各方，纠正各方，恐是一个疑问，即使计划完成，是否适于国防需要，更系一大疑问。因此，这时我主张应从速成立西南最高经济计划机关，以推行以国防为中心的西南经济建设。为使其有权可以强制各方推行起见，或在最高国防委员会下设西南经济计划委员会，以最高领袖兼任委员长，行政院长兼任副委员长，国防最高委员会秘书长兼任秘书长，财、经、交三部部长及川、康、黔、滇、桂等省主席与全国银行公会首脑及商联会主席等兼任委员，并集中全国专家，担负各部分计划指导的责任。其组织系统，例如下表：

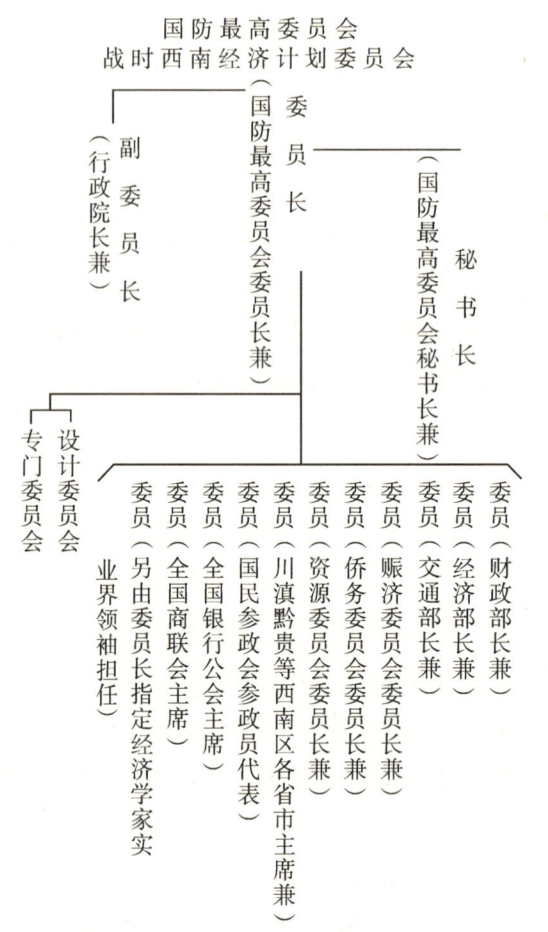

```
                    国防最高委员会
                  战时西南经济计划委员会
         ┌──────────────┼──────────────┐
      副委员长        委员长         秘书长
    （行政院长兼）（国防最高委员会  （国防最高委员会
                   委员长兼）      秘书长兼）
         │
    ┌────┼────┬────┬────┬────┬────┬────┬────┬────┬────┬────┬────┐
   专门 设计  委员 委员 委员 委员 委员 委员 委员 委员 委员 委员
   委员 委员 （川 （全 （国 （资 （侨 （赈 （交 （经 （财
   会   会   滇黔 国商 民参 源委 务委 济委 通部 济部 政部
             贵等 联会 政会 员会 员会 员会 长兼）长兼）长兼）
             西南 主席）参政 委员 委员 委员
             区各      员代 长兼）长兼）长兼）
             省市      表）
             主席兼）
        （另由委员长指定经济学家实业界领袖担任）
```

上表所列，以委员长为最高主持人员，平时经常事务统由秘书长负责主持之。其委员中除以财政、经济、交通等各部长及西南数省各省主席，均以官厅主管长官的资格参加外，另聘国民参政会参政员代表、全国银行公会主席、全国商联会主席等参加，以期可与金融、工商界取得密切之联系。此外加聘之赈济委员会委员长及侨务委员会委员长参加，其目的有二：一，赈济委员会，本质上好像是个消极的救济机关，战时各省难民之逃往后方者，为数甚众，其间技术员工与各种专门人才，为数极多，希望主持赈济事业者，能把这许多失业的技术人才，分别登记后分配于各生产机关，以解决各种事业开办后熟练技术员工之缺乏。二，侨务委员会，是专门管理与解决侨民事务之政务机关，其与华侨之关系，较为密切。将来吸收华侨资本及筹募债款可获得多方之便利。因为我们将来要解决资本与劳动问题，所以，我们特把这两个会的主要长官亦加聘在内。至于各级的技术人员,不妨将财、经、交三部的现行组织,酌予缩小后暂时借用,必要时且得借重外才,聘为顾问及技术专员等职务,以资协助。至其职权与财、经、交三部之划分,则凡是在西南计划经济范畴内的工作,统由这个机关来主持,原有各部则仅主持非计划内的事,专门处理例行公事。惟工作上的进行,必要时仍应取得联系,上面主管人员之兼任,即为发生联系之一方法。如此在行政上既无重床叠屋之弊,而在运用上则能集中权力,统一指挥,以前方不屈不挠作战之精神来计划建设。

三、经济计划机关各部构成之设计

西南战时之经济计划,本应侧重于国防工业方面着手。但是中国是一个经济落后的国家,与欧美各先进国家不同,他们一遇到战事发生,经济动员的第一个步骤便是大量增加国防工业品的生产,欧战时美国参加战事后的12个月间,步枪生产量较平时增加几达20倍。中国是个无大规模军需工业设备的国家,军火的来源,大半多靠外国接济。自对日抗战爆发以来,需用量较平时增加数十倍。我们既要担负这战时大量军火的消耗,我们便不能不想法来弥补这个惊人的入超的数目,使能把贸易的差额平衡。所以我们今日西南战时经济的计划机关,主要的工作还是应该着重于农产品与矿产品方面,我们只能把我们的农产品中可供出口之桐油、茶叶、蚕丝等等,大量生产,矿产品中之铜、锡、锑、钨等矿砂大量开采,此外如猪鬃、羊毛、牛皮、鸡蛋等土产亦加速增加产量,以期增加输出数量。一切不必要的商品都禁止输入,凡人民日用所需以及军需用品,均设法自行制造,以造成国产货品之有利发展,利用这千载一时的机会来增强国民经济。

至于经济计划机关的组织,在委员会下暂设六局,资源计划局之下,辖有矿业生产管理处、农业生产管理处与畜牧生产管理处三处。矿业管理处负责主持设计探测及开采各地煤、铁、铜、锡、锑、钨等矿产品,锡、锑、钨等专供出口之用,煤、铁则供军需计划局直辖之兵器弹药制造厂、飞机汽车制造厂、交通器材制造厂等制造军需物品之用。农业管理处则掌管民食、军粮,以及专供出口之桐油、茶叶、蚕丝等等。畜牧管理处除饲养军马外,交通运输局水路运输管理处驮运队之骡马,农业管理处增加食粮生产之牛只,以及出口之羊毛、牛皮、猪鬃等等也应归其办理。军需计划局与金融计划局,则专门储藏各种军需原料、军需器材与制造军需工业,以及发行纸币、公债、统制外汇、管理贷款和限制物价。交通计划局除水陆运输管理处另组铁路输送队、公路输送队、驮运总队、船运总队,担任货物之输送与军需辎重之运载外,另组运输工具管理处与运输器材制造厂,以制造与管理各种交通器材。生产计划局则专制造各种布匹、器具、化学用品,以及罐头食物等等各项日常必需用品,及办理移民垦殖。经济调查室与技术研究室,是专门从事于各种经济资源之统计调查和技术上之讨论与研究。此外有劳工训练委员会与合作事业推广委员会,前者专系训练各处劳动人员,使得他们的技术能更加熟谙,工作的效率亦可特别增加。后者为合作事业之推行机关,凡资本短少或不合于单独经营之小工业,可联合数家或数十家以上性质类同之工厂共同合作经营,俾使增加产量,而收合作互助之功效;同时,还可以进行消费合作,使各种生产品不易受一般商家操纵,而致价格高涨。这种合作事业,如资本不足,可向贷款处请求放款,如技术上须专家协助者,可由技术研究室派员主持。要是能根据这许多办法做去,西南战时的经济计划,至少能做到相当的成效。我们现在最需要的军火、飞机、汽车、石油、五金、电讯器材等等,均须自外国输入,所以我们目前的政策,只须大量增加输出产品,而输入物品中能自行设法仿造的,则应该赶快企图达到完全自造自给的地步。如能用其他物品代替的,即改用其他物品代替,甚至能减少或能全部不用外国货则更好。总之,在今日我们要能有计划地去促成平衡国际贸易差率与主持西南战时经济生产分配之合理发展为原则。现在把这经济计划机关各部局的构成系统,列表如下:

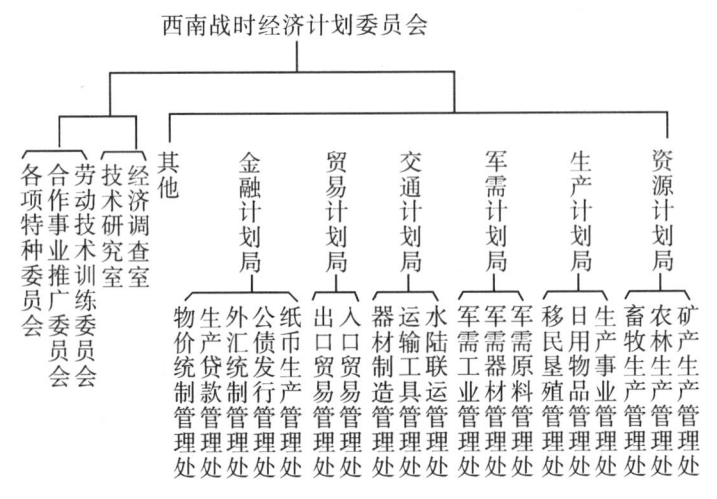

西南战时经济计划委员会
├─ 资源计划局 ── 矿产生产管理处、农林生产管理处、畜牧生产管理处
├─ 生产计划局 ── 生产日用物事管理处、移民垦殖管理处
├─ 军需计划局 ── 军需原料管理处、军需器材管理处、军需工业联管理处
├─ 交通计划局 ── 水陆运输管理处、运输工具管理处、器材制造管理处
├─ 贸易计划局 ── 入口贸易管理处、出口贸易管理处
├─ 金融计划局 ── 纸币发行管理处、公债发行管理处、外汇统制管理处、贷款制款管理处、物价统制管理处
├─ 其他
├─ 经济调查室
├─ 技术研究室
├─ 劳动技术训练委员会
└─ 各项特种合作事业推广委员会

假使我们有了这样一个计划经济的统制机关,我们的经济建设便能有计划的推行实施。这种战时的经济计划,非仅适于战时需要,就是战后亦是很重要的,因为战后从事复兴工作时,又须要有计划的实施机关来推行。

这种经济计划机关,各计划局仅系设计部分,其管理处即为各该主管部分的执行机关。各局处彼此间都连带着发生相互的关系,例如矿产管理处的锑、钨出货后,由交通计划局水陆联运管理处承运,再由贸易计划局出口贸易管理处销售外国。采炼矿砂的工人由赈济委员会在有技术能力之难民中挑选工作熟练者担任,然后再由劳动技术训练委员会负责指导。这种分工合作的工作制度,在经济原理上来讲,是最合于战时经济原则的。

四、以经济独裁的政策来推行计划经济

现在西南经济建设之外卫区域(即湘、粤),我忠勇将士正与强敌浴血苦战,我们应立即在中心区域(即川、康、桂、滇、黔)建设图强的工业,即军备工业,以及作为军备工业之基础的重工业,使国防军的需要能自己供给,即是敌人封锁我海口,亦影响不了我们抗战的能力。但要发展国防工业,必须要有统筹指挥之权力机关,而实行战时经济独裁,与军事独裁同为重要。即苏联的五年经济计划,亦有专任机关主持其事,是则西南经济计划委员会等专任机关之设立,实刻不容缓。

目前,或有人虑及设置这类机关后在职权上似与财、经、交三部所办事务发生冲突,经建会拟办之事,财、经、交三部或已分别办理,似无再行设置之必要,其实不然。国家经济建设之在战时,第一必须要有一全能机关主持其事,否则财、经、交各部所掌职责不同,结果各自为谋,对于国家战时之经济政策,未能在整个计划下通力合作,难免缓急不分,事权颠倒,非但不足增强抗战经济的力量,且足削弱以国防为中心之经济计划。在此情形之下,我们似有要求中央设置最高经济计划权力机关之必要,以经济独裁的方式来经营计划经济,是则开发西南经济,充实国防力量,才会有希望。质之政府诸公,不知以为然乎?

原载张国瑞编:《开发资源与西南新经济建设》,中国建设出版社发行,1939年11月30日初版

建设西南的必然性及其方案

陆鼎揆

今之言国内富饶之区者，莫不曰江浙与广东，农工商之利擅中国矣。考之史乘，江浙之富，其起也晚，粤东则尤晚。粤东之富饶，盖始自欧罗巴人越重洋而互市，仅四五百年间之史实耳。若江南则汉魏之前，未尝以重要视之；逮五胡乱华，晋室东迁，黄河千里，沦于夷狄，然后江南乃为中土人士荟居之域。人烟稠则地力尽，甲兵多，赋税重，农事自不得不讲，赋税之困为一时，而沟渠之利则万世，东晋以后，江南农业大兴，蔚然为中国首屈一指矣。唐代虽都关中，然国用半仰于江南，刘晏韩滉之流，以理财称于当时，皆自江南挽粟京师，其明征矣。自是以还，南宋困于金而迁临安，明初建都南京而成祖迁燕，逮末叶流寇既起，弘光再还江南。江浙之为政治上退守之中心者，不知经若干次，于是则有三利焉：其一曰，因政治中心之播迁，社会中之优秀者随而聚处于是，而文化因之以发达；其二曰，富民因避乱而来归，财货斯集，百业兴而工商发展；其三曰，以其为退守之地，非至最后覆亡之期，罕受戎马之祸，江南若陷，政治亦必易主，而重入于治之时代。不若黄河流域往往数百年间，长为华夷角逐之地。安危悬殊，农民安居其业之日多，而受兵祸之日浅。此尤江浙所以历数十世，富饶称于国中，文物兴盛之大原因也。

然而今则异势矣。自倭虏畴岁寇华以还，沿海诸地，莫不受兵戈之祸。上海以全国经济中心，剧战三月，半毁于炮火。逮至苏常告陷，京华播迁，江南遂沦于敌手。劫掠烧杀之惨，亘古未有，里尘街衢，悉化焦土，郊以外之村镇，亦无不同受其毒。贫则不死兵刀，即死饥寒，有资财者，相率流徙内地，昔日繁荣之区，今成不毛之境。其幸得延残喘，留故乡不去者，且不知命在何时，滋可哀也。夫使数千万江南人士暂受战祸，旧业未尽，则军事一停，恢复非艰，犹不足为大患也。今则工厂尽毁，工不易复其业，城市转为丘墟，民不得归其居，而商无以经营货物，农家牛牸耕具斯尽，罕有一瓦之覆，且无以蔽处而耕植。铁路残破，交通尽坏，人不得行，物无以运，流离转徙于四方之民，虽欲归其乡土而有所不可。人口不聚，则百业又何自恢复？此真战后最大之问题。而二三十年中，虽有贤能为之政，亦不易复其旧观者也。其所以受祸如是之烈，地势使然已，使兹富饶之区，数千万人口之众，而聚居于西南之隅，倚帕米尔高原之左，而远离东海之滨，则何至如是！战事虽烈，而农可以乐其耕，工可以乐其业，生产之所获，且足以大助于战事矣。

东南之受寇祸者，又岂特今日而始？自明以还，固数数见矣。明之中叶，倭人之侵掠沿海各县者，为祸未尝不烈，残破之迹，今犹可寻，其他盖占江南之半。清初海寇之乱继之，以其力小，未为大患。逮至鸦片战争，英人犯粤不成，转而北侵，宁波、吴淞相继失陷，以其兵单而时短，是以害犹浅耳。其后庚子之乱，东南半壁，幸为自保之谋，未至波及，否则亦为鸦片之继而已。今之倭祸，则固仍寻曩时之旧辙也。此其原因，则滨海为之也。四五百载之前，海舶未通，则滨海之区，无殊腹地，是以外族之患，仅能来自西北，而东南辄免兵祸。至于今，列国竞务于海，千里等于咫尺，艨艟之炮，力超要塞。而我则自甲午之败，海军既燬，只舰未有，数万里海疆，无丝毫守战之具，一旦兴衅，随处受敌，苍茫海洋，悉成敌垒，虽有大兵，而往来不便，首尾无以相顾，则惟有坐俟其至而已。是以昔日安如磐石之江南，今则因形势转变，顿成西战之地，俨为国防上最前之线，使无大海军，不足言海防，此其势，东南将永无高枕之一日，无大海军，则沿江沿海皆不足以言守，而沿江与国外之航业，皆莫得而维持，敌人封锁之令一下，江海之交通立断。岂特如是而已，以今日空军远飞之力日有加进，又加以航空母舰载量之伟大，一旦有事，则敌军虽未上陆，而近海城市悉皆入于敌人空中攻击范围之内。江南大小工业，今固皆已由空袭之结果，而半化为灰烬矣。由是言之，东南一隅，则岂特不易恢复，即使既复之后，而无大海军呵护之，亦徒为第二次国际战争摧残之目标而已。而吾若欲建大海军欤？则以今日海军经费之浩繁，一舰之价，动辄万万，无百万万元，即无法建立。无论于吾残破之余，万无力量可以措此巨费，即使有之，而海军人才与造舰技术之培养，各项必要设备之措划，盖决非十年八年可以臧〔藏〕事，真正坚强之大海军，盖非四五十年之经营缔造，不足言成功者也。而吾又何以而自恃,谓此后四五十年间,国家不致受外力之侵略,而滨海之区不再有第二次之浩劫乎？夫海军之为物,建立未成,盖有等于无而已,则沿江海之安全,更胡自而保障耶？

由是言之,即使国家于战后有机会、有财力,可以建设大海军,而沿海诸地,于三五十年之间,海军未成之际,终居于危地。江南为国中重工业以前荟集之区,今则悉已残破矣,国家欲自给自足,平时战时,均不仰赖于域外,重工业固不可一日或缺也。而若果犹蹈故辙,尽置之于江南诸地,是一旦有事疆场,鲜不为今兹之继者也,惟有尽移之于腹地,而变昔之工业区之江南为农林渔盐之区,则海涛虽险,而圭玉在椟,吾则可以战士用命于前,而百工生产于后,奚复忧乎物力之不给乎？若此腹地之选择,则惟有在乎西南而已。

吾之疆宇:东徂东南,临于海洋,东北与敌之朝鲜相毗;北徂西北,界于苏俄;西南边疆万里,则与英之印度缅甸,法之越南相衔接。滨海之危,以无海军,无以自保,如前说矣。其余边圉,则西南尤优于西北,盖英之国家与其殖民地关系,日以疏远,英人且不能长保终有印度,奚暇而使与印度以外之国争一日长短？至于法兰西,则其邻邦之卷土重来,足以使其举国不遑宁处,尤万无向发展之余暇。此则就国际形势言,今后数世之内,西南之高枕无忧,罕有鼙鼓烽烟之警,盖无殊于左券可操者也。

夫就人口密度而论,西南以视江南,固犹不足,而视其余之隅,则实为胜。然二十余年来,因内乱频起,盗贼遍野,民不聊生,农事衰落,而灾旱屡见,狼藉而死者众,幼不得养,而长无以存,故未见其增进耳。今内乱既弭,旧苛渐戢,数年休息,户口孳生不已,其增加盖为势所必然,人口多则劳力众,一切建设,不患无多量之农工以经营之,则就人事而言,建设无问题矣。就物产论之,西南蕴藏之丰富,可谓无物不备,言矿则五金与煤有之,言森林则川滇黔之原始林不知有若干面积,使能开发尽力,经营得宜,以之自给之余,其可以输之国外者,其量必甚众,则是物产方面之宜于建设亦毫无问题者也。若就土地肥饶论之,湘桂农事,素称发达;四川沃野,久著于史,五谷之外,茶桐利擅天;惟黔地多山,稍艰耕种耳。是就农业方面而论,不仅足以为现状之维持,且大可发展于将来者也。

人口之重要,于建设方面,实居首位,建设结果,且更可以使人口之繁盛加进,则又为天然之公律耳。此则因建设皆需劳力,劳力之需要增加,劳力之价值自昂,则凡他处劳力价低之人口,自必群趋于价贵之区域。近代城市人口之日有加进,皆为此种作用所支配者也。就江南而言,上海于40年前,人口仅80万,而战前已增至350万左右,则皆工业建设发达之结果也。人口愈增进,建设愈发展,于是因其富力之高涨,地赋税之数额自必随而上升,交通工具亦必随而日进,则治安、农业、卫生、教育诸政亦易于讲求,死亡饥馑之成分,亦必低落;大股盗匪,既因劳力之价增自渐消减,小股盗匪,亦因交通发达而易于防御,则更吸收他处人口之移徙,而繁盛必更速进。其结果则政府不必有移民内徙之劳,而人口自有向此方面移之必然趋势。更因人口加增之缘因,食料之要求突进,农产物之价值上升。其结果农业自亦随之而发达,则是实力内向之国防政策,不待十年二十年必能大著成效者矣。

　　总而言之,今后立国于世界之中,不有完全无缺之实业建设,实不足以自列于真正的独立国家之林。惟有完备之农工业的国家,平时则内可以使人民有充足之生活,外足以抵抗外国经济之侵略垄断,战时则闭关而一一能自给于己力,不赖乎外面之接济,缘是非特可以免去供给或断之危险,并可以不致因战争而过分牵动其国际汇兑,有此无恃无恐之地位,然后得以在此坚固之基础上建设一完全之国防武力。然后乃可以进而与今之强大国家相互抗衡,并可以不仅保障自己之不受侵略,而可以进一步与世界各大国家携手,以保障世界和平,共同消弭侵略势力之发生。中华民国,以其惟一地大物博之国家,更以其惟一人口繁多、人力最众之民族,实饶有此地位之资格者也。而且因其领土庞大、天然富源无尽之故,亦必须自己奋起于弱病破碎之余,勉进以成一大之国家,以消除世界各国前后觊觎兹土之野心,是则不仅自保其民族之生存而已,且为惟一安定世界之情势、减世界和平摇动之危险之不二途径也。国人而欲趋向于此光明之民族发展之坦途乎?惟有日以继夜,胼手胝足,造成一有统盘计划之可以为大规模国防基础,并可以使45 000万民族自给自足之实业建设而已。而其惟一之最安全适宜之地域,盖在乎西南。

　　夫以吾农工之耐苦勤劳,商人之长于货殖,设使西南各省政治日趋健全,地方秩序日趋宁靖,纵使今日无倭寇之衅,东南一如曩昔,吾人未尝思及兹隅建设之重要,行见数十年之后,西南工业农业矿业之发达,固亦若左券之可操也。然今之有恃于西南生产,盖有剑及履及之势,而万不容俟其成熟于数十年之后,此则不待智者而后知之。号称殷富之东南一隅,悉已沦陷,工具随之而尽毁，生产几等于零，则战时后方生产，不求于西南，将胡自以取给？数千万难民，弃其田园，流离失所者，政府终不能长此，不食之，而不设法与之工作，则不使之向西南各地从事于农工，社会经济之损失，将伊于胡底？不有新兴之大规模农业工业，以补偿东南之耗损，一旦战事告终，国内之物质上大量之需求，将何自设法供给之？出口贸易，胡自而于岁月之间恢复旧观，以维持国际汇兑之均衡？而若沿海遭兵祸之省，他日不有大量之物质接济，又何从复其旧时之繁盛气象？缘是言之，今日建设西南农工矿诸业，固有急不容缓之势。昼夜以赴，或者犹可补救时势于万一，而他日言恢复元气，尚有下手余地。此道惟有以政治上经济上十分之力量，极力推动之，务使发展之速，有如超速度之飞轮。而其必要之前提：一曰组织，二曰人才，三曰计划，四曰资本，五曰移民。

夫今之行政机关，在中央则有经济部，在各省则有建设厅，其职掌皆属于农矿商建设之事，然若以之为平时卵翼指导之机能则有余，而以言包罗西南全部诸省为统盘筹划之有计划的经济建设，则必不足也，此大规模之前提，必有赖于地方治安之讲求，各地交通工具之增进，大量资金之运用与夫大量户口之招徕。凡此者非经济部之所能过问，而率涉财政、交通、内政各部之职掌，至于各省省政府与建设厅，其力既弱，其权又限于一省以内，其势不容越境代庖，而为兼筹并顾之措施。或者且有因利害冲突而互相掣肘之可能，其发纵指示之力，尤不及中央之经济部远甚。以是规模伟大之建设，开发巨大面积之广漠，盖惟有由政府专设机关，直隶中央，选择年富力强、头脑精细、操守廉洁、任怨任劳并且有行政管理长才，而愿以此为其惟一事业之人物一人或若干人，使之主持其事，而由各关系集会，各省政府共同参加，呵成一气，然后兹事乃有真正促动，以臻于突飞猛进之可能。有专管之组织，且有广大之权限矣。其第二步则为罗致专门人才，农工商业，分门别类，无所不具，先令各种人才就其所长，分赴各地为精密之调查，某地矿产如何，土质如何，林木如何，原有出产如何，人口如何，水利如何，交通如何，分段分地，逐一进行，更就调查所得材料，根据之而为统盘筹划之设计，何地有丰富之煤铁诸矿，则划定为若干重工业中心，何段宜于种棉，则于附近交通便利之地点，可作纺织工业中心，依是类比，逐一筹划，进而更列成详细图表，依其种类，限期兴办，而并逐期扩充，务求于岁月之间，规模伟大之一切企业，宛如雨后春笋，森然林立。同时更对于交通工具之建设,亦务求与此计划相辅而行,庶一旦生产开始或加增之后,品物均有流通之便利,关于铁路、公路、水路诸项,均应斟酌需要,一一措施,俾收互相衔接、彼此调剂之作用。其次则为将所有应办之事业,依其性质划为下列若干种类:

企业 ┌（一）完全归政府自办（凡收效极迟或规划过大收效　┌（甲）中央政府自办
　　 │　　　并无把握之业属于此项）　　　　　　　　　└（乙）地方政府自办
　　 │（二）政府与商人合办（凡私人资本不能举办必须有政府之合作者或系
　　 │　　　属于公用事业性质者）
　　 └（三）完全商办（普通一般企业）

上述种类虽行划分,惟应仍以听任人民自由投资,发展一切企业为根本原则,虽系属于政府自办项下,如果人民自愿投资兴办者,亦应听其进行,并予以全力之辅助以收充分发展之效。惟若干主要企业,如私人尚未投资兴办者,则中央与地方政府,应立即自行着手兴办,俾使其余各种工业,得以随之而迅速并举,以收效于指顾。

关于资金之筹划,实为今日着手建设之第一要件。国内资本,自战事发生之后,因一切企业陷于停顿状态,大部均亦随之而呆滞,此种资本如果政府能善为计划,予以保障,自不难为大量之吸收。然以全部建设规模过巨之故,其所需资金,必非现在国内资金力所能举。此则惟有设法向国际方面吸收资本,或则招徕外商,合力经营,或则出以借款方式,资金之筹划有着,并以最巧妙之方法周转调剂,则一金而可为十金之事业,以胼手胝足之精神,为筚路蓝缕之启发,庶几榛莽不毛之区,顷刻而成为实业蔚盛之域矣。

其次为一切事业之必求其普遍发展,与相互呼应联络,如是则一种事业发展之后,因有相联事业之同时成立,其收效必更巨大,于是彼此事业之基础必亦愈为巩固,其发展之速度愈为增加,人民之财富自亦随之而继长增高,而发展可苾于无止境,譬如西南水草肥饶宜于畜牧之旷地,则可由专家之指导,劝令人民从事畜牧,选择良种,使之孳生,不待数年而牛羊遍野,然亦必须同时为肉类制罐厂、洗毛厂、打包厂、制革厂、织呢厂等等之创办,以吸收此种农业副产品而变成制成品,则畜牧结果,农民可以收获最大之利益,然后此种事业,乃能平稳的逐年膨胀耳。复如纺织工业之发达,亦必于其附近各地有广大之棉田,遍植良好之棉种,然后经营此种工业者得以低廉之运费收集大量之原料,取之不尽,用之不竭,轮机永无停开之危险,则子母之流转,随之而不息,然后此种工业,乃有稳固之基础耳。其实言之,因今代工业之十分复杂性,任何工业与其余各种之实业,无不间接直接有多少之相联关系,一物之或缺即足以减少若干工业之效能,设备愈周全,则收效自愈宏大,所以普遍发展,厥为今日建设惟一之重要原则也。

关于农工业咨询机关之设立,亦为今日建设实业之最重要前提。以中国农民智识之幼稚与国内技术专家之过少,欲希望农民能自动的为土质之辨别、种子之选择与商人于着手企业以前之精密计划及成立以后有效之经营,可谓极难之事,惟有由政府设立一大规模之各种专门指导机关,并分设办事处于各地,办理下列事项:

一、农业指导机关　辅助并指导农民关于农业上畜牧上一切事件,除由政府自行随时派往各地周流调查、视察、指导、辅助外,并得由地方之请求,随时派遣专家前往,辅助指导农业上一切事件。

二、矿业指导机关　此机关之任务,除随时自动前往各地探采矿脉外,并得由私人之请求,于缴付极低之费用后,代为探采矿脉,筹划精密之开采计划、改良计划、扩充计划。

三、工业指导机关　关于一切工业调查、开办、改善或扩充之设计,私人均得请求代为筹划。

上述机关之任务,可由经济部原有各机关与学术机关联络办理,另再添聘国内外专门家若干人,分门别类担任事务,并应设备规模宏大之试验室等等,计划务求精详而切于实用,办事必须敏速而不许蹈官样文章之弊,有此识途之骏骥,则农民可以收倍蓰之获,而商人不至虚縻其资本于无用之地耳。

最后则为移民问题。今兹战役,受祸各省之被难人民,据专管机关之估计,约有 8 000 万至 10 000 万之巨,然现在政府所收容之难民数额不及十分之一,此则因难民之中大部均系农民,彼皆不忍轻弃田亩,远离乡井,是以紧急之际,暂避邻地,而稍觉平静,即急急归去之故;其余本已逃奔他地,因生活无方,惟有远道还乡以冀万一之生存者,盖亦实繁有徒,此其中且有许多熟练工人、智识较高之分子、下级之技术人才夹杂在内,而今日一言建设,人力之需要,实占极重要之地位,惟有利用此种机会,将全部已移徙之难民悉容纳之于西南各省,人力增加,然后荒地之垦殖、工人之招徕与夫筑路浚河之工作,皆有下手之余地,而国家实力移向西南发展之大目的,方有完全实得〔现〕之一日。

　　夫国家果能求得有实事求是、任劳任怨,有廉洁之操守,又有综理之长才,并以此为其惟一之事业若干人物以董其成,辅以若干专门技术人员,以分掌各事,又有全国工商业领袖人物为之提倡,有各省地方政府极力为积极消极方面之努力,则资金之筹措,企业之经营,夫岂难事? 行见剑及履及之结果,将收大效于岁月间耳。语有之:虽有锄虞,不如乘势,今日者,盖正为建设西南乘势之秋也,今后国命之寄托,其在于兹乎?

原载《西南导报》1938 年第 1 卷第 2 期

从战时经济说到西南经济建设

贾士毅

一

现在战争之主要特质厥为国力之决斗,所谓国力,乃指全国军事经济政治诸力之总和而言。就形式上观之,战争之胜负,全系于军事之得失,惟最后胜利决定,则往往视经济能力之强弱而为转移。现代战争武器之毁灭性,虽远强于昔日,然战场上一时之胜利,未必即为胜利,在战场上失败之国家,未必即为失败,如德国之屈服于欧战,由于军事失败之成分少,由于经济崩溃之成分多,良以国力之决斗,非短期间可以决定胜负,战争扰攘,动辄绵延数年,其经济力支持最久之国家,始为最后胜利之国家也。

日寇之武器较我犀利,我欲于战场上与敌争一日之长短,自属不利。故当全面抗战之始,敌我之战略,适成针锋相对之势,敌方以国力薄弱,而图逞强一时,欲速战速决,而我国则采取持久抗战战略,尽量销〔消〕耗敌方之国力,使其经济能力难于支持,而趋于崩溃之途。是以自全面抗战展开以后,凡讨论我国经济问题者,不仅研究如何应付战时环境而已,更努力于抗战持久力之增强,以期争取最后之胜利。

二

日本虽为帝国主义国家,但其经济基础极为脆弱。先就战时必需之原料言,22种战时之必需原料,日本半数以上不能自给,煤、铁、石油等主要原料日本尤感贫乏,而此数项原料在战时之消耗极为浩大,其国内之储蓄既极有限,以言输入,凡文明国家对此捣毁和平之祸首,当不愿予以物质上之协助。即使有少数国家在短期间内可供给若干军需原料,然仰赖外邦,终不可恃,且就国际收支言,日本之国际贸易状况,亦殊难胜任长期大量军需品之输入也。

此次倭寇侵华之战费,因倾力来犯,大量动员,每日支出达1 000万元以上,视诸日俄战争时每日所需战费360万元之数超过640万元之多。而据专家估计,日本如果正式宣战,每年所需战费将达136亿之谱。"九一八"事变之1931年,日本之预算尚仅149 790万日元,至1937年即增至287 200万日元。此后三次增加军费259 200万元,合计为546 400万日元,本年度海陆军之合并预算达700 000万元,视诸上年度550 000万元之数,超出27%,较之九一八事变时149 790万元增加5倍有余。

为应付此项庞大之战费,不得不出于加税与募捐两途。然日本之租税收入比例殆已提至最高限度,1937年日本之赋税收入已占全预算54%,比较欧战期间各国租税之平均比数7.4%,增高7倍之多。增税虽已增至无可再增,但以战费浩大,仍有杯水车薪之感,于是饮鸩止渴,滥发公债。据大藏省发表,截至1937年12月底止,日本所发公债已超过100万万元,而金融市场之消化力极感薄弱,其财政之危机隐伏,较将蹈战后德国之覆辙。

再就贸易方面观之,日本近年入超之数字日见膨胀,尤其自侵华以后,因积极从事于军需品之制造,其他生产相对减少,加以一方面极力向国外输入战争原料,一方面各国复高倡抵制日货,以致贸易逆差日形扩大。1936年日本贸易入超额尚只272(百万)日元,至1937年上半期增至618(百万)日元,入超数字既有加无已,现金自大量外流,而人民生活因之日形困苦,日本人民反战之原因,此其一端。

总之,日本财政之竭蹶,经济基础之动摇,虽目前逞强一时,但其不能持久,可以断言。

三

知彼知己,百战百胜。敌国战时之经济情形既如上述,反顾我国之经济情形如何？自全面抗战爆发之初，中国之法币信用似难维持，但经过半年之抗战，法币对外汇兑，屹然不动，昔日购买外汇者，大都转而购法币，昔日向银行提款者，往往复存入银行，即此一端已足觇我国战时经济之稳定，实为敌国所望尘莫及。兹举其要者如下：（一）外汇之稳定。沪战爆发以后，外汇行市虽略有变动，但变动甚微，自二十六年五月至八月间，法币对外汇兑率常保持一先令二便士又四分之一，此一方面虽由于英美之善意合作，一方面实由于法币本身之巩固。故孔院长祥熙于本年一月十六日发表中日战争与中国财政一文，亦谓"中国战时财政管理之成功，其最显著之事实，即为保持中国与各国金融之关系安全"。（二）国际信用之维持。全面抗战以来，中国对外信用不特未曾稍坠，且反有增进，在战事爆发以后，成立5 000万英镑借款即其明证，其他美法等国亦与中国成立财政上及经济上之重要协定。（三）国内金融之安全。抗战未久，政府为安定金融，曾颁布非常时期安定金融办法，成效卓著，而财政部方面更令中中交农四行设立联合贴放委员会，拟具贴放办法，灵活金融，最近复公布改善地方金融机构办法纲要，以调整战时之金融机构，由是金融机关愈趋健全，而农工商业资本亦得以流通维持。（四）救国公债之发行。战事爆发以后，财政部为鼓励人民集中财力充实国家费用起见，曾发行救国公债50 000万元，各省认购之数多已足额，且以第二条规定，可以吸收应用物品及作外汇基金之金银，对于战时通货外汇，两有裨益，中国之战时财政可谓已得初步之成功。至就财政之持久力言，因我国为防御战争，军费之支出既远不若敌国之浩大，则我国财政之持久力，自远较敌国为强也。

再就国际收支言，我国因种种关系，一向为入超国家，然自八一三全面抗战以来，根据海关之统计，对外贸易之入超数字反形减少，兹列表如左〈下〉：

二十六年4月至7月与8至11月之进出口贸易比较统计表

民国二十六年	输入	输出	进出口总数（元）
4月份	109 134 511	79 781 002	188 914 513
5月份	110 990 636	78 336 837	189 317 473
6月份	114 675 736	84 829 909	199 505 645
7月份	124 140 311	88 781 303	212 921 614
合计	458 941 194	321 729 051	790 670 245

续表

民国二十六年	输入	输出	进出口总数（元）
8月份	34 140 599	55 465 015	100 688 320
9月份	67 159 274	45 223 305	101 299 873
10月份	36 333 773	48 733 781	85 067 554
11月份	44 682 123	50 269 774	94 951 870
合计	170 621 510	211 386 107	38 200 7617
比率	输入减少62.8%	输出减少36.2%	总计下降数为51.6%

注：此表系以4月至7月为一期，8月至11月为一期，求进出口贸易总数之比较率，而各国对华贸易在此时期（8月至11月）之下降数为：日本81%，美国58%，英国49%。

就上表观之，可见我国战时贸易确呈好转，不过此种情形难保持久，倘不努力促进生产，将来入超之增加仍属意中之事。抑且长期抗战须赖国力之充实，始有胜利希望。充实国力之方法，一方面须使原有之生产组织能长期继续生产，他方面须创立新生产组织增强生产力量，是以长期抗战除筹措战费外，必须厉行经济建设。无战费不能言抗战，不实行经济建设，则无充裕之国民经济力，战费亦无从出，战费筹措与经济建设乃一个问题之两个步骤，实有同等之重要性也。

四

自国府西迁以后，沿海沿江若干省区大都陷入战区，过去若干工业中心、经济繁盛地带既经被暴敌摧毁，因此西南诸省如湖南、四川、云南、贵州、广东、广西等，在人力财力物力之供应上，实居于最主要之地位，抗战能否持久，须视西南经济能否积极建设。我国地大物博，原为东亚富庶之区，但必先有国防，然后可以建设。我国国防既不充实，沿海区域随时有被威胁可能，就中国国情言，经济建设早应偏重于西南中部，倘将过去经营沿海各省之精力集中于西南，则此次抗战之损失，不致如斯之大，可以断言。虽然亡羊补牢，尚可挽救，现在西南各省已成为支持战争之生命线，亦即为我国所以能持久抗战之关键，倘西南诸省之经济建设在短期间能收相当之效果，则我国战时之财政经济可以无所顾虑,最后胜利,非我莫属矣。

关于建设西南经济之原则,可分工业、农业、交通、贸易、金融等项述之:

关于工业方面:(一)战区及有沦为战区可能之地,原有工厂迁移内地。迁移内地须依工业地域选择原则,就我国特殊情形,兼顾战时立场,按照原料之取给、交通之运输、货物之销售、厂屋之利用、工人之招募及安全程度等条件,采取战时工业分散制。(二)应就节省增加原料生产之原则,统制原有及新创之工业生产组织。(三)发展并增强军需工业,如兵器、弹药、军用燃料、被服、军用建筑材料、军用卫生材料、军用通信物件以及修理上项物件之零件。(四)扩充改造并创设有关军需之工业,如机械工厂、翻砂工厂、化学工厂、制药工厂、电器工厂、水泥工厂、火柴工厂、通信及交通机械制造工厂、炼钢工厂、酒精厂、硫酸工厂等。(五)扩大并创办有关人民生活必需品之工业,如纤维工厂、棉毛织物工厂、面粉工厂等。(六)开发矿藏。(七)提倡并改良手工业。(八)在全民利益之条件下,改善劳工待遇。(九)采用重工业国防工业国营,轻工业民营或官商合办之原则,以为实现民生主义之基础。

关于农业方面:(一)利用动力改良农业技术,使农业耕作机械化,以增加农业生产率,并彻底改革平时农业经营问题,奠定农业革命之基础。(二)提倡农村副业,增加农民收入。(三)利用难民开垦荒地,禁止毒品种植,扩充粮食作物面积。(四)加强各项农业合作并扩大其推广区域。(五)建设水利,栽植森林,防止水旱。(六)推行新式仓储制度,调整粮食、棉花、丝茧之产销。(七)在全民利益之条件下,改良土地与佃农之关系。

关于交通方面:(一)铁道、公路、航轮、民船、电讯一律由政府统制。(二)以国营为原则,开辟并完成西南公路网与铁路网。(三)各项交通事业之运输容量,须适应战时经济建设之需要。(四)军运须兼顾生产事业之进行及客货运输。(五)增进交通机构之效率。(六)运费高低以发展国营生产事业并适合战时经济建设为原则。(七)充实交通工具。(八)发展水力与电气事业。

关于贸易方面:(一)设立各业贸易公司,以国营为原则。收买出口农产品,如棉、麻、丝、茶、桐油,稳定农村经济,保障农民收入。(二)设立战时中央贸易局,统制战时国际贸易,主持进出口货业务。为断绝不必需之消费品输入,并兼顾各国市场利益,可实行贸易上交换法。(三)利用贸易统制,确定保护贸易之基础。(四)维持国民日常用品之商业。

关于金融之调节与资本之运用:(一)安定金融办法颁布后,金融虽见安定,内地银根则感紧缩,工商呆滞,故稳定金融,须顾及通货流通之速度。(二)广设贴放委员会,并扩大贴放委员会救济范围。(三)目下再贴现与转抵押之信用,要能投放于农工商业,俾原有及新创之工业与有关国民日常生活之农工商业得以维持并发展。(四)扩大农产品放款范围及其额数。(五)根绝平时游资之不良运用。(六)奖励国内外人民投资。(七)利用外资。

以上各项原则,如能斟酌情形,次第实施,不独战费来源不生问题,且为民生主义之实际运用,亦为实现初步民生主义经济建设之基本原则。事急势迫,不容再事因循。所望朝野上下,共同努力于西南经济之建设,以奠定抗战建国之基础。蒋委员长有言,"建国在抗战时候",此诚至当不易之论也。

原载《西南导报》1938 年第 1 卷第 2 期

西南经济建设与工业化

方显廷

一、西南经济概况

西南一词,恒指粤、桂、川、康、滇、黔等省。自军兴以来,我国最高当局采取以空间战胜时间之抗战政策,西南各省遂一跃而为全国军事政治经济及交通之重心,开发西南运动,遂为朝野上下所注目。最近,闻行营有西南经济建设委员会之设,划川、康、滇、黔四省为该会工作对象,于是西南一词,包括范围较狭,然含义则更见肯定。良以战区日广,即位居西南之粤、桂等省,从经济建设立场言,自宜另划为外卫区域,而以川、康、滇、黔四省为建设之中心。本文所指之西南亦照行营定义,庶免混淆。

川、康、滇、黔四省之面积为 1 451 千方公里,占全国面积(11 174 千方公里)八分之一,内康 473 千方公里居首,川 404 千方公里,滇 399 千方公里,黔 176 千方公里次之。四省人口为 79 888 000 人,占全国人口(441 849 000 人)六分之一强。内川 54 010 000 人居首,黔 12 692 000 人,滇 12 665 000 人,康 521 000 人次之。人口密度,若以每平方公里计,则以川之 134 人为最高,黔之 72 人,滇之 32 人及康之 1 人次之。四省人口平均密度每方公里为 55 人,较全国平均 40 人约高出四分之一。

西南四省之面积及人口,各占全国面积与人口八分之一及六分之一,其重要概可想见。至于四省之物产,亦极富饶,试就农林畜牧与矿,逐一述之如下:

表一　民国二十五年西南各省主要作物产量统计

(单位:千市担)

	四川	云南	贵州	三省合计数量	占全国之百分比	全国
冬季作物							
小麦	38 395	7 195	5 854	51 444	11%	461 555
大麦	30 633	3 884	4 808	39 325	24%	162 748
豌豆	17 968	2 789	1 621	22 378	32%	69 096
蚕豆	16 319	9 615	1 791	27 725	44%	62 253
油菜	14 877	1 518	2 396	18 791	38%	49 572
夏季作物							
稻	119 402	30 970	18 999	169 371	19%	871 002
高粱	11 179	664	661	12 504	8%	153 532
小米	1 866	490	425	2 781	2%	135 487
玉米	20 220	7 350	5 519	33 089	27%	122 602
大豆	8 169	3 785	2 512	14 466	12%	118 220
棉花	755	40	78	873	4%	20 639
花生	4 946	294	911	6 151	12%	52 622
烟叶	2 763	354	1 178	4 295	34%	12 673

就农产言,据中央农业实验所二十五年之21省(东四省、西康、广西、新疆、西藏、蒙古除外)调查,川、滇、黔三省各种农产量占全国农产量之百分比,蚕豆为44,油菜为38,烟叶为34,豌豆为32,玉米为27,大麦为24,稻为19,大豆及花生各为12,小麦为11,高粱为8,棉花为4,小米为2(见表一)。可知三省特别四川之粮食生产,尚堪自给;而油菜烟叶之属,产量甚丰,如能设法就地加工,则自给之余,尚可外销。至衣料如棉花之类,三省产量只占全国产量4%,其不能自给而必须取诸邻省以资调剂,则又灼然可见。他如桐油、茶叶、丝茧及蔗糖之生产,虽无确切统计,然为量必甚可观,若能善加提倡,力求改进,则自给外可供外销者,为量当不在少也。

表二　西南各省林作面积统计

（面积单位：百万公亩）

	贵州	云南	四川	西康	四省合计	全国
总面积	1 765	3 986	4 036	4 727	14 514	111 736
林地							
面　积	882	1 993	1 978	2 364	7 217	43 958
占总面积	50%	50%	49%	50%	50%	39%
森林地							
面　积	159	917	1 372	95	2 543	9 109
总面积	9%	23%	34%	2%	17%	9%
林作面积	18%	46%	69%	4%	35%	21%
宜林地							
面　积	723	1 076	606	2 269	4 674	34 849
总面积	41%	27%	15%	48%	33%	30%
林作面积	82%	54%	31%	96%	64%	79%

　　西南各省崇山峻岭，最宜林牧事业。川、康、滇、黔四省一如东北四省及闽、湘、青海，其林地面积均占全面积二分之一。四省合计有林地 7 217 兆公亩，占全国林地面积（43 958 兆公亩）六分之一。惜人谋不臧，造林事业未能积极进行，致有林地面积远在宜林地面积之下。四省林地面积占全面积 50%，然有林地面积仅占全面积 17%，其余 33% 为宜林地。若按省计，则有林地面积占全面积之百分比，以四川之 34 居首，云南之 23、贵州之 9 及西康之 2 次之。至畜牧事业，多为农业之附庸，单独经营者，尚属罕见。川、滇、黔三省特别四川均产耕作用之水牛及农家副产如猪及家禽（包括鸭鹅鸡）之属，至供运输用之骡驴及供衣料用之绵羊山羊等，则为数有限。如表三所示，全国 21 省中，川、滇、黔三省所占之百分比，水牛为 36，猪为 26，家禽为 14，马为 20，骡驴为 3，山羊及绵羊为 11。

表三　西南各省牲畜统计

（单位：千头）

	四川	云南	贵州	三省合计	全国	三省占全国之百分比
牛						
水牛	2 767	714	694	4 175	11 603	36%
牛	986	805	546	2 337	22 647	10%
猪	11 738	2 696	1 652	16 086	62 639	26%
马	158	471	200	829	4 080	20%
骡驴						
骡	98	314	23	435	4 666	9%
驴	40	50	6	96	10 547	1%
羊						
山羊	3 427	501	415	4 343	21 933	20%
绵羊	234	111	120	465	20 957	2%
家畜						
鸭	7 995	1 478	1 146	10 619	56 724	19%
鹅	1 279	129	215	1 623	10 538	15%
鸡	22 355	5 315	5 201	33 871	246 688	13%

西南各省之矿藏，种类虽多，为量则甚有限，煤铁之类尤甚。全国 27 省煤储量（西康、西藏、蒙古除外）估计为 243 669 兆公吨，川、滇、黔三省仅 13 050 兆公吨，占全国煤储量 5% 强，内川为 9 874 兆公吨，滇为 1 627 兆公吨，黔为 1 549 兆公吨。铁矿储量，四川较富，估计为 100 万吨，不及全国（东四省在内）储量（1 206 兆吨）千分之一。其他矿产之较著者，厥为川滇之岩盐、川康之砂金、川省之石油、滇省之锡及黔省之汞等。至铜锌铝等，则三省均有发现，而以云南为尤多。

由上所述，西南各省除四川外，其他三省之人口密度均甚微小，而西康尤甚。盖西南诸省受地理及人事之限制，与外界殊少往来，类多闭关自守，呈十足之中古时代地方经济色彩。复以烟祸蔓延，居民体质横被削弱，驯致懒惰成性，绝鲜现代社会所具之进取精神。在重庆、成都、昆明、贵阳等大都市中，虽不乏电灯、电话、自来水、轮船、汽车等现代经济产物以及一切供给有闲阶级消费之奢侈用品与设备,然不过少数人之享受而已,与一般人民之生活及现代生产之促进,要无重大关系。抗战以来,西南各省一跃而为抗战胜利民族复兴之基础,迩者广州、武汉相继失守,地位更臻重要。究应如何急起直追建设新西南,俾得完成其新膺之重大使命,实为吾人目前所最宜注意之问题。

二、西南经济建设应以工业化为方针

经济建设,经纬万端,诸如农业之改进、工矿之开发、交通之促进、贸易之增加、金融之流通与夫财政之革新,不过其荦荦大者。然建设之道,首宜认清目标,目标既明,则方针可以确定,然后一切建设,均得循序以进,卒底于成。经济建设之目标无他,求一国之富强而已。富强之道,舍工业化莫属。盖一国之富强与否,胥视其工业化程度之高下以为断,此乃百年来世界经济发展史所昭示吾人之铁证也。我国提倡工业化,几与暴日同时,而收效悬殊,不啻霄壤,推原其故,不外国人对于工业化之认识未能彻底,对于工业化之实行,未能尽力耳。夫欲一国之工业化,非徒事现代工业之提倡与建立可达目的也,必也其国之社会、政治、经济、军事、教育诸端,均已循现代工业发展所取之途径,利用科学技术,采取大规模组织,以适应现代国家生存之需要而后可。即就经济一端言,亦必须工业以外之一切经济活动如农、矿、交通、贸易、金融以及财政等,均已循工业发展之途径,引用新式技术与大规模组织,始得谓为已臻工业化之境。反观我国以往之经济建设,往往与此背道而驰。第一,我国工业本身,尚未能完全工业化:手工业遍布城乡,在生产上仍占重要地位,其生产方式凭借人工而不用动力,组织规模多属家庭作坊之类。第二,工业以外之经济活动(尤以农业为甚),一如大部分之工业,亦尚未臻工业化之境,胥以个人经营为原则,即合作组织,亦最近始渐萌芽,集团经营,更无论矣。第三,各种经济事业间,缺少必要之联系与调整,此于工业化之促进颇多阻碍。如农业与工业间之关系,即其一例。我国现代工业所必需之原料,虽不乏国产可资利用,然大部分仍须仰给海外,如小麦、棉花、丝茧等,不过其尤著者耳。此盖由于经营农业者不知适应工业方面之需要,自绝销路,而从事工业者对农业生产亦绝鲜提携,只知求一时之方便。一旦国际局势恶化,国外原料供给中断时,惟有出诸减工停厂之一途。年来农业工业化之声浪始渐有所闻,其重要诚如邹树文氏所言:"农业不顾及工业,而狭义的改进农业,是改进不了的;所有农业的改进出于工业需要之迫切而发展的甚多,农业工业应该互相顾及,中国农业的衰落,应该是农业与工业同负其责任。"

西南经济建设之目标在求西南各省之富强,近以充实后方经济,增强抗战力量;远以促进边省建设,巩固国家防务。其应以工业化为进行之唯一方针,可无疑义。至于实施工业化之途径,容于次节中申讨之。

三、西南经济建设之途径

西南经济建设,应以工业化为进行之唯一方策,以跻西南诸省于富强之域,上节论之綦详。值此抗战期间,因粤汉之不守,西南地位更臻重要。不久将来,或将由后方而转变为前线,故求西南之强较求西南之富,尤为迫切。自经济建设立场言,欲求西南之强,应以建立国防工业为目前最迫切之中心工作,而其他一切经济建设事业如农业之改良、矿藏之开发、交通之促进、贸易之增加、金融之维持与夫财政之健全,均宜以促成国防工业之早日建立为鹄的。本文限于篇幅,未遑一一申述,兹仅就国防工业之树立一项略加探讨。

国防工业,广义言之,包括一切有利于战事进行之工业,诸凡有关(一)给养士兵,如衣食及医药等工业;(二)供给器械,如钢铁及军器及化学等工业;(三)维持交通,如制车、制轨、炼油等工业;及(四)输出国外借以换取外汇俾得购置国内无法自给之军需用品等工业,如钨、锑、锡、汞之采冶及农产品如茶、丝、桐油等之制造与加工等均属之。第一,关于给养士兵工业如衣食及医药等业之促进,在西南各省中,应积极进行。西南以气候关系,棉产颇感不足,过去川、滇、黔、康等省进口品中,以棉纱、棉布为大宗,此后应力求自给,择适宜地点,如四川之遂宁、云南之开远及贵州之罗甸等区,种植优良棉种,以求繁殖。此外,西南多山,本宜畜牧,应提倡羊毛生产,以补棉产之不足。其次,西南粮食生产仅足自给,复以交通闭塞,甲地即略有盈余,亦难运销乙地以资调剂。故此后除尽力发展交通外,更宜就交通中心如渝、筑、蓉、昆等市提倡粮食作物之加工与制造,庶小麦可磨成面粉,稻米可制成膨胀米,以利运输而便军用。复次,我国药料生产丰富,积数千年经验所保存之中药,量质俱有足称者,如麻黄一药,一经加以科学的分析,西医即视同珍宝。西南各省(特别四川)药材生产素称丰富,此后宜在重庆、成都等市设立药厂,采用科学方法,详加分析与研究,制成各种药剂,以应战时之需,庶前方将士之裹创扶病者,不致因西药之供给困难而徒唤奈何。第二,供给器械如铜〔钢〕铁军器及化学等工业之举办,虽非一蹴可及,然亦宜早日着手筹备。年来政府对重工业之建设,不遗余力,惜以为时太促,多数厂矿未及开工而敌骑已深入或迫近,遂使机器与人员不得不辗转播迁。此后一方自宜从速将邻近湘、桂、鄂、赣等省之厂矿设备移置西南各省冲要市县,一方更宜选择交通与资源适宜地点,采冶西南各省煤、铁、铜、铅、锌等矿藏,以为工业树必要之基础。至一切工业特别军器工业所必需之动力工业,尤宜于西南各省中择适宜地点如重庆、昆明、贵阳、万县、长寿、东川、富民等处,利用煤藏及天然水力,装置发电之设备。第三,维持交通如制车、制轨及炼油等工业,亦甚重要。西南各省交通,向称闭塞,滇越铁路而外,其他干线如沟通国际路线之川滇及滇缅,贯彻国防要道之湘黔及成渝等铁路,虽早在中央擘划之中,惜抗战突起,未能实施。此后宜设法进行,将迫近战区如浙赣及粤汉等路之设备移用兴修。西南宜林地甚多,几占全面积二分之一,但荒芜已久,迄今童山濯濯,绝少利用。当局宜广辟林区,择宜林要地如成都、毕节、贵阳等区建立锯木厂,庶铺轨用之枕木得源源接济。西南公路,年来兴修甚为积极,以贵阳为中心之四大干线,东可至湘,西可至滇,南可至桂,北可至川。近以军事关系,复有川滇及滇缅两公路线之开辟,闻不日即可通车,此后问题重养路及用路而不重修路。如何而使车辆及车油不断供给,俾现有公路得发挥其最高功用,实为关心国防工业者所煞费筹虑之问题。自制汽车,一时尚不可能,退而求其次,惟有大量制造轻而易举之手推车,在类似驿站制之组织下,尽量利用现有之公路,作运输方面最后之努力。军需急用品,仍用汽车输送,次要者则可利用此项手推车。汽车供给,将日感困难,汽油供给亦然。川省富石油,自宜急谋提取。而汽油代用品如植物油及酒精等之提炼,尤应赶速进行。西南各省,素以产植物油特别桐油著名;同时,可资提炼酒精之玉蜀黍、甘薯及甘蔗等,尤触目皆是,原料供给,当无问题。至成本是否过高,值此抗战期间,自难兼顾,在政府经营或津贴之原则下,当可获得适当之解决。第四,输出国外借以换取外汇购置国内无法自给之军需用品等工业,亟宜设法促进。西南四省矿产如川康之砂金、云南个旧之锡、贵州铜仁省溪八寨之汞,均宜大量开采与冶炼,以为换取外汇之用。其尚未开采者,应由资源委员会火速探勘经营,其已经开采而经营不善者如个旧之锡,亦应仿赣钨及湘锑旧例,由资委会接收管理,庶产销两方得收最高成效。农产品如茶丝、桐油之加工,亟应设法改进,以利外销。至该项农产品加工以前原有之缺点,宜由政府指定生产中心区域,如嘉定、南充之于川丝,雅安、名山及灌县之于川茶,蒙自、思茅之于滇茶,万县、贵阳之于桐油,实施改进,如选种及划一标准等等。

  以上略述国防工业建立之途径。夫经济建设,经纬万端,且其相互之间有密切关系,国防工业,不过其一端耳。必也各个经济部门均已充分发达,然后整个国家经济始克臻于健全。且甲部门之建设成功,往往有赖于乙丙丁诸部门之同时并举,就乙丙丁诸部门分别言之亦然。故欲谋国防工业之树立有成,必须谋国防工业以外之有关经济建设同时并进,而供给原料之农矿林牧,输送原料与成品之交通运输,流动资金之金融机构,殆其尤要者也。农矿林牧之开发,按诸西南各省之经济情形与国防工业原料方面之需要,应注重给养士兵所需之粮食、衣料及药材,供给军用器械所需之煤铁与钢,维持交通工业所需之木材与提炼植物油所需之原料如桐、玉蜀黍、甘薯与甘蔗,及换取外汇之出口品如金、锡、汞、茶、丝、桐油、皮毛、猪鬃等。交通路线之开辟,第一注重铁路与南干线如川滇与滇缅之早日完成,第二注重水陆交通路线之联系,第三注重现有公路利用程度之提高。金融机构之调整,如桂币与滇币之取缔,西南金融网之布置,及法币之稳定与外汇之维持,中央与地方当局均已有适当措施,兹不复赘。

四、结论

  大体言之,西南四省人口繁衍,物产富饶,四川自昔有"天府之国"之称,云南亦富农矿产品,唯贵州比较贫瘠,西康尚待开发。诸省过去以地处边陲及交通不便,外界未及注意,且因政治黑暗,烟毒蔓延,民众受苛捐杂税之剥削与黑祸之摧残,进取精神丧失殆尽,经济建设一无可言。近年来中央当局秉承总理遗志,锐意倡导经济建设,复以军事关系,内地各省亦积极兴建公路。西南省与外界接触之机会于以增多,现代政治经济设施,遂逐渐普及于西南各省。自去年七七抗战以来,战线日广,国土日蹙,西北西南,同为支持抗战之后方,今则西南诸省竟自后方一跃而为前线,地位愈形重要,促进经济建设,以巩固国防,增强实力,更觉刻不容缓矣。

西南经济建设,值此抗战期间,其目的在增强抗战实力,其方针则在求西南诸省之工业化。盖旷观近二百年来世界经济发展之趋势,一国国势之强弱,莫不视其工业化程度之高下以为断也。工业化之要义,在以现代工业所实施之科学技术及大规模组织,普遍引用于一切经济部门中,举凡农矿、交通、贸易、金融、财政等等,均应追随现代工业之后,采取同样之技术与组织,而加以适当之改进或改造。西南经济建设之目标,既在求国防之巩固,而其方针又在求工业化之实施,则在现阶段之过程中,自应以建立国防工业为中心工作,而其他一切经济建设之举办,胥当以促进或协助国防工业之早日完成为鹄的。此项建设,举其要者,约分三端,即(一)促进农矿林牧等业,俾国防工业所必须之原料有所取给而不致中断。(二)建设水陆交通路线,俾不能自给之机器原料或成品而为国防工业所必需者,得由国外源源输入,而换取外汇借以购置上项机器原料与成品之出口物品,亦得由西南源源输出。(三)调整金融制度与机构。庶币制得告统一而法币价格亦得借外汇之维持而更趋稳定。

西南经济建设困难滋多,而国防工业之建立,尤非旦夕可冀,必须假以时日,始有可观之成绩。然凡事困难愈多,则意志愈宜坚强,成功自愈有把握。且自抗战以来,外资竞争失却作用,外货输入已受限制,消极裨补于民族工业之发展者已属不鲜,而战区人口与资金之大量集中向内,金融重心之渐由长江口岸移至内地各埠,更予民族工业之建立以有利条件。此外,国内政治之空前稳定,各党各派之坚强团结,民族意识之普遍觉醒,国际援助之逐日增进,以及政府统制力量之日益加强,更无一不利于工业化之进行,好自为之,必有成功。

原载《新经济》半月刊1938年第1卷第2期

西南工业建设与特种奖励制之创设

陈豹隐

一

西南建设事业的重要性,在目前的段落上,是一个已被大家周知的道理,当然用不着赘说。至于西南的建设程序应该如何,其重点应置于什么样的事业,以及在应该置重的事业当中,其先后缓急又当如何等等,却是极难判断,同时也是极难得多数人意见一致的问题。依作者个人所见,则以为对于第一个问题,从便利、安全、可能、必要种种方面说,都应该主张以川康建设为中心的核心建设论;而反对其他或大或小的核心建设论及后方普遍建设论。其次,对于第二个问题,认为从目前的财力物力人力和目前及最近将来可能的需要说,都应该主张置重于与国防有密接〔切〕关系的事业;而反对其他或大或小的重点建设论及无重点的一般建设论。更次,对于第三问题,则从经济学的原理和事实上的需要着想,认为应该主张先从并急从工业建设着手;而反对其他种类的缓急先后论及不分缓急先后同时进行论(此处所谓工业,当然指广义的,包含新旧工业、矿业、交通业在内的工业而言)。以上关于这几个问题的几句话,作者亦知其太过于简略,未必能够达意;然而,因这些问题不属于本文题目范围之内,不便有更多的说明,所以只在表明西南工业建设六个字的意义,在作者是作如何解释和看法之程度内,姑作极简略的提示,以当本文的前提。

二

假如照上段所述,在今日的西南,实行核心式的、置重于足食足兵的国防建设的,先从工业建设赶急着手建设工作,换句话说,即实行以川康区域为核心的工业建设工作。现在最需要的最感缺乏的是什么?当然不能是资源,因为无论原料资源或动力资源,川康区域虽不能谓为充足,亦不能谓为缺乏。当然也不能是劳力,因为目前人工虽逐渐变贵,然大抵出于物价之高涨和兵役制之厉行,而并非本质的缺乏使然。对于这问题的可能的答复有四个:第一是说资本缺乏;第二是说技术缺乏;第三是说生产工具缺乏;第四是说计划缺乏。但从实际上细察,真正最缺乏的还是资本。因为只要有充分的资本,论道理是不愁不能招致或养成技术人才的;生产工具在运输虽有困难,但只要资本充足,亦不患不能克服。至于计划,当然更会随资本的聚积而自然出现的,何况事实上我们也尝看见许多技术人才抚髀兴欷,和许多经济建设计划束置高阁,同时还看见少数生产工具仍能自国外运回,何况所谓工业建设不一定都用外国器材?作者敢大胆说一句:年来各方面提倡西南建设尤其工业建设,而真正实际的建设仍迟迟未能发展者,其主因在于资本之缺乏。这不但为许多想从事工业建设者所同声忧叹,而且为一些已从事工业建设者所终日忧虑,不但私营工业如此,就是国营或公营工业也是如此。

三

在西南工业建设上,感觉资本缺乏,这是事实。但这一事实并不能就等于中国没有可供工业资本之用的充分资金。因为工业建设资本之有无,和中国有无充分资金,在理论上原是两件不同的事。事实上,不是有大量资金在发挥商业投机资本的作用,正做着囤积居奇甚至走私营利的事业吗?不是风传中国人在港沪的游资总数达30万万元(敌人杂志《经济学家》且谓约达55万万元)吗?所以可以说,中国虽感觉工业建设资本之缺乏,然中国并不缺乏可供工业建设之用的资金。本来,一国可取以供工业建设之用的资金,可以分为(1)国有资金;(2)公有资金;(3)民间资金;(4)外资四种。但在目前对日抗战将满三年,欧战范围日益扩大的状况下,姑假定(1)(2)及(4)俱已无多大运用余地罢,单拿(3)来说,合商业银行存款,港沪游资的内移,华侨内汇资金和民间躲藏资金等等计之,其总额当可奠定西南核心的工业建设基础而有余,问题只在有无善法招致民间资金到西南来充工业资本。

四

政府及社会各方面,在过去也曾设种种方法招致民间资金到西南来从事工业建设,但成绩不大昭著。关于这种成效不佳,自可分析出种种原因,如像有资金者观望抗战形势,招致者方面之未尽最大努力,愚昧者之企图资金外逃,奸黠者之趁机作商业的渔利居奇等等。但是,如依经济学眼光观之,根本原因当在主持西南工业建设者未能充分认识西南工业建设之特性,及未能充分适应此种特殊性而规定特殊奖励制度。作者亦知西南尤其他的川康区域并不缺乏工业必需的原料、动力、人力、交通路等等,然而同时却认为工业建设的必要条件虽然存在,但并不优厚。故拿它当做抗战建国时培养国力的根据地,虽然十分恰当,而拿它当做抗战建国时期终了后的自由投资地区看,则要发生种种的不利:它的原料不能比其他地区好,它的动力不能比其他地区富,它的生产工具会比其他地区多花成本,它的人工会比北方地区贵,它的运销费用会比交通便利地区多。有此种种不利,所以在这地方的工业建设,必然要带一个特性:它必须特别被奖励,被保护,而不能与其他地方等量齐观,如置于国内的自由竞争的地位,它必然不能成功,即成功也只能是昙花一现。关于这个特性,眼前有一个极其明显、极其确切的实例——制盐工业。假使四川制盐工业从数十年前起没有引举制的特别保护,恐怕盐场早已全荒,而这次的长期抗战也有一半不可能了!大家不要忘记:资本是向着安全而有利的方向走的,如果想叫它向它认为不安全而又不顶有利的方向去,就得加以人为的奖励保护,以保障其安全而提高其利润。

五

那末,为完成西南工业建设,应该有如何的特殊的奖励制度呢?是否只需有特种奖励制便可足用,而不须要普遍的保护制度呢？政府现在行了什么样的奖励保护制呢？先从后一问题答复罢。据作者所知,政府对于西南工业建设,在事实上已经陆续实行了保股、保息、免税、减税、担保贷款、直接贷款、补助金、奖励金、低利兵险等等制度,在表面上,似乎已尽奖励保护之能事；但是,在事实上,还只是一些普通的奖励保护,而不是针对上述西南工业建设的特性而行的奖励保护。因此,它虽能引诱一些想谋一时利润的资本来从事工业建设,而不能招致大量的企图长治久安基业的资本来作伟大的工业建设。换句话说,这些奖励保护只带有抗战性,未带有建国性,它只能应付一时的需要,不能完成建设国防根据地的建国工作。如果要想完成西南的工业建设,以达抗战建国的两重目的,必须于此种普通的奖励保护之外(注意,作者并未主张不行此种普通的奖励保护,因为如上述这也有一时的效果),实行针对西南工业建设的特性,创设特种奖励制三种：

第一,特种长期奖励金制　这是对于一般工业建设的奖励金,其金额一方面依投资之大小而递加,另一方面依成立期间之加长而累进,并规定在预先陈报的继续年间(例如 10 年)以前停业时,得追回其已领之全部奖励金。

第二,特种长期专利制　这是对于资金回收及移转特别困难之矿业、化学工业、重工业等之奖励保护制,其专利区域虽不必过广,然专利期间则不妨放长；但另一方面,在专利特权的反面,必须使其负担每年生产若干定额之义务。

第三,特种长期包销产品制　这是对于与军需品有密切关系的特种物品之制造工业之奖励保护制,由政府约定长期包销其生产总额之若干成。但在此种特权之反面,亦须规定其每年最少生产额之义务。这样,资本有了长期保障,它才能在比较不利于自由竞争的环境中,放胆而安心地去从事工业建设。

原载《西南实业通讯》1940 年第 2 卷第 1 期

西南经济建设与农业推广

乔启明

抗战发动,国府迁川,全国人力财力因亦随之转移后方,曩日经济精华荟萃于东南沿海各省者,今则建立重心于西南,西南各省已成抗战建国民族复兴之根据地。是以西南经济建设之成败得失,非仅关系于一隅,抑且影响于全国。所指西南各省,固乏一定范围,然其主要者当为川、康、滇、黔、桂等省。凡此诸省,地区广大,土壤膏腴,蕴藏丰厚,遍地资源,而四川古称天府,尤属富饶,徒以地处僻远,交通不便,抗战以前,坐使货弃于地,未遑开发。年来情势变易,建设后方成为举国一致之要求,朝野各方无不殚思竭虑,急起直追,新兴事业,蓬勃迈进,气象热烈,得未曾有。顾经济建设万绪千端,欲求深立基础,发挥宏效,必须详察实况,周密计划,而方针之确定,俾得统筹进行,蕲求实效,尤不可缓。今日政府经济设施,农业工业同时并重,已成定策,农业工业分工合作,相辅相成,盖自原料生产以至货品制造,原为整个生产经济之过程,初不应自为割裂,守偏执一;惟吾人默念主观条件,放大眼光,瞻之在远,则建设西南犹不得不于农业建设方面特别致意,加紧努力普遍发展,借作永久之计者,此其故非仅以农业立场作论,于工业与经济建设之前途更有不可忽者:第一,西南各省一如我国其他各省,农业为主,工业幼稚,农业则基础粗具,凭借深广,积极扩展,收效较速,希望无穷,而工业则须从头做起,艰苦创造,需有相当时间,殆非短期所克告成。第二,工业经营,端赖有充分适用原料之供给,若无农业之支持则仍无由发展。试以棉花为例,战前国内工业中之最发达者当推纺织,而纱厂所需棉花,恒自美印购用,国内棉区非不广也,惟以农业未经改良,致使产量不敷,品质不合,难应纱厂之需求。及至全国经济委员会棉业统制委员会成立后,中央与产棉各省分别设立棉产改进所，力谋改良，多方推广，不数年而质量大增，自给以外，且能外销。战后纱厂迁川者甚多，而川省向少产棉，原棉恐慌相当严重。故棉种推广，棉区开辟，乃成川省农业改进之一中心事业。年来川省试种美棉成绩甚优，据估计推广面积已达 40 余万亩，可收皮花 16 万担以上，此则农业对工业之贡献也。他如植物油、酒精、蔗糖、面粉等生产制造以及交通建设亦无不需赖油菜、油桐、甘蔗、小麦以至森林等质量之增进与改良有以促进。第三，我国外销货品以农产品为大宗，如桐油、蚕丝、茶叶、羊毛、皮革、肠衣、猪鬃、蛋产品等，西南各省皆有大量出产，如能继续精进，发展犹无限量。桐油为我国特产，战前输出总值达 9 000 万元，在贸易数值中可谓首屈一指，而川省产量年达 60 万担以上，总值近 2 500 余万元。黔桂等省皆多栽植，云南多山，气候亦适于桐树生长。蚕丝方面，以川省言，二十七年春丝所产约为 17 000 担，同年秋丝约为 2 000 担，据费达生氏估计，如春蚕改育优良之改良种，可增产 5 000 担，秋丝产量如能尽量饲育秋蚕，可及春丝半数，如此全年即可产丝 30 000 担。滇省环境气候极适养蚕，该省计划五年之内植桑 30 000 万株，今后事业方兴未艾。黔省桐梓、正安、绥阳、湄潭等县盛产柞蚕，往年最盛之时，绸丝所出，岁值七八百万两之谱。茶叶亦为我国主要特产，输出最多时达 360 余万担，西南各省无不适于茶树生长，中以四川产量为最多，年约 20 万担，云南约 8 万担，西康约 6 万担，黔桂两省各有 1 万担。畜产品中如西康羊毛与川黔猪鬃，二十七年黑白猪鬃及羊皮等出口仅四川及邻省产品集中重庆运往香港出口者，总值即达国币 3 000 万元。第四，经济建设之原则，抗战建国纲领中已有明白规定，即应以军事为中心，同时注意改善人民生活，最要者当莫过于粮食之自足自给。盖粮食生产关系于军糈民食，而农产发达，固直接促进农民生活之改善。西南各省中川、滇、桂、黔诸省稻米方面皆为自足米区，战时后方人口增多，而战区广阔，耕地面积缩减，增进后方粮食生产，不容或缓，而西南各省中增产可能性则甚大。纵令水稻面积限于水利，难以大增，惟冬季小麦杂粮之增加仍富希望，如广西于二十七年秋季，一季稻之冬闲田增加小麦 23 万许，黔省遵义等 10 县冬闲地面积，据该省农业改进所普查结果，即占各该县总耕地面积 60% 以上。第五，抑更有进者，此次抗战范围之广，破坏之大，殆为我国有史以来所仅见，现敌势已穷，胜利在望，吾人绸缪未雨，则战后复兴实至艰巨。所有战后农村复兴之资源，若夫耕牛、种子等等在在需要及时培养，早期准备。此则西南各省尤为理想地域,所不能推辞之责任也。综此五端,农业建设在西南各省整个经济建设中地位之重要影响之深远,可以觇其概略矣。

夫农业建设方面甚广,轻重缓急,自亦不能不办。丁此抗战时期,一切须以适应抗战之需要为原则,一方面力谋实现上列各项目标,一方面为求发挥卓效,则范围须求其普遍,力量须求其深入,效果须求其速见,而费用则应求其减低,此固不易臻致,惟途径则非发展农业推广末由。盖农业推广之目标,不外三点,即增加农业生产,发展农村经济与改善农民生活。而其方法则在深入乡村,组训农民,使农业研究之结果与材料以及农业教育培养训练之人才,皆能充分得其应用,有所贡献也。

抗战以来,政府对此甚为重视。二十七年夏首于行政院下成立农产促进委员会,负责统筹全国农业推广事业,次则力求各有关机关密切联系,以图贯彻农业建设之效能。中央农业机关,行政方面过去有经济部农林司,现更增强机构,提高权责,扩大规模,于本年七月一日成立农林部,综揽全局。农业金融方面,除中国农民银行与经济部农本局外,今则有四行联合总处农业金融处统一主持;农业技术方面,有中央农业实验所,分工协进,共图有成。西南地位重要,自成农业建设之中心地区,如中农所设置之各省工作站,总共5处,而川、黔、滇、桂计占其4,扩大农贷计划贷款4万万元,川省达1万万,竟占四分之一,于此一端不难洞见。

西南各省中,农业建设规模最大,人才最多,事业最发达之区,首为四川。自省政统一以后,先后设立家畜保育所、蚕丝试验场、稻麦改进所、棉作试验场、甘蔗试验场、第一林场、农林植物病虫害防治所、园艺试验场及峨山林业试验场等9农事机关,二十七年九月为集中力量调整机构,归并各机关成立农业改进所,从而改进农林管理方法,发挥农业技术效能,运用农村经济组织,健全农业推广机构。关于农业推广方面,与实验同等重视,于二十七年冬成立农业推广委员会,并另联合合作、金融、教育等与农业有关机关组织农业推广协进会,各县普设农业推广所,二十八年成立者达65县,近又增设7县,共为72县,省县之间为加强联系,树立督导制度,已成立督导区9区。所有事业计划,以蚕丝、棉业、食粮、畜产、果木为经,以防治病虫、增进地力、改良农具、加工制造为纬,目的在增加产量,改进品质,减低生产成本,提高农民收入。该所本年经费达800万元之巨,宜乎为西南经济建设之重心也。

贵州省自吴主席秉政以来,积极推进经济建设,不遗余力。农业建设方面,于二十七年四月由省政府与经济部合办农业改进所,内分农艺、森林、畜牧兽医三系及柞蚕、农业经济、农业工程研究、植物病虫害研究等室,并有贵阳农艺试验场、罗甸种苗繁殖场、施秉植棉试验场、第一第二两造林场、柞蚕实验地及柞蚕指导区、马车制造厂等。最近复于本年八月九日成立农业推广委员会,发展推广事业,虽限于人力财力物力未能大规模推进,惟如倡导冬耕,扩种小麦油菜,推广柞蚕,对于粮食增进,特产增加,已具优良成绩。

广西省农林设施已有多年历史,抗战以后,益趋努力,于二十七年二月特在省府成立农业管理处,主办全省农林行政及技术设施事宜,计分农务、林务、畜牧兽医、垦殖水利、农村经济五组,另设农业督导室,统筹农业推广事宜。年来主要工作,农务部分如增加水稻、小麦、玉蜀黍、棉花、麻类等生产,防治病虫害,增加肥料供给,推行冬季作物栽培,改良农具等项目;林务部分如整理省有林,推广公私有林,增加油桐油茶生产,实施河岸、石山、公路两旁、铁路沿线造林等;渔牧部分如改进猪牛生产、防治兽疫等。其中最有成绩者,为水稻良种推广,小麦棉花栽培面积扩充,稻苞虫防治,油桐推广,荒地清理,发放农田水利工程修建等。农业督导室主持全省农业推广督导工作,划全省为六个农业督导区,另就稻作、麦作、棉作、肥料、虫害、病害等六项各设专业督导若干人,各县普设农业管理处,亦以农业推广为中心任务,近为调整机构,县农管处闻已改为农政科。该省以省政当局对于农业推广甚为重视,各级机构复又健全树立,技术人才及设备、经费亦均相当充实,因之收效亦大也。

云南省地处高原,兼有温寒热三带气候,天时地利皆极宜于农业之发展,棉、麻、蚕丝、稻、麦、茶、蔗、桐油、畜牧、森林及重要药材如金鸡纳等,莫不有丰富之出产。该省农业行政由建设厅主持,农林机关计有稻麦改进所、畜产改进所、蚕丝改进所及棉场农场等,惟以经费太少,事业不易推动,蚕桑推广方面得农产促进委员会之补助,经蚕桑改进所努力经营,二十八年推广蚕种18 915张,计产生丝140石,本年推广春秋蚕27 000张,推广实生苗395 600株,预计共产鲜茧2 460担。他如木棉推广,亦为极有希望之事业。

西康僻处边陲,富藏资源,宁属农业,康属畜牧,弥值提倡,该省农业改进所于二十八年十一月成立,并于西昌特设省立农场,以增加稻产,发展棉花蚕桑为中心工作。棉花方面年来推广美棉,颇收成效。他如广东省目前全力推广稻作与大规模实施造林,该省向感粮食不敷,珠江三角洲沦为战区,情形更趋严重,省当局于二十八年十一月成立稻作改进所,专负改进稻作增加米粮之责,农林局推广课亦以协助稻作推广为主,期于五年能普遍全省,臻于自给也。

　　西南各省农业改进对于整个经济建设之重要性与夫各该省当局努力农业设施之经过情形及成绩既如前述,就各省现状言,进步之速,成就之大,诚有可观,惟距吾人理想之目标悬殊仍远,今后努力途径,有须更进一步把握,藉求发扬光大者:其一,整个农林建设计划之确立。首须对于目前工作加以周详缜密之检讨,何者应兴,何者应革,如何合理有效利用现有力量,以求贯彻农林建设远大之方针,如何配合工业需要平行发展,一方面对于农业推广机构适当调整,使更健全而充实,一方面把握中心,对于基本主要之事业先奠规模,全力促进,此则决非枝节应付所克为力,而整个正确之计划乃不可少也。其二,为增加改良农业之效率,奠定事业发展之基础,余以为宜宽筹经费,尽先办理五事:(一)大量繁殖优良种子,以资增加全国作物产额;(二)兴办血清厂,以备普遍推行兽医防疫;(三)兴办农具厂,以备改良农事耕作方法;(四)创立病虫害药剂厂,以便普遍防治全国农作物病虫害;(五)创办肥料制造厂,借以改良土壤,促进产量。其三,运用金融力量,力谋农业金融与农业生产密切之联系,金融为事业之动脉,大规模发展农业,必须依赖农业金融适当合理之运用,故需针对农业生产之特质与需要,建立完善之农业金融制度,目前扩大农贷之机构与方式虽已较前大有进步,然终为过渡之设施耳。其四,动员农民。余尝深感农业建设之成败,根本所系在于农民之能否自觉,有无组织。果农民散漫无知,对农业建设无信心,不赞助,则任何计划绝无所成。唯农民为农业建设之主人,故组训农民应为第一义。西南各省之农民无不勤苦坚忍,富创造之能力,信为西南农业建设成功之保障,所缺者,农民组织尚未能普遍建立与健全。根据个人多年研究与经验,组织农民最有效之方式莫若农会,近幸政府社会对于农会倡导扶植,已甚重视,所望能随西南经济建设之推进而有更大开展也。

原载《西南实业通讯》1940 年第 2 卷第 5 期

西南煤田之分布与工业中心

黄汲清

一、建设新西南

卢沟桥事变以前,我们把重要的工厂,重要的交通网,和其他一切重要的建设事业,都放在上海、南京、广州,以及其他的沿海地带。一年又半的抗战,才使我们深深的觉悟,这种漫无计划的建设的错误。我们有一个强暴的敌人,我们没有海军,沿海地带随时都可以被它占领,就是我们的建设事业随时都可以被它破坏。我们现在才知道,要准备长期的抗战——这个期间也许是 10 年、也许是 50 年,因为即便这一次的战争因欧美各国的干涉而结束,第二次的战争早迟还是不能免的——我们建设事业应该放在后方,放在西北或放在西南。大家都承认西北的物力不如西南,并且西南比西北易于防守,西南的绵亘不断的山脉是天险,西北则不然,黄河是容易渡过的,而由包头到宁夏和兰州是并没有天然的阻碍的。所以我们主张建国应该在西南。

普通所谓西南并没有一定的地理学上的意义。我们现在不妨分别一个"大西南"和一个"小西南"。小西南就是川、滇、黔三省,再加上西康和西藏东部的地方。从地理的眼光看来,小西南的范围,北面有岷山山地和青海草原分界,有巴山山脉和汉江流域分界,有名的阴平道和南栈道即在其间,这是天然的长城。东南的三峡是"不可侵入的",湘西的武陵山和雪峰山也是天然的屏蔽。南面广西的石灰岩山地,从广西的东北延展到广西的西南,而云南南部的万山错杂,就是从安南进攻也是极困难的。大西南除包括小西南在内,尚有广西、湖南、湖北和陕南汉中区域,北面的终南山、伏牛山、大别山,东面的幕阜山、九岭山、武功山、万洋山和南岭山脉,都是很容易防守的。我们相信,只要没有洪承畴、吴三桂,小西南是绝对可以防守的。大西南的防守就比较困难,目前的抗战形势就是好例;我们应该要建筑南阳武胜关,马当湖口武穴和钦州湾三个马卿诺防线,来保卫我们的大西南。在不得已的时候我们只好忍痛放弃沿海各省和华北,但大西南是不能放弃的,小西南尤其绝对不能放弃。大西南是中华民族的生命线,小西南尤其是我们的生命线。我们要倚靠我们的西南,来恢复我们的沿海、华北和东四省。

在我们的西南里面,我们要计划我们的建设。我们首先要建设各种工业,尤其是国防工业,和联系各种工业的交通事业。我们要使"西南自足"和"西南自给"。我们不妨分别轻重缓急,把各种国防工业分配在适当的几个地方尤其要分配在小西南的几个地方。

二、煤和工业

可怜的很,西南各省的工业,只能勉强说是"尚在萌芽"。这种可痛的现象发生的原因,一方面固然由于交通不便,但是一方面由于人谋之不臧。我们现在既口口声声叫"抗战建国",我们建国的方法,第一要紧的就是要建立西南的工业。我们在西南应该建立的工业有下面几种:

(甲)采矿工业;

(乙)冶金工业;

(丙)机械及电机制造工业(包括铁路材料、汽车等);

(丁)化学工业(包括制糖、酿造等);

(戊)纺织工业(包括制丝等);

(己)其他工业(例如造纸、锯木、制烟、制茶等)。

煤在工业上所占的地位是大家知道的。煤之所以重要不外(一)供给原动力,(二)充任还原剂。就第一点看来,不但许多工厂和发电厂的蒸汽锅炉,需要大量的烟煤来燃烧,就是维持交通命脉的火车和轮船,大多数也离了煤不能行动。就第二点看来,冶金工业不可少的焦炭是用烟煤炼成的,还有制碱和制水泥等化学工业也是没有煤不行。所以煤,尤其是烟煤,已成为工业上决不可少的原料。无疑的,在西南各省,尤其在四川,在云南,在贵州,水力的储藏量是很大的,水力自然可以代替蒸汽锅炉,不过我们要知道大规模的水力发电需要巨大的款子和长时间的准备，况且究竟电力没有煤炭来得活动，所以最近将来，至少在最近的四分之一世纪里面，西南的水力恐尚难十分发达，就是说，工业上能力的供给，大部还是要靠煤炭；此外冶金工业仍旧要用煤来炼焦的。

由上面看来，我们在建立西南工业的时候，首先要解决的问题就是烟煤的供给。若是没有储量丰富的烟煤田，我们许多的工业计划，都只能当做纸上谈兵无法实现的。相反的，若是西南的某一地方有广大的烟煤田，那个地方的工业就很容易蒸蒸日上。世界上有不少的实例，足以证明煤田分布和工业的密切关系，例如，因为有维斯法冷的烟煤田，所以德国鲁尔区的重工业日进不已；因为有英格兰中部的烟煤田，所以英国满却斯特和利物浦的工业异常发达；因为有阿伯拉轻山西部的烟煤田，所以美国皮次堡的钢铁事业盛极一时。中国自然还没有鲁尔、满却斯特或皮次堡，开平煤田之开发至今已有数十年，也不过养成唐山的铁路工厂、水泥厂和塘沽的碱厂，可见工业中心建立之不容易。我们现在看看我们的西南，看看它的烟煤田的分布怎样，它的工业和工业中心应该是怎样的计划和建立。

三、西南的烟煤田

我们首先要明了工业上需用的烟煤为量甚多，所以在讨论这问题的时候，我们只能注意到大量的，至少有相当储量的烟煤田，储量不过一二百万吨的煤田不在讨论之列。还有煤田的位置和交通也是非常之重要，纵有良好的烟煤田，若是生长在大巴山的腹心或西藏高原上，我们也无法加以开发。

为方便计，我们把小西南的煤田，和大西南前卫的煤田分别讨论。小西南就是川、滇、黔、康；大西南前卫包括广西、湖南、湖北和汉中。

西南各省的重要烟煤田

（甲）大西南前卫

煤田名称	省份县份	地质时代	储量（兆公吨）	能炼焦否	交通情形
归州煤田	湖北秭归兴山	侏罗纪	23		靠近扬子江
漳水煤田	湖北南漳当阳	侏罗纪	56		交通不便
炭山湾煤田	湖北阳新	二叠纪	4		船运尚便

续表

煤田名称	省份县份	地质时代	储量（兆公吨）	能炼焦否	交通情形
湘东煤田	湖南东部		94		
安源高坑	江西萍乡	侏罗纪	15	炼焦甚好	靠近湘赣铁路
石门口	湖南醴陵	侏罗纪	4		靠近湘赣铁路
谭家山	湖南湘潭	二叠纪	24	炼焦甚好	离湘江及粤汉铁路不远
葛家大山	湖南湘潭	二叠纪	24		靠近涟水下游
清溪冲	湖南宁乡	二叠纪	27		离铁路约百里
湘中煤田	湖南中部		246		
洪山殿	湖南湘乡	二叠纪	50		离湘黔铁路不远
湖坪	湖南湘乡	二叠纪	8		离湘黔铁路不远
凤冠山	湖南湘乡	二叠纪	4	能	离湘黔铁路不远
壶天恩口	湖南湘乡	二叠纪	28	能	
观山	湖南湘乡	二叠纪	6	能	离湘黔铁路甚近
宝和堂	湖南邵阳	二叠纪	126		交通不便
牛马司	湖南邵阳	二叠纪	8		交通不便
晏家铺	湖南新化	二叠纪	6		交通不便
桥头河	湖南安化	二叠纪	10		离湘黔铁路不远
湘南煤田（一）	湖南南部		96		
资兴	湖南资兴	侏罗纪	78	能	离粤汉铁路约50里
杨梅山	湖南宜章	侏罗纪	5	能	离粤汉铁路数十里
狗牙洞	湖南宜章	侏罗纪	13	能	离粤汉铁路尚远
湘南煤田（二）	湘江上游		6		
观音滩	湖南祁阳	侏罗纪	2		靠近湘江
易家桥	湖南零陵	侏罗纪	2		靠近湘桂铁路
同乐堂	湖南零陵	侏罗纪	2		靠近湘桂铁路

（乙）小西南

煤田名称	省份县份	地质时代	储量（兆公吨）	能炼焦否	交通情形
江东煤田	四川东部		49		

续表

煤田名称	省份县份	地质时代	储量（兆公吨）	能炼焦否	交通情形
江北	万县开县等	侏罗纪	19		大部交通不便
江南	丰都、忠县、云阳等	侏罗纪	30		大部交通不便
嘉陵江煤田	嘉陵江流域	侏罗纪	491		
沥鼻峡	四川巴县	侏罗纪	34	能	靠近嘉陵江
温塘峡	江北江津	侏罗纪	31	能	靠近嘉陵江
观音峡	长寿合川	二叠纪	392	能	靠近嘉陵江
观音峡	璧山等县	侏罗纪	14	能	靠近嘉陵江
龙王洞		侏罗纪	6	能	离嘉陵江不远
铜锣峡		侏罗纪	4		靠近扬子江
明月峡		侏罗纪	10		靠近扬子江
永川隆昌煤田	四川永川荣昌隆昌等县	侏罗纪	200	能	交通不便
南川煤田（万盛场之部）	四川南川	二叠纪	33	能	交通不便
威远煤田（威远之部）	四川威远荣县	侏罗纪	27	能	交通不便
岷江下游			176（?）		
黄丹	四川屏山	侏罗纪	31		靠近马边河
石磷	四川犍为	侏罗纪	?	能	离岷江不远
岷江上游			19		
大邑	四川大邑	侏罗纪	14	能	交通不便
彭县	四川彭县	侏罗纪	4	能	交通不便
灌县	四川灌县	侏罗纪	1	能	交通不便
宣威煤田	云南宣威	二叠纪	36		
观音堂	云南宣威		28		交通不便
打锁坡	云南宣威		18	能	交通不便
宜良煤田（可保村）	云南宜良	石炭纪	17		
石灰窑万寿山			14	能	靠近滇越铁路

续表

煤田名称	省份县份	地质时代	储量（兆公吨）	能炼焦否	交通情形
老鸦洞海把坑			3	能	离滇越铁路不远
乌格煤田	云南开远	二叠纪	7		一部靠近滇越路
圭山煤田	云南泸西路南	二叠纪	35	能	离滇越铁路尚远
宾川祥云	云南宾川祥云	二叠纪	62		交通不便
贵阳煤田			39		
常柞煤田	贵州贵阳	二叠纪	22		交通不便
札佐煤田	贵州修文	二叠纪	17		交通不便
轿子山煤田	贵州安顺	二叠纪	10		交通不便

由上面两个表看来，大西南前卫的烟煤田都集中在湖南，尤其以湘东煤田和湘中煤田为最重要。湘东烟煤田储量为94兆公吨，大半都能炼焦，大部分交通甚便，实在是大西南前卫里最重要的煤田。湘中煤田储量更大，约为246兆公吨，一部分能炼焦，可惜交通不大便利，并且邵阳一带的煤田尚未经详细查勘，储量的估计不能就算得很可靠，不过湘黔铁路通车后，湘中煤田的重要性无疑的要大大加增。小西南的主要烟煤田都在四川和云南两省，贵州虽然也有不少的烟煤田，因为交通太不方便，无法利用。四川的烟煤田自以嘉陵江、岷江下游和南川三个区域为最重要，三个区域的煤一部分都能炼焦，就交通的便利来说，嘉陵江煤田算是第一，岷江下游煤田次之。云南的烟煤田，就目前情形看来，以宜良煤田为最重要，川滇铁路筑成后，宣威煤田的重要性或者还要超过宜良煤田，圭山煤田若能由滇越铁路筑一支线加以开发，前途也是很有希望的。

四、西南的工业中心

煤和铁是建设工业最重要的原料，所以在讨论工业中心问题以前，我们应该看看西南的铁矿分布的情形。一般的说来，西南的铁矿分布不广，量亦不甚多。大西南前卫里面有工业价值的铁矿只限于西南区域，一是湖北的大冶鄂城，一是湖南中部的宁乡。大冶铁矿，品质优良，储量丰富（27兆公吨），极易开采，交通也很方便，是南中国最好的铁矿。大冶附近的鄂城县（储量约10兆公吨）和鄂城境内的灵乡地方（储量5兆公吨），都有很好的铁矿。合计大冶鄂城区里有上等铁矿约42兆公吨，这真是我国头等重要的宝藏！湖南的宁乡产水成铁矿，矿质也还不劣，储量约在10兆公吨以上。可惜铁矿层很薄，并且很不规则，交通也很不方便。小西南的铁矿，就现在所知道的，有四川綦江铁矿，西康泸沽铁矿和云南中部的铁矿（易门、昆阳、峨山等县），有注意之价值。綦江铁矿的品质还好，矿量据说有12兆公吨，这数字也许过于乐观，并且矿层也是太薄，不易开采。泸沽的铁矿品质很好，储量27兆公吨，可称中国西南部第二大铁矿，可惜交通万分困难，最近的将来很难利用。云南易门峨山等地的铁矿似乎分布很广，究竟有没有经济上的价值，正由专家研究中。

煤田和铁矿的分布说明了，我们再看工业中心，研究应该建立在什么地方。很显然的，理想的工业中心应该靠近一个煤铁矿藏都很丰富，交通也很便利的地方。实在的情形是：大冶鄂城铁矿区的邻近没有很大的煤田，湘东煤田的邻近又没有好的铁矿，只有湘中煤田和宁乡铁矿相距不远，不过两处的交通都不便，并且宁乡铁矿还是一个很难开的矿。我们的意见以为，大西南前卫里面只有两个可能的工业区：第一个工业区要用大冶鄂城的铁和湘东的煤，第二个工业区要用宁乡的铁和湘中的煤。照普通原则，应该运铁就煤，不应该运煤就铁，况且大冶铁矿离武穴防线太近，比较上很容易感受敌人的威胁，所以我们主张在湘东湘潭株洲一带建立冶铁工业和其他国防工业，铁矿取之于大冶鄂城，石灰岩、锰矿、白云石等取之于附近各地。湘中工业区因为离湘东工业区太近，在最近的将来似乎没有成立之必要，我们只宜在那儿作准备工作。万一大冶铁矿受威胁时，我们就可以拿宁乡铁矿去代替。不过有一点应特别注意的，高坑和谭家山的炼焦煤储量，虽然说有39兆公吨，但这已是很乐观的估计，加以采矿时的损失，所以高坑谭家山两处可采的煤，实际上恐不过30兆公吨，这个数目已经不算多，而大冶鄂城的铁矿储量总共有40兆公吨，可见铁矿量多于炼焦煤量，我们对湘东的炼焦煤应该实行"保护政策"，就是只准作炼冶金焦之用，不准作燃料之用，否则将来难免感受有铁没有煤的痛苦，至于一般的工业燃料，有清溪冲、葛家大山、洪山殿等煤田供给，已绰有余裕，我们用不着起恐慌的（无烟煤也可以炼铁，湘南耒阳永兴一带有很大的无烟煤田,所以湘东和湘中的炼煤万一不够,我们还是有办法的,不过无烟煤炼铁的方法究竟还没有普遍,湘南煤田的距离也太远,所以我们仍旧还要靠湘东的烟煤)。

小西南除泸沽之外,没有好的铁矿(也许还没有发见),这是最不幸的事,所以綦江铁矿简直成了"天之骄子"!我们应该积极开发綦江铁矿,应该利用南川的煤来炼綦江的铁。南川煤田范围很广,只万盛场一区就有33兆公吨的焦煤,再加上陈家场等区,煤量是很够多的,虽然煤的硫质过高,这不是不能设法洗去的。还有一种办法就是用嘉陵江区的煤来炼焦,这区的煤量更丰富,并且侏罗纪的煤硫质很低,较适合于冶金焦的制炼。我们的意见,如果用南川的煤炼綦江的铁,钢铁厂址应该设在万盛场煤田附近(李贤诚君主张设在三溪镇),如果用嘉陵江的煤炼铁,厂址应该设在扬子江边,究竟怎样才合经济原理,似乎有详加考虑的必要。丁文江先生主张:要从经济上发展西南,第一步应该修筑川广铁路(重庆至广州湾),我们以为这种主张,不但现在仍然适用,而且应当促其实现,不过广州湾似乎应该改为钦州湾。我们虽然不能建立强大的海军,我们最低限度似乎可以建立一个足以保守钦州湾和扬子江水道的海军,我们有了这海军,我们的钦州湾可以不怕敌人的袭击,就是我们西南的直接海口可以保持,换句话说,我们不要因为怕敌人的袭击就不修川广铁路。川广铁路自然要从重庆顺綦江河而上,这路完成后,南川的煤田和綦江的铁矿都相隔很近,交通自然便利起来。所以为开发煤铁矿我们要修筑重庆綦江的铁路,为开发西南我们也要修筑这条铁路——川广铁路之一部,铁路一通,不但煤铁容易开发,綦南两地和外面的交通也便利了。所以我们主张最好把钢铁厂放在万盛场煤田附近,并且要修筑重庆和钢铁厂间的铁路。其他的工厂不必和钢铁厂在一起,不妨设立在重庆或附近的扬子江边,他们所需用的钢铁,用铁路运输到江边,这比把煤炭和铁矿一同运到江边去炼铁的办法,实在要经济得多。总括一句,我们应该建立重庆綦江间的工业区,最重要的冶铁工业应该放在万盛场煤田附近,其他的工业不妨放在扬子江边。但是有一先决问题:綦江铁矿的储量应该彻底的知道,南川煤的硫质也要设法除去,使他〔它〕能够炼冶金焦。

我们有了湘东工业区和川南工业区似乎已经可以自豪了,不过我们仍旧怕湘东容易受敌人的威胁,我们并且怕綦江的铁矿储量太少,不值得大规模的开采,所以我们要"狡兔三窟",要找第三个煤铁中心。就地理环境看来,云南自成一个区域,并且交通也比较方便,我们的第三工业区,无疑的应当在那儿去建立。我们已经知道,云南东部有宣威、宜良、圭山三个大烟煤田,所以煤的供给似乎不成问题,可惜这三个煤田的附近,甚至于云南的全省,都还没有找到丰富的铁矿!最近有人在易门看见较好的铁矿,我们希望他在质量方面,至少要不亚于綦江铁矿,那末,我们在云南的钢铁工业和他种重工业才能够建立起来。万一不幸,经过详细的地质调查后,云南还是没有好铁矿,我们只好在西康方面想法子。西康的泸沽铁矿,质和量无论如何都比綦江铁矿好得多,交通虽然十分困难,我们为了要开发这小西南惟一的大铁矿,似乎也值得特别造一条铁路,把矿区和四川西部或云南东部的煤田联接起来。

我们还想到四川的物产太丰富了,土地太辽阔了,仅仅有一个重庆綦江工业区是不够发展整个的四川的,所以我们主张在四川应有第二工业区。嘉定五通桥一带,水路交通便利,黄丹和石磷两煤田储量丰富,实在有当选为第二工业区的资格。在那儿我们虽然不能成立钢铁工业,我们可以发展造纸工业、制丝工业、纺织工业、锯木工业、制盐和制碱工业。我们不妨修筑自流井到嘉定的铁路,把自流井的制盐,煤气和可能的产油区和嘉定工业区打成一片,造成一个川西南——嘉定五通桥自流井——大工业区,将来大渡河水力发电工程完成时,这个工业区的前途更是无限量的。

五、建议

在上面我们已经把建设新西南的重要性和建设新西南时所最不可缺少的天然富源——煤尤其是烟煤——加以充分的叙述和讨论,现在我们应当向我们政府和执政诸公作下面的建议,作为这篇文章的结论。

(甲)有关军事的建议:

(一)充实小西南的防卫,要使敌人绝对不能进攻。

(二)详密的计划大西南的防卫,设置南阳武胜关(伏牛山与大别山间)、马当湖口武穴(淮扬山与幕阜山间)、钦州湾(十万大山与云开大山间)三道强固的防线。

(三)建立相当数量的海军和与海军密切合作的空军,以保卫我们的长江水路和东京〔钦州〕湾的领海。

（乙）有关交通的建议：

（一）建筑湘缅铁路（湘黔、黔滇、滇缅）；

（二）建筑川滇铁路和滇康支路；

（三）建筑川广铁路（重庆到钦州湾）；

（四）建筑川汉铁路（包括成渝铁路）；

（五）建筑同成铁路（先完成汉中成都段）；

（六）建筑宜南铁路（宜昌到南阳）；

（七）建筑衡迁铁路（衡阳到迁江）；

（八）建筑滇邕铁路（昆明到邕宁）；

（九）建筑南襄铁路（南郑到襄阳）；

（十）建筑川湘铁路。

上面的建议，可说是我们大西南的十大铁路计划，短时期内不能完全实现，应该依上面的次序慢慢的建筑起来。

（丙）关于设置工业区的建议：

（一）在湖南东部，湘潭株洲一带，建立第一重工业区，并设置每天可以出产 400 吨生铁的高炉，炼焦煤由萍乡和谭家山供给，铁矿由大冶鄂城供给。在不得已的时候铁矿由宁乡供给。轻工业最好放在湖南中部湘乡县的漉水、娄底等地方，所需的燃料可以用洪山殿湖坪的煤。

（二）在四川南部，重庆綦江一带（最好在万盛场煤田附近），建立第二重工业区，并设置每天可以出产 200 吨生铁的高炉，炼焦煤由南川煤田供给，铁矿由綦江供给。轻工业最好放在綦江河以下的扬子江边，所需的烟煤可以取给于嘉陵江各煤矿。

（三）在云南东部，昆明宜良一带，建立第三重工业区，并设置每天可以出产 200 吨到 400 吨生铁的高炉，炼焦煤由可保村和圭山供给，铁矿的供给尚成问题；万一云南找不到相当的铁矿，我们只得利用泸沽铁矿，那时，由昆明到泸沽的川滇铁路滇康支线就非修筑不可。不过我们应当注意的是，由泸沽穿小相岭顺大渡河到嘉定五通桥筑一条铁路是可能的，并且这铁路还不及滇康路线的长度，工程恐怕也比较简易一些，所以我们主张为开发宁属矿产计，应该修筑泸沽到五通桥的铁路，将来的化铁高炉可以放在五通桥附近，那里有石磷区的炼焦煤,煤铁的供给都可以不成问题。

照上面的办法,我们就不必修滇康铁路而修泸沽、嘉定、五通桥、自流井的铁路(暂时叫做自泸铁路),同时云南就没有重工业,嘉定、五通桥反要成为第三重工业区了。

(四)在四川西南部,嘉定、五通桥、自流井一带,建立四川的轻工业区,烟煤可由黄丹、石磷和威远源源供给。大渡河水力发电成功后,一切动力都可以改用电力。倘若因为泸沽的铁有迁就石磷煤田的必要而在五通桥附近设置钢铁厂时,五通桥在不久之将来,不但要成轻工业中心,而且要成重工业中心。倘若威远自流井一带的石油和天然气事业果然能够发达,那时,嘉定、五通桥、自流井工业区,将成为煤、油、气、铁、钢、盐、碱、纸、木、丝、纺织等工业区,就是将成为全国最重要的工业区。

原载《新经济》半月刊 1939 年第 1 卷第 7 期

西南天然林之开发及其途径

李德毅

一、开发西南天然林之重要

杜牧有云："蜀山兀,阿房出,覆压三百余里,隔离天日。"于此可见我国文化之进展,有赖于西部林木之蕴藏者,由来已久,而况时至今日,广大森林之富源,失之于东北,而抗战建国之重心,移至西南,其在军事交通建筑以及各项工业原料上所需之木材,为量既大,而为时且迫,是故西南天然森林之重要,随时并进,其有待开发之殷,实为急不容缓要图,兹谨将其理由,概述于次:

地理上之重要性——近为抗战远为建国起见,国内明达之士,曾纷纷建议,拟在西南适当地点,树立工业区域多处,以谋取得多项事业之联系,冀获互益之功效。就森林之立场言,所可告慰者,西南天然林地均可借其优良河流(如岷江、大渡河、青衣江、雅砻江、金沙江及长江等),分达于类此理想区域,苟能经营得法,确能长期供给需求,无虞稍缺,盖其所据地位优越,木材之供应实不成问题。

历来西陲夷患猖獗,抚治乏术,识者均以边地辽阔,道路险阻,政府力薄,难以周顾,是为主因。补救办法,多拟因地制宜,广设工矿农林机构,既可开发富源,复便为治夷之助,尤以森林所在之区,常为夷人集中之所,是故开发森林所及之地,亦即政府实力达到之处,沙坪中国木业公司力能协助峨边县府维持其地之治安,即其明证也。盖开发森林与抚治夷民,因其地理上之关系,已成为一整个问题,当早为政府所顾及矣。

时间上之重要性——自抗战军兴以来,国外木材及纸浆之来源,早经断绝,而内地之需求,与时俱增,欲谋对策,自非开发西南天然林,别无其他良法。但开发边地森林，并非可以一蹴而就，马到成功，势必予以相当准备时间，按步进行，方克希有成本低廉之木材源源供给，不然临渴掘井，不仅事倍功半，且亦缓不济急，故就木材供应方面而言，不得不争取宽裕时间，提先赶办一切开发林区手续，而期全功也。

我国幅员辽阔，森林情况，地各不同，鲁豫诸省，常有待森林尽废，再图从事于荒山造林者，其艰难万状，匪可言喻。西南森林蕴藏虽富，但凡交通较便之区，摧残进行之速度，亦至为可惊，岷江流域昔称森林最富之区，今则童山濯濯，相望于途，即其明证。与其待森林全废后，再从艰难困苦之中，图谋复兴，何若秉其将废待理之际，加以合理之处置，而收事半功倍之效，此为国家保存永久富源计，不得不未雨绸缪，急谋西南森林之振兴也。

林学人才向极缺乏，抗战以前散布各省，常感不敷分配，自国府西迁，人材大都会〔荟〕萃于西南，大可乘机广为罗致，以为开发西南天然林之用，此种千载时机，不可轻易放过。

总观上述各节，对于开发西南天然林之地理时间以及人事上各种重要条件，俱称完备，舍此不图，噬脐无及。

二、川康黔滇四省天然林之现状

估计数量——中国西部原有天然林区范围极广，北起青甘，南达滇北，绵延约近1 000公里，其地势北狭而南广，略呈三角形状，总其面积，约在50万方公里以上。迄后人口渐繁，采伐过度，凡交通较便，人烟稠密之区，森林逐渐绝迹，现时仅高山深洼之间，尚有一部分森林存在，惟此存留部分之面积，向无精确统计，据各方估计，亦人人言殊，兹择较为可靠之数字，列如后表：

省别	现有森林面积（方公里）	对全面积之百分比	备注
四川	82 886	16%	
云南	94 030	23%	
贵州	16 915	9%	
西康	61 393	20%	
合计	255 224	18%	

按照上表所示，川康滇黔四省之森林面积对其全面积之平均百分比为

18，固难与苏联(45%)、美(26%)、德(27%)、日本(62%)等国所有比率相抗衡，然与法(19%)、意(18%)两国所有比率亦无大差别，且远驾乎英国本部(5%)及西班牙(10%)两国比率以上。惜此类估计资料，恐未尽详实，难以尽信，且均属民国二十四年以前数字，对于近六年来各项重要调查数字未及引用，亦为憾事。

统计数量——最近十年来各方对于西部天然林之调查及研究，颇多努力，如资源委员会、中国科学社、西部科学院、四川建设厅、中央农业实验所、中央研究院、动物植物研究所、西南经济建设研究所等类机关，先后分别进行，成绩斐然。自二十八年起复经西南经济建设研究所开始将各方资料陆续集中以便从事于统计及研究，凡有关于西南天然林之树种分布、面积及材积、交通状况、施工开采之方式，以及培植更新之方法，均在进行研究中，截至现时止，已获129个天然林区报告资料，兹按分布流域，将其面积及材积，简列如次表：

西南天然林面积统计表

流域	林区所在地	林区数	面积(方公里)	成材株数
岷江流域	理番、松潘、茂县、汶川	19	160.75	1 499 400
青衣江流域	天全、宝兴	16	513.39	41 489 685
大渡河流域	九龙、越巂、汉源、泸定、峨边、丹巴	22	3 433.58	1 351 904
金沙江流域	理化、德格、雷波、马边	10	4 743.38	未详
雅砻江流域	木里、康定、盐源、冕宁、盐边、会理、西昌	30	19 570.30	未详
渠河流域	万源、通江、南江、巴平	10	19.65(部分)	1 960 810(部分)
澜沧江流域	元江、重里、屏边、漾鼻、大理、鹤庆	5	3 715.04(部分)	未详
白水河流域	松潘	1	53.00	1 538 060
清水江流域	天柱、锦平、黎平	4	31.50	7 604 200
榕江流域	永从、下江、黎平	5	22.45	138 700
乌江流域	印江、贵阳、威宁、毕节、大定、黔西	7	255.51(部分)	1 080 000(部分)
合计		129	32 518.65	232 828 880※

附注：本表系依各方已有调查报告并有数字可稽，经西南经济建设研究所统计而编成者，至如贵州之盘江流域、赤水流域、云南之怒江流域等处，虽已知有大量森林存在，但因无可靠之调查，未便统计在内，故西南实际森林面积，自较本表所列者为大。

※此数字系因前列株数多有未详，无从计其总量，故以推算数字代之。

右〈上〉表数字,均系根据各方实地调查报告而编列,凡未经调查之林区,固无由列入,即曾经调查而或有少数资料尚未克集齐者,亦属难免,故此项统计数字,比较实际数量为小,尚待继续补充,当为意中事。惟均系直接根据实际调查数字较为可靠耳,即就其最低统计之32 518平方公里森林而言,已可获成材林木232 828 880株,材积6 984 866 400立方市尺之多。兹姑依此数为标准,每年之生产量,以占其体积八十分之一推算,每年可产木材87 310 830立方市尺,较诸抗战以前全国木材纸浆进口总数73 500 000立方市尺,尚可有余。

可采数量——川康滇黔四省天然林面积,按照上列估计数字,共达255 224方公里(上数系指森林面积而言,自有少数人工造林面积在内)未免过大,如依上列统计数字,又觉遗漏不全之处颇多,仅有32 518方公里数,未免失之过小,兹均姑置不论,惟其中具有较大经济价值可供即时开采者究有若干面积,实本题所应讨论。兹就统计所得之最低数字32 518方公里而言,其中尚有交通十分阻滞部分,自非机械缺乏之现状下所能开采,惟交通便利之地带,确有开采希望者,以作者之观察及参考各项调查报告,当以地势不过险峻,及距水运不出一日之步行路程为合宜,本此原则平均推算,可以开采之区域,约可占其全林面积40%左右,即以此最低森林面积而计算之,可开采之区亦可达13 007方公里,依此例推,可得成材树木93 131 552株,材积总数2 793 946 560立方市尺,如以80年为轮伐期,每年可产木材35 924 332立方市尺,价值89 810 830元以上,若每年有如此大量木材以供给西南现时之需求,当无虞不足矣。

三、开采西南天然林之途径

开发天然林之意义。欲求开发之适当途径,必先明了其意义所在,然后一切问题,自可迎刃而解。盖吾人所谓开发森林者,实指包括利用与培植双方而言,若徒事采伐,不谋更新,是为滥伐,对于抗战所需,虽暂能解决,而于建国远久大计,反遗无穷之患。如秉斯旨从事一面采伐一面培植,则一切开发措施,既可双方兼顾,始有收获全功之望。

推行机构。西南天然林区辽阔,道阻民强,加之木材运销,情形复杂,培护林地，经纬万端，若欲求供应之调整得宜，林地处理之合度，非专设一统筹机构，实难收货畅其流、地尽其利之效。且创办伊始，基础须力求坚固，便为国家谋永久之福利，规模勿事夸大，致蹈顾此失彼之覆辙，俟有成效，再行推广，亦为不迟，其机构性质及运用方法，略拟如次，以备参考。

甲，中央政府在西南天然林区内择地设立天然林整理局，或可视事实上之需要，得酌设分区办理左〈下〉列事宜：

1. 用合理之方法，开发已成熟之林木，达到兼收利用培植之效，以便供给战时及战后之木材需求。

2. 树立国有林之合理管理方法，以资逐渐推广，而便为全国森林建设辟一合理之新途径。

3. 协助一切殖边事业，如兵垦、治夷、开矿及牧畜等，使得平衡发展，而收互益之效。

4. 指导统计及协助区内所有伐木公司一切进行事宜。

乙，妥定此项统筹机构之工作方案，按步执行，以采用木材方面所得之盈余，充作培植新林，及增置新管区之用，藉便逐渐扩充，俾可树立一规模宏大设施完备之国有林区。

丙，经营林业为国家百年大计，非有久远规划与固定职工两相配合，按步推行，不足为功。故对于职工之待遇，宜予以相当优厚，且务使安定，不应任意撤换，营业利润，应指出一部分作为职工红利，此外并宜酌定奖金恤金津贴等项办法，以资鼓励，职员应以有森林学识者任之。

采运方式。凡交通便利可供开采之林区，大都久经采伐，材积多属不密，惟因其分布零落稀疏，所采用伐运方法，当因地制宜，以求合乎经济原则，除尽量利用水运外，一切设施，不应过于集中，致难迁动，非有特殊情形，不宜采用铁道公路，及长距离之滑道等项设施，因恐设施过大，而材积稀疏之地，不克尽量利用，反为得不偿失，故不如采取散伐散运方式，较为合算。所谓散伐散运方式者，试举一例说明如次：如在材积稀疏地段，施行开采，应就该地形势开辟或改善旧有土木拖道及走道，以及一部分滑道，以便于用牛拖骡驮各法，如能购骡700匹、牛100头为一工作单位，每日可运出木材5 000立方市尺，或因牛骡休息时日，及一切意外之事，减去效率30%计算，每日亦可运出木材3 500立方市尺，以之制成枕木，可造千余根，一年可出30余万根，此项工作单位之多寡,当视市场需要数量临时增减之,如甲地森林采伐完毕得移其牛骡于乙地照常进行,既节省时间,复可减低成本,所以散伐散运方法,最适用于比较材积零散之林区也。此外采用牛骡驮拖办法,不需大宗机械,可免去现时向外购置之一切困难,亦为其绝大优点。

培植方法。为国家保存久远富源及人民谋取生活之保障,对于开采后林地之处理,应勿忘森林更新,此各方均殷殷有望于政府特别注意焉。惟林区散漫辽阔,若拟在开办伊始即希筹措巨款图作全面之精密管理,恐非易事,故在此情形之下,对于林地之处理及培植工作,仅有采取粗放一途,较为适合,但无论其所采取方法,粗放至若何程度,如对于确定长期计划,训练得力干部职工,保留种子树木,禁止滥伐幼苗及焚毁林地等项基本工作,不克切实推行,则恐仅有培植森林之空名而无实益也。

四、开发西南天然林之瞻望

西南天然林之轮廓,及其开发之重要与可能,既如上述,然其所以迟迟未见诸实行者,确有原因在焉:(一)政府甫经西迁,经纬万端,虽明知其重要,然尚无暇及此;(二)各学术机关近来虽知努力从事研究,不遗余力,但嫌枝节零碎,对于整个技术上之需求,尚欠确实把握;(三)地方士绅以及木业同人,多袖手旁观,未能热心赞助,甚至尚有极少数绅商存自私之见,从中阻挠,惟恐此大计之实现。如此种种困难,不加排除,尚欲开发西南森林,且希其成功,则不啻缘木而求鱼。但往者已矣,来者可追,自今日起不得不有瞻望于各方之共同努力者,谨列述如左〈下〉:

政府应加强主持之机构——政府对于天然林之开发,常狃于为国营私营事业之成见,而深加考虑,殊不知开发西南天然林一举,近关抗战之迫切需要,远为建国之百年大计,政府似不应绝对放任,听私人随意经营。盖私人经营,其开采数量零碎,而方法纡缓,既不足以应现时大量之急需,且其滥伐影响所及,诚有损于国家根本大计也,为求补救办法,希望政府从速设置主持机构,统筹办理一切,方克有效。

学者应取得有联系之研究。大凡学者各有所专,多不乐于旁涉他事,无奈林学范围广泛,门类繁多,加之西南林区辽阔,情形各殊,若不事先妥定整个研究计划，分头进行，则将来技术上之贡献必形片段而迟缓，是故为求人材利用之经济，藉使收事半功倍之效计，不得不希望各门林业学者取得有联系之研究。

绅商应知公私兼顾。大我与小我，私利与公益，有时固居于对立地位，但总不若取同一方向公私兼顾之为愈，开发西南天然林亦其证也。盖开发森林，倘能兼顾利用与培植，给予地方之裨益极大，乃即个人之福利也，延长一地木业之寿命，亦即保障木商之职业也，绅商应明斯旨，急起直追，协助政府推进一切，则与抗战建国前途，利莫大焉。

自今以后，上列之瞻望，果能如期尽成事实，则是政府主持于上，商学士绅协助于下，上下齐心，共同努力，以此种精神举办任何事业，无不成功，岂仅限于开发一西南天然林而已。

原载《西南实业通讯》1940年第1卷第3期

开发西北的方针[①]

蒋介石

谷主席、各位长官、各位同志：

  本委员长于上星期六来到兰州，今天适逢总理纪念周之期，得与各位聚会一堂，心中甚觉愉快。我已经六年不到兰州了，就现在兰州的情形与六年前相比较，使人不禁发生许多的感想，今天趁这个机会，要将我此来所得的感想，及我们在西北工作全体同志所负的责任和努力的方针，提出来对各位说明。

  现在的兰州，较之六年前一切都有了进步，抗战建国的基础已经稳固奠定了，这对于我们国民革命与各位事业的前途，实在是很可安慰的。我们抗战五年多到现在，如就世界战争的发展与敌人侵略的趋势整个的来观察，可以说我们中国的抗战已获得到了胜利，今后要获得最后的成功，要完成抗战最后的使命，就要看我们党政军全体同志的精神如何与努力的程度如何而定。在过去五年多当中，我们民族抵抗侵略的精神已充分的表现了，而我们在西北工作同志的精神与心理，亦已与六年前大不相同，都有了很大的进步，殊足令人欣慰。我常说，不到西北不能认识我们中华民国基础的雄厚与伟大，这次出发巡视，知道西北各方面的建设无论就甘肃、青海、宁夏与新疆来讲，都是在积极开展，进步很快，更使我们感觉到我们国家民族的前途，实在是无可限量。任何帝国主义者要想侵略我们，都没有不失败的。试看我们抗战五年多，敌寇日本帝国主义者集中全力，企图来灭亡我们，结果徒然身陷泥淖，自取崩溃，到现在他所能侵占的土地，只限于交通便利之区的几点几线，

[①] 此文系蒋介石1942年8月17日在甘肃省各界扩大纪念周上的讲演辞。

其他广大的领土,绝对不能占领。即就敌寇已经蹂躏的土地来讲,亦不过我国全部领域之四分之一,其余四分之三的国土,还是在我们手里由各位同志共同努力来保障建设,足为我们革命复兴雄厚的根据地。由此可知,经过这次抗战以后,无论那〔哪〕一国帝国主义者,都不能再来侵略灭亡我们了。但是我们对于未沦陷地区,尤其是广大无垠的西北,要想建设成功,藉此以发挥国力,规复国土,就全靠我们党政军全体同志人人能抱定牺牲奋斗的精神,共同努力来开发各种生产,建设各种事业,只要大家能同心协力,一致贯彻遵照总理革命的主义与革命方略,一步一步实实在在的做到,那我们中国的建设就可于抗战胜利结束之日同时完成。

　　大家不要以为在抗战期中不能建国,要知道我们一贯的国策,就是要一面抗战,一面建国。因此我们一切建国事业,必须在抗战期中努力完成,国家的前途,才有希望,否则如要等到抗战结束以后才来建国,那宝贵时机一经错过,不仅国家要蒙受很大的损失,而且要重陷于危险的境地。各位可以知道,现在的西北,较之六年以前,各种建设的进步,真可说是一日千里,但是如果没有这五年多的抗战,我想西北各省的进展决没有今天这样的迅速,现在一般人总是希望抗战能够早日胜利结束,以便过和平安乐的日子,这为一般国民的幸福着想,固为情理之所当然。但要知道,现在的战争已不是中日两国的战争,而是整个世界的战争,因为中日战争,不过是世界战争之一部分,所以中日战争之结束,亦不是中日两国单独可了,而是要随世界战争之总解决,始能获得真正的解决。因此我们在这持久抗战,抗战胜利的基础已经大定之时,就格外要宝贵目前这个千载难得的时机,尽量利用,加倍努力,来促进各种建国事业的发展。要知道现在中国五年余的艰苦抗战,已被认为世界四强之一,而且我们是一个人口最多土地最广物产最富的国家,更是抗敌作战最长的一个国家,我们以五年多的时间,牺牲了无数的将士和民众,才创造出今天这个光荣的历史与国际地位,这就是我们党政军各界负责同志领导全国军民,本着总理大无畏的革命精神与三民主义建国纲领,不屈不挠自立自强与敌寇作殊死战所得的结果。我们一般已死的军民先烈,已为国家打出这样一条光明无限的前路,我们后死的同志,就一定要负起责任,保障先烈用热血头颅所造成的胜利基础与光荣历史,一致努力来建设西北,充实国力,驱除敌寇,收复失土,然后才能尽到我们后死者的职责,完成国民革命的使命。

其次，要讲到我们在西北的各位负责同志，今后工作努力的方针。我们不到西北就不知道中国的伟大，与我们事业前途之无可限量，而凡是到过西北，尤其是在西北工作的人，就知道国家事业之待我们兴办建设者，虽然是穷我们毕生的精力与时间，亦作不完，而决不患没有事业可作，而且我们西北既有如此广大肥美的土地，复有开采不尽的宝藏，不仅我们一生作不完，就是我们后代子孙，在五百年以后，仍然是作不完的。但是我们要求国家民族能够世世代代继续生存下去，就必须趁此抗战的时机，由我们这代手里来建立千年万世永固不拔的基础。否则我们便将枉费一生，对不起祖先和后代子孙。我们今后的国家，究竟是不是容易建立起来呢？我以为这是很容易建立起来的。只看我们有没有这个志气与决心，有没有这个精神与能力。如果我们大家能有此精神与决心，能够贯彻我们的主义和志愿，那我们必可完成建国的使命。

但是现在一般同志，总是说西北交通不方便，工业不发达，所以一切事业不容易建立，抗战以来，几乎中外人士，大家都有这种感觉。其实这种话是应加以研究的。固然自从我们的海口被敌人封锁以后，一些重工业的机器，是无法进口了，但是大家要知道，我们国家的建设，是要依赖于真正革命的精神，并不是要全靠外来的机器，无论敌人怎样来封锁我们，我们只要能发挥革命的精神，尽可以完全用自己的力量，把国家建设好，因为我们是如此广土众民物产丰富的大国，一切建国的条件，我们都已具备，即令机器稍感缺乏，但机器也只要有科学技术，就可以发明出来，制造出来的。而我们中国近几十年来的科学程度，已经有相当的基础。因此我们今后只要能发挥我们革命建国的精神，运用我们科学的智能，就可以使我们国家一切建设事业，自无生有，变少为多，以达到富强复兴的目的。各位在西北可以看到我们古代建国的历史，自汉唐以迄前清左宗棠时代为止，其间每一个朝代的开国创业，何尝有一次不是完全靠着自己的精神与决心，以努力完成的，更何尝有一次是依靠外国的？在当时，一切圆轮动力的文明还没有输入，我们开辟土地发展生产所用的工具，那〔哪〕一件不是完全靠着本国的人力物力？即如就交通来讲，当时除了利用骡马牲畜与船筏之外，就全靠人的两脚步行，从北京到迪化，要走一两年工夫，由南京到成都，亦要半年，甚或一年工夫，虽途程是这样的辽远艰苦，而我们的古人运用我们的双手与双足，不避风雪，不辞劳瘁，亦能将广漠无垠的边土开发起来,建立历史上不朽的功业。我们现在要开发西北,建设中国,必须效法古人这种开辟疆土艰难创业的精神,利用我们无尽藏的人力物力,来发展我们的事业,就没有不成功的。但现在一般人说到建设,以为没有飞机汽车,就无法便利运输,没有外国机器,就不能创办事业,这种心理必须打破,否则便不能成就事功与完成职责。因此我今天特别要告诉我们在西北的党政军全体工作同志,你们无论主办一省一区或一厅一科的事业,必须效法古人建国的精神,凡事不求速,不求快,不专赖机器,要有计划有决心,小则半年一年,大则三年五年,甚至十年,一步一步按日计程作去,就没有不能兴办成功的,要知道即令是十年的时间,也不能算长,总计也不过3 650余日,只要我们能够天天努力,继续不断,则任何事业,都可以如期完成。即如我们这次抗战到现在已经2 000余日,敌人用了全力来侵略我们,但至今还不过侵占我沿江沿海和平汉路东西的几个点线而已,对于我们抗战革命的势力始终无可奈何,而我们抗战必胜,建国必成的国策,已经是胜利在望了。大家试看我们西北是如此广大辽阔的地区,我们要在这里面兴办一种事业,都非积三年五年的努力,是决不能奏效的。自古一切事业,都是由时间积累而来,不是几天几月所能创造,更不是专靠轮盘机器所可成功,否则如果我们要开发一种事业,只靠机器力量,就能成功,那日本以如此机器发达武力强盛的国家,而此次来侵略我们,早就应该灭亡了我们,我们的西北早就应该被他侵占了,但是他虽集中其飞机大炮与机器武力来侵略我们,以五年多的时期,还不过是占领我们全国四分之一的土地,迄今反而深陷泥淖,不能自拔。由此抗战事实与我们古人建国的历史观察起来,就可以证明我们建国,不能专靠机器,不能急求速效,而必须依靠我们革命的精神,使人力物力与时间空间,有计划有组织的配合起来,按部就班,向前迈进,以尽量发展事业的效用,才能达到建设的目标,这就是我们在西北负责的同志,今后工作所应取的方针,与人人所应抱定的精神和决心。在过去我们本着这个决心与方针来抗战,既能获得今天这样伟大光荣的成就,造成今天这样有利的国际形势,那么今后我们只要本着同样的决心与精神,继续奋斗,努力建国,一切事业,必可突飞猛进,日新月异,这是本席可以断言的。

各位既来到西北工作,切不可因为交通不便,生活艰苦,就以为事业不能发展。要知道真正有事业心,有责任心,要为国家民族尽到最大的贡献,就非到地广人稀的西北来刻苦努力不可。所以目前各位所服务的地方，真是最难得的地方，所遭遇的时机更是千载难得的时机，各位能到这伟大雄壮的西北来担当抗战建国的工作，实在是一生最荣幸的事情。大家务必确立方针，抱定决心，凡事要订定计划，作长期的奋斗，并且督率部属依计实行，到了五年十年之后，必可以成就一番伟大的事业。不过我们作事必先从小的事业，从切近实际的事业作起，然后由小而大，由近及远，基础既立，整个事业，才可以逐渐开展。现在西北一切建设的成效，虽然因为环境和交通的关系，不及东南与西南各省来得快当，但是我们如能确定计划，坚忍实干，则累积日久，功效自见，而其事业前途，必较全国其他各地，更为远大。要知道我们中国民族一贯的特性，就成于耐苦耐烦，坚毅有恒。因为我们能具有这种精神要件，所以能造成这样伟大悠久的国家。如果我们丧失了这个固有的精神，而在现在要来讲交通建设，倘无飞机汽车，势必在重庆的不能来到兰州，在兰州的更不能到迪化去了。反过来说，如果我们能发扬古人摩顶放踵，以辟草莱的精神，则任何辽远偏僻的疆土，都是我们足迹所可到达的地方，就都可以纳诸轨物，加以开发。诚然，现在的机器功效至为宏大，但有了机器还要精神来运用，我们如能发挥此种用机器的精神，来运用我们得天独厚的人力物力与地利，岂不是一样可以完成我们的建设？本来建国工作要有创造力，也要有持久力，我们先民原来具有丰富的创造力，只看战时各种代用品有继续发明，就可以证明我们民族的创造力没有衰退，只有增强，大家只要本着实干、硬干、苦干、穷干的方法，继续不断的作下去，即令进展得迟缓一些，凡是人家一天能作好的事情，我们十天也可以作好的，人家一年能成就的事业，我们三年五年也可以完成。

所以今后西北的建设，与我们国家的建立，责任完全在于各位的身上。各位成功立业的基础与机会，这五年多的抗战，已经完全造成了。以后时机的得失，与事业的成败，以及各位能不能尽到所负的职责，完全要看大家有没有决心，有没有精神，有没有坚忍奋斗的耐力，以依照我上面所提示的方针来努力而定，这一点，希望大家要切实认清，一致贯彻才好。

复次，关于西北的党务、政治、军事各方面，应该注意的事项，也要对大家说一说。第一，党务方面：现在西北各省的党务，比较的不发达，也很缺少进步。以后无论党政军各界负责人员，对于党务，必须特别注重，尤其是军政负责同志要知道，不仅你本身一切事业，要切实遵照总理的三民主义与本党的政纲政策来作，而且还要尽量协助各地党务的进行，举凡宣传主义、唤起民众，以及组织民众、训练民众等事，都要以党为基础，由党来领导，大家同心协力，一致推动，才能发生成效。党的基础之巩固建立，是实行三民主义建设新的西北最重要的事项。对于西北党务的健全发展，一般党务工作同志，固然要尽到这个职责，其他军政教育各界主管，也同样的要担负起这个责任。

第二，政治方面：西北的政治，目前应改革与建设的事项太多了，今天举不胜举。回忆我六年前来到西北的时候，觉得民国二十四年时代的中国，国家一切基础，都是破坏到了极点，不仅政治制度、社会道德、教育文化与行政事务悉遭破坏，连到山林川泽村舍土地，乃至于硕果仅存的汉渠唐渠，也都败坏完了。从陕甘两省以至西北其他各地，几乎都是如此。举目四瞩，到处童山濯濯，但见一片荒凉，真可说是"山荒水竭，文物凋零"。结果人不像人，地不像地，一切骡马牲畜，都是疲弱倒毙，不成样子。当时我看到国家这种情形，实在为我们民族前途忧虑，现在比较六年以前，诚然改善了许多，而一切应改革应兴办的事项，有待我们努力的，还是不少。我们党政军各界同志，只要自省所负革命的职责，则此时正是我们恢弘旧物建设国家最好的时机，前乎我者，得不到这个机会，后乎我者，亦不能得到这个机会，我们真正何幸而生逢此时，莅临此地，因此我们不怕山荒水竭，不怕文物凋零，而要发奋革命创造的精神，从〔重〕新建设锦绣的河山。各位一定要有此抱负，立此弘愿，坚忍努力，刻苦耐劳，才能完成西北政治建设的任务。

西北政治目前的要务，一方面固然要建设新的基础，一方面对于旧有应该保存的事物，必须妥善保存，不可再任其破坏下去，所以爱护与保存旧有事物，是当前行政上第一要务，其中最紧要的，有下列两项。

一、要保护森林渠塘。我们西北各地的森林，过去因为缺乏管理，任人砍伐，目前仍能完好的，已属无几。但是凡属现在还存在的，我们必须竭力保护，不许再来破坏。否则一株树木，一处森林，多半要三五十年甚至三五百年始能培植成功者，如果任令砍伐，听其摧毁，那就无异于断丧我们自己的生命一般，可以说是国家建设事业，无可补偿的损失。各位可以看左宗棠时代之经营西北，就是以保护森林为根本要务，所以当年的左公柳，到现在还有些可以看到。听说当时县长交代，所管辖的森林树木，都要慎重点交，如有破坏损失都要受处分。我们现在一般行政官吏及党务人员,亦必须注重于此,尤其是军队,更要确切注意,部队每开到一地,或驻扎一处,一定要严禁官兵夫役砍伐树木,破坏森林,大家要对保护森林树木较之爱护自己的生命还要重视,如此才可以保存现有的一点建设基础,至于其他川泽渠塘水利事业,更是培植森林开发农业之所必需,大家亦必须同等注重,加以保护为要。

二、要保护畜牧牲口。刚才我说,我们古代建国,没有什么轮盘机器可资利用,他们开辟土地,全靠运用自己的劳力,与固有的物力和兽力。而兽力当中,最主要的就是骡马牲畜,现在我们要开发西北,机器动力,既然有限,就仍要效法古人的精神,利用现有巨大的兽力与物力。所以骡马牲畜之与西北建设,较之机器,还要重要,大家必须特别注意爱护,而且不仅对于公有的骡马,应该如此,即对于一般民众畜养的牲口,亦要普遍劝告,使知加以保护。六年前我到西北时,从潼关到兰州,沿途看到一般人之对待骡马牲畜,任意鞭打,听其饥饿,而且过度驮载,毫不体恤,以致疾病疲瘦,苦痛不堪,其野蛮残酷的情形,真正到了极点,实在是人类所不应有的。当时我曾说,今后严禁虐待牲口,后来并迭次劝告一般人,要发扬中国固有仁爱的德性,推人及物,对于凡属于人类有利益的畜牧牲口,亦要本仁爱的精神待它,平时既要养畜得法,不使疲弱,而有疾病的时候,更要注意预防,实施血清注射,尤其在使用兽力的时候,格外不要使其驮载过重奔驰过劳,总要如外国人之爱护与教养他们的骡马一样,一切饮料食料工作休息,都有一定的办法,如饮料食料,必定时予以定量,休息时必卸下驮载,使之恢复疲劳,这些我们都要切实效法作到。要知道我们保护骡马牲口,实在是我们今后开发西北最重要的一件事情,希望各位党政军工作同志,一定要特别注重才好。

除了保护森林渠塘与骡马牲畜之外,以后西北各项建设的要务,概括言之,约有下列各项:(一)造林:西北山地辽阔,大抵荒旱废弃,我们现在所要开发的,这就是最重要的一部分,必须订定详细计划与其具体办法,动员人力经费,实行大规模造林以涵畜〔蓄〕水源,调节气候,防止风沙,开发地利。(二)开渠:西北最多平原待耕的土地,目前我们要实行垦殖,增加生产,必须多开渠塘,便利灌溉,这亦是各级政府应斟酌实情,订定计划,倡导人民一致努力兴办的。(三)发展牧畜:在西北,牧畜一项,不仅为人民衣食生活之所必需,而且为军事与交通所不可或缺,当此抗战建国时期,骡马牲畜的功用,格外显得重要,故应特别注意改良品种,发展畜牧,以应当前之需要。(四)开发驿运:大家都知道我们现在要建设西北,首先要开发交通。而开发交通,固然要注意公路与航空,利用新式的机器,但在目前国家艰苦的情况之下,我们不能专靠飞机与汽车,而要尽量利用人力和兽力。所以有骡马的地方,就要用骡马,有大车的地方就要用大车,并且沿路要设立驿运站,利用人力畜力,节节递运,以利交通。这种方法,虽然缓慢一点,但在目前,这是唯一必取的途径,只要大家办理得有计划有条理,能够艰苦忍耐,持之以恒,则三年五年之后,必可以藉驿运之便利,完成各种伟大的建设。

其他如新县制之推行,保甲制度之充实,教育事业之普及,与各种农矿工业之发展等项,想必各位都有很多研究有计划,而且必已提纲挈领,把握重点,实事求是的去作,此地不必我再说了。

三、军事方面:我以为在西北我们军人事业的发展,较之中国其他任何地方,其前途都要远大,机会亦属难得。中国历代开国,都是发源于西北的,而不是在东南或其他地方,而最初中国与国际间的交通,亦是从陆上来。如从前新疆的阿喀苏与土鲁番,就是当时中国通印度与中亚细亚的唯一孔道,这些地方,当时的繁盛冲要,正如现代的上海天津。这一点重要的史实,大家切不可忘了。要知道,从我们的海口被敌人封锁以后,目前我们国家的国际道路,又已移到了西北,而西北所处的地位,亦要恢复到从前一样的重要了。因此,我们在西北的军人同志,必须认清西北目前的形势,与其在国际上的重要性,大家要一致努力,来建设西北,巩固西北,要使我们三民主义的革命事业,能够在这雄伟险要广大无边的西北,建立起巩固的基础,开拓出无限的前途。否则,如果西北的建设没有根基,那我们国家就很危险,我国古人,勖勉军人的话总说是"开疆拓土",则我们现在,连前人所遗留的国家疆土,都任其荒芜任其废弃。人口既然稀少,国界也就模糊,这实在是愧对前人,有忝我们的天职。我们现在如果真正是有事业心,有远大志向,就必须到荒僻边远的地方,开辟我们固有疆土,来充实我们的国防,坚固我们的国基。凡是军力所及的地方,要使行政权能完全实施,治安绝对良好,人口日益繁庶,物产日益丰富,而后祖宗基业,才得以保存完整,才算是发展我们效忠国家的抱负。我们军人,本是男儿志在四方,要马革裹尸还葬,为国尽劳,应不惮驰驱万里。今后我们要保护国土,开拓国运,就必须知道西北的重要,以得在西北服务为荣幸。我们在西北的一般军人，一方面固然要精炼军事技术与方法，以增强我们部队的武力，一方面还要实行耕种、垦荒、造林、开渠，以充裕我们军实的需要，而后者之关系，与我们军队精神与事业之成败，与前者实同等重要，至于对我上面所说，爱护牲口、发展畜牧、保护森林、开发水利，以及其他爱护民众、领导民众等事，更是我们军界同志，人人所必须尽到的本分与天职，深望大家要牢记在心，一致作到，来保障我们祖先遗留雄伟广大的疆土，发扬前路，光大先业，以完成我们军人的任务。

以上所说，是本委员长此次来到兰州要贡献于我们西北党政军工作同志的几点重要的意思，希望各位立志奋发，把握此千载难得的时机，担负起应尽的职责，来完成我们抗战建国的使命。

原载《中央周刊》1943 年第 5 卷第 27 期

如何开发西北

张嘉璈

兰州为我国幅员中心,也是西北方的重镇,在我国历史上文化上都有过极重要的事迹,可是因为沿海各省经济文化发展较速,而西北交通又极落后,所以一般人心目中几以兰州即已为我国西部的边地,这是一个心理上的错觉。这一次抗战,我国经济文化重心已大部向西转移,我们正要借这个时机,奠定我国的中心,加强我们建国的工作,而贵会能够在这个地方开年会,使各方俊杰会〔荟〕萃于天下之中心,以建立一个经济建设的精神中枢,为我国350余万方公里的西北开始一部光辉繁荣的历史,这个意义是如何的重大。

讲到开发西北,本人以为应该先对西北地理环境、经济资源的种种自由因素有一简括的认识,第二步似应该检讨到过去一切建设的成绩和困难,然后我们试从这些现象里,找出一种今后建设应有的重心,再就此重心与原则,请与各位共同加以商讨。

西北全区,包括陕、甘、宁、青、新、绥六省,偏居亚洲内陆,距海很远,大陆性的影响非常显著,过去因为全国的政治及经济中心都偏在沿海一带,这一大片地方遂被目为边省,如照上述的范围,根据册籍所载,共达350万余方公里,占全国面积30%,即全国三分之一的土地,若仅就内部22行省而论,则西北面积所占百分数更大,达54%,和法德两国比较,当得上他们面积之和的三倍,在地形上,大概所说是一个大高原,平均高度约在1500公尺以上,境内有阿尔泰山、天山及昆仑山三大山脉的绵亘,地势益见崇峻。不过由于这些山脉的分隔,和若干河流的冲积,内部形成几个较为低平的盆地、谷地和黄土高原,而这些平野,除了极端干燥的沙漠和被剥蚀很深的地区外,如关中、河套、宁夏、陕北、塔里木、准噶尔诸地,大都非常肥沃,为西北的经济要区。

西北的气候，冬季高气压逗留于西伯利亚，源源不绝地输送冷气流在本区，故气候高寒，夏季印度洋的热气流，由洗马啦山东端，穿横断山脉，吹入本区东部或东印度河谷穿入本区西部，故气候炎热，每年平均雨量，除了陕南和高山坡外，少有超过500公厘的，而有些地方竟还不到50公厘，雨量少空气干，蒸发盛，再加以生长季节短促，这对于植物的繁育，自然很受影响，不过全区除了沙漠以外，大部分几堆积深厚肥沃的黄土层，富有矿质养分，颇利于干旱地带的农耕。

西北的人口，据估计所得，约有2 133万人，只占有全国人口5%，以这少数的人口，分布于全国三分之一辽阔的面积上，每方公里的平均人口密度，还不过6人，自然有地旷人稀之感。西北不仅人口稀少，而且分布也很不平均，如地理环境较优的陕西平均每方公里有46人，而宁夏新疆还到不了2人，如果再以耕地面积来推算人口的密度，那不均的程度，更是相差悬殊。至于西北各地边区同胞的生活方式，也极复杂，这二者对于西北一切经济发展，是有很大影响的。

西北的自然富源，迄今尚没有专籍著述，亦没有普遍实际的考察，所以很难得知精确的数字，但就在可搜集的材料估计，此一广大土地的富藏，足够我们经济建设的资源基础，以地位形势而言，也为我们将来国防建设最适宜的中心。

现在先说西北的农作业，农业是最富于地理条件选择性的一种产业，西北全区，因气候与土质的关系，农垦的发展，只限于局部的低地和盆地，五谷的供给量，尚不足供给本区所有人口的食用，陕、甘两省经竭力耕种，只可供给本省人民，无剩余出口，反之若遇天灾，则常发生饥馑。西北所产经济上有利益的农产品，最大一项，为陕西棉花，丰年售价可超出3 000万元，甘肃年产烟叶，约值100万元，尚有一相当数量的细米，从绥远运往北平等地销售。西北的农产，在目前虽不见发达，但全区可供垦殖的土地，约计四十六七万方里，如何提倡移垦、讲求水利、防制虫害，都是不可忽视的问题。

牧畜是西北最有望的经济事业，全区的土地，有三分之二宜辟作良好的牧场，青海西部偏僻地方的游牧民族，全赖牲畜来生活。藏蒙二族人民，日用所需，亦靠牲畜的副产品来制造。西北在中国家畜总计中占有绵羊75%，山羊40%，马35%，牛20%，其他羊毛、毛皮、皮革，都是西北的主要出口商品。

西北的矿产甚富,其中富有经济价值的,有煤、金、石油、铜、铁、盐等,煤的分布最为宽广,西北各省县随处皆有,陕西一省蕴藏煤量,即达 7 195 000 万吨。金矿有山金和沙金之分,山金以阿尔泰山区为最大之中心产区,有采金工人 5 万余,沙金则散布于新、青、甘、宁许多河道两旁台地上。石油层西起天山南北麓,经甘肃走廊的东迄陕北,据俄人及外国专家的报告,本区石油,产量和质量,在世界石油问题上占一重要地位。新疆的孚远、塔城、温宿、英吉沙和甘肃的两当、徽县附近产铁,新疆天山西南麓产铜,此外如锡、硝石、硫磺、石墨等,均有丰富的产量,青、新、宁等地的产盐,尤为西北日用所需的盐源。就以上情形言,我们可以想象到西北的蕴藏是相当的完备与重要,仅以煤和石油而言,就是将来重要工业的基础,同时我们相信西北真正的蕴藏当然还有许多没有发现,仅仅是过去的一些零星或局部的勘察是不够的。

其次谈到西北过去之人为的建设。本来西北被人注意已非一朝一夕,自清末以至今日斯坦因(Sir Avrel Steln)、斯文赫定(Dr Sveu Hedm)等,一再考察引起中国人士兴趣,于西北农学考察团、西北学术考察团、西北实业考察团等,接踵来往无不有满意之收获。会"九一八事变",东北地方,相继沦陷,国人对于边疆的危急,渐渐注意,而开发西北的声浪遂尔高唱入云,近来更有不少的技术专家和热血男儿,在那漠漠广原埋头苦干。今日的崭新西北,不能不归功过去人为的力量,其成绩昭著工程伟大的有下面诸端。

一、水利建设。水利问题,在西北确成为极严重的事实,故水利的兴废,不仅直接影响农业的荣枯,即历代西北文化的盛衰,经济的消长,也密切相关。我们反溯到历史上,比如秦用郑国之言引泾循北中行,使冶清、漆、沮诸水,注洛称郑国渠,溉田 45 000 顷。汉因公曰,开渠堰,引泾水首起谷口渠入荥阳注渭称白公渠,灌田 4 500 顷。宋真宗时引泾至三限口,溉田 30 000 余顷,称小郑渠,徽宗人开丰利渠,溉田 35 000 余顷。明大顺间开广惠渠,溉田 800 顷不过,郑白南渠为最著名,所以有"郑白之沃衣食之源"的颂词。他如宁夏平原,青海东部等地,自宋以来,也许早兴渠溉,遂使这地方成为西北的经济要区。近时新式灌溉也在次第兴办,民国二十四年完成的泾惠渠,首创此例,灌溉田地计 70 余万亩,嗣后至二十六年渭惠渠继之完成,二十八年又有织女梅惠诸渠,渐次筑成,开始放水溉田,前者受益田地 1 万余亩,后者约 13 万亩,此外如洛惠、汉惠、黑惠三渠,预合计也溉田 70 余万亩,甘肃省引灌河水的旧有渠道,多至100里以上,就中临洮一带,最为发达,河西各县,如武威、张北、酒泉等,均紧傍祁连高山,引用雪水,渠溉之利,也极普遍,共计各省灌溉田亩均在250余万以上,筑建水利工程,有洮惠、起惠、湟惠各渠,青海的水利,多偏于东部谷地,因受位置及地形限制,工程较为简陋,宁夏和绥远在黄河左岸,俱有相当平旷原野,引渠溉田,在地形及水源方面,都极便利,所以渠道纵横,成为西北的灌溉区域,民国二十四年宁夏的云亭渠比较著称,新疆的水利建设,除了引水开渠外,还利用地下泉水,有坎井、渠井的开凿,新建灌渠如阿克斯和于阗六大渠等,都是很著名的,近年沈若雷先生,在西北对于水利的建设,相信一定也有很好的计划和成绩,希望沈先生能够对我们作一个专门的报告。

二、工业建设。西北在民国二十年以前,虽有少数大城市,如西安、兰州、迪化等,间有一二机器厂,而大部分尽属就地销用,且资本微薄技术幼稚,所以事实上谈不到工业建设。及陇海路向西展筑,中亚的土西铁路完成,颇为促进了西北新工业的逐渐萌芽的主因,尤以东西两端的陕新二省,位当其冲,影响尤著。到了全国抗战兴起,政府内迁,人口西移,外受敌人的封锁,内地需要激增,加以公路的开辟,资金的流入,及技术人员纷纷进到西北各地,于是许多大小新兴工业,如雨后春笋,渤〔勃〕然兴起,新式工业,以陕西的棉纺、面粉、火柴、机械及化学工厂,甘肃的毛织、机械、火柴、电气、烟草工厂,新疆的电气、面粉、榨油、制革厂等,最为著称,其他小规模的工业,也在发育滋长。不过以西北物产及可资利用之动力而言,衡诸现在已有的工业情形而言,自然还差得太远,可以让我们努力的地方还很多。

三、交通建设。此外较大者为交通建设,因为交通建设,为一切建设的关键,不特为物资转运所赖,即人口的移殖、文化的传播、市场的发展、生产的成本减低、地方需求的调节,也莫不依赖利便交通为辅助,在历史上中国的丝茶早已由西域传往希腊、罗马,外人称为丝路,不过究始何时?究经何地?年湮代远,文献无征,但西北老早就已为我国国际交通之津梁,于此可以证之。及汉唐的时候,中国和西域诸国,信使往还,络绎在道,西域一地,遂为中国交通的通路,到了清朝末年,左文襄平定回疆,此一通路更修筑得齐整完好。近年东面的陇海铁路已通至宝鸡,更拟即由宝鸡,展筑至天水。天成铁路、西北铁路,都在迅速测量,公路有川陕、汉白、华双、西兰、甘新、甘青、甘川、宁平、宝平诸线,合计共长 4 500 余公里,驿运线有中央主办的川陕、陕甘两干线,长达 2 200 余公里,由甘肃、陕西、宁夏几省自己主办的支线长达 4 700 余公里,水运有黄河包头至萨啦齐一段,及额尔齐斯河可通汽船,自靖远玉佛寺经中街,金绩灵武而至宁夏,北经罗平而至石嘴子,及由此向北经磴口、五原、包头以抵河口可通民船。渭水自西安之草滩,东至潼关,由草滩上溯至咸阳,可通民船,汉水自纳玉带河后,水量频增,洵县至南通可通民船,丹江夏季水涨后,可通民船,任河自四川之大竹沺,伊梨河中流,均可通民船,此外塔里木河上源、阿克苏河、喀什噶尔河,亦有航运之便。航空事业发端民国十三年之西北航空委员会,自欧亚航空公司成立始有正式的航空线,抗战后有中苏航空公司,西北的航空事业才有定期的飞行,将来各地经济建设发展,航空事业,尚有积极推进的必要。自缅西沦陷,西南国际交通受阻,所以西北国际道路,更有加强的必要,铁路、驿运、公路、航空均须积极推进。

现在我们要想到的是西北历史很久,而进步很迟,虽然曾经许多人士的苦心经营,终不能和东南西南并驾齐驱的缘故,自然有其内在的因素。如自然环境的缺陷、人口的稀少,以及文化的落后,都为各种经济建设的绝大的阻力。就自然环境的缺点来说,西北的大部分是处于距海辽远的内陆,雨量稀薄,有的地方,简直几十年不下雨,这是西北自然环境的第一个大缺点。西北大部分的地方是高原,纬度又是相当的高,这两种条件凑合起来使西北的冬季格外寒冷,格外绵长,因此西北的植物生长期,大多甚短,大部分的农产物,只能半熟,这是西北自然环境上第一〔二〕个大缺点。这种大缺点妨碍了农作物的生长,减少了人类的生活资料。就人口稀少来说,西北全区平均每平方公里不到 6 人,青海省每一平方公里的面积中,平均还不到 2 个人,人口稀少,生产力自然薄弱,纵然有可耕种的土地,有可资开发的矿产,也不能不听其货弃于地。至于各边区的语言文字风俗习惯宗教彼此互异,对于有全地域性的建设计划,亦往往格于彼此主张不同,遂尔搁置。就文化的落后来说,西北的人民,普通科学的常识不够,所以不能运用智力以克服自然的苦难,偏远的游牧同胞,尚在那里度其原始人的生活,天灾人祸,一切均委之于命运,如不知医药,往往死于族〔疾〕病疠疫的不知凡几,牲畜的死亡,更难估计,当兽疫厉行的时候,千百计的牛羊群,可于一夜中全数死去,使主人流为一文莫名之乞丐,这在经济上的损失,实在太大。将来公共的卫生和牲畜的保养,都要积极讲求。欲使这带有科学性的礼物，传送到西北去，文化的宣传，应为当务之急。上面所说，不过略举过去建设困难梗概，其他如政治的关系，尤其是交通的壅塞，可以说是一切原因的原因。

我们既知道了西北的自然地理，人为的建设，和过去建设的困难，现在我们应该找出一种建设的重心来商讨，而西北给我们一个最普遍的印象是荒旱，我们若是从他处坐飞机来的，更容易看出这一种情形，比如在高空时，看见有青绿的地方是很少的，这与我们从江南各省水田稻鱼之乡来的人，所揣想的是恰恰相反的，因此我们可以知道大部分西北的地方，不宜种植，这个最大原因，当然就是地面的缺乏水分。换言之，就是缺乏生物所最需要的日光和水二者中的一件，我们也可以说这就是西北经济落后的最大主因。现在解决的第一方面，自然先开导水利，先把这一片枯涩的土地，变成一片润泽宜于生物的土地，先把这一种静的环境，彻底改过，然后再及于其他各种动的经济工作，我想这是大家所公认的一件事实。过去贤哲之治理西北，亦莫不以兴水利为急务，如前面所说过的，秦辟郑国渠，关中遂称富强；汉辟白公渠，畿辅渐臻康阜，这是最显著的实例。后来历代有新兴水利工程，但以西北如此广大面积，仅靠过去的小规模水利工程，怎样做到地尽其利、物尽其用呢。是以西北的农产、谷物不能供给本地的食用，棉纱亦不能供给本地的衣着，再若加上外来的移民，衣食即成为严重问题，何能谈到其他的建设。今后唯一的基本问题，当是先从水利着手，应该普遍大规模的努力，最低限度，要使西北几处重要而较可耕植的地方，先得到一个湿润的空气，然后我们才可以讲到其他的建设。

现在西北方面，已经有几位著名水利专家在努力贡献他们最宝贵精力于国家，我们还希望各方更进一步给他们以协作与后盾。其次自然是建设交通，西北在过去虽然有一部分的铁路、公路、驿运来作西北一切活动血脉，但在此种情形之下，不要谈到其他的建设和辅助，而去总理所说基础建设，尤其差得太远，若是拿欧美各国比例的数字来讲，真是渺乎其微，或许我们可以强调的说一句，就是等于零。西北建设的困难，具体的讲，是人为与自然力之争，突破这障碍唯一的办法，就是建筑运量大、速度快与运价低廉的交通工具，有了此种工具，然后才可逐渐地去克服社会的、人为的、自然的各种困难。这种工具，一般看来，最有影响最固定永久的，自然是铁路。以往的建设材料,都是从沿海各口岸转入内地,而过去建筑铁路,东南各部,尚未完成,自然无力推及西北。抗战以后,海口封锁,材料的来源被阻,自然目前不能有这样大的力量,来大量推进,不过一到胜利以后,材料有办法的时候,就要积极赶修,自然是不成问题的。许多人曾顾虑到西北的铁道,本身的经济力量,能不能够维持其自身的生存。我以为这是过分的担忧,在初期也许有这样现象,但西北几条主要干线,拿西北的经济潜在力而言,是不会有问题的,而且就是亏本,我们以国防的眼光,以及为促进其他建设而言,也是无所顾虑的。当加拿大修筑大东太平洋,和加拿大国家两铁路,及美国修筑尚未开垦的西部铁路时,曾经有过许多人极力反对,认为在荒漠的地方修筑铁路,这是最危险最不经济的浪费,可是到后来,每一线任何一个矿藏的开采,均足以补偿建筑费用而有余,同时交通发展之后,一切工业生产,都因交通之便利而互增其繁荣,甚至于有许多自然因素,亦因之而改变,如气候的转易、疾病的减少,使任何人在科学上找不出多少理由来证明解释,而事实却确是如此。各种研究地理环境的书籍中,此类例证本多,在座诸君,都是从事经济建设的,所知道的当然要比本人还多,在积极方面讲,一定应有决心与勇气来打破西北的困难。近年来西北建设中,一个至今吃着交通工具的亏,无法施展的苦的例子,大家大概没有不知道的,就是玉门油在开采以后,每一油井的开凿,无法收容,其生油量超过能炼油之量,可炼之量又超过于可运之量,照此演绎起来讲,整个的问题在于运输。而我们同时又可作两种推论,因为无交通可以运大的机器,所以产量不能加大,炼出的油,因为没有工具可以运出,所以不能供大量的需求,总而言之,是因为没有大量运输的工具,大的机器,它的一个不能分开的零件也常常合得到五六吨重,汽车是无法胜任的。因此我们要建设西北,先要建设交通,为不成问题的事,而建设交通,我们又必须先有一条稳固有力的铁路线,想也必是大家所承认的。国父实业计划,关于建设铁路系统,特别注重西北一带,所以于建设西北铁路系统之后,又建设扩充西北铁路系统。现在我们检视国父铁路网线路的分布情形,得知其线路起讫,全在西北境内的,有西北铁路系统中的第四线和第五线,中央铁路系统中的西安宁夏线,安西州于阗线和若羌区尔勒线,扩张西北铁路系统中的西北边界线、焉耆伊犁线、伊犁和阗线和镇西喀什噶尔线与其支线高原铁路系统中的兰州若羌线,其线路或起于西北境内而终于他地,或起于他地而终于西北境内的,有西北铁路系统中第三线,中央铁路系统中的东方大港塔城线、西安汉口线、西安重庆线、兰州重庆线和北方太港哈密线,扩张西北铁路系统中的肃州科布多线、迪化乌兰固穆线、肃州库伦线、五原洮南线和五原多伦线,高原铁路系统中的啦萨于阗线、宁远车城线和于阗噶尔渡线。这些线路当中,有为欧亚铁路系统之主干的,有为沟通边区与腹地的,有为矿产丰富可资开发的,有为土地肥沃宜于移殖的。在20余年前,往西北一带实地调查勘测的,可说寥若辰星,然而国父即有此辉煌伟大的计划公布,证之今日,不但反没有瑕疵可指,益证其计划的深远,谋虑的周到,应悬为我们今日在西北建设铁路的最高准则。不过如此巨大的里程数字,实非短期内所可完成,今后如何分别缓急,按步实施,诸有待于我们的精细研讨,详细计划。兹就此建设的重心,提出下面几个问题。

一、铁路定线与工程标准问题。铁路的建筑,为百年大计,凡有关之政治经济及国防诸问题,都应顾虑周详,尤须具有远大的眼光,我们现在正在测勘中的西北铁路就是国父实业计划中的中央铁路系统东方大港塔城线,长数千里,为西北国际的大动脉。修一条长数千里的铁路,在我国尚属创举,在定线的时候就要高瞻远瞩,不可因某一种的理由,而遂改线。比如有某一处果有需要,我们宁可添加一条支线以为补救,万不可影响到整个的百年大计。就工程标准来说,也不可因为某一段的工程艰巨,遂改变其坡度弯度的标准,致影响运输的力量,他如载重轨距等,都应有一定标准,应拿技术的条件去迁就运输,决不可拿运输来迁就技术条件。

二、各种技术人员与人工缺乏的问题。兴建水利与铁路,都是需要有大批的专门技术人才,水利方面,过去也曾用过工兵,也曾大规模搜罗过大量技术人员,今后自然需用数量更大。至于就以往筑路情形而论,所需技术员工,自更不少,如株韶、潼西、浙赣、京赣、南萍、湘桂、叙昆、宝天等新工铁路,所用工务机务技术人员,平均每公里约需摊配一人至一个半人左右,滇缅铁路因赶工关系,用人较多,平均每公里技术人员,约需摊配二人左右。现在后方铁路技术人员总数,不过4 000余人,再加上今后各大学一部分土科毕业生,估计可得技术人员,最多亦不过五六千人,以之供应旧路,尚可敷用,若添建大批工程,则有人才缺乏之感。现在西北各公路人员,如是借用他省,一旦战事结束,重整河山,建设事业将千百倍于今日,所需技术人才,亦将千百倍于今日,如何维系原有的工作人员,及就地培养干部,实有深加考虑的价值。若就民工而言,战前京赣路赶皖境一段,长约 370 公里,最多工人达 70 000 余人,平均每公里约 250 人,现在黔桂金城江至都匀 200 余公里,赶工工人,最多约达 10 万人,平均每公里约 300 人,滇缅路段 400 余公里,积极赶工时,最多工人约 22 万人,平均每公里约 450 人。西南东南一带,人烟稠密,征调尚易,西北一带,地旷人稀,以平均每平方公里尚不到 6 个人的人口,纵然调集各省所有壮丁人数,也不够一路之所需,将来如何向邻省借调,及战后复员,如何利用兵工制度以大量推进水利和交通建设,亦值得我们事先研讨。

三、建筑材料的来源问题。我国以后建筑铁路,必然步入一新时代,而渐趋向自力、主动、独立的方式,自力地发展铁路,则建筑材料的来源,必须有以自给。所以重工业与铁路之结合发展,应当事先详为计议,回顾西北各省,蕴藏丰富,如玉门的油,甘新的煤铁皆为重工业的重要原料,其运用配合之道,尚有望于诸君之研讨,水利工程所需要的水泥,也应当事先大规模的准备。

四、地理研究的问题和过去我国的建设计划,很少注意到实际环境的适应和改造,即是对于地理环境的认识颇少研究,所以有闭户造车之实难合辙的讥诮,也有人讽刺过去许多人对于铁路所拟的计划线,可以搬到非洲或其他的地方去建筑,意思是说计划线与实际环境不是恰恰配合的。这自然因为科学的不发达,以测量仪器的缺乏,难于实地的踏勘,以致有想象随便的毛病,而确可从此看清过去一切计划的不合实用。本人去岁在贵阳年会里,曾经讲到苏俄近年探险事业的极力提倡,于是发现了很多的富藏,较过去的估计,多至数倍,同时在社会的组织也因探险和调查彻底的明了,得为社会改良的基础。德国之所著的大地政治学,就是这一部门的一个计划,这也有人说他为希特勒的作战的灵魂,英美诸国,本来有许多的经济计划机关,都聘有地理专家参与工作,可见地理研究,对于建设的重要。西北这个地方,至今犹为处女地,究竟实际状况如何?我们不能轻于武断,将来建设西北时,凡工业的区域、铁路线的选择、土地的利用等,非要经过详细的调查和测勘这一阶段不可,尤其水利建设,更是与地理地形各种实际学问,本切肤的关系,这是极显明的常识。所以地理的研究,是实施西北建设的先导,但我国目前似乎尚未十分重视,本人特别提出这个问题,希望能引起各位专家的注意。

五、边政部门人员训练问题。西北因为交通的不便,离全国政治经济文化的中心过远,所以人民的生活方式,都与内地显有差别,我们想把西北的社会文化,改变为近代之文化,就是说怎样在原有的社会中,去推行新政策。这新的政策,无论其为教育、经济、交通、卫生、军事等,总而言之,是新来文化,新的生活方式,一旦要把它创制出来,当然不是一回容易的事,所负责推行新政的行政人员,必须有关于人类文化之性质及其变迁、交替一般过程的专门知识,以及有边疆社会之文化和生活的特殊知识,与正确的了解,然后于其固有程度中,采取适当的途径,以为新政推行之门路,换句话来说,边疆行政人员,须有专门的训练,方足以负此重任,若以普通行政技术与方法施之于边疆社会之中,则政策不但不能推行,反而引起误会反感,甚至摩擦和冲突。英法在他的殖民地,设有所谓"政府人类学专员",苏联在他的边疆各省,也有类似的专家遣派,来处理所谓"文化纠纷"。战前敌人在我国遍设司文书院,训练熟知我国情形的专门人才,他们的动机,我们暂且不去讨论,但其所以有此设备,盖深知若干文化的问题,非普通行政人员所能了解,也非军警枪弹所能解决的事,必先训练大批的专门人员,以为推进建设事业的助力,至于如何训练以及推行的方法和技术,这是专门的问题,有待于专家的讨论。

其他西北政治的特殊,食粮和饮食的缺乏,都是我们建设西北绝大的阻力,如何克服与改善,也有待于我们工程人员的努力,工程师学会在过去数十年中,曾有其光荣的历史,事实显著,用不着本人来说。西北的重要,现在是我们滋生养息的所在,战后必为我们民族复兴的根据地。建设西北的重任,无疑义的全在诸位肩上,所以特就本会指定"如何建设西北"这个问题,提出和诸位商讨,望诸位不吝指教。

原载《工程》1942 年第 15 卷第 4 期

开发西北经济问题[①]

翁文灏

一、西北史话

西北为我国最广大最有价值的地方,此语证之史乘,尤为可信。统一中国最早之秦代,初亦发源于陇南,后迁都咸阳。西汉最光荣时代为武帝,命卫青、霍去病驱匈奴,张骞通使西域,使汉威远播。武帝之所以决心征伐匈奴者,亦有由焉,汉高祖尝为匈奴困于白登,几致丧命,故高祖大风歌有"安得猛士兮守四方"之句,足证对于边疆之重视。武帝继绳祖□,不惜人力财力挞伐匈奴,至今咸阳武帝陵旁,犹存有马踏匈奴之石像,可资瞻仰。东汉光武中兴以后,复命班超使西域,西北与中原之关系益臻密切。唐代以兵马数万人远征西域收复30余国,威震葱岭。英之历史学家斯坦因曾研究我西域历史,称世界武功无过于斯时,可以想见当时国威之远震矣。最后一次征新疆者为清代左宗棠,其时新疆不但内乱,伊犁一带且为俄国所占,幸文有曾纪泽办理外交,武有左宗棠平定内乱,始将新疆领土全部收回,为近代史最光荣一页。今人之来西北者,莫不对左氏敬仰有加。唐人诗句曾曰"羌笛何须怨杨柳,春风不度玉门关",而左宗棠则改为"手栽杨柳三千里,引得春风度玉关"。盖左宗棠征新疆时开辟甘新大道,两旁植有杨柳,号称左公柳,故有此诗句。今人之考察西北者,犹可见其宽大之道与高大之杨柳树。其大道之宽度,较今之公路有过之无不及,可以想见其工程之伟大矣。

现在内地人之看西北,远不如古人,非今人之眼光不如古人,特西北古今

[①] 此文系翁文灏1942年10月14日在中央银行经济研究处"经济讲座"上的讲演辞。

对外关系之不同有以致之。我国古代对外关系完全在西北。如到巴比伦、波斯湾、希腊、罗马，西北为必经之道，嗣以海禁大开，外人之来中国者咸由海路而入，致西北对外交通之关系，逐渐减低，故古人之称外人为"胡人"，今人之称外人为"洋人"。今当抗战时期，情形又略有不同，新疆西北之苏联，西南之印度，再远之波斯，皆与我国有密切之关系，且自汽车、飞机之交通开辟后，缩短西北领域与中土之迢远距离，使西北对内关系更日见其重要矣。

二、西北地形

西北之地形，有高山、有平原，西北高山皆为大山脉，简单明了，大山脉之间，即为平原。新疆自西而东，其最大之山脉凡三，最北为阿尔泰山山脉，中为天山山脉，南为昆仑山山脉，至玉门关内，南有祁连山山脉，北有合黎山脉，中间为河西平原。至陕西则有秦岭山脉，蜿蜒至潼关与黄河相遇，形成一天然险要地带，即潼关也。在绥远境内，有阴山山脉。以上皆为东西行之横山，至于南北行纵山，在宁夏有贺兰山，甘肃东南部有六盘山，西部有乌峭岭等。此项山脉，对气候雨量关系极大，每过一道纵山，山西气候即较山东为旱，至乌峭岭后，而河水内流不复入海矣。西北虽山高地亢，雨量稀少，然自有天助，每到耕种季节，则高山积雪溶解可以助耕，其内河流域地区亦均如此。可谓天造地设以贻吾人者。

三、西北水利

余以前曾写一论文，讲中国文化之外流者，首推水利。春秋时代，河南太行山以南地方，在今安阳县境，为韩、赵、魏三国交界处，此地出一大水利工程师，名西门豹，尝费巨资引太行山水以灌田。后韩国以强秦窥境，思有以弱之，有谋士进言，谓遣水利专家郑国者赴秦，以劳其民伤其财，则秦无力东窥矣。后秦果用以开渭水灌田，认为得计，旋知为韩所愚，乃欲逐郑国，国云：余之开渭，在目前虽使秦弱，然将来必使秦富，盖今之秦国，强而不富，虽强亦将何为？秦王然之，以卒用开渭渠号"郑国渠"，而秦果富强矣。由是水利工程，经陕西北上，传入宁夏，迄今黄河诸渠，尚有秦渠、汉渠、唐渠等水利工程遗迹可证。复南传入四川,太守李冰,造灌县泯江渠水利工程,至今犹受用无穷。再西传入新疆。《水经注》曾言及汉时龙云作怪,有索勒带兵三百往平之,民赖以苏,此虽系神话,但所指事实,确为积水利工程者,皆三百工人开渠导水以灌田,则无疑义,至赵充国屯田之处,即青海之乐都,系开□渠以灌田也。

尝记民国十八年,陕西曾患大旱,相传死亡者达百万人,此极惨之事,全由水利失修之故。现陕西已有泾惠、渭惠、汉惠等渠,灌田约280万亩,纵不幸再遇天旱,亦可有相当之收成,陕人对水利工程已受最大恩惠。

甘肃省近来积极开渠,已成功者,有湮惠渠与洮惠渠,祁连山下河西一带,现亦准备开渠。该处人口据估计较左宗棠时已减少约一倍,皆因水利不修所致。该地土质极为肥沃,当地人流行谚语云"一年熟两年足",如果能兴水利,将来定可"一年熟四年足",故余常曰"有水斯有粮,有粮斯有人",此开发西北之基本条件也。

四、西北人口

新疆地广人稀,可于其耕种方法中见……至今新疆犹行轮种法,每地一丘种一年休息一年。至宁夏青海各省,则荒地更多,总计西北人口密度,计陕西省现有人口1 200万人,甘肃省有600万人,新疆300万人,青海200万人,而宁夏仅五六十万人,其人口之稀少,概可想见。

吾人欲谈开发西北,必先从移民起,欲谈移民,必先从兴水利起,否则起始而开办工矿,不但人工缺乏,且亦无销路。西北土著,均有一旧习,只要有羊肉可食,羊皮可衣,根本不需金钱。如不先移民而开办工矿,工人实成问题。故开发西北,必先从增加人口起,欲增加人口,必先从水利着手。

五、西北交通

目今西北交通,虽有飞机可坐,汽车可乘,然此种交通工具,只可供少数人游行之用。一言开发经济,必须修造铁路,陇海路曾有由宝鸡西修至兰州之计划,惟以今日情势观之,此项计划尚嫌不足,有延长之必要,其支线更应北至宁夏,西至青海,以沟通五省。俄国之修西伯利亚大铁路,以经营西伯利亚及东南诸海,即其一例,李鸿章与俄国订约制倭时,俄国亦以在东省修筑中东铁路为条件,可见铁路为开发之先锋。惟此项建设最初不免亏本,必有亏本之决心,始能获建设之成果。此种原则,对开发西北尤为重要。

六、西北皮毛

西北特产首称羊毛与皮革,西北羊毛之多且廉,殊为一般人所不能想象,然过去上海之章华、天津之海京制呢厂,所用原料多系来自澳洲,而西北之羊毛,以我国羊毛未经洗整,不仅品质杂乱,且含泥沙40%以上,不适于用故也。据重庆某制呢厂负责人称,由西北运来之羊毛,所织之呢其成本视棉织品为廉,此种事实,确有重视之必要。今后对西北羊毛,应尽量利用,由洗毛而纺毛而织毛,均应提倡自办,则今后不仅国人之服装,可不必用舶来品,且可有大量毛货输出国外。西北不特羊毛产量甚丰,驼绒亦甚多,织成绒布,亦为御寒珍品。于陕西棉花,自倡用美棉品种以后,棉质甚好,可与世界上最好之棉花相媲美。云南纺织厂所用之棉花,亦均由陕西运出,可见其品质之佳,故西北一区,可谓我国之衣区。

此外皮革一项,亦为西北最大特产之一,可制马鞍及一切皮货,余在兰州一会议上曾言:"西北之皮毛,实为西北之精华。"此言诚非笑话也。

七、西北矿产

西北之矿产亦甚丰富,在地上者,如盐、如碱,在西北各内流河所汇之湖泊,俗称为海者,无不盛产,为化学工业之重要原料。其在地下者,如煤,各地亦多蕴藏,惟开采者尚少。陇海路火车,初用河南之煤,嗣在陕西开一煤矿,陇海路用煤乃称便。经陕入甘,煤产甚少,由宝鸡至天水至兰州,往返用煤,必须由陕运去,耗费运力不少,过兰州后,始有阿于锁及永登二煤矿,可供燃料;至新疆、青海、宁夏等省,则均有大量煤矿,惜亦未开采耳。铁矿在陕甘两省,亦有小量出产。

金矿在西北,产量甚丰,或谓今后黄金已无价值,此乃无金国所倡言,至产金国,则仍认黄金为极有价值之珍品,盖今后币制准备偿付国际贸易之头寸，仍非黄金之莫办，即统制经济之国家，如苏联者，亦在大量开采黄金。我国西北之黄金，产于有名之黄土层之下，黄土文化，为我国之最古文化。我国古代穴居野处土穴，即黄土层中之穴，冬暖夏凉，颇适居住，黄土层之下为石层，黄土与石之间，则产金属也。惟采金须用水冲，故西北有水地方，均能淘金，产金最多地方，莫如新疆，迄今该省军人领章，均为真金所制，其产金之丰，概可想见。

八、结论

现代文化为物质文化，建筑在工业之上，而工业又建筑在地下富源之上，故一国能尽量利用其地下富源，方能称为现代化国家。我国领土东南西北各区，各有其不同之特点，东北区物产丰富，且大部业经开发，吾人必须收复。东南区多季节性之特产，人口亦极繁殖，西北区既多季节性特产，地下又富，储藏更丰，惟人口太少，吾人必须尽最大之努力，开发西北，兴水利、建铁路、增加人口、开办工厂，以尽量利用西北特产，不出 30 年，必获惊人成绩。吾人尽一份力量，即可收一份成效，证以物理学"物资不灭"原理，可以知能力亦不减矣。古人有言"但有耕耘，不问收获"，吾人可改为"但有耕耘，必定收获"。愿大家以最大努力，开发西北经济，"引得春风度玉关"。

原载《中央银行经济汇报》1942 年第 6 卷第 10 期

西北经济建设之我见

朱家骅

这次在视察西北途中，看到很多的新兴经济事业，虽在十分艰难困苦的环境中，仍是蓬蓬勃勃地发展着，心中感到无限的愉快与兴奋，同时，对西北经济建设的前途，更觉得有无穷的希望。

讲到西北经济建设，首先要注意的是，西北经济建设的条件，决非一般人所想象的那样坏。许多没有到过西北的人，多以西北是一个地瘠民贫、资源缺乏、在经济建设方面没有多大办法的地方，其实不然。我们这次在甘肃，从河西到敦煌，沿途看到许多汉唐时代的伟大遗迹，使我想起这一带地方，当年是何等的繁荣，尤其是当年的敦煌，系欧亚交通的孔道，西通新疆，西南通印度、中亚西亚、小亚西亚，一直到欧洲，构成了唯一的国际路线。敦煌因为有此地理上的优越条件，遂成为当时对外贸易的中心，经济文化的传递站，呈现了非常的繁荣，和现今的荒凉景象对比起来，大有不胜今昔之感。由此可知西北就是河西也，曾经有过极长的繁荣时期，后来之所以衰落，完全是因为大家忽视了他的原〔缘〕故。我们现在既然感觉到有发展西北的必要，因此，我们对西北的经济价值，也应该重新加以估计。西北各省不特蕴藏极富，就是地质上气候上的种种缺陷，也都可以用人力弥补，换句话说，只要经营得法，一切经济建设上的困难，都不难予以克服，西北往昔的繁荣，也不难重新恢复的。

其次，我们要注意的，也是不必讳言的，就是现在西北一切的经济事业，都很落后，如果我们要发展某一种事业，必须同时发展和它有关系的其他各种事业，否则，因他种事业的影响，会使某种事业也莫由发展。我们这次从敦煌回来，经过玉门，曾参观附近的玉门油矿。该地距兰州700多公里，距玉门县大约有几十公里，距酒泉县有 100 多公里，地旷人稀，生产甚少，连草亦罕见，交通又极困难，所用工具只是牛车、土车，和古代一样，开矿者的吃用都需要跋涉几十里或百余里到玉门和酒泉去买。以致多用一个工人，就多增一项困难，至于开采出来的石油，也要费尽心力，用牛车土车外运，弄到成本太大。所以我觉得开发玉门石油，必须同时在当地附带管理其他事业，例如员工所需的食粮蔬菜等，很可以移民或令工人业余及其家属就近去设法种植以谋自给，据说矿局正在建造工人住宅，假使此项住宅依照小村落的样子，分散建筑，每户给他几间房子并且分给一二十亩地，要他的家属和自己在空闲的时候去种，那么工人及其家眷的吃的问题，也可以解决一部分了，加多一些工人，也不致发生食的困难问题了。又如该地至兰州的交通如能改善，则运输上可免去许多困难，石油成本当然减少。此外还有许多需要用油较多的事业——如航空训练机关、机械化学校和部队等——倘能搬到油矿附近去办，进一步在那一带更创办可以就近取得原料之各种工厂，及设法提倡机器垦植等等，俾所产的油尽量就地致用，也可以减少运输的困难，省去无益的消耗。总之，要发展玉门油矿，如能同时经营垦植、交通及其他有关事业，则收效必更宏大。不特油矿如此，即整个西北经济建设，也都应该用这种方法去办。这样，在开办之初固不免需费较多，但若精密考量一下，实在是最经济的办法。

再次，我们要推进西北经济建设，必须有精确可行之建设计划，而要拟订建设计划，便要先明了西北各省的气候土质、民情风俗、出产、资源等，以为设计之根据。现在我们对于西北一般的状况，多不明了，尤其东南西南各省的人士，对于西北更少深刻的认识，虽然关于西北问题也有很多专书和各种调查报告，但是难得算是精确，有些时候我们还要利用外国人的调查报告，作为研究西北的根据，实在惭愧！今后我们建设西北，必须预先切切实实做一番科学调查的工作，经过了科学调查，得到精确详细的认识，才能够拟订计划，着手建设。譬如玉门油矿，从前我们就知道的，这次开采之前，经过很长的调查探测，才着手进行，然而到现在还不十分明了油的确实散布情形和量，其实在甘肃别处比青海油矿还多，新近又发现了永昌与民和二处，如果我们多做些科学调查之后，或则还会有发现的。由此，即可知西北没有被人发现的资源正多，而科学调查，是怎样的重要而不容缓了。

以上是关于西北经济建设的一般问题,现在再就各种主要经济建设事业,分别加以检讨。

西北目前最急切需要的,要算是交通建设,交通事业为一切经济建设之基础,全国各地皆然,但就经济的国防的观点来说,则西北的交通建设,尤其重要。西北以外的各省虽然也都感交通不便,但大抵尚有一些河流,可通舟楫,一些铁路公路,可供运输。至于西北交通的困难,简直非东南人士想象得到,就水路言,只有黄河从兰州到宁夏包头一段,可通舟楫,但所谓舟楫,完全用牛皮羊皮制成,就是把牛羊皮打足了气,若干个连在一起,成一种筏,浮于水面,用以载货搭人。这种交通工具再古老也没有了,但还是唯一的水路交通工具呢!要改良吧,一时还谈不到。就陆路言,除了少数的公路有汽车外,根本没有新式交通工具,无论几百里或一二千里的路程,都是靠骡马或骆驼,要达到目的地,走几个星期不算一回事的。在这种环境之下,尽管有丰富宝藏,也不容易运出来,就是能运出来,所耗的运费,有时还要超过原物的价值很多,比如玉门油矿,就因交通阻梗,大感不便,但石油还是比较轻便的东西,至于其他农产物手工业制成品等则更不待言了。所以要推进西北经济建设,就非首先发展交通不可。就目前情形而论,最紧要的,就是筑造铁路。现在陇海铁路可通宝鸡,宝鸡到天水的一段,虽已开工,而完成尚有待。我们希望,陇海铁路必须加紧赶筑,至少宝鸡到兰州一段,要于短期内赶筑完成,最好将兰州到酒泉(肃州)一段,也赶筑完成,因为这一条路线,是西北交通的中轴,也是西北一切经济建设的输血管。此外由兰州西到青海、东北到宁夏的两条支线的建筑,也是推进西北经济建设的起码条件。

水利问题在西北也很重要,我们经过陕甘宁青各地,看到凡是有水的地方,一定繁荣,缺水的地方,一定荒凉,好比敦煌之所以繁荣,就是因为在附近40里的范围内,有一条小河可供灌溉,足以发展生产,维持当地人民的生活。水在西北既是这样重要,所以历代经营西北的人,没有不特别注重水利的,我们现在还可以看到许多振兴水利的遗迹,例如宁夏的秦渠、汉渠、唐渠、清渠,便都是各时代的伟大的水利工程。再如现在的陕西的关中,就是当年的秦国,因为凿渠成功,水利发达,结果沃野千里,国富民足,秦始皇赖以统一中国。近年西北各省,对凿渠一事,也很注意,且都有相当的成绩。陕西泾惠、洛惠、渭惠等渠完成之后,现在已经可以灌溉农田二百数十万亩,并且还在计划继续开凿,希望能够灌溉到一二千万亩。甘肃省政府最近和中国银行合作,办了一个水利公司,专门经营水利事业,如果好好做去,一定可以有良好的成绩。关于西北水利,过去许多学者专家都抱有怀疑的态度,以为很不容易举办,这当然是不正确的,古人在科学不发达的年代,尚且能够以人力凿渠,发展水利,何况现在科学的智能和工具都很完备呢?还有过去西北的水利工程,都偏重于开渠和筑坝,对河流从上而下的整理和水量的储藏与调节,多未注意,尚未能尽发展水利之事,发挥其最大之功能。我们知道,渠的作用,不外引水灌溉,就是把大河的水,引到渠里,再由渠引到农田,以利灌溉;坝的作用,不外防遏水势,改变流向,俾便利用而免泛滥。这两事对于农业生产的发展和水患的防止,固然很有帮助,但是如果对于水量的储藏和调节,没有办法,一旦河流枯竭,无水可引,则渠便不能发生作用,旱灾仍在所难免;如果河流不加整理,河床太宽,河道弯曲太多,面积太大,河流太慢,河水所含泥沙愈多,一旦山洪暴发,河水陡涨,堤便失其作用,泛滥仍难防止。所以我们今后要发展西北水利,除凿渠筑堤之外,还须注意河流之整理和水量之储藏及调节才行。至于工程方面,也不可以墨守成法专用人力,必须逐渐使用各项新式工具和机器,这样才可以在短时期内收得较大的效果。

在西北还有一件不容我们忽视的事是造林。以中国人不知森林的好处,往往乱伐林木,甚至烧山。我们随地可以看到中国人对开垦好像是很有办法。每到一个地方,先就是把当地的林木砍伐了,把地用来种五谷等农作物。固然,土地的使用,以种植五谷比较有利,可是森林也是人们生活不可少的,因为一般人不注意这个问题,于是伐林成风,到处濯濯童山,而西北各省尤甚。森林被伐,建筑木材缺乏,于是只好仰给于舶来品。过去上海及全国每年木材进口价值,实可惊人。查民二十五年上海进口值为 13 148(单位国币千元),全国进口值为 28 911,民二十六年上海 9 970,全国 23 239,民二十七年上海 4 596,全国 23 344,民二十八年上海 11 125,全国 34 443,民二十九年上海 157 78,全国 54 162。金钱外溢,中国安得不穷?尤其可伤心的是木材缺乏到有时连钉箱子的木板也要用美国的洋松!在西南各省尤其是四川,比其他各省总算还有些森林,至于西北各省到处是童山,不要说森林少,有些地方连草都没有,推其原因,固然由于没有森林太久,土已冲击,加之地势高,水源缺,而忽视保护和培植不力,也是最主要的原因。我们知道,森林的用途极大，不仅可作燃料和建筑材料，还可以调节气候，防止水旱与沙漠移动和改善风景。北方常常遭遇黄河泛滥，如果有广大的森林造于黄河上游，极北的气候既可调节，同时又可防止黄河之暴涨和减小河水含带之泥沙，预防水旱的发生。并且西北矿藏极富，要大规模开发矿藏，也非从造林着手不可。有森林才有木材，有木材才能开矿，开矿的需要木料，犹建筑上的需要木料一样，好比开3吨的煤，大概就需要一吨的木头。进一步讲，任何工业，都离不了木头。幸而现在关中一带，对造林很为注意，已经开始在做，不过没有造成大规模的森林，宁夏正在开始大规模培植苗圃，青海植树之风也很普遍，将来对于建设事业定有莫大的帮助。

西北畜牧事业很发达，为中国最大的羊毛区，其面积大于华北的棉区，更大于东南的丝绸区，所以对于解决我国人民穿衣的问题，西北实在占着重要的地位。不过西北对于羊毛的生产仍是墨守成法，不注意改良，今后要西北羊毛区有大发展，第一要改良畜种，而畜种的改良必须因地制宜，不是单把外国的畜种弄来交配便行。因为西北地方有时草很缺乏，气候严寒，牲畜在冬天多吃枯草，必须过了冬天，到了翌年春季，才又有青草可吃，所以西北的牲畜很能吃苦抗寒耐饥，但是外国牲畜的种子，未必都能如此。如果我们不顾当地的环境，马上单纯的想拿外国的畜种来改良西北的畜牧，是要失败的。我们必须因地制宜，先就当地畜种之中，选择良种，加以改良，再设法逐渐吸取国外品种使产生优良而又能抗寒耐饥的畜种。本来畜牧事业中国古代非常注意，尤其对于征马和牧草的改良，一向奖励，不过近代大家都忽视了。但在西北，牲畜的良种还有的，像很有名的滩羊皮，就是出于贺兰山下羊种的身上。滩羊的毛质，可说是很好的，可惜中国到处太不讲究整理的方法，尤其剪取羊毛，不予分别，随便把头上脚上身上的毛，剪取在一起，不知羊身上的毛，各部分的毛，各有其用处，决不能混杂，把剪下的羊毛，混杂一起，整理的时候，困难得很，所以外国人买中国的羊毛，感觉很头痛。同时洗毛工夫，也不讲究，羊毛上的泥沙不干净，以致就是毛质虽然优良，有时还是不能受人欢迎。现在世界上好的羊种，要算澳洲的莫利诺，莫利诺是由西班牙移到澳洲的，因为澳洲地广人稀，畜牧事业发达，规模亦大，西班牙畜牧事业没有澳洲那样发达，所以大家认莫利诺种为澳洲的羊种。中国各地羊种之中，未始没有优良品种，只要调查、研究和改良，也可有好毛产生的。牧草的研究和改良,也是非常要紧,必须同时并进。西北畜牧事业上首先要注意的,就是要推广合理的剪毛方法和洗毛场所,使羊毛的价值马上提高。

西北的棉花产量,也很可观,但是比不上华北,如果加以改良推广,自然也可以相当的发达。

化学工业也大有发展之望,因为西北有盐池,到处有骨头,尽可利用。其他工业,也可以在西北很有发展的。

说到机器工业,本来是各种工业之母,可是要在西北奠定机器工业的基础,绝非短时间内所能办到。这不单是因为西北交通不便,机器不容易输入,就是有了机器,没有会用机器的工人,也是不行的,使用机器的工人,必须花费相当时间,加以训练,而要训练成功一个熟练工人,不是一件容易的事。现在后方好多工厂,特地用飞机从上海请来工人,是因为自从曾国藩在上海创办制造局的时候起,上海就开始奠立机械工业的基础,到现在已经过了几十年,各种工业都相当发达,在这种环境下,有些工人几代都从事工业,工艺当然要比内地一般工人熟练。目前要在西北需很多技术熟练工人,当然很不容易,所以我们为发展西北工业应该先从推进并改良手工业着手,逐渐推行机器工业。这种循序渐进的方式,犹如训练飞机师,可以先拿滑翔机来训练一样,滑翔机会驾驶了,再驾驶飞机就比较容易了。

以上所说,都系西北经济建设之荦荦大者,也是西北经济建设的基本条件。苟能脚踏实地,切切实实的做去,更是蔚成西北的重要性,而对国家民族的贡献尤为宏大。

原载《资源委员会公报》1941 年第 1 卷第 4 期

为什么我们要开发西北[①]

张道藩

全国同胞,今天是中央宣传部主办"开发西北广播周"的第一天。我们举办这个"广播周"的目的,是要叫全国同胞们认识西北,因为认识了西北,然后才说得到开发西北。

时代到了今天,到了抗战进入第六个年代的今天,我们决不能再疏远西北了,我们必须开发西北,我们必须重建西北。

大家都知道,我们这次抗战是为了建设一个三民主义国家。我们的建设当然不能再偏重于东南一隅,让国防工业只集中在沿江沿海少数地区。我们不能再造成东南人口密度畸形繁荣,以致产生无业游民的现象。因此无论从国防来说,我们都必须把西北重新开发起来。我们应该医治过去东南西北建设不均衡的弊端。"开发西北","重建西北",我们可以说,不但是今日抗战的大计,而且更是明日建国的大计。

讲到国防民生,西北对中国的贡献太大了。西北的宝藏真所谓"取之不尽,用之不竭"。举例来说,陕西多煤、棉,甘肃多皮、毛、石油。如果我们能够充分利用,将来陕西很可以成为中国棉织的中心,甘新二省很可以成为毛织中心。石油、煤铁矿产在过去就有相当的基础,只要我们去努力,很可以成为大规模工业之区。从垦植、畜牧方面来说,农业方面,西北有 3 000 万亩荒地可供利用,造林与畜牧,不必说,那是极可以发展的事业。我相信只要我们把西北富源开发出来,中国国家一定会马上富裕起来。

[①] 此文为张道藩在"开发西北广播周"上的讲演词,原报载为《开发西北广播周张道藩部长播讲》。

对于这次开发西北工作,我们政府不但有极大的决心,而且有通盘筹划的。问题是要看我们全国同胞有没有决心去做开发西北的先锋,能不能拿出勇气到伟大的西北去。因为无论谈什么建设,首先就离开不了人,所谓"人尽其才,地尽其利,物尽其用,货畅其流",首先就要人能尽其才,然后才谈到"地尽其利","物尽其用","货畅其流"。全国同胞们,在今天我们不必为什么交通问题而担忧了,因为西北重要干线公路大都已经畅通,目前政府正在加强驿运工作。我们也无须为什么气候而焦虑了,我们前面已经告诉了大家,西北若干区域的气候和江南并没有什么显著差异。这次政府规定初步开发西北的中心地区,是在甘肃河西和敦煌一带。以上都是西北比较富庶的区域。我们为什么不到伟大的西北去,问题在这里,我要重复说一句,只看我们有没有决心,能不能拿出勇气来。

像这样一个伟大的建国事业,我相信是会引起全国同胞重视的。关于建设西北工作,在重工业方面,有我们政府去承担。政府希望于我们的,不过是要我们移居到西北去,协助政府生产。我希望全国同胞们,从今天起,拿出决心来。我们特别希望教育家和技术家去做开发西北的先锋,建设西北一定要从教化人民和提倡生产着手,西北是最大最理想的教育区和实验区,我们不要放过这千载一时的伟大任务。

全国同胞们,西北是我们民族发祥地,是文化的发源地。这个发源地必然要从我们手里复兴起来。我们祖先胼手胝足的结果,就是一个绝好的榜样。为什么我们不能在沙漠上开辟出绿洲?为什么我们不能在戈壁上建立起富强的乐园?我们能的。只看我们能不能挑起重担,能不能发挥民族的精神。我们再试看西方国家的文明,那〔哪〕一个国家不是他们的人民流血流汗开发出来的结果。美国今日繁荣的西部,不就是过去的一片荒地吗?我们广大的西北有的是烂灿文化,有的是不尽富源,只要我们把它发掘出来,把它发扬起来。

全国同胞们,希望你们勇敢的到伟大的西北去,去开发伟大的西北!

原载《大公报》1943 年 2 月 27 日

发展西北事业之管见

杨亦周

本行向以发展生产事业为建设国民经济之重要途径,故于平时已在华北及东南各地兴办实业,为民族工业树有深厚之基础。惟自抗战军兴以后,沿海各省相继沦陷,所恃以支持抗战者,仅有西南与西北数省,因此如何利用固有物资发展生产事业,藉以自给自足,并支持长期抗战之局面,实已成为目前切要之图。

西南各省以国际及交通多种关系,抗战后已有不少新兴事业,惟对于西北各省之建设,国人注意者尚不甚多,殊为憾事。按普通所指之西北包括新疆、陕西、甘肃、青海、宁夏之全部及绥远、蒙古、西藏之一部,其范围甚广,不过事实上,新、绥、蒙、藏等地或因军事关系、或因政治交通及种族等关系,目前而谈建设均非易事,故吾人所应研讨者,只限于陕、甘、青、宁四省。此四省面积约有160余万方公里,约等于全国面积七分之一,等于江苏省16倍之多,但其人口密度极小,四省合计不过2 000余万,如能振兴实业,不独在抗战期间可以调剂后方民生,即战后亦可大量移民,容纳东南各省过剩之人口。吾人所以认为建设西北与建设西南有同等重要性者,即由于此。

查西北各省可以发展之生产事业甚多,惟最有希望者,当首推棉毛二种。第一就棉花言,我国主要产棉区如苏、冀、鄂、鲁诸省相继失陷后,陕西已成为后方唯一重要之产棉区,战前全国棉产年1 000万担左右,而现在后方不过200余万担,陕西一省几占其半,故在西北而谈工业,当以棉纺织为最有希望。其次为皮毛加工业务,□陕西省之陕北区盛产皮毛,每年输出羊毛在20 000担左右,牛皮亦年产在4 000张以上,其主要集散地为榆林,甘肃可供畜牧之地甚多,统计不下20余县,年产羊毛达1 000余万斤,宁夏沿河一带及阿拉善额济纳西旗牧地畜牧事业极为发达,年产羊毛在百万斤以上,羊皮及牲畜皮约在10万张左右,至如青海之西宁柴达木盆地及玉树草原等地,畜牧尤为人民之主业,皮毛产量更超过甘宁两省。以如此丰富之原料,设厂加工,自属为便利,现在羊毛外销虽由贸易委员会统制,但内销则不受限制,当此外货奇缺之际,实我国毛纺织工业发展之唯一机会。本行如能在抗战期间树一基础,战事一经结束,即更换最新机器,从事于改良制品,纵有外货竞争,亦不忧无立足之地矣!

一、设立总公司于西安,公司资本暂定为300万元。

二、公司资本必要时得招募外股,但至多不得超过40%。

三、公司设董事会,推定董事5人至7人,董事会下设经理副经理各1人,由董事会聘任之。

四、公司内部组织,经、副理下设业务、工务、会计、总务等四股,各股各设股长1人,并视业务繁简,得设办事员、助理员若干人,均由经理委任之。

五、公司章程及一切应用规则另定之。

六、公司主要业务如下:

(一)原棉之收购及运销:拟在泾阳、渭南两地各设办事处一所,从事于原棉之收购,各设办事处于收花季节派员前往办理分级监验及打包等事,至收花期过,即将职员调回,协助办理运输等业务。至于运输方面,拟在宝鸡设仓站一所,办理接收陆运及水路运输事宜,至重庆则由行派员保管及办理经售事宜。

(二)棉纺织工厂之设立:关于棉纺织方面,拟先采用轻快式纱机,因此项纱机在宝鸡可以制造,据试验结果,每一纱锭之生产效能约等于大纱厂纱锭十分之七,以目前原棉与棉纱价格之差额计算,尚属有利。此项纱机暂拟以1 000锭为标准,迅速装置,至新农式纺纱机能在渝制造后,再行扩充,此外另拟附设制布机若干台。

本厂拟设于宝鸡。

(三)毛纺织工厂之设立:现榆林职业学校有毛纺织机若干台,置而未用,拟即与陕西省政府接洽购买或租借,俟洽妥后,即行设厂,万一此事不能成功,即就甘省所产之毛合子,在技术上略加改良。从事制造。

本厂拟设于天水或宝鸡。

（四）各该厂之内部组织及营业计划，另行拟定，呈由董事会核准实行。

七、资本之支配如下：

（一）原棉运销暂定为 100 万元，第一年收花以 10 000 担计，约需款 400 余万元（每担以 250 元计，运费及事务费每担以 150 元计如上数），不足之数拟向本行作抵押透支或押汇。

（二）棉纺织厂暂定为 100 万元。

（三）毛纺织工厂暂定为 100 万元。

八、将来的发展：

棉花纺织事业在西北各省既有充分发展之可能，自不宜仅图目前一时之利，一切设施应着眼于永久计划。首就棉纺织言，西北已有之新式工业如西安之大华纱厂，拥有纱锭 15 000 枚，咸阳之咸阳工厂已有纱锭 5 000 枚，宝鸡之申新纱厂现开之纱锭约 10 000 枚，正在装置中之蔡家坡工厂预计有纱锭 15 000 枚，合计有 45 000 余锭。吾人如推行轻快式纱机或新农式纱机，在抗战期间乃至抗战后一二年内，因世界生产力之减弱，尚可存立，一旦国际及国内生产力恢复之后，以简单之纱机决难于竞争，故小型纱机发展至相当程度后，即应向国外订购最新机器，一旦运输便利，即可运来装置，以企永远立足于西北，此应预为注意并计划进行者一。次就毛纺织言，陕西无新式毛纺织工业，民生、光大及西北实业公司所办之厂机具简单，尚未脱离半手工业范围，甘肃仅有皋兰济生工厂及西安民生工厂，规模甚小，产品无多，宁夏只有省立工校附属工厂及裕方、万盛等 3 家，产额均属有限，至于青海则除极幼稚之手工业外，无足称者，在目前毛织品奇缺之状况下，只要将手工业略加改良，产品销路即可无忧。惟至抗战结束，国际局面澄清之后，幼稚产品不堪外货之压迫，故现在除加紧改良手工业外，于事业发展稍有基础之后，即订购最新毛纺机器，藉以奠定永久基础。此外，西北毛产品质大抵绒短而粗，如何改良羊的品种，提高毛的品质，亦为重要工作，故于毛织工业稍有基础之后，并应附设牧厂，推广改良品种，将来并营畜牧事业，亦应定为吾人努力目标之一。

九、待商问题：

（一）董事之推定；

（二）公司资金之调拨问题；

(三)公司人事问题；

(四)棉花运输问题；

(五)原棉推销问题；

(六)公司名称；

(七)股本数额；

(八)招募外股问题。

原件存重庆市档案馆内,载《档案史料与研究》2000 年第 2、3 期合刊

开发西北管见

李烛尘

一部中国历史,在通海以前,与西北之关系最多,同时开发西北亦用力最宏,不过以往之方式,全持汉民族祖传本领,以农业为征服游牧业之工具,未能尽量开化西北之蕴藏,故数千年以来,此一片干净土犹为未破之天荒,正留至今日,以为工业开发之宝库,诚盛事也。然陕、甘、宁、青、新五省,除关中为汉唐帝都,曾孕育丰富之文物外,洮湟流域,昔时目为边荒,西去人烟寥落,戈壁千里,是否有充足之工业资源?此一根本问题未解决,一切均无从谈起。农林牧畜之产物,本为工业资源之一种,西北各省如能再于水利栽培、蓄息上加以建设改良,则衣、食(米、麦、棉、毛)之源,必能自给自足,因之与此类物产相关之工业,亦可顺利进行。然究于未来开发西北工业之大任务,未克完成,未来开发西北工业之大任务,必须于国防工业上得有相当之解决,故重工业之资源尚焉!

重工业之资源,当以铁、铜、铅、锌、锡、锑、锰、钨、铝、钼、镍……与非金属之石油、煤、硫磺、盐、硝石、石棉、石墨、石灰石、云母、石膏等矿为重要之产物。就闻见所及者言之,陕甘铁产均不丰,只足供小规模之开采,甘省略产铜,量亦不多,锰在甘省有发见,其余铅、锡、锌、铝等矿,知其有而不知其详。两省煤之产量有限,将来铁路用煤,似尚有问题,且甘煤不适炼焦,亦为缺点。甘肃虽产盐,质量两不佳,惟火硝与芒硝传闻蕴藏颇富。曾在敦煌发现大硫磺矿,祁连山麓有发现大铜矿之可能。又陕西郿、鄠二县产石墨颇丰,而甘肃盛产石油,出人意想之外,为国家一大庆事,非仅西北之福音也。宁青两省建制较晚,参考之资料寥寥,贺兰山产煤铁,其质量如何,俱无佐证,青海产煤之地,即亹源一县,传言有八处之多,然西宁用煤,尚运自甘省之窑街,是否名不符实？铁之产地，则未有所闻，但闻境内产铅，其余矿物，见闻均稀。总之，青海尚是一个谜！惟两省均产盐，量大质佳，硫磺亦为青海特产之一，将来酸碱工业或于青海有发展之可能，其他闻宁夏产硇砂，青海产硼砂，其量不能期其太多，西宁附近产云母，其块片相当大，同时附近产绝白之砂石，亦惟难得之品，甘、青一带所用之冰碱，运自宁夏。质则产自绥远，颇可宝贵。宁夏银川两岸产土碱，多得可厌，然北方张家口外，多类此项现象，居民淋土煎熬，俗称口碱，似无工业价值也。

新疆最足令人兴奋，金属矿中，除锡、锑、镍、钴尚少知悉外，铁、铜、铅、锰、铬、镁、钨、钼、铝等矿均有多处之发见，而量亦颇丰。同时煤之产地亦多，通化附近，几为整个大煤田，煤矿自燃，四处火烟，已经烧毁数十年而不灭，殊太可惜。而硫矿、硝石、石墨、硇砂、云母、石膏等亦应有尽有。盐、碱遍地可取，且有晶净之岩盐，更为难得。且石油之库，散在南北两疆，其质之美，胜于甘产，更为国家之庆事。不过宝藏固然富有，究丰富至如何程度，尚未尽知，笔者新自西北归来，深惭此行走马观花，完全皮相。日用品小型工业可办者为数甚多，若欲大规模经营，尤其是金属工业，实太冒昧，痛感对西北工业资源认识之第一步工作应有急起研究之必要！

近代工业崇尚一种有计划之组织，无论规模如何庞大，均期克日完成，并不致中途因原料燃料之缺乏而影响生产。中国将来建设必须迎头赶上，方能列于世界强大之林，试问眼前谁人可以说将来建设重工业——大钢铁厂、大炼铜厂及其五金矿工厂——究以何地为相宜？每日生产大量成品，对于燃料及原料之供给，确有把握？内地尚且如此，西北更谈不到！西北在中国所处之地位，与整个民族之生存攸关，吾华列祖列宗经营西域，不遗余力，其远大之谋，至抗战今日而愈见宏效，读者试闭目一想，假使抗战时代，西北之局势不安定，其影响之大果如何？历代统一中国者，必先控制西北，敌人侵华五年，尚阻于黄河天堑，迄未能扣西北之门户，胜负之数，即此可知。保西北即所以保中国，历史如此，地理位置亦不因时代有变迁也。惟保之之道，则非有国防工业不可。读者试再展开地图，今日西北果于何处为最安全，国家将来能于该处奠定大工业，而可致国家万年磐石之安！

笔者以为开发西北，即为整个民族生存上必需之要求，即宜乘此千载难逢之机，由政府令某一机关，组织一中央强有力之地质调查团体，集中全国所有之地质学人员,配以若干之采冶专家,从事探测,决不可像以往中央与省各自为谋,分散人力,且致彼此做同样重复之工作。先宜在甘肃河西一带及青、新两省,为彻底之勘查,陕、甘、宁则留为次一步之工作,因陕甘比较开化早,准以"天地有才皆自显"之私见,眼前未能发见者,未必一时即能搜索出来。而宁夏亦止贺兰山内堪探寻耳。独青海一省为一处女地,即为神州奥区,且为中国核邑,由此往东西南北,虽国境均百数千里之遥,不容易受外物之影响,而境内万山重叠(亦有广大平原),地质之时代较古,应有各种金属矿物生产之可能,而黄河、湟水、大通河流贯其间,水量丰而流急,又可为动力之源泉。煤、铅、硫磺、盐等已为重要之产品,果能于该省发现大量之铁、铜及其他五金矿产,不几为建设重工业之理想地耶?历观中国通史,国家当强盛之日,即经营西北最顺利之时,现五族一家,政令统一,政府应能以政治力量,推动此一工作,使调查人员得以顺利进行,且因系民族生存之所关,更应有排除万难之决策。万古祁连,人迹罕到,近闻甘肃矿业公司所组织之地质调查团,在祁连山麓发现铜矿,而详细产地必入山内始明,因哈萨人盘踞其中,未敢深入,本年春夏之交,拟请省政府派队保护前往。俄人开发东方之重工业地,也曾采用派兵保护调查员之办法,青海内部之勘测,政府或亦应有采此办法与决心之必要。笔者以为必先明了青海工业资源之情形,然后始能决定新疆之局面,新疆矿藏本丰,且已知其所在之产地,现所需要者为详细明白其质量,得其相当之数字,始能决定将来工作之规模。同时因地域之关系,果于何地为宜,不致受外力之影响,亦大有考虑之必要!如其青海有相当之希望,则根据"原料跟着动力走"之原则,将来西北铁路网完成,亦未始不可挹彼注此。总之,初步调查工作,战时固优为之,如留待战后再做,起码必需延迟两年建设工程。吾人以后再不能蹈以往之覆辙,先将工厂建好,再去找原料与燃料,亦不能如现时仅有少数之原料与燃料,即竞相建厂,弄得大家成一种吃不饱饿不死之现象!

第一步工作完成,建设之事,经纬万端,而交通第一,则为普遍之意见,"铁道一条通迪化",固盼提早完成,眼前急务,希望西北空航增加班次,使内地人士、企业之热心者得以前去观光,发展各种轻工业,以应当前之急需。西北物产太丰饶,尤其是新疆,待举之事太多,几于迫不及待,甚盼国与民群策群力,共策繁荣。关于建筑铁路,时人颇有主张从新疆向内修者,因新疆至兰州一段,概为广漠平原,施工甚易,将来从国外由西伯利亚输送入器材,亦较捷易,以视现时××展延,其涵洞工程之艰,每公里需费千万元,与×××一段尤为困难之工程,实不可同日语。此言不为无见,不过苏联与新疆经济之关系太密切,似此如意算盘,是否打得通与合算,尚有商量余地,而宝兰一段,无论如何困苦,总需开通,眼前财政固然困难,然土方工程只需国币积极图之,可以减少以后不必要之迟延。有了交通,则人可往,不至有土无人,有了交通,而后机器可去,不至手无工具,交通之于国家,如人身之有脉络,通则行动自在,滞则麻木不灵。中国地势,如巨人坐于太平洋上,新疆其首也,宁夏青海为左右臂,河西四郡则为通甘陕之咽喉,何等重要!乃距中原数千里,仅公路一条,邮机×架,似太孤零,当人谓"上党飞孤,控制者燕赵之郊耳,而论形势者犹曰天下之脊,诸侯必宝爱之,况昆仑、祁连、巴颜、唐古,实据亚洲大陆全体上游形势。顾可使有脉络壅滞之患哉",且人则铁路如蛛网,朝发夕至,我则裹粮万里,徒步半年,劳逸之势如此,吾知谋国者必有万全之策,而交通一项,甚盼节所有不必要之人力物力而全力以图之。

倦游归来,经历如昨,拉杂书此,感触殊多,望莽莽之西北,抒耿耿之寸衷,回忆秦陇邱原,棉麦遍野,皋兰山麓、青海原头、贺兰山畔,以及祁连龙首之间,天山南北之内,牛马骆驼千百成群,山绵羊动以万计,在"天苍苍,野茫茫,风吹草低"之下,眠食自如,场面如何伟大!而披裘执鞭之人,独立迎风,又何悠然自得也。生出玉门,漫云绝域,间有戈壁,固人鸟绝踪,然有水之处,即人烟棋布,远树连云,又"桑麻犹是中原景,城郭依然汉代观"也。天山横亘东西,划新疆成南北两盆地,南则甜瓜、葡萄、银杏、雪梨,并世无两,北则天马羚羊、苹果、苜蓿,久擅盛名,其上终年积雪,远望之如万丈白虹,横卧天际,日光照耀,幻出绯红蓝紫之美光,真是奇景!雪融成流,汇为内陆纵横之河道,实新疆农业之膏源。博克达高逾14 000尺,适在迪化附近,上有鼎足三峰,凹凸之处,渚为巨泽,号曰"天池",将来凿空引水,为数十万匹马力之原动力,工业之盛,可以预知。新疆纬度,与北平、察哈尔之间相同,北则有雪无风,干爽舒适,颇宜人居,南疆一带,每当春夏之交,花木成村,不逊江南三月,而孔雀善舞,较群莺之乱飞何如,民族虽云复杂,在民平政治之下,了无猜嫌。曾忆参加伊犁新年宴会"一堂十四族,歌舞庆升平",则九族亲睦之盛世也。而西人美人,其颜如玉,大方仪态,最令人思,希望"中国青年往西北去"!

原载《大公报》1943年3月9日

再建西北的几点意见

李　洽

当我到达陪都的当天下午，便被几位服务报道工作的朋友包围着，询问着"对于建设西北的意见"。是的，我是生长在西北，多年又在西北工作的一个人——民国十九年以前在兰州，二十三年以前是在绥远、新疆，二十六年以前又回到甘肃、宁夏，二十六年以后一直到现在，除了两年为了出席国民参政会大会来内地一两次外，完全住在青海。现在提供些关于建设西北的意见，极其应该，也是极其愿意的。

"西北"，这民族的故乡，这被一般人认为是边疆，是荒漠，是寒苦的地带，现在将予以新的认识、新的估价了。"调查西北"、"开发西北"，这被呼号了将占民国年龄一半的口号，结果也几乎仅止于口号。比如说调查罢，有人还在问："唐僧取经时的火焰山在新疆何处？"也有人在说："张掖西郊的二台子，正是赫连勃勃所建的黑城。"将成为现代都市、未来陆都的兰州，修马路时会不修水道，意谓西北干旱无雨，结果正在今年工程师学会举行年会时，一连不断的整下了一个多月的雨，新建的房屋倒塌了五六百间，陆都变成了泽国。说开发罢，皮毛原料依然以原料的姿态在输出。重要的交通工具，依然是兽力作动力。疫疠和传染病依然在蔓延着，埋藏着的依然埋藏，荒凉废弃的依然荒凉废弃。

"建设西北"这是个新的号召，是有着积极性的。旧的经验，新的教训，使我们产生了这新的切实的决策。我们生长在西北的，工作在西北的，当我们听见这个新决策时，是怎样的感奋，是如何的在希望啊！我想苦痛的经验，不会使我们再蹈覆辙了。调查也好，开发也好，建设也好，我们必须要去实实在在的，正正切切的去调查，去开发，去建设。徒说而不行，行而不切实，这都是我们进步的障碍,不仅在建设西北的一个工作上。以下就我所知,略贡一得于热心建设西北者。

第一交通:西北之所以成问题者,其最大原因在交通之不便。过去西域与闽越并称,海上交通一便,闽越便改观了。所以在战前我们呼吁完成陇海路,而结果被忽略了。运输玉门汽油的汽车,他运载的只够他自身的耗费。货不能畅其流,地不能尽其利,政治脱节、文化脱节、思想脱节,在在无一非交通不便之果。故建设西北第一要在便利西北交通。旧的调整,新的增辟,以及关卡渡口的阻难之撤除,都是特别要注意的。

第二科学:也就是说,第二教育。但我不以教育包括科学,而以科学提纲教育,是实在感觉到科学在西北的重要。在西北的教育要偏重科学,就是在西北的政治、经济、调查、建设,非特重科学,即无以进步,无以成功。在西北的多少区域,"神"还保有着无上伟力。信任自然,信任宿命论,浪费(人力与土地)、散漫、迟缓、不正确……这些病,只有科学是唯一的对症药。当科学扩展领域时,神的领域便在沦陷着。建设科学的西北,唯有科学能使西北进步,唯有科学才能建设起西北。

第三工业:西北是工业的理想区,有原料,有水,有煤,有较凉的气候。工业的价值高过农业畜牧业的价值要多多少倍。沿祁连山脉遍处涌现石油。因为缺乏交通工具,使无限无法估计的宝藏埋藏在地下而无法增强国力。言之可惜,听之蹙眉。今后建设,当认清西北在经济上的价值,应先注重工业。

第四卫生:可怕的疫疠和传染病,在西北儿女的血液中,在西北广大的牧场上,蔓延着,吞食着。他们认为这是不可避免的天灾,听其自然,或求灵于喇嘛阿訇这些上帝的代表者。但30万头作为青藏间唯一交通工具的牦牛,在一个半月间死尽了,使我们想念科学,想念科学的卫生设备。西北人口的稀疏,是近代的现象。当我们看见西北高山平原中至今还遗留着的田垠界线时,上代的西北绝非这样荒凉。为什么人口这样的在迟减呢? 卫生设备的欠缺是其中最大的原因。所以建设西北,繁荣西北,先要增加人口,移民是一道,健康原有人民是亦一道。移民也好,健康原有人民也好,卫生设备,科学的卫生设备是必需的。

第五水利:干旱是西北贫苦造因之一。江河发源于西北,而西北不能食其利。宁夏较能振兴水利,宁夏便在西北各省中较富足。新疆南部不缺水,南疆便被称为"赛江南"。陕甘近几年水利上的努力,使陕甘无形中觉得在西北各省中进步最快,这些或是自然的,或是原始方法的,若加以近代科学工具的利用,发展水利工程,使干燥的平原,变成润沃的良田,我们算算西北的面积,便可知道她之贡献于国家者的伟大。

以上五者,略举梗概,在今日建设西北百般工作中,此为最先应注重者。旅途忽忽,仅申概念。一地一事之详密计划,当待之于热心建设西北之专家。最后再说一句:建设西北并不晚,就看决心,切实,与信任科学方法与否。

原载《大公报》1942 年 10 月 31 日

战时西北经济建设问题

叶达光

一、引言

中国自通海以后久被遗忘了的西北,随着抗建大业的演进,边疆形势的重要,又重复引起国人的注意。西北是我们中华民族的故乡,远在几千年前,汉唐盛世,西北早经孕育过丰富的文物,发生过灿烂的光辉。近代西北的荒凉,沙土漫天,草木稀少,人烟寥落,乃我们后世子孙未能善续遗绪,不修先人之业,偏安东南,废弃西北的结果。自从总裁巡视西北归来,指示"西北是建国的根据地",使全国的视线集中于西北,于是"建设西北"成为一个新的号召,成为政府一个新的决策。在抗战五年后的今日而言建设西北,是迫切的需要,也是千百年的大计,却必须审度国力,估量民力而行。笔者去年曾有半载西北之游,对西北问题颇感兴趣,在此战时,如何建设西北,兹就经济建设方面,略为论述。

二、西北经济建设的基本条件

西北的范畴包括陕、甘、宁、绥、青、新六省,面积为 10 806 600 方里,约占全国面积三分之一,惟因属高原地形,所以普遍一致的呈现高原性的大陆气候。又因多山与沙漠,河流更湍急下倾,平时枯涸,逢雨则泛滥成灾。因之,交通不便,文化阻塞,而干旱灾荒,接踵而至。西北地形恶劣如此,故谈西北的经济建设,必须先注意下列几个基本条件:

(一)人口 西北地广人稀,统计陕、甘、宁、绥、青、新六省人口约为 3 519

万有奇,仅当全国人口总数十四分之一弱,尚比不上山东一省人口3 800万之数;以10 806 600余方里,约占全国面积三分之一的地区,而人口密度,平均每方公里尚不足30分〔人〕而言之,新疆每方里约得1人,青海每1.4方里约得1人,绥远每方里得2人,宁夏每方里得5人,甘肃每方里得30人,以与山东每方里52.7人,江苏每方里98.7人,广东每方里45.3人相较,何啻天壤。根据"有人斯有土,有土斯有财,有财斯有用"的原则,西北经济建设的前提,必须先谋人口的增殖。在目前此时情形而论,欲求迅速增加西北各省的人口,应发动移民工作。但移民本质上有几点原则,要移去的人民,求其能在那里成家立业,世代承传,永不返回故土,然后可求其能永久繁荣,要达到这个目的,必须要契合一个条件,就是他能够适应那边的气候。因为一个人到了异地,若不服水土,身体就要发生疾病,或减弱其活动能力。一个移民,到了垦殖区而不能从事其工作,这就违反了移民的本旨,耽误了国家的建设。所以移民的一个主要原则,就是尽量选择气候与移往地相近似的地区的人民。这一点很重要。我们可以拿许多事实来证明。河北山东人移往东北的卓著成效,广东福建移往南洋的伟大成就,白人在温带殖民地可以行白人世界政策,而在热带殖民地内不能不靠有色人种,都是适合气候则成,不合气候则败的实例。在我国诸人稠区域中,气候与西北甘宁青新近似的,当以华北平原为最。山西诸地气候虽亦相似,但人口不是很稠,不须向外移民,故此等地区不宜利用。

(二)交通 西北的经济建设既要移民以充实人力,讲到移民又须解决交通问题,而且西北各省的产物又必须交通便利然后可以货畅其流。目前西北交通,因河流浅涸无舟楫航运之利,主要惟靠公路,其次为大车道。西北公路系统包括川陕、汉白、华双、西兰、甘新、甘青、宁平、宝平等干线,西北交通现在虽已大大的进步了,但公路的运输能力毕竟是有限的,不能负起大量运输的要求;运输玉门汽油的汽车,它运输的只够它自身的耗费。所以必须加紧赶筑陇海铁海〔路〕西展的路线,由宝鸡到天水,再延至兰州,直至延长至玉门。又在战时铁道材料困难可酌量情形先筑轻便铁路,以应迫切之需要。同时要发展驿运,广泛利用适宜于这沙漠干旱气候的优良驮兽,如骆驼、骡马等,以补助新式通路之不足。

(三)水利 要增加西北的人口,除发展交通以便利移民外,又须增加粮食的供应,要增加粮食的供应,又转到农业的增产问题与水利问题。在西北高原,平均海拔在 2 000 公尺以上,地形复杂,在水利工程上,除了有限的土地可能开水渠、筑水库,以灌田亩外,大半的山地石峡,不是"有水无田"如沿黄河两岸万山陡崖,无法利用水利,便是"有田无水"如陇东高原,水源在 100 至 200 尺以下,很难取水。在西北可充灌溉用之水源,除河水、地下水以外,厥为高山溶解之雪水。河水以黄河为主要源流,惟得获灌溉之利者亦只限于黄河沿岸,如兰州附近,如宁夏平原,如河套地带等是。黄河沿岸的水利,现在还是以简单汲水法为多,用新式工程或机械者很少。作坝闸水,开渠导流,在黄河中上流,因岸崖高峻关系,有大部分地方不大可能。其简捷易行之法,还是把目前的筒车机械化。除黄河外,河水之足为灌溉水源者,厥唯由高山下流的溪涧,现已大量利用此项水源的,以祁连山麓之甘肃走廊地带为主。他如西部昆仑山麓、帕米尔东坡、天山山脉南北麓等地,尚多未尽善用之处。此种山坡溪流,水源为 3 000 公尺处高山半腰所降的雨水和雪水,流到下方,气候渐干,一入沙漠地带,河水即因渗漏地下而涸竭,降雨多在仲夏,刮雪多在春夏交东南风吹来时,故河水亦以此时为最旺。这与农业的进行虽是有利,但亦非全合需求,有时多则太多而浪费,有时少则太少而成旱。所以,为经济及增加效率计,应在下方多建蓄水池,贮积备用。这样,在洪水时还可以解除下方农田与牧场的不被冲刷。建蓄水池实是近代列国开发沙漠干旱地区的必要工程,而在我国则尚不数见。在西北,用雪水灌田,较雨水更好:第一,融雪正当春夏之交作物初生时;第二,雪水之来渐浸而不太急湍;第三,雪水灌田可以不使变为碱性,所以贮积雪水,尤以雨水为重要。高山半腰尚天成水池,可利用之为溉灌水源,现在阜康县博格山上的已在动工修渠,他处亦宜普遍开导。在山农地带以外沙漠区内从事农作,惟有利用地下水,地下水在草原区内的旱地下固然有,即在沙粒层下亦有之,沙漠间沃地中的水便是地下水的暴露。利用地下水的方法就是凿井,近来于右任院长提倡西北十年万井计划,是针对西北水利的实际需要,实是有见地的高论。在沙漠沃地的四周,地下水并不很深,加以地质疏松,开掘更易进行。凿井汲水,按于院长的计划,每井可灌田 100 亩以上,10 万井可灌田 1 000 万亩也,如此 10 年之后,西北十分之二三的干土变成沃美水田。此处又谈到取水,取水当用抽水机为上。机器抽水就得想到原动力。查西北有三种方法可以用来产生原力。第一是旧式的，用兽力来拉牵。第二是较进步的，用风力转动车轮，风力是种不费金钱的天然力，值得设计利用。第三是更新式的，就是用日光热做动力，这法在苏联的中亚沙漠区，英国的北非、埃及，美国的西部干燥区，已有应用，又经济而又省事，值得提倡。

（四）资金资本为生产要素之一，讲到经济建设就不能不讲到资金问题。我国经济建设之困难，根本上仍在资本之缺乏，资本的来源，不外利用外国资本，和筹集国内资本。在目前战时局面之下，国际交通不便，国外资本不易得到，自应侧重国内资本之利用。西北金融向极落后，今后西北金融政策须与经济建设之目的相配合，酌量实际需要适当布置金融网。除远大之经济建设应由国家经营以发达国家资本外，至小规模企业则宜倡导当地人民投资，鼓励其对于建设西北之热情，并普遍发展农贷，以扶助农业的垦殖。

三、战时西北经济建设的方针

（一）农业 农业在西北，因受自然条件的限制，不希望其有大的发展，但必须维持相当数量人口的衣食。除积极兴修水利外，在目前尤其在抗战中的今日，为速收实效起见，得从作物本身的品种方面加以改良，务期能适干燥气候为止，在作物中能耐干寒的为麦与小米秫草等。棉花的生长宜干而不宜雨，要阳光足，天气干燥，生长期约200天，在南疆境内，尤以天山南麓，气候暖，生长季有7个月，可以大事种植。新疆的气候情形与苏联中亚相同。苏联在中亚，植棉事业已得了大大的成功；我们如能采用他们的棉种，将来亦可成为棉花生产地。将棉花生长季收短二周，则准噶尔、内蒙等地亦可种植了。小麦是能耐干冷气候的主要作物，它可以250天或270天成熟，亦可以135天就成熟，它可以冬耕，也可以春种，在冬季严寒而降雪甚厚之地反比冬季温和而冻解的地方为宜。小麦的根可长至一公尺七到二公尺的长度，所以能耐干燥，若能得灌溉之助，即在夏季极干之地亦能生长。凡此种种都是宜于西北种植的因素。大麦、黑麦比小麦更能耐苦，不怕土瘠，不怕天冷，不怕雨少，所以本区北部之地可以种植。蔬果中之枣子、葡萄、西瓜、番茄等亦是沙漠中之可种作物，并且值得提倡。

（二）畜牧 西北区虽有不少地方可以从事农耕，但主要部分还是在畜牧。牧畜实为西北的基本产业。关于牧畜的发展要点,可以牧场、畜种与管理三项去说。牧草在本区,分布得很普遍,以四周尤其是东南境为优美,高山的半腰亦丰盛。要肥硕牲畜增高畜产,须从改良牧场起。现在西北的牧场可说是天然的牧场,天然牧场的草干旱由天,牧放无时,当不会长得丰美,不会养多量牲畜。所以今后要发展牧畜,第一就要利用普遍的水利工程,对牧场亦施行灌溉,栽种伺〔饲〕用作物。牧草的生长条件比耐旱作物还宽松,作物长不好的地方,却能长很好的牧草。所以西北的土地利用,在计划伊始,不可把雨量不可靠,水分很不足的地方都去辟为农田,应该农牧各得其所,收雨利之效,增进整个经济繁荣。牧畜用的牲畜很多,如牛、羊、马、骆驼等都是,不过它们对于气候与食料的适应性却不大相同,在用途上亦不一样。如何适其宜而善其用,在建设之始应有深长的计划,合理的配搭,精密的选取。养牛须有秣草或好草和水的供给,故应在气候较为温湿的地带。马比牛能适应干燥些,它能在沙漠草原中生长,不过饲养上比牛稍难。山羊与羊的适应干燥力与马无殊,但比马容易管养。羊可吃不良的秀草,山羊更能吃粗硬的草。故在养牛带以外为养羊与养马的地带。骆驼是沙漠的特产动物,最能适应干热,故其分布更在养羊带以外,直接与沙漠比邻。按照各种牲畜的特性,其牧放地带应有较妥的分配,拿西北的气候状况来说,应该在四周雨水较多地带养牛,尤以南部边境为然;再向内主养马与羊,再内到沙漠地本部主养骆驼。西北区回教盛行,养猪业可以少注意;马有特殊功用,而且养马又为回教生活中之特殊义务,蒙古青海的马品种又佳良,故在西北区宜提倡养马。我国畜牧所用的食草,全赖天生的青草,而不用种植的秣草。天然草春夏茂而秋冬枯,故牲畜亦春夏肥而冬季瘦。冬季牧草既枯,且又厚雪掩盖,因之,牲畜多因不得食而死亡。有人估计内蒙甘宁方面牲畜之死于冬季饥寒交迫中者至少有23%,这是一个多大的损失。要补救这个缺陷,唯有夏季种植秣草,收藏起来,备作冬季之用。可以作饲食的秣草甚多,若苜蓿草、三叶草,以至燕麦、黑麦等都可以。有些地方种农作物嫌太干太冷,但以之种秣草则尽可生长丰美。天冷生长季短,作物不能成熟,但作饲料用的可以割青,而不需成熟的。冬季牲畜死亡之多,除因无充足食料外,没有避风雪的厩舍,也是重要因素。故今后发展西北牧畜,应指导牧人去建造厩舍。建造厩舍的地点,应在向阳温暖而能稍种农作物的地方。因为有了厩舍,就带点定居性的关系,至求其他的牲畜卫生设备,可以逐渐增进,逐步地防止兽瘟。

（三）森林　森林一方面是器材之渊薮,一方面却又是保卫田地和牧场的盾牌,所以一方面要开伐利用,一方面却又要保护培植。看来虽矛盾,但若处之得当,真是相得益彰,农林两全。在中国或古时的欧美,农、牧、林三者实是彼此不共戴天的敌人,而森林是先被牺牲者,牧场与田地则为慢性的自杀,这就是说,农人为了增辟农地,常把牧场改作田园,烧毁森林充作耕地;牧人为补充草地,亦常驱牲畜入山林,伐木作薪,炊炉靠火,结果侵害森林,有时更引起火灾。森林一去,土地直接暴露,大雨之时不能蕴蓄,无法阻止降水之急湍横流,田园牧场次第被其冲刷割裂,终至于沟石满目,不能复用。而同时,土沙冲失,淤塞河流,以致大雨稍久,遂泛滥为害。现在西北方面陕甘等地举目荒凉,不见一树,夏天大雨,暴洪成灾,冬天刮风,尘沙堵口,多半是前人为了农田,伐掉森林的结局。所以我人今日建设西北经济,就宜有彼此俱全的策划,应遵一个原则,就是植林须不妨害农田牧场,垦殖不能伤害森林牧草,务使农、林、牧三者相存而不相克。健全之林业政策,应注意三大要点:(1)森林之保护;(2)木材供给之维持;(3)保安林之建立。在此抗战期间,最感迫需者为天然林之管理。盖造林利在将来,大规模之造林,在目前事实上有所不能。天然林管理,最初固需相当费用,但如设施得宜,一二年后即能有收入,且可源源供给木材,以应现时各种建设紧急之需求。顾我国现存之森林究属有限,尤其是西北童山濯濯,一片荒凉,是以造林方案必须同时进行。根据过去之经验,森林应由国家直接经营,盖高瞻远瞩之森林政策与夫久远施业之计划,期之私人殊不可靠。在目前急需,应将现存之天然林一律收归国有,施以科学化之管理,务使此蕴藏之富源,得成经济上国防上之有用材料。而在西北区内,若天山、昆仑山、祁连山等地方荒凉地带,应取上林下农的配列原则,大事植林。

（四）工矿　矿产本身虽与气候无关,但据近人的测勘调查,西北的矿产资源并不十分丰富。讲到煤,我们知道华北的煤田是中国最大最好的煤田,不但煤层多而且厚,并且分布的范围也较广,就中尤以山西的石炭纪煤田和陕西的侏罗纪煤田,不但在中国首屈一指,即同世界各国的大煤田相比也无逊色。可是,这种情形一过六盘山就不相同了。六盘山以西虽然也有石炭纪和侏罗纪煤田,它们的煤层通常都很薄,分布的范围也很小,特别是石炭纪煤田要同山西省比较起来,真可谓望尘莫及。不过,西北煤田零星的分布也很广,比华北虽不足,比西南各省还差不太远。西北铁矿床似可分三大类:第一类是变质水成矿床,生于南山系变质岩中,以皋兰白银厂铁矿为代表;第二类是风化残余矿床,多于石灰岩裂缝中,以成县铁矿为代表;第三类是水成菱铁矿,生于侏罗纪煤系中,以窑街铁矿为代表。此外,山西式之石炭纪煤系底部,赤铁矿亦间有发见,惟西北铁矿储量总嫌有限。可喜的是西北有沙金和石油。西北的沙金都是由含金石英脉风化而来,这样石英脉差不多没有例外的产生于南山系或相似的变质岩里域,尤其在河流的冲积平原及冲积台地下面,沙金富集更多,最重要的是大通河、庄浪河、湟水及黄河上游的冲积区域,其次是祁连山北坡各河流的两旁。据估计,其藏量约达440万两。西北的沙金,尤其是青海的沙金,其分布范围之广,可能储量之富,不但西康四川不能望其项背,就是湖南湘、资、沅三水流域的沙金比较恐怕也没有愧色。沙金无疑是西北大富源之一。甘肃石油矿储量甚丰,现已大量开采,著有成效。出人意外,目前西北的惹人向往,此点不无其主要作用。西北的石油。新疆最令人兴奋,迪化附近几为整个大油田,石油之库,散在南北两疆,其质之佳,且有胜于甘产。西北的矿产资源,除了煤、铁、沙金和石油已作概略叙述外,其余金属矿产如铜、铅、锌、锑、锡、铝,非金属矿产如硫、硝、汞、雌黄、雄黄、明矾、白矾、绷〔硼〕砂、石膏、耐火土等。虽间亦有发现,或是储量有限,或是矿质太差,没有重大经济价值。不过皋兰西湾的锰矿,永登炭山岭的油页岩,储量都很可观,颇堪注意。又因气候干燥关系,西北有许多碱水湖泊如罗布诺尔、博斯腾湖、库苏古泊、居延海等,水可制盐,分布很广。现在秦岭以北诸省所食的食盐,有所谓甘盐、青盐、蓝盐等,都是西北各碱水湖的出品,品质的鲜洁远在川盐之上,尤以青海、宁夏两省所产,质佳而又量多。单就青海一省而论,茶卡盐池,据近人考察所测,长达70里,宽约30里,池边深约1丈,中间处深约3丈,表面及底层各有盐厚1尺左右,中层所储之水复属饱和盐水,储量之富诚为西北的重要资源。不过煤铁究竟是工业的根本,西北的煤铁资源既如此贫乏,除了石油工业外,其他重工业是不可能成立的。重工业虽然不必有,轻工业或小工业如织毛、制革是可以树立的。

四、结论

　　西北区内,农林畜牧有极大之希望,应为西北经济建设的主体。三者若能按气候条件配合得宜,各有专业化,而以便利交通来平衡其有无,结果必可收合作共荣之效。沙漠荒芜之地,一般都不易引人前去垦殖,其唯一的引诱力,是有赖于重要矿产之发现。为采矿而去的移民将来必将为该地的住民,不再归返。则今日前往西北的矿工技士就应计划其将后在那里的有利生产。同时在目前油矿方兴未艾之际,一方为开矿,一方也为将来繁荣,就该大事发动西北移民工作,以为他日建设农牧经济的潜力。石油既是西北特产,我们就应该苦心经营。西北石油工业的建立,不单是在抗战时间中的迫切需要,亦是我国永久的大业。惟有四大困难须要克服:一是资本;二是技术;三是器材;四是交通。现在西北的油矿既属国营,有国家作后台老板,资本问题或者不会严重,石油的技术人员无疑的是不够,不过除了一面自己已训练人才之外,一面还可以聘请外国专家,这问题也不难解决。最难的恐怕还是器材和交通。石油工业需用的大批机器和钢铁器材,自然可以向国外订购,但是太多了也没法运来,尤其在战时,而且老是买外国货也不是好办法。所以除了复杂巧妙的机器,我们都应设法自造。自造器材是石油工业成立的一个条件,我们决不可忽略过去。制造器材最需要钢铁,然而西北又不盛产铁,所以我们只好在扬子江中部或西南方面制造器材,再由陆路运到西北。这样后交通问题愈加重要。我们还得要把笨重的器材运到产油的地方,我们还得把推动事业的人员和工人运去。在西北永固的农业体制尚未建立前,这些员工在当地饭不够吃,衣不够穿,东西没得用,我们都得给他们送去。而且最重要的是把石油的成品继续不断的运出来销售。这种异常艰巨的工作决不是公路汽车可以胜任。无疑的,西北石油工业的发展需要铁路,亦只有铁路才能担任得起这样艰巨的运输。综上所述,我们又可以看出,水利和交通是当前西北经济建设的迫切需要和亟待解决的两个基本问题。

　　　　　原载《中国农民月刊》1944 年第 3 卷第 5、6 期合刊

从地理环境论西北建设

李承三

一、绪言

普通所谓说的西北范围,是包括了绥远、宁夏、陕西、甘肃、青海和新疆等六省,这是历来习惯上的分法;若按地质构成、地理环境、人生活动,以及社会经济等来说,则大西北的范围实有重新划分的必要。但因为没有整个详细调查,姑从历来所说的西北范围,加以阐述。

民国三十年秋,中央研究院院长朱家骅先生赴西北视察归来,深觉西北之伟大与西北在国防上之重要,曾大声疾呼,勉国人重建西北。建设之首,必先从事科学的考察,原拟组织一规模较大的西北科学考察团,后因限于经费,乃由中央研究院及中英庚款董事会合组一西北史地考察团,于去年四月底由渝出发,十一月尾结束,历时半年有余。其间职务的划分,历史组侧重于河西走廊一带的史料及敦煌的古迹,而地理组则由皋兰开始工作,沿湟水河谷,经西宁,越日月山,走青海湖南畔,直抵都兰,原拟经柴达木盆地至敦煌,不幸当时由新疆窜来一股哈萨克族,盘踞其间,掠劫焚杀,行人为之裹足。时原住于柴达木的蒙古王族克鲁克,都来都兰避难。作者乃变更原来计划,取道青海湖北岸,经行草地数周,攀越特赖、祁连等山脉,抵甘州,西行到了敦煌,完成我们的使命。就我们所经过的地区来说,仅河西走廊和青海东北角的一小部分,若衡诸普通所指的西北范围,实微乎其微了。现在开发西北的呼声,如潮腾涌,政府倡导于上,人民翼赞于下,将使唐汉鼎盛的文物,得到再生之机。化荜路蓝缕的山野,奠万世不拔的基业,这实在是一个贤明的国策,不过自然环境与人生活动几成为不可分离的因果,我们欲建设某一地区,其根本的条件,须要明白其"地方性",也就是我们所说的"自然环境"。对伟大的西北,尤须深切了解,方不致有闭门造车之弊。所以西北科学考察团,势须从速组织,作初步普遍的调查。作者仅就此次在外工作所得,愿贡区区见闻,为主持建设西北当局作一点参考。

二、地质背景

我们经过地区所见到的地质,最老的岩层是"南山系",时代属于元古代或古生代。包括片麻岩、片岩、石莫岩、千枚岩、大理岩以及酸性或碱性的变质火成岩。此类岩石,经过悠久的时间,变质甚深,当时是海是陆,实不敢作断语。但其上部有石灰岩层,一定是海洋沉积。古生代岩层不整合沉积在它的上边,岩石系砾岩、砂岩、绿色片岩等,含有志〔滞〕留泥盆纪的珊瑚、蜿足类及海百合茎等化石,完至系海洋沉积。到了石岩二叠纪时,地壳发生升降运动,主要岩层为石炭岩、砂岩、页岩及煤层。三叠纪时的砂岩、页岩和泥质石灰岩是浅海沉积,侏罗纪岩层为陆相沉积,以砂岩页岩为主,夹有煤层,白垩纪的砾岩,不整合盖在侏罗纪的岩层上边,继之以砂岩、页岩等,均系陆相沉积。到了新生代,西北完全是陆地,气候枯燥,大致和现在的戈壁相同。这种海陆变迁的原因,乃是地壳一部分缓升或缓降的运动。旷瞻西北的嵯峨而整一的山脉、宽谷和盆地,虽然是受到了不少继续进行造陆运动和侵蚀作用,但造成西北有系统的重要山脉,全赖于造山运动,而在西北造山运动经过数次,其对于地形发生最密切关系的,乃第三纪末期或第四纪初期的运动,把古旧的岩层再拓皱过,再折断过,深部的推挤到高处,上部的掩压在下面,由都兰到河西走廊的剖面,差不多都是老的岩层倒卧在年幼的岩层上面,这是一种大逆断层构造,而且这种断层的走向,大致为西北东南和拓皱轴方向相同,是可证明西北第三纪时造山运动的动力,大致为南北或西北东南。

当第四纪初期或中期时,西北的气候和现在大不相同,就青海湖南山、茶卡和都兰一带的冰川地形来说,可以判定那时候的天山、祁连山、昆仑山以及秦岭等主要山脉,完全披盖着冰雪,而柴达木盆地、河西走廊、青海湖盆地……或者都是冰雪分布的地区,在这冰期中容有气候转变和暖的间冰期。到了第四纪中期尾或末期,气候渐渐变暖,冰雪消退,大量的冰水沉积,造成了西北普遍的山麓和河床厚层堆积,所谓之"玉门砾石层",就是西北一个□□后冰水沉积的代表。此后天气渐渐干燥,□□□北风常来,将沙漠区的尘埃吹到黄河流域,遂造成西北普遍的黄土层。

三、矿业

西北的矿产,种类繁多,就我们考察所见到的来说:有石油、煤、金及盐等矿。兹分述如下:

一、石油矿　石油层产于第三纪红色岩层中,由甘肃油田可以直接证明,该地层分布很广,如兰州以西的湟水河谷、都兰地槽、柴达木盆地,整个河西走廊和合黎山以北地带,均系此类岩层,如详细调查,发见〔现〕较好油田的可能性很大,至于新疆油田范围广大,储量丰富,尤堪注意。

二、煤矿　主要煤层产于石炭二叠纪及侏罗纪地层中,祁连山南麓及河谷两旁。用土法开采的煤矿,为数很多,且在合黎山北白垩纪地层中,亦藏有品质较逊的烟煤。

三、金矿　特赖、八宝和祁连等大山里的老地层,都含有很丰富的金矿脉,经受风雨之侵蚀,破碎成砂砾,随流水转运到河床堆积中。故山中较大溪流两旁的阶地,都是蕴藏砂金矿的地方。现在此区淘金的,每年约有 10 000 人上下,每人每年以 1 钱计,全年可得纯金万两左右。

四、盐矿　青海湖西的茶卡盆地,中间有一盐池,南北宽约 10 公里,东西长约 40 公里,计约 400 平方公里,盐层厚度暂定为 1 公尺,比重为二比一,全储量约 80 000 万公吨,都蓝西亦有一盐池,盐质及沉积情形大致与茶卡同,储量约有 40 000 万公吨,如全国人口仍以 45 000 万计,每人可得食盐 2 公吨。

四、地形与人生

由地质背景看,我们晓得西北有系统的山脉和河谷,都是由地质构造、冰川作用和气候变迁造成的,高的山岭,低的河谷,干燥的沙漠,润湿的草原,各有各的特点。于是人类的活动,则将适应其地理形势,以延续其生命。

就作者管见所及,开发西北有两个重要问题:(甲)怎样利用自然?(乙)

怎样统一与加强民族意识？

（甲）怎样利用自然

海拔高低，地形险夷，土质优劣，气候寒暖等等，都是自然固有的因素，非人力所能改移，但善于利用，则获益良多，否则徒劳无益，试提出几条，以为讨论：

（一）畜牧　大概言之日月山以西，祁连山南，辽阔的幅员，原为蒙藏游牧族，但该两族人口日渐衰减，以致丰美草地，竟有数日不见人烟，尤以青海湖北，祁连山南的一大块畜牧草原，闲弃的多。再者蒙藏两族文化很低，迷信很深，认定喇嘛为万能，凡遇瘟疫流行，则请喇嘛诵经祛灾，以尽心愿，人畜听其倒毙，束手无策。关于饲养畜类，以及剪毛熟皮等，皆固守数千年之陈法，卫生方面，则更难谈到，作者对此管见：1.规定日月山以西，祁连以南为畜牧区；2.因地制宜，可有副业的成立。略述于下：

（1）畜牧区

A.人民自由牧畜区　牧畜区地面辽阔，按空间草地和稀疏牧户而言，可增加牧户十数倍，竭力利用水草，我政府早有农贷的实施，应由四行成立牧贷办事处于西北，招徕青甘一带汉回贫民及蒙藏同胞贫苦牧户，给予贷款。其办法应采平等原则。

B.军马区　此次在甘州时，与骑兵师友人谈及，得悉我国军马之供应不足，良以马源不多，且质素日就窳劣，以作者观之，克鲁克王爷、汪什代海、钢叉王阿锐等千户管辖的祁连山青海间地区，产马为青海冠，政府应与该王爷及千户，通力合作，组织良好机构，广育军马。军马区成立之后，当然需要大批兽医，不但专治军马，还要治疗人民的牧畜。

（2）畜牧区的副业

A.畜业　畜牧区如有适于耕种的地方，应竭力利用，如茶卡的磨户、都兰附近，上下干坝及赛什克等地，就是很好的例子，因为本区的食粮，都是由湟县等处运来的，如能有粮食生产，可以供给本区需要，当然是最好的办法。但对于地理、土壤、气候等等，须先经土壤及农业专家考察，确实试验，若一意返乎自然，勉强耕种，一遇早霜或黑霜，则将毫无所得。依作者意见，畜牧区应以畜牧为主，农耕为副，倘遇天灾，则不致酿成大祸，现在都兰附近的农娃，就是半牧半耕。农耕势须建造土房定居，故施行政教，尤属便利，农民应由畜牧区附近招募,以其习惯多接近藏蒙两族。

B. 工业　畜牧区所产的牛羊皮毛肉、牛奶、素油、酪等,均为毛织业、皮革业、食品罐头等主要原料,应就地作初步的试制,运至湟源、西宁、甘州等地,分设工厂,从事精制。

C. 矿产　本区的矿产有石油、煤、金及食盐等,石油矿已在积极开采,毋庸赘述。煤矿亦须政府从事详细调查,大举开采,供给民用,这是保土护林唯一的良法。祁连山河旁阶地中的沙金,为量很多,自来土法开采,到处零乱不堪,遗掉的比淘出的要多得多,资源委员会应从速筹设祁连山采金处,作详细的计划,进行开采。西北多处常闹盐荒,而茶卡的食盐储量丰富,尤须大量开采,惟交通困难,不能大量运出,实属可惜。作者建议在未筑成轻便铁道以及良好公路前,应利用青海湖,夏航木航船,冬行滑冰车,尤须在大喇嘛河口、倒淌河口和三角城附近,建造土房仓库,作为水陆运站的枢纽,以大车、牛、骆驼等在青海湖东西两端运输,那么,大量的食盐,就可推销到青甘川陕一带了。

D. 农业　凡谈及开发西北时,大家都会想到"塞北江南"或"河西为甘肃最富的地方"。要知道河西走廊和湟水河谷都是农业较发达的地方,雨量缺乏,土壤多属黄土层,须要利用山水灌溉,专于靠天吃饭,是不能依赖的。但很多地方的沟渠,是人民凭经验所筑成,没有经过测量和水利专家的勘察,以故未能利用到水的田亩和浪费水的地方,一定很多。所以高唱开发西北水利的人们,还要先从测量地形着手,那么开渠、筑堰、修堤、建坝等就轻而易举了。就西北降雨和冰雪融化与农业播种需水的时期来讲,不很合适,反而不需水的时候,水倒多起来了,冰雪的融化量也大了。我们若想尽量利用山水和调节时季的话,需要在每条河的口子上或灌溉区的高处,建筑蓄水池,以补雨水的不足和冰雪未溶时的需要,这是解决西北水利唯一的良策。但西北可耕之地,都在黄土砂砾层的上面,蓄水池地位,尤须注意其透水,故水利专家以及地质专家都负有计划引水与蓄水的重大责任。若每个灌溉区有了大的蓄水池,那么,增加田亩一定很多,禾收也就有把握了。西北地广人稀,未垦和废垦的地,到处都可看见,一般农民耕种面积过大,人力不够,肥料不施,播种之后,任其生长,既不择苗,亦不锄草,所以草多于苗的事实,屡见不鲜。故开始整顿农业,应该按口授田,建树自耕农制度的基础,对于田工、肥料、水量等都要兼筹并顾才好。再谈到西北土壤侵蚀问题,尤为重要,如皋兰一带和河西走廊大都是濯濯原野和山岭,考其原因,盖居民以草木为其燃料、灰肥,旦旦而伐之,连根拔除,造成今日无法防御的土壤侵蚀,故对于保土工作,尤须特别注意。

E. 林业　祁连山的天然森林,久闻于世,然所以能保存到现在,实因交通不便,砍伐困难的缘故,由都兰向北行至祁连山,都有零星的森林分布。农林部现在酒泉设立祁连山国有林区管理处,可见政府对于林业的关心了。据作者管见所及,我们不仅要消极的保守现有林木,还要积极的培植森林,如原始森林区生出的树苗,须严禁牛羊入内咬噬。农区的渠边、河边及路侧,须大规模举行造林运动,至于何种树木相宜,尤须专家研究,若能将西北绿化,即可免除旱灾、沙漠化及土壤侵蚀等等灾害。

F. 工业　西北的重工业,一时尚难办到,至如毛织厂、皮革厂、罐头厂(牛羊肉、牛乳、酪以及各种果品)、面粉厂、造纸厂(据闻芨芨草系造纸极好的原料)、纺纱厂、棉织厂等等,皆为西北急需办的事业,至于各种工厂设立地点,应顾及到原料来源,以及动力之供给和人工雇用等项,如纺纱厂应设予敦煌,毛织皮革厂应设于湟源、西宁、民乐、甘州、肃州等处,即为最好之实例。

G. 商业　除一般日用品由商人经营外,而应由国家经营的为汽油、煤油、煤炭、茶、糖、盐、烟类等,以便管理统制和分配。此外如实行牧贷,一时法币不能通行于蒙藏区域,当以糖、茶、烟类、布匹、粮食等实物贷出,以发展牧区的繁荣。

H. 交通　在西北铁路未完成以前,须竭力改善西北和青兰公路,西北雨量甚少,偶遇山洪暴发,路基破坏,交通断绝,去年就是一个例子。关于干河道上的桥梁,要特别多修涵洞,以泄洪水,汽车经行沙区,极易陷下,务须从速改筑。由兰州至新疆,为通苏入印的国际交通线,由兰州至青海都兰,为入康藏的要道,势须从速建筑,若交通不能早日解决,那么丰富的石油、盐矿都无从运出,各项开发尤难实现。且西北辽阔,一旦和邻邦发生不幸,运兵困难,就国防上说,西北交通的建设更是不容或缓的。

I. 教育　本区受地形的限制,居民分定居以及流居两类,故若行教育,亦不能以同一方法。自我民族向东发展之后,历代多奠国都于燕京及金陵,于是远处边地的青甘等省的教育,都渐形衰退,此就汉回两族而言。至于蒙藏两族的教育,更不足论。抗战以后,我民族力又到西方来,于是西北的教育亦日渐加强。如中英庚款董事会所创立的湟川(西宁)、河西(酒泉)两中学和敦煌小学,教育部所创立的西宁、肃州两师范学校和敦煌小学,已显出卓著的功效,在兰州有国立技专、西北师范学院和省立甘肃学院,都在努力迈进。但对于蒙藏教育实施的方案,迄今仍没有适当的办法。西宁和酒泉虽有蒙藏训练班的设立,但训练出来的学生人数太少,以之作为改革蒙藏的基本干部,殊属难能,作者以为除原有蒙藏班一类的学校外,对于各民族的教育,应采新疆当局数年来推行教育的方式,保留各族的语言及文化,此种贤明的民族政策,已为一般智者所共识。关于此点,苏联底民族教育确有可借镜之处。此外在流动的牧区,应由蒙藏毕业生与教育、经济、医药专家组成蒙藏巡教团,内设教育、卫生、畜牧贷款三股。教育股专事文化教育的宣传,以各种民族语言编译总理遗教、总裁言论(此点组织部正迈力从事),以及编绘画报,以中日战争、世界战争,以及该族之本位文化作为中心题材,以启发边地同胞的知识。同时兼以有趣的故事,如文成、金成公主下嫁,隗侯、□姬入妾等,借此种故事,所引起其读书兴趣和通婚风气。确使边地同胞晓得中央政府,是大家的政府,每一个中国人都是黄帝的嫡生后裔。这是在蒙藏畜牧这一种初步启蒙教育,也可以说是心理建设的教育,或叫做"注入式"教育,同时选拔王爷、千百户及喇嘛等优秀青年,公费送入西宁或酒泉的蒙藏学校,以及内地中学或大学,加以训练,尤须于游牧区的定居人民住处、喇嘛寺及农耕区(如夏日哈、绰绰小坎、上下干坝),应设立初级小学,招收农娃和附近的牧民子弟。卫生股是由医生和兽医组成,诊疗人畜疾病、防御瘟疫及训导卫生,提倡各民族通婚等事宜。则这医药的号召,很容易积聚人民,发挥他股所不及的威力。农牧贷款股应由银行及毛织、皮革等厂组成,以应牧民、农民和半农半牧人民的需要,贷以茶、糖、布匹、粮食等,收回皮毛、素油等原料,并需要注意到牧区政治改进的程序。这巡教团是一个永久的组织,巡行牧区各地,试行三年,当会有良好的收获,而对于民族间的隔阂,自然可消匿于无形。

　　J.渔业　西北鱼类食品,视为珍物,然青海湖的无鳞黄鱼,从来没有大规模的经营,夏季捕获极易。应组一渔业公司,就地晒成干鱼,运销各地,此乃青海湖之一大出产。

　　K.药材与野兽　本区所产的鹿茸、麝香、枸杞、甘草、大黄、锁阳……动植物药材,昔为出口大宗。至于青海湖北岸和特赖祁连等大山里的野兽,如鹿、豹、熊、狐、野马、黄羊等，为数甚多，惟一般土人巡猎不时，公母老幼不择，实在有灭种的危险，此后对于打猎的时季和规则，应该详为规定与执行。

(乙)怎样统一与加强民族意识

西北民族的复杂，多受地理环境之支配，以致日月山和祁连山成了汉藏两族的自然分界，河西走廊的北山成为汉蒙的分界，青海湖西的扎哈斯，又成为蒙藏两族底鸿沟。回族多务农商，与汉族杂居，仍无疆界的分划(此外有哈萨克族，来自新疆，占领祁连山和柴达木一部，信奉回教，崇拜英雄，野蛮性成，抢掠为生，造成各地之不安景象，政府应从速设法弭平，勿使火燎于原)。因为各民族的生活方式、语言习惯、宗教信仰，各各不同，且边远之地，文化落后，在历史发展上，成为一特殊形态。古代武乙时，亶父受狄人侵犯，避居到岐，周平王为犬戎所侵，潜迹东迁，秦防异族东渐筑万里长城，武帝好大喜功，扩疆西域，禄山乱起，吐番初占河西，继归回纥，元世祖又收入版图，清左宗棠西征，建树勋功，改元以来，回汉两族，每因细故，引起纠纷，详求其症结所在，实因各民族不能互相了解所致。自国父倡导民族主义以来，我政府力行遗教中之民族政策，使五族为一国族，此项工作，今日已行至若何程度？我们试一检讨过去，常多愧怍！今当重建大西北之时，我们以巩固西北的国防利用西北的土地，发掘西北的矿产等等工作，不过是一些上层的建筑，而最基础、最根本、最重要的，是在于统一与加强民族意识，完成坚固的下层建筑，才是长久治安之策，才是建设西北的最终目的。所以，第一，要消除民族间的隔阂，与增进蒙藏两族的文化；第二，要发展牧畜区的国民经济；第三，要增加蒙藏两族及畜类的生产率，减少其死亡率，这都是巡教团应负的使命。此外应大量移入农民和矿工于牧区，在社会上自然可沾染一点近代的文化，而通婚杂居，则更可收移风易俗的效果。移民实边，本是我国历来的国策，如果各种事业兴办起来，人口与物产加多，良族意识得以加强，如此，则不啻建设了无形的长城，屏障我绵绵的西北边疆！

原载《中央周刊》1943年第5卷第29期

从文化动员论建设西北

赵守钰

建设西北是建国过程中之重要一环。自总裁视察西北归来,有"建国基础在西北"之昭示,于是全国同胞更了然建设西北之重要。兹专就建设西北与文化动员一问题,略抒所见,以贡政府国人之参考。

建设西北有两大原则:一为物质建设,一为精神建设。交通运输、农林水利、移民屯垦,此为物质建设。启发民智、阐扬国策,宣达建设西北与建国关系之重要,使全国同胞及西北各民族明了自身对于建国之责任,自觉自动,拥护国策,协和团结,起为建设西北之先锋,共赴建设西北之大业,以收事半功倍之效,此为精神建设。欲达到此精神建设之成功,必先从文化动员做起。试言其办法:

一、策动边疆文化团体

抗战以还,新组织之边疆文化团体为数不少,仅以陪都言,有全国性之边疆文化团体,如中国回教救国协会、中国边疆学会、中国边疆文化促进会、中国边疆建设协会、西北建设协会等七八个单位之多,而以上各团体在边地各重要地方设有分支会者亦不少。此种团体之组织,均为平素热心边疆事业人士所参加,其服务边地之情绪,当较一般国人为高,其洞明边情尤为一般国人所不及。政府应当积极予以扶植策动,使其分别负起建设西北某一项文化动员之任务,如调查、宣传、组训边地民众等各项工作。并应扶助发展各团体在边地设立分支会,吸收当地土著民族领袖人士参加,以为推动之核心。敌人侵占我察绥后,其政府即利用所谓"善邻协会"及"兴亚协会",作挑拨麻醉我边民及蒙胞之工作,或作各种调查及经济侵略文化侵略之任务。吾边疆文化团体应如何效力国家,知所奋勉。而吾政府尤应对此类团体扶助发展,委之以任务,助之以经费,或较政府本身去做,可以事半功倍。

二、组织西北医疗宣传巡回队

甘宁青新各省境内之各族同胞,因不讲求卫生,传染疾病乃成为最感痛苦之严重问题。故在现阶段中,边胞教育固重要,而边胞之生命维护尤不容漠视。换言之,即"保育第一""教育第二"是也。为解除边民此项痛苦并乘时加以宣传,政府宜策动各边疆文化团体组织医疗宣传巡回队,前往边地做相当时期之巡回工作。边胞于感激解除其生命痛苦后,自能容易接受宣传。此亦为达到国族团结建设西北之一种基础工作。

三、集中人才筹设边政研究机关

八中全会已有"设置边政研究机关,敦聘专家,搜集材料,研究计划边疆建设问题,以贡献政府参考,并以提倡边疆建设之兴趣"之决议。此次教育部边教会议亦有类此之决议。此事甚感重要,应谋早日实现。对于边疆研究有素或亲历边疆多年洞悉边情之人才,政府应悉心延揽,方能对研究有真收获,对政府有真贡献。

四、奖励边疆著述

边疆情况之介绍、边疆问题之研究、治边政策理论之阐发探讨,在建设西北声中为一重要工作。以往坊间出版之图书,边疆著述占极少成分。近年来国内有志之士,对于边疆著述之兴趣较前浓厚,教育部应订一奖励办法,经审查合格后,或予以奖金,或予以名誉奖状,以造成研究边疆学术发展边疆文化之风气。一方面国内大中学校,对于学生宜特别注意边疆史地智识之灌输,以养成其建设边疆之情绪。

原载《中央周刊》1943 年第 5 卷第 29 期

如何巩固西北

赵宏宇

一、引言

巩固西北，是现阶段整个西北问题的核心，时至今日，已不在"要不要巩固西北"或"能不能巩固西北"的检讨上；需要研究的，只是一个如何才能使西北巩固的方案而已。所以作者在谈到本题之前，用不着再强调巩固西北的重要性或巩固西北的可能性。不过"名不正则言不顺"，在引言中，仍须把作者对于"西北"这个名称的概念，分做地域的和历史的两方面，稍加说明，作为讨论本题的开始。

西北这个名词的普遍应用，似乎尚是近几十年来的事。而且它的产生，不是出于西北人士自己之口，也不是由地理学家特地创造出来的；相反的这个称呼，乃是由与西北相对的东南人士口中喊出。因为近百年来，我国政治、经济、文化的中心，逐渐移到东南，于是一般生长在东南的人士，便不知不觉以自己的所在地为依据，而把处在自己西北方面的黄河上流，统称之曰"西北"。其后梁任公先生与国父，先后把西北的称呼应用在著述上，影响所及，一般人都习用起来。这样称呼，才成为今日地理上、政治上固定的名词。

因为"西北"一词的产生，由于习惯的方便，所以西北的地域范围，自始即不曾加以确定。据最近王宜昌氏底归纳："西北的地域范围，有最广、广及最狭三种，以潼关为中心，向正东正南正西西北射出一矢，分全中国为四象限，西北象限的全部，再加上东北象限及西南象限邻接西北象限的两个半部，约合180度角的西北，包括黑龙江、内外蒙古、新疆、宁夏、甘肃、陕西、青海、西藏等地，这是最广义的西北。国父在实业计划中所说的西北铁路系统及扩张西北铁路系统,即指此最广义的西北而言。仅指西北象限全部,仅包含90角度的西北,包括西部蒙古、绥远、新疆、宁夏、甘肃、青海、陕西等地,这是广义的西北。至于普通所说的西北,则是狭义的西北,仅为广义的西北中之一大部分,把绥远及西部蒙古除外者。"站在巩固西北的立场上,确乎应以陕、甘、绥、宁、新、青六省及西部蒙古为西北的范围。

在历史上,西北不仅是中华民族的摇篮,而且是东亚文明的发祥地。远在周秦两汉时代,陕甘已为我国政治经济文化的中心区。关中之地,向称"帝王之州",自周迄唐,历代均建国都于此,一切典章制度,艺术文物,更足以代表我民族的伟大精神。虽然在汉以前,青海、宁夏尚是游牧地带,而新疆却早成了沟通东方文明(中国文明)、西方文明(罗马文明)、南方文明(印度文明)的桥梁。魏晋以后,长江流域的人文经济逐渐发展,到了唐末,西北始失却政治重心的地位,降为东部各省的附庸。南宋以后,异族数次南侵,西北长期沦于北方异族之手,一般人才慢慢的认西北是边防要区。迄于清末以至民国初年,东南成为全国重心,国外通商与工业重心,都移到海上,西北的地位便愈加降低。后来虽有梁启超先生创议建设西北,国父主张移民西北,可是因为在当时有这样高瞻远瞩眼光的人太少,结果,西北不但没有建设起来,没有垦殖起来,而且经济日凋,内政日弊,变成了一片游旅裹足的闭塞地带。纵有人到西北去,也只注意到考古而已。可是在这时候,我们自己虽然没有理会西北,日俄英的势力却日益在西北发展起来。北伐成功之后,因军事及赈灾的关系,政府渐次注意到西北问题;尤以戴季陶先生呼吁最力。迨九一八事变,由于东北失掉的刺激,西北问题始普遍为国人所注意。建设西北,开发西北的呼声,高唱入云。但抗战发生之后,蓬勃一时的西北建设运动,又突然沉寂下来。其中原因,据傅安华氏分析:第一,抗战发动之后,华北各省即相继沦陷,西北以邻近战区,国人均以为不是安全区域;为策永久之计,不如先建设西南。第二,认为西北的气候与物质环境比西南差,就建设的难易论,建设西北不如建设西南。第三,就对外交通路线论,西南也比较西北便捷。其实,这种估计显与事实不符。所以随着军事局势的好转,西北问题,又恢复了他对于人们的吸引力。现在讨论西北问题者虽远不比已往活跃,但在实质上却早已走上实践的阶段。

由于上述西北历史及地理底体认,我们已可从时间与空间两方面,得到西北的轮廓。并且我们进而可以认识：在这寇深祸急的时候，巩固西北的工作，已刻不容缓了。

二、从战略上看西北

要巩固西北，第一步要认识西北在战略上的重要性。

从历史上看，西北的战略价值简直是一种不可思议的奇迹。真是所谓"得之者昌，失之者亡"。陕西是西北的门户，自古兵家，更视此为"必争之地"。试举左〈下〉列的演进：

秦惠文君先取了楚国的汉中，楚国的军事便节节失败，以致为秦所灭。并且后来秦国因据有西北形胜之地而吞了六国。

项羽舍关中而都彭城，刘邦便得以汉中为根据地消灭项羽。

曹魏据有长安，虽以诸葛亮姜维的忠贞谋国，六出祁山（实仅三出），九伐中原，终以困于形势未能成功，卒至兵败出降。

魏晋多事中原，无暇顾到西北国防，结果五胡乱起，关中为氐族所占有，晋室在北方便永远站脚不住。

李唐之兴，以长安为根据地，注意西北国防，终能平突厥、回纥（内外蒙古），征服高昌、党项（新疆）及土谷浑（青海）等地。后并以甘肃青海为根据，进而平定为害最烈的吐蕃（西藏），成就了历史上空前的丰功伟业。

赵宋兴起后，未能定都关中，便伏下北宋灭亡之机，到了南宋，君臣如惊弓之鸟，纵有宗泽等痛哭流涕的上乞都长安，仍不知坚守西北。结果退保江南半壁江山，终于遭受覆亡的悲运。

明太祖之所以能迅速讨平群雄，把握中原，论者多以徐达乘胜定秦陇之功为多。

明李自成以陕西为根据地而发难，势不可当，"浸淫横决，酿成天下之大祸"。

满清入关之后，能够顺利地占领全中国，论者多以其能于入北京后，两路攻陕，使李自成没有立脚之地。

太平天国的领导人洪秀全，发难之初，一帆风顺，势如破竹，后来不能用□江的话，先□秦陇，只盲目的向长江下流乱攻，虽然占领了当时清室半壁的天下,结果仍是失败。

我们检讨了数千年来各朝代的兴旺,革命的成败,已经很足以说明:无论是对内或对外的战争,西北就是军事的命根!"得之者昌,失之者亡"。

但是,现在有许多人虽也承认这种历史的奇迹,却不相信今日的西北,依然有古来一般的战略价值。他们说:"时代换了,农业社会的地理条件,怕未必有裨于国际战争吧?"这种见解之由来,无非是受了近代一般人漠视西北之毒。我们必须拿铁的事实,来克服这种严重的错误。

现在我们是处在艰苦的二期抗战当中,二期抗战的特质何在呢?领袖在南岳军事会议训示中,早就昭示我们:"第二期抗战,就是我们转守为攻转败为胜的时期"。因此,我们要估量西北在二期抗战中的战略价值,只须考察到西北是否具备理想的反攻根据地条件而定。

从各方面分析起来,西北确有作为我们理想的反攻根据地的条件。只要我们运用得宜,无疑的他将重演一幕历史的奇迹。

西北的战略价值存在在什么地方呢?我们可以从下述三方面来认识。

(1) 形势的优越

敌人今后的战略,大约将以包围四川进攻四川为主要目标。就地形的观点看来,敌人梦想的进攻路线,大有采用北路大包围线的可能,即从绥远包头,侵袭五原,至宁夏,南侵中卫,强图黄河,而占兰州,截断我西北国际交通线,然后与自豫鄂西北侵之敌会合再进攻四川。但是西北的形势,真是进可以攻,退可以守。在进攻方面讲:西北对东部各省,是处于居高临下的形势,而目前呢,一方面正控制着晋冀战场上敌人的侧面,一方面可以源源不断的接济北方战场上我军的粮弹,并随时可从陕绥进兵,截断敌人南北的联络,包抄敌伪的根据地,攻略辽吉,收复朝鲜。在退守方面讲:狼山海拔在 2 000 公尺以上,足以控制河套的交通,贺兰山的高度也在 2 000 公尺以上,足以控制河套沿岸的交通,兰州东北,都是高原,山地作战,于我更为有利。再说到我国后方的国际交通,西北甘肃公路,是敌人不能遮断的一条生命线。西北有这样优越的形势,是可作为反攻根据地的第一个条件。

(2) 资源的丰富

一般人往往误认为西北为荒瘠不毛之地,其实,西北资源的蕴藏是非常丰富,凡战争所必需的资源,西北无不具备,只是不曾好好开发,以致货弃于地耳。先就食粮来说：陕南、陇东、河套及新疆之准噶尔塔里木两盆地，均富农产。果能兴修水利，垦辟荒山，提高生产技术，那么西北有这样广大的农业区域，不难供给当地人民及数百万大军的食用。次就原料说，如能将渭河流域的棉花，甘、青、新、宁的羊毛，普遍地纺织利用，恐怕不仅足以解决西北一带军民的穿衣问题，还可输出国外，为国家换回若干必需的军需品。而且我们知道，西北可开垦的土地，确是非常广大，计陕西在 100 万亩以上，甘肃为 14 852 160 亩，青海为 226 000 000 亩，绥远为 2 160 000 亩，新疆为 594 000 000 亩，宁夏约 10 000 万亩，总计可供林垦田垦及畜牧者，不下 100 000 万亩，这是极有发展希望的农业资源地。再说到矿产，现代战争所必需的石油，西北蕴藏最富。从新疆北部的塔城、乌苏、迪化等地，傍天山山脉经甘肃的敦煌、玉门、酒泉，延入陕西中部的延长、延川、肤施、邻县，是我国石油的主要产地。这一地带的蕴藏量，占了全国蕴藏总量的大半。又如煤矿，陕西的煤，仅次于山西，居我国煤矿蕴藏量的第二位；迪化附近诸县，也无不出产，甘肃则东起武威，西迄酒泉，煤系发现，连绵不绝。至于铁矿，则陕西凤县、双十铺及甘肃两当、亮□池，已有中国工业合作协会进行开采，据说这里的铁矿质量均佳。此外，西北还有一宗重要的矿产，便是新疆和青海的黄金。近来更发现青海一省，几乎有三分之二的地域含有金矿，在黄金恐慌的今日，弥足珍贵。他如盐产，则合陕西的富平、薄城，宁夏的盐池，甘肃的靖远□□，以及青海的西宁，有卤泊滩等 18 所，池盐产额，也很可观。西北有这样丰富的资源，是可作为反攻根据地的第二个条件。

(3) 人力的坚强

我国东南人口稠密，西北人口稀疏，是一般人皆知的事实。据统计，西北的陕甘青宁绥新六省，面积共 2 701 655 方公里，人口总数为 35 192 075 人。计其密度，每方公里陕西 60.50 人，甘肃及宁夏 9.37 人，青海 0.51 人，绥远 6.98 人，新疆 1.55 人。较之东南各省的人口密度平均每方公里 200 人，自然差得很远。因此有人认为西北人口之少，是国防上一大危险。是的，以一个人或几个人之力，绝对不能防守一方公里的土地，但是我们要知道，只要我们有开发西北的决心，人口移殖并不是一件难事。而西北各省的人口虽少，据民族生理学家的研究，因为气候及食品的关系，其人的精神体格却远较东南人民为强，足可训练成为一支标准的国防军。西北有这样坚强的人力，是可作为反攻根据地的第三个条件。

三、西北的危机安在

分析西北在战略上的重要性,只能使我们认识一点西北的生理,现在必须进一步来搜索西北的各种危机,以明病理,然后才能确定巩固西北的方案,对症下药。

从战略上看西北,在现阶段中是非常重要的,而且西北的前途是非常有希望的。可是我们毋庸讳疾忌医,我们要坦白地说,今日的西北确有不少的危机。

为了叙述的方便,现在把西北的危机分做内外两方面:

(甲)外来的危机

西北僻处边陲,土地如此广大,物产如此丰富,而数十年来,处在内忧外患交相煎迫的国势下,政府对之实有鞭长莫及之势,当然要引起列强的觊觎。于是有所谓"压力线"的产生:

(1)日本压力线

谁都知道,日本的大陆政策,就是亡华政策。它的目标,第一步是朝鲜,第二步便是东北及蒙古。据说他梦想中的蒙疆政府的统治地,即包括绥远宁夏和新疆在内。自九一八事变,东北沦亡,其压力线的范围,更日见扩大,衔山东北及北方各省即囊括到整个的西北。虽然在目前,敌人似乎特别多在西南蠢动,但这是一时的局势,丝毫不能减低敌人进攻西北的危险!整个西北,至今仍然处在敌人积极进攻的严重情势之下,敌人不仅在晋陕交界的黄河东岸占领了许多据点和交通线,尚且也在布置,准备渡河西犯。他屡次由晋南豫北的大举进犯,和绥西方面的蠢动,都是进攻陕西以及整个西北的准备和尝试。最近敌人发动春季攻势,在豫南鄂北,同时蠢动,不论它的目标是洛阳或是汉中,也可证明敌寇是始终未忘情于攻略西北的幻梦。所以论到西北外来的危机,现在当然应把日本放在第一位。

(2)……(删除——编者志)

苏联有独立的文化,有自己的主义,更拥有广大土地和众多人民,其国防力之强,远较我们的敌人——日本为雄厚。她的政策常可引起各国内部及国际间的战争。

现在她是我们与国之一,很是值得我们特别注意的一位朋友。

(3)……(删除——编者志)

(乙)内在的危机

说到内在的危机,实在没有外来的危机那样明白单纯;它是异常错综复杂的。现在只好简单地将最重要的三种提出来讨论:

(1)政治问题

西北的政治问题,主要的是中国共产党问题……(删除——编者志)

(2)……(删除——编者志)

(3)民生问题

西北资源的蕴藏虽然丰富,可是人力未尽,地利未辟,特别是由于水利不修,在耕地较多的陕西,"十年一大旱,五年一小旱"已成为数见不鲜的现象。其他地方,也同样是荒地多而耕地少,食粮不能自给,益以旱灾频至,往往弄得救死不暇!至于西北边疆,民众多恃游牧生活,间有手工生产,也是故步自封,不求改良的。因此国民经济,本已非常落后,那堪强邻环伺,挟其科学方法的生产,来相侵袭呢?自然是经济枯竭,民不聊生了,又因交通阻塞,教育不兴,且有鸦片流毒,不仅影响国民经济,更其影响国民健康,倘不能从速用政治力量加以改革,那么民生未臻佳境,则势必影响于建设。

根据上面的分析,不但可以明白看出今日的西北,实在处于内外煎迫危机四伏的情势之中,这些危机,是由各种不同的原因错综地形成的,彼此都是更有关联的。基于这样的认识,可知巩固西北,决不是一个单纯的军事问题或政治问题,乃至其他单一的问题。要巩固西北,绝非"头痛医头,脚痛医脚"的方案所能收效的。那么,怎样才能巩固西北呢?"兹事体大,谈何容易"?但愚者千虑,或有一得,作者不敏,敢竭思力所及,贡其刍荛,以就教于高明!

四、对于巩固西北的意见

这里谨将对于巩固西北的意见,分做党务、政治、经济、军事、文化五方面,条陈如下:

甲、党务的强化

1. 实现"党政军一元化"与"党政教合一",加强本党对西北行政的领导作用,以求切实做到"以党统政的目标"。

2. 运用政治力量及国家法令,制止某党非法言行及扩军运动。

3. 加紧宣扬三民主义及本党的政纲政策,暴露某党的犯罪行为与弱点,痛辟其荒谬言论,建立人民对于本党的信仰。

4. 征求新党员的范围须竭力扩大,但西北政情复杂,征求时仍须注意质的选择,以免不良分子渗入。

5. 本党党员须深入西北乡村及都市中的下层社会,与广大民众接近,打入各种帮会中,发生核心作用,以增进本党与民众的联系,并加强本党在民众中的领导力量。

6. 边区附近及受某党毒祸较深地带,可创设孙文学院,争取知识青年,施以高级的党化训练,以对抗某党诱惑青年学生的活动。

乙、政治的健全

1. 尊重行政系统,裁减骈枝机关,撤消非法组织,务使系统分明,事权专一。

2. 励行法治,严惩贪污,实行行政三联制,以提高行政效率。

3. 分期实行新县制,健全各级民意机关与民众自卫组织,加速完成地方自治的条件,以巩固西北之政治的社会的基础,作为推行宪政的准备。

4. 抗战后来到西北的各级行政人员,须分期培训,加强其对于西北的认识,坚定其服务西北的信念,并予以切实保障,以免抗战之后,各回家乡,影响西北建设工作。

5. 推行禁政,积极方面须普遍宣传,推行社会教育,消极方面除严密禁运、禁卖、禁吸外,尤须注意禁种。凡西北曾被烟毒区域,应令各乡镇保甲广事宣传,令十家具联保切结,合递呈报。烟毒出土时期,再由乡镇长初查,县长复查,主管机关抽查,务期根本禁绝。

6. 西北兵役现状,亟待改进,尤须注意健全机构,严惩不法,铲除特殊势力,及力求接收壮丁手续的简单确实。

丙、经济的发展

1. 立刻兴筑西北铁路,逐步实行实业计划中对于西北交通之设计,使西北的血脉畅通,则一切设施易于着手。在目前,尤须积极发展驿运。

2. 从速吸收战区难民来西北开垦,并试办集体农场,驻扎后方部队及难区壮丁,也可编成屯垦军,从甘肃、河西及伊克昭盟开始,兴办军区屯垦,以实现国父的兵工政策。

3. 我国华侨在外者约有1 100余万,资金、人员及劳力都非常丰富,可组织华侨人才资金总动员委员会,以动员侨胞保有之人力、财力,用于建设西北。对于侨胞回国投资,可予以汇兑上的便利。并可在西北安全地带,划定区域,作为侨胞投资或垦殖的地方。

4. 整理旧渠废沟,普遍培植森林,提倡农业水利合作,举办水利调查与实测,分期完成西北的水利建设。

5. 设立种畜场及血清制造所,改良西北畜牧,以供给抗战中的畜力及畜产品。

6. 除动员侨胞资金外,并可由政府借用外资和外国的机械,招集流亡西北的技术工人,开发西北各地重要矿产,以建立至少足够供给西北各省持久抗战的军事工业。

7. 调剂西北各省的社会金融,沟通各省间的商品交换,并普及农村贷款,以活泼西北金融。

8. 设立钢铁厂、制革厂、毛织厂、罐头厂、骨肥厂,并晒盐、掘煤、淘金、纺织等简易的手工业,以发展西北工业。

9. 发展西北的特产输出事业,如羊毛、矿产、牲畜、药材等。

丁、军事的改进

1. 由参谋本部罗致对西北国防有独到研究的专家学者,预筹巩固西北国防的整个对策,提交国防最高委员会核定,作为战时西北军政设施的最高准绳。

2. 西北地方团队及一切非正式的地方武力,须全部重新整理,使其系统分明,指挥统一。但不能轻易收编土匪。

3. 调集优良部队加强潼关及沿河战线,巩固河防;并尽量派遣挺进军,渡河深入敌后,以攻为守,牵制敌人。

4. 以政府机关及学校首先下乡为倡导,疏散西北都市人口。并增强各大城市的防空设备,例如西安市沿城防空洞,危险性大甚,须加注意(如贵阳昆明二处,敌机曾作环城轰炸,致损失颇重)。

戊、民族的融洽

1. 本国父"国内民族一律平等"的遗训,实行四全大会通过的"边疆各省区实业建设与文化建设应确定方针确实进行案",以国家及地方土著人民共同的利益为前提,积极发展蒙回的经济生活,提高其文化程度揭穿日寇挑拨离间及第三国际利用民族自决口号的阴谋,消除民族间的隔阂,提高蒙回同胞的向心力。

2. 尊重边疆人民的风俗习惯与宗教信仰,因势利导之,使他们能自发的改良宗教,改良社会,以促进民族的协调与人口的发达。

3. 设法使蒙回同胞在其自愿的原则下,集中散在民间的武器,收编和训练其民众武力,尤须发扬蒙古同胞固有的骑射特长,帮助抗战。

4. 在政治学院、七分校、干四团一类的学校中,须尽量招收蒙回各族的青年,培养边区的军事政治干部。

己、文化的提高

1. 设立半官性的战时西北文化工作委员会,把散布西北的文化工作者团结起来,集中力量来进行抗战中的出版、戏剧、歌咏等工作,唤起西北同胞的抗战意识。

2. 实施二十九年四月教育部公布的国民教育实施纲领,遵照中华民国教育宗旨及其实施方针,普及西北教育,特别注重国家观念的培养与生活知能的传授。

3. 宣传信教自由,鼓励族外通婚,加强政治教育,使西北复杂的人民融合无间。

4. 增设农业学校、工业学校,促进生产教育。

5. 扩张并改进现有的师范学校,实行文武合一的教育,办成健全的师资。

6. 西北各大学法政学院(或科)中,可普遍添设边政系。训练有志边疆工作的优秀青年,作为开发西北的先锋,各该系并须加深对于西北问题的研究。

五、总结

综上所言:从地理上看,西北不仅是当前我国中枢的屏障,而且是将来我国伟大的府库;从历史上看,西北不仅是中华民族的摇篮,而且是东亚文明的母体;从战略上看,西北不仅是历史上军事胜负的命根,而且是目前支持抗战与将来收复华北的反攻根据地。可是到了现在,外则日攻于东,俄侵于北,英窥于西;内则政治分化,而民生与经济亦危象丛生。所以,无可否认的,巩固西北,不仅是现阶段西北问题的中心问题,而且已成为战时中国的迫切任务!从这样的认识出发,作者认为巩固西北的目的,主要的不外两种,即对外是求自卫,不是侵略,对内是求统一,不是专制。巩固西北的方法,是强化党务、健全政治、发展经济、改进军事、融洽民族、提高文化,对于今日的危机,从事根本的治理。巩固西北的根据,原则上自须遵照三民主义与实业计划,策略上还可参考专家学者各种研究所得的新知。至于程序上,作者认为要巩固西北,必先开发西北,要开发西北,必先建设西北,要建设西北,必先发展交通,交通问题解决后,巩固西北的工作才可以顺利开展,但是要发展交通,必先修筑铁路。而铁路之中,西北铁路的立刻兴筑,尤为巩固西北工作的唯一起点,这是作者的结论。

至于驿运的恢复与发展,若为西北的远大处打算,实在只能作为抗战期中维持交通的一种补救办法而已,我们决不能贪图近功,而放弃了国父实业计划中所指示的根本之图。

原载《西北论衡》1941 年第 9 卷第 6 期

从总裁指示论西北建设

张聿飞

我这篇文字,是由于最近读到总裁上年八月莅临西北时,对西北党政军工作同志的训词而写的(该文载本刊第二十七期)。总裁这篇训词,关系于今后建国工作中的西北建设问题,最为重要。所以我除了钦佩并记取训词中的指示外,特别写成此文,贡献读者参考。

西北建设无疑是我民族抗战中一种伟大的建国运动。从上年八月总裁莅临西北,并倡导建设西北十年计划以来,国人对西北备极向往,我们建国成功的前途,于此又看出一个端倪来。但是,由于西北的荒凉与辽远,它的真面目,还没有为全国同胞完全了解。现在一经总裁倡导,大家将过去对西北过于淡漠的心情,一变而为特别的热烈;以往认为西北是遍地不毛的区域,现在一变而为黄金世界。我以为这是"过犹不及"。这里,我提出目前对于西北建设论调的两种错觉。

第一种错觉是认为西北遍地黄金,一经探取,富豪立致。不错,西北有的是黄金,天然富源的丰富,比较国内其他各省,有过之无不及。但是,所有那些丰富的宝藏,并不是在平地上好好的堆积着,可以任人俯拾,而是需要我们的财力人力去探取、去开发的。这种错误心理,我们应该改正过来。

第二种错觉是悲观。这和上述过分乐观的错觉恰巧形成一个对比。持此种心理的人,尤以到达过西北内地的人士为然。他们对于西北土地的荒凉,人民生活的贫穷,以及一切艰苦灾害的状况比较熟悉,因而发生一种对于西北建设的悲观心理。是的,他们的这种心理是有来源的,我在拙著《西北社会》中也曾提出关于西北荒凉的事实,但是,我们必须把眼光放在全盘的上面,不要只看了局部,便以为西北建设不可能。

还有一种错觉,就是因过于相信没有铁路,就不能谈到建设西北。这种心理固然有他的基础,有他的事实,但是,我们决不能因此而停止了建设。正如饭桌上没有旨酒大菜,就停止吃饭一样。关于这一种错觉,总裁在"开发西北的方针"中,指示得最详尽、最透彻。

西北的实际情形,自然不是这里所能尽情介绍的,但是我们可在总裁"开发西北的方针"训示中,窥见一二。总裁说:"回忆我六年前来西北的时候,觉得民国二十四年时代的中国,国家的一切基础,都是破坏到了极点,不仅政治制度、社会道德、教育文化与行政事务,悉遭破坏,连到山林川泽、村舍土地,乃至于硕果仅存的汉渠、唐渠,也都败坏完了。从陕甘两省以至西北其他各地,几乎都是如此。举目四瞩,到处童山濯濯,但见一片荒凉,真可说是'山荒水竭,文物凋零',结果人不像人,地不像地……"现在的情形怎样呢?总裁说:"现在比较六年以前,诚然改善了许多,而一切应改革应兴办的事项,有待我们的努力的,还是不少。"

西北实况如此,则西北当前所最需要的还是"人"——有"志气与决心"的人,有"精神与能力"的人,有"事业心"和能"吃苦"的人,有"实干、硬干、苦干、穷干"精神的人。

当我读了总裁"开发西北的方针"一篇训示以后,我觉得那正像一篇朴实的科学的西北再建论。何以言之?待我解释在下面:

第一,建设西北的目的。总裁说"……我们西北既有如此广大肥美的土地,复有开采不尽的宝藏,不仅我们一生工作不完,就是我们的后代子孙,在五百年以后仍然是做不完的。但是我们要求国家民族能够世世代代继续生存下去,就必须趁此抗战的时机,由我们这代人手里建立千年万世永固不拔的基础。否则,我们便是枉费一生,对不起祖先和后代子孙"。这里就指出我们今日建设西北的目的,是在于"由我们这代人手里建立千年万世永固不拔的基础"。这证之于总裁在另一处训示中说"西北是建国的根据地"一语,更属显然。因此,我们对于西北建设,不能只从局部的西北一隅着眼,而应从全国的整个建国工作着眼。

第二,建设西北的条件。建设西北需要些什么条件呢?总裁强调地指示是"精神"——"建国的精神"。总裁批评了目前一个错觉心理,他说:"我们现在要开发西北,建设中国,必须效法古人这种开疆辟土艰难创业的精神。

利用我无尽藏的人力物力,来发展我们的事业,就没有不成功的。但现在一般人说到建设,以为没有飞机汽车,就无法便利运输,没有外国机器,就不能创办事业,这种心理必须打破,否则不能成就事功与完成职责。"其次的条件就是创造力与持久力。因为"建国工作要有创造力,也要有持久力",我们祖先既因具备此条件而奠定这样广大的基础,我们自然应该继续不断,努力去做,开拓未来。这样"人家一年能够成就的事业,我们三年五年也可以完成"。在今日的国家情况下来建设西北,第一个条件就是在有积极的"建国精神",而打破非现代化的铁路和机器不能建设西北的心理。第二个条件就是要有"事业心",发挥我民族传统的"创造力和持久力"。第三个条件就是要能开辟疆土的"志气与决心"。总裁指示的这些条件,都是当前建设西北的先决条件。

第三,建设西北的方法。总裁除了指示建设西北应具的先决条件外,还提出建设西北的方法。他的方法就是"要有计划"。他说:"你们无论主办一省一区或一厅一科的事业,必须效法古人建国的精神。凡事不求速、不求快、不专赖机器,要有计划、有决心,小则半年一年,大则三年五年,甚至十年,一步一步按日计程做去,就没有不能兴办成功的。"接着又指出要依靠"我们革命的精神",把"人力物力与时间空间,有计划有组织的配合起来,按部就班,向前迈进"。在今日,假使从事建设西北工作的人,不深切领会和躬行实践去运用一种朴实的科学方法,建设西北就将要成为不可能的事了。有计划的把人力物力和时间空间,实行配合组织起来,这是深中肯綮的话,我们必须牢记。

第四,建设西北事项。目前西北最切要的工作是什么?总裁也曾指示出来:

(一)党务——"举凡宣传主义,唤起民众以及组织民众、训练民众等事,都是由党来领导。大家同心协力,一致推动,才能发生成效。党的基础之巩固建立,是实行三民主义建设西北最重要的事项"。

(二)政治经济——"要保护森林渠塘","要保护畜牧牲口","实行大规模造林","多开渠道","发展牧畜"和"开发驿运"。

(三)军事——"精练军事技术"和"实行耕种、垦荒、开渠"。总裁说:"今后我们要保护国土,开拓国运,必须知道西北的重要,以得在西北服务为荣幸。我们在西北的一般军人,一方面固然要精练军事技术与方法,以增强我们部队的武力,一方面还要实行耕种、垦荒、开渠,以充裕我们事实的需要。而后者之关系,与我们军队精神与事业之成败,与前者同等重要。"

以上所征引总裁对党务、政治和军事的训示,于国情和西北实际需要,都是切合的。因此,我觉得这是我们今日研究西北和开发西北的人们所应理解和遵守的最珍贵的指示。

阐明了总裁的指示后,我想顺便提出个人关于西北建设的意见。

其一,在政治计划上,我主张以"安民"为第一义。关于这一种主张,我想凡深入西北的人们,大都会有同感。现在指挥西北的军事长官朱一民将军,当他兼理甘肃省政时代,就曾提出"安定中求进步"的口号,作为行政原则。我们不论他的成绩如何,实际如何,或者是不是做到了安定中求进步的完全实现,然而这"安定"二字,实在是实施西北政治的要诀,也是西北人民一致的要求。不要远溯,就看近十几年中的事实,荒旱和地震,人口锐减了一百几十万,房舍和财产的损失,更难数计。这已经不是西北人民在一二十年中所能恢复了的。同时,兵灾匪患。秩序不安,西北人民于天灾之余又受了人祸的浩劫,以致把千百年来已经过惯定居生活的人民,又造成流动的非定居的生活状态,因此造成当地人民遇事逃避,凡事偷懒,不信任行政主管人员的变态心理。这一种情形,在抗战中虽然改善了,然而这一种心理还存在着。这实是西北政治的一大障碍。因此,我们现在动议,在西北十年建设计划之中,如果以三年或五年为一期的话,起码在第一期的政治计划之中,仍应以"安民"为第一义。所谓安民的两层解释:第一是"安定民心",第二是"安定民生"。安定民心的要诀,即在于实施简单的行政措施,在于痛除贪官污吏和不肖军人,在积极方面则要慎选官吏。至于安定民生,那属于经济范围者居多,下节当另讨论。

其二,在经济计划中,我动议两点:(一)要构成西北经建的大单元计划。在西北十年建设计划中,分期分地的编制计划,固属必需,但更需要构成以整个西北为一经建大单元的计划,作为建设西北的前提。在此大单元之下,再就西北各省的所求所需,分别计划,互相配合,以免割裂和浪费。这也正如总裁所指示的以兰州为西北建设的中心一样,要使西北在一个伟大的经建计划之下,分头并进,不致重复或背违。其中之金融与生产工厂的统一与配合,当然必须兼筹并顾,即物资管理与贸易计划,亦应在一个统一的经建计划之下,分别进行。(二)倡导西北人民投资。关于此点,依个人所见,除国营事业外,其他民营事业,均应以集合当地人民的资本从事生产事业为主,而以今后投资西北的外来资金为副。这一点意见,或许会引起若干的误会,尤其一般人以为在贫困的西北,哪里来的许多资本!但在一个较为闭塞的地方,人民的保守性和排他性很大,我们为了事业的发展和成功,首先应该透过当地人民的了解和赞助,才有顺序进行的希望。而且西北人民是我们自己的同胞,我们先进企业家似应以先觉觉后觉的精神,协助西北民营事业的发展,扶植当地同胞的自动自立,领导他们投资,和他们合作,然后西北的一切事业,西北的建设,才易迅速发展。

其三,在教育与文化计划中,我建议二项:(一)仍以充实和发展大中学校教育为前提。例如以兰州为西北建设的中心,首先须充实兰州所有的高等教育,充实学校的经费,提高教授待遇,由教育部统筹计划,分期聘请著名的中外学者到西北各专科以上学校讲学。中等学校也是一样,尽可能的分派一些优良教师到兰州去。(二)实施普及的国民教育和辅导个别的宗教教育。这里所指的国民教育,应不问宗教的区别,回教和其他宗教教徒的子女,均应进入同一的国民学校,接受中华民国统一的国民教育。这一种意见,到现在已经用不着过分的考虑了。因为各宗教中的开明人士,如回教的马鸿逵先生,已有同感。

其四,筹组西北建设的设计机构和指导机构,延揽国内外对西北研究有素的人士,从事设计工作和指导工作。这一点意见,或许已在中央筹划之中,含义简明,恕不赘述了。

原载《中央周刊》1943年第5卷第29期

增加后方生产与西北资源之利用

马 铎

一、引言

抗战三年,已由军事战争渐进于经济战争阶段,最后胜负之决定,不在一城一地之得失,而在经济力量之持久供给。其唯一之道,当不外开发后方固有之资源,以加紧生产之建设,诚能如斯,则不仅有以补充抗战中之一切消耗,且能自给自足,堵绝敌货之输入,而免资金之外流,即建国大计,亦树立不拔之基础。故我政府对于资源之开发,早有深远之谋划,资源委员会之成立,远在七七事变之前,其故可知矣。自抗战军兴,西南各省之资源,既有学者及实业家之提倡开发,复加政府之督导协助,现已逐渐发展,略具规模。当此西南交通路线,经敌加紧封锁之日,则西北资源之宜如何开发?如何利用?似应从速筹划,克期着手,以期自给自足之早日实现,而争取时间上之胜利。盖西北一带,原为我中华民族之发祥地,当汉唐之际,其文物之鼎盛,物产之富饶,非仅东南各省所不及,即世界各国,亦莫不景仰不置也。唯自五代以后,辽金夏相继崛起,秦陇成为华夷角逐之场,而关中亦一变而为边区。从此北方文化,渐次南移,西北各地,竟沦荒芜。所幸曩昔外族之侵凌,仅着重于土地之争夺,而未识经济之掠取,故政局虽屡经转变,而宝藏则依然如故。执是西北之在今日,一方为国防之最前线,而他方尤为资源上之重要地。若能保有西北,加紧开发,则中原之收复可望,而最后之胜利,亦操左券矣。委员长有见于此,曾昭示吾人,以抗战根据不在沿江沿海浅狭交通之地带,乃在广大深奥之内地,而西北诸省,尤为我抗战之策源地。深希国内专家学者实业巨子,秉承领袖之意志,集中精力,开发西北之资源,促进生产之建设,增加国力,拱卫行都,胥有赖于斯也。

二、西北之地理范围

关于西北之地理的范围,其说不一,有谓西北为甘肃、宁夏、青海、新疆、蒙古诸省区者,有谓西北仅指甘、宁、青、新四省者,此则由于个人见解之不同,故其范围有异耳。实则就全国言,新疆、青海及蒙古之西部,固为西北。若就本部言,则秦陇宁夏,亦为西北。本文所指乃包括陕西、甘肃、青海、宁夏、新疆等地而言。因陕西今日已为建设西北之出发点矣。

三、西北之重要物产

1. 小麦　小麦为北方之主要食粮,本区各省,平均生产小麦约 4 000 万市担,约占全国 10%。其中以陕西产量为最丰,年产约 2 000 万市担,甘肃年产 800 余万市担,新疆 900 余万市担,青海 300 余万市担,宁夏最少亦有 20 余万市担。

2. 棉花　本区产棉,当以陕西为最著,约占全国第六位。据陕西棉业改进所估计,本省二十五年之产量,约为 110 万担。此外甘、宁、青、新产棉亦多,当今日我国主要产棉区域,多半沦陷之际,陕西之棉产,实为全国人民衣料之重要源泉矣。

3. 羊毛　本区各省产羊毛最多者,首推青海,年产约 30 余万担,其次甘肃约 8 万担,宁夏陕西各约 2 万担,新疆约 10 万余担,合计西北五省年产之羊毛,占全国 70% 以上。战前我国羊毛之出口,91% 自天津输出,而此 91% 中,约有 50% 为青海甘肃两省所产,即在今日,陕北羊毛之输出者仍多。

4. 桐油　本区桐油,多产于陕南之白河、蜀河、安康、石泉等县,其油质之折光指数,白河蜀河所产者能达 15 220 度左右,除内销外,并可出口。

5. 煤　陕西省煤之储量为 71 950 百万吨,占全国总量 29%。甘肃新疆储量皆为 6 000 百万吨,占全国 2.4%。宁夏之平罗磴口及青海之大通一带,亦均为产煤区域。

6. 铁　多产于陕西。如镇巴、凤县、留坝、蓝田、略阳、耀县、洛南、宝鸡、褒城、宁羌、镇安等县,均富有铁矿,新疆之北部,亦为产铁区域。

7. 金　西北各省中,以新疆青海产金最著,新疆之金矿,分山金和砂金两种,青海之金矿,其分布面积甚广,几占全省面积之半,估计年可得纯金4 683 613 两,陕西之汉江流域,亦产砂金。

8. 银　新疆南部,及青海南部为主要银矿分布区。

9. 铜　多产于陕西南部、秦岭山麓及新疆西部,如陕西之镇安,新疆之疏勒、温宿、拜城、库车一带,皆为铜矿丰富之区。

10. 石油　多产于陕西北部、甘肃西部、新疆之南部与北部。陕西之油田甚大,由延长至延川,由宜川至肤施,纵长约 370 里,横长约 300 里。甘肃之油田,在山丹玉门一带。新疆油田有二:一在塔城、乌苏、绥来、迪化诸地之间,另一在库车、疏勒、莎车诸地之间。

除以上所举者外,陕西复产盐、碱、铅、硫矿、锰、石灰石、玉石、汞、白铁、火硝、石棉、石墨、石膏、坩子土、麻、槲皮、五倍子、漆、棉籽油、牛羊皮等。宁夏产铝、锡、碱、硫磺、石英、矾石、硼砂等。青海产盐、铅、锡、硫磺等。新疆产盐、玉石、硫磺、水晶、石膏、石棉等。

四、西北资源之开发

由前言之,西北之蕴藏,诚为丰富矣。所惜各种矿产,多未开采。农田水利,亦未尽能事,货弃于地,生活日枯,煤荒铁荒,已成一般之景象,农产如小麦等,每年尚需大量之输入,始可足食,棉花自抗战以来,需要日增,羊毛除内销外,又须出口,换取外汇,斯在平时,已成国家严重之问题,矧至今日,更为抗建前途之隐忧,设不急起直追,极谋补救,匪特无以实现经济之争战,其影响于军事之挺进者,亦匪浅鲜也。为今之计,应由西北各战区经济委员会,督导各有关机关团体,从速开发矿产,发展农牧,以充实人民之生活,而供给军事之需求,殊为刻不容缓之事也。试分别略陈于左〈下〉:

关于开采矿产者

(一) 开采煤矿

1. 应由工矿调整处积极调整本区现有之煤厂,使增加其产量。

2. 应由本区各省建设厅，督导商办煤厂增加生产。

3. 应由中国工业合作协会，协助本区各省发展煤业。

4. 应鼓励设立民营小煤厂，在陕西之陇县、同官、留坝、城固，甘肃之固皋、皋兰、会宁，宁夏之平罗、磴口，青海之大通，新疆之奇台等地，设立民营小煤厂，用土法采煤，略加改良，则办理既易，收效亦速。

5. 应在本区产煤丰富之区，设立大规模之公营煤矿厂，以供给生产及交通事业之燃料，而补救煤荒。

6. 本区各地之煤荒，固以产量过少，而运输之不便，尤为其最大之原因，如能交通便利，产煤畅销，则以此时煤厂之供不应求，必能设法加工开采，故便利运输，实为刺激增加产煤之一法。

（二）开采铁矿

1. 鼓励设立民营小铁厂　应在本区各省铁苗丰富之区，设立民营小铁厂，当此机器不易购得之际，用土法开采炼铁，以供制造器具工具之用。

2. 筹设公营铁厂　为供给制造机器等之原料起见，应在新疆之北部，陕西之凤县、宜君、留坝等县，设立大规模之铁厂，由公家经营，现在散居后方各地之矿业人才颇多，需用技师，当不成问题，机器及重要工具，或由迁川工厂制造，或购用西南各省停工铁厂之旧机器，不得已时，应设法由国外购置。

3. 应由工矿调整处调整陕西现有民营小铁厂，并由中国工业合作协会协助之。

（三）开采金矿

1. 鼓励现有民营采金厂　当此机器不易购得之际，对于一般采金业，极应设法鼓励，以增加产量，惟必须由政府监督统制，且所产之金，依法收归中中交农四行收兑金银处收兑。

2. 开设公营采金厂　为采取大量生金，在新疆、青海、陕西产金丰富之区，筹设国营采金厂，其进行步骤，先设立轻便之机械，如手摇水泵、手摇钻机，细为探测，所获之金，可暂采用混汞方法，及用若干之简单淘洗冶炼器具，选汰收集，所谓半采半探办法是也。俟有端倪，将其藏量明确时，然后设计购买各种机器，此项机器，可委托国内机器厂制造，如不能全部制造，择其能制者制之，其不能者，设法由国外购置。

(四) 开采石油

石油之重要，已属尽人皆知，现代多数交通工具以及战场上所用动力，如飞机、汽车、坦克车、潜水艇、军舰等，莫不以石油产品为燃料，而以前利用煤炭为燃料之发动机，亦渐有改用液体燃料之趋势，故开采石油，对于抗建关系，至大且要。

1. 开采陕西石油　考陕西油矿，以陕北延长、延川、宜川、同官等县储藏为最多。而延长石油矿，据外国地质学家推测，可出喷井三口，若能悉力采取，足供全球千年之用，此种估计，未必正确，藉此亦可知延长石油之丰富。延长油厂，民国二十三年由实业部地质调查所派遣技师，购置钻机数台，来陕钻探，遂于延长之第101号井钻眼，距地表百余公尺处达油层，每日能出3000余斤，惟至二十四年，以地方不靖，探井工作，遂告中止，最近陕西省参议会议闭会，亦有提议在该处经营油矿，就已成之规模，尽量扩充，添置机器，开凿新井者。总之，为抗建前途计，开采陕北石油，殊为不可或缓之事也。

2. 开采甘肃新疆石油　欧人有"一点石油一点血"之语，其对于石油之非常重视可知。我国在抗战期间，一切动力，需要汽油之处甚多，然因本国生产过少，多从国外输入，其漏卮之巨，固属可惊。若一旦国际路线实际封锁，即付以巨额之代价，亦难求补给之不绝，故急应在甘肃新疆产油丰富之区，详事勘测，以期早日采掘，源源供给。

(五) 开采铜矿

应由实业团体或政府机关，组织测探队，赴陕西南部、秦岭山麓及新疆西部勘测矿苗，并分析其成分，以便采掘炼冶。

关于发展农牧者

(一) 发展农业

西北今日最重要之问题，首推水利之振兴。盖因水利失修，频遇荒旱，每次受灾，赤地千里，人民流亡，悲惨莫甚。应由各省建设厅，从治标治本两法着手，一方整理旧道，修筑新渠，以防患于未然，一方移民垦殖，增加人力。盖西北五省之人口密度,非常稀疏,其中陕西较密,然每平方公里,亦仅得50人,为增加耕地面积计,急应督导难民,前往垦殖。他如农作物病害之宜如何防止？种子及耕作方法之宜如何改良？肥料之宜如何配置？以及棉花品种之宜如何保护（如陕西斯字棉品种勿使退化）等,统应由各地农业改进所切实宣传指导。此外组织农业合作社,办理农贷,亦亟须并举之一要事也。

(二) 发展牧畜

西北各省气候干燥,雨量缺少,本宜于畜牧事业,然西北之畜牧多任人民自由从事,以致畜种低劣,疾病丛生,畜牧事业不能有长足之进步。今后宜由政府遍设畜牧场,对于家畜之改良、饲料作物之栽培、纯种之保护等加以研究试验,以推广于民间。此外并宜组织家畜生产贷款、家畜产品经销、家畜保险等合作社,暨设立家畜医院,以协助农民对畜牧事业之发展,而期实现总理之"牧西北之畜必可取阿根廷之地位而代之"之期望也。

五、西北资源之利用

往年西北各省物品之输出入,显示一种矛盾之现象,即输出者多为原料,而输入者即为其料之成品,如输出羊毛,复输入羊毛之织物,输出棉花,又输入棉花之制品,诸如斯类,不一而足,此无他,工业不振,仅能为原料之供给故也。抗战以来,西北与西南并成为南北对峙之两个重要据点,其关系军事经济者,等量齐观,无可轩轾,只以西北边陲,向未施以适当之经营,各种工业仍在萌芽之时期,今后利用固有之资源,举办切要之工业,以图国用之丰盈,民生之充裕,其原有之蕴藏,俯拾即是,不忧发展之无自,而下列各项之设施,似尤为当务之急,不可或缓者也。

1. 染料　利用陕西陇县所产蓝靛设染料厂,化验土靛成分,设法精制,以抵制外来之快靛。

2. 制纸　甘肃天水、清水、临洮、民勤、武都,及陕西凤翔、蒲城、镇巴等县,制纸业颇多,应增加资本,改良工具及药品用法,以期出品之优良,产量之激增,并应设造纸试验所于陕省,以资研究。

3. 水泥　陕西白水、蒲城、同官等县,水泥原料丰富,应开设水泥厂以应急需，至所用粉碎机，如不易购置，可用压路机或其他代替工具。甘肃兰州，亦富有水泥原料，可并在该地设厂制造。

4. 瓷业　甘肃岷县及陕西同官、白水等县，陶瓷工业向多为农家副业，应筹集资本，设厂制造，改良制造方法，增加出品。

5. 酒精　陕西酒精原料，如高粱、玉米、甘薯、马铃薯，所产甚多，除扩充原有之咸阳酒精厂外，可增设多厂，大量制造，以代替汽油。

6. 油业　陕西咸阳尧山油厂，原可日出棉籽油二吨余，嗣因营业不振，竟告停工。急应设法复业，增加产量，由政府设立提炼汽油厂，试行炼油。

7. 罐头　利用陕西猪羊肉及咸菜设罐头厂制造罐头，以供军用。

8. 毛织　扩充兰州织呢工厂及青海民生工厂，以增加毛织品之种类及产量，并在陕筹设较大之毛织厂，此外陕北及其他各处商营小毛织厂，应增加资本，改良制造方法。陕北榆林职业学校，原办毛织科，应增加经费，以便训练毛织人才。宁夏所产栽绒，可由公家研究，以此项绒毡，制成毡帽。

9. 皮革　陕西产皮丰富，且制皮药料如槲皮，出产甚多，可提单宁，甘泉县已设厂制槲胶，对于制皮，更加便利，应对旧有皮革厂添加资本，以增产量，并新设皮革厂以供军用，甘肃陇南，前有皮革厂一所，因营业不振，旋告停业，可筹集资本，利用原日设备开工制造。

10. 纺织　陕西产棉最多，应制成棉织物，以供前后方衣着之用，该省新式纺纱厂，除原有之大华、申新两厂外，现湖北省官布局亦筹备在此设厂，均宜由公家协助，以期增加产量，此外应在各省推广手工纺织，奖励制造土布。

11. 机器　西北机器工业尚属幼稚，陕西有数厂仅能修理机器。装配零件，兼造简单机械，甘肃之机器制造厂，亦仅能制造简单之农工器具、交通用具及日用品等。今后应对此等机器厂，由公家贷款或合资，加以扩充，盖当此各种工具不易购置之际，较诸另设新厂，事既易而收效亦速，此外更应鼓励增设小铁工厂，以修理机器，装配零件，兼造简单日用品等。

六、西北经济建设应提前设施之事项

开发西北资源，仍有应行注意者，即有若干事项，对上节所述各种之事业，均有同等之重要，未便分叙，致滋重复，特于本节综述之。

(一)组织机关

由政府拨款组织下列各机关,以作开发之张本。

1. 组织西北经济调查团　应由西北各战区经济委员会,集合海外华侨及国内学者、专门家、实业家,并本区各省办理生产事业之人员,共同组织西北经济调查团,分赴各地作精密之勘测,以作将来编制计划之材料。

2. 组织西北探矿队　应由西北各战区经济委员会,聘有经验之采矿家,共同组织探矿队,赴西北各省,详细测探,以作计划采矿之参考。

3. 组织西北各省生产计划委员会　由政府饬令西北各省,召集学者、实业专家及建设厅,并办理生产事业人员,组织各该省生产计划委员会,对于各该省生产事业作一整个之三年计划,规定各省设厂种类、地址、厂数、资金概数,及逐年出品之期成数,并制逐年建设进度表,以资稽核,而便督励。

4. 组织西北实业学会　本会应由学者、实业界人员组织之,发行刊物,发表各种工业之原理及应用,并实业界消息。

5. 组织西北实业研究所　本所人员,应出以聘用,主要任务,分析各矿成分,并作各种工业之小规模试验,此外研究代替物品,如某项原料不易买到时,研究以同性质之他种原料代替之。

(二)规定经营之主体及范围

前项计划书编成后,应呈请经济部规定何者国营,何者省营,何者商营,或官商合办。

(三)训练技术人员

由教育部按生产计划,所需技术人才,在本区适当地点,设立各种专科学校招收高中毕业学生,三年毕业,保送至工厂实习。

(四)筹设开发资金

资金为生产要素之一,苟无资金,则一切计划等于具文,兹拟筹集资金之方法如下:

1. 由政府拨发;

2. 利用银行贷款；

3. 利用银钱庄号游资；

4. 华侨投资；

5. 吸收上海游资。

上列五项，除第一项毋庸研究外，其余四项，则以抗战以来，银钱庄号往往以其余款囤积物资，只上海游资，马寅初氏估计谓有 30 万万元，至华侨之有余款，更不待言。有此巨资，何不投资后方，建设生产，所顾虑者，当不外恐多损失，政府如能按陈豹隐氏对西南工业建设所拟之特种奖励制三种（第一特种长期奖励金制、第二特种长期专利制、第三特种长期包销产品制）规定奖励制度，则资金既有保障，筹集自比较容易。

（五）便利交通

交通不便，为工业建设之最大障碍。今日西北之交通，固较前便利多矣，惟现有之公路，亟须整理与保护，使能尽量发挥其运输力，而新路线之修筑，亦不容稍缓之事，如西南之甘川公路，应速使其完成，即原有之交通工具，驼及大车，亦应加以调整，以补救现有交通之情形。

（六）增进治安

盗贼时起，土匪横行，安全既无保障，人自裹足不前，虽至愚之人，万无以大量资金，投之斯地之理，故必维持治安，始可谈工业建设。

（七）注意防空

敌人兽性时发，对我不设防城市，继续轰炸，故以后设厂择地，除一般条件，如交通之便利、燃料原料及用水之容易取得等外，对于防空不可不加注意，总之城市设厂，应行力避，即在乡村，亦宜加掩护，勿使厂中设备，作为轰炸目标，其已在城市之〈后缺〉

原载《中央银行经济汇报》1940 年第 2 卷第 11 期

论西北金融网之建立

李京生

西北是我国最广大最有价值的地方。过去因为地位的偏僻和交通的梗阻,很少为国人所注目。抗战军兴,政府西迁,沿海各省沦为战区,西北遂成为抗战建国复兴民族的根据地,于是开发西北的宝藏,发展西北的产业,以增强抗战力量,厚植建国基础,乃成为全国一致的要求。

目前一般谈论西北问题者,多注重于铁路的修筑,工业的树立,矿产的开掘等等。但是我个人却以为,这些问题固然极其重要,但目下开发西北最主要最根本的一环,还在西北金融网的建立。因为产业的开发,须有金融力量为之前导,而金融的活泼,又必须普遍设置分支机构。抗战以前,我国银行的分布,多麇集于沿海一带,尤以上海及江浙两省为最,而对于广大的后方西北西南,均未顾及。根据全国银行年鉴二十六年之统计,全国银行共有160余家,而总行在上海者占三分之一;全国银行分支行处共有1 330余家,上海一埠计有124家,江苏200余家,浙江亦80余家,故就江浙上海三地所有之分支行处而言,已超过400处,占全数三分之一以上。此种金融的畸形现象,遂促进了经济的畸形发展,其不合理自不待言。八一三战事发动后,中中交农四行虽鉴于后方资金需要的迫切,而于各分支行所在地设立联合贴放委员会,办理当地贴放事宜,以为开发经济之助,但是对于国防资源蕴藏所在的西北,仍未加以特别的注意。所以西北的经济建设事业,也迟迟未能获得迅速的进展。最近当局为矫正以往的弊病,曾积极督导有关机构前往广设行处,不遗余力,力图在此穷乡僻壤的边陲上,敷设一个严密的金融网,一年来成绩颇佳。兹根据过去的经验及调查所得,对此问题略加讨论,以供关心西北者的参考。

一、建立西北金融网的重要性

经济为抗战胜利的关键,金融为各项经济活动的动脉,而银行则为金融活动的机构。故为配合抗建需要及开发西北经济着想,西北金融网的筹设,实具有充分的必要性。兹分三方面以说明之:

(一)就活泼地方金融而言:资金融通,为现代农工商业经营上的重要条件,适应此种需要而专从事于资金流通之任务者,则为各种金融业。金融业务的特质,一方面为信用的受取,另一方面为信用的授予;换言之,就是以储存或债券的方式吸收社会上一般感觉资金过多或持有资金而不急需使用之人的资金,同时并以贷款的方式向社会上需要资金之人贷出之。故在今日货币经济时代,授受信用的金融实可谓为社会经济的血液,因为一切财货的取得与移转,莫不藉货币的授受为工具,如果金融呆滞,资金的供求失调,则财货的流通必立受限制,百业萧条,社会遂陷于不景气的状态。目前西北商业交易的病态发展,其原因即乎此。例如旧城、安西一带,常有大批的小贩借款借货,往南番区域换取皮毛、药材等,约十个月即可折返,除还本加息二分或三分偿返外,更须将全部换来的货物,依"债主所定"的价格,售给债主。此种剥削现象的发生,即由于当地无融通的机关与资金供给不足所致。所以今日的西北,确可比之为一血液贫乏之人,体力衰颓,精神萎靡,并无二致。今后欲使西北的社会经济趋于繁荣,首先就应使各地的资金周转灵活,故广设金融机构,以完成金融网,实属刻不容缓。

(二)就辅助农业发展而言:金融为经济建设的原动力。譬如经济建设事业为一汽车,金融则为汽油,汽油必须灌注于汽车的油箱内,始能互相发生效用。我国经济建设系以农业为主,如中华民国训政时期约法第四章第三十四条特别缜密规定:为发展农村经济,国家应积极实施垦殖全国荒地,设立农业金融机关等事项。民国二十七年国民党抗战建国纲领中戊项,亦置全力发展农村经济、奖励合作、调节粮食,并开垦荒地、疏通水利居首位。足见农业在我国经济建设事业中地位之重要。西北土壤肥沃,颇宜于农业的发展,目前所最感缺乏的为人口过稀,但人口的增加系随农田水利而移动,例如祁连山下河西一带人口据一般估计约较左宗棠时减少一倍,即系因当地水利不修而致。目前西北的人口密度,计陕西 1 200 万人,甘肃 600 万人,新疆 300 万人,青海 100 万人,宁夏仅五六十万人,其稀少可以想见。所以我们"欲谈开发西北,必先从移民起,欲谈移民,必先从兴水利起,否则起始而开办工矿,不但人工缺乏,且亦无销路。西北土著尚有一旧习,只要有羊肉可食,羊皮可衣,根本不需金钱,如不先移民而开办工矿,工人实成问题,故开发西北,必先从增加人口起,欲增加人口,尤必先从水利入手"。不过,农田水利的兴建,是需要雄厚的资本的,而且这种资本的特质,不外数额的庞大与时期的久长。倘使没有广遍的金融机构为之调度,则资金的来源,经费的拨付,必成问题,而农田水利也就无法达到兴建的目的。所以我们要建设西北,就应该在西北先来一个伟大的金融网建设。

(三)就树立工矿基础而言:经济建设的主要目的有二,一为国富兵强,一为足衣丰食。农业是完成足衣丰食的主要途径,而工业却是达到国富兵强的唯一工具。我国自首次欧战时吹着工业建设的起身号以后,迄今二十余年只不过在滨海几个大都市里,做了一些轻工业的建设工作,军兴以后又大部被毁于敌人的炮火。现在我们要想建立国家工业的基础,西北实在是一个最理想的地域。因为没有煤和铁,要发展工业是桩困难的事,而西北的煤、铁、石油都蕴藏极其丰富。据调查西北煤田分布在陇西高原、河西地带、秦岭山地、祁连山等处,总共约 25 000 万吨。铁矿分布在皋兰、成县、永登、西固等地,总共约达 450 万吨。至于石油之分布,则自新疆北部沿天山南北麓,东行至甘肃玉门敦煌,复自甘肃东部入陕西北部,再越秦岭而入四川。此外,大通河的砂金,皋兰的锰,永登的油页岩,数量亦颇可观。我们要想把这些宝藏开掘出来,以供发展工业之用,就不能不借重于金融机构的辅助。因为若没有这一股推进建设的原动力,掘发工作的开展是不可能的。进一步说,我们不仅需要金融机构的辅助,而且需要大批而普遍的金融机构的辅助,因为工矿建设事业往往分散于各县,规模既不宏大,地点更不集中,故必须有普遍严密的机构,适当的散布于各地,才可收就近调拨方便而灵活之效。所以为策动西北工矿业迅速发展起见,西北金融网实有早日完成的必要。

二、战时敷设西北金融网之检讨

战前我国银行业的区域,主要为华北与东南各省,西北西南二地,多予忽视。尤以西北居边陲,工商落后,更不值银行一顾。故除少数重要都市设有一二分支机构外,偏僻地方,极少设置。抗战以后,财政部为谋贯通内地金融脉络,适应军事需要,发展后方经济,曾督促各银行或当地省地方银行在西北广设行处,并迭订详密的计划,以为准绳。诚为抗战期间伟大的金融设施之一端。兹为明了其梗概,特分为计划与实际情形两部以说明之:

(一)筹设之计划

1. 筹设西南西北及邻近战区金融网二年计划　二十七年八月财政部拟订"筹设西南西北及邻近战区金融网二年计划",实可谓为建立西北金融网的第一个具体的方案。虽然计划的目标是针对全国的,但是西北却包括在范围以内,而且是特别注意的目标之一。此项计划分两年进行,限于二十八年十二月底全部完成。其步骤如下:

(1)凡与政治交通及货物集散有关之城镇乡市,若尚未设立中中交农四行之分支行处,应由四联总处至少指定一行前往设立。

(2)偏僻地点短期内未能顾及者,则由各该省省银行前往设立分支行处,以一地至少一行为原则。

(3)在分支行处筹设时期内,应以合作金库及邮政储金汇业局,辅助该地之金融周转及汇兑流通。

此外,中中交农四行在各省应筹设的分支行处数目亦经规定。其中关于西北方面,计陕西16处,甘肃12处,青海4处,宁夏1处,共计33处。

2. 增订敷设西南西北金融网计划　二十九年三月间,四联总处为适应业务上的实际需要,又增订"第二第三期筹设西南西北金融网计划",其目的在加紧推进西南西北金融网的建立,所以此项计划亦非专门针对西北而订立。同时并明确划分筹设的期限,以二十八年十二月完成者为第一期,二十九年底完成者第二期,三十年底完成者为第三期。其原则与任务如下:

(子)原则——可综为五点:(1)中中交农在西南西北设立分支机构,应力求其普遍,切勿陷于重复。(2)凡与军事交通及发展农工商业有关,以及人口众多之地,四行中至少有一行前往筹设分支行处。(3)凡地位极关重要,各业均形蓬勃,而人口锐增,汇兑储蓄等业务特别发达之地,得并设三行乃至四行,以应实际上之需要。(4)已设有银行或商业银行之地,如无必需,四行可不必再往增设行处。(5)因抗战关系使其地位益形重要之地,四行中应有一行前往筹设分支行处。

(丑)任务——可分由八点:(1)努力收兑金银,厚积准备,巩固法币信用。(2)努力推广储蓄,吸收游资,以供国防建设及生产事业之用。(3)调整各地运存钞券数额,以应军民需要,并推行小额币券,兑换破损钞券,便利民间交易。(4)恪遵贴放原则,办理贴放。(5)便利内地汇款,防止资金逃避。(6)努力办理农林工矿贷款业务。(7)注意当地经济状况及物价指数,随时报告总处。(8)邻近战区各行,应密切注意敌伪经济金融情形。

至于在西北各省四行应筹设的分支行处数目,计第二期陕西3处,甘肃4处,共计7处。第三期仅甘肃1处,余均不再增设。

3. 扩展西北金融网筹设原则　三十一年九月三日四联总处第240次理事会议通过"扩展西北金融网筹设原则",此为专对西北金融建设而拟订的第一个方案,故其性质与上面所举的两个计划稍有不同。其中规定筹设原则如下:

①兰州为建设西北的出发点,四行在此原有之机构及人员,应逐渐加强充实,俾可随时应付。

②陕西、甘肃、宁夏、青海及新疆五省境内,依经济军事交通等需要,应行增设行处或作其他布置之地点,各处应就本身主要业务,会同当地主管机关,派员实地调查后,斟酌认定进行筹设。

③各行局新设行处或作其他布置而需增添人员时,应就滇浙赣闽等省撤退行处人员,尽先调用。

由此一原则的订立,即可看出今后战时金融建设的动向,已逐渐由西南而移向西北。这种转变,当然是受环境形势的影响。因为自西南国际运输线中断以后,西北的对外交通益形重要,而且又为我国国防资源的蕴藏所在,一切亟待开发,为使金融力量与国家政策配合进行起见,自不能不力求西北金融网的迅速完成。

(二)筹设工作之实际情形

(1)省地方银行　目前西北各省的金融动态,除新疆的特殊情形外,可谓完全为国家银行所掌握。地方银行的势力,不免令人有微薄之感。不仅资力不足,就是数量也不多。截至三十二年度上半年止,除陕西有县银行39家外，省地方银行计陕西 48 家，甘肃 45 家，宁夏 10 家，新疆 37 家，青海尚无自设的银行。最近青海省政府有筹设"青海省银行"之讯，闻已呈请财政部备案，想不久即可成立。

在西北五省所有的几十家银行中，就资本额多寡而言，以新疆商业银行资本最为雄厚。该行本来称为"新疆省银行"，二十八年改组，始易今名。实收资本新币 500 万元，折合国币 2 500 万元，实足与国家银行比美。其次为陕西省银行，实收资本 500 万元。而以陕北地方实业银行殿后。再就成立年限而言，则以陕北地方实业银行最为悠久，成立于十九年十二月一日。其次为陕西省银行，成立于二十年二月，其余均于抗战爆发后始行设立。

表 1　西北各省地方银行一览表

行名	成立年月 注册时期	执照号码	资本总额 实收资本	董事长 总经理	总行地址	备考
陕西省银行	二十年 2 月	现正办理注册手续	500 万元 500 万元	周介春 贾玉璋	陕西西安	
陕北地方实业银行	十九年 12 月 1 日	尚未注册	50 万元 50 万元	—— 徐友松	陕西榆林	
甘肃省银行	二十八年 6 月 1 日 二十九年 10 月	银字 325	500 万元 350 万元	王潋芳 郑大勇	甘肃皋兰	
宁夏银行	二十七年 6 月	尚未注册	150 万元 150 万元	马鸿逵 李云祥	宁夏宁夏	现拟增资至 400 万元
新疆商业银行	二十八年	尚未注册	新币 500 万元 新币 500 万元	—— 彭吉元	新疆迪化	该行资本合国币 2 500 万元

表 2　西北各省地方银行设立行处数目表

行别＼省别	陕西	甘肃	宁夏	新疆	总计
陕西省银行	48	2			50
陕北地方实业银行	7				7
甘肃省银行	1	45			46
宁夏省银行		1	10		11
新疆商业银行				37	37
县银行	39				39
总计	95	48	10	37	190

(2)国家银行 抗战以前,西北的国家银行仅限于陕西、甘肃二省,共计22家。抗战以后,虽曾于宁夏、青海二省增设行处,但尚未推及新疆。截至三十二年度上半年为止,中中交农四行在西北共计已增设行处56家,较之战前约增加二倍半强;若与战前行处合计,则四行在西北的行处共为78家。现四联总处特别注重四行在西北的扩展工作,恐怕不久国家银行的行处数字,还会继续大量增加。

在上述的增加数字中,以各行增设的多寡比较,中国银行应居首位,共增设21家,中国农民银行与中央银行次之,各增设12家,交通银行最少,仅增设11家。再以各省的增设数字比较,甘肃增设之数最多,共达25家,青海最少,仅3家。兹表列如下:

表3 中中交农四行抗战前后在西北分支行处数目比较表

省别 行别	陕西 前	陕西 后	甘肃 后	甘肃 前	宁夏 后	宁夏 前	青海 前	青海 后	总计 前	总计 后
中央银行	2	5	1	5		1		1	3	12
中国银行	4	10		9		1		1	4	21
交通银行	6	5		5		1			6	11
中国农民银行	6	4	3	6		1		1	9	12
总 计	18	24	4	25		4		3	22	56
各省现有总数		37		29		4		3		78

(3)商业银行 商业银行在西北的势力,可谓微乎其微,所能达到的区域,只限于陕、甘、宁三省,在青海与新疆根本看不到商业银行的足迹。其原因即由于商业银行的主要目的在营利,故其设立地点以商务繁盛交通便利之地最为适宜。西北地处边陲,交通梗塞,农工商业都极落后,且人口稀少,社会贫乏,自然不是商业银行营业的理想区域。同时也因为政治关系,经营不便,所以无法向这方面大量的伸展。目前西北的商业银行只有上海银行等9家,大都麋集于陕西境内,这当然是因为陕西比较接近沿海,交通方便的缘故。

表4　西北各商业银行设立行处数目表

三十一年十一月底止

行别＼省别	陕西	甘肃	宁夏	总计
上海银行	2			2
金城银行	2			2
长江实业银行		1		1
山西裕华银行	1	1		2
河北省银行	1			1
河南农工银行	1			1
山西省铁路银行联合办事处	1			1
绥远银行		1	1	2
总　计	8	3	1	12

附注：西北以外各省地方银行包括在内

（4）西北五省各种银行之分布比较　截至三十一年底止，在西北五省内，中中交农四行、省县地方银行与商业银行的总分支行处，战前为82家，抗战以后增设205家，增设之数为战前总数250%。战前的82家银行中，现已裁并12家，故现有总数为275家，较战前增多240%。再就省别而言，五省中以甘肃的增加率为最大，约增四倍弱，陕西增设的数字虽超过其他各省，但增加率则仅为二倍，故应居五省之末。

表5　抗战前后西北各银行总分支行处数目比较表

三十一年十二月底止

省别＼设行数字	战前数	抗战以后增设数	现有总数	备　考
陕　西	51	100	140	战前设立之51所现裁减为40所
甘　肃	17	63	80	
宁　夏	5	11	15	战前设立之5所现改组裁减为4所
青　海		3	3	
新　疆	9	28	37	
总　计	82	205	275	战前设立之82所现裁减为70所

西北五省共辖 254 县市,其中已设有银行者计 155 县市,占所辖县市总数 61%;未设银行者计 99 县市,占所辖县市总数 39%。又若以已设有银行之 155 县市与现有银行总数 275 家相比较,则每县市平均有 1.8 家银行设立。

表 6　西北已设行处与未设行处地区比较表

三十一年十二月底止

省别 \ 设行数字	陕西	甘肃	宁夏	青海	新疆	总计
现设行处数	140	80	15	3	37	275
分布地区	63	44	10	1	37	155
所辖县数	92	68	13	16	65	254
未设行处县市数	29	24	3	15	28	99

在西北 254 县市中,一地一行者计 105 县市,占所辖县市总数 41.3%,占已设有银行之县市总数 67.7%。其余一地二行以上之县市,计有 47 县市,占所辖县市总数 18.5%,占已设有银行之县市总数 32.3%,足见西北各省的银行分布,尚较分散,并无战前麇集拥挤之弊。又现有银行总数 275 家,除 105 家系一地一行外,其余 170 家系分布于一地二行以上的 47 县市,故平均每县约得 3.7 家银行。在此 47 县市中,有一地设立 16 行者(西安),此为五省中银行设立最繁密的地区。

表 7　西北各银行已设行处地域分布表

三十一年十二月底止

分布地区 省别 \ 设行数目	陕西	甘肃	宁夏	青海	新疆	总计
1	29	30	9		37	105
2	19	8				27
3	7	1		1		9
4	4	1				5
5	1	1				2

续表

分布地区 设行数目 \ 省别	陕西	甘肃	宁夏	青海	新疆	总计
6		2	1			3
7	1					1
8	1					1
10			1			1
16	1					1
总　计	63	44	10	1	37	155

三、今后应有之改进

从上面所述的情形看来,今日的西北,自银行前往融通资金后,金融状况已大有进步,诸如调度活泼,周转灵敏,自非战前荒漠而呆滞的状态所可比。不过,目前的筹设工作,在实施上还有很多尚待改进的地方,并没有完全达到切合实际需要的地步。兹提出主要数点申论如下:

(一)中国农民银行应增加行处　由前面所举的数字可知:抗战以前,中国农民银行在西北所设的行处仅9家;抗战以后,裁撤3家,增设12家,合共18家。虽较中央、交通二行为多,但以西北地域之大,区区的18家农业金融分支机构,实在不够应付。

按西北地广人稀,土质肥沃,为我国畜牧农垦的理想区域。以往因为缺乏农业金融机构为之调剂融通,故各地农村佃租极高,高利贷横行,一般农民的生活异常贫苦。例如甘肃西南藏区(包括夏河、卓尼、临潭三县),一般藏民女耕男牧,终年辛苦,结果仍然是身着一件土货老羊皮大衣,以度四季,而食料亦不过极简单的酥油与糌粑。他们的耕地虽然平均每户约有三十七八亩,但是因为缺乏购买肥料的资本以及休闲轮种的关系,所以收获量还抵不了地主的佃租。因此,目下寺院里喇嘛们的经济活动,非常厉害,凡佛爷与富有的喇嘛们,对其治下的"政民"、"信民",无不贷放高利贷,尽量剥削。至于藏区以外各地的农民,受当地土劣恶棍的榨取情形,也大都与此相似。所以要想挽救西北的农民,增放农贷实为入手的第一着。"拉卜楞的合作指导员曾告诉我,他在夏河县指导组织合作社,三年来已组织了信用合作社 31 所,其中由纯番民组织的有 12 社,社员有 549 人,大多是沿大夏河的农耕番民。贷款过去由中国银行发放,那时限定每社员至多借 100 元。最近改由中国农民银行贷放,其限度提高到每社员可借 200 元,这当然是个好消息,但究竟还是杯水救不了车薪的。"因此,今后专营农业金融业务的中国农民银行,一方面应该大量的增加贷款的数额,另一方面应该普遍增设分支行处或农贷所,以适应西北贫苦农民的需要。

(二)行处的设置不可过于集中　由前面所举银行分布的数字看来,西北各银行的设立行处,表面上似乎还没有陷于过于集中之弊。其实,在事实上并不尽然。因为上述的情形系从整个的平均数观察而得,如果我们就省别而论,却实足令人感到西北银行的分布,还不够达到理想的地步。例如目前陕西共有行处 140 家,甘肃有 80 家,而青海则只有 3 家;以青海与陕西比较,相差 47 倍,与甘肃比较,亦相差 27 倍。再就县市而言,西安共计麇集行处 16 家,兰州 10 家,其他设有五六家之地,亦复不少。可见西北金融网的发展,仍有随循过去海滨畸形发展的趋势。目前西北的金融建设尚在初期,而此种病态已经萌芽,若不设法早加制止,将来恐怕这一病态有随着金融网的扩展而继续加深的危险。

笔者感到目前西北各银行总分支行处的设立,有一极不合理之处,就是大都受着政治重心的支配,而对于水陆交通要隘、特产区域、工矿业中心等,反不加重视。例如甘肃省治兰州有总行 1,分支行处 9,陕西省治西安有总行 1,分支行处 15,而水陆交通要隘的宝鸡仅有分支行处 8 家,特产区域的渭南仅有分支行处 4 家,煤产中心的同官则仅有分支行处 3 家。固然,政治重心,机关林立,人才群集,公款的进出,公务人员的赡家款项,均须银行为之调拨收付,但是目前的西北系以开发工作为主,诸如移垦、开矿、建立工业,无不需要巨款,如果专门侧重政治重心,而忽视开发要地,则已失去建设西北的意义。故今后希望当局严予监督指导,对新设分支行处的核准,特别加以缜密的考虑,勿使集中少数政治重心,而应散布于整个的西北,始能收贯通内地金融脉络及策动经济建设之效。

(三)普设简易储蓄处　二十九年九月五日四联总处通过"四行普设简易储蓄处办法",其目的原在辅助全国金融机构的普遍设置,其中规定凡人口超过 5 万而无其他金融机构的较小市县乡镇,或路矿、工厂、工人或学校集中区域,大宗特产的生产地域集散地,以及邻近战区之地带,由各行分别认定地点,普设简易储蓄处。此项办法实为补救西北金融呆滞的良策,亦为促进西北金融网早日完成的一条捷径。可惜在过去四联总处并没有对西北积极运用这个办法,截至三十一年八月底止,只在陕西、甘肃两省境内各设简易储蓄处 4 处,与西南方面四川 34 处、广西 21 处、贵州 8 处、云南 7 处相比较,实在相差太远。

按简易储蓄处的优点甚多,主要如:①规模较小,组织简单,故极易设置。②主要业务为推进储蓄,所以若设置普遍,深入民间,可以吸收大量游资。③除特别注重推进储蓄外,亦得兼营小额汇兑与小额放款等业务,以补助行处之不足。在今日的西北,正渴望着数额零碎的农业放款,而中国农民银行又迟迟未向西北各地积极增设分支机构,因此我们就不得不利用普设简易储蓄处的办法,来补救此种缺陷。尤其在努力推广储蓄的今日,为吸收游资以供国防建设及生产事业之用起见,简易储蓄处更有普遍设置的必要。

(四)健全省地方银行　省地方银行原为整个金融体系的中间组织,具有辅助国家银行力量不及的效用。倘使其机构不甚健全,致不能负担其任务,则不仅影响国家金融政策的推行,就是从整个社会的观点而论,也是一种很大的损失。因为银行单位的数量徒然加多,机关费用一定增加,而融通资金的数量因之减少,结果社会生产资金总量自然也随之减低。过去四联总处鉴于省地方银行之应加以利用,对于如何充实省地方银行的机构,及改进其业务,曾经加以特别的注意。但因行之不力,所以终未获得很大的效果。今后希望在地方银行比较繁多的省份如陕西,应将重复的金融组织,一律予以合并,纳入同一的银行系统,而成为一个充实而强大的省银行,再于各县设立分支行,如此则地方金融的资力可以汇为巨大的力量,营业的方针可期统一,行政经费亦可节省。在仅有一省银行的省份,则应加强其资力,使其充实健全。目前甘肃省银行实收资本 350 万元,宁夏银行实收资本 150 万元,在今日二省已成为工业发展中心的时候,似此区区资本实不足以负担活泼地方金融与扶植地方事业的任务。至于尚未设立省银行的省份如青海,政府应从速协助其设立,俾该省资金的融通得以灵活。

(五)调整县银行　我国县乡银行制度之计划,远在六年以前,后因种种原因，议而未行。抗战以来，政府感县乡银行之重要，故于二十九年一月二十日公布《县银行法》26条，同年十二月六日又公布《县银行章程准则》46条，规定由县政府以县乡镇的公款与人民合资组织县银行，其营业区域限于各该县乡镇，而其宗旨则为调剂地方金融，扶助经济建设与发展合作事业等项。三十年二月五日又公布《县乡银行总行章程》20条，规定财政部为改进县乡金融机构，扶助人民增加生产起见，特准设立县乡银行总行，以辅导县乡地方银行的设置与改善。故县乡银行为整个金融体系的基层机构。

按县为地方自治的单位，一切地方经济建设的推进，当以县为对象，县银行的重要，于此可以想见。不过，笔者以为县银行的地位固极重要，但在业务上却不免与县合作金库及国营银行在各县设立的分支机构有重复之嫌。且其设置地域除本县外以比邻二县为限，如果各县普遍创立，恐有蹈美国独立银行制度覆辙的危险，且足以妨碍金融统制工作的推进。故以往笔者曾迭为文主张仿照敌国日本的办法，改县银行为农民银行的各县分支行，或归并于各该县的合作金库。目前在西北仅陕西省已成立县银行39家，其他各省均未设立。今后除应将已设置的39家改组为农民银行的分支行外，尚应积极督导并协助其他各县从速筹设，尤以人口较密的县份更应早日创办。例如天水、平凉、临洮等地，每方里人口平均达100至200人，县农民银行的设立，实不容稍缓。倘县农民银行能普遍而广泛的分布于西北的土地上，则不仅贫苦的耕农受惠非浅，即内地的金融脉络，亦得早日贯通。

（六）利用邮汇机构　在四行筹设行处濡缓的今日，为加速西北金融网的完成计，尚应尽量利用势力庞大的邮汇机构，以为辅助。按邮政储金汇业局系于二十九年四月加入四联总处，该局业务除邮递外，可分储蓄、汇兑、保险等项，与一般银行大致相同。自加入四联总处后，其业务即由四联总处负责指导。现有分局14，办理储蓄局所700余处，通汇所2 000余处，办理全国各地零星及小额的汇储事宜，实为一服务最普遍的金融机构。在力图灵活西北资金的计划下，岂可予以忽视？所以今后宜以中中交农四行的分支机构为经，而以邮汇机构及各省地方银行县农民银行简易储蓄处等为纬，织成一个合理而严密的西北金融网，以便开发一切蕴藏富源，树立国防生产事业的基础。

（七）设立指导的组织　金融活动的范围愈大，则其调剂资金的效能亦愈高。但是各种活动并不能交由某一金融机构完全负责,同时也不能任各种金融机构无计划的进行,形成分歧的局面,而是应该联合各种金融机构,使之成为一个有秩序的集合体,构成一股巨大的整个的力量。按一省内的金融机构,包括的种类形式颇为复杂,从纵的方面说,有国营、省营、县市营、私营的不同,从横的方面说,有国家汇兑银行、农民银行、合作金库的分别。不过,不论属于何种性质,其机构上可以有差别,业务上亦不妨分工,但各机构彼此之间却应取得一种适当的联系。换句话说,就是这些机构应该有一个联合的指导组织,来筹划一切,使过剩的资金通过联合组织而转贷于其他业务经营。如此,则金融上所感觉的季节不协调可以获得解决,运用亦可以益趋灵活。目前四联总处即可在兰州成立一个全西北金融机构的指导组织,以便统筹辟〔擘〕划,逐步进行。倘能使此组织健全,则各单位间即可取得密切的联络,共本一定的方针,努力迈进,以树立一个健全的金融体系。

综观以上各节所述,可见西北的金融建设虽然还没有达到完美的地步,但却已展开了一个新的场面。在今日金融资本操纵国家经济建设的时代,要想开发西北的经济,西北金融网的建立,实在是一个必具的条件,所以今后究应如何改进以往的筹设工作,俾得以加速金融网的完成,而达到辅助生产建设事业的目的,实在值得我们一再加以缜密的考虑。

原载《经济建设季刊》1944年第2卷第4期

视察西北归来谈片

巴里特讲　吕春晖译

一、宁夏灌溉区

予于去年八月十日，由重庆搭飞机赴兰州，继乘汽车至河西酒泉，旋转宁夏、西安，过黄泛区迄于周家口，循原道回西安，然后经褒城、汉中，绕灌县参观都江堰，于同年十二月二十七日返抵重庆，为时四阅月余。

今晨所欲报告者，为宁夏灌溉区及其改善问题。

宁夏灌溉区，自中卫以迄平罗，地区广大，长亘数百公里，极宜兴办农田水利，如能善自开发，只须花极小之代价，便得极大之收获，其上游青铜峡长约10公里，有瀑布约10公尺，谷深且狭，用为坝址，最属理想，峡上仍有二峡，高深相若，惜略嫌宽阔，不堪为用。是项峡谷，不与扬子江内之峡谷全为岩石者同，土质既松，河床复迁徙无常，最高最低水位相差亦巨，而沼泽罗布，旱潦无定，几占宁夏全面积五分之二，区内一段黄河，流向极为散漫，沙洲罗陈，两岸且时有崩塌，故虽云宁夏适宜农业，其土壤冲刷未免过巨，说者谓沼泽之地，原系黄河旧槽，予无资料，不敢轻信，惟一般性质殊与黄河无二，即泥沙随洪涨而污〔淤〕淀，河床随污〔淤〕淀而提高，地下水上升无已是也。成都金陵大学曾在宁夏区一带调查，谓该区农业经济价值颇小，尤以违禁栽植稻禾为甚，最大原因，厥为沼泽众多，地势平垠，排水因此不能宣畅，仅适栽植造纸所用富有纤维性之植物。故据予估计，宁夏省现时除五分之三面积未开垦者外，其已开垦之土地亦几不甚适作粮食生产之用。

宁夏灌溉方式，恒垒乱石为坝，导引来水，泛时坝泛水溢，则加长石坝，以增水量，但入渠之泥沙，亦随之而增，未遑顾及，故全灌溉区皆病于沙，区内渠道,世人尽知,皆具有二千年悠久之历史,布置既不整齐,路线弯曲复甚,个人之经验,开渠愈直愈好,否则循等高线,蜿蜒而下亦可,盖曲线之转捩点,断面必大,流速顿减,沙泥最易停积,而曲线顶端,凹岸必遭冲融,凸岸常生污淀。因此,渠内之沙泥问题,难以控制,地方人士,咸谓现时水量不及往昔一半,良有以也。

改善方法,当以地形与土壤测量,最属切要,但在此广大区域内,欲求通盘测过,非八九年不克蒇事,予建议可采条测方法,即每隔相当距离,作一地形断面等测量,其间则以导线连之,如此或可减少六七成时间,然后再于图上,详为规划研究,使所有引水排水问题,同时解决。

愚意第一件可做之工程,而能收效者,即筑坝与开渠二事。宁夏区域平坦,渠道浅阔,排水尤重于引水,排水干渠之间距,全视土壤性质与地下水之高低而异,通常以一公里为限,干渠数量不一定,可一条,可数条,深至少14英尺,支渠应为8英尺,至于究应如何布置,则有待测量后始敢定夺。

对于整理旧渠,附带可研究者,为利用排水干渠以兴航运,予由地质上观之,区内矿产丰富,以铁与煤最多,铜锌次之,更有炭酸钠矿,过去六个月内,产量曾达200万公吨之巨,故予深信,将来农工业同时开发,未为不可,且必获成功,惟尚待加以研究。

美国农夫利用机械与骡马,每人可耕地三四百亩,中国用牛耕田,每户仅及十亩,自足自给,尚属堪虞。予主张今后应改牛为马,则每人可耕田至少六十亩,然后以余力从事工业。复次,青铜峡筑坝后,不需蓄水亦能利用发电,在目下煤藏尚未大量发现之前,对于中型工业及农业,殊多助益,若将坝身加高,灌溉范围,更能扩及上游一带,但愚意暂以坝之下游为着手着眼处,且发电后,复可利用机械以解决排水问题,盖泥沙积至12英尺,含水达饱和点时,人工已不能为力也。

改善渠道并非难事,只须一面随时注意观察,一面研究规划,且附带或可清出良田甚多,工作伊始时,不妨先集中工程师于某一小范围内,妥为设计实施,待有增益后,再扩张至于他区,如是既得自身信念,复得地方协助,事半功倍,河西之开发,必须准此而行。

青铜峡筑坝,可藉移民为之,坝成后,使之从事生产事业,奠定工业基础,然后各方面才能相互配合,逐步发展。

总而言之，宁夏灌溉区具体改善办法：（一）完成地形测量；（二）举办土壤测量，后者与排水极关重要，过去美国尹布雷（Lmperial Valley）工程，耗帑巨万，未获成效，即基于此。明乎土壤性质，则对需水多寡，历时久暂，及低地泄水途径，才能胸有成竹，了如指掌，庶几水无浪费，供应适当，再配以科学管理方法，宁夏区之农业生产，不难增两倍也。

二、甘肃河西问题

甘肃河西，乃西北之重地，第一，人口稀少，适宜移民；第二，土地肥沃，开发有望；第三，地点险阻，为中原通往新疆之阶石。苟河西建设成功，则新疆一切政治问题，便可迎刃而解，盖接触与连〔联〕系，才能避免隔阂，犹一物据为己有，必须经常保管也。

离兰州40公里为庄浪河口，溯之而上至于乌鞘岭，过此，即所谓河西，以在黄河之西也。地形如带，又似走廊，介于合黎祁连二山之间，平均高度在12 000英尺以上，过酒泉更有无数山峰，高达18 000至19 000英尺之巨，吾美国洛山矶诺克山（Rocky Mt）最高不过14 000英尺，殊不敢望其项背，且河西风景壮丽，气候宜人，土质肥沃，山水终年不绝，尤以古浪至武威之溪涧与张掖至酒泉之弱水临水（即北大河）等，流细源长，以迄沙漠，最为可贵，自祁连山而北，地势渐趋平坦，坡度由5%降至2%，再北更平，约1%至5‰，惟其间有一沼泽，积水无法排泄，传云系清季回乱时，山间开渠，山下水流紊乱，冲去表土所致，河西灌溉，亦如宁夏，河中垒石为坝，引水入渠，故遇洪泛，沟洫悉为沙泥所塞，运水效能，完全散失。因此，不得不于冬季蓄水，俟来春解冻后，再事耕植，其用水方法窳陋，贻误作物时期，自不待言，而地下水增高，低地变为沼泽，禾木不能滋长，损失尤甚，今酒泉一带，山涧众多，可见河西地下水源丰富，如能设法利用，不啻为一天然地下蓄水库，且可避去蒸发损耗之弊，对干旱地区，最属宝贵（注：河西年雨量，平均约30公厘）。

引水之外，尚有排水问题，亦极重要。予于途中，约略估计，河西全面积，有三分之一至二分之一土地，悉为沼泽所占，殊属可惜，吾美"尹布雷"灌溉工程，自民国十一年至十八年间，所设施者，即排水工作，耗去公帑巨万，仅奏微效。

河西灌溉系统,渠首部分,前已述及,常为洪水所毁,亟待改进,渠身大致尚好,惟支渠太乱,宽无定限,竟有达一公里之遥者,田亩焉能得水,故亦须加以整顿。

开发河西,应以"蓄水于有水之时"为第一要旨,而蓄水即须从祁连山着手,该地泉源丰富,清澈可鉴,若能觅一适当地址,筑坝潴蓄雪水,且可兼顾防洪问题,此次予在途中,见城镇遭山洪所毁而为不毛之地,屡矣。抑有进者,筑坝后,尚可发电,以美国科罗拉多(Colorado)利用4 000英尺落差,以资发电,已属罕见,然与此地6 000英尺匹比,则小巫见大巫也。故在河西,如有充分水文资料,防洪、灌溉与水电三部门,不难同时兼筹,夏季高山冰雪融解,可截水于库,使之徐徐泄下,以减洪灾,秋冬则蓄水于库,以保地下水不致过于降低,俾为来春灌溉之用,而四季平时,则利用以发电力,虽上游水量不足,仍可由田亩用余之水,借机械吸引而上,或利用以增灌更高之地,殊属一举数得。美加利福尼亚州(California)即采此法,提水至200英尺以上,使水常川利用,循环不已,并有余电,以助附近工业之发展。愚意研究河西灌溉工程,一如训练军队,不可顾此失彼,必须面面周到,统盘计划,然后以逐步改善推进办法付诸实施,当较经济适宜,盖经营伊始即筑高坝,难有把握,虽能减少吸水机械,但渠道数目与用水数量,不无浪费也。

开发河西具体办法如下:

1. 地形测量——或用航空测量。

2. 土壤测量——研究作物与土质之关系,包括表土、底土渗透、用水、排水等。

3. 地质测量——包括地层组织与性质、地下矿藏等。

4. 水文研究——观测与研究同时并进,尤须以最进步方法,探讨水源问题。

5. 土地保持及其合理利用——注意与农民保持连〔联〕系,取得合作。

根据上列诸项,允宜先事实地调查,然后进行设施,则农业得以改进,工业庶可发展,而人民生活水准,达到足衣富食,自属可期也。

最后,尚有一重要事项,即水文研究、土地测量、地质调查、灌溉用水与水力发电等负责人,究应如何连〔联〕系,选用何种程序,何项方法,得以逐步推进,共襄斯举,则有待诸公切磋琢磨集思广益,予愿观其成,日后与诸公共享之。

三、黄河问题

今日再谈黄河问题。

黄河为害，人人尽知，经多年之记载与观察，以推其因不外流量大、河床陡、含沙多，河槽自上游以迄海口，形如V字，故洪水建瓴而下一泻千里，试观黄河自出潼关后，即入冲积平原，约束顿失，焉能无奔放之理，若自河床特性加以研究，则知挟沙情形与比降有关，上游陡峻，沙粒多而粗，下游以迄于海，沙粒少而细，故中途势必有所淤淀，日积月累，河床因此垫高，予曾摄有淤淀照片，其甚者，高与屋檐齐，测之可二三公尺，由此观之，以言治河必须认清一原则，即欲求黄河挟沙全部入海，势不可能，盖第一，上游流量与含沙量均大于下游；第二，上游河床较下游陡峻，挟沙已达饱和状态，且循诸自然条件，河流以狭而深最属理想，但在黄河适得其反，故惟有赖丁坝，方足以减其宽、束其流，建筑丁坝，以取透水者为宜，藉泥沙自淤方法，逐步推进，以收事半功倍之效。抑有进者，丁坝可以固定河床，减少挟沙，坝与坝间因淤积而能保护河岸，坝之样式，须视环境而定，坝之方向，据予经验，以倾向下游较好，坝身长度，不宜过短，以能护岸10至14倍坝长为度。总之，黄河弯曲虽漫无定则，筑坝因地制宜，却须抱定前后整个一气原则，实行作一步看一步主义，必无失败之虞。此外，黄河泛区支流众多，条条具有黄河特性，最好能选其一二尤足以代表者，举行露天水工试验，兹将泛区一普遍现象，即河槽宽狭之间必有急湍，请言其故，河之宽处，流缓水清，泥沙沉积，故河床抬高，比降陡增，助长狭处流势，造成急湍，过此，因泥沙复行沉积，故有缓流，然急流发生之处，冲刷能力特大，并能逐渐侵及上游，于是造成河床变易靡常，是为黄河善淤善变之一般原理，而治黄工作艰于治其他河流，亦即在此，仅恃水文资料，或一般原则，非可言于治黄者也。故黄河流域之水文站，不能以记载水尺读数为已足，必须随时测量水深，探求河底沙丘动向，研究水位与流量之关系，更悉流量不随水位增加时，必由于沙丘之移近，迫水上升，或因沙丘垫高河床，水面比降变平，使上段流速突减，壅积水流所致。黄河水利委员会观测员，大半中学程度，了解科学方法，并有相当常识，派充水文测验工作极为恰当，惟予觉测验工具,似太欠缺,除应记载水位外,更应藉测深仪,俾知水之深浅,钻探机以明河床变化,含沙量器采集任何深度之水样,分析挟沙多寡,浮游大小,以代过去含糊之百分比。同时,并与上游各测站取得联系,比较其水位、流量、暴雨、洪水、含沙等情形,再研究丁坝结构及其作用,洪水峰与降雨暨流域之关系,如是则观测员必对于水文测验不但无工作单调之感,抑且于洪水之至,发生研究兴趣,乐业所及,将来不难变为治河之中坚分子。上述测验工具,美国均有成品,并此介绍。

根据黄河水利委员会记录,每遇洪涨,水位即行增高,冲刷亦自此开始,至某水位时,冲刷即行停止,或者反呈淤淀之状,此种现象,不能有定,因洪水来源不同,挟沙情形亦异,有经一次洪涨,仅一次冲刷者,亦有经数次冲刷者,问题颇为复杂,兹以时间关系,不及细谈。惟对堵口合龙事有一建议,请黄河水利委员会及其他业务机关注意,即黄河堵复之先,应审慎规划研究,定下整个计划,如筑坝应选用何项工具,筑坝应采用何种方法,务期施工简易而收益最速,是为至重且要之问题也。

四、水土保持工程

忆予幼时,工程师对防洪问题,例以筑堤防修水库,直接迫水归槽为唯一方法,迄十五年前,始易旧观,改以洪泛原因与沙砾来源为研究对象,今更从分析方法,探讨水库淤沙情形推其因果关系,美国且于农部成立专门机构,特以此为中心工作也。要知仅恃筑堤,河床依旧污淀,沙涨床高,堤复无用,迩来经由沙样质地、大小种类等,已悉河中挟沙来自上游,由于集流区水土不能保持,既受冲蚀,复嫁祸于下游。美国西部有某地区,良田突为沙碛所盖,化为不毛,引起工程界注意,因有"得斯保"[①]之成功。中国西北各省,亦颇类似,尤以干旱地区为甚,盖土壤走失,不外两途,一为谷状侵蚀,因暴雨造成无数沟洫,一为片状侵蚀,进展较缓,迨表土层层冲走,露出岩层,始为人所注意。兹以加利福尼亚省,予曾目睹之事实为例,该省有某农业区,物产素称丰

---

① "得斯保",英名 Dust Bowl,系美国某地为风沙袭害,化为不毛,经研究防范后,土地始复旧观,以后对防沙所用方法即以"得斯保"称之。

饶,某次境内忽发现大沟一道,广三四丈,公路亦为之破坏,溯往上游探视,并无异状,惟铁路局砌有横坝一座而已,坝之上游,则为无数小沟,排列如指掌,经研究后,实由于天然水土,被农民不法耕种,失去平衡所致,积水由坝底潜流,日积月累,冲成巨谷,以致蔓延坝上,先是一处底土冲走,然后他处相继随之而去,于是地面草皮,失其依附,据地方老者云:巨谷之生成,完全肇自深耕,暴雨助虐,最后乃成不可收拾之局面。今以一极浅比喻,用示平衡之理,譬如河中结冰,人能履之而过,此为人与冰重力取得平衡,故安然无事,今若携物强渡,必遭没顶,盖平衡已破坏矣,自然界之水土,亦莫不如是。

保持水土,分湿地和旱地二类,湿地起伏较少,沟洫亦浅,藉播种方式与修筑谷坊不难化荒夷而为膏沃;旱地则不然,规模既大,需款复多,着手之先,须审慎选取适宜地点,是为基点,基点定立不善,每易造成地下严重之侵蚀。为工程师者,必须注意改良耕地,仅在助益农业,恢复土地原状而已。

西北诸省,属于旱地,故改进办法,一面在平缓暴雨强度,减少径流,一面在利用适当作物,增加地下渗漏,同时山上融雪,勿使集中,或径由一条渠道下注,此皆足以冲刷平原,不可不特别注意。美国常用方法为筑坝拦水,引之于指定区域,蜿蜒曲折至于田亩,或广植树木,以增地面覆盖,虽则其他可施方法亦多,惟利用土地目的,不仅增进生产,更须力求合理化,此新兴科学,尚属积极研究焉。

欲求旱地之渗漏增加,径流减少,并非难事。据予估计,黄河径流系数约在十分之一至十二分之一之间,今仍可减其系数一半,只须研究如何利用土地,广事耕耘,以增入土水分。湿地则不然,土层太浅,且大半已被人用至无可再用地步,故迩来工程师,已从水之循环作用,追溯其来去变易,图谋控制之法。

兹再列举一例,说明引水灌溉与土壤保持之关系,有某农业区,向引附近河水以灌田亩,其多余之水,则泄于某无出口之湖内,湖深原为365英尺(湖面即地下水高),经若干年后,虽引水流量未变,蒸发量亦不增加,湖深突大大减小达50英尺之巨,此种现象,即由于事先忽略保水保土之重要,致区内流水坡度增大,冲刷剧烈。中国西北各地,如此情形者,不胜枚举,美国虽已有垦务所主持保水保土之事宜,但尚不能谓为完全成功,至中国工程师,仅能认识其重要性,尤未能语诸具体思想之林,实则水土与人生有切肤之关系,水之循环有其物理性及其基本原理。

工程师于规划前,对理论与经验必须通盘了解,知其然并知其所以然,然后再决定实施方法,勿喜多功,勿鄙琐屑,务与其他有关专家取得合作,共谋协调,美国"尹布雷"工程只注意灌溉而忽略排水,前车可鉴也。

最后,予对"水之循环"仍在研究中,不能有望结论公告于世,所希致力研究者,能认识周围环境,明了前因后果,在复杂因子中,由已知以推未知,由已然以测未然。总之,要以渐进方式,以求问题之解决,斯为上策。

原载《水利月刊》1944 年第 1 卷第 2 期

西北交通建设的几个问题

凌鸿勋

兰州为我国幅员中心，以理言应即为交通之中心。但在抗战以前，仅有一西兰公路勉通兰州。兰州以北以南无公路可通，以西更无论已，国人素视兰州为边陲之地，以为到兰州便去边界不远，交通事业之偏枯，可以想见。

抗战军兴，西北以有国际交通关系，于是首就兰州以西原有火〔大〕车道，改为甘新公路，于抗战开始半年内通车，近数年屡经改善，至今成为国际干线重要之一段。然除此以外，此五年间西北新筑公路干线仅有华家岭至双石铺一段，支线只有安康至白河、兰州至西宁、平凉至宝鸡等数段。铁路兴筑干线只有宝鸡至天水一段，支线仅有咸阳至同官一段，以视同一期间西南方面交通事业之发展，瞠乎后矣。

西南各省自抗战以来，公路事业费支出约为西北之18倍，铁路事业费支出约为西北之7倍。惜以战局推移，凡所经营，未尽成功，南宁被侵，而湘桂路中断，越南投降，而叙昆路无法进行，缅局恶转，而滇缅路又受摧折。以运输物资论，以往三四年间，西南方面自已不少，然西北土地广阔，近年来抗建事业频兴，所负后方之责任甚重，而所受外力之侵扰又较少，独交通事业进展迟迟未能相辅并进，正与其环境相映成反比例也。

今日而言西北交通建设，论者或先问其为战时交通建设，抑为战后交通建设。战后交通大计，斯时言之，岂非过早。若言战时建设，则今日西北，除火〔大〕车驮驿外，尚有何可以发展。但余以为西北地域之大，交通之未辟，与国际路线之必须畅通，皆为当前之事实。无论战时战后，交通建设功能虽有不同，进度虽有缓急，但步骤必无二致，盖以解决目前问题者，亦即为他日永久计划之基础，而永久计划必仍以现代交通工具为出发点。至于火〔大〕车驮驿乃一时济急措施,不可视为永久之计,且望能早日替以现代交通工具,盖以效率既低,运费复巨,人力、兽力决难胜抗建交通之基本任务。吾人务须急起直追,谋在现代交通工具上寻得出路。吾人不宜只以如何增进牲驮数量为能事,而应以现代交通工具之建立为目标。如何可采炼汽油,如何可制造卡车,如何可修理旧有机车,如何可奠定此项工业之基础,即使目前尚不能完全达到机械化地步,至少亦应自半机械化着手,而渐趋于机械化之途径,譬如铁路建设,我国已可自制轻磅钢轨,则利用汽车发动机,亦可藉轻便铁路之基础,以谋逐渐改作标准铁路。又公路如无充分汽油可用,亦可尽量采用木炭煤气,以解决一部分之困难。盖明知人挑兽驮,必有一天达到其能力之限度,而距抗建之需要尚远,则不如早作打算,俾渐入机械化之门。倘囿于一时救急之方,斤斤以为即久远之计,而不同时为其他近代工具之追求与努力,则难乎其不落于开倒车之境域矣。

一、公路

按诸公路性能及经济法则,公路适用范围,本为轻便短捷之运输,以之与铁路配合,应以取得子线地位为原则。我国现代交通,历史短促,因政治国防之急迫需要,甫着手铁路建设舍重就轻,先大举从事于公路之修筑,全国皆然,西北亦不出此例。且因需要过于追切,即公路建筑,亦未按照正常步骤以推进。例如尚未开始建立汽车制造及汽油工业之基础,即大事筑路,实舍本求末。一到战时,路线虽存,行车甚少,公路运输,形同停顿,国人对之,束手无策。即如公路工程本身,亦以速成之故,致基础薄弱。一路之通,必须随而付重大之代价,以为养护及改善之资。恒有为节省若干土石桥梁工费,致使油料配件被莫大额外消耗者。当初所省国内人力物资,今日不能抵偿额外消耗之舶来油料配件。吾人当前问题在如何制造卡车,如何加强炼油工具,如何改装完善之木炭卡车。在工程上,应如何偏重质的提高,逐渐改建永久式桥梁,以免年年冲毁,如何改良路面,以减少车辆与油料之消耗,并增加行车之速率。此类问题得有解决办法,始能言及公路运输,而公路运输之经济范围,又只在其他铁路子线地位。如吾人退一步而承认目前处境困难,不能建立铁路网,只能任公路打破经济法则,扩充范围,则吾人必须注意及(一)公路运输能力之加强,(二)公路运输经济性之提高。

关于公路运输能力,目前大抵以工具数量与燃料困难为限制。在西北方面,以往尚无月运 2 000 吨之能力,实不足以应付需要。至于运输经济性,所关尤重,照现在一般公路运输收费率,客票每公里收 6 角(约为目前铁路三等票价之 4 倍),货物每公吨公里收 9 元(约为目前铁路六等货物运价之 45 倍),已非一般民众及一般日用货物所能担负,而在公路方面,尚只能应付其运输费用,至筑路成本与车辆与设备之折旧,尚未计入。公路长途与大量运输之不经济,益于此可见。

二、铁路

西北方面之铁路建设,现在轨道之最前端,离吾国幅员中心之兰州尚有 500 公里之遥。惟宝鸡至天水一段,已在建筑中,两年之内,当可通车。天水至兰州路线,已测定;兰州至肃州,现正测勘中。此路线由天水经兰州、肃州、哈密、迪化以至苏联边界,尚有 3 000 公里,但路线问题较为简单。第一,路线只有此一方向,中间不致发生有何重要的比较选择问题。第二,此线以现在所筑之宝天一段为最难,天兰较易,兰州以西则更趋容易,难者先克复,日后便可迎刃而解。现以我国渐能制造轻磅钢轨故,此路通达天水后,大有向西进展之可能。此 3 000 公里之大干线,吾人正不必望而却步,只看毅力如何尔。

铁路建筑,以通常情形言,其建筑费约为公路之 10 倍,建筑时间为公路之 2 倍至 3 倍。是以铁路规划,必与公路根本不同。且以兰州为出发点,向西展筑之铁路,为国父实业计划中中央铁路系统之一部,西通塔城,东以东方大港为尾闾。以地位言,为重要国际干线之一段;以长距言,则我国已往所筑干路尚无此规模。今于此路发轫之始,特提出两项重要问题,一为政策之须确立,二为技术之宜确定,请分言之。

(一)关于建设铁路之政策方面,凡一铁路之兴修,事先必须确立下列数种原则:

(甲)任何铁路之兴筑,其性质必不外乎经济需要、政治需要或国防需要中之一种或两种,因使命要求不同,故设计标准及施工方法,亦有特异之点。

经济路线之设计,主旨在使其运输能力能与经济情形配合,并须随经济之发展,逐步提高标准,即路线设计,宜在足以应付需要之条件下,使筑路投资得发挥其经济效率。此在国防性或政治性之路线则不然,常因急迫需要,不顾经济环境与法则,只求在政治国防之意义上得到代价。不过一铁路之兴筑,少有绝对属于经济性或国防政治性者。譬如抗战后所推进之国际路线,本以运输国防器材为目的,但路线一通,则沿线经济生活,势必随之而变,因而具相当经济性。至如何使目前纯属国防性之路线,能在将来兼具经济价值,则在工程师之善于运用其学识与经验,盖事属选线之技巧矣。

(乙)铁路之兴修,其对象必系一种运输要求,此种要求本可规定铁路所必具的运输能力,然铁路乃百年事业,其应具能力,亦必随时代而进步,而不能拘限于当时促成筑路动机之运输需要而已,当以通车之初,与通车后五年、十年、二十年四个阶段为路线功能规定之基础,而路线之设计,包括初步路线及逐步改善计划,亦应与此配合。

(丙)铁路建设,其本身贵有整个系统及全盘计划,先有路网轮廓,再进一步而规定干线、子线等之路线配合。且整个交通系统,亦须在各种不同之交通工具下,求其协调。盖铁路之建设费太巨,在西北尤难普及,必须因地制宜,按照自然环境与经济条件,使各种交通工具,得辅助铁路,联成整个系统,以达铁路之最大功用。

(二)关于建设铁路之技术方面,可以归纳于两事:一为设计标准,一为施工方法。设计标准之拟定,为使一切建筑物与设备之功能,须与运输需要配合,而在运输需要原则下,一切均以经济为出发点,而耐久性恒为经济之函数。至于施工方法之大原则,为在可能利用的物质范围内,办理工程,使合于标准。惟技术标准,多属硬性,而施工方法,则可因地制宜,顾须注意者,吾人不宜以物资限制,偏重或曲解因地制宜,致漠视或牺牲设计标准。目前国际物资不能畅流,代用品层出不穷,吾人筑路固可藉以济急,但无论所用建筑材料为何,施工方法为何,万不宜过分降低工能标准,或过分违反耐久性之要求。如无洋灰,可用代水泥,但不可使所成建筑,遇雨水即行冲毁。如无钢料,可用木架桥梁,但不可使承重能力减低,一行重车,立即变形。中国工程师今日事业,有如行医。无论所用药品为西药为代品,其治疗病人也,务须以全愈为标准,万无治疗一部分之理。应如何坚忍耐苦,趋向创造之途,则工程师今日之责也。

三、结 论

以西北土地之大,交通之落后,与今后在国际国内地位之日形重要,此方交通事业之须向前推进,乃毫无疑议。兹就西北环境,归纳几项结论。

第一,铁路与公路为建国基本工具,其事业之本身亦至为伟大。铁路方面,在我国已有六十年历史,今日吾人可言自筑铁路,所有制度之建立,人才之培植,风气之养成,皆此数十年之演进而来,并非一蹴而就。今后经营西北交通,无论公路或铁路,首须着眼于规模之必须宏远,制度之必须确立,如此方能在西北一角,树立基础,造成风气,并罗致人才。若无此远到之精神,支节应付,必至基础脆弱,事业本身始基不固,其任务定必蒙其影响。

第二,宜先着手于西北方面广泛之资源调查,作经济发展之总计划,再根据拟定理想公路与铁路配合之交通网,以此为兴筑基础,广派测量人员,作选线设计工作,计划各种交通线应具之形态,与彼此联系方法,拟定实施之步骤。目前大规模筑路,自无其力,但作此工作简单而性质重要之测勘与设计,自属可能。

第三,铁路事业,就其本身之狭义解释,本为一交通工具。但其开发地方与改造社会与经济环境之力量,乃至宏大。在西北处女地带,尤为必然。我国已往铁路事业,过于单调,以为除本身业务外,其他附属事业,皆不必过问。今后在西北谋交通事业之进展,宜稍改已往之作风,注意于加强机构,赋以职权,俾在此广漠之地域,为经济之调查,文化之宣扬,林牧之改进,矿藏之搜探,公共卫生之增进,藉铁路之发展,开其先导,为他人倡。如是地方易于开发,而铁路本身,将来定享莫大之利益。

第四,凡一事业,必靠其他有关之事业,同时举办,方易发展。若一切均须靠自己,则其建立必较慢,而进展必较迟。况铁路与公路之有关工业,范围尤广。在铁路方面,如煤矿之开发、洋灰之制造、电讯材料五金机具之供给、木材之解锯;公路方面,如油料之制炼、配件之供给,皆荦荦大者,倘一一均须自身筹划方能解决,则必甚费力。西北各种工业,尚少基础,将来谋交通事业之迅速进展,必须事前于此有所准备。

第五，交通建设，需要庞大之人力与多数之技工。从前我国民力充裕，工价最廉，今则不然。西北人口又特别稀疏，为筑一路，召募二三万人，即影响于国家兵役及后方生产甚巨。今后筑路，必不可忽略于此，在地方，宜加紧动员之训练，增高民工之效能，及培养技工。在交通机关，宜谋技术上之因时制宜，并利用其他天然或机械之力，方足以应付今后工人缺乏、工价高涨之困难。

第六，西北方面，一切交通建设，尚在幼稚时期，目前措施，应以正常标准为最后完成之标准。以环境因素为逐步完成的运用上之决定，其步骤必须与军事配合，与经济发展配合，且在战时物资人力条件之下，须有如期完成致用之把握。

以上各点，根据个人所见，聊以贡献于关心今后西北交通建设事业者。

原载《经济建设季刊》1942年第1卷第2期

如何要建设西北铁路

郭维民

一、导言

我国自海口失陷，国际交通线仅西北与西南两陆路，殊感未足。而政府人力财力又多集中于西南国际交通线之发展，对于西北国际交通之建设与整顿，未多致力，实为失策。为收桑榆之效，政府应积极从事建设西北铁路大干线；其范围由陇海路西端，经兰州、安西、哈密、吐鲁番、迪化，以至新疆西陲之伊犁或塔城，直与苏联土西铁路相衔接。其运输功能包有欧亚两大洲，其地位价值为世界冠，其对于我国目前艰苦抗建之助力，有非一般人所能注意认识者，兹谨将西北铁路与抗战建国之关系及西北铁路大干线之特点，分项说明，藉以请教于国人，并为政府在抗建期间发展西北交通之参考焉。

二、西北铁路与抗战建国之面面观

(A)西北铁路与西北资源：抗战至第四年代之今日，一面固靠英法美苏诸民主国家之援助，而本土资源之开发，尤为万分必要。而西北资源，异常丰富。举凡工业社会之原料，西北无不应有尽有，如青海之羊毛（根据民国二十六年青海省建设厅之报告，年产羊毛600万至800万斤），陕西之煤与棉（陕省之棉，年产额约8 448 303斤。煤产量约71 950兆吨，占我国矿区第二位），青海新疆之金（新疆以阿尔泰山产金最多。青海之产金量可与新疆等。民国二十二年美国福特公司曾向青海当局交涉，由该公司与青省府合办，开采青海金矿，资本全部由福特公司负担，而获利则与青省府平分，并装送西宁全市电灯,并送青海公路四条。又民国二十八年经济部在青海探察结果,某处一河流,长8公里,宽半公里之河面,每一方寸,可获砂金三钱云,由此可知青海产金之富矣),而陕新两省之石油(陕北延长一带数百里,均产石油。新疆迪化以西,伊犁以东之地区,纵横800余里,据苏联科学家之调查其产量丰于巴库油田二倍,现已开采一部,年产量约20万吨)尤为著名。此丰富之资源,若能便利交通,从事开发,则抗战期间之物力,绝无问题。西北资源创刊号刑润雨氏《西北资源与抗战建国》一文中,亦曾论及西北变通对开发西北资源之关系,主张从速建设西北大铁路。即以西北物产之运输论,亦须建设西北铁路方不致防〔妨〕害西北之经济发展,如伊盟之羊皮羊毛在抗战前多由商人运往平津出口,为华北主要对外贸易之一。目前政府唯恐此种资源资敌,故严令禁运,致地方经济死滞万分。又如青海之货物,前运津沪出口者,现以驮运取道西藏出口,其运输困难,可想见矣!故在今日政府如欲开发西北资源,充实抗建力量,应赶速建设西北大铁路,并可将停存地方之货物,利用西北铁路,大量出口,藉以换取外汇,巩固金融。得失之间,影响于目前抗战工作者固大,影响于百年立国大计者尤重,政府高瞻远瞩,对此问题当郑重考虑,勇敢决定,而彻底施行者也。

(B)西北铁路与西北建设:西北地大物博,抗战前为国人所忽略,不再论矣。而全面战争发动后,政府国民咸认建设西北为刻不容缓之问题,然将近四年来之西北,无论在政治上、经济上、文化上,仍为处女时代之西北,实因交通不便所使然也。不观乎西伯利亚(Siberia),原为一片荒野,自苏俄建设西伯利亚大铁路后,工商业顿盛。中亚交通向来艰阻不便,自外里海铁路(Trans Casplan Railway),土尔其斯坦铁路(Turkes Tan Railway),及土西铁路(Turkes tan‑siberia Railway)筑成之后,此一带之富源,日渐开发,顿成繁庶之区。夫以我西北各区占有200余万方英里之土地,拥有雄厚之资源,在今日政府若能善于利用战区退出之人力物力财力,完成此大西北铁路,非但建设西北可期,而裨益于抗战建国大业者,当不可以道里计。至抗战胜利之日,亦即西北建设完成之时。则将来之新中国,真可谓为天边日月,到处皆安乐之乡也。

(C)西北铁路与民族团结:抗战方殷,民族问题,急应解决,使各族皆能贡献其生命财产于抗战大业。我国西北民族,素称复杂,即以新疆而言,全省人口约250余万,有回族(又分缠回、汉回、甘回、布鲁特人、哈萨克人、黑黑子、罗布泊人)、汉族、蒙古族(分额尔特人、喀尔喀人、乌梁海人)、满族(又分为满洲人、索伦人、锡泊人等)。此外尚有白俄罗斯人、西藏人、土耳其人、阿富汗人。吾人欲将西北所有少数民族团结于抗战第一旗帜之下,必须使各民族深切明了日本帝国主义者之侵略,并非中国境内个别民族问题,乃整个中国民族之问题。为对付共同之敌人,中国境内各民族惟有精诚团结;而团结之道,必须发展西北交通,建设西北铁路。盖交通便利,民族间相互之关系自然密切,语言、思想、风俗,皆得渐趋于统一,其结果始能真正造成近代国家,俾各民族得以共同抗战,一致建国。历观史册所载,一国由部落趋于统一者,端在交通之便利,罗马帝国之盛所以维持之秘钥者,非专在坚甲利兵也。使无完备之道路行政,则帝国统一终不可望。法国自十七世纪中叶,修道路,开运河,中央大权,得以日尊。德意两国皆以铁路之普及为统一之先声。今日我国空前大难临头,非倾全国各民族之力,不足以挫顽敌而奠国本。矧日寇正利用我民族间之隔阂,施行挑拨离间之诡计,德王之叛变民族利益,即为显著之例证也。设建设西北铁路,对于民族团结,裨益必大。

(D)西北铁路与军事反攻:抗日战争变成今日之局势,即将进入总反攻之时间。然欲收复此十数省之失地,必有充分之准备与源源不绝之接济,不足以实行总反攻,而反攻之道,又必须由西北开其端,盖西北山脉河流纵横其间,敌人机械化部队难以逞其威力,故最后胜利的总反攻,必发动于西北,初不可以今日敌我之主力战在华中华南,即以为西北不重要也。其实在战略上言,华北较任何地区为重要。而今日敌人主力所以在华中华南者,纯以敌人兵力有限,战区扩大,不敷分配,且西北又进攻难能,故不得不采取南进战略。然吾人洞悉其奸,当知决定大战之成败,仍在华北。故此时建设西北铁路,对于反攻大军之军需品之供给,特别需要。

(E)西北铁路与国际运输:我国海口失陷后,国际交通线殊感困难。去岁英政府受敌诱惑,封锁滇缅路。当时政府国民均焦急的感觉国际运输之迫切与困难。今滇缅路虽已开放,而倭寇复实行南进政策,假道越南,进攻泰国,威胁英国,冀再度封锁我西南国际交通线。我处此局面中,应作最险恶之准备,积极建设西北铁路。在战时非但苏联之物资援助,可以利用此路运来,即英美法物资上之接济,亦可运至苏联海港,由苏再转运我西北铁路,达于内地。且胜利后之新生中国,必迈进复兴之途,以积极之作风,从事全国工商业之发展与各种新事业之建设,届时又可利用此路购运外国机器,尤有进者,将来新世界之联络此路更负有重大责任。盖此路西通全欧,东与陇海平汉津沪相贯通,则由太平洋往欧洲者,当以此路为捷径。如此中国在国际上之地位,更为重要矣。昔者先总理在实业计划中,即以兰州为全国铁路之中心,今西北铁路完成,亦即先总理西北铁路系统直达欧洲之大计划,得以具体实现。

(F)西北铁路与大亚细亚主义:吾国抗日战争,虽为求中国整个民族之解放独立自由与发展,然随日本法西斯军阀野心之增长,吾人之责任愈益加大。详言之,倭寇不仅灭亡中国,尤欲独占亚洲。在敌人一面高呼东亚新秩序,一面进兵南太平洋之时,吾人之责任除集中力量抵抗外,尤应联合亚洲诸民族,发动集体力量,肃清此东亚大毒大患,以实行真正大亚细亚主义,此为客观环境与时代历史所赋予吾人之神圣使命,而无可回避者也。实在中国民族在历史上、地理上、文化上皆有领导亚洲民族建设新东亚安定太平洋之资格。以地理言,中国为亚洲人口最多、土地最广、物产最富之国家;以历史言,中华民族发展最早,已往即有开导外族之光荣历史;以文化言,中国民族素讲信义和平,尤具有仗义执言扶弱抑强之精神,然今日中国欲完成此富有世界史意义之责任,必首先联合苏土印三大国家之民族,以吾国人口 45 000 万,印度人口 40 000 万,苏联土耳其虽稍次之,然即以此数已超过世界人口之半,此偌大民族力量,足以安定东亚而有余。惟联络之道首应加强中国西北西南之交通线,而西北铁路之建设,尤为必要。张其昀先生在《新陪都之重庆》一文中曾谓:"大亚细亚主义之意义,即在中国苏联土耳其印度四国之圆满合作,而其先决条件,尤在大陆路线之开通与充实。"再则曰:"设我国西北铁路干线,得与土西铁路相衔接,则欧亚陆路交通,一以贯之,窃以中苏两国铁道沟通之日,即为大亚细亚主义开始实现之时。"由此更可见西北铁路与大亚细亚主义关系之重大矣!愿我政府国民,认清时机,认清责任,放大眼光,从速建设西北铁路,完成领导亚洲民族,肃灭日本法西斯强盗之使命,并为世界史上写出新的光荣之一页!

三、西北铁路大干线之特点

西北铁路较西南路线路基平坦，非如西南路线沿途之艰险可畏，且亦极其安全，兹分述之：

（A）西北铁路路基平坦：西北铁路虽长 4 000 余公里。除由达拉碑至古浪峡（尤以达拉碑至沙河井、水渠河至兰州及五守岭至古浪峡三处为最甚。山路盘绕 700 余里，坡度二十分之一至八十分之一不等）。与由哈密向北经七角井、大石头（山路约 300 里，坡度四十分之一至五十分之一不等）工程较难外，其余概路基平坦，无重岗峻岭之险，建筑甚易，较之西南路线，财力人力时间均为经济。

（B）西北铁路道床装置易于坚固：道床为敷置于路盘上之砂砾层，其目的在将车辆之重量，广为配当于路盘上，俾轧道安定良好，同时予以弹性，使雨水之渗透容易而枕木可以耐久不坏，又藉此可使路盘面积不变，且冬季路盘之结冻亦少。而道床之装置通常多用砂砾，而碎石为更佳。此路沿线，以自然地理关系，砂砾碎石可谓用之不尽，取之不竭，则西北铁路道床之铺垫容易也明矣。

（C）西北铁路极其安全：西北铁路路线虽长，然其东段，北有阿尔多士荒漠之阻，南有六盘山之屏，且晋绥战局日趋好转，敌寇欲将此路切断，万不可能，至苏联在政治上、经济上以及文化上，与我关系日加密切，似无意外。西北铁路实我国际交通线最安全最可靠者也。

四、结论

吾人总观上述，当可深明建设西北铁路与抗战建国关系之重大。客观环境之需要建设西北铁路，亦必为国人所承认。或者曰：主观上之力量难以达到，使政府有心有余而力不足之苦。因战前既无力建设，战时材料缺乏，财政拮据，时间迫切，在在均有困难。作者则大不以此为然。实在言之，各种困难多而且大，此为无可讳言之事实。然吾人苟无建设之精神、建设之决心，与为国家民族尽忠之诚意，仅一味畏难苟且，因循敷衍，仍保持已往一切坐享其成之心理。在此抗战期间固难望有建设之成功,即在抗战胜利后,对国家之建设亦难有突飞猛进之发展。吾人在此民族大战中应祛除过去一切不良心理,培养新的奋斗精神。凡有益于抗战建国之建设,无论如何困难,只要此种困难有法解决,必以百折不挠之精神以赴之。如财力薄弱,则提倡节约储蓄以厚集之;如工作器具不完全,则以气力血汗以补救之;如技术人才不足,则多加训练以养成之。以如此艰苦奋斗之精神而努力,建设事业绝无不成之理。按之史实:美国反对英国之八年独立战争时,物质何等困难! 然以美人富于建设精神,终能开辟通过昆布兰之峡道,穿透阿利给尼群山之险阻,迭经一望无垠之沙漠地带,建设运输畅达之昆布兰大道,得以促成美国今日左右世界之力量与国内之繁荣。吾国今日所遭遇者,未有当时美国之险恶;吾国今日物资之雄厚与外援之接济,较当时之美国,有过之无不及。对此影响吾国全面抗战建国之西北铁路若不能建设成功,则真愧死我民族奋斗之精神也。

且此路如由边疆与内地同时向中心逐段修筑,并非太难,修筑一段,利用一段。由内地向中心段之修筑,可利用由战区退出之人力物力财力。例如吾国铁路除极少数线外,大都为敌所占有,退出之铁工人员,为数甚众,政府对于此种人员理应予以救济。此时修筑西北铁路可以充分利用此技术人员,甚为得计。其他物力方面,如平汉线由信阳至郑州段,陇海线由郑州至巩县段(该段原由郑州拆至洛阳,顷闻为运输巩县之煤,故巩县至洛阳段又复修矣),长近 1 000 里,拆下之铁轨零件等当不在少。据谓一部铁轨正运往某处改作他用,少部仍散于民间。去岁作者回河南时,曾由许昌沿平汉线南下至驻马店,途中有庄村之池塘中尚有抛弃之铁轨,而枕木为居民所毁者更多,殊为可惜! 政府应将此有用之物,用之有用之地。

边疆向中心段之修筑,可由苏联借购材料,原苏联自第二次五年计划完成后,已进入重工业阶段。其需要工业上之原料如毛如皮如铁如煤等甚多;而我西北资源丰富,当可源源供给。此时我政府应与之订立合同。我可利用其成品,彼可利用我原料。互助互利,互相发展,想关系重大如苏联者当必乐为也。

原载《西北研究》1940 年第 3 卷第 9 期

西北公路观感及其他

沈君怡

各位同志：

今天应沈副局长之约，到贵局来与诸位见面，实在不敢说讲演，因为兄弟初到西北，人地生疏，诸多隔阂，反转来到〔倒〕要请诸位帮忙与指教的地方很多。西北公路为建设西北的开路先锋，而诸位又都是参加西北公路交通的工作同志，对于西北种种问题，均有深切的认识，今后尚望各位同志多多指导。

上星期兄弟于拜望沈副局长时，虽然会谈片时，但对于贵局路政的设施，以及过去的情形，今后的计划，均得到一个深刻的印象。近几年来，西北公路在宋局长沈副局长领导之下，已有突飞猛进的发展，而各位对于抗战，对于建国，也已尽了最大的努力，深为钦佩。

兄弟于去年四月间曾北上，一行由重庆出发，循西北公路到兰州后，转西安而返渝，当时兄弟有一种感想，即西北公路在全国公路中，应是首屈一指的公路。这并不是今天兄弟当着诸位的面有意恭维，而是因为有正确的数字可以列举，如以行驶里程来说，兄弟在其他公路行旅汽车平均每小时约行驶40余公里，在那次兄弟到兰州来，行驶在西北公路上每小时达七八十公里的速率，由此一端，可以推想到西北沿线坡度、弯度等等工程如何合乎标准了，更何况沿途有若干地段还见到有许多工程尚在继续不断的力求改进。

返渝后适交通部公路总管理处又邀出席公路问题座谈会，当时兄弟即根据此次北行观感，提出几点意见：

第一，建设公路应尽量设法保存沿线风物——此次北上，对于西北公路工程，兄弟除感觉到十二分满意与钦佩外，在广元附近公路沿线山壁上有唐玄宗开元年代石刻多幅，尽为建设公路时所破坏，查唐开元迄今历时约1 200

余年,此种具有历史艺术价值的古物,不毁于过去而毁于民国二十余年后之工程司〔师〕,实不无遗憾,关于这一点,希望主持公路工程的工程司〔师〕专家特别注意。

第二,建设公路应打破中央与地方间之界限——刚才兄弟说过,在西北公路上行旅甚为痛快,惟在痛快之中,感到一点极不痛快的事,就是当公路穿城而过的时候,因为公路穿城不特须转弯抹角,由此门而他门,抑且主持公路工程者,每多以建筑城内马路为地方政府的责任,而地方政府或因人力财力的不足,亦一任其狭隘不平,汽车行驶其上,诚有寸步难行之感。今后建设公路,应绝对打破中央与地方间之界限,城内马路亦应于建设公路时,同时整修,务以合于行车要求,便利交通为原则。关于这一点,在渝滇等处城市建设,已经是近代化的地方,尚须注意,而在西北更不可须臾忽视。

第三,战后公路的运用问题。在抗战期间因为海口被敌封锁,铁路被敌侵毁,一切运输,均惟公路是赖,在抗战以后,铁路的积极建设亦为必然的趋势,那时,因为铁路的发展,交通畅达,运输便利,虽则公路有公路之功用,然其地位尚不若今日之重要,吾人如不愿曾为抗战肩负重任,国家耗资万千之公路一落千丈,而欲求其继续发展,战后公路运用,实为吾人值得注意之问题。兄弟以为利用公路,提倡自行车旅行,为值得研究的一点,因为自行车旅行,不但可以锻炼国民体格,并且可以增加国民对国家民族的认识,所费有限,收益实大。诸位都是公路从业人员,尚期详加研讨。

至于谈到西北问题,各位在西北年长时久,对各方面均有周到的观察清楚的认识,兄弟初到西北,实不敢班门弄斧,多所妄谈。惟即就兄弟在短时期中粗浅观察所得深觉西北前途无涯,如果以工程司〔师〕地位来讲,在建筑一座房屋之前,只见作场上东一堆土,西一堆泥,杂草菲菲,栋木横陈,毫无可爱的地方,但经人工建造布置点缀以后,即成为庭园美丽之房屋,而西北环境即为未建造房屋以前的作场。这并不是兄弟无条件的赞美与歌颂,实在因为西北有历史上环境上的优越条件。

(1)论历史,西北是我们祖宗的发祥地,曾有光明灿烂的历史。

(2)论环境,西北在地理上的纬度气候均适于植物的生长,考查〔察〕欧美各地,凡与西北纬度相同气候相似的地方,莫不满山遍野树木葱菲,河川纵横,文物优美,西北现具有同样的条件,当能建设同样美丽可爱的环境。

其次说到甘肃省水利林牧公司。水利的开发与交通的建设,同样是国家事业,因此办水利而组织公司,也与建设公路而组设公司一样的。然而在抗战建国的现阶段,国家需要的建设的事业,真是千头万绪,甘肃省水利林牧公司,即利用一部分资金,分担国家一部分建设事业的责任。公司资本共1 000万元,即由甘肃省政府投资300万元,中国银行投资700万元,合组而成。这1 000万元的资本公司,非特应还本,并且还要付息,以商业性的组织经营国家事业,虽然事属创举,无成规可循,但兄弟于去年视察泾惠渠后,即确信兴办水利事业,实有莫大的利息,开复泾惠渠经费为160万元,灌溉农田65万亩,即就地价而论,过去每亩一元,今已涨至每亩40余元。地价之增高额,即超过泾惠渠经费十数倍,而每每农产品的增收,每年亦超过160余万元。

以上为组织甘肃水利林牧公司的动机,至其性质有:

(1)计划——承甘肃省政府之命办理设计测量调查开设水渠等事项。

(2)包工——设计测量以后本公司即承包开渠工程负责进行。

(3)银行——公司本身负有筹划经费运用资本之责任。

本公司成立伊始,一切均属草创,尚期政府当局及各机关切实予以协助,尤望贵局同人多多帮忙,本人极愿追随诸位,今后共同为建设新西北而努力。

原载《西北公路》1940年第3卷第11、12期合刊

交通界人士应如何参加开发西北工作

李季清　王紫星

一、绪言

西北各省,不徒为我中华民族发祥之地,抑且为我国内地之屏障,国人过去对于西北,每多漠视,关于边疆实际问题之研究,尤绝少注意,因此广大丰厚之西北,任其荒弃,数百万勤俭之边胞,任其隔绝,国家边防陷于衰弱之状态,言之殊引为憾！国父于《实业计划》中,手定开发西北之大计,规模宏远,思议周详！总裁继起倡导,积极推进,自抗战以来,尤注意于边政之发展,以奠定复兴民族之基础,国人因此始懔于边省之不可忽,群谋研究开发之途径,此诚我民族觉悟一大转机也！去秋总裁躬亲巡视西北归来,怀欣慰之心绪,而以"建国之基础在西北"昭示于国人,并勉励国人认识西北地位之重要,应本自立自强之旨,奋发前往开发,深望经此次总裁之启示、敦勉以后,上下人士,必可益增需要开发之信心,努力于边疆之实际工作！吾人应知国家强盛之时,即为边疆完全开发之日,边务发达稳固,外患无由侵入,国家安全繁荣,方有保障！

笔者等或在陕甘各处,从事电信工作及参加去年兰州全国工程师学会年会,并赴各处旅行调查；或在西北边疆各电局电台服务,将近十年,其间因公数被掳劫,备感边情复杂之痛苦。上年奉召来渝,并蒙最高当局垂询边疆情形,因此对于西北方面之状况,虽不敢夸言详悉,然自信知其大概,兹值中央积极开发西北,各界纷往参加工作之际,特撰此文,一则就教于交通界人士,商讨如何参加开发西北工作,一则略陈边疆实际情况,敬供各方面关心此事者之参考！

二、西北概况

开发西北,利用宝藏,实为目下举国之共同目标,然西北应如何开发,交通人士应如何参加开发西北交通工作,欲答复此种问题,必须首先对西北地理情形及特殊环境,有一概括之认识,如进一步再检讨过去西北设施之成败,尤可圆满解决上述之问题,兹将西北状况概述如左〈下〉:

1. 面积:吾人平常目视为西北者,如陕甘宁青新等五省,其总面积约为338万方公里,占全国总面积29%,最大为新疆,次青海、甘肃、宁夏及陕西。

2. 名称:陕西古称关中,为我中华民族发祥之地。甘肃自汉武帝置河西四郡以后,历代经营不辍,政制久已与各省相同。新疆位于我国最西边,古时为西夷诸国所居,号为西域,至清代初年,北部为准噶尔所据,南部为回部所领,康雍乾时,前后发兵平定之,因系新近收复之疆域,故名新疆,同光年间,左宗棠开府西北,刘锦棠巡抚关外,光绪五年,建为行省,民国沿用其名。宁夏与青海,在民国初年时,甘肃之宁夏道与阿拉善及额济纳两蒙旗合并,辖为宁夏;甘肃之西宁道与和硕特及果洛玉树等旗合并,辖为西宁。民国十七年各成立行省,开始推行内地政制。

3. 位置:陕甘宁青各省位置,均在黄河上游,据秦晋山地之西部,新疆位于我国最西地域。

4. 形势:陕甘宁各省,表裹山河,形势完固,内屏秦蜀,外控新疆,汉唐以来,经营西域者,无不以此为后备,抗战军兴,其地位之重要,与日俱增,未来之形势,当更甚于今日!

5. 气候:西北大部分地方为高原,故一年之寒冷时期特长,夏季亦相当热,雨量较少,空气干燥,然此并不妨碍身体健康,试观东西南人士赴西北者,未闻有不服水土之事,笔者等在西北甚久,精神上均极感舒适愉快,从未发生疾病,故西北气候颇为良好,望勿以此为畏!

三、开发西北之重要

观以上所述,可知西北之地位,无论在国防上国际上,均具有特别价值,而在此抗战建国时期,益觉其关系之重要!

总裁指示"建国之基础在西北",对于西北丰富之资源,固应积极开发,我国父手建中华民国,力主五族共和,而创造三民主义,尤可为建国之准绳,打破种族上、政法〔治〕上及社会上之一切不平等,以建民有、民治、民享之独立自由国家,由此推及环球各国,而求大同世界之实现。凡我国人,自应本此伟大方针,对于西北土地同胞,尽力开发协助,使同胞受此种伟大光辉之照耀,而无废弃歧视之现象!西北为建国之根据地,广大深厚之疆土,丰富蕴积之宝藏,若能充分开拓启发,可以增加无量之资源,裨益抗战建国,关系至巨。

四、开发西北与交通之关系

一国之盛衰,恒以交通为转移,水道恃海岸线之长短,陆路赖铁道公路之多寡,其他一切则视邮电及航空发展如何,吾国交通事业,较诸列强,颇有逊色,环顾边疆,更无足论!国势衰弱既如此,边疆之锢闭又如彼,故今日言开发西北,则交通建设,实为当前急务,盖交通一切建设之前驱,举凡边政之设施,资源之开发,移民之垦殖等,莫不与交通息息相关,如交通困难,运输不便,则举办一切,穷年累月,不得端倪,徒耗国帑,劳而无功!

五、过去西北设施之检讨

西北之重要及开发之急迫,已无疑义,惟吾人准备开发西北之时,须进一步检讨过去设施之得失,以作今后开发之借镜,就笔者等过去服务西北边疆之经验,觉对于西北边疆之设施,似过于偏重政治,而忽略"心理建设"与"经济建设"。西北边疆设施,必须与抗战绝对配合。过去侧重于政治运用,一切实际设施,似未能尽量发展,再加以西北情形特殊,生活环境艰苦复杂,泛论边疆问题者,固不乏人,实际力行边疆工作者,殊感太少!历观从事边政之士,每感于环境困难,工作开展不易,中途废然而返,或被迫敷衍,徒具形式者甚多,遂使大好土地,至今荒芜,未能利用,曷胜惋惜!自抗战开始以来,开发西北之呼声,震动朝野,政府与社会各方面亦均竭尽力量作种种之推动,现在西北诸省政治局面之安定,各族同胞间之和睦,实乃伟大之成就,此外各大银行以及实业工厂等,在西北各省重要区域,相继设立,又如兴办各种事业,公路线次第完成,电信网遍及各处,此均足以证明西北之建设,已具基础,只待吾人再接再励〔厉〕向前迈进,以求更大之成功也!

六、交通界人士如何参加开发西北交通工作

"交通为实业之母",欲求地方进为富强之域,首重各种交通建设。抗战前我国因内忧外患,以致交通事业,未得发达,且专偏重在东南,而忽略于西北。抗战军兴,我国重要铁道公路、电报电话大都沦陷,江海船只,均被破坏,至后方公路电信等建设,历经最大之努力,始有相当之成就,唯因器材发生困难,进行又多障碍,对于事业之推进,确极艰苦!而西北交通之进展,则尤有特殊之困难,应如何补救、整理,实待我交通人士之悉心研究与努力!

开发西北,交通建设为当前之急务,资源之开发、人民之移殖、各种事业之施展,莫不赖于交通之扶助,故交通人士对于开发西北之责任,实至巨大!如何参加开发西北交通工作,兹特分述如左〈下〉:

甲、交通方面

1. 建设铁路:铁路为交通之命脉,负运输之重要使命,开发西北之顺利进行,铁路交通,深资利赖!陇海铁路久已通至宝鸡,正由宝鸡展至天水,延达兰州,此路工程急待于最短期内完成,交通人士实须勇往参加工作,促其早日通行。

2. 扩充公路:西北公路,抗战以来,经交通人士之努力,确有相当成就,如川陕、汉白、华双、西兰、甘新、甘青、甘川、宁平、宝平诸线,合计共长4 500余公里,前后相继通车。其他公路似应继续努力扩展,以利交通,自滇缅路阻断后,国内弃置之汽车为数甚多,实宜移往西北,充分利用,改善统制办法,奖励商车运输,纵令效率不如铁路,然亦可有极大裨助。西北液体资源非常丰富,目下正在大量开发中,如交通有办法,油料自无问题,各方面燃料之缺乏亦可望解决!建筑公路,即为铁路初步工作,故公路工程之进行应与铁路工程取得密切之联系,交通人士参加建设公路之工作,过去已极努力,惟嗣后当益积极办理,务使西北有一完密之公路网,以加强公路运输效力。

3. 发展驿运:驿运原系我国固有运输方法,嗣因科学技术之进步,运输机

械设备改善,驿运随时代而淘汰,然交通落后之西北,此种运输制度,至今仍不失其功效!抗战迄今,我国进步的机械运输设备地方大半沦陷,而运输之需要反激切增加,同时我国工业尚不发达,一切交通运输工具多系舶来,自国际路线阻塞后,外货来源断绝,中央有鉴于此,乃利用我国天赋广大之民众,并采取我国原有之运输制度,用科学方法办理驿运事业,加强运输力量,俾辅助机械运输之不足。驿运在西北实施有两种便利条件,一为西北驿运至今仍保持固有之基础,驿运路线四通八达,仅赖吾人充分利用改进,即可发挥甚大效果;一为西北人力畜力丰富,人民多有使用牲畜之经验与智能,故人力兽力之运输在西北可特著功效。

总裁在驿运会议开幕与闭幕训词中,对于驿运之重要与性质,指示非常详细,关于应如何注重科学之组织、管理、考核等等曾再三勉示,如"宁使工费增加,不令设备太简","推行驿运,须绝对避免官僚化","切实爱护牲畜,以科学方法管理器材,保护运货","实行驿运,乃所以补救我国之贫苦,吾等应不惮烦琐,不辞劳怨,督率倡导,以奠定我国运输之基础"等,以上训词,均可为办理驿运之重要指示,我交通人士应本此宏旨,奋发努力,以从事发展驿运工作!

4.改进航运:西北航空事业,始于十九年欧亚航空公司成立,开辟西北航空线,抗战后因时势需要,西北复当国际航空线之要冲,中苏航空公司应时而生,二十七八年之间,西北天空热闹一时,最近中国航空公司又增加西北航班,将来西北航空事业有增无已!自越缅沦陷,西南国际交通阻断,西北航线更急待于积极推进,交通人士参加航运工作,故亦极为需要!

水运方面,牛羊皮筏为黄河特种运输工具,颇属安全合用,战前兰州至包头水运均赖此运输工具,西北各地土产遂输销于平津市场,战后绥西失守,仅可达绥西前线之五原,然对于抗战仍属非常重要,如军火给养之补充接济多赖此黄河皮筏运输之功!西北农事,大半沿黄河区域,垦殖亦当以此种地带为宜,因此皮筏航运仍可大量利用,如何经营改进,实赖交通人士之详为计划!

5.增辟邮线:邮政事业乃多元的,与一般社会关系极为密切,地方经济文化之进展端赖邮政事业之发达、邮政在西北固已相当普遍发达,但偏僻之西北边区需要增辟之邮路仍不在少,开发西北,邮政确占重要地位,交通人士踊跃参加增辟邮线工作,诚亦极为急要,且邮政与电信关系非常密切,理应切实合作,比较繁要地方当设置邮电合办之局所,清简地方无电信机关设立者,邮局当代办电信,如此双方利用合作,使邮政电信之便利遍及西北全部各处,其有助于开发工作洵为不小。

6. 建设电信:电信为传播消息之工具,电报电话又为通信之利器,发展西北之工商事业及举办移民垦荒等均须赖电信建设之完成,以便利消息情报之传递,否则西北地方广大,若不能互通声气,彼此密切联系,则一切事务之推进均不免有浪费时间或往返徒劳之虑!此外军政情报需要报告中枢者,更有赖于电信之传递。以争取时效!抗战以来,西北电信事业经交部长官之领导,电信人士之努力,确已有极多进展,如电局之添设、线路之增加、无线电报话之装置,均已先后办理,当此中央努力倡导开发西北之时期,关系国防之电信建设必须加强进行,交通人士参加西北电信建设工作,实特别需要!笔者等从事电信工作均在二十年左右,对于电信建设之需要认识似益深刻,特将西北电信亟须办理事项提供刍见如次。

A. 有线电报:西北电报线路,自抗战以来,经部司主管及各处电信人士之努力,进展甚速,各重要省区之间均已设置直达线路,惟西北情形特殊,限于人力物力财力,种种困难太多,电信建设未免落后,原有电报线路,时常阻断,电信工作效率,故不能良好,开发西北颇赖于电报电话通信之畅达。且西北各省,亦近军事前线,军电传递更为重要!欲谋整顿改进,须注意下列数点:

(1)增加线路,使直达电路增加,减少转报次数。

(2)采用载波电报电话机件,经济省费,而收一线得数线之功。

(3)利用双工通报,使电报传递容量增加。

(4)整理旧有线路及电报机件,提高传递效率,减少错误。

(5)增加电报局所,务使西北各处人民,均有利用电报电话之机会。

B. 无线电报:无线电用以辅助有线电报及长途电话,对于充实通信设备,灵活各种情报传递,实有极大之贡献。西北幅员辽阔,发展电信交通宜多利用短波无线电,因其机件简单,装置费用低廉,轻而易举!兹就西北无线电信应行改进办理各点,列举如下。

(1)增加无线电台:目下西北各处电台尚不甚普遍,故联络难于灵便,亟宜设法增设,以利通信,至电台增设后,传递电报迅速,可减少各方面专用电台之设立。

(2) 改进各局电台之工作：西北各局内无线电工作恒不甚紧张，非至有线电路发生障碍时，似不忙于通报，此实非良好现象，嗣后应改进各局电台之工作，尽量加以利用，以增加通信效能。

(3) 适当分配有无线电路报务：寻常政务电及私务电由无线电传拍，可减少有线电路之拥塞，避免重要电报之稽延，有无线电路，妥加调整，互相合作，电信效率自可增加，而社会人士对于电报信用亦能提高。

(4) 改善电台设备：各电台应改用快机传递电报，使速率增加，收发正确。

(5) 重要电台实行双工制，双工收发电报，使传递电报之容量增加，不致积压延搁。

C. 市内电话：市内电话为城市电信之利器，抗战以来，时势所趋，各种工商业，渐次西移，西北各城市人口益增，繁荣倍昔，各处市内电话之需要，自日见迫切。目下西北各重要城市，虽均已有市内电话设置，但因机件不良设备简单，实已不能适应当前之需要，因此西北各省区市内电话正待于加强改进。

D. 长途电话：长途电话为沟通各省区及各重要城市间之脉络，开发西北多赖于此。目前西北各区长途电话，每多接用电报线路，电报既被耽误，通话亦不清晰，其架设之电话专线为数甚少，似宜大量添设以应需要，此外并应于各相当距离处，装置帮电机件，以利通话。

乙、一般方面

交通人士于参加上述各种交通工作外，对于一般工作亦应随时参加办理，以尽国民应尽之责任，所谓一般工作者分述如左〈下〉：

1. 宣达中央政情：西北边疆基于特殊情形，过去中央法令常不易达到，边胞知识浅陋，对于中央政情固不易了解！交通人士于办理本门工作之余，应认识三民主义建国之方针，设法宣达于西北边疆同胞，务使其明白中华民族之伟大，共同遵守中央之法令，彼此精诚团结，勿发生无谓之误会，此不仅便利开发工作之施展，亦可增加我国政府之力量。

2. 顾全边胞利益：边疆环境之特殊，人人知之，故应顾及边疆实际情况及边胞利益；边地与内地相距遥远，情况实大不同，应尊重环境而求工作之进展；边地风俗习尚，不宜加以摒弃，而当酌量保留，若贸然变更，边胞必感不便，一经引起反感必致工作进行困难徒劳无功。笔者等服务西北边疆甚久，就所得之经验，深觉开发西北边疆之一切设施应尽先以为边胞谋福利为前提。

3. 增进边民感情：总理民族主义曾指示"中国有一种好道德是爱好和平，现在世界上的国家和民族，只有中国是讲和平"。民国以来，中央本总理遗教之精神，对外和平，对内宽大，毫无种族宗教之隔阂，吾人参加开发西北交通工作，对于共同建立中华民国之五大民族，应一视同仁，无分界域，如此办理边务，应付边胞，则民族虽各不同，感情必趋一致，坦白无疑，一心一德，是不仅开发工作之便利，实乃整个国家民族之幸福，故吾人参加开发工作应以和平道德增进边胞之情感，不使发生丝毫误会。

4. 启发边疆文化：边疆文化落后，边胞智能低弱，欲加启发，交通实为最大利器，吾人参加开发工作，建设交通，非但利于进行发展，且可增进边胞智能，并以三民主义及其他文化学识，灌注于边胞之脑海中，使其明悉国家民族之利害，共同争取大中华民族之真正独立自由，以解放世界人类之桎梏，此即总理"中国对世界要负济弱扶倾之责任"之谓。

七、交通工作之联系

交通事业，就过去事实而论，冲突重复情形太多，因此不能顺利进展，路电邮航既同属交通事业，自应切实合作，不宜各自为政，西北情形特殊，建设交通务须切实联系、配合妥善，不重复、不牵制，以共同完成开发西北建设交通任务为目的，此可减少国库开支，同时更收事半功倍之效。

八、西北交通之考察

为明了西北交通实际情形，及决定整顿发展方案起见，似须即行组织西北交通考察团出发考察调查，对于铁道公路如何扩展，航线邮路驿道如何开辟，电报电话线路如何改进、添设，无线报话电台如何普遍装置等等，均应详加调查，缜密确定。此外交通器材之如何准备及工作人员之如何训练，亦当因地制宜，妥为规划。至交通考察人员，以资历较高、业务熟悉，而富有西北工作之研究者，由交部遴派，至被派人员亦应切实工作、彼此联系、共同努力、精心研讨,为西北奠交通之基础,为国家立万年之大计。

九、西北交通及一般人员之政治训练

基于西北情形特殊,参加开发西北交通及其他工作人员似宜先有严格训练之必要,技术能力固宜遴选其优者,然思想是否正确及任务能否彻底认识等等,亦有极大之关系,因此办理西北交通及一般工作人员似宜先予以政治训练,务使其能认识边疆之伟大及本身任务之重要,急公忘私、廉洁自爱、克〔刻〕苦耐劳、忍受艰危,献身为国防交通事业奋发努力。过去或有头脑不清意志薄弱者,一到边疆,每藉中央名义自高身价,而对所负之责任竟弃而不顾,有终日沉湎于不良消遣者,有不满环境而精神颓丧者,同事中不相和睦,彼此嫉妒,诬骂控告时有发生,结果为边疆当局所轻视,为当地边胞所不满,此为过去西北开发工作失败之主因。嗣后从事西北边疆交通及一般工作人员宜受严格政治训练,方可消除上述种种弊病。最近中央规定派赴西北担任开发工作人员之资格内列有曾经受训者一条,其意义亦在此。

十、西北交通及一般工作人员待遇之商榷

西北边疆,环境特殊,生活艰苦,工作困难,殆为公认,交通员工及一般工作人员苟欲令其安心办事,忠于职业,则待遇必须优良,至少务使其生活安定,薪给固分等级,调整则宜公平,否则工作人员因一念之差,抱愤思迁,致熟练人手缺乏,不能维持,其影响于事业之发展殊非浅鲜!此后人员待遇,须力求公平,凭年资,视劳绩,升迁力求合理,调整必须公正,如此则人才逃亡,幸进奔竞之情形,庶可消灭。西北环境不同,待遇更待改善,藉资激励!兹就过去西北工作之经验,略述应行改善各点如左〈下〉:

1. 西北工作人员情形特殊,在上者宜推诚相与,重加倚畀,令其奋发心悦,力谋工作之发展,而求开发西北之早日达到目的。

2. 工作人员,应准予携带眷属,按所报家属人数,不加限制,悉准照给川旅费,并核发移动损失费,其眷属并可视其教育程度与能力,由西北各交通及其他机关录用,仍享受边疆待遇,其家属在沦陷区域者,如愿迁入内地,应准

予支报川旅费,不愿迁入内地者,应准以当地币值折合拨给赡家费用,以维生活,诚能若此,则服务西北边疆人员可以安心工作,增加工作效率,裨益殊多。

3. 服务西北人员之考绩,应予从优办理,且须迅速核叙,闻内政部规定边务人员之考绩,以一年作两年计算,立意甚善,似应切实照办。

4. 西北气候严寒,生活艰苦,衣服器物必须视实际需要充分预备,方能行施其职务,惟目前物价昂贵,此项衣物应由公家筹发。

5. 过去社会人士对于边疆问题向具漠视态度,献身边疆工作者虽历尽艰危,受尽苦寒,但限于环境,往往无从表现成绩,上峰不察,非但不允从其请求,复多加以谴责,无际戈壁,满目黄沙,早已令人深感凄惨;迨返回内地,又不得各方同情,予以种种协助,此种情形,实为过去服务边疆人员所痛心!倡言开发西北,历有年所,迄今仍无显著效果,此亦为原因之一。故以后欲求开发西北之有良好成就,对于如何重视及优待边疆工作人员诚宜加以深切之筹划。

十一、结论

战时交通事业,尤其西北交通事业,千头万绪,艰难固多,惟吾人以勇往直前之精神,运用科学新颖之方法,奋发努力,积极办理,则种种不良环境,均可彻底打破,抗战建国之能否胜利成功,完全系于交通事业之能否充量发展,交通人士对于此事实有极大之责任,在过去固已尽最大之努力。惟开发西北,关系国家民族之存亡,自应当仁不让,努力参加,以完成抗战建国之伟大使命!对于一般工作,如上述宣达中央政情,顾全边胞利益,增进边民感情,启发边疆文化等等,均与整个国家之复兴团结有极大之影响,交通及一般工作人士,于努力本位工作之外,尤应再三注意,随时实践。

西北边情复杂,急待随时调整,一切设施均须迅速推进,如此与开发工作密切配合,则整个西北在极短时期内,必可大为改观而放一异彩也!

原载《交通建设》1943年第1卷第2期

西北工业考察归来的感想

林继庸

　　历史告诉我们,在过去二十多年间,我们的先人曾在西北各地抛过几许头颅和流过几许血汗,最近经济部西北工业考察团同人又在西北五省亲眼看见各处蕴藏着的宝贵资源,尚留待我们去开发。领袖诏示我们以"西北为建国根据地"。不论用过去、现在或未来的眼光来观察西北,均觉得西北着实是可宝可爱!西北真是工业界人士的英雄用武之地!

　　我们曾在霍嫖姚墓前,跨上了"马踏匈奴"石像的马背;在河套,赏玩莽莽苍苍的贺兰山色;在乐都寻找着赵充国屯田的旧地;在青海边,对着哥舒翰营垒的遗迹;在河西,穿过长城,抚摩疏勒河边的左公柳;在哈密、吐鲁番、迪化、伊犁等处,饮葡萄酒,看伊州舞,听羯鼓、羌笛,想念张骞、郑吉、班超、耿恭、裴矩、薛仁贵、高仙芝诸将的浴血死战,及左宗棠抬榇耀兵的情景。这些景物,都足以令人发思古之幽情,而感觉我中华民族二千多年来经营此一片地实不容易!

　　可是,当我们在各处看见的种种事实,不由得不叫声惭愧!如在郿县看见成分甚高的笔铅矿,以贱价售作劣煤烧,而无人加以利用;在耀县,抚摩着掘出的宋代古瓷,尚晶莹鲜艳地发出淡淡的绿光,而该处至最近始成立两家小规模的瓷厂;在邠县看见唐代君皇为驾驭作战归来的战士消磨其心力光阴计,使向着石壁凿成的大佛像;在银川,觉得农民怀着厌恨的心境,决黄河的水把两岸满堆积的碱来冲刷,誓欲尽付之北流;在田野间,看见织维坚韧的芨芨草、马连草,及高达丈余的芦苇,而附近找不到一个造纸的人家;西北各地多可以种甜菜、甜萝卜,而未能生产一斤糖;在鲁沙尔,看见大小金瓦殿镀金的铜瓦背,嗅着四百年来未经熄灭过的长明灯所燃酥油的气味,又听到每年上元节要费五个月的工作,用十万斤酥油来制造佛灯,以供游人不满一日的赏鉴,而说者尚沾沾自喜,诩为伟大;跨过日月山,看见周六百余里汪汪巨浸的青海,而不见一只船,沿着祁连山麓,行了一千公里,找不到几个树林;在黄河,在湟水,在伊犁河,在乌鲁木齐河,那巨量的水力尚未设立发电厂;在各处草地碰着骆驼、骡、马的骨骼横阻车轮;宁夏的枸杞,吐鲁番满地的甘草,用以喂牛、喂羊,伊犁的牛奶,多至不胜其用,任其酸化;新疆年产约×十万担的好棉花及约×十万担的好羊毛,至今尚没有一枚的机器纺锭;和阗地毯配着自制的颜色,光彩夺目,永不凋脱,而无人加以研究提倡;××一带所产的×× ××××两种草根,系制造橡胶的好原料,而无人加以研究利用;各处煤矿、铁矿,满坑满谷,但民间无铁为用,而打主意利用马掌铁重炼以制农具。我们怨恨:这有用的劳工,宝贵的工业材料,优美的工业环境,为何如此糟塌?我们不要怪谁,只可叹口气,问一声我们的所谓工程专家、工业大师们:你们这些年头躲在那〔哪〕里?

我们不必亲自到过西北,只须翻读历史,检阅地图,便可知道西北的伟大。那里有体格强壮的民众,男女老少都能骑骏马飞山越岭,如履平地,有慷慨激昂的歌调,闻之令人兴奋鼓舞,有广大的土地,豢养着数万万头的牛、羊、驼、马、驴、骡、狐、鹿……蕴藏着无尽量的石油、煤、铁、钼、铜、锑、铅、钨、锰、金、银、盐、碱、硇、砂、硼砂、石英、石膏、石灰石……生产着优美的稻、麦、黍、豆、蓍、茄、棉、麻、桑、桃、梨、杏、枣、槠梓、苹果、甜瓜、葡萄、枸杞、药材、森林……有高达五六千公尺终年积雪的高山,有低至海拔下二百余公尺炎热逼人的平地,有通达邻邦的大道,有联络亚欧两洲中心最短的航空路线,她是我民族文化的摇篮地,她是我国中原的捍卫者!有人说,西北归来的游客,对于西北前途的估计,每每不是太过悲观,就是夸大。这话,我们此时不必置辩,西北工业考察团此次带回的农林、畜牧、矿石、工业产品等项的标本、照片图表、书籍,下月行将开会展览,自可以事实解说一切。甘、宁、青、新四省合共300余万平方公里的锦绣山河,目前缺少了些机声、烟囱、几条铁路,与及几条可航轮船的河流,自是美中不足!

人定可以胜天,我们不必为着现代的交通、水利的情形而抱着畏难的念头。交通及水利亦需要工业来协助才能迅速进行。想我们五年前把沿海一带的工厂迁移到山国的重庆来,何尝是一件容易的事?又如左宗棠氏于70

年前，在皋兰创办毛织、机器等厂，及在甘新开辟安西经猩猩峡至哈密的大道，均能迅速完成。天宝六年唐玄宗派高仙芝将军曾带着一万军队及给养，至新疆逾越昆仑山的主峰穆斯塔格山，所经过的大冰川高达 5 000 公尺以上，而卒能建立奇勋。这些事迹，都足以鼓励我等前进的勇气。

"伟大的西北"，她有丰富的工业资源，她有广大的市场销路。她只待技术人才及生产机器前去开发！她在工业的图画上，现时尚如一张素纸，可任我们的心意去施展我们的绘画天才。两千多年来，先人经营西北，甚少注意到培植经济力量，秦人、汉人在宁夏开辟的水渠，林则徐氏在吐鲁番一带施行的坎井，左宗棠氏在和阗一带提倡的织绸，在甘新兴建的大道，在皋兰创办的工厂，至今食德饮惠，民思其泽。我们在都江堰参观过李冰父子所兴筑的水利工程之后，便觉到诸葛亮的建设事业是差得太远了。近代的眼光要改变些！汉都护班超可以 36 勇士保护西域，唐将薛仁贵可以三箭定天山，但是现在要发展西北，却需要 3 600 名优秀的工业专家、工程专家，及 300 家大规模的工厂！

西北归来，万感交集，适值大公报催稿，怀念着过去，把握着现在，希望到将来，不禁奋笔大呼：建工业者上向西北去！

原载《大公报》1943 年 2 月 28 日

论西北工业建设

徐 旭

据陕西省银行调查,在战前,西北的工业有纺织、面粉、火柴、化学、电厂、机器、打包、煤铁、纸烟等,共有46家,资本总额约计1 000万元;其中十分之八的工厂,都集中在交通较为便利的西安。

在战后,西北工业由工矿调整处资助而迁入者,有27家,连原有的纺织、酒精、面粉、化学、水泥、电厂、机器、打包、矿产、纸烟等34家,总共有60余家,资本的总额约计4 000万元。

西北——陕西、甘肃、宁夏、青海、新疆五省的中心,亦即今天西北大后方的重心的甘肃,据我们去秋在兰州市区调查,大小工厂及工业合作社共计60余家,其中除了左宗棠遗留下来的兰州制呢厂规模较大,及中国银行雍兴公司所办的面粉厂和化学制造方面的肥皂、酒精、玻璃、药品等工场资金较为雄厚外,其余的纺织、化学、皮革、火柴等工厂,资本都不上10万元,而且大多数的工厂都为了原料不容易进来而入于停滞的状态。

作为民族工业新推动力的工合,年来在西北对于工业组织的促进算有相当的成绩,但据他们的统计数字,到去年六月底止,在西北已组织的纺织、机器、矿业、缝纫、化学、食品、文具、土木、运输等合作社只有531所,参加的社员计12 216人,他们的股金和贷款的总数亦不过600万元。据笔者所知,在兰州有许多工合,或为了资金供应的稀少,或为了原料来源的缺乏,或为了银行资本的竞争,近来都陷入了极困难的境地。

这许多零星数字,足够叫我们看出西北工业的大概,看出西北工业在战前战后的差别,也可以看出西北工业问题的所在。

西北,是与西南一样,同为增加生产、支持抗战力量的根据地。但是五午来，西北还没有好好地把握住时机，利用着资源，在比较安全的环境里努力建设，尤其是工业建设的部门。依之，与其说西北地瘠民贫而难以发展工业的建设，毋宁说是为了人谋的不臧，所以五年来，尚没有依照抗战建国纲领的规定，负起它工业建设的责任，积极建设工业。

据笔者年来在西北甘肃的视察和在甘肃西南藏民区的调查，深深地感到西北的经济建设问题，首先是要提倡工业，从工业建设入手，然后民生之安定可以实现，国防之巩固可以达到，兹分述理由如次。

一、安定民生是巩固国防的前提

西北为了自然环境的关系，所以除了有丰富的宝藏外，它的特产是成了"有的太多，缺的也太多"之畸形情况。只以甘肃来说，它的境内，除皮毛、药材和烟草三大宗特产外，民生日常的必需品，样样都要靠外路进去。例如糖、纸要靠四川供给，茶叶要靠湖南供给，布匹要仰给于□、豫、鄂，其他一切的杂货，过去都靠平津运去供销的。因此，我们说，甘肃是有了太多都是人生日常必需的皮毛、药材、烟草，同时缺了太多人生日常必需的食品和用品，在现在皮毛、药材、烟草等原料出口不易而减少输出，同时人生日用必需品的输入也不易和减少的情况之下，若是再不从太多的"有"上想办法，来从事工业制造，以供本省自用，或以成品去换取邻省的货物，则将来物价的昂贵，很可能赶到全国第一位。到那个时候，民不聊生，则可怕的事件就会到处连接着发生，内部民生不得安定，何以巩固国防呢？因此，我们觉得在西北尽先利用本地有的原料，发展人生日用品的小工业，乃为目前第一急要之图。

二、交通不便更须求自给自足

诚然，西北的交通是比东南、西南要不便得多，过去西北一切的不长进都借着交通不便来搪塞推诿。现在我们已经知道，陇海路要从宝鸡伸长到天水，再到兰州，在这次大战未结束之前，大概是不可能，天成路年来虽在沿江傍山测量，但是修筑完成更不是短期内可以实现。公路方面，兰成路在甘肃境内，从岷县到川甘边境文县的一段，完成时期，尚不可定；而且在今天为了燃料的缺乏,车辆在公路上行驶一天减少一天,事实上,西北的运输,无疑的,将只有加强驿运,靠任重致远的骆驼和其他牲畜骡马去运输了。在交通不便、运输困难的情形下,即使邻省的货物仍可源源不绝地供给,但是调剂失时、供需不恰的困难一定要接连发生,此与西北内地民生的影响亦甚大。因此,我们不能再以交通不便为理由来停止工业建设。我们正因为交通不便、运输困难,而更须积极建设,发展工业,以补物资调济供需的失常,而求达自给自足的境地。

三、杜绝走私,消除依存心理

西北年来日用必需品的来源,有着几条走私的路线,所以供需上,尚没有感到十分缺少,而且它们的价格,有时越到偏僻之处反而越是便宜。敌寇的确曾经利用着平绥线的包头和山西省的太原作为西北走私货品的集散地,将仇货经过奸商、不肖军人和污吏之手,源源不绝地走进西北每个穷乡僻壤里来,同时,换取我们好多宝贵的物资,像粮食、羊毛、药材及猪鬃等。或曰,我们西北一时无法产生许多日常用品,那末,敌寇在平津所制的牙膏、牙刷、肥皂、瓷器,以及洋袜、衬衫等等物件让我们利用,岂不是恰好吗?但要晓得敌寇倾销劣货是掠夺物资的手段,是换取财富的方法,同时也是经济侵略以战养战的策略,到今天敌寇自己无法维持国内及侵占区内的民众经济生活时,它巳〔已〕减少私货的输入,而只有加强了它掠夺我们物资的行动。因之,我们现在在西北,应该建筑起一座坚固的金城来,作为杜绝走私的经济堡垒,并且以此来打破我们西北一向靠平津取得日用品,现在靠走私获得日用品,即依存外货的心理。反过来,我们要树立我们自力更生的心理,忍苦节约的习惯,决不贪懒,从速从工业建设中求生存。

四、有的是丰富的原料

西北可供日用品工业制造的原料甚多,即以甘肃西南藏区一隅而论,该区为畜牧地带,牛羊是特别多,这种牛羊的肉可以吃,皮是制造革件的原料,毛是纺织衣着的原料,油是制皂制烛的原料,牛蹄油更可以制滑机油,若以骨来说,则可为许多小工艺的原料,若提炼之,则其上层为油,中层为胶,下层为粉,油、胶、粉都是很重要的物品,请看我们在牛羊身上就可以制造许多日常所需用而过去仰给于外来的物品。所以有人说:如果将牛羊猪的油脂来制造工业品,则西北无论在食品、油漆、药品、滑油、炸药、杀虫剂及一部分之日用品,均可以解决了。该区内黑错一带,尚出全国品质第一的猪鬃,这也是制造工艺品的好原料,至于造纸,甘肃除在陇南成康等县有造土纸外,其他各地造纸原料,像藏区里的参天云杉,各地的麦秆、枸皮和芨芨草都货弃于地而不利用,实在可惜,还有西北黄土因乏水利,故种植不易,可是洋芋则到处可生,我们不妨多种洋芋,仿造德国的办法,以之来炼糖,这在必要时,亦不妨提倡。还有像陇南各县的麻和敦煌的棉,都是为纺纱织布的好原料,其他可供制造日用品的原料不胜枚举,可惜过去或弃之于地,未尝利用,或只以原料运销,未曾自制,在今天已到生死关头的时候,我们是应该积极提倡工业来善用了。

五、工业引发农业是西北经济建设之大路

对于西北经济建设,有的人说,西北地广人稀,所以荒地甚多,只有兴修水利,改良农业,乃是西北经济建设之道。去夏我们到高海拔面四五千公尺以上的藏区草原山地里去之后,多数人的意见,都认为这里要建设,要开发,首先是要提倡农垦,使游牧生活改进到农业生活。还有人对于西北经济建设则认为农业须改良,工业须提倡,而且必须农业改良之后,工业才有发展可能,今何以说西北经建之路,是工业引发农业,岂不是反常道而行之吗?笔者认为这是正常大路的原因,西北黄土高原,雨水甚少,例在兰州,年不过400mm 的雨量,农事需要水时不下雨,偏在不要水时连下雨,我们的科学应用还没有到人定可以胜天的地步,所以在西北提倡垦荒农耕,不是劳而无功吗?至于说我们可以像陕西那样筑渠,此在甘肃又感觉困难,一则因为筑渠根本是大工程,而且在崇山峻岭的地方,也不值得,水既成了问题,那末改良农事,谈何容易呢?复次,若在黄河两岸的沙坡上垦植,扩种农产,其收入如何。因天时而无法保证,可是为了土松,则加重下游之水患,是必然的事,以邻为壑,岂可盲目为之?所以有人论西北土地利用,只有造林和牧畜,但造林和牧畜的先决问题,是林牧原料要有广大的出路,才能使民众自发去提倡,如果工业

发达，则林木有去路，畜养有用处，大家自会造林牧畜了，然后黄土上面有密密的树林，黄河两岸有青青的草原，水量的调剂，自会增多变更，然后农业的扩大，也自会可能，因之，我们说在西北谈经济建设之路，是工业先于农业。

六、劳动力无问题

西北，尤其是六盘山以西，因自然条件的限制，说到农事，除了黄河两岸可以多种些蔬菜外，其他的地上、山坡上，都不过种一次麦或洋芋而已，有的土地甚至不能年年种植，而应予休闲，例如在夏季可以穿皮大氅的大夏河流域和百龙江一带，年只能种青稞一次，而得丰收者，实在是难能可贵。在这种情形之下，农民的劳动力剩余甚多，过去这许多可以生产的劳力，都是任其搁置浪费，实在可惜，并且农民没有运用剩余劳力的机会，所以更加贫困穷苦，外江人以讥笑甘肃乡下大姑娘不穿裤子为美谈，岂不知其所以致此者，并不是不知羞耻，实在是农民在超经济剥削之下，而无出卖劳动力的地方可去，弄到穴居野处，衣不暖、食不饱的苦境，所以在西北提倡家庭工业，劳力全无问题。试看在兰州市西郊一农村，因工业纺织合作社之组织，该村男女老幼一二千人，全能手纺毛线。据说，他们的收入，也比过去好得多，这是利用劳力的结果。因此我们要在西北就原料的所产地，提倡工业制造，尽量利用人工劳力，而且如此做法，农村工业化，也可以逐步地实现在大后方的西北了。

七、资金有问题吗

西北在抗战以后，和在各地相同，充斥着大量的游资，握有游资的人们，为了周转的灵活，保障的安全，和高额利润的获得，所以都投到流通部门去经营商业，从事走私，囤积居奇，尤为掌握游资者致富的捷径。我们初看了本文开头所提出的统计数字，似乎在西北提倡工业，资金聚集是很困难，其实西北经商的资金，在今天为数甚巨，陕甘两省的商业，更为山西帮雄厚资金所把持。今后政府如果有决心，要在西北建设工业中心，对于中小工业，规定办法，强令民间投资开办，决不是困难的事。若同时严办走私和囤积居奇的分子，则转投于工业部门的资金，自会源源而来，试看甘肃省去年创设了官商合办的贸易公司,资金2 000万,这个数目,比今天任何一省的企业公司或贸易公司的股金多,此乃证明在西北筹措资金来办事业,并不是天大的难事,西北的工业,果真像春笋般地发长起来,则外来投资,也很可能,因为在西北大后方,其安全程度,比东南西南好得多,所以说,西北工业建设的资金,也无问题。

八、技术人才更不成问题

有人对西北工业建设,认为技术人才很成问题。或曰,西北苦,谁都不愿去;或曰,全国技术人才已很缺少,那〔哪〕里还有余额派到西北去。笔者认为这都是过虑之谈。如果说,谁都不愿吃苦,或没有多余人才,那末现在在西北的工业技术人员,已经不少,尤其是制革纺织方面的。所可惜的,这些人才,大多还没有用武之地,而只得在学校里教教书,纸面上谈谈兵。西北真的什么工业都办起来了,我想在东南在西南的技术专家们,都愿意去西北创立一些工业的基础的。今天所以成问题的,是西北有没有办工业的决心,如有,则由政府以重金罗致大批技术人才,人才自会闻风前往,现在政府空喊建设西北,大人先生们到西北去跑一趟回来,广播号召大家,到西北去,而西北全无准备,如何运用这批技术人才,那当然是没有人愿去的了。试看现在玉门开油矿,油矿里有专家,甘肃省办林牧水利公司,公司里有森林畜牧专家,若是甘肃真要办造纸厂,造纸专家自会去。要办制糖厂,制糖专家也自会去。故若以技术人才成问题,而停止西北工业的建设,真是荒谬之论。如要等到人才训练出来之后,再从事西北工业建设,这乃是迂腐之论。当然,我们不否认技术人才训练机〈中缺一行〉各国技术专家,国内尚有许多埋没在民间呢!

我们无论从哪一方面来论,西北工业建设,是必要,是可能,而且也只有从工业建设着手,乃是开发西北、建设西北的康庄大道。现在我们再提出几点西北工业建设应遵行的原则来:

1. 应遵国父所示"凡事物之可以委诸个人或较国家经营适宜者,应任个人为之,由国家奖励而以法律保护之,至其不能委诸个人及有独占性质者,应由国家经营之"的明训,由政府切实施行,去年十月二十八日行政院例会通过的《非常时期奖励资金内移兴办实业办法》,奖励并保护人民在西北经营中小资本的中小工业。至于需要大资本经营的大工业，则由政府在可能范围内经营之。

2. 应依照抗战建国纲领中"开发矿产，树立重工业的基础，鼓励轻工业的经营，并发展各地之手工业"一条之规定，由政府有计划地在西北尽先尽可能来发展手工业与家庭工业，并且再以合理的方法，去管理其生产和分配的过程，务使西北民众日常生活的必需品，可以充分接济，以安定人民生活，而后巩固西北国防。

3. 应运用合作组织，去发展农村中的工业。据甘肃省合管处的计划，自今年起，须实施乡保合作社，那末就应该要指导合作社在产制运销上，按步经营，利用本地所生产的物资原料，从事制造本省所必需的日常用品，同时，政府应该在资金上、技术上、经济上和组织上，都积极协助西北的工合，使他们更有力量，来发展西北的工合事业，增加西北工合的产品。盖运用合作组织，从事工业建设，乃是使西北踏上工业化途径的最好办法。

现在是我国建树民族工业最好的时机，西北是建设民族工业最好的地方，如果我们能运用上列三原则，去积极发展民族工业，今天的西北无论从空间时间上说，正是最恰当不过的场合。

原载《中国工业》1942年第5期

西北食品工业之发展问题

钟 超

一、绪言

食品工业对于国计民生的重要性,已早为世人所认识,近代东西各国均视食品工业为国家重要工业之一,对于它的提倡与发展尤力行不已,现在差不多各国都有他特产的食品销行于世,如美国之罐头食品及葡萄干,法国之葡萄酒,意大利之面,日本之海产罐头等均为著名的产品,每年为国家增加收入颇巨。我国疆土,包有温热两带,地大物博,而各地动植物农产品之种类为数尤多,如能加以制造,运销各地,其利益必甚大,惟以国人对于此业,向不重视,无人提倡,故今日中国之食品工业与他国相较不啻有霄壤之别。按我国食品工业之发达以东南沿海诸省为最盛,内地各省则极不发达,而以西北为尤甚。抗战以还,东南富庶之区,相继沦入敌手,大批军民,均移入西北西南各省。生产之面积大减,而消费者则倍增,今后军民之食料问题实不容吾人忽视。就中西北各省,地居边陲,交通向不发达,富源尤多未开发,民生凋敝之象甚于西南数倍,故西北食料问题尤较严重。但我西北各省食品原料本不缺乏,各地特产种类尤多,惟因运输不便,原料未能充分利用,故呈不足之象,如能振兴食品工业,制成各种成品运输各地,则非但军民之食料问题解决,即国家经济亦因之而得莫大裨益也。

二、食品工业在西北发展之重要性

1. 战时军民食品之供给:食品为战争之生命线,长期战争之最后胜负往往决定于食品之有无,欧战时德国之失败,非由于兵力之不足,实由于国内食品之缺乏因而引起军民之暴动也,食品影响于战争之巨大,由此可见。我国自抗战后,西北之民众数量大增,前方军需,后方民食,旧有之食料来源,决不足以供应此庞大之需要,势非另辟新源路以谋补充不可,补充之道为何,即提倡食品工业是也,盖食品工业发达,方能物尽其用,食品之生产数量方能增加也。

2. 保持西北军民良好之健康:我国人民一向对于营养学之知识极为浅薄,对于食物营养分之适宜配合向不注意,故中国一般人民之膳食极为单纯,此种现象在西北各省尤甚,往往每饭只有面、米与少许辣子,青菜只能在夏季采食野菜,水果只能在收获季节吃到少量,至于肉类每年不过尝到一二次而已。吾人由营养化学上得知:米麦只能供给人身以碳水化合物,至于人体所必需的各种矿物质及各种维他命,则非取之于水果蔬菜中不可;又米麦中所缺乏的蛋白质类,则非取之于肉类食品中不可,西北人民之膳食既如是单纯,则由于营养不良致身体衰弱疾病盛行乃自然之理,后方民众之体格衰弱则生产力必减弱,前方士兵之营养不良,则战斗力亦必锐减,食品之影响于抗战建国者如是巨大,吾人为求抗建之成功,必先发展食品工业,将各地特产之果蔬畜产等加以制造,使产品运销各地普遍的供给军民之食用,则军民之健康,自可臻于优良之境也。

3. 各地特产之充分利用:西北各地,特产甚多,惟因交通不便,产品不能向外发展,往往原产地之产品供过于求,而入于浪费之途,远方则以高价求之而不可得,如能发展食品工业,就地制造,则制造品便于运输,可供远方之需,同时原产地之产品,亦得物尽其用,无货弃于地之弊。

4. 促进农村之繁荣及农产品之流通:农产品中有的体积重大,有的易于腐烂,在交通不发达之西北,运输极感困难,故各地农产多呈不均之现象。如加以制造,则体积重量均大减,便于运输,且耐贮藏。本地产品运至他方,利益倍增,农民经济因以充裕,农村自趋于繁荣。各地农民各以农产品以有易无,互相交换,农产品亦得以流通于各地。

5. 增加外汇资金:吾国以农立国,历年之出口货物中,大部均属农产品,故农产品成为吾国换取外汇之主要物资。惟因吾国之工业不发达,故输出之物品中以原料品类及半制品类居多,帝国主义者于购得吾国原料后,即制成成品,复销售于吾国,以吸取我国金钱,国家利益因此所受之损失,实非浅鲜。又输出之各种物品中,作为饮食物品者,亦占一重要位置,例如民国二十八年之出口货物之统计:出口货物总值为 1 027 246 508 元,其中饮食品类占 169 847 658 元,饮食品占总值之 16.4%。在饮食品中原料品与制造品所占之成分虽不得知,但吾人相信,如中国之食品工业发达,则饮食品类之输出总值必可大增而无疑。西北之畜产品及其他各种特产甚多,如能发展食品工业,增加国际贸易品,则一定可为吾国增加外汇资金甚大。

6. 灾荒之预防:西北气候干燥,雨量稀少,因缺乏雨水而造成之大灾荒,历史上已数见不鲜,如民国十八年陕省之大旱灾即其一例。按此等灾年之造成主因,由于农民专恃每年收获之农作物为食,而无耐贮存之救急食品,又因交通不便,丰收地之农产品,不易运输,故一遇天旱,立即成为灾荒。如食品工业发达,则制成之食品便于运输,易于贮藏,即有某地一时发生旱灾,食品亦不成问题,无形中可免除灾荒之为害。

7. 吸收农村闲散资金及人工:西北农民保守性很大,有钱之人均将金钱贮存家中,不愿提出作生产事业。如食品工业发达,食品工厂普遍设立,农民见有利可图,则投资者必多,如此可使固定的死资本,一变而为能生产的活资本,农村经济可因而充裕。抗战以后,东部各省人民,相继逃来西北,其中必不乏技术工人,此等难民,如无相当职业,则徒增国家之消费而不能生产,如食品工业发达后,则可吸收此等无业技工及普通难民,使成为国家有力之生产分子,则无论对于国家对于个人均为有利之事。

由以上七点来看,食品工业在西北实为一种急需发展的重要事业,但是工业的发展是要受到许多自然因子与人为因子的支配的,究竟哪一种食品工业适宜发展于今日之西北,实为吾人应先考虑之事。

三、西北适宜发展之食品工业种类及其原料

在目前,吾人欲决定西北究竟应当发展哪一种食品工业,则必须先考虑其需要性之大小及其原料之有无。下面即将目前西北急需的食品工业种类列出,并分别检讨其原料之来源。

1. 肉类食品工业:肉类在营养上的价值已尽人皆知,西洋人每餐均有肉

类佐食，返视吾国西北多数人民每年只能食得肉类一二次，则其营养之不足可想而知。查西北各省地旷人稀，气候干寒，宜农垦之地少，宜畜牧之区广，故今日西北人民以畜牧为业者，其数必甚多，而西北实为中国唯一的畜牧区域。我们由下表西北各省现有主要家畜之数量，可以想见西北畜牧事业之盛了：

西北各省牲畜数量表

省别	羊(头)	马(匹)	牛(头)	骆驼(头)	猪(只)
陕西	3 000 000	—	2 000 000	—	2 360 000
甘肃	5 000 000	—	4 000 000	50 000	—
宁夏	200 000	10 000	100 000	—	—
青海	2 200 000	12 000	200 000	—	—

至于新疆绥远二省家畜数目，因找不到可靠统计数字，不能列出，但是我们由下列畜产品之年产量，亦可想见新绥二省畜牧业之盛况，不在前四省之下：计绥远省每年产羊毛5 412 720斤，羊皮1 618 500张，驼毛2 949 000斤，猪鬃40 490斤，牛皮15 000张，杂皮21 700张，猪毛226 000斤。新疆省每年产羊毛6 350 000斤，羊皮3 546 000张，皮裘100 000件，牛皮54 000张，羊肠1 855 000条，驼毛7 880 000斤，其他狐狼獭皮约3 370 000斤。

由以上数字，我们可知西北的畜产资源是如何的丰富，其中虽无肉类的产量统计，然我们间接亦可断定其产量之巨大矣。肉类产额既如是巨大，但因运销不易，故价值甚廉，浪费极多，如能加以制造，运销国内外各地，则不但可以增进国民健康，对于国家财政上，亦必有莫大之帮助也。总理云："我国西北牧场，从事开发，则供给全世界肉类之举，可取阿根庭而代之。"可见在西北发展肉类食品工业，实为最有前途之事。

2. 乳类食品工业：乳类食品在东西各国的消费量均甚庞大，近年我国每年由外国输入炼乳、淡乳、乳粉三项达四五百万元。今后民智日开，人民之营养知识日渐普遍，对于乳类之需要量，必定日有增加，而国人不能自制以供给，全恃外货，国家权利之损失，实非浅鲜。乳类食品之原料为牛乳、羊乳、马乳等，西北家畜数量既如是之多（见前表），则对于制乳原料之供给自然不成问题。如能设厂制造，以供给国内外之需要，其利益必甚大也。乳制食品中以下列二种最宜于西北：

A. 炼乳：为牛乳加糖类蒸发制成，耐贮藏易运输，各国需要量均甚大。

B. 乳粉：为生乳蒸干而成，便于贮藏运输，为小儿优良食品。

3. 罐头食品工业：所谓罐头者，即将食品装于罐内，排除罐内之空气而密封之，再行杀菌手续，使食品可长久保存，而不致腐败之一种食物保藏法也。随近世文明之日进，罐头食物之需要愈见普遍，欧美人士均视罐头为日常重要之食物，又因其便于携带，故在旅行上及远征军队尤为必备之食品。吾国罐头业向不发达，抗战以后，罐头工业最发达的沿海各省，又尽入敌手，今后我前后方军民之罐头来源顿成问题。就中西北各省尤感缺乏，如西安全市只有小规模罐头工厂一二家，其他各地可想而知，制罐头食品原料主要者为果实、蔬菜及肉类三者，兹就西北之原料来源分述如下：

A. 肉类罐头：制罐头所用之肉，主要者为牛肉、羊肉、猪肉及鸡鱼之类，前三者在西北原料供给不成问题，将来之发展甚远大，为最有希望的国际贸易品。

B. 果实罐头：西北水果之产量向来缺乏统计，惟就见闻所及，西北各地著名之果产品其数亦甚多，盖西北之气候冷凉干燥，甚适于果树之生长，吾人由现在栽培之果树中其原产地多为西北一点观之，可证西北之适于果树之生长也，现有的西北著名果品，如陕西省邠州之梨、渭南之桃，城固之柑橘、枇杷等，皆可制为罐头出售。又临潼、华县一带出产沙果甚多，按苹果之性质与沙果极近似，如能将此一带之沙果换植为苹果，则将来之希望一定很大。此外甘肃兰州及天水一带之梨及桃，青海贵德之梨与桃，新疆之葡萄及哈密瓜，宁夏之葡萄等，均为极好之罐头原料。

4. 干燥食品工业：将食品用日光热或人为热干燥之，以防止物理化学变化及微生物之发生而增加其贮藏性，乃自古以来人民所常用之食品保藏法也。干燥后之食品其体积及重量均大为减低，运输极为方便；而所用之方法简单，费用及劳力均极节省，故为一重要之保藏法。干燥法有用日光热及人工热二法，前者费用节省而制品之品质欠佳，后者费用较高，而制品之品质则甚佳良，西北各地农村经济不甚充裕，而日光则甚强烈，故以用前法为宜，至于干燥食品之原料，西北各省甚为丰富，如陕西富平、临潼等县之柿，可制柿饼，华县之杏可制杏干，邠县之枣可制为红枣，又桃、梨、沙果等出产亦丰，均可干制。甘肃如兰州天水等地之梨、桃、杏、沙果等，均可利用，至于新疆省内之葡萄干、哈密瓜干、杏干等则久已闻名全国,如能加以改良,则可成为国际上之重要贸易品也。蔬菜类亦可为干制之原料,西北沿河区域之蔬菜业发达后,即可大量制成干菜,以供各地之需要。

5.面粉工业,麦为西北之著名产物,故面粉成为西北之主要民食,但西北之面粉工业向不发达,只有小规模之磨坊,供给当地人民自给之需。抗战以后,西北人口大增,都市发达,同时前方有亿万官兵,需要大量给养。旧式的磨坊,决不足以供应目前面粉之需要,故目下急应于产麦区域设立新式面粉厂,以便大量生产面粉,供给前后方军民之需。西北各省小麦之产量,据农情报告二十八年之估计为:(单位千市担)

陕西	甘肃	宁夏	青海	合计
23 903	9 424	558	4 096	37 981

西北小麦产量如是之大,则目下西北已有之少数面粉厂决不够用,故今后西北面粉工业,尚须有长足之发展。

6.面包及饼干食品工业:面包及饼干为西洋人之日常食品,因其养分丰富,味道可口,且轻便而易于携带。近年来吾国以此为食品者,亦日渐普遍。抗战期间,以面包饼干等运往前方作为军粮,极为适宜,面包及饼干之制作原料,主要者为小麦面粉,西北之麦产丰富,宜急起发展此种食品工业,以供给战时之需要也。

四、结论

食品工业直接关系国民生活之臧否与国民体格之健康,间接关系于国民经济之富裕及国家前途之盛衰,故世界各国均以食品工业为国家之重要生产事业,吾国食品工业向不发达,国民食品量上既感不足,在质上尤为低下,特别是西北各省,民食问题最为严重,故西北民生之改善,西北文明之进步,以及西北一切经济建设事业之发展,确为吾人今日当务之急。惟西北乃纯粹之农业社会,故一切建设均应以农业为出发点,而与农业建设有密切不可分离之关系者,即为食品工业之发展,故食品工业在西北建设中,占一重要之位置。

食品工业在西北发展之可能性有三,即:(一)西北食物缺乏,人民营养不足,故对于食品之需要甚殷;(二)西北交通不便,利源未起,民生穷困,食品工业能充分利用资源,增进农民收入,繁荣农村社会;(三)食品工业之规模,可大可小,简单易行,宜于在西北草创,故西北食品工业之发展,其可能甚大。

食品工业发展后,则人民之生活安适,体格强健,高尚之智力于焉发生,西北文化方有再兴之可能。人民之经济充裕,农村繁荣,则一切建设事业方有发展之基础。故食品工业实为建设西北之先驱。

本文乃就管见所及,略述食品工业在西北发展之必要可能,及应发展之种类与原料之采择等问题,惟发展食品工业所牵及之问题,尚有多种,如制造技术之改良,器具设备之来源,以及运销方法之改善等问题,均有待于进一步之探讨,本文之作,只不过抛砖引玉,藉以引起国人之注意而已。

原载《西北论衡》1941年第9卷第8期

西北羊毛与我国毛纺织业

刘鸿生

羊毛为军用品,又为衣的主要原料,因其轻软御寒,织成衣料,既卫生而又耐用,所以时代愈进步,对于羊毛的需要愈增加。我国西北幅员辽阔,人口稀少,本是适宜畜牧地区。但以羊毛的产量、品质方面,尚少改进,毛价亦难于减低,颇有影响于国际贸易及国内衣着问题,兹谨就西北毛产与我国毛纺织业略述管见如下:

一、产量

关于我国西北羊毛年产量,各方所发表的统计数字,多未能相合。现在姑且以负责统购统销机关的统计数字做依据(我们认为比较确实),列表如下(单位:关担):

省别	青海	新疆	甘肃	绥远	宁夏	陕西	共计
数额	120 000	100 000	90 000	45 000	35 000	15 000	405 000

至于全国羊毛每年总产量,据同一机关调查统计,约为 707 500 关担,故西北羊毛产量已占全国 57.2% 强。

西北羊毛年产量,虽有 405 000 关担,但至少当有半数,即在当地以手工制成毛毯及毛线织成粗呢行销于当地,能够由政府收购,及运至灌县或康定等以外地区销售者,每年不过 20 余万担而已。如果将上开羊毛数量织成军毯军服,不过供给 300 万将士之需要(前方将士为争取民族胜利而前仆后继,再接再励〔厉〕,我们不能不首先关怀他们的服装),如欲以之供给全国人数衣着,相去尚远。

按国外改良羊种每头年产羊毛6磅,我国西北羊种,每头年产2磅,仅及三分之一。再西北草地的畛域,当地牧人分得甚为严格,羊只绝对不许越境吃草。每年西北羔羊因缺乏食草而饿冻以死,或当地牧人因无法供给食草,只得将羔羊杀死的,为数颇为惊人。西北每年能有许多运销国内外的羔羊皮,其来源在此,故欲增加西北羊毛产量,必须由改良羊种及试种外国食草种子入手。此外,在沙漠地区亦可试种外国草种,藉以增加草地面积。

二、品质

我国西北羊毛之特点,是粗硬而富于弹性,最适合制造地毯之用。世界上最名贵的地毯,大多是用我国西北羊毛织成的。天津在战前每年出口洗净之羊毛毛线约10万担,皆系运往国外供织地毯之用。西北羊毛除织地毯之用外,青海毛织维较长,尚可织长毛毯。

就现在西北羊毛品质,原毛洗后,仅得净毛约留40%~50%。净毛内能合于织成厚呢薄呢之百分数并不高,能纺成细毛线而织哔叽者只1%~2%而已。近年国人用毛织衣料虽已增加,但由国内工厂织造者除极少数外,多是以外国毛纺织的(深色衣料多用外国旧毛纺织)。澳洲新西兰所产羊毛含脂肪极多,约在25%左右;而国产西北羊毛,因种类、食草及保养问题,贮脂极少,不值得提取。西北羊毛似仅及国外低粗杂种羊毛。故目前要堵塞羊毛输入的漏卮,必须要多产能合用的细毛,要多产能合用的细毛,又非改良羊种不可。

但改良羊种,非短时期可以成功,更因改良种须长年喂草料,而冬天须在屋内生养,而国产羊种,则在秋天多吃草,将脂肪藏在羊尾,可在冬天少吃草,甚至无草可吃,全赖羊尾的脂肪来供养,故又名大尾羊。然而因冬天无草可吃,而饿冻以死的,亦不在少数。上许春间兰州有20万张老羊皮在市贱售,就是因为三十年西北旱,少草,因此有多数的大尾羊饿冻而死。至于羊牢问题,西北人民多从事游牧生活,一岁数迁,人尚无屋可住,羊牢更无论矣。所以改良羊种,不是一件容易的事。

在另一方面,西北羊种改良以后,国内毛纺织业,自亦须增加锭子,以资配合,否则仍是于事无补。因为目下国内粗硬羊毛已在国外制造地毯市场占有地位，只要外人不停止用地毯，国产粗硬羊毛是有销路的，假定羊种经过改良，国产的粗硬羊毛都改为细柔的了，在国内既因纺织厂锭子不多，不能获得销路，又不合于制造地毯之用，如运销国外，又须与澳洲、新西兰、南美洲及其他外洋羊毛竞争，因关税壁垒等关系，一时恐难与他们竞争，结果销路阻滞，岂非反因改良羊种而蒙受不利。

三、价格

西北羊毛的初步交易，是由牧人以之交换茶、糖、布匹及其他日用品，其原始价格，原属甚低，然经贩户及其他方面收购，运交统购统销机关，再加上以不合时代工具搬运之运费，羊毛每经过一交易过程，毛价即增加一次，最后毛价遂远过其原始价值。如目前无政府统购统销，则经羊毛商人囤积居奇之下，毛价更不知高至如何程度了。根据纽西兰领事报告，上年该地低级杂种羊毛，每磅售价 13.5 便士，即每关担合国币 598.5 元。我们推算我国西北羊毛的原始价格，当较前述价格为低，可是现在渝地毛纺织厂，到厂毛价，终在每关担 3000 元以上，虽然这是包括运费等在内计算，但是纺织厂购进西北羊毛的价格，与输入羊毛比较之下，并不为低，可以概见。

战前国内毛纺织厂所用羊毛，十九用澳洲产及其他输入毛料，在购买手续上，亦尚便利。多由洋商送到需要地点交货，且可无须先付现款；反顾采购国产羊毛，则须赴产地自购自运，一方面须预先筹措大量现款，又因交通不便，运输困难，往往在着手采办一年半载以后，还不能运到应用。

总之，羊毛为毛纺织业唯一主要原料，故毛产与毛纺织业有密切的关系，我们为堵塞漏卮，挽回利权计，当然希望国内毛纺织业能永远完全采用国产羊毛，但西北毛产既有上述种种困难，希望有关各方面努力解除和改进，俾可配合国内毛纺织业的需要。在另一方面，中国毛纺织业因西北羊毛改进，而获得发展以后，民众均可以薄呢料厚呢料来代替夹衣及棉衣料，既可省工，又可省料，则全国民众衣着问题就容易解决了。

原载《西南实业通讯》1943 年第 7 卷第 1 期

抗建时期之西北林业

刘兴朝

一、引言

中国古代遍地皆为森林，当时木材充裕，取之不竭，用之不尽，故亦无林业之可言。及后居民增多，因感食粮缺乏，而对森林不但不知其有保留价值，且认为农业发展上之障碍。遂横加摧残，将森林改为农田以资耕种，继则人口日益孳生，平原土地已全部辟为农田，乃逐渐推及山岭，由山谷而至山坡；由山外而至山内；由低山而至高山；将森林全改为农田。从未顾及森林尚为文明时代所需要，亦未想及陡峻山坡之垦种，往往因土壤冲刷而有不能继续耕种之害，更未思及于水源不能涵蓄，而致有山洪暴发之大害耳！

若较现时之实际情形而论，自东北之广大森林陷入敌手以后，西北实为我国有数之天然林区，林木蕴藏极称丰饶。值此长期抗战时期，因海口被敌人封锁，舶来木材不能进口，凡关于交通之枕木桥梁用材，木炭汽车之燃料用材，制纸原料之木浆用材，以及其他关于军用之木材，与普通土木建筑之用材等，皆不能不谋自给之道。故如何开发西北深山之天然林，如何编订伐木方案，实为抗战期中当急之务。

西北居长江大河之上游，如森林荒废，则足以影响下游各省之水旱灾害。且西北区宜林地之荒山荒地，又所在皆是，故荒山造林亦为抗建期中切要之事。今日振兴西北林业，即应一面开发天然林，以谋抗战中军需资源之供给；一面尤应策动大规模之荒山造林，以备建国过程中之急需，故西北林业问题，确为吾人所应急起研究者也。

二、西北天然林之概况

(一)西北天然林分布之范围

在西北广大区域中,仅重〔崇〕山峻岭之内,雨量尚称充足,空气亦较湿润,故森林之分布,遂以其间为最广。惟陕甘之北部及宁夏全境,已属内蒙之沙漠带,故森林益限于干燥区域之高山上,若宁夏东面之贺兰山,即为森林向沙漠之最前线也。由是亦可证明陕甘南部之气候,实最适于森林之生长也。兹为便于研究计,将西北之天然林分为下列五大区:

1. 秦岭森林区——本区系指渭河南陕西境内之终南山脉,其最高峰为太白山,据国立西北农学院森林学系及国立西北农学院与国立北平研究院合组之中国西北植物调查所之报告:此峰高达4 100公尺,森林之分布极为丰富,包括针叶树、阔叶树,以及寒热带之林木,种类甚为繁杂,盖在2 000公尺以上者,多为针叶树,其主要林木为冷杉(Abies)、云杉(Picea)之类,间或有桦木(Botula),与之混生。而在2 000公尺以下者,则多为阔叶树,其主要林木为栎树(Quereus)、槐树(Sophora)、臭椿(Ailanthus)、榆树(Ulmus)、白杨(Populus)等之类。惟山脚接近平地者,悉为居民所摧残,而现存之天然林,则益限于空气潮湿之深山内,故此区之实际面积,与木材之蓄积,迄今尚无精确之调查报告也。

2. 洮白森林区——本区系指甘肃西南四川西北之洮河与白龙江二流域一带,此区之主要林木为云杉冷杉及松(Pinus)等类,其中以云杉为最多,冷杉次之,松甚少。此区之地势,除白龙江两岸山势高峭外,其余尚不险峻,平均海拔高在3 000公尺左右。据资源委员会顾谦吉氏之调查,实际经行之森林为160余方公里,估计该区之森林面积可达2 000方公里以上,为西北最大之森林区,所蓄积之林木又皆为最有用之木材。并有水量充足之洮白二河道,足资木材之运输,其一部由洮河筏运兰州,以兰州为集散中心,顺黄河下销宁夏包头;另一部,由白龙江入嘉陵江以达重庆,以重庆为集散中心,顺长江更可下销武汉,以供其建筑及轻重工业原料之用。故此区实为西北最有希望之天然林。可惜其大部主权,悉属甘肃临潭之杨土司所有也。

3. 清隆森林区——本区系指青海境内大河南岸支流清水与隆武二流域。其主要林木亦为云杉冷杉之类。经行数十里,日光不透,其树有大至数十围者。估计森林面积可达1 000方公里以上。此区之林木可由清水隆武二水道入黄河,以运销兰州,惟此区之森林,大部悉在游牧藏族之手。

4. 祁连森林区——本区系指甘肃南部青海北部交界处之祁连山脉,而森林之分布,悉在甘州河上游与大通河上游之间。其面积之估计,约在700方公里左右,主要林木除少许之柏树(Thuja)外,悉为云杉纯林。其木材之运输,皆由大通河放木经黄河可下销兰州。此区之主权亦为游牧藏族所有也。

5. 贺兰森林区——本区系指宁夏自东面接近沙漠之贺兰山脉。依表面上看来,此区已属中亚较高草原或沙漠性气候,然而实际仍因有东南海风,经过陇北,挟带大量湿气,向河套沙漠吹拂,故贺兰山之雨量,尚属丰富,可惜山之东坡已为居民所摧残。而现存之森林仅据山之西坡,其面积不过600方公里左右。主要树种亦为云杉冷杉等类。此区之森林所有权,尽属喇嘛寺或王公贵族之手。

(二)西北天然林之立地情形

所谓立地者,即林木林地以外之现象也。如雨量、气候、境地及土壤四者之情形,皆直接影响于林木之生长,与天然之分布,尤其在西北童山边地,为森林之保续,国土之保安,以及将来大规模之造林计,此等立地现象,更应特别注意,兹详述如次:

1. 雨量——西北之年雨量,除库伦、疏勒等地,尚不及200公厘外,普通多在300至500公厘之间。而以空气中之湿度较低,蒸发量较大,故西北有"十年九旱"之谚。据二十八年甘肃鸳鸯镇水文站之记录,全年降雨量为335公厘,而蒸发量为862公厘,则蒸发量恰为降雨量之二倍半,故西北纯为大陆性气候。关于各地之年雨量,以公厘计之,列如下表:

地名	西安	兰州	西宁	榆林	宁夏	归绥	库伦	疏勒
公厘	464.4	331.7	359.4	430.0	434.0	325.2	160.0	88.9

2. 气温——西北气温之高低,因各地海拔高度之不同而有差异,就一般情形而言,普通陆地距海面愈高,其气温则愈低下,平均每高出200公尺,即降低摄氏1度。因气温直接可以促进林木及一般植物之发芽,且于树木营同

化作用之际,有助于物质之溶解功用,故地球上不论气温如何高的地方,只要空气中含有充分湿气,植物便没有不能生长的。然温度降低至摄氏 7 度半以下,植物即不能生长,由此可见气温对森林生长之重要矣。关于西北各地之气温,就其最高最低之比较,列表如次:

地名	海拔高	最高温度	最低温度	较差
西安	395.0m	45.2℃	-14.3℃	59.5℃
兰州	1 556.0m	38.0℃	-18.7℃	56.7℃
宁夏	1 065.0m	39.1℃	-22.8℃	61.9℃
西宁	3 040.0m	27.0℃	-25.0℃	52.0℃
天水	1 174.0m	32.9℃	-12.5℃	45.4℃
库伦	1 033.5m	17.4℃	-26.6℃	44.0℃
疏勒	1 276.5m	32.2℃	-8.5℃	40.5℃

3. 境地——境地有水平与垂直之分别,前者以纬度之大小而论,后者以高低之情形而论。林木在各种不同之境地,其生长状态与树种殊不相同。据王正教授所分中国森林带,西北区之境地适在北纬 32 至 43 度之间,应属于栗林带,按地势而论,西北区除陕西关中以外,其海拔高普通皆在 1 000 至 3 000 公尺之间。因自然之境地不一,故所分布之树种亦不相同,如太白山之森林,在山之脚者,多为阔叶树,而在 4 000 公尺左右者,则皆为针叶树。又同一树种其分布之高度,亦因山之南北而有高下之异,此皆境地限制森林分布之事实也。

4. 土壤——土壤之好坏对于林木之生长,亦有很大之关系,故森林所在地之气候境地,即令皆很合宜,而无良好土壤,则亦不能生长,盖黏土与沙土中,所生长之树种不同,干地与湿地中,所生长之树种亦不同,酸地与碱地中,所生长之树种尤不相同。据东西林学家研究之结果,谓针叶树中之云杉、冷杉之类,喜生于空气湿润之山间,含腐植质之稍酸性瘠薄土壤,而在我西北天然林内,恰又以此等林木为最多,因之亦可说明西北各林区之土壤,大部系由花岗岩与片马岩风化而成。换言之,即谓西北各林区之土壤,除少许沙漠地方外,几乎皆为稍带酸性之土壤也。总之,土壤之一切理学化学性质,对林木生长皆有密切之关系,故吾人于推行大规模造林之先,除气候境地之外,对于土壤之各种性质,更须特别注意也。

(三)西北天然林之主要树种及其用途

在广大之西北天然林内,种类虽然繁杂,但其主要之树种,亦不外毛枝云杉、梅氏云杉、紫枝云杉、什楞克云杉、威尔逊云杉、箆子冷杉、褐果冷杉、川冷杉、□果冷杉、波氏落叶松、油松、白皮松、华山松、桧、白桦、枫桦、青杨、小叶杨、若山杨、椴木、掌叶槭、多角槭、三角椒、大卫椒、槲栎、槠栎、辽东栎、叶齿栎、栓皮栎、山毛榉、胡桃、□树、构树、槐树、漆树、臭椿等30余种也。

以上之树种除栎树、桦木、槭树及胡桃等阔叶树,在秦岭森林区有分布外,其余各林区与秦岭森林区之海拔2 000公尺以上者,皆以云杉、冷杉、松、桧等针叶树最为重要,不但此种树种分布最广,而且为数亦属最多。总括言之,所有西北之天然林,几完全为云杉或冷杉之纯林,或间有少数松或少数桦木与之混生,故西北天然林实可称之曰针叶林区。

关于各树种之用途,据唐耀及朱会芳二氏对于木材性质之试验结果,大概栎树以烧炭为最宜,作普通运输车辆枕木等用材亦甚佳,在秦岭内以此种木材养木耳者,亦甚多,桦木及胡桃之木材硬度大,纹理细致而□□,抗力亦强,故为最好之军械用材。落叶松(Larix)为中国最大之乔木,可供一般建筑及船舰等用材,松树作铁路枕木、矿柱及普通土木建筑用材外,亦可作造纸之原料。至各林区分布最广数量最多之云杉冷杉,材积既巨,且洁白坚韧,除供普通建筑梁柱板材及家具用材外,又可供制造飞机与木浆之用,然其最经济最可靠之用途,厥为木浆之制造。此种木材制成木浆,非特搬运容易,且其价格可较木材提高三四十倍,尤其在木浆造纸工业不发达之我国,其经济价值格外增大。若此种木浆制纸工业一旦建立,能够大量生产且以供各种文化等事业机关之需用,不但可以抵制舶来品之输入,而且更可以挽回每年纸张费之外汇,所以西北广大针叶森林之发展前途,除锯木工业外,将来更须着重于纤维工业木浆之制造,以充造纸、人造丝或烈性炸药等工业制造之原料。其次臭椿白杨两种除可作造纸原料外,其与山毛榉、榆树、椴树及桧等,皆可充普通建筑家具与车辆之用材。

三、西北林业与抗建之直接关系

（一）交通建设与林业之关系

交通建设之完善，不惟在平时便于货物之转运，而且对于非常时期军队之调遣与食粮之运送，更感重要。然交通建设所需之铁路枕木及铁路公路桥梁，皆须大量木材，故西北之交通建设与林业有密切之关系。

1. 枕木——据中山先生铁路计划，西北拟筑之铁路，全长共 14 230 余里，所用枕木以 14 000 里计算，应需枕木约 3 847 万块，每块以平时最低价值 3 元合计，亦需枕木费 11 541 万元。查国内已成之铁路，所用枕木概为进口货，每年漏卮之数，据国民政府主计处之统计月报所载，每年木材进口之价值，民国二十五年为 28 910 762 元，民国二十六年为 23 238 569 元，民国二十七年为 22 344 073 元，民国二十八年为 34 443 380 元。现值艰苦抗战之秋，洋货不能进口，如果不设法开发西北诸省之天然林，以谋自给之道，则此后之损失，当更难以想象矣。至木材之用于枕木者，多以材质坚硬，堪耐镇压，并有大量生产及具有天然之耐久性者为佳。普通栎树为最著，此外如落叶松、槐树、榆树及云杉、冷杉等之林木。亦常用之。

2. 桥梁——交通上铁路公路之建设，在平原铁路固需要大量之枕木，当路线经过河川水渠深沟长谷时，必须修筑桥梁，以连络之，则需要木材尤多也。今单就公路一项而论，据建委会之计划，西北主要公路急待建筑者，共长 24 000 余里，以修筑桥梁所需木材，平均每里以 2 000 元计算，当需费用 4 000 万元以上。查我国过去充此项建筑之用材，多系外来之洋松，而我西北天然林区，储蓄成材最多之云杉冷杉，据中外林学家之研究，二者皆为构筑桥梁之良好材料也。

3. 电杆——西北各省县镇之有线电报电话之建设，所用电杆之数量，虽无详确之统计，然吾人若仅就以上所述 14 230 余里之铁路及 24 000 余里之公路而论，沿路平均每里以 20 根计算，共需 760 400 余根，每根之价值以 3 元估计，亦需电杆费 2 293 000 余元。此种通讯建设，将来急需发展，其需要量当更不止此数也，至木材之用于电杆者，普通亦多以针叶树之云杉冷杉充用之。

4. 车辆及船舶——西北之交通,除上述枕木、桥梁、电杆需要大量木材外,即空中之飞机,水中之船舰,以及地上之各种车辆,亦无不大部由木材造成。值此非常时期,所有一切物质及军粮军火之运输,全赖于车辆及船艇,所以现时各地对于车辆及船舶之制造,所需木材更千百倍于平时,普通用于车辆及船舶之木材,多以材质坚硬,堪负重荷者为佳,如洋槐（Robinia）、枣树（Eizyphus）、槐树及榆树等,皆为车辆及船舶之良好用材也。

(二)国防建设与林业之关系

国防建设之炮垒、战壕、机场等之建筑,及枪炮、飞机、船舰及炸药等之制造,皆直接间接与林业有密切之关系。略述其功用于后:

1. 掩护炮垒——森林为炮垒之屏障,历史上之事实,已屡见不鲜,如法国之凡尔登要塞,及德国在我青岛所筑之炮垒,皆在繁茂广大之森林以内,藉资掩护,使敌人进攻之目标,无从集中,否则炮垒在空旷之地,极易为敌人发现,致遭极大之破坏也。

2. 掩蔽军队——森林对于军队之掩蔽,在第一次世界大战时,德军屡犯法京而终未得逞,即因有广大之森林,以资掩蔽其守军也。吾国自抗战以来,森林对游击战之关系亦甚密切,若利用森林掩蔽,以游击军进袭敌军,颇可奏效。

3. 飞机用材——飞机为近代立体战争之重要利器,其构造虽大部取给于金属,然其躯廓及翼板等处,则多取用木材,普通飞机之用材,以材质轻韧而无疵节之白腊树、胡桃、桦木、云杉及冷杉为最佳。

4. 船舰用材——船舰之构造,除外壳用钢铁外,其内部之一切,悉取用木材,普通用为船舰材料者,以材质坚硬,堪耐水湿之栎树、榉树、松、榆之类为佳。船舰对于战时运输及海上作战,厥功至伟。第一次世界大战时,英国内阁总理曾云:战胜之实力何在,战胜之保证何在,一言以蔽之,曰木船也。由此数言,更可知木材之重要矣。

5. 枪托用材——关于枪托用材,据中外林学家之研究,则以纹理精致,材质粘韧,而无反张开裂性之胡桃为最佳,其次桦木亦可充之。我军政部深恐战事发生后此种木材难于自给,故早于各地聘请专家,设立国防林场,建造大规模之胡桃林以备需用。且最近教育部,又聘请国立西北农学院森林学系教授齐敬鑫博士,前往兰山一带调查天然胡桃林之性状,以作更进一步之研究。由此足见胡桃林木与军器之关系,亦颇重要也。

(三)木炭生产与林业之关系

木炭为林业加工生产品之一,故其质量如何,不特影响于社会需要之适否,且亦关系于林业经营之得失至巨。盖就树种言,虽云任何树种均可供烧炭之原木,但以树种不同,其木材构造之性质各异,而所烧成之炭质遂亦有良否之别也。至其性质究以何者为最佳,常因其使用之目的不同而异,兹就其用途之关系,略述于后。

1. 燃料——木炭之用为燃料,早经应用,因此,抗战期中,因西北煤源缺乏,木炭之应用遂因之更形普遍矣。凡用为燃料者,不特欲其发热量大,并须其不生烟焰,不爆跳,而火热能长久保续者为佳。据一般之经验,则合此条件者实以白炭或硬炭(又名钢炭)为最宜。兹将此种用炭之特性,列举如下:

A. 破碎面有金属光泽者。

B. 破碎面呈贝壳状者。

C. 敲之发金属声音者。

D. 硬度高者。

2. 代用液体燃料——以木炭代用液体燃料,在艰苦抗战时期,汽油缺乏来源之际,其价值极大。据日本各林学家之研究,以栎炭(Quercus)用作液体燃料之代用品,功效最佳。又据一般之经验,木炭 1 公斤在发生炉中所生之木炭加斯之发热量为 6 630 卡,而汽油 1 公升之发热量为 7 428 卡,二者相差甚微,由是可知 1 公斤木炭所运动之能力,相当于 1 公升汽油所运动之能力,然而二者之经济价值,却有天壤之别。因此吾人对于木炭之质量方面,亟应就我国现行之制炭技术,予以合理之改良,以期提高品质,增加产量,以为抗战时期军需工业资源之辅助也。

3. 吸收毒气用炭——此炭因有气体吸着性,故可利用之以为防毒面具之活性炭,普通常用之活性炭原木,系为坚硬之胡桃果壳,盖因其具有下列诸特性之故也:

A. 吸收量大而且迅速。

B. 吸收毒气始终不变其性质。

C. 吸收毒气之处并不阻碍空气之通过。

4. 黑火药用炭——黑火药系由硝石75%，硫磺10%，及木炭15%所制成，就中以木炭尤为左右黑火药品质之重要原料，普通供黑火药用炭之原木，多以富纤维素而木质素含量较少之杨树、柳树等为最佳，盖因此等原木所制炭质纯而易着火也。

(四) 工业建设与林业之关系

近世科学之发达与工业之进步，使森林副产物利用之途，亦随之而扩大，其最著者莫如木浆、桐油、松节油、单宁等之利用。兹略述如次：

1. 木浆——木浆亦为林业加工制造之一种，林木所含之主要成分为纤维质，约占其全重量之半数以上。据各林学家试验之结果，以云杉冷杉等木材内所含之木纤维数为最多，而且最宜于制造木浆之用，此种木浆为造纸之最好原料，据统计之结果，世界所产之纸，有80%~90%均系纤维质之木浆所造成。近代产纸最多之美德日及加拿大等国，每年所产之总量为1 300万吨，共需用木材23万万立方英尺。世界之文明，日新月异，故用纸之量，亦必日益增加，因此木材之需要量自亦随之而加大也。

最近三四十年来，又将木浆利用于人造丝之制造，此项工业兴起之后，则蚕丝原产地之中国与日本，因人造丝织品输入过多，而致蚕丝业顿形衰落。盖人造丝之品质与蚕丝无异，而其价值甚低，故蚕丝实不能与之相抗也。

2. 桐油——桐油为中国之特产，可充制造油漆、油纸、油布及涂饰房屋、舟车、器具之用，且亦为我国对外贸易之主要输出品，每年以桐油所换取之外汇，以国币计之，据国民政府主计处统计月报载，民国二十五年为73 378 654元，二十六年为89 845 563元，二十七年为39 237 038元，二十八年为33 614 794元，其价值之巨，殊可惊也。惟西北桐油产地仅陕南之紫阳、平利、岚皋、安康、白河、西乡、洵阳、石泉等十数县，其中以紫阳及平利之产量为最多，每年可达130万斤，各县合计每年可产498万斤。

3. 松节油——松节油亦系由木质中提制而出，尤以松树之木质中含量最多，故名松节油。世界产量最富之国为美国，其产量约占全球总数四分之三。普通以黄松(Pinus Polustris)，最适于松节油之制造。至我国西北所产之华山松(Pinus Armandi)、油松等之含量如何,尚无精确之试验,以供参考也。

4.樟脑——樟脑亦系由樟树木材内蒸溜〔馏〕所得,昔日各国所用之樟脑,多取之于中国,平均每年产量可达2万石,约占全世界产量20%以上。惟因樟树多系热带植物,故在西北仅有少数之樟树,分布于秦岭南坡汉中一带。

5.单宁——单宁实为制革工业之重要原料,此种单宁质,大多系由树皮提炼而得,惟各种树皮之含量亦各不同。如栎树皮、桧皮、杨树皮、桦木皮等,虽皆含有单宁,然就中实以栎树皮内所含者为最多。

四、西北林业与抗建之间接关系

(一)水旱灾害与林业之关系

总理曾言:"有了森林,遇到下雨的时候,林木之枝叶可以吸收空中之水,林木之根株可以吸收地中之水。许多大水都由森林含蓄起来,然后慢慢流到河中,并不是马上一直流到河中,所以不致成为水灾。"又云:"有了森林,不但可以防止水灾,并且还可以调节空气中之水量,因之旱灾亦可减少。"故知森林不但可以防旱灾,并且可以防水灾,兹分述其理由如次。

1.水灾——森林之所以能防治水灾者,盖因森林能控制地表水分之流失,使水分渐次渗入地中,不致有洪水之患,至于森林控制地表水分之理由,可有三端:

A.林木方面——林木之枝叶繁茂,浓荫蔽天,可以阻收雨水,减少落地之分量,据Zon氏之实验结果,设当地全年雨量为31.5吋,榉林所阻收之量为6.7吋,松林所阻收之量为9.4吋,杉林所阻收之量为12.1吋,如此雨水既不能直接落于地面,则土壤自可以慢慢吸收,以减少其由地表之流失也。

B.林木地被物——林下藓苔等地被植物,及林木之枯枝落叶,皆能含蓄大量之水分,使地表水分之流失减少,据Zon氏之研究:藓苔之含水量较其干体重约大200至900倍,阔叶树枝叶之含水量较其干体重约大150至220倍,针叶树枝叶之含水量较其干体重约大120至135倍,由此可知林木之枝叶及其地被植物,颇有涵养水分之能力,彼等于无形中便能减少地表水分之流失,俾使无洪水冲刷之患也。

C. 土壤方面——林内之土壤因有林木根株之穿插及蚯蚓等动物之穿行,较非林地土壤为疏松,故吸收水分之能力亦较大,据 Butger 氏在同样斜坡与同样土质实验所得结果,林地土壤吸收水分所需之时间,较非林地土壤约快五分之四倍,即林地土壤吸收 50 公升水需 5 分钟,则非林地土壤吸收同量之水分便需 25 分钟,此亦森林能减免水灾之理由也。

2. 旱灾——旱灾之成因,全系由于雨水缺乏所致,普通雨水之来源计有两种:一由就地土壤中之水分,蒸发而上升为云,遇冷则凝结而下降为雨,名曰雷雨。一由海风将海平面上之水蒸气,沿河而上逐渐吹入内地,遇冷及阻则降而为雨,名曰霪雨。西北为大陆性气候,故雷雨为多,霪雨甚少。因森林能含蓄水分,故雨水落于地面之后,其流为泉水及地下水,尚可继续蒸发,而为云成雨,如此循环周转于天地之间,自然无旱灾之发生矣。据 Zon 氏在美国东部与南部之调查研究结果,知内地雨量九分之二是由海水蒸发而来,九分之七是由内地蒸发所致,而内地所蒸发之水分,又大部系由森林植物蒸发而来。又据 Mober 氏在法国南色(Nancy)地方分区实验历经七年所得结果,有林区域全年雨量较无林区域多 24%。由此可知森林能增加雨量为确切无疑之事,森林既能增加雨量,则雨水不感缺乏,旱灾自可减少矣。

(二)土壤气候与林业之关系

森林在未经采伐之前,能保土防坍,免除水患,并能调和气候,防制风沙,藉以保障国土之安宁,增进人类之健康。兹就森林对土壤之固定与气候之调节两方面略述如次:

1. 土壤之固定——洪水泛滥之灾害,尽人知之,论者多谓其治本之法,须造林与工程双管齐下,盖森林对于河流最大之功用,除上节所述防治水旱灾外,又能保土防坍使土壤固定,据 H. B. Meginnis 氏在美米西比河上游,研究森林及林地覆被物对于地表土壤冲刷之影响,所得结果,有森林与覆被物之地带,土壤之流失,每英亩为 91 磅,而无森林及覆被物之地带,土壤之流失,每英亩竟达 319 393 磅之多,由是可知森林与覆被物对于土壤保护之力可谓大矣。陕西延安以北一带,因为森林荒废,气候干燥,终至良好农田变为沙漠,夏季酷热,冬季奇寒,朔风一扬,顷刻成丘,且沙漠又是逐渐南移,如不及时设法造林以阻止,则关中之气候与土壤恐将更有变坏之危险也。

2. 气候调节——西北之气候，以温度而论，最高最低相差，普通皆在摄氏四十度以上，故夏季炎热，冬季奇寒，日夜之温度相差亦甚远，苟能将不适农作之滩地及荒秃之山地，造成茂密之森林，则因林地见蔽于林木，日光见蔽于枝叶，林地温度不增，且阳光直射叶面，水分蒸发又须大量潜性。故不惟向阳之枝叶，不增高其温度，即附近之空气，亦必因此而冷却，及至夜间以枝叶之障蔽，地热又不易放散，空气亦不易冷却，是以森林附近一日之温度便无骤高骤低之变，同理亦能使距离森林较远之地方，受其影响而成一种温和之气候也。

(三) 民生之改进与林业之关系

民生之要素有四，即衣、食、住、行是也，其与林业之关系，简单分述如次：

1. 衣——衣之原料，以丝、麻、棉、毛、皮五种为最普通，其中麻与棉二种，系取之于农作物，假如森林荒废，土壤失其保护，则麻棉便不适于生长。毛及皮则系取给于牛羊等动物，此种动物在可能范围内最好使繁殖于森林内，则较为适宜。至丝之成因，系由蚕虫啮食桑树等植物之叶而吐制成功，近年来发明人造丝，又纯系由木材之纤维所制成，故不论蚕丝或人造丝，均不能离开森林也。

2. 食——人类所食之动物，除猪羊之类于可能范围内，可使之繁殖于林内以作副业外，其他多种兽类，更多由林内猎取之。至植物方面，除果类全取给于森林植物外，他如五谷蔬菜等，亦莫不受森林之间接保护而生长也。

3. 住——住室之建造及家具之制备，无一不取材于林木，事实昭然，毋庸多赘。

4. 行——交通工具制造之原料，除空中之飞机用少许木材外，诸凡地上之火车、汽车、马车、拉拉车与水中之船只等，大都系由木材制成，是木材与行之关系，亦颇大也。

五、结论——对西北林业改进之意见

西北林业之重要，既如上述，然以吾林业落后之国家，又值刻苦抗战之时期，则开发天然林以供各项建设之用，自属必要。目前各林区之天然林，凡运输比较便利之地，多经木材商人设厂采伐，惜此等采伐商人，均以营利为目的，且乏林业专门人才主持其事。彼等只知滥施采伐，不顾木材生产供给之保续，殊为可惜！为免除此弊计，对于各天然林区之伐木商人，亟应加以统制，由政府组织官商合办之伐木公司，聘请森林专家，督导经营，以期木材利用保续兼顾。兹就鄙见所及，提出几点意见，以供参考：

1. 设立西北林务总局于西安，直属中央农林部，总管本区林政。再设林务分局于各天然林区，总局分局各设局长一员，下设秘书室协助局长办公，另设总务技术两科，办理杂务与施业事宜。

2. 凡有关国防及保安之绝对林地，应一律收归国有，由政府管理经管之，且应严禁开垦，以保国土之保安。

3. 对手放火烧山及任意放牧，应严加取缔，如有违者，可酌其轻重，加以相当之处分。

4. 民有荒山，政府为奖励荒山植林，除派林业技术人员指导及贷款补助外，应斟酌情形给以苗种。

5. 国有荒山，除由政府自行造林外，应准人民随时请领造林，但须受政府之指导监督，限期造成，否则应取销其承领权，或加以相当之罚金。

6. 西北各天然林区之伐木商人，应由政府与之合组伐木公司，所有总经理及伐木营林之各级经理人员，须尽先任用林业技术人员，以期业务进展之收效。

7. 木材之运搬，在交通不便或距河流甚远之天然林区，可设木栈道搬运，此法设备简单，费用经济，值此非常时期，最为适宜。

8. 政府除经营木材业务外，更宜兼营桐油、漆、五倍子等林产物，及其他林产工业，如木浆、木炭、单宁等之运销，以裕民生而厚国力。

原载《西北论衡》1941年第9卷第8期

西北的垦牧问题

周介康

引　言

西北在地位上说,是居于亚洲大陆的中央(稍偏东南),中国的西北角。距海洋很远,还接近寒带。纯粹的大陆性气候是不用说的! 地形上呢? 有中国几个大高原分布其间——康藏青高原、新疆高原、西北黄土高原(只一部分)。西北的自然状况,大体上的轮廓是如此的,旧的记载既少实际的考察,又只求叙述的便利,许多地方不顾事实,轻描淡写地把西北改观了。因此,一般人视西北为荒漠之区,都存在神秘的观念。但是事实上却并不如此,虽然西北是大陆性气候,然而到处的气候,并不是一样的酷暑奇寒。尽管是几个大高原,可是丘陵河谷也逐处分布。西北因为地理环境的优越——地形复杂——不但畜牧繁盛,而且还颇适宜于农业的发展,所以建设西北,单就地表上的资源看,农垦与牧畜,确是一个值得研究的问题。

农　垦

"生物受环境的支配。"西北的自然景观(Physical Landscape)既不单调,而经济景观(Economical Landscape)也就随着自然的影响而表现得形形色色。在河谷间,平野上,可以利用水利的地方,旱田变成水田了,稻秧也青葱地长得非常茂盛。假如附近栽培些树木,点缀风景,却也煞似江南! 天山南路,甘肃走廊……都是西北的佳壤。所谓"流之所归,利之所在",也就证实了! 丘陵性的地方,布满着旱田,栽种着不同的农作物。山地里又截然的和前二者不同,表现出另外一种典型。谁说西北不宜农业?

西北的气温还适宜于稻米的生长,所可惜的是雨量不足!至于其他耐旱□的农作物,生长是不成问题的。

贺兰山斜贯宁夏,山南地势逐渐低平,黄河由陡急的上流挟带泥沙而来,当其经此较低的平原时,运搬作用和堆积作用交相工作,长久的继续,层积了很肥沃的土壤。这种冲积土对植物的生长非常有利,若引水溉田,便成了稻米的最好生产地。所以宁夏东南部成为产米最盛的区域,尤其是宁夏平原为最盛。宁夏平原西近贺兰山,东倚黄河,南起灵武,北达平罗北,东西广延100里,南北长约300余里,面积共约9 000方公里。这是宁夏最富庶的宁夏、中卫、平罗、磴口等县的所在地。自汉时光禄□徐自为开光禄渠引水灌田,大获其利。经宋元明代的经营,到了清代雍正、乾隆、道光、咸丰数代,又开察汉托护的垦地,加凿大清、思农、昌润各干渠及各支渠,以推广水利。当时实垦地亩如次:

宁夏	厂地	1 333 顷	屯地 7 228 顷
宁朔	更名地	236 顷	屯地 4 150 顷
平罗	厂地	327 顷	屯地 8 458 顷

(本表数字见汪著《西北地理·绥夏二省》之实业章)

以上宁夏原垦地为21 733顷。现在此三县垦种之地仅6 530顷。□积灵武二县秦渠汉渠灌溉地昔约2 000余顷,现在亦只数百顷而已。荒芜地一万数千顷,这都是水利不修的关系。这不过只有已统计的几县而已,其实宁夏全省荒地何止此数呢?

新疆在自然上截然的划分成二个区域,即塔里木盆地(天山南路)和准格尔盆地(天山北路)。土质大部都是灰土,间或有灰壤土,土质不良,完全由于雨量少碱质的原因。自从清朝康熙年间倡办屯垦以来,雍正乾隆二朝,更继续的加以推广,宣统三年清丈地亩之确数为10 550 475亩,民国七年政府报告,新疆现有耕地为8 414 000亩(合1 202 000垧,见汪著《西北地理·准格尔盆地》章),垦荒全书称可垦之荒地有2 529 000余亩。兹特分别述之于后:

(一)伊犁河长910里,流灌区域面积为23万方里,沿岸面积甚广,土地也肥沃,为天山北路农产最盛的区域。清□□屯兵伊犁,开通惠渠,溉田数万顷。道光时林则徐谪戍伊犁，导河决水，得可耕地又数万顷。伊犁河支流甚多，居民多恃河水灌田，水大而丰收。在北疆是最好的地方，所以有中亚乐园的称号。

（二）额尔齐思河长1 200里，流灌区域的面积有13万方里之广。乌伦河长1 100里，流灌区域的面积有134 000方里。此二河地势平坦，气候适中，假如移民开垦可得广大的肥田，但是现在还是游牧区域。

（三）乌鲁木齐河长400里左右，流灌区域面积有45 000方里。光绪时，湖南人征回疆，散后流落无家可归，于是辟地数千顷，聚众屯垦，成绩很可观。河西南400余里的吐鲁番，河流很少，雨量缺乏，专恃坎井灌田。林则徐戍伊犁时提倡掘坎井办法，坎井一道□需数万元；富者二三井，小康之家则一家一井，或二家一井，其掘法，是在距需水处三四十里处由善相山形水脉的人指示，在山麓和高□掘井，有深至三四丈的，内挖地道以通流水，每长丈余必挖一井，平时以芦草盖上，渐近需水地时，井也就渐渐浅，水逆流而上，距田园不远井就变为明渠，渠水就可以流行地上了。

（四）塔里木河长3 800里，灌溉区域的面积有120万方里。河流沿沙而行，附近空气干燥，耕地在沙漠边际一带，□□地方就是所谓水草田，居民引河水或高山雪水溉田。

（五）阿克苏河长1 000余里，乃塔里木河的支流。流灌面积有10万余方里。此一带气候温和与江南相似，并且支渠交错，良田万顷，为新疆产米最佳的地方。因为地多而肥沃，虽然雨水不足，但每当夏季山雪融化后流于山麓河流中，居民坐获灌溉之利，所以南疆大都市群集于山麓，盖亦自然环境使然也。

青海地广人稀。在甘青宁新四省中比例数字最低，故亦最宜于垦荒。在汉时赵充国即请兵屯于临羌浩亹等处，到了隋代，屯田5 050余顷，收谷500万石。以上所垦地，只有浩亹隍□在西宁附近，其余皆在青海内部大小榆谷（即今大河坝一带）。宣统二年青海大臣设立青海垦务总处于西宁，大规模的举办垦务。不久因革命起义就停止了。民国初年又曾在兰州设立青海屯垦使。民国十二年宁海镇守使在西宁设立甘边宁海垦务局，分西宁、湟源、大通、循化、贵德、都兰、玉树、囊谦、大河坝、拉加寺等十区。以后又稍有更改，据现在统计青海省内垦地不过百分之一二而已（都是垦于西宁一带，至于内部却还无人过问);可耕而未开垦的田亩在 600 万顷以上,然而现在呢,还是莽莽荒原,荆榛遍地呢。

甘肃东南部(即丘陵性的陇东高原)和走廊都是可耕的地方,尤其是走廊一带,地质是一种砾土,引雪水灌溉后,即成良田,所以西人称曰甘肃肥田(Kansuoasis)。东南部丘陵,宜于农业,但多为旱田。据调查各县荒地表如下:

县名	荒地总面积
皋兰	88 380 亩
静宁	144 644 亩
隆德	120 000 亩
庄浪	1 104 亩
古浪	87 941 亩
渭源	5 000 亩
永昌	53 457 亩
甘谷	80 000 亩
岷县	2 460 亩
□县	4 600 亩
合计	587 586 亩

(本表数字见汪著《西北地理·秦陇丘原》之风土章)

就上表看,此十县荒芜的面积已在 50 余万亩以上,若就全省计算,当更十百倍于此数,只是无精确的统计而已。

甘、青、宁、新四省大部分土地的地形、地质和气候,都是适宜于农业发展的。我们希望关心西北的人士,应在这方面来多多倡导,以扩大西北的垦殖事业。

畜 牧

畜牧在西北确是一项最重要的生产事业。塞外的游牧人民见面后,首先问家畜好否,再事寒暄。家畜的多寡,即是财产贫富的表征,畜牧之重要,就可以想见了。西北为什么特别宜于畜牧呢？自然也要归功到土地的肥沃和气候的适宜。因为动物身体的骨骼，需要含磷质和钙质的饲料，并且生长的环境要雨量少，空气干燥。含磷钙质的饲料可以使家畜骨骼特别健全，干燥的空气（即是说空气稀薄）可以使动物在生理上受刺激，发生变化，红血球数量加多，运输大量的氧到体内各部，以使营养充足，肺部健全。西北的自然环境，是具备了上述的各种因素。新疆的土质大部属于灰土，雨量少而碱质多，所以在西北各省中，畜牧居于第一位，这实在是由于天赋的优越，决不是人力可为的。大体上说，在西北任何地方都是适宜畜牧的，不过3 000公尺以下的丘陵地方，大都可以辟为耕地，用来耕作，假如辟这些地方为牧场，在经济价值上，似乎远不及辟为耕田的为大，所以用以牧畜是较合算的。凡在3 500公尺以上的地方（即所谓高山草原），地势高寒，林木不能生长，农作物更难于栽培，只有杂草可以长得很茂盛，这种地方，多半是广阔平垣，除了牧畜以外，几乎别无用处。在高山与沙漠的过渡地带，地势大致在1 700公尺以下，气候不甚寒冷，可以造林和耕作，但是以畜牧最为相宜。沙漠或戈壁中，有水源就可生长杂草，叫作沙漠水草田。杂草的数量和品质当然不及高山草原带，但其营养价值，则超过之。因为沙漠草原地的杂草粗而且刚（如芨芨草最为粗刚该处独多），含矿物盐类数量很多，家畜食后，骨骼不仅十分健全，还特别能够耐劳，所以蒙古马之坚强，超越于阿拉伯马之上。

新疆的天山北路，宁夏西北部（即贺兰山以北），青海大部，甘肃西北部都是最适宜于牧畜的地方。但是今日西北的牧场，大都是可以辟为耕地的地方，最良好的牧场，相反而未完全利用。怎样去选择良好的环境来作家畜的培养和繁殖，这是从事畜牧事业者的责任。

结　语

由上面许多事实的证明，启示了我们对西北的新认识。西北不但适宜畜牧事业的推广，也适宜于农垦事业的扩张。我国东南人口密度过大，人口问题亟待解决！在现阶段，情势当然还不严重，可是到将来，可能容纳大量人口的，只有西北这个地方，要移民西北，就□□早从事于农垦不可，因为农村社会组织下的生产力，比游牧社会组织下的生产力大得多，生产力大，那么容纳的人口也就多了。再从自然的情势看,目前建设西北的急务,无疑的是从农垦着手。在民生上,我们应如何的利用西北这块广大肥沃的土地,来解决人口问题?在国防上,我们应如何的利用西北这个边陲天堑,来巩固边防?在这两个有利的条件下,我们建设西北的口号是:"把握天赋的优越,适应自然环境,以农垦为主,畜牧为附,建设今日之新西北。"

原载《西北论衡》1941年第9卷第11期

西北的水利建设

李翰如

一

水利建设,可以分为积极与消极两方面:积极方面为兴利,如提倡农田水利,发展航运及利用水力;消极方面为治水,属于防治,如防洪、防旱及筑堤。但是防旱最有效的方法,还是要算兴办农田水利,所以防旱也可以列入积极范围之内。西北地势甚高,潼关西安海拔超过500公尺,渐向西渐高,至甘肃海拔已在1 000公尺以上,所以地势的倾斜度很大。排泄少量的雨水,绝不感到困难。黄河上游大部虽属黄土层,但上源河床多为石质及硬土,水流平稳,不会发生溃决泛滥的水害。所以西北的水利建设,应当注重在积极一方面。

在农田水利、航运及水力各部分中,就西北自然环境及目前急需而言,应以农田水利最为重要。黄河和它的支流的下部,含沙量极重,容易淤淀。以致河面非常宽衍,中间生着许多洲渚。平时水深,很少有超过二公尺以上的。它的上游,因比降太大,水流湍急,目前要发展航运,便会感到十分困难。甘肃青海境内各河流,虽然河床比降及流速都很大,似乎到处有水力可资利用,然而那些地方因为人口稀少,农产品不够,工业的发展一时还谈不到。水力的利用,自然不感到切要了。

西北陕甘青宁绥新六省,面积共有2 701 655平方公里,人口总数为35 192 075人,平均每平方公里有13人。但因农用地的面积有限,加以雨量稀少(普通年雨量在200公厘至350公厘之间),气候干燥,蒸发量又很大,大部分农用地行[形]旱农,仅有沿河低地能得灌溉的利益。总计西北农用地为91 341 000亩。平均每人可得耕地2.6亩,食粮自给,非常困难。如果不幸遇到旱年,生产量便要顿减,酿成严重的旱灾。事实告诉我们:历史上陕西关中发生的饥馑共有163次,其中有128次为旱灾。民国十七八年的陕甘大饥与去年春季陕南陕北的荒歉,都是很明显的例子。所以我们谈西北的水利建设,应该以农田水利为先。尤其在这抗战建国的伟大时代,需要增加后方生产,支持人口粮食,充分供给当地居民,外来难胞及军队的食用,更应从这方面力谋发展。本文所谈到的,也就是注重在农田水利一方面。

二

陕西的水利,滥觞极早。历史上有名的郑国渠,便是在今日的泾阳三原县境。从民国十九年到现在,该省水利建设,得李仪祉先生的倡导,已由实施而达到了初步成功的阶段。利用科学方法设计、兴建以及管理的渠道,计有泾惠、渭惠、梅惠和织女等四渠。灌溉面积共有1 340 000亩。工程正在进行的有洛惠、黑惠、汉惠和湑惠等渠,灌溉面积共有950 000亩。正在设计中的灌溉工程为牧惠、湃惠、褒惠及澧惠、耀惠等渠,预计可以灌溉农田450 000亩。其他经陕西水利局详细调查各县可能整理的旧渠,灌溉面积可达40余万亩。

笔者曾于二十七年及二十八年两次暑假到陕西各渠作长时间的参观与实习,看到新式工程灌溉的农作物,产量不但比较特别丰富,品质也与普通一般不同。这是过去我们想象不到的效果。在这些大渠中,成绩最佳的便要算泾惠渠,该渠自完成放水到现在,整整地八年了,灌溉面积增加到70多万亩。加以管理合宜,农民用水由训练及实验已渐渐走上合理化的途径。管理局与农民及农民与农民之间,真正由互助合作而打成了一片。去年收获棉产麦产等总价值3 000万元,政府收入水费28万元。农家经济,极为富裕。真为中国水利建设上放一异彩。最近该渠更利用渠水水头的水力,从事磨面纺织及发电,成效极佳。该渠蓄水力共2 200匹马力。此外如渭惠渠水量较泾惠渠为大,蓄水力15 000马力。我们切望陕西水利当局,继续完成全省的工程,同时注意现有渠道的改善及水力的充分利用,使成为全国农田水利的模范区。

甘肃的水利,就地理区划而论,可以分为河西、陇东两部。河西的水源主要为祁连山北麓的雪水。旧式方法引用雪水灌溉的面积虽然不少,但是大部分的水还是北流入沙漠,没有充分的利用,并且当溶雪的时候,往往山洪暴发,冲刷力很大,地面肥饶,都被洗去。治本的办法,便是筑库蓄水。如洪水、丰乐、山丹及白沙等河,都应该选择适当的地方筑坝。陇东的水源,大部为渭河、泾河及洮河,也宜设法开渠□水。据调查所得,甘肃引黄河支流灌溉的面积共有1 123 430亩,祁连山以北用雪水灌溉的面积有1 451 870亩。甘肃建设厅现拟多多筑坝开渠,使雪水的灌溉面积增加到3 900 000亩。该省新建的水利工程有洮惠、通惠两渠。洮惠渠附近平旷的地方太少,灌溉面积仅有32 000亩。通惠渠因为工程艰巨,还没有完成。最近黄河水利委员会也派遣技术人员,从事甘肃农田水利的发展,如计划渭源水库、鸳鸯峡水库、庄浪河水库、永清灌溉区及有关的农业的河流工程,我们希望他这许多计划,能够提早完成。又沿黄河洮口、永靖、皋兰、靖远、景泰等县,利用水车轮灌溉两岸的高地约52 000亩,水车都属旧式,效力极低,尚要水力机械专家,多多研究改进。

青海的水利肇始也很早。西汉武帝时,赵充国西征羌人,即屯兵湟水,开渠灌田,现在的规模都是依着过去的遗迹。青海的地势,可以分做东、北、南、西南、西北五部。东部为西宁附近一带地方,大通、湟水及黄河都在这里聚汇,水利非常发达。尤其以湟水两岸,灌溉面积约60万亩,农产丰饶,风景秀丽,有如江浙的太湖区,凡是到过西宁附近的人,没有不同声赞美的。北部青海湖东北的几条河流,还可以设法引用溉田。至于南部长江上源玉树高原,西南部各旗以及西北部柴达木盆地,或因拔海太高,气温太冷,或因内陆河汇集,排水不易而成沮洳地,都是不适宜于农作的,水利也无可望其发展。

委员长天水行营于去年夏季组织西北实业考察团,从事调查。于甘肃青海的水利,也有详细的考察。据他们的报告:青海东部西宁、大通、互助、湟源、乐都、亹源各县水利,虽然已经有相当可观,但如果能够增开渠道,便可以增加农田40万亩。共和、贵德、化隆及循化偏于东南,沿黄河滩地,可开五个大渠,增加农田100万亩。其余各处山间谷地,用数千元的小款,便可开一小渠,增加灌溉的田地数百亩。

宁夏的渠道,开辟远在汉唐。如唐徕、汉延、惠农、大清、昌润、秦渠、汉渠、天水、美利及太平十渠,灌溉的面积极广。其他小渠,也不可胜数。总计灌溉面积为1 977 650亩。据李仪祉先生的估计,仅河西草原约有400万亩,现在能够灌溉的地方，还不到五分之一。所以发展的希望无穷。该省建设厅现正在力谋发展，自二十三年起，即从事旧有渠道的整理，已渐就绪。二十四年动员一部分军队及民众，通力合作完成云亭渠，已经收到了莫大的效益。

绥远直接得黄河灌溉的水渠有永济、刚济等十一道，灌溉面积共有 1 215 000 亩。其他引山涧水灌溉的面积有 988 000 亩。最不幸的为萨拉齐民生渠因工程建筑未善及管理不良而失败。现在该省受战局影响，水利建设不得已已暂时停顿，其实绥远除黄河沿岸可引河水灌溉的地方外，大青山南北麓可赖雪水灌溉的农田也很多，我们希望战后能加倍注意它！

新疆的水利情形，我们因为消息的阻隔，不很清楚，据笔者从几本新疆游记的片段叙述中可以估计灌溉的面积至少有 500 万亩，近来新疆大学成立，农学院与土木系都很注意到农田水利的问题。我们期望在最近的将来新疆天山南北有许多新兴的水利工程和丰茂的农田产生。

三

从上面各省的情形看来，西北的水利，虽然说不上普遍的发展，但也有相当的基础。我们相信，自今日起即从水利建设入手，继续不断地努力干几年或十几年，西北现在这样落后的农业，至少有抬头的一天。最可感的是近年来西北各省当局的努力，确实克复〔服〕了自然界的许多灾害。其中尤以陕西一省，用力最勤，收效最大，是值得为国人介绍的。

不过西北水利建设的发展，自然环境上还免不了有许多困难，值得我们特别注意：最大的困难便是雨量的稀少和水源不足，以致造成了一种非常干燥的现象，给予农作物严重的威胁。美国水工教授 O. J. Todd 曾经到过西北一次，在美国《工程新记录》(*Engineering New Records*) 杂志上的一篇《中国西北部灌溉事业的进展》文中，首先说到这样几句话：

"近代气象学家及地质学家已证明中国西北部日渐干燥，并且其变化的速率，较其他各地为大，古代农产丰收的甘肃省，肥美的田园渐渐为戈壁的流沙所淹没（笔者按：系指甘肃以北宁夏西南的一部分地方）。长城黄河间接近陕西的沃尔多斯区，数百年前为农业社会的集中地，至今已成为沙碛之乡（笔者按：陕北流沙的南移，年甚一年，是很显著的事实）。除非时常降雨，以补足水源，供给作物的生长，那么旱灾的发生，必定是无尽期的。"

这使我们这些学水利的人，不得不加倍警惕了。另外一个事实的证明：黄河潼关站所测黄河全河全年流量仅 4 150 000 000 000 立方公尺。将这些水量分配到黄土的全部面积上，每平方公尺约得水十分之三立方公尺，即等于 30 公厘的水深。在全年中，这样小的水量的效率，几等于零。这是水源不足很明显的证据。

第二个困难，便是西北平旷的地方太少。黄土层中，沟壑很多，既深而又宽阔。愈西便是山岭起伏，平地更少。洮惠渠灌溉的面积极小，就是一个例子，所以 O. J. Todd 又说："中国西北部就地理及水利方面言，均不易企图大规模灌溉事业的发展，真是一件不幸的事情。"像今日陕西渭北平原泾惠渠所经过 100 万亩的良田（其实仅灌溉 70 余万亩）恐怕是绝无仅有的。

自然界的困难，也和暴日一样同是我们的敌人，我们应该费尽脑汁和血汗去克服它。克服第一个困难，需要我们有缜密的计划及设计，使西北少量的水源都能收蓄贮为农用，而不使它涓滴浪费。克服第二个困难，一方面应该整地，尽人力之所能及，使黄土中的沟壑，都平治为农田。另一方面因地制宜，分建小规模工程，使许多小的灌溉面积合成为大的面积。

我们可以看到：另外还有许多因子使西北的水利建设，不易迅速推动。主要因子便是我们研究调查的工作做得不够。西北这样辽阔的地域，地形地质上，曾没有详细的测量。气象和水文上也没有可据的记载。各地的雨量，都无法知道。测候所及水文站除陕西一省颇有可观外，兰州的测候所成立仅七年，西宁的仅两年，宁夏的成立也很迟，其余各地，都付阙如。因此缺乏水工设计的资料。其次便是人力财力的不够，如果要从事大规模的水利建设，高级技术人员固然感觉不够，即下级干部人才更感到缺乏。财力不够，尤为明显，西北地方政府，普遍的都是贫穷。年来农本局放出的农田水利贷款虽有 820 万元，除陕西一省占 390 万元外，西北其他各省只得向隅了。

为补救上面的几个缺点，加速西北水利建设的发展，我们有下列几点意见，同时作本文的结束。

第一：由中央设立专门机关，总管及通盘计划西北水利建设，这样便可补救地方人力财力的不足。

第二：提倡农田水利合作。除大规模的国营灌溉区、国营农场及国营垦区及各省举办的水利工程外,其他私人能力不足举办者,可由人民合作兴办,受国家的监督指导及协助。

第三:应请农本局增加农田水利贷款,使其业务扩充到西北各省。同时希望银行界对农田水利事业踊跃投资。

第四:竭力提倡宣传,使全体民众彻底了解水利建设为西北生命之所系,然后积极动员他们,从事工作。各导淮工程每日工人多至20万,又如二十五年黄河董庄堵口,每天10余万人工作,仅二十日完成数十公里的大堤,保全徐属各县,都是动用民力的好榜样,战后的军队,也可动员他们一部分,一致工作。

第五:督促地方官吏,积极推行水政,同时严于考成。

第六:增添测候所及各河水文站,长期观测及记录。

第七:充实西北农学院及西北工学院,培育高级技术人员,同时设置专修科及水利工程下级干部人才养成所。

第八:设立研究机关,研究灌溉用水经济,减少渠道运水损失,河流挟沙及土壤去碱,使西北有限水源及地力,得以充分利用。最近西北农学院已建立小规模水工实验室,从事各项渠工试验。又与经济部中央水工试验所计划,合作成立西北水土经济研究所,都是极有价值的。我们希望由研究及试验来解决西北许多的水利问题。

原载《新经济》半月刊1940年第3卷第12期

考察西北水利纪要

沈百先

此次百先奉命考察西北水利,于本年六月十八日率同导淮委员会乌江工程局局长雷鸿基,技佐吴中伟,自渝首途,遍历甘青陕诸省,至八月十一日返渝,前后凡二阅月。所到之处,幸赖地方长官及有关机关供给资料,而本会同志,尤热忱相助,使考察工作,顺利进行,乃能于短时期内,略悉西北水利之概况。除已草为报告外,择要录实本刊,以供关心西北水利诸同志之检讨焉。

一、西北之概况

西北僻处边陲,交通艰阻,地旷人稀,虽林矿饶富,沃野千里,惜未尽开发,利弃于地。抗战以后,开发西北之呼声,甚嚣尘上,成绩亦有可观,尤以陕、甘、青、宁,地当西北腹心,为建设西北之先着,四省面积160万方公里,已垦土地5 470余万亩,其中水田仅及全面积二百四十分之一,约920余万亩,人口总数1 890余万,平均每方公里12人,兹将四省耕地人口情形,列表如下(根据立法院土地委员会及各该省政府之统计):

省别	全面积（千市亩）	耕地面积（市亩）	灌溉面积水田(市亩)	占全面积百分数 耕地	占全面积百分数 水田	可耕荒地（市亩）	人口数	每方公里平均人数	平均每人摊得亩数 耕地	平均每人摊得亩数 水田
陕西	292 614	33 913 999	3 004 700	11.57	1.027	21 114 182	10 634 428	54.5	3.19	0.283
甘肃	571 294.5	16 905 277	3 382 600	2.96	0.593	17 420 000	6 403 300	16.8	2.64	0.528
宁夏	453 676.5	2 004 000	1 850 730	0.42	0.408	23 087 485	722 800	2.3	2.77	2.560
青海	1 092 297	1 890 822	1 000 000	0.17	0.091	64 191 488	1 198 000	1.6	1.58	0.834
四省总计	2 409 887	54 714 098	9 238 030			125 813 155	18 958 528			

除农田水利而外,在交通方面,应畅航运之利;在工业方面,应兴水力资源;在消极除害方面,应防止水灾;总之开发西北,当以振兴水利为要图也。

二、黄河之水利

黄河自潼关以上,亦擅水利,若绥、宁之灌溉,甘、青之水车,壶口龙门之水力,皮筏木排之运输,均为西北之富源,除宁夏水利另有专节外,兹就河源情形、水车、航运、水力及黄河水利委员会之准备工作分述如下:

河源情形 黄河发源于青海葛达苏齐老峰之阴,曲折行 1 300 公里至贵德,贵德以上,人烟稀少,为生番游牧之地,情形至为隔阂,在西宁时,承亲历河源之赵友琴专使面告甚详,贵德以西,汉人罕见,自共和至河源,居民多生番野番,好斗嗜杀,语言不通。河槽甚狭,中小水可以骑涉,大水时,奔涛汹涌,两岸多岩壁;河谷较宽者,亦绿草如坪,高五六寸,狗熊奔走,行旅患之,驮载代步,均用毛牛,土名乌拉,气候四五六月为□季,十月至阳春三月多冰雪,仅七八九三月天气晴和,适于行路,地势高亢,气压甚低,初至者常感呼吸急促,一日之间,寒暑数易,故测勘河源,非有充分之准备,严密之组织,不易为功,如能集合农、林、地、矿、道路、牧畜、社会、经济各专家,同时出发更佳,全程 1 300 公里,平均每日前进 5 公里计,共需 260 日,约合 8 月,每年工作 3 个月,3 年完成。

黄河之水车 黄河水车乃水力筒车之一种,利用流水冲力起水灌田之具也,相传左宗棠仿照湖南水车而作,以木为轮,集辏于毂,轮周附刮水板,缀以水斗,斜倚迎水,轮径大者六七丈,溉田七八百亩;小者三丈,溉田四五百亩,轮架轴上,轮端里铁皮,支于二夹马柱之轴承中,柱嵌于石砌之龙磴,磴间水槽,由引水坝迎溜导入,冲击刮水板,以转大轮,水斗依次充水上升,至顶则倾注于掌盘中,循木槽及水渠流入田间,支流如湟水大通河上,亦有设置,已向甘肃建设厅登记者,达 254 架,灌田 5 万亩;青海较少,约 10 余架。水车缺点甚多,以战前造价,平均每亩所摊工费在 20 元以上,岁修费用亦巨,水轮不能上下移动,水位过高或过低时,均难旋转,李前会长有改良水车之议,小其轮径,可上下移动,用循环练皮,以齿轮拖动之,改良轮翼形式、轮轴、轴承、绞练等,均用铁铸,以减磨擦。水车之外,又有水磨,每盘昼夜磨粉 1 000 余斤,多设于黄河支流及灌溉渠上,如以水车磨面锯木,则利之所及,当不仅灌溉已也。

黄河之航运 黄河航利,集中上游,尤推宁夏至河套一段为盛。木排皮筏之起点,在青海湟源县,大水中水时皮筏下驶,自西宁至兰州二日可达,青海俗称皮筏为"浑脱",分牛皮羊皮二种,前者多大型,供远程载货之用,后者较小,用于短程,以牛羊皮为囊,吹气入内,仍如牛羊之形,小者以13支,按前后四,中间五之数缀列,系于纵横木架上,大者以小筏相连,多达150囊,面积纵20公尺,横10公尺,结构简便,易手携带,所载毛皮粮食,均藏囊内,载量大者10余吨,小者亦容五六人,乘流而下,每小时可三四十里,到达目的地后,常以筏货同时出售,短距则放气,驮载背负而归,木船航运自宁夏始,下行七八日至河曲,上行则需月余,载重由数吨至20余吨,其间宁夏经五原包头至萨拉齐一段,曾施测汽船航道,并二度置轮行驶,惜因航槽不定,未能持久。包头潼关之间,经壶口瀑布,有盘驳之劳,禹门以下至于孟津,船运最盛;下行多煤、铁、盐、棉、羊毛,上行多煤油、布匹、杂货,如能固定河床,刷深中泓,宁包间可通轮船,又设斜坡船道于壶口,机器绞关于三门,一面改良船只,庶黄河航利,可尽发矣。

黄河之水力,据调查所得,干流水力凡60万马力,支流10万马力,壶口一处,估其最小额可得10万马力。如于峡中筑50公尺之高坝,可增至300万马力,惟坝基地质欠佳,水中挟沙太多,冰凌时期过长,均足为开发水力之阻碍,此外沿河水车水磨,亦当奖率而改进之。

河套之水利 "黄河千里,惟富一套",自宁夏三圣宫至山西河曲之间,乌拉山东为前套,以西为后套,均擅水利,后套狼山以南,更有"农垦天府"之称,渠工之始,远在唐代,清季经王同春贻毂之努力,现有公渠11,私渠30,灌田300万亩,惟民国以后,继起乏人,寻常水位之年,仅及半数,查后套面积1 600万亩,可垦之地1 000万亩,水源丰富,倘能改善渠道,全部可沾灌溉之利。

黄水会之准备工作 黄河自二十七年夏花园口赵口溃决后,大溜入淮,形成改道之局,所幸近年未大涨发,而已成防泛新堤,上起花园口下讫界首集,长300公里,减缩泛滥区域,兼作军事之屏障,该会不时配合军队,作局部之抢修,又成立上游工程处于兰州,专事探求上中游之河性,及办理林垦、灌溉、航运等工作,以保持水土,防其流失为主旨,该会治黄机要中,亦西宁上游造林防沙，中游蓄水缓沙之法，他若恢复沟洫，平治阶田，均拟相机采用，盖以黄河之患虽在下游，其造因实在于上，故欲泯在下之患，必根治在上之病，当今下游沦丧，正宜未雨绸缪，为研究准备之工作，庶抗战胜利之日即治黄开始之时也。

三、陕西之水利

陕西自民国十八年李前会长倡修水利以后，开渠之风大盛，十余年来，蔚为各省灌溉工程之模范，渠工之已完成者，有泾惠、渭惠、梅惠、织女诸渠；行将落成者有黑惠、汉惠诸渠；正进行者有洛惠、褒惠诸渠；拟即开工者有湑惠、榆惠诸渠；其余计划已竣或查勘完毕认为有利者，总计不下21处；共灌田300余万亩，至于防洪航运，水力等，亦多有所规划，渐次推进中。

陕西灌溉渠一览表

类别	渠名	水量（m³/s）	渠长（公里）	工费（千元）	灌溉区域	灌溉面积（千亩）	每亩工费（元）	农作物	备注
已完成者	泾惠渠	19	干66.43 支186.23	1 700	醴泉、泾阳、三原、高陵、临潼五县	730	2.45	美棉、小麦杂粮	二十三年全部完成
	渭惠渠	20	138.44	2 190	郿县、扶风、武功、兴平、咸阳五县	400	5.47	美棉、小麦杂粮、玉米	二十六年完成
	梅惠渠	8	6.70	170	郿县、岐山	130	1.31	水稻	二十七年完成就旧渠改道
	织女渠	1	18.00	160	榆林、米脂、绥德	10	16.00	大小麦、玉米、荞麦	二十八年兴修完竣
	已成四渠渠长415.8公里灌田1 270 000亩									
将完成者	黑惠渠	5	40.00	240	盩厔[周至]	150	1.60	水稻、小麦	三十年底可完成
	汉惠渠	11	31.40	1 886	河县、褒城、南郑	110	17.12	水稻、小麦、玉米	三十年六月已放水灌四万亩
	将完成二渠渠长71.4公里灌田260 000亩									

续表

类别	渠名	水量（m³/s）	渠长（公里）	工费（千元）	灌溉区域	灌溉面积(千亩)	每亩工费(元)	农作物	备注
正在进行者	洛惠渠	15	68.11	2 500	蒲城,大荔,平民,朝邑	500	6.00	麦棉、杂粮	二十五年大部完工惟五号隧洞未
	褒惠渠	15	32.00	3 450	褒城,南郑	130	26.50	米麦、杂粮	
	正在进行之二渠渠长 100.11 公里灌田 630 000 亩								
拟即兴修者	渭惠渠	8	52.30	1 760	城固,洋县	150	11.72	米	即口施工一部利用旧渠
	榆惠渠	4	30.00	560	榆林	27	20.72	米、麦	工款筹妥拟即兴工
	澧惠渠	8	43.00	1 200	长安,祁县,咸阳	200	6.00	棉麦	拟在年内开工
	定惠渠	7	37.00	1 400	横山,榆林	50	28.00	棉米	拟在年内开工
	绥惠渠			400	绥德	1.5	26.70	麦米	拟在年内开工
	云惠渠	2	15.50	293	神木	17	17.23	麦米	拟在年内开工
	拟即兴修之六渠渠长 177.8 公里灌田 445 500 亩								
在设计中者	汧惠渠			1 700	宝鸡,凤翔	170	100.00	棉麦	计划中
	涝惠渠			800	盩厔[周至]	50	16.00	米麦	测量设计中
	牧惠渠	2	12.38	600	西乡	10	69.00	米	正修改计划中
	横山九渠		40 余	约百万		36	28.80	麦、小杂粮	均已勘测其中一部以前由本地人开过
	陕北其他九渠			无确估		42.8		米、麦、杂粮	多已查勘
	设计中之二十一渠灌田 308 800 亩								

总计渠数 35,灌田 2 914 300 亩,其中渭惠、泾惠、牧惠诸渠,尚有扩充之可能,约言之得 300 万亩。

本省旧渠甚多,尤以汉南一带最为普遍,据最近之调查,全省有水利者 80 县,共计渠堰 1 147 处,灌田 1 474 700 亩,此等渠道,多系择地拦河打桩,用竹笼卵石,以泥草填孔,输水入渠,其缺点有三:(一)建筑未精,漏水甚多;(二)

工程未坚,易致坍圮;(三)养护维艰,岁修费巨,至若节宣无备,渠道纷歧,管理不周,用水浪费等,均难尽水之用,近年陕西水利局颇注意旧渠之改进,小则征工浚渫,大则代以新渠,扩充灌域,如褒惠渠之于山河堰,渭惠渠之于五门百丈诸堰,汉惠渠之于天分东西山河东西诸堰,均属此意,又组织水利协会25处,水利分会174处,改善管理,减少损耗,短时期内,可望增加水田至200万亩,目前新旧诸渠之灌溉面积,则为3 004 700亩。

灌溉渠之管理,新旧各异,新渠各设管理局,下分若干段,段设主任一人,助理若干人;段下设水老,辖斗口若干,斗有斗夫,辖村庄若干;村有渠保;分层负责,旧管则就同一水源利害相关者,组织水利协会,其有甚多之堰渠或直接引水以通支渠者,各组水利分会,均由有关县府指导人民组织之,设会长一人,负巡修管理之责,渠堰之有公产者,另设款产保管委员会,以专职掌,迄今成立者亦有8处。

除渠道灌溉外,全省浅井总数亦在5 000口以上,灌田5万余亩,尤以长安附近诸县为最多。

综观陕西之灌溉事业,计划缜密,方法新颖,于艰苦之环境中,有此成绩,弥足钦佩,其中尚需改进及注意者,约有六端,除已分别面告各负责当局外,录之如下:

(1)排水系统之亟待完成　各已成灌溉区之排水系统,限于经费,均未能随之完成,查西北地内多碱,地下水一旦上升,碱质随之而起,遂成不能种植之地,灌溉之结果,每能使地水升高,尤以用水过多排水不良之区为甚,苟排水渠分布完密,灌溉水入地之后,地下水携碱上升,未及地面,先已入沟,潜伏之碱,可于不知不觉中尽去之矣,沟洫制度,兼具蓄水排水之妙用,当就水利已著各渠,于农隙征工完成之。

(2)造林及护林　每当渠道完成后,继之以植树,所以减少蒸发,增益利源,点缀景色也,如泾惠渠干支全长252公里,两岸已栽树20余万株,村民沿农渠造林达500万株,渠坡遍栽杞柳,估计亦24万棵。惟据该局报告,频有军队借故砍伐,他若渭惠梅惠等渠造林成绩,亦有可观,又本省天然林面积125 000方里,此等森林,应加管理,施以有规则之采伐,实为无穷之利源。

(3)水费合理之增收与运用　陕省水费之规定,以浇灌次数之多寡,分一元、五角两种,工业用水每一水磨水榨月纳二元,新式工业每马力月纳一元,较之利益仅及数百分之一,可谓过少,水费由财政厅经收,归入省款,统筹支配,渠道养护费,由省府另拨,如泾惠渠全年实收水费 63 万元,每月所拨养护费仅 1 300 元,值兹材料奇昂、工价飞腾之时,不敷过巨,考之印度情形,其水费收入,一部用之养护,一部增开新渠,所谓"取之于水用之于水"。虽系对殖民地之办法,尚属合理,故陕西水费,宜酌量增加,以维持最合理之养护。

(4) 发展高地灌溉 西北多阶级地,尤以陕省为习见,每为水渠灌溉所不及,其地下水较高者,可凿井汲水,其近傍山谷有流水渗入沙中者,可用堰潴法,筑粘土墙深入地下不透水层,潴蓄地下水而抬升之最有效之法,为发展水电,汲渠水以溉高地,水电成本较低,利用已成渠道之跌水,更属经济,此外选择适当地点,修筑水库,效力亦宏。

(5) 洛惠渠隧洞工程应加速进行 洛惠渠自二十三年六月开工后,至二十五年冬,除第五号隧洞外,大体完成,该洞全长 3 032 公尺,至二十六年冬,北段已成 1 983 公尺,流沙迭见,南段初凿时即有沙水涌出,勉力前进,已成 424 公尺,沙水益多,无法继续,其间一度采用压气法,亦因土松力弱,未能见效,遂行停顿,二十九年复工,改用钢板洞壳,以人力扭转千钧,使之前进,试验结果,尚属可行,现拟以机力代人力,以期进行迅速,力量均匀,惟速度甚缓,试验时最快每 24 小时仅推进 1.2 公尺,实际施工时平均 24 小时才 0.3 公尺,然能稳妥前进,则可确知在彼曾与负责方面研究冻结法、沉箱压气法、绉纹管法及水力发电,再电力汲水过山诸法,均为战时环境所限,无法采用。查洛惠渠灌域 50 万亩,全在五号隧洞之下,如洞不成,已支工费 150 余万,如同虚掷,而时价 2 000 万元之渠工建筑亦无异虚设,况值粮价飞涨饷糈缺乏之今日,更有不惜再投巨资全力凿通之必要。现钢板洞壳既能推进,并有改良之可能,宜速分段施工,以期早观厥成,工费预算尚需百余万元。

(6) 改良农业励行精耕 陕省荒乱经年,人口锐减,自耕农较他省为多。在已成各渠灌溉区域内,耕种 50 至 100 亩之农户甚多,以一丁之力,耕百亩之田,欲求精细,其可得乎? 按每人耕种力量,可精耕水田 15 亩,今 7 倍其地,无怪其既不施肥,又不除草,又考一人精耕 15 亩之所获,实不亚于粗耕百亩,是故灌溉已兴之地,应划分田亩,安插移民,使地尽其利,水尽其用,苟任令耕作粗率,粮产不增,日久地力耗竭,化沃壤为瘠土,农垦前途,殊可虑焉。

航运 陕境河道之有航利者,凡四:黄河、渭河、嘉陵江、汉江是也。黄河自河曲至禹门一段,船只稀少,禹门以下,航运始盛。渭河自宝鸡以下,偶见木筏,自咸阳至潼关间,舟楫畅行,上航四五日,下航二三日,自陇海路成,渭河航运,价值锐减。嘉陵江为甘陕联络长江之要道,自重庆至广元,木航往来频繁,水枯载重达3万斤,广元以上,入陕境至白水江镇一段,已加整理,易陆运为水运,缩短公路运输里程,每年节省运费1 000余万元,整理工程于二十九年三月开始,至今年五月底完成,共支工款325 000元,主要工程有丁坝44座,拦滩53处,纤道130公里,并拟增修小型船闸二座。又据水利局负责人谈,白水江镇之流量,常在五秒立方公尺以上,如筑坝蓄水,抬高水位,逐段修筑船闸,上溯120公里,可达川陕甘公路交通重镇之双石铺,有轻便铁轨通宝鸡;如再能向上至陈家桥,北去宝鸡仅30里,此项水道之伸展,形成联络川陕甘运输之捷径,在西北交通史上放一异彩焉。汉江木船航线起于沔县,汽船曾由汉口上溯达安康,其中南郑至安康一段,滩险多达48处,尤以洋县黄金峡为最险,二十八年测勘完竣,预计筑堤者10滩,炸石疏浚各23滩,立标点者8滩,约需工费53万元,现正研究设计中。

  防洪 陕境有洪灾之河道甚多,如黄河及渭水汉江之支流等,韩城以下,黄河为害,在昔韩城芝川镇拟建挑水坝4座,尚未着手,渭河支流坝河、沣河、清河、汉江支流丹江等,均已巩固堤防,完成治标工作,二十二年以来,水利局组织滨河居民成立堤防协会11处,共辖分会四十有九,同负防汛抢险之责,期收事半功倍之效。

  水力 陕省水力之蕴藏甚富,如黄河之壶口,汉江之黄金峡,均负盛名。现将已查勘而开发较易之水力资源列表如下:

水源	地名	水力(马力)	备 注
各灌溉渠	各跌水	25 000	泾、洛、渭、梅、黑、汉诸渠
汉江	黄金峡	20 000	
黄河	壶口	100 000	初步开发之值
渭河	宝鸡水库	90 000	需筑80公尺高坝
洛河	状头	1 000	
榆溪河	榆林	1 000	
冶河	泾阳寒门	500	
总计		237 500 马力	

如以全部水力估计之,其数值当20倍于斯,然以技术之困难,财力之不敷,开发之期尚属有待,姑述其大者如下:

水源	地名	水力(马力)	备注
黄河	壶口	300万	需筑50公尺高堰,惟含沙量冰期坝基均待研究,李仪祉先生估计可达1 200万马力
汉江	陕南	45万	相地筑高坝数处
汉江支流	陕南	10万	洵河、黄洋河、牧马河、渭河、襃河合计
黄河本支	陕境	60万	较难利用
山峪水	秦岭南北麓	13 000	

总计4 163 000马力,连前共得4 400 500马力,目前可开发者,首推各渠之跌水及其他小规模之水力,或发电以供灌溉,或设水轮、水磨、水杵以轧麦磨粉,现渭惠渠上,已设立水轮多处,其轮翼及轴系均经改良,闻效率最大可达20%,盈利甚大,可望普遍仿行,积少成多,增加力源不少也。

水文测验研究机关 陕省至二十七年底,已成立水文站15,水标站13,雨量站交县政府兼办,惟因省费支绌,二十七年十一月以后大部停顿,节款无多,影响水工资料实大。研究机关城固有西北工学院水利系,武功有西北农学院农田水利系,内容均甚充实,最近正筹设水利学院一所于临潼,明年可望招生,盖西北建设既以水利为重心,自当广植人才,以应今后之需要也。

四、甘肃之水利

甘肃受地形与气候之限制,水利不易开发,各渠灌溉区域,多局促于狭隘之河谷,近来地方当局,重视水利,颇致力于新式渠工之兴办,最近组织甘肃水利林牧公司,拟大规模从事于农田水利之发展,航运方面以黄河为主,兰州实黄河皮筏水排之集散地,已见黄河水利中,水力以洮河为主,已知者有岷县及洮口两处,将分述之。

灌溉 本省自民国二十二年以来,增修新渠甚力,然为地形所限,灌溉成本较大,收益亦不如陕西之宏,兹将已成未成及计划中之各渠概况,列表于后:

甘肃灌溉渠一览表

渠名	水源	水量(m³/s)	渠长(公里)	工费(千元)	灌溉区域	灌溉面积(千亩)	每亩工费(元)	农作物	备注
洮惠渠	洮水	2.55	28.3	254	临洮	36	7.26（目前为17）	麦、杂粮	二十七年完成现灌15 000亩
湟惠渠	湟水	2.51	31.0	699（最近预算）	皋兰、永登	25	28.0	麦、杂粮	二十八年开工未完成
溥济渠	洮水	3.50	19.5 支渠九道	423（二十八年预算）	临洮	35	12.1	青稞、麦	未完成
永丰川渠	永丰川	2.36	25.3	1 200（二十九年预算）	永靖	23	52.2	麦、烟草、杂粮	已设工务所筹备开工
夏惠渠	大夏河	5.00（约数）	17.0	3 000（二十九年预算）	永靖	50	60.0	麦、烟草、杂粮	已设工务所筹备开工
泾济渠	泾河	2.00	65.0	6 000（最近预算）	平凉	60	100.0	麦、杂粮	设计未定已设工务所
丙惠渠	丙河	1.00	12.95	250（二十九年预算）	泾川	10	25.0	麦、杂粮	已设工务所筹备开工
秦王川渠	庄浪河		165.0	7 660（二十九年预算）	永登、皋兰	220	34.8	麦、杂粮	未开工
新兰渠	黄河	12.5	75.5	10 000（二十九年预算）	皋兰	130	77.0	麦、杂粮	未开工
罗成渠	庄浪河	1.00	10.28	133（二十九年预算）	永登	15	88.6	麦、杂粮	未开工
大黄河堤渠	大夏河				临夏	15		麦、杂粮	设计未定
北湾堤渠	黄河				靖远	43		麦、杂粮	已设工务所设计并筹开工
东乡滩堤渠	黄河				榆中	4			设计未定
鸳鸯池水库	祁连雪水			460（二十九年预算）	酒泉、金塔	100	4.6	麦、杂粮	拟即开工

总计灌溉面积765 000亩，惟其中灌域较大之秦王川新兰二渠，计划尚待研究，较可靠者，仅435 000亩，查增加灌溉之法，除新开渠道外，发挥旧渠之效率，如水源之扩充，损耗之减少，分配之经济，均可以最小之劳力，获最大之成果，较之在甚不利之地形中，创设新渠，易于为力，如以上表鸳鸯池蓄水库为例，该水库目的在充裕酒金二县旧渠之水源，每亩所摊工费仅四元六角，视其他新渠之费用为省，故言振兴甘肃农田水利者，似宜自整理旧渠入手焉。

本省旧渠据统计所得，在黄河以东者共144条，灌田1 285 500亩，河西126渠，灌田2 067 100亩，合得3 352 600亩；后者约占全部三分之二，盖河西平原旷野,沟渠纵横,引用祁连雪水,以资灌溉,作物除麦类小米果蔬外,并产水稻,为西北他处所无,有"塞外江南"之美名焉,故论者谓河西平原为甘省发展水利最有希望之区。此次西北旅程中,在此区时间最多,观察亦较详尽,目击前贤之擘划,深慨今日之凋零,盖明代以后,沟渠失修;更自民国十七年地震后,地质变化,气温增高,雪量减少,地水下降,沙漠南移,已无当年富庶景象矣。苟不速加救治,造森林,裕水源,整渠道,兴垦殖,其不为沙漠之续者几希!

甘肃旧渠之管理,以河西各县较为完整,渠有渠正渠长,由农民公推地方廉明长者呈请甘府委任,蓄泄分配,咸依定制,所谓"渠口有丈尺,闸压有分寸,轮浇有次第,期限有时刻"。县设水利委员会,综管全县水利事件,由县府择士绅中熟谙水利情形[者]任之。灌溉季节,三月初旬,河冰已消,清明开始播种,可任意取水浇田,名曰春水,至立夏日,正式分水,由各渠渠正渠长会请县长,亲临总渠口依规定尺寸,分配各渠,谚云:"灌溉端资立夏初",其重要也可知,立夏后至五六七月,需水最殷,七月下旬,夏禾登场,十月上旬以前,秋禾亦熟,十月末见流冰,十一月河冰冻合,冻前浇水一次,名曰冬水,水入地冻,入春融化,田土自松,耕耘便利,即可下种,种植期内,共需浇水四五次,每次相隔十五至二十日,缺水之地,不及二次,亦有七成收获,小米需水量较少,多于旱地栽植之。

甘肃农田有名砂石田者,法自黄土层下掘出砂砾,覆于地面而成,深约四五寸,其功用有四,即减少蒸发,保持地温,防止碱分上升,增加蓄水力量,以河西陇东及青海湟水流域为最习见,每次铺砂以后,可维持十年至三十年之久,过此则地力尽,砂孔塞,非换砂不可,蓄水力特强,得一次足雨,来年即可丰收,如明春又得雨一二次,则麦产每亩达二市担之多,在干旱之区,实为最巧妙之耕种方法,此乃甘青所特有,即欧西诸国,亦未之先见也。

水力 本省水力除甘青交界之享堂峡外,尚有洮口及岷县二处,已先后查勘,认有开发之价值。洮口为洮河入黄之处,峡宽20条公尺,岩基紧实,宜筑高坝,可得10万马力,作附近台地灌溉及发展当地轻工业之用。岷县水力在洮河上游曹家浪引水,得有效水头30公尺,最小流量28秒立方公尺,水力总数8 400马力,可供岷县天水之用。此外本省水磨极多,利用灌溉渠跌水之急流,磨面榨油,永昌县人口仅3万,有水磨120余座,宁定县人口不及2万,有水磨280座,永登沿庄浪河灌溉渠上,每数里即一见之,其数目之多可以想见,是则全省已开发之水力总数,亦颇可观也。

研究机关 甘肃农林水利之研究机关,有兰州之国立西北技专,内设畜牧兽医、农学、森林、农业、经济五科,本年度拟增设农田水利科,附设农场一所,林场在筹备中,创立一载,内容尚见充实。甘肃科学教育馆对本省农林水利之研究,亦颇注意提倡,全省气象测候所有兰州、酒泉等17处,兰肃2处,规模较大,前者系省立,创于民国二十一年二月,观测范围为雨量、蒸发量、气温、气压、地温、湿度、风向、风速、云量、云速、云向、云状及日照等,均有九年之记录,二十四年以后,并受黄水会之委托,测量兰州黄河之流量、流速、含沙量及水温等项;后者属中央气象研究所,创于二十三年七月,观测项目,视兰州测候所略少,惟对祁连山雪线之升降,记载颇详,足资整理雪水灌溉者之参考焉。

五、宁夏之水利

宁夏水利素著,沟渠纵横,有"塞上天府"之称,航运方面,为黄河帆船之起点,稍加整治,可通汽轮,水力资源,有水车水磨之利,地旷人稀,水土肥美,林垦前途,殊可乐观。

灌溉 宁夏之灌溉,肇始于秦代之秦渠,其后汉有汉渠、汉延渠,唐有唐徕渠,元有美利渠,明有通济、中济、七星、柳青、旧北诸渠,清有大清、惠农、昌润、天水诸渠,并大修汉延渠,溉田143 000余亩,故有清一代,水利称盛。民国以来,水政失修,灾荒□臻。至民国二十年地方当局,始注意及之。二十三年修筑云亭渠,灌田20万亩。二十七年增修唐徕渠,增灌16万亩。二十八年修浚渠道,又增水田4万亩。二十九年继续扩充支渠,可望增灌40余万亩。总计全省现有干渠45,共长2 773里,支渠3 356道,灌溉面积185万亩。各渠均设有水利委员会,专掌管理养护之事,直属建设厅。又设水利人员训练班,造就初级人员。可见该省对于水利事业,年来弥加重视。其发展灌溉之法,自整顿旧渠增辟支渠入手,就原有规模而扩充之,有事半功倍之效焉。复于二十九年聘请黄水会派队作渠道测量并计划排水系统,收水之利,去水之弊,宏效硕果,可立致也。

宁夏诸旧渠之缺点,最著者有三:一曰排水不良,多水渍斥卤之弊。二曰操纵无备,随河水涨落,有供需不符之苦。三曰渠口易圮,渠身易淤,年需挑修之劳。如能完成排水系统,遵照李前会长之建议,于青铜峡筑活动坝,改多首制为一首制,则该省农田水利前途,未可限量也。又李前会长有于中卫凿贺兰山余脉引黄河水灌阿拉善旗 1 000 万亩之议,大利所在,似应速予勘□,西部额济纳旗之额济纳河流域,亦有开发之望。

六、青海之水利

青海地处边陲,重山叠嶂,大部土地,均在游牧状态,农业落后,水利亦不发达,灌溉事业,承古人之余荫,沿黄、湟、大通诸河,有水田 100 万亩,航运有大通河及黄河之木排皮筏,已述于黄河水利中。水力之大者,推大通河之享堂峡,惟林业独见起色,因有关水利,并附述之。

灌溉 自汉赵充国引湟水屯田于今西宁、乐都、大通、贵德诸县以后,二千余年,无大扩充。至今共有水渠 239 道,灌田 100 万亩,其中水车灌溉者数百亩,此外山田坡田非河水所能及者,约 90 万亩,耕作粗率,方法保守,休闲荒弃之熟田,常及总数三分之一以上。人工缺乏,实农事不振之主因,如能移民垦殖,一面整理渠道,先自西宁诸县交通便利者始。庶于最短期间,水田倍增,有助于粮食之增产綦大也。

水力 本省水力散处黄河、湟水、大通河之上者甚多。其中已查勘而最具开发之价值者,为大通河口之享堂峡。筑 50 公尺高坝,可得 5 万马力,供给兰州西宁之用,并可用以开采附近之金、银、铜、铁、石油等矿。全部工程费以时价估计,约需 12 000 万元。

林业 本省天然林丰富,森林面积已知者约 6 万方里,可供造林之面积达 150 万方里。近二十年来,地方当局推行造林甚力,公路所经之地,无论山坡、阡陌、河谷、渠岸,均绿树成荫,多白杨、榆、枣之属。迄今公家栽成树木已达 470 万株。私人田宅附近亦规定尽量植林,责成保甲,不许毁损,估计民间树木,超出公家培植者数倍以上,现省府列造林为六大中心工作之一,继续不懈,林业前途,方兴未艾也。

七、建议

西北水利于近十年来,有长足之进步,此次得与各地水利界同志接晤,至深荣幸。惟今后待开发者至多,其已开发者亦不无改进之处。兹本切磋琢磨之义,就管见所及者十有一点简略述之,与诸同志一商讨焉。

一曰:黄河之整治,应与西北各省灌溉事业配合进展。

二曰:同一河道流域内,引水灌溉,上下游应通盘筹划,以免水源不足,互受其弊。

三曰:整理旧有沟渠,应与新开水渠并重。

四曰:水量不足之区,应设法蓄水,以裕水源。

五曰:灌溉之利,应设法推广及于最高之平原。

六曰:整理土地应与水利事业同时进行。

七曰:农业应与水利工程同时进展。

八曰:移民兴垦可与水利事业配合施行。

九曰:航运亟待开发。

十曰:小规模水力亟宜发展。

十一曰:水文测验应速加推广。

原载《水利特刊》1941 年第 3 卷第 6 期

西北水利问题

沈 怡

目下朝野人士,对于开发西北,都很感觉兴趣,就有许多人抱着很大的决心,愿意来替西北同胞尽点力,做点事,他们大半是从别的物质文明相当发达的大都市来的,一旦来到西北,在生活方面自亦感到许多的不方便,也非常替当地人士抱屈,为什么甘心过这种太克己的生活呢?有了这种观念以后,于是乎便想积极改造这环境,在他们看来,什么事都是重要。既然什么事都重要,所以什么事都得赶快去办,假如真个这么办,恐怕不但不为当地人士所欢迎,或者还要得到相反的结果。物质享受谁不欢迎?要是饭都还吃不饱,还去希望物质享受呢?因此我们必须把题目认清,如果我们真是有为西北同胞服务的热忱,首先要为他们解决生活问题,间接的说,就是吃饭问题,使得大家有饭吃,并且都有便宜的饭吃。西北同胞一向是靠天吃饭,这是很危险的,要解除这种危险,并且使西北成为现代化的西北,非在二件事情上大大的努力不可:一是建设铁路,二是开发农田水利,这是一切问题中之根本。关于西北交通问题,另有人讲,今天讲演的题目,是"西北水利问题",因系公开讲演,故内容力求通俗,范围以甘肃、宁夏、青海三省为限,并且特别着重甘肃省,这是首先要声明的。

甘宁青境内的大河流,是黄河以及他的支流,在青海省有湟水及大通河(流到甘肃入黄河),在甘肃有大夏河、洮河、祖厉河及清水河(清水河发源固原,流到宁夏中卫县入黄河),还有在陕西入河的泾河及渭河和他们一部分的支流,也发源甘肃,在河西有党河、疏勒河、白河(上游为酒泉之北大河及洪水河)及黑河(上游为山丹河),在陇南有嘉陵江之上游及其一部分的支流,这些河流都与甘宁青的水利事业有密切关系,在青海省南部的扬子江上游,不在讨论范围以内。

我们知道西北的雨量是极少的,有些地方少的还比不上蒸发量来得大,所以很容易苦旱,前清宣统年间编辑的《甘肃新通志》(这部书的记载,包括现在的甘肃,还有宁夏及青海之一部分),写着全省60余州县"祷雨辄应"的处所,倒有49处之多,那些好像已有专责的龙王庙都还不在其内。《职官志·循吏》之中,祷雨辄应之记载,也非常之多,于此亦可见西北素来需雨之殷了。甘肃省为明了全省水利状况起见,从本年起始,作普通的查勘,期于两年内完成,筹备增设水文测站若干处,这两桩工作完竣以后,所有的水利问题,何者应先办,应如何办,都有了充分的根据,不会像现在似的,举办一件水利建设,事先连一点资料也没有。并且兄弟想象,宁夏青海两省都极注意水利事业,不久也就会着眼到这些基本问题。除了水利查勘及水文测验以外,论到实际的水利问题,可分作"防洪及治导"、"航运"、"水利"、"给水"、"灌溉"五项。

一、西北多山,地居各河上游,加之居民又比较稀少,好像河流流溢,没多大损失似的,因此治导方策,也不大值得去研究似的,其实并不尽然,据以往记载,沿黄河的皋兰、靖远、灵武等处,常受泛溢之灾,他若沿洮河的临洮,沿嘉陵江支流的文县、武都、成县等处,也常有被淹的史实,我们从志书上看见,受害的各县,均曾修堤筑坝,疏浚河道,以去水灾,不过都是局部的、应时的,还没彻底的有系统的筹划,希望将来人力财力稍为宽裕一些的时候,能够详细计划,从事治导,水害一除,水利的建设才能不受影响,而其效力才能更为长久。

二、西北的航运,也是不为一般人士所重视,黄河只有宁夏以下,勉强通行舟楫。嘉陵江上游及其支流航船的水程也很有限,并且还迟缓费力得很,其余也不过通皮筏木排而已。从前东汉时候(元初二年即公元115年),虞翊为武都太守,于击破羌人之后,假振贫民,开通水运,米盐大量涌到,价格太贱,不过三年功夫,居民由13 000户增至40 000余户,后来后魏薄骨律(即灵武)镇农刁雍,造船运谷,唐朝及前清开嘉陵江上游水道,宋时凿清水江峡口以通流川,清同治年间王德榜开洮岷航路,均收相当效果,对于民食军事,大有裨益。近年来黄河水利委员会预备使洮河与嘉陵江通航,目前尚未施工,甘肃建设厅在洮河下游之处,据说进行颇为顺利,山地的河道,坡陡流急,要想治得像东南诸省的河流那么通畅,当然不是一件容易的事,或竟是一件不可能的事,只要各河流都能分段通航,和陆路联运,已可便利不少,再者航行的船只,如能加以改造,使其适合于西北各河流,当然也是极有研究价值的。

三、处在这个时代,谁都知道非振兴工业,不能立国,工业需要动力,最廉价的动力,无过于水力,据从前的调查,西北可用之水力为数甚多,究其实呢,业已利用者,不过用水磨以磨粮食,用水车以灌溉,虽说相当普遍,效力亦相当的大,可是论到利用水力,可说是微乎其微。现在有中央某机关,极注意到西北水利的利用,从前曾有多次的查勘,今年更与当地某公司合作,准备普遍查勘,我们希望在抗战期间,能将一部分计划完成,甚至着手筹备一部分,只要将来机器便于输入的时候,即可从事建设,其成绩必大有可观。

四、西北都市的给水问题,目前尚少有人注意,这也是环境的关系,不独西北为然,向来沿着河道的城市大半都是汲取河水来作饮水及用水,离河道远的城市,更凿井取水,有时候城内井不多,或者井水不合用,便设法开渠引城外的河水或泉水。这件事在西北往往不大容易办,所以我们从志书里可以看见,遇有引水入城之事实,多半都是慎重其事的写了出来,足见人们的重视了。水是人们每日必需之品,谁都愿意很便利得到很清洁的水,谈到给水的问题,我们自然也不能一下子就打算建筑多少自来水厂。前清光绪年间,左宗棠先生在兰州黄河沿,装置抽水设备,抽上岸来,用管子引到城内,并在城内挖个池子蓄起来,虽说是对于汲取者,有个限制,究竟便利一部分居民,若是能够增加抽水的时间,添修蓄水池,另行规定汲取水的办法,再加以澄清及消毒的手续,等到有一天,财力充足的时候就不妨筹设自来水厂,听说兰州市政府颇注重这问题,正在筹划加以扩充,其他的城市自然也是应当酌量情形,逐步的仿造,这不仅是便利的问题,是与居民的健康有极大的关系。

五、最后来谈谈灌溉,甘宁青古雍州地,禹贡有云,厥土惟黄壤(这是土之正色),厥田惟上上(上上是第一),厥赋中下(中下是第六)。所以慕少堂先生说:"田第一,赋第六,人功少耳。"到了汉朝,因为军事关系,常在宁夏、灵武、庆阳、张掖及西宁各地一带,实行屯田(大约在公元前158到公元130年间),效果是很大的,后魏、隋、唐在宁夏灵武附近,也多修筑,唐武后时(公元670年)在甘州屯田,积军粮支数十年之用。宋朝除了整理宁夏西宁各渠道以外,还在陇西及天水一带,兴修水利。元朝修复宁夏灵武各渠,又复甘州屯田。明朝督催甘凉等处水利,在灵武中卫一带修渠屯田,并且还屯垦固原。还有两件私人努力的事也值得介绍:一是嘉靖年间(公元1335〔1522〕至1566年)兰州人段续先生(段容思先生之曾孙)仿造水车,这位段先生在西南省份看见水车可以取河水来灌田地,认为极其便利,就回到兰州仿造;第一次没有成功,又亲自跑到外省去看,第二次才成功。据说兰州东门外水车园河边的那架水车(因为特别好,转得早,停得晚,人们称之为老虎车),就是段先生手创的遗迹。现在沿河一带,水车林立,灌溉许多田亩,都是受段先生之赐也。不过这些水车,有时候水位太低,它不能转动,水太大了,又会被冲毁,并且因为构造之简单,消耗太大。甘肃水利林牧公司工程师原素欣先生鉴于此,来到兰州便着手研究改良,并制有小型之改良水车,加以试验,成绩相当圆满。还有《灵州志》载:天启五年张九德创制水戽,利民灌溉,号张公车,这也值得一提的。到了清朝雍正乾隆年间,常修宁夏各渠,还在河西一带开垦,同治年间左宗棠先生令西宁所属振兴水利,还在临洮开渠灌田,民国以来,居民加增,更见得振兴水利之需要。人民自修水渠为数甚多,像临洮的德远渠(民十九年完成灌2万余亩)、上赈渠(民二十三年完成灌1万余亩)及济生渠(民二十九年完成灌1万余亩),效果都很大的。民三十年以前公家举办的在宁夏有云亭渠(民二十四年完成灌20万亩),在甘肃有洮惠渠(民二十七年完成灌35 000亩),民三十一年在甘肃完成了湟惠渠(灌田3万亩),溥济渠(灌田35 000亩),已开工的有丙丰渠(原名丙惠渠)、靖丰渠(原名北湾堤渠)及永乐渠(原名夏惠渠),行将开工的有平丰渠(原名□济渠)及水丰渠,起始筹备的有兰丰渠(原名新兰渠)及萧丰渠(原名酒金渠),兰丰渠(即新兰渠),是引黄河水灌溉兰州附近之田地,这道渠从明朝成化年间起,一直到二十六年筹备了六次(其中有三次业已动工),可是都没能完成,究其原因,有的因为有司不以民事为急务而中止,有的因为计划及施工不完善而失败,有的因为无款而罢。现在呢,省府方面亟盼早日兴工,银行方面对于甘肃水利予以大量之农贷,将来之能否成功,就要看我们工程师之努力了。平丰渠(即泾济渠),是引泾河及洮水灌溉平凉泾州之田地,民国十年泾原道道尹临欧阳溥存曾请从平凉40里开渠引泾水灌田,政府批令就地筹款,事遂寝,现在呢? 平狭渠(即泾平渠)工程处成立一年多,正积极推进中,因为陕西泾惠渠附近的人民,疑心平丰渠(即泾济渠)一修,会影响到泾惠渠的水量,大起恐慌,遂未便立时动工，这个问题也要看我们工程师。我们工程师应当以技术的立场，详细来研究，究竟有无影响。李仪祉先生写过一篇《西北水利问题》的论文，载在商务印书馆的《中国水利问题》一书里面，在那篇论文中，李先生检出三点讨论，其中有一点："西北灌溉是否有增加之需要及其可能"，李先生的意思是"西北灌溉是有极力扩充之需要，若交通未便之腹地，外处粮食输入不易，倘遇天旱，人民直待死而无救"。因此，"开发西北宜于铁路未及之先，迎头增加农产"，同时"黄河上游之灌溉，仍当求其动力于黄河本身"，他老先生在一再不得志于他的终身抱负——以科学方法治理黄河——以后，索兴退到陇西，埋头在他的灌溉事业，到今日谁个不晓得泾惠渠，陕西人民谁个不享到他的遗泽。但是我们不能不可惜，天不假李先生以年，而在世的时候，偏偏又没有多少人理会他，致使我国水利方面，最大的黄河问题，同时也是西北水利问题中的根本问题，至今还是一筹莫展。兄弟今天在此侈谈西北水利，触景生情，不禁感慨系之！

原载《资源委员会公报》1942年第3卷第4期

建设西北与水土保持

任承统

西北为华夏民族之发祥地，考诸古迹，在现时之沙漠戈壁区域，常发现昔日富庶繁荣之国都古镇。细研其因，虽其间因子多端，问题复杂，但用归纳法而追求其主因，均不出当时人民贪图目前小利，滥行垦种陡峻山坡之所致也。而此项垦种山坡事实，在吾国各地农民，现时仍遍地盛行此举。同时一般倡导开发边疆与主持垦务之执政人员，亦多不明真相，冒险提倡垦种山坡者。苟不积极纠正此项错误，而仍继续相延者，则今日之繁华城市，未始非将来沙漠下之古城。此水土保持工作之所以为中外有识者所共同注意研究者也。查水土保持工作之主旨，极为简单，只于各种地尽其利之方法上，加保持土地永久生产能力之原则而已。建设西北与开发边疆，皆为政府极应提倡之工作，但随时随地，皆应以水土保持为推动工作之中心原则。

建设西北与水土保持，皆以改进整个社会事业与文化为工作目标，自应以农牧林工商兼筹并顾，互为利用，平衡发展为中心原则。是以必须集合各种专家，在保持水土之共同目标下，密切合作，妥为配备不可。如仍以现时各专家之各自为政，而并互相攻击者，吾不禁为吾国前途痛哭流涕焉。今美国政府，既允选派30名专家来华，本中美技术合作原则，协助吾国战时及战后之经济建设设计。而首先来华之行政院美籍顾问罗德民博士，即以水土保持为中心，希联合中外各种专家，密切合作，在调剂人与地之平衡原则及尽量提高全人类之生活水准目标下，为全世界寻求永久和平生活之存者。

邹秉文氏在本月七日行政院蒋处长廷黻欢迎罗德民博士就职该院之会议席上，曾提议，①罗博士来华，很不容易，且时间甚短，政府及各团体各个人均应积极设法，利用此千载难得之机会；②政府应设法组织一健全机构，在中美技术密切合作之原则下，将罗博士供献吾国之宝贵经验与心得，普遍推行于各方面及全国民众；③各学术团体及各个人，亦应本当仁不让原则，尽量学得罗博士之各种经验与心得，以立业而立人。并曾质问政府：是否已有准备。据处长答：行政院与各部会，事前均已深慎考虑与准备矣。但考诸事实，大有不尽然者。即以最近由美来华之罗猛博士而言，抵渝时机场竟无政府代表一人迎接。愚见政府急应在中央组织一中美技术合作机构，负行政招待责任，在西北组织一实地建设西北机构，负事业招待责任，庶美邦之友情，吾人可充分蒙受利益。

中美技术合作机构之组织与任务，按表面而言，仍乎组织庞大，需费孔多；但按实际而言，不但不多耗国家经费，或可减少国库支出。简言之，即希将现时散漫无人负责之现象，变为紧缩而有系统之组织，节各部会分别宴会之开支，搏为联合集中之会议；化现时各自为政之分歧积弊，唤发起密切联系之合作精神。当此抗战时期，各部会均分散各处，加以交通不便，为节省时间经费，并增加各专家之工作效率计，中美技术合作机构之组织，确为现时急不容缓之举。其表面组织，虽系集有关各部会之首长而成，但其实只由行政院指定有能力之秘书一人负专责，并派事务员一人帮忙即可。秘书负一切公文责任。凡各部会所选聘之专家，其选聘目的，吾国对该事业之准备现况，美国专家到后之工作程序，及与其他部会工作之联系，均应于事前督促各部会妥为准备，积极进行；美国所派定各专家之所长及兴趣所在，动身时期，到华时期等，均应随时询问，并通知各有关机关早为准备；各专家到后之勘查报告，应随时提要呈阅；各专家之建议，应督促各有关机关积极推行。至美国专家到时之食宿及交通工具等问题，则由事务员负专责办理之。

实地建设西北机构，确为中枢统一事权，积极建设西北应有之组织，其组织范围亦应依事业发展之程序而逐渐扩大。在开始时期未尚不可从小处着手。一个健全之水土保持实验区，或一个健全之垦区管理局均可。只要其工作范围及计划可以代表改进全社会各项生产及文化事业之条件，主其事者应具有远大之眼光，对国内实际之地势经济及社会问题有深确之认识，对解决建设西北之途径及办法，有充分之实地经验，其工作程序，可由调查研究实验示范训练推广，由小而大，逐渐扩充。于美国各专家到时，均可根据事实，将中心问题所拟解决办法，工作程序暨已有之实地工作结果，详为报告，以便各专家之解答与指示。在该机构内，并须附设实地训练人才之组织，以培植实地继续建设人才，而树立长久继续建设并改进之基础。农林部垦务总局主管之天水军垦实验区及黄河水利委员会，在天水创设之陇南水土保持实验区，前皆本上述宗旨进行者。如是则美国各专家之来华，不独能眼见其所供献之见诸实施，并可将中国数千年来之简单经济而更有效之经验带回美国，以补助其现时之不足。苟将来能因此而将中美技术合作进而为中美经济合作，从事于大规模之建设西北，则应为笔者之所厚望焉。

原载《大公报》1943年1月14日

行政院顾问罗德民考察西北水土保持初步报告

罗德民

前言

　　此为余在未作详细报告之先,对行政院之初步报告,盖整理与收集观察所得之资料,完成详细之报告,必须数月之久,始克竣事,窃拟于返美后,着手完成,然在返美之前,余欲将此行一般之发现,观察之结果,以及余个人之建议,有所陈述,以期于此战时先作初步之进行,而为战后建设中保水保土植草护林诸项工作之准备。

　　美国与中国,虽在习俗与文字上,颇有不同,然亦不乏其深刻而基本相似之点,足堪发噱者。中美两国均为民主国家,然前此均曾致力于与世隔绝而取孤立之政策,中国旧日之长城,以及以往于国际事件中所持之态度,均足证之。而美国亦曾采门罗主义,方以为其本身事业,可不受他人阻碍,然自日本侵略战事开始以后,一变而为联合国家,以击败敌人为共同之目标矣。

　　进而言之,美国水土保持工作,与中国土壤冲刷以及防洪各方面之经验,关系至为密切。美国进行护林,基于中国森林砍伐事例为借镜,若干土壤冲刷严重情形之认识,更系得自于中国之研究,尤以得自中国之农夫,受益匪浅,而梯田方式,非仅一国,而实为全世界水土保持之一大贡献。

　　中美两国现正协力从事于粮食之增产,以应付战争之所需,中国之确定以粮食增产为维持对侵略者抗战之基础,诚为无上之政策。因一切物品,皆以粮食换来,前此战争与中国灾荒之结果,人民最终为换取食物而牺牲其自由,盖仅食物而无替代之品,一旦粮食破产,社会组织即趋崩溃,其余一切,亦将归于失败矣。

试思世间事物,何一非以粮食换取,如社会分工,是粮食又为根本经济货财,以扶持一国社会之机构,基于粮食生产与分配,以达足食,乃可树立抗战力量,与国家建设以及工业化之基础,而农人之所获,非供其个人家属而有余,自无剩余之人力,从事其他之事业,及至农人获其过量之生产,乃可从事交通事业,增进其购买力,换取其他有用之物品,进而提高其生活水准。故农人之增产,实为社会富庶之关键。分工之开始,且更为战时持久之元素。亦即战后社会复员经济建设与工业化之基础也。

考察之起因

1941年,黄河水利委员会请余继续二十余年前所从事黄河之研究工作,实为此次西北水土保持考察之起因。当余在金陵大学时,曾对黄河流域作多次农业查勘与科学研究工作,如1923年河南、陕西、山西一带土壤冲刷与径流之一般考察,1924至1925年山西土壤冲刷径流与森林之砍伐研究,1926年山东雨季中冲刷与径流之研究,以及1926年所作之淮河流域森林与调查等是。上项考察报告,或已公布发表,或则原稿尚存,足资稽考。

此次考察,初拟遍游全华,惟以时间所限,农林部部长与水委会主任委员,指定西北为考察区域,盖以该区冲刷最烈,且于黄河影响最甚也。

水土保持为一端待实施之工作,依各地土地之需要,决定实施步骤,此项工作与土壤、农业、农业工程、森林、牧场管理,以及农业经济各种部门,在在有关,俱有实效之工作方式,非对上述各项有通盘之运用不为功,因此而有各种专门人才考察团之组织,以便与余会同作西北土地运用问题之研究。

兹将考察团人员列后:

张乃凤 康乃尔大学学士,威斯康生大学农学硕士,农林部农业实验所土壤肥料组主任。

蒋德麒 金陵大学学士,米里苏打大学硕士,农林部农业实验所技正。

梁永康 国立交通大学学士,密西根大学硕士,农林部农田水利工程处副总工程师。

傅焕光 斐律滨大学学士,农林部中央林业实验所技正,兼水土保持实验区主任。

叶培忠　金陵大学学士，爱丁堡大学硕士，农林部水土保持实验区技正。

冯兆麟　金陵大学学士，农林部水土保持实验区技正。

章元义　天津河北省立工业学院工学士，康乃尔大学硕士，行政院水利委员会技正。

陈迟　浙江大学学士，甘肃农业改进所技正。

考察目的

此次考察，其目的有二：一即将吾人在美之经验，介绍于中国技术人员，若如何研究土壤冲刷之现象，如何发动扩展一国之水土保持工作，与如何办理冲刷与泥沙之控制，暨如何增加农、林、牧之生产等等。二即选定若干堪作实验示范之地点，藉供农民与技术人员之考证。

此项报告包括下列数事。

一、旅程。二、考察发现。三、应行举办事项。四、建议：a. 战时；b. 战后。

旅程约略如图所示〈略〉：

余等幸得轿车一辆，与优良司机一人，于此广大地区之行程中，竟能进展顺利，于所历7个月内，共行1万公里以上。先经四川盆地，过高山，沿驿道，松柏如画，绕大河，越峻谷，水力实丰，此地之森林，早经砍伐，排筏沿河运至城市应用，然惜其未能复生也。童山濯濯，土壤冲刷，实为河中所挟泥沙之源，此种多雨之灰褐色森林土，固宜有森林之被覆也。迄至汉中，两河并行；益以二灌溉工程之设，使此地一变而为富饶，足与成都平原相比美。植桐亦夥，惜无系统，若能改良，将来于国际市场上，自居地位。至褒城而沿褒水，河流湍湍作声，两岸回声互发。复回绕至嘉陵江流域，至双石铺，中国工业合作协会设分会于此，其事业甚为发达。

天水为余等此行之第一目标，过双石铺复越无数谷岭，迄至天水，是为渭河流域之水，汇注于黄河者。

于天水曾视察藉河流域水土保持实验区两处，余等开始工作，并嘱实验区人员，于余等赴西安期间，竟其业。

过双石铺，复沿白水江上行，以迄长江与黄河二流域之分水岭，以嘉陵江原因，回接宝鸡不远，于岭上可见负薪者，自远山而来，将木材下运宝鸡，此处乃陇海路终点也。

余等自宝鸡乘火车赴西安，汽车则载之与俱，抵西安后，曾与陕西省主席熊斌氏黄河水利委员会人员开会讨论，并作数次演讲。

于西安曾数度野外考察，首及已定为水土保持实验区之荆峪沟是为黄土高原，秦岭耸立于南，世间优美耕地，无出其右者，惟深沟荒谷，正向上侵蚀，其影响虽缓，然予此肥沃耕地，损害固不浅也。

次及渭河沙滩地带，亟待予以固定，若能停止放牧，并广植柳灌之属，于迎风一面，更播种匍枝草，固定沙滩，或非难事。

再及大荔灌溉区，黄土高原约50万亩，亟待灌溉，所引之水，为以含沙著称之洛河，根据实验，含沙重量，竟达63%，此项灌溉，以坝抬水，导入干渠，坝高66英尺，经一度暴雨，淤泥将及坝顶，以河水含沙之重，耕地自易淤高，所幸渠首高出灌溉耕地甚巨，虽田亩再积高10余公尺，尚无大碍，故此灌溉设计，尚足应用数百年之久，然以洛河含沙之重，控制泥沙，实为当务之急。

自大荔前往陕东之黄龙山，现为一大移垦区，其地形起落无常，陡谷窄岭，丛列其间，耕地块列，零落无足取，当黄土初来，先则覆于此零乱地面，继流入于河谷，有若冲积洲焉。此区为森林与放牧地带，其能适合于耕作者，仅一小部分耳。

河南灾民，多来此地开垦，常因平地之不足耕作，渐耕坡地，是为土地利用失当，果以之为林为牧，自较适宜。

于黄龙山，余等获悉该区过去冲刷甚剧，80余年前回乱后，耕地荒废，坡草藉机丛生，森林遍野，冲刷不生矣。由此以观，现今气候，故足使树林与草野之复生也。既可减少冲刷，更可增加渗漏，窃以为此地足供土地利用示范之区，盖谷底足供耕作，缓坡可以畜牧，陡坡足为植林地带也。

前任胡局长请余等于黄土高原上，作等高耕与宽埂之示范，农民之来集者可300人，然非广为示范，不足以发挥最高之土地利用也。

返西安后，曾参观泾惠渠，此为李协氏生前所完成者，忆20年前，李氏曾以此项设计见示，当时渠水干涸，旱灾频传，而今与前迥异，年庆丰收，沟旁白杨耸立，若军队然，此情此景，与前相较，有天壤之别矣。

余对于泾惠渠，兴趣殊深，是渠远在纪元前246年即已完成，对淤沙已有2 000年之奋斗历史，以重量计，含沙量可达54%，过去曾以历年积沙过多，以致灌溉失效,若无近代工程技术,新式器材,此情当不复再矣。

此渠所予吾人之教训者,乃集流区内冲刷之增加,对于维持黄土区之灌溉工程,愈感困难。

由泾阳历黄土平原,以至黄土丘陵地带,殊适大规模之耕耘,越分水岭入泾河流域而抵邠县,见枣树与柿树并茂,上趋平凉,更作多方之考察,崆峒山之庙宇林,为原始森林之样本,六盘山上,固亦如是也,一方既足供薪炭之需,一方更具防止冲刷之效。

六盘山横亘南北,为中国西部之屏障,而冬麦区与春麦区亦于此而隔离,东来之水汽,至此受阻。否则,西部之甘肃,不至如是之干燥也。六盘山下为葫芦河流域,再上为华家岭黄土高地,海拔 7 500 英尺,此地土壤,以寒冷与温度关系,土壤为未成熟之"黑土"。

华家岭左近,土壤之冲蚀,足为西北黄土地带流失现象之概观,盖耕耘最近始达此 7 500 英尺之高度也。原生草皮之被覆,尚有遗迹可寻,吾人除于原始西北黄土地形略获认识外,更可察知波纹状之冲刷,以及荒沟之如何向上侵蚀,以及较宽坡地之穿口生隙田亩之分裂成块等等情形,遂使农民耕作效率,因以大减。

返天水后,除视察过去余等离天水期间所竟之工作外,更于吕二沟重划新实验区,并于瓦窑沟实验区,实施梯田工作。

自天水前往兰州,先下华家岭,再入陡峻山谷,沿途大沟横卧,割裂甚剧。及抵黄河流域河水含沙重而色黄,继前进而达兰州。

余等以兰州为考察之中心,张建厅长心一,示余等于童秃山坡储蓄雨水之法,以及兰山车轴草与苜蓿之生长情形,更睹沙田之法,此乃黄河一带农民用之以储蓄低量雨水,成效颇著也。

由兰州作青海之行,上经湟水流域至西宁,继注湟源、湟水为黄河之支流,其流域由狭谷与冲积洲而组合,田多灌溉,坡多放牧,更有放牧过甚者,草皮败坏现象,于焉毕现。

沿青海诸河,见所植亿万株杨柳,生长茂盛,若干地带,适合广植牧草之地,亦多植林,似不适宜于赴大通程内,见有庙宇林,足证此地曩曾植长枞木,而将来亦可使其复生长于朝北坡地之面,以达海拔高度 6 500 英尺以上。

于塔尔寺见草地一方,久经寺院保存,此足代表曩日附近草本植物必遍及全区也,似仍有待详细之研究。

由西宁经泥汀之公路,而达湟源,以其温度与气候论衡,为避暑之理想地带,自湟源越分水岭而入青海(海名)流域,继复入黄河流域,共和左近黄河之水,颇为清澄,共和以上,河经草野,冲刷较微,游牧民族居于黑氇毛篷之下,夏则放牧于高原,冬则觅草于谷地,而度其无限之岁月矣。

车抵卡卜卡流域,适遇暴雨,致抵共和较迟,于此曾研究本年二月间此地之河岸移动情形,势颇严重,压毙者可270人,而崩落于河之土,阻塞黄河,水流旁溢,达四分之三英里之远。

黄河流域于此区内,有若干冲积土壤,具备灌溉可能,70年前以回乱而荒芜,近始有民移来,复将此游牧民族冬季之牧场,开垦而为庄田,步中国西北耕者与牧者斗争之覆辙矣。

复及海滨,水面海拔为10 500英尺,草野自海滨而渐高,迄于山巅,山顶积雪,观之如画,而碧色之苍天,复与水面而辉映,益以白云绿草之衬托,益形妍丽,是诚中国最美之区,亦为理想之避暑地也。

三角城海拔为9 500英尺,现有13 000英亩之地,业经开垦,以植青稞菜子之属,其花色黄,远望之有若金海焉。

回抵西宁,再度与青海省政府开座谈会后,复返兰州。

自兰州再发河西,而迄长城之最高点,达海拔9 000英尺,俯视一山,其南为绿色草地,其北为浓绿树林,过此复沿长城而至戈壁沙漠之盆地。自兰州以迄肃州,过无数之扇形冲积平原,南山巨流有以使然也。南山如画,其脉有三,矗入云表,高至海拔18 000至19 000英尺,上覆积雪,终年不消,凝结水汽,岁岁以供平原水量,此区雨量颇低,非有灌溉,不能以赴农事也,然以山洪时传,土随水去,所留者,沙砾石床而已。

此区如欲增进农产,则水之控制,当为第一步首要工作,山谷间可以筑坝,既资蓄水,且控洪流,而所发之电力,更可供应整个平原上之需要,若能用之抽水,且足使沼泽之区,一变而为优良耕地,同时抽送远处,以应灌溉之需。

于永昌,余等曾研究其开垦之计划,垦区居一起伏较缓之地带,过去亦曾盛兴一时,迄回乱后,人民走失,引水又毁,而成荒地,若能再建水口,重开水渠,则此地复元,当属可能,但若先就已荒田亩,善加利用,更为妥当。

返兰州后,复至天水,曾以一个月之时间,作实验设计以及土壤之实际测验工作，并曾将赴兰前所作之梯田，加一以研究。

于瓦窑沟所做之等高条作一块，其宽仅5尺，坡度为24%，下接蓄水沟，去夏雨水，悉被吸收，而无径流，条作所植者，为苜蓿与车轴草，作物生长良好，足以防制冲刷，并使雨水渗透，去夏降雨为数年来之仅见，此次实验结果，实为此次考察程中一最有意义之发现也，于此可知坡地达24%以上，如施以适宜之耕作方式，所有降雨，使无径流，亦属可能，如此项测验，能施用于广大之黄土区域，自可得更完美之结果。

自天水后复返西安，藉以考察实施土地万亩之宽埂工作，并与黄河水利委员会人员举行最后之会谈，再赴成都开讨论会，于十一月十五日返抵重庆。

研究范围

举凡土地利用之普遍调查，耕作区域之恢复工作，土地利用后而生冲刷现象之处断，农民已有经验之改良，以及合适之土地利用方法之寻求，均包括于研究范围之内。至因风雨而生冲刷之区，则应另作探讨。途中余等时时停车，以实测路旁梯田之坡度，考查土壤之断面，并摄制与研究其他所应注意之事项，以及调查农民已有之经验。

至于冲刷显著之区，更作土壤之研究，沟谷之区，亦曾绘制地图以示其四界，并考查此区内农民经营之成效。

此外并选定区域教导当地农民，于实际之地形上，如何布置沟渠及梯田，盖基于科学之研究，梯田确属黄土区域中水土保持之一种重要方式也。

考察发现

此次调查所及，为中国之辽阔西北，幅员既广，而风景更幽，高有19 000呎之山蠹入云表，冠以四季不融之白雪，低有宽广之冲积平原丘谷，更有草地高原，自然如画，牧人之羊群争食其间，频添景色，北风之沙，来自肥沃而干旱之区，积成黄土地带。

西北具盛极而衰之遗迹，中世纪时，玉门尝一度为中国之门户，开发中亚细亚之繁荣，而今则将再度开放矣。

西北之衰落，人民多归之于气候之变化，然事实之证明，则近千年来气候之变化，固不足以左右之也，然泥土之被风水之冲蚀，足以造成此区社会秩序之不安，盖以土地生产力之减低也。为谋恢复昔日之光荣，全藉降雨之保持，更应妥分森林、草原与农场之界限，以求地尽其利。

此辽阔区域，约可分为三类：曰河西走廊，曰青海草原，曰黄土地带是也。兹分述之：

（一）河西走廊

走廊地形若带，介南山与戈壁之间，山峰突起，拔海可及 19 000 呎，三脉平行，中有深谷，河流怒吼而出，黑河流向东南，至甘州觅道，穿越平原冲积山谷，抵绥远而入沙漠。白水河流向西北，肃州之上穿越山脉，散流冲积扇状地中，潜注细砂卑湿区域，水库位于其下，殆无疑也，若藉电力提水，足为施灌之源，他若控制地面之水，举凡土质肥美，增产有望之区，均可导之以溉。

当洪水之期，携沙沉淀，及后干燥，北风一来，微粒飞浮若尘埃，重质移动若沙丘，于沿扇状冲积地之边缘，随处可见，高台之境，沙丘侵袭可耕之田，故必设法控制治理也。

历时渐久，卵石地表，厚积尘沙，若能灌溉即行可耕可作，至沿扇状冲积地带之边缘，则以砂粒过细而水位又高，遂成沼泽之区，以有白杨、细柳之属，尝为游牧人冬季之牧场。

于盛夏雨季，沙漠高原之地，蔓草滋生，牧者常放羊群于其间，至冬令届临，则即赖此水量丰沛之区矣，此区为牧者之天堂，洵不诬也。

后以耕者渐集，此冬季之牧场，渐为侵占，牧者已有之循环，因之破坏，耕牧之争以兴，此项争端，若能于耕地而广植牧草，即能解决，盖如此则牧民与农民自可互易有无，其和调与合作自意中事耳。

长城之遗迹，实为此两大民族不协调之志石，其关键原因，厥为游牧者失其冬季牧场，苟能觅得牧民与农民间利益之充分合作办法，则此战场不难一变而为富庶和平之区也。

其次厥为山洪之利用与控制，当急雨初过，山洪骤发，冲刷沃壤，暴露卵石，大好土地，欲利用而不可得，欲灌溉而不可能，而今洪水一过，临时之导水设备无存，灌溉之功效于焉大减，是以山洪之控制，确属不可再缓之急务。控制之道，即建山谷水库，既节洪流，更可发电，又可以供灌溉之需。当农作生长之期，自应导以灌田，然非生长之时，亦宜使水入地，以成地下水库，备供抽水之用。

本区之水土保持工作，首重水库之建设。为保持水库之容量起见，自应由慎重坡地之应用入手，或为牧野或为森林，均应注意。惜以未能亲往，所介绍者仅原则而已。

以时间所限，森林之区，未能前往，所知者则森林茂密之处，所在多是，平原农民之木材，均仰给于此也。此南山天然之林区，研究者为绘制地图，从而拟定工作计划，以使其富源，可尽其利，平原倚以为生之水源，可有保障。

同时最宜夏季放牧之区，亦应绘制地图为求畜牧计划之确定，更应从事该区中刍秣资源之调查，决定可牧牲畜之数额。

(二) 草原地带

此行考察之草原地带，大部属青海省，其地通常多在9 000英尺以上，高越可耕之范围，惜考察所及者，仅青海中部与西部，广大草原之东隅而已。吾人最主要之目的，盖系觅寻冲刷不生以及黄水较澄之地区，终可确定冲刷严重之地带。

虽当八月雨季之时，近共和处之黄河，仅有少量之泥沙，当大雨之后，此地坡地显示冲刷，可知于此上游之地，自多草皮之被覆。

共和左近之河谷，有冬季放牧之所在，当回乱以前，此区自多农户，其后复为游牧者所夺回，近十年中，农民又复来集，此时欲谋经营之扩展，当先有灌溉计划之确定，并应广植牧草，以补冬季饲料之不足。如此农民与牧民之间，将相互协调，社会不宁，化免于无形矣。此项原则，曾建议于青省主席马步芳氏，冀谋采纳。

海滨附近，位居海拔10 500英尺，有草原向西延展，牧民扎营高原之上，远可俯瞰青海，遥望散牧原野羊群，有若珠粒斑嵌大地，食息条地之犁牛，更若金矿半埋草中，临山坡陡，终及高山，昨夜积雪，迄午未消，丛柳滋生无数，牧民取之，以犁牛负远，以应燃料之需。

土壤于此，无冲刷现象，盖表土有所控制也，以为夏日牧场，实符理想，尚须有适当之计划，以冀获益于无穷也。海拔10 000英尺以上之草地，用为夏日之牧场虽佳,然决不可经年长期之放牧,牲畜食息于此者,非预备干草作冬粮不可。黄河之谷,以及湟水下至兰州之处,当农民未至以前,曾为牧者冬季最佳之牧场,以耕耘之日增,日益削减,以是被逼而移牧于低燥之小丘,以放牧之过度,冲刷亦随之而至矣。

农民侵占牧者冬季牧场而后,畜群不得已避匿于黄河上游之山沟狭谷之中,以地势高亢,尚少耕耘也。终使秋后肥壮之畜群,以缺乏冬食,日益削瘦,不困于饥,即死于病矣。损失之惨,不仅牧者身受而已,且使全区蒙受其害,终陷此草原于不能充分利用之境。

农牧间之不能协调,除使牧业无法发展,更予牧者以贫困毁灭之威胁,简言之,此区富有之资源,不能复尽其利。

是以此区最迫此之需要,即如何使农牧间之协调,在黄河上流贵德以上近共和处之河谷,实为实施此项原则之所在。

此区中苜蓿遍野丛生,自可于灌溉区增产,从此干草成堆,积于可避朔风之谷,为秋后牲畜之冬粮,以是畜群安全过冬,肥壮应市,繁殖滋生,更可充实来年牧场,此即农牧间协调融洽之益也。

惜以黄河谷地有限,不足冬日之需,下游谷地亦应列入一部,以谋均衡之效,盖下游之谷,既可以耕,自可植草,牧畜下行,日益肥壮,适足以应大城肉食之需。

开发地亩以植饲料,而下游谷地之中,拓展冬季饲料仍属需要,盖以牧畜日繁,放牧结果,山尽童秃,饲料告绝,而降雨后之径流,因之既速且巨,西宁与兰州左近,均不乏实例。

此区之中,草类为其主要作物,因之广殖牲畜,以应衣食之需,实为最理想之生产方式,然草原之管理,虽为农业专门技术之一,于中国则迄今少有注意,若草之种类、性质及各种不同情形下放牧之情形,以及与土壤及雪之关系等,均有待研究,故非畜牧一科,所能概括者也。其最初之目标,颇在提高草类之生长,与土壤之保护,畜牧人员,则应从事于牲畜品种之改良,以求与草原适应及疾病之减免,至草原之循环不息,应具之工作,则非有牧野之全面管理不为功。于西北一区,尤应特予注意。

耕耘于此区内之地,高达海拔 10 000 英尺,作物多为菜子、燕麦与青稞,此种过高之耕耘,至成问题,究与低地耕耘之效率,成如何比例,尚待研究。

耕耘于过陡之坡地，亦属多见，有及60%坡度者，于湟源视察其55%坡地一块，经雨后指状之冲刷，发生全面土壤流失，在二英尺以上，此项泥沙，复又沉淀于其下之耕地，而盖覆作物，综括言之，全区内草野冲刷不生，而耕地之冲刷无不严重也。

此区中以草皮破坏，水土之问题以生，盖草皮一去，土随雨流，地利全失，降雨亦失其效，而此携泥之水，复毁下部之麦地约三分之一，其影响于河道之洪流及挟沙量更不待言，然于草原之中，此项问题，则不复见，降雨多于草内而停蓄焉。

经多方之研究，知耕种坡地具有一定极限，过此限度之后，则未有不被冲蚀者，不断之草皮或森林之盖覆，于水土保护中具有最大之功效，是有待于土地分类之利用也。

以无试验之证明，各区耕作不同坡地之极限，尚属不知，应于实验区内研究而确定之。

根据上述，此区内愿为介绍者，则为应聘专习牧野管理外籍专家一人，会同中国人员，于此区内，普遍查勘拟具计划，期于十年内完成全部工作。

（三）黄土高原

黄河流域除下游之冲积洲外，黄土面积占30万平方公里，约45 000万亩，此区内人口约4 000万，其中3 100万人业农焉，可能兴办灌溉工事之区，或于平原，或于河谷，或已完成，或已计划，据黄河水利委员会之估计，可灌之地，与全区面积相较，不过百分之二而已。其高原台地，而不能自流灌溉者，人民耕种，则仅以降雨是赖。

黄土高原台地，论其土性更具高度冲刷之可能，冲刷现象，既易发现，而破坏亦广，黄土之一切问题芮西和芬氏多已论及，吾人此行报告，所特注之现象，则为黄土之原始、类别、地形、降雨强度、利用历史，以及冲刷之强度等焉。

原生黄土由风积而成，其后以水之携运而为再生土，其源来自干旱之区，多含石灰及无机性植物食料，自上至下，倍极肥沃，实足为西北业农者之贺，且为无上之资源。

黄土之下，为甘肃红色盆地，多属红色，而具碱性，贫瘠黏土，其于甘肃南部，则为紫红色之卧卵石，及灰色页岩，经冷旱之期，冲刷而成曲折高低山谷，地形恶劣,黄土之来,固无异此区之救济工作也。土石之间,无生物之遗迹,是为西北旱期之明证。

据克莱茜氏之调查,于陕之北部,黄土之高约150公尺,恰居奥陶系之东南,西南行则渐薄,约50公尺矣,且愈高愈薄,迄海拔3 000公尺,不复见之,于华家岭所见厚度,则在3公尺以下,前人于如此薄层,尚未见道及也。

黄土愈薄,危险性愈大,此行数度观测,冲刷现象,有及红色碱性之黏土或及不毛之石层者,黄土一去,富源即失,于红色碱性黏土区内耕地固无不贫瘠也。

更进言之,河之含沙,下游足增地利,然非来自此甘肃红色盆地之泥沙也,河沙来自红土盆地日增,至足影响下游之耕地,然尚无人注意及此。

黄土既薄,自不能尽塞沟壑以成平原,仅具丘陵形态,于华家岭所见之草野,可以概之,至森林之生长,仅见之于高山或黄土区内岩石风化而成之土焉。

以黄土坡度之陡,益增冲刷之可能性,当雨降于蓄水保土未加准备之耕地冲刷随之,更以涓滴会流,冲刷益甚,而巨大之荒沟成矣。

又以黄土具有水中溶解之特性,冲刷益甚,水之所过,土与俱流,黄土高原少雨,非足为病,抑足为贺也。盖水之携带力与流速成几何数之增加,若降雨时临,则冲刷更不知伊于胡底矣。

黄土平原,见之于渭河两岸,或无径流,经2 000年之耕耘,仍不见冲刷之现象,更以取土以实为厮土坑更能渗漏径流而无余,是黄土为无限蓄水库之明证,黄土厚在3公尺以上,年雨量即可尽行渗漏矣。

耕作之坡地,一经洪雨,即生径流而冲刷土壤,然有草皮被覆,即可减免,故问题之中心,在求坡地径流之减免,于荒沟亦复如是也。

高原台地以及河谷,或无荒沟现象,或于黄土未来以前之沟壑,冲刷不生,然以谷地及荒沟两旁,沟向上行,因之荒沟日众,而肥沃之耕地,随之败坏。

黄土具有垂直隙缝陡立之岸,高迄50公尺,益增冲刷之可能,而陷穴更多,又水流搜根刮脚,苟坡脚削进一尺,则黄土厚度之蚀削,可达50公尺,土裂分离,方块下坠,溶解洪流中,有若糖焉,因而大增河流之含沙量。

黄土丘陵地带,上及陡谷,天水左近,谷深200至400公尺,而坡度亦及

25%～75%，以坡度之大，冲刷特甚，此区早被冲刷而败坏矣，于坡度90%之区，荒沟更深，耕地愈小，耕作欲求效率，实不可得。

于此黄土高原以及丘陵地带，既具细密之组合，以及石灰质之沉积，又有垂直之隙缝冲蚀，雨水自沟壑上下注，使沟壑之向上移动愈甚，其经坡地者，更携土壤与地肥而去。

视察结果，土壤之冲蚀，以耕作之不当而大增，自获得之关系，亦可见之，较草野与森林区内地质常态之冲蚀，不可同时语也，以余意度之，河岸之冲刷，是为草原与森林地带泥沙之唯一来源，若雨量不足以维系草皮之生长，则下游冲积洲之造成，不知几何年月。

冲刷现象，以耕地高度利用而愈甚，片状纹状与沟状冲刷，在黄土高原亦占重要比例，地利因之受严重之打击，进而影响全区经济之安全，农民以耕地日小，地肥与降雨之流失，益行贫困矣。

调查结果，破坏之地，占全区三分之一以上，而全区十分之九，均有冲刷现象，幸以黄土自顶至踵，均极肥沃，非迄底土，不生最大之危害也。

降雨后之径流，此行未获试验，然为异日重要工作之一，此项问题，或以雨量恰足敷用之区，更为严重。

土壤加速冲刷，足以减少此区之生产，而空中测量足以确定破坏之面积，与夫问题严重端待研究之地点，是故如何防止冲刷，如何减少径流，实为此黄土区内之关键问题。

雨之蓄于地也，其利实繁，曰停止冲刷，曰减少土肥流失，曰减少恰足敷用雨量流失，曰减少洪峰，曰增加生产，曰提高农民之购买力，曰增进社会之安宁等是。

雨量之变化

降雨以季节而异，如图所示（图略——编者志），多于夏秋行之，至降雪则仅于3 000公尺以上之地带所恒见，雨量之变化无常，旱潦时传，于坡地则如谚云：三年而一获焉。

此种雨量变化之无常，于介于较湿与沙漠间之地域，极所常见，于美之平原以及叙利亚与巴拉斯坦诸区，亦复如是，据志书之所载，雨量变化，已有相当之历史,而丰歉以降雨之多寡长短与温度之高低而异。

径流足以减低降雨之效率,减低农业之生产,尤以雨量仅敷需要之地域,关系尤巨,一分降雨之流失,而丰歉显异,有时径流占降雨之半数,是以黄土地带坡地蓄水特关重要。

可能实施工作之一般

蓄水保土可介绍之方式,可分三类,一为增加渗漏,二为减少荒沟之冲刷与径流,三为减低河水之含沙,增加渗漏之目的以林、牧、耕各区整个径流之减免为目标,黄土地带为天然之蓄水库也,故主要工作在使土地全面改良后可以吸收全部之降雨,于深厚之草原内,直无径流之可言,平地耕作,亦复如是,于坡地耕作,则情形大异矣。径流除减低降雨之效能及生产外,同时携土俱去成为沟壑,土肥亦失,及其会注也,以流速之增加,含沙愈多,而黄河者,以含沙为世界之冠而愈著。

(A)为控制径流,系自三方入手研究:曰研究农民已有之经验,曰采用美国已有之方法,曰另行试验,以冀新方式之发现于此途程之中,曾于农民之经验作尽可能之研究,虽条作一项,曾择地实施,仍待研讨。

此行以研究农民之经验为最大目标,然详细之探讨,端待实验区之成立,农民今日不知而行,不知费几许心血,若深切研究,加以理解,自可发挥而光大之,近日科学研究方法,虽获效甚速,然农民自实际工作获得之经验,亦不可忽也,今日吾人所觅求之方式,前之不传哲人,早有发明,解决问题一部或全部矣。

可欣幸者,农民于蓄水办法,亦有发现,当农民亦不言不自知其发现之重要。

而邻人亦未予以仿效与注意者,然吾人于此,愿三致其敬意焉。

(一)等高耕之重要,不待赘述,然西北亦不乏灾,其等高原义者,吾等愿为真正等高耕之介绍,或以地形所限,得少变异,是为保持水土之初基,而种属为保持土壤最优之作物。

(二)条作于西北亦见采用,然无系统之实施,亦多不等高,吾等愿为苜蓿或豆料饲料条作之介绍,至宽度若何,尚待实验。

（三）黄土区内之梯田，最可注意，究自如何程序而发明，不得而知，然自具其重要性也，或以为先自等耕耕犁草原始，留原生草皮一条以为田界，而自上向下翻土，以为梯田，其后地愈平而岸愈高，梯田成矣。照此项解说农民无置信者也，惜今日之梯田，多不在等高线上，应加改进而求普及于西北。

（四）西安之南，有地耕已2 000载，梯田之外，尚有开沟于岸下而蓄水者，余等于天水亦曾倡开沟于等高条作之下也，愿为介绍，而沟之蓄水量，则以能完全减免通常降雨之径流为原则。

（五）韩城左近，多植果树于梯田之岸下，而根则深入于岸内，若与前段之沟会合应用，则此果食之收获，亦足补旱年之不足，于天水曾加实施，愿为介绍，若柿若杏若梨若栗均为种植。

（六）作物之根茎，均未见留存于田内，盖以薪炭迫切需要之故也，然此根茎，既可增加渗漏减少冲刷，更可增加土内之有机质，余等亦愿介绍，然非待荒沟之内，均为树木所被覆解决薪炭之问题后，不能实施，此项工作，于实验区内，亦应提前试验。

（七）沟洫之法，于美亦见，为蓄暴雨而设。此项犁具，发明未久，于半干旱之区亦曾采用。

当初经天水之时，曾植苜蓿与豆科作物五尺宽混合等高条作两行，于瓦窑沟内十月间均甚繁茂，虽坡度已达24%，而雨水亦若未曾流失者。

上项发现，使吾人确信，虽已达30%之坡地，亦可蓄全部之雨水，然究其极限为何，尚待实验也。

由此可知，依地利而规划土地分类，坡度实为主要条件之一，经详细之研究，林、牧、农三区之坡度限制，自可确定，此项土地分类工作，应列入试验项目之内，以为日后于各区工作时之借镜。

为增加未耕地及荒沟陡坡或不毛地之渗漏力起见，植草造林，均极重要，因之迅速之布种方式，亦为研究工作之一矣。

（八）荒沟陡岸，均应选择适当品种，植树造林，为广布全面计，应利用飞机投布内含种子之土弹。此项土弹，为种子、黏土肥料之组合，宜于雨后为之，以深入于地面故也。

当投播此项种子土弹之时，或需应用旋转之器，若投燃夷弹者然。

此项投弹飞机，战后自多，然此时种子之准备，非有广大之苗圃不可，愿于总报告中再详述之。

于荒沟之中,插杨或柳,法简易行,沟底潮润之处,即可实施。

(B)沟壑与荒沟之治理,则非农民之所能为,然谷坊之设,一有可靠之设计,即可于调查之时决定实施,至抗洪流,则非石坝不为功,而砖与三合土之属,亦应注意试验也。

(九)谷坊之设,用以固定荒沟之沟底于荒沟向外扩展之区,尤为重要,然不足以应蓄水留淤之需也。谷坊均应为永久性,至临时之建筑,徒糜费工款耳。

(十)较低谷坊,可于完成沟底被覆以前用之,若草丛林与树均可采用,然其高超过十分之三公尺者则似不应举办。

于此行中,有若干地点水自荒沟导流他去,盖防水之进一步冲刷也。

此项农民之偶然发现,足为吾人工作之借镜,此项导流工作系沿等高之水沟,以迄原有之排水沟系。

(十一)除上述实际应用之各项方式外,愿为介绍者为留淤坝,由上坝与降落式之涵洞,合并组合。

此跌落式之水管,先由低处做起,一俟留淤再行提高,以迄原始地面为止,此项工作以实施于较平之沟底,最为有效。

于西北黄土区内,自坝顶湃水,自不可靠,以能排泄全量洪水为原则,坝上蓄水量以留淤而日减,非坝顶之增高不为功也。此项设计水量,以百年一过之洪流为标准。

西北石少,涵洞材料为艰,若自姜石烧得之水泥以及砖料等,均应多加试验。

(十二)荒沟则应实施植草与种树,固定底坡,设置留淤坝以及护岸等,其主要之目标,在以植物护坡,以谷坊减低流速,与夫河道与河底之保护等,均得详细设计始可实施。

(C)前述各项方案,均足以减泥沙,而以河道护岸,更多成效,盖以河岸耸立,一有冲蚀,影响即巨。

(十三)此项护岸工作,端待技术人员实施,若下坝以及其他方式等,均待试验举办,一俟满意之设计完成,则先自小河做起,然后推广。

以上所述,为实施水土保持工作中应行举办工作之一般,于此广大之黄土区域中,如何使此各项方式获得联系之实施,实费时日,而初步工作之计划自有建议之必要。

建 议

综上所述,余愿为建议者约分下列数事:

(一)吾人既深悉土壤冲刷之结果,足以损失土壤与降雨,破坏耕地,增高河道肥沙,增加治河困难,更以地肥流失,耕作为艰,生产减低,亟应拟具防止之策,利用各种方法,减免土壤土肥降雨以及耕地草地森林内径流之流失,进而改进耕作之效率。同时减少河流泛滥,增进国家之安宁。

(二)实施保水保土之程序,依地尽其利之原则,计划土地分类,其工作包括:

(1)控制土壤冲刷。(2)已冲刷之地种树植草,增加薪炭与木材。(3)利用不同之耕作方式与限制畜牧,暨保护森林,以增加土壤之渗漏能力。更用谷坊、留淤坝等工程方式及护岸工程等,以减低冲蚀。同时改良耕作习惯,以求适应一地之雨量分配,并为减少旱灾,提倡果食生产,其他之种种保土及改良耕作方式,均应采用,藉以提高生产增进农民之购买力,终则社会工业化之目标,获得实现。

(三)此项计划之实施程序,计分二期,一属战时,一属战后,战时工作,则系准备性质,应完成一整个之土壤水草森林面面顾到之保持计划,以为建设时期之用。

(四)下列诸端似应于战时开始:

a. 现有之天水及高桥二实验区,应照旧进行,更应于洮河流域,增建实验区一处。

b. 确定种类不同,而具有改进荒沟功效之草类、豆类、灌木及树木等,以期将来推广。

c. 广设苗圃,繁殖种子,以为异日飞机播种之用。

d. 在洛河、泾河、渭河之中游,洮河、湟水及兰州附近黄河流域努力研究探讨农民已有之耕作方式。

e. 在示范区内试验农民已有之耕作方式。

f. 训练航测人员,以应战后需要。

g. 选择适当区域,办理改善荒沟试验,利用导流、种植及建筑留淤坝等方式。

h. 作各种材料试验以应将来留淤坝下水管涵洞之实施。

i. 办理各种丁坝潜坝之试验,以为异日护岸工作之依据。

j. 河滩植杨栽柳,以为护岸及河防材料。

k. 搜集降雨强度及径流等水文记录而为战后一切设计之依据,此项工作,尤以渭河上中游、泾河、洛河、洮河更为重要。

l. 选择合宜于实验之地域五区面积由 5 000 至 10 000 亩,作农、林、牧全面之试验,该项地区,以一完整之集流区域为宜。

m. 建议美国政府合作训练专家 10 人,以便战后返华主持上述五区之技术工作。

n. 关于西北草原,自应另由畜牧专家办理,务期在此区内游牧与耕耘之经济能相互配合。

(五)关于战后工作则如下述:

A. 完成土壤与土地利用调查,自西北而及全黄河流域,终及全国,此项工作,应与航测之结果,配合进行。

B. 从速设实验区五处,以代表全国,仍以由北而南推进为原则,至其他区域工作之进行,则以人员训练之程度而确定黄河流域及三角洲内之问题区域分如下述:

(1)山东各山 (2)淮河流域之淠河

(3)河南之花岗岩石山地 (4)山西东部

(5)汾河流域 (6)山陕间黄河流域

(7)洛河流域 (8)泾河流域

(9)渭河下游 (10)渭河上游

(11)黄土台地 (12)甘宁间之黄河

(13)湟水 (14)洮河流域

(15)共和左近之黄河 (16)河西走廊

特种建议

余愿更进而言者，上述实验区之内，改良农场，应行列入举办，耕者除有充足之耕地外，兼理畜牧森林，确定适当之耕地面积，增加农民之购买能力，以为异日工业化之基础。

此项农民之耕地面积，至少较今大三倍以上，有草野以养牲畜，有森林以充其薪炭，而农作物耕茎之属，仍应回入田内，以增肥料，此项改进农场，仍以原有之农民为其主人，所有试验结果，足为确定异日农业政策之依据，最为重要。

余有见于战时各项仪器用具之难于搜集，不易使水土保持实验工作大举兴办，藉供技术人员及农民观摩参考，以证粮食增产之效，拟提供下列计划，以备深思熟虑，如此项计划获得中国政府之同意，可向美国政府提出，余以为应根据下列草案，洽商定之。

1. 余返美后，俟得中国政府之委托通知，当代准备五全套仪器，而为中国所不能备办者，以应五个实验区试验示范之需。

2. 在此时期，中国政府应组织试验机构，购置五区足敷实验之地亩，面积由 1 000 亩至 5 000 亩，以为实验之用，其使用期限至少十年。

3. 前项仪器，一俟抗战结束立即运至中国。

4. 中国派遣对水土保持工作熟悉人员，赴美考察，如此则此项工作，自易推进，而前述之五区，亦足为训练人员之用。

5. 更为增加熟手起见，中国可派遣十人，赴美水土保持区实习，此项人员，于战后返华，即在上述五区任职，兼及训练工作，以为异日推广实验区之用。

原载《水利月刊》1944 年第 1 卷第 4 期

西北水土保持问题

章元义

二十九年七月，于役〔余于〕成都承金陵大学章院长之汶见告，黄河水利委员会林垦设计委员会将于八月一日召开会议，研究水土保持问题，惜以临期，因公牵羁，未克参加此项会议，可为我国研究水土保持工作具体化之嚆矢，惟以笔者所习者为水利工程，虽间或阅读有关此项工作之报告与记载，然对于详确之认识，则仍感缺乏也。

三十二年春奉行政院水利委员会之命，陪同美籍顾问罗德民氏视察西北水土保持事宜，时阅一载，遍及数省，途间目睹西北耕地败坏之情形，与夫黄河含沙量之惊人，益信此水土保持事业之重要，而对此部门之认识，亦获得更较进步之了解。

水土保持工作，包括一切有关之蓄水保土办法，其最初之目标，简而言之则为保存降雨，减少冲刷，以期改良土地利用，增进土地生产，进而改良农民生活，至因水土保持工作完成，河流洪峰降低，泥沙减少，河患消除，乃其余事耳，亦可谓增加生产，为实施水土保持工作直接之目的，而河患之减免，则属间接之效益也，就推行难易而言，水土保持工作，以增加生产的目的，则民乐为用，事业易举，反之以治黄为中心，进而改良土地，则必窒碍横生，进展为艰。

或谓水土保持既为农业基本之图，于治河工作中，似可置之不顾矣，则又窃以为非是。夫保持水土，固不仅改良耕作方式，种树植草数事而已也。以西北言，荒沟之众，有若战堑纵横，此项荒沟之浸蚀，日渐上展，已为造成洪峰之因，又为泥沙之源，其地既难垦耕，更以坡陡流急，植草种树亦不可能，势非实施有系统排水沟之整理，以及谷坊留淤坝之建设不可，尤非以治河立场，广为举办不可,且吾人可得而知者,河沙之源,一部系来自河岸之崩陷,若为谋改良,端在河岸之保护,非达成河不徙岸不崩不为功,则此护岸工作,又为治河者应有之努力也。

综之,水土保持在西北特属重要,为治河者不可忽视之问题,更有裨于农业之改进,获得同功之效,于实施之时,并应以民生及经济价值为前提,以减免径流为中心目标,盖非如此,则推广不易,而径流之减免,实消除冲刷之起端,减低河流洪峰,不过其结果耳。

值此抗战时期,治理黄河上中游,实为绝好机会,而水土保持一端,最关重要,在此时期之中,如何实施测量调查,如何研究实验,进而拟具具体实施计划,于战后配合其他建设部门,齐头并进,以竟全功,则实为我水利工程人员应有之责任。

原载《水利月刊》1944 年第 1 卷第 6 期

西北的沃野农业

陈正祥

一、西北的范围与沃野的定义

西北的范围,人言人殊,究竟那〔哪〕些地方是西北,至今尚无确切的定论,一般所谓西北,甚至将陕西与西藏均包括在内,其实我国疆域的几何中心在甘肃兰州,单凭方位而论,陕西在我国中部偏东,西藏在我国西部偏南,怎样可以称为中国的西北,因之在未入本文之前,对于西北的范围实有先加确定的必要。据作者的意见,西北应指贺兰山、阴山与兴安岭以西,昆仑山、阿尔金山与祁连山以北的区域而言,包括新疆与蒙古的全部,甘肃河西走廊,宁夏省的大部,绥远与察哈尔的北部,这个范围,非但方位的名实相符,而且地理环境也大致相同。在气候方面,作者所指的西北,除少数高山及迎风山坡之外,各地平均年雨量皆在 250 公厘以下,东南边界,正与我国 250 公厘等年雨线相合,兼以蒸发强盛,因之气候非常干燥,大部成为戈壁草原与沙漠,至于青海省的北部,雨量虽然也很稀少,但因地高气寒,干燥程度不若西北各地之甚,并且青海的地势,海拔多在 3 000 公尺以上,天然是青康藏大高原的一部,故不宜划入西北的范围。在地势方面,作者所指的西北,从大处着眼,全部是一片高原,除了少数的高山与洼地之外,海拔都在 1 000 公尺左右。在水系方面,这个区域除北边有少数河川可以流注北冰洋外,大部分的河川均无出海之口,较大者在下游为湖泊,较小者均中途没于戈壁与沙漠,成为内流区域或无流区域。

地理区域的划分,不但要根据自然条件,并且要参考人文因素,作者所指的西北,人文因素与我国其他各区也颇多不同,以兴安岭、阴山、贺兰山一线而言,该线以西以北是蒙人的牧畜区域,以东以南则是汉人的农垦区域,历代胡汉纷争以此为界,就因为这里是两种不同经济社会的界线,历代长城多沿此线建设,就是要防御北方的游牧部落侵入南方的农垦区域,再以祁连山、阿尔金山、昆仑山一线以及天山南北麓而言,虽然也是农垦区域,但其性质与内地正规农业不同,此等沙漠区域的山麓地带,农田全赖高山雪水的定期灌溉,灌溉沃野,即沿着山麓作点状分布。

沃野是沙漠中的可耕地,英文称为 Oasis,国人有译为水草田者,有译为绿州〔洲〕者,有译为沃洲者,据作者的意见则以译为沃野为宜,因为沃野 Oasis,意义既相符合,而发音又复近似。本文所谓沃野农业,换言之也便是沙漠中的灌溉农业。

二、西北的气候及其对农垦的限制

西北气候的最大特征,便是雨量的稀少与冬季的寒冷,我国雨量分布,大致自东南向西北递减,西北因地位偏处内陆,且多属闭塞的盆地,海洋水汽绝难内达,因之气候甚为干燥,除了高山与少数迎风山坡外,各地平均年雨量皆在 250 公厘以下。例如库伦为 242 公厘,迪化为 229 公厘,大部分地方,年雨量□不足 100 公厘,例如酒泉为 81 公厘,敦煌为 46 公厘,吐鲁番为 29 公厘,库车为 76 公厘,疏勒为 86 公厘,成为真正沙漠气候,塔里木盆地东南侧的若羌,年雨量竟不足 5 公厘,查现有测候记录,若羌实是全世界雨量最少的地方,可称为地球表面的"干极"。

西北水汽的来源,东南一侧当来自太平洋与印度洋,西北一侧当来自北冰洋与大西洋,中央部分因属两者的过渡地带,故最为干燥,例如大戈壁,在敦煌、哈密、滂江、叨林四地连成长方形区域,雨量至为稀罕,境内绝少河川,可称为无流区域,自此向南向北,雨量逐渐增加,成为草原,叨林是大戈壁的北限,草长已达 60 公分,色楞格河流域与唐努乌梁海盆地非但草原肥美,并且还有森林,山地的北坡,森林更为茂密,已带着几分西伯利亚景色,这点便可为水汽来自北方的明证。滂江是大戈壁的南界,其南即为汉人的农垦区域,张家口、归绥与包头等地,年雨量均在 300 公厘以上,这点证明太平洋的东南季风尚可到达戈壁的南部边缘。

闭塞的内陆盆地，即使有一部分水汽越山而过，但也很少下雨的可能，譬如塔里木盆地，周围高山环绕，中间平地低落，外界气流入境以后，势必沿坡下沉，相对湿度逐渐减小，当然无法冷凝下降，他若科布多盆地与吐鲁番盆地也有同样的情形，惟独北疆准噶尔盆地，因其西方比较开展，北冰洋的水汽与大西洋的气旋都有入侵可能，故雨水较见丰足，迪化位于天山北坡，年雨量达229公厘，库车坐落天山南坡，年雨量便只有76公厘，一山之隔，雨量相差三倍；同时准噶尔盆地的雨雪，大多降于冬半年，温度既低，蒸发力弱，大部成为草原，沙漠仅限于盆地的中央，并且面积甚为有限，除准噶尔盆地外，西北其他各地雨量的季节分配，大都集中于夏季，秋冬两季绝少降水。

西北各地雨量的变化很大，不论年变化或月变化，估计皆在40%以上。最多年雨量与最少年雨量相差常达数倍，例如酒泉的平均年雨量为81公厘，但其最多年雨量曾达141公厘，最少年雨量则为54公厘，盆地内部的沙漠区域，雨量变化势必更甚，雨量变化既大，作物的收成便不可靠，好在沃野农业，不靠天雨而利赖高山雪水，故雨量变化虽大，对人类经济活动反无重大影响。

表一 西北各地的雨量(mm)

地名	高度(公尺)	一月	二月	三月	四月	五月	六月	七月	八月	九月	十月	十一月	十二月	全年	记录年代
迪化	915	12.1	11.9	24.5	28.1	24.3	11.6	8.5	15.3	19.4	19.1	22.3	31.7	228.8	(1937—1943)
塔城	448	9.1	16.2	25.9	21.5	56.8	6.1	18.4	12.4	22.0	8.5	40.5	36.8	274.2	(1941—1943)
库伦	1 309	0	0	2.0	5.0	15.0	29.0	81.0	68.0	25.0	5.0	7.0	5.0	242.0	(1894—1903)
张掖	1 550	1.1	3.7	2.0	2.2	4.2	10.8	23.1	27.1	14.4	0.7	4.9	1.0	95.2	(1937—1939)
酒泉	1 490	0.7	1.7	0.9	4.6	3.9	11.4	15.8	31.3	5.8	0.3	2.3	2.0	80.9	(1934—1939)
敦煌	1 136	1.7	0.0	0.1	1.7	4.3	9.9	5.7	20.0	2.6	0.1	0.1	0.1	46.4	(1937—1939)
吐鲁番	-15	0	0	0	0	6.2	1.3	3.6	7.4	3.0	0	7.2	0.5	29.2	(16[9]38—1943)
库车	970	2.2	2.7	10.3	2.2	1.1	24.3	14.8	6.6	7.1	7	0.2	4.3	75.8	(1928—1931)
疏勒	1 335	7.6	0	5.1	5.1	20.3	10.2	7.6	17.8	7.6	0	0	5.1	86.4	(Lyde. Asia)
若羌	960	0.2	0	0	0.6	0	0	0.6	3.0	0	0	0	0	4.5	(1828—1929)

温度方面，我国的位置是在北温带，居欧亚大陆的东岸，属大陆性气候，与同纬度的其他各地比较，冬季较冷，夏季较热，这种情形，在西北尤为显著，西北各地，每年至少有三个月的平均温在零度以下，例如库车与疏勒为三个月，哈密与酒泉四个月，迪化与科布多为五个月，库伦与乌里雅苏台更多达六

个月，各地最冷月的平均温皆在负 5 度以下，例如疏勒为负 7.4 度，酒泉为负 9 度，库车为负 14 度，迪化为负 15.2 度，乌得为负 17.9 度，库伦为负 23.7 度；各地每日平均温在零度以下的日数，多达 100 天以上，例如酒泉为 110 天，迪化为 140 天，库伦达 231 天，库车虽有天山屏障，但严寒的日数仍多至 95 天；再就绝对最低温而言，库车曾低至负 25.2 度，迪化曾低至负 34.3 度，库伦更曾低至负 40.2 度，西北冬季苦寒，洵非虚传。

夏季最热月的温度，中部概在 20～25 度之间，例如酒泉七月平均温为 23.8 度，迪化为 24.2 度，库车为 23.9 度，北部因所处纬度较高，最热月平均温低于此数，库伦的七月平均温即仅有 17.1 度，南部因所处纬度较低，最热月平均温则高于此数，疏勒的七月平均温即达 25.6 度。吐鲁番盆地因地形特殊，低于海平面以下，故夏季极端炎热，自古有火州之称，七月平均温达 33.7 度，冠于全国，一年之中，七、八、九等三个月的平均温皆在 30 度以上；五、六、七、八、九等五个月的最高温皆在 40 度以上，绝对最高温更曾达 47.8 度，约合华氏 118 度，非但创了我国最高的纪录，并且也是世界罕有的高温。

西北各地，寒暑变化极大，温度年较差皆在 30 度以上，大致自南向北以及自东向西增加，就南北而言，疏勒的年较差为 33 度，库车增至 37.9 度，迪化增至 39.4 度，库伦更增至 40.8 度，就东西而言，张掖的年较差为 30.7 度，酒泉增至 32.8 度，敦煌又增至 34.1 度，库车更增至 37.9 度。大陆性的气候，不仅在其冬夏年较差之大，而其昼夜日较差也甚巨，沙漠地带，温度日较差估计当在 20 度以上，冬季以白昼受热不多，夜间放热也少，日较差尚不甚大，夏季则不然，白昼炎日高悬，沙砾焦灼，夜间清风素月，寒意逼人，昼夜温度相差如此之大，一般植物怎能忍受，沙漠的不毛，雨量稀少固是主要原因，但温度日较差过巨也有以致之，沙漠边缘的草原地带，日较差虽可较沙漠略逊，然为数也很可观，例如库车夏季温度的日较差，平均约达 18 度，冬季也在 12 度左右。

表二　西北各地的温度(℃)

地名	高度(公尺)	一月	二月	三月	四月	五月	六月	七月	八月	九月	十月	十一月	十二月	年平均	年较差	记录年代
迪化	915	-15.2	-13.2	-2.4	10.0	16.1	20.5	24.2	21.7	14.4	6.7	-4.4	-9.6	5.7	39.4	(1937—1943)
塔城	448	-10.4	-15.0	-1.6	12.3	15.2	22.1	22.2	22.1	16.0	13.8	-0.2	-7.1	7.5	37.2	(1941—1943)

续表

地名	高度(公尺)	一月	二月	三月	四月	五月	六月	七月	八月	九月	十月	十一月	十二月	年平均	年较差	记录年代
库伦	1309	-23.7	-19.2	-11.3	0.7	8.0	14.6	17.1	15.3	8.1	-0.8	-13.2	-21.3	-2.2	40.8	(1869—1909)
乌得	910	-17.9	-14.0	-5.8	6.7	14.3	20.4	23.3	21.2	13.6	5.0	7.1	-14.6	3.8	41.2	(1889—1995)
张掖	1 550	-5.9	0.8	4.9	11.2	16.8	18.3	24.8	23.2	17.0	10.1	0.9	-2.8	9.7	30.7	(1937—1939)
酒泉	1 490	-9.0	-3.9	2.1	9.6	16.5	20.9	23.8	21.7	15.9	10.0	-0.8	-7.8	8.2	32.8	(1934—1939)
敦煌	1 136	-7.0	-1.7	4.7	14.6	20.8	23.0	27.1	25.5	19.7	11.7	2.0	-4.6	11.2	34.1	(1937—1939)
吐鲁番	-15	-7.1	-0.7	9.6	15.5	26.2	33.4	33.7	32.3	23.2	14.6	2.8	-3.8	14.9	40.8	(1938—1943)
库车	970	-14.0	4.5	6.6	13.1	18.6	22.0	23.9	22.2	17.1	9.0	0.4	-8.3	8.8	37.9	(1930—1931)
疏勒	1 335	-7.4	-2.1	7.2	13.3	19.2	22.2	25.6	23.9	17.1	10.4	2.3	-5.3	10.5	33.0	(1942—1943)

无霜期的长短，对于作物与草类的生长最有关系，河西走廊一带，无霜期约达150~200天，蒙古戈壁约为100~150天，准噶尔盆地约在150天左右，仅塔里木盆地可达200天以上，大部分地方无霜期的过短，又是西北农业的一大打击，冬半年几乎完全不能耕作，按我国的冬麦带，约以一月份负6度的等温线为北限，西北除塔里木盆地外，所种概属春麦，蒙古戈壁边缘，小麦五月间下种，七八月间收割，假如下种稍迟，往往未及成熟，而初霜已至，一年一获，就有困难，再向北去，则根本没有收成的希望。

西北雨量如此稀少，变化又这样巨大，如欲利赖天然雨水发展农业，事实上决不可能，因为一般耐旱作物，亦须三四百公厘的年雨量始能生长；但武断地说西北农垦毫无前途，则又不尽然，因为西北平地虽甚干燥，但高山之上却颇润湿，少量水汽沿坡上升，相对湿度变大，凝结下降的可能性增加，以山高气寒，蒸发微弱，水分易于保存，高山积雪，成为雪田冰川，冰雪消融下注，可供山麓农田灌溉之需，故祁连山、天山及昆仑山的山麓，皆有灌溉沃野存在。至于积雪地带，平均而论，祁连山北坡在5 000公尺以上，天山南坡在3 900公尺以上，北坡在3 500公尺以上，昆仑山北坡在5 500公尺以上，均为永久积雪。

三、西北沃野的分布及其特征

　　方位与地形决定了西北的气候,而气候又决定了西北农垦的方式:沙漠区域,气候苦旱,有水之处可成沃野,无水之地便属弃壤,葱岭以东,乌鞘岭以西,天山、博格多山与合黎山以南,昆仑山、阿尔金山与祁连山以北,在这个广大的区域之内,各地平均年雨量皆不足100公厘,原来绝对无法农耕,惟以边缘高山环列,每年雪水定期下注,才有零星的沃野存在,事实上,西北所有真正沃野,便完全分布在这个区域之内,此外蒙古戈壁虽言也属沙漠性气候,但因四周山地高度不大,冰雪积累无多,兼以冬季严寒,生长季太短,故不能产生沃野。准噶尔盆地南侧,因得天山北坡雪水之赐,山麓一带虽也有若干沃野,但其地平均年雨量已达150~250公厘之间,属于草原性质,故亦不宜视同真正的沃野。

　　在这大区域之内,又可分出三个明显的地理单位,一为河西走廊,二为塔里木盆地,三为吐鲁番盆地。河西走廊地当蒙古高原与青藏高原之交,祁连山与合黎山南北并峙,东南则以乌鞘岭与高原分隔,现有民勤、古浪、武威、永昌、山丹、敦煌等15县,自古浪以迄敦煌,东西延长1 000余公里,全部面积约180 000方公里,居民约1 094 000人,人口密度平均每方公里仅得6人,惟沙漠区域,人口分布极不均匀,所有人口几全部聚集沃野之内,此外绝少人烟。河西走廊的沃野,计约7 500方公里,仅占土地总面积4.2%,沃野的人口密度,则每方公里可达146人,沃野系包括实际耕地、可耕荒地以及房屋道路在内,河西目前的实际耕地,计为4 047方公里,折合6 001 701亩,约当沃野面积54%,而仅占土地总面积2.2%,耕地的人口密度,平均每方公里可达270人。河西沃野的分布方式,东西两部显然不同,嘉峪关以东,沃野大致互相连接,可称为连续沃野,嘉峪关以西,沃野零星散布,悬于荒漠之中,可称为"孤立沃野"。例如张掖、武威、民乐、酒泉等面积较大的沃野,完全分布嘉峪关以东,嘉峪关以西较大的沃野,仅有敦煌一处而已。兹将河西走廊五大沃野的名称、面积、人口、主要河川、实际耕地、耕地在沃野中所占比率、沃野人口密度以及耕地人口密度列表于左〈下〉:

表三　河西五大沃野概况

名　称	面积（方公里）	人口数	主要河川	实际耕地（方公里）	耕地在沃野中所占百分率	沃野人口密度（每方公里人数）	耕地人口密度（每方公里人数）
张掖沃野	1 500	220 000	弱水	669	45	147	320
武威沃野	1 200	320 000	沙河	698	58	267	464
民乐沃野	980	23 000	洪水	388	40	23	60
酒泉沃野	930	120 000	临水	441	47	129	262
敦煌沃野	380	270 000	当河	125	33	71	216

（注：表中所列数字，除沃野面积系作者根据斯坦因河西新疆五十万分一地图量出外，其余均系甘肃省政府统计室所供给，统计年份为民国三十年）

塔里木盆地四周高山环绕，南侧为昆仑山，北边为天山，东南为阿尔金山，东北为库鲁克山，形势非常闭塞，气候极端干燥，西起疏勒城，东至罗布泊，长约1 400公里，南自于阗，北迄库伦，宽约550公里，全部面积约达917 000方公里，居民约2 900 000人，平均每方公里仅得3人，盆地内部，一片沙漠，完全没有流水的地面广达470 000方公里，生机断绝，情景荒凉，所有人口，大部集中于山麓砾石带以下的沃野。盆地中全部沃野计约14 600方公里，仅占盆地总面积1.6%，沃野的人口密度，平均每方公里可达190人。盆地中的实际耕地，计为7 790方公里，折合11 553 543亩，约当沃野面积60%，而不及盆地总面积1%，耕地的人口密度，平均每方公里可达380人。沃野的位置，系以水源为依归，沃野的大小，则视水量多寡而定，盆地西部因水源较富，故一切较大的沃野均在西部，试以库车于阗二地的连线为界，平分盆地为东西二部，则西部的沃野达13 784方公里，占全部沃野95%，东部的沃野仅有775方公里，占全部沃野5%。此等沃野，不相连续，而成点状分布，彼此相距，常达数百公里，环列于砾石带之下，沙漠带之外，遥相应接，成一马蹄形，其缺口向东，因盆地东部水源最少之故。各处沃野的面积，大小不一，有大至2 000方公里以上者，亦有小至10方公里以下者，其中疏勒、莎车、阿克苏、和阗、库车等五大沃野，面积皆在1 000方公里以上，此外面积在100～1 000方公里之间者尚有14处，10～100方公里之间者尚有50处。兹将塔里木盆地五大沃野的名称、面积、人口、主要河川、实际耕地、耕地在沃野中所占

比率、沃野人口密度以及耕地人口密度列表于左〈下〉:

表四　塔里木盆地五大沃野概况

名　称	面积（平方公里）	人口数	主要河川	实际耕地（方公里）	耕地在沃野中所占百分率	沃野人口密度（每方公里人数）	耕地人口密度（每方公里人数）
疏勒沃野	2 650	700 000	喀什噶尔河与雅曼雅尔河	1 200	45	256	580
莎车沃野	2 600	600 000	叶尔羌河与提士纳失河	1 500	58	231	400
阿克苏沃野	1 650	300 000	阿克苏河	720	43	182	416
和阗沃野	1 600	300 000	和阗河	890	56	188	337
库车沃野	1 170	160 000	穆肃尔河与库车河	790	67	138	203

（注：表中所列数字，除沃野面积系作者根据斯坦因河西新疆五十万分一地图量出外，其余均系中央研究院西北科学考察团地理组所供给，统计年份为民国三十一年）

吐鲁番是天山山间的一个陷落盆地，地势最为特殊，周围高山耸峙，北部的博格多山与西部的喀拉乌成山，平均高度皆在4 000公尺以上，南部与东南部的觉罗山，平均高度也在1 200公尺左右，但盆地本身却大部低至海平面以下，其中心的觉洛浣，湖面海拔为负283公尺。盆地东西最大长度约250公里，南北最大宽度约160公里，全部面积50 000方公里，其中低于海平面者达4 050方公里，盆地中居民约160 000人，平均每方公里仅得3人，盆地中的沃野，计为790方公里，仅占盆地总面积1.6%，所得比率与塔里木盆地相同，沃野的人口密度，平均每方公里约达200人，其中所有较大的沃野，完全分布于博格多山与喀拉乌成山山麓，因为这两座山脉，长度较大，积雪较多水源较富之故。

综合上述，我人对于沃野已可指出四大特征：第一是位置孤立，沃野分布于沙漠之中，本身因得高山雪水灌溉，渠道纵横，农业兴盛，带有几分江南景色，但其外即属戈壁或流沙，人烟绝少，极目荒凉，沃野互相隔离，不易统筹治理，汉代所谓西域36国，实际上便是较大的沃野而已。

第二是人烟稠密，西北沙漠地带，平均人口密度虽小，但沃野的人口密度，已颇可观，每方公里概在150～250人之间，而耕地的人口则更见稠密，每方公里概在 250～500 人之间,似已达到饱和状态,今后如欲移民此等区域,非先设法增加耕地面积不可。

第三是水源支配一切,沙漠区域,居民所争者为水,而并不争地,虽同属山坡平原,甚至相距近在咫尺,每以水源的多寡有无,可使土地利用与地理景色完全异趣,有水斯有田,有田斯有人,相互关系为明显,至河道的变迁,水流的进退,皆可以直接影响沃野的兴废,水至则沃野兴起,水去则沃野荒弃。

第四是灌溉制度的严密,高山雪水即为沃野命脉之所系,故农民对于雪水甚为珍视,旧式的灌溉制度堪称严密,详细情形,另见下节。

四、沃野的灌溉方式与土地利用

沃野农业,实惟灌溉是赖,有水即成良田,无水即为荒漠,故农民对于灌溉事业,一向便很讲求,但各地的灌溉方式,每因自然环境不同而互异,河西走廊多用沟渠,塔里木盆地除沟渠外尚有涝坝与架槽,而吐鲁番盆地则盛行坎井之法。

河西灌溉事业始于汉代,到现在虽有两千多年的历史,灌溉用水的直接来源,当以河水为最重要,本区较大的河川,皆导源于祁连山中,雪融下注,乃成河川,当其出山以后,农民即筑坝拦水,分引渠道,以资灌田,渠长者百余里,短者十余里,渠宽一二丈,深一丈以下不等,由渠分流再称为沟,目前全区共有 146 渠与 183 沟。一切河川的水利,概以中游为最盛,如弱水灌溉区域以张掖为中心,便是显例,昔人谓无弱水即无张掖,推而广之,亦可谓无雪水无河渠即无河西,灌溉事业对于河西关系的密切,由此可以想见。

河西渠道管理,制度颇为严密,各县多设有渠正渠长,由农民公举,县府委任,蓄泄的方式,皆有一定规则,例如渠口有大小,闸压有分寸,轮浇有次第,期限有时刻,务必分水能够合理公平。盛夏水涨,或闸坝坍塌,应负巡查修筑的责任,冬日风多,或风沙淤塞,又须加以挑浚,分工合作,按粮派夫,历代相传,法良意美,然此等管制方法,仍有臻完善之处,例如上游用水有余,则多放纵田间路左,任其漫溢,而下游望水,水反不可多得,故下游人民每与上游发生纠纷,至于缺水时期,则水贵胜于黄金,农民强截渠水,更易引起争端,河西各县案件以水利为最多,即因此故。

渠道浇水时间，每年约可分为春夏秋冬四期，三月初旬河冰解冻，清明开始播种，农民可任意浇水，谓之春水；立夏正式分水，县长驾临，慎重将事，分水以后，农民可按例浇灌，是为夏水；秋间作物收毕，各户引水浇田，以资春耕，直至初冬河水结冰，始行停浇。白露至寒露所浇诸田、放水，寒露以后封冻以前所浇者则称为冬水。冬水灌田，旋即冰冻，来春融化，其土自松，略事耕耘，即可下种，农作期间，其需浇水四五次，每次相隔约为15日至20日。

河西今日的沃野农业，当以栽培食粮作物为主，就中尤以小麦、大麦、青稞为最普遍，燕麦仅限于低湿的地方，此等作物均属春播夏收，是为夏季作物，秋季作物以小米、玉米为最重要，马铃薯栽培面积仅次于小米与玉米，荞麦分布也相当普遍，稻米仅限于张掖、高台、临泽、酒泉等处，高粱的种植以敦煌为多。次之经济作物，则以棉花及胡麻为主，综观河西的沃野农业。几乎全系自产自用，单位面积的产量不高。

塔里木盆地自古有居国之称，沃野农业颇为发达，周围高山雪水下注，农民即引以灌田，故盆地中居民密集之处，即为沟渠纵横之地，一切沟渠，多系居民自力经营，按照灌溉耕地的亩数，平均摊派开渠的人工及费用，引水灌田之时，也按耕地的亩数公平分配，分水的方法，系在渠口设一水坪，平直端正，使全渠之水从坪上流过，而水坪的宽窄尺寸，即为农民分水的标准，例如某一水坪，应该分灌二村，一村有耕地1 000亩，另一村有耕地800亩，而水坪的宽度为三尺六寸，则有耕地千亩者，即可分得二尺的水量，有耕地八百亩者，即可分得一尺六寸的水量；在二尺与一尺六寸之间，立一分水隔墙，俾水在分开以后，即各向各村的渠道流去，流到各村以后，各村又设水坪以便再分，其方法与上述相同；至于每一耕地，应得渠水若干，则按水流的时刻分配，分配的办法，异常细密慎重，务必分水公允，足见农民对于雪水的珍视与爱惜。

沟渠之外，尚有两种灌溉工程，一为"涝坝"，一为"架槽"。所谓涝坝，即是一种储水的池塘，盖其地夏季之水，有时且感不足，每到冰冻时期，水的来源更完全断绝，临河的城镇乡村，尚可挖井取水，离河较远者，凿井亦不可得水，因此居民每于适当的地点，合资挖一深坑，将暴雨浸流或多余的渠水引入，以备缺水时应用。架槽也是沙漠地带的一种特殊灌溉方法，槽以木制，底铺毛毯，可防渗漏，兼御蒸发，起自山麓，远渡流沙，一直架到用水之处，延长亘达数里。

塔里木盆地中的沃野，因气候较暖，一年可耕作两次，农民于二月中旬，即可开始播种，六月间夏作成熟，收割以后，继续播种秋作，至十月间成熟收割，秋季作物，大多限于玉米。农民播种之后，不事耕耘，遍撒种子，不计疏密，耕地的多寡，即以所撒种子的数量而定，如问农民有多少耕地，必答种地几石或种地几斗，播种愈多，愈觉荣耀。播种太多，而土地肥力有限，因此作物的单位面积产量甚低，品质亦不良好，滥用土地的结果，遂令已耕之地，亦须休息一年或二三年始可再种。此外，各地每年所种的作物，也不相同，大多隔三年轮种一次，例如英吉沙一带，第一年种小麦，第二年种玉米，第三年种甜瓜，莎车一带，第一年种棉花，第二年种玉米，第三年种小麦；但水稻田则无轮种的现象。

该区沃野所栽培的作物，当以小麦、玉米、稻米、棉花及水果为主，小麦与玉米为主要食粮，小麦多产于盆地西部较大的沃野，例如疏勒沃野，全部耕地面积为1 791 000亩，小麦耕地即独占895 000亩，约当全部耕地面积之半，他若阿克苏、莎车、和阗等沃野，小麦耕地也各占全部耕地四分之一左右，盆地中所种的小麦，亦分冬麦与春麦两种，冬麦于九月上旬播种，春麦于三月上旬播种，然二者皆于七月中旬收割。玉米的产地较为普遍，多于六月中旬播种，十月中旬收获，其耕地面积仅次于小麦，就中以莎车沃野为最多，而所产玉米数量也最佳。稻米因需水较多，故阿克苏沃野便成为该区稻米首要产地，此外莎车、和阗等沃野，也有稻米生产，因此各地果树的栽培甚盛，贫者以此谋生，富者兼以观赏，夏秋之交，进入回村，回人辄先以瓜果敬客，各种水果之中，产地最广产量最多者为杏，他如桃、梨、苹果、沙枣、木瓜、石榴、樱桃、胡桃、以及无花果之属，也莫不皆备。

塔里木盆地又有蚕丝之利，和阗沃野，丝产颇盛，居民利用雪水洗丝，因之色泽特佳。

吐鲁番盆地的灌溉水源，也赖高山夏季融化的雪水，但因其地气候太热，蒸发过强，沿途消耗甚巨，及其流入中央平原，为量已极有限，每感不敷应用，于是人民多利用坎井灌田，开掘坎井的方法，系在中央平原或山麓砾石带内，约离农田十数公里处选一地面坡度最大的直线，先在地下挖掘一沟，长数十公尺，沟的坡度务必小于地面的坡度，沟的一端，露出地面，另一端穿入地下，再在地面凿一直井，使其与地下横沟相通，自此趋向上游，地下每继续挖沟一段,地面即加一个直井,井与井间的距离,通常为三或五公里不等,横沟直径约两三公尺,可容二人行走,沟井相连,最后地势愈高,所掘横沟愈远,所凿直井也愈深,当地下横沟到达潜水层时,则地下潜水即可径由暗渠顺坡而出,直到渠口,则流出而为明渠,农民便可引以灌溉。

坎井的建筑费用浩大,富有者固可独筑一道或数道,但通常皆数家乃至数十家合置一道,并且也有专以凿坎井出租取利为职业的,雪水为吐鲁番盆地沃野农业的生命线,而坎井便是农民的主要财产;中央平原北部边缘,水量最富,坎井最多,因之沃野面积也较大,例如吐鲁番、喀拉和卓、胜金、鄯善等较大沃野,均偏于中央平原的北边。

该区沃野的土地利用,多栽培稻、麦、棉花与水果,其中以棉花与葡萄最著名。灌溉沃野既全赖雪水而不恃雨水,故农民希望天晴,因为天晴日照强烈,高山积雪可以大量融化,农田用水不愁缺乏,反之如多风雨,则必忧虑荒年,一因雪水减少无法灌田,一因棉花畏风而葡萄怕雨。

五、西北沃野农业的展望

本文所包括的河西走廊、塔里木盆地与吐鲁番盆地,全部面积达1 148 000方公里,几为浙江省面积的12倍,居民仅4 168 000人,不及浙江省人口五分之一,平均人口密度,每方公里不足4人,较之每方公里在500人以上的太湖流域,实有天壤之别,西北土旷人稀,以致守土无人,一切建设事业,也因人力的缺乏而受限制,由于国防与经济上的理由,移民西北实属刻不容缓,然一地可能容纳的人口数量,应视单位面积土地的生产力而定,不能仅就绝对数字遽加论断,沙漠区域平均的人口密度虽小,但沃野中实际耕地的人烟已甚稠密,今后此等区域的耕地面积若不增加,大量移民殆不可能。

增加耕地面积,必须有充分的水源,高山雪水,为沃野农业的命脉所系,各处灌溉制度虽颇严密,但农民用水并非绝对经济,农闲时节,流失尤多,据一般估计,每秒1立升的渠水可灌田一公顷,目前该区各主要沃野,每一公顷耕地所用渠水多在每秒2立升左右,殊属浪费,例如疏勒沃野为每秒1.6立升,莎车沃野为每秒2.0立升,阿克苏沃野为每秒2.1立升,和阗沃野为每秒2.5立升,此后如能节省用水,使其达成每秒一立升渠水灌田一公顷的标准,则耕地面积当可较目前增加一倍。

　　灌溉渠道的水量,仅为高山雪水之一部,雪水出山以后,未入渠道之前,一部即遗漏砾石带中,一部乃为蒸发散失,洪水时期,浸流横溢,非但未能利用,反而蒙受其害,他日若能建设新式水利工程,实行科学管理,保护山区森林,涵养水源,使雪水滴点无弃,耕地大致又可增加一倍。据作者估计,西北沃野农业区域可能增加的耕地,约为现有耕地的 2 倍,计 35 000 000 亩,可能增加的人口,亦为现有人口的 2 倍,约 8 000 000 人。根据历史记载,西北沃野农业有〔昔〕时实较现在发达,而人口也较现在为多,例如敦煌在汉代的时候,移民即达 39 000 人,清道光年间更多至 90 000 人,其后历经变化,移民相率逃亡,至今仅有 27 000 余人;安西在道光年间,居民约达 7 万,于今乃仅 2 万人;100 年前,河西人口号称 300 万,今日则仅有 100 万,较之过去,仅及三分之一,因为居民逃亡,耕地也必随之荒弃,酒泉在昔盛时,灌溉水田达 147 万亩,目前的水田则俱为 20 万亩,不及过去七分之一,这些史实,足证西北沃野区域耕地与人口仅有增加的可能,惟可能增加的数量,原有一定限度,往昔中外学者,对于西北沃野农业的前途,常抱极大的奢望,如英人薛□格氏(R. C. F. Schomberg)竟称塔里木盆地一区,即可容纳 160 000 000 人,实属过于乐观。

原载《中农月刊》1944 年第 5 卷第 5、6 期合刊

地下水与西北灌溉问题

黄汲清

一、所谓西北万井计划

监察院院长于右任先生前年考察西北归来,鉴于陕甘各省之极度缺水,主张在西北各地普遍的凿井,他的主张曾在报纸上宣扬一时,并且据说他还有更具体的十年万井计划。笔者一向热心讨论西北复兴问题,对于这样的贤明计划不但十分赞成,而且希望它能早日实现。不能不令人惊异的是这计划不出于一般自命为专家之手,而由年高望重公务十分繁忙的于院长提倡拟定。我们除对他表示敬意外,免不了要问一句我们的专家们哪里去了?后来听说万井计划果然引起"专家"的注意,所以去年在兰州举行的全国工程师学会年会,居然把这个计划的研讨列入会程。研讨的结果如何,局外人无从获悉,不过笔者要指出的是,万井计划之实施决不是工程师所能一手解决的。工程师自然可以参加一部分工作,但只是一部分,而且是最后的一部分。最重要的先决问题属于测量、地质和土壤的范围,而有关地质学的部分更不能予以抹杀。笔者借此机会想在本文说明凿井与地质的关系和西北地下水灌溉之可能。

我们不要忘了地下水灌溉问题早经政府当局密切注意。民国二十二三年行政院曾有农村复兴委员会之设,委员会之一部分任务,就是在调查和研究地下水,并且曾有一部分地质学人在华北开始"水源地质"之研究。不幸这样工作因故终止,后来竟被视为不急之务,爽性就没人再提起了。现在于先生又重新登高一呼,自信对此问题能有贡献的人们自应随声响应。笔者是响应者之一,希望国内有心人士作更进一步的研讨,则本文之作可以算达到抛砖引玉的目的了。

二、什么是地下水

地下水又叫潜水，是对地面水而言。地面水就是河流湖泊里的水，是看得见的；地下水潜伏在地面之下，自然看不见，但是如果我们在地上打一个井，到一定深度时，就有水出现，这就是地下水。我们知道水井的深度各处不一，例如成都平原里的井，大都不过一丈深，在西安的井就深多了，在西北沙漠地方的水井有时深达十余丈。就在一个地方地下水亦随地有深浅。地下水的来源是雨水或河水。天上降下来的雨水，一部分随即蒸发，一部分顺地势洼下处流积成溪，还有一大部分，透入土壤和岩石的小孔隙，依地心吸力往下渗透，到一定的深度，不能再进，就停留下来，使那里的岩石或土壤达到饱和之程度，于是造成一饱和带，饱和带之上界通常叫作潜水面，我们在井中所见到的水面就是潜水面。一般说来潜水面依地形之高低而有高低，俗话所谓"山高水高"倒与此事实暗合。在湖泊或河流之傍潜水面到达地面，顺沟谷而上，潜水面亦上升，不过上升坡度不及地形坡度之大，所以地形愈高，地面与潜水面相去愈远。

地球表面的岩石多少都有透水性，一般说来，砂岩最易透水，细砂岩次之，泥岩或黏土差不多算是不透水。地下水到了砂岩里面，顺岩石的倾斜而流动，久而久之，可以把一层厚数公尺的砂岩小孔隙灌满而成饱和。要达这饱和的境地，必需砂岩上下都有不透水层例如黏土页岩等，使砂岩里的水不致外溢或下降到另一地层里。这样的含水砂岩我们叫含水层，不过含水层不必一定要砂岩，其他岩石如砂砾、石灰岩、白云岩，乃至火成岩都可以成为含水层，那要看各种岩石的特性和构造而定。含水层在各地都可以找到，尤其在气候潮湿的地方如四川、云南，含水层是特别的多，在西北干燥区域，含水层较少，但也并不是不可以发现的。含水层离地面深浅不一，有时可以深到几千尺。我们如懂得一地方的地质构造，不难选定适宜地点打一深井，下达含水地层，于是地下水就流到井中。如果地下水的"水头"够高，它将灌满此井而自然流出地面，成为自流井。有时水源特富水头特高，地下水可以从井里喷出，成为美丽的喷泉。例如北平燕京大学的洋井，挖成的时候就是一个气势雄壮的喷泉。不过喷泉的高度在挖成后短时期之内难免要下降的。

三、地下水与人生

中国人最讲究"吃"而最不讲究"饮"。虽然历史上曾有骚人墨士坚持名茶非名水不烹,这只限于苏东坡黄山谷几个特殊人物,一般老百姓是见水就喝,不论优劣。以四川来说,靠近河边的居民虽然可以享用较为清洁的河水,不靠河居住的人民大多数都免不了拿塘水或田水做饮料。就重庆附近迁建区而言,试问能有多少公务员不被逼迫喝田水的?有时虽说有井,这样的井往往与田水自由交通,其不能保持清洁不待烦言。在西北各省连塘水田水都不可得,而有所谓涝池之设。所谓涝池者真是臭水一坑,而且有时所含盐质之多,几令人不能置信。所以从饮水的观点言,中国人的生活标准与欧美新式国家相比,其相差恐怕较食物营养标准之差别更大!有人要说水里的病菌是可以煮死的,只要我们坚持喝开水就没有问题。殊不知天天用污浊的水,真使人防不胜防,还有病菌纵可以煮死,于人有害的盐类是煮不去的。笔者深觉饮水问题在战后的新中国尤其在各大城市,将是一个急切需要解决的问题。

在欧美新式国家,大城市的饮水自然靠自来水设备,小城镇和乡村的饮水则多取给于水井,就是所谓洋井,这样的水来自地下含水层,绝对没有病菌,而且含适量的有益矿质,是最适宜的饮料。夸大的说,这样的水喝了可以"延年益寿"。所以外国人到了北平,不但感觉一般的井水不能喝,而且认为自来水也不可靠,于是不惜工资大打洋井。由此看来,地下水与人生有密切的关系,在欧美早已被承认,因而有水源地质之研究,由政府训练许多的水源地质专家,来解决地下水的种种问题。这样工作在美国做得很多,有不少的专门论文出版,他们还编制水源地质详图,确定含水层的分布与位置,一般人只需按图索骥,就可以在他们自己的园地里开凿洋井。

地下水不但可以供给饮料,而且可以用于灌溉。在雨量丰富的区域,如四川,如湖南,凿井灌田的办法,自然不免被人讪笑为"多此一举";在干燥区域,老天爷不下雨,既没有河流又没有泉水,我们如能充分利用地下水,那不是大众欢迎的一件事吗?美国的阿利宗那省有不少沙漠地带,而图爽城外青葱一片，人到其间有如世外桃源，原来这里不少的园地是用地下水灌溉的。笔者在特克洒斯西部也曾注意到，满布仙人掌树的沙漠地里，随时出现点点绿洲，试一考察，才知道这些绿洲全靠洋井生活。有时洋井水面太低不用抽水机时，他们会利用风力推动风车抽水。一个井的灌溉面积虽属有限，多数井的力量自然可观。

四、西北各省水之缺乏与农田灌溉之困难

从陕北到帕米尔高原，从大青山到昆仑山和秦岭，所谓地大物博的大西北，一致的缺乏水。老百姓不但感觉没有水灌田，而且常常觉得没有水吃，所以有涝池之设。有时连涝池设备也不可能，他们只有盲目的凿井，得到一点碱而又苦的水，竟视同玉液琼浆！没有到过西北的人，真梦想不到水之如何不易得。在河西内陆流域和塔里木盆地边沿，有时一个骆驼队日行百里，看不见一条河，也看不见一个井。从吐鲁番洼地到博斯腾泊洼地数百里之间，除苏巴什沟和库木什的泉水，以及榆树沟里一二苦水井而外，没有一个地方找得到水。安西到敦煌四站路之间只有三个碱水井，每个井代表一站路。敦煌到若羌一千多里地差不多找不到水，也就找不到人家。所以西北农田受地形土壤之限制小，受水的限制特别大。可以说所有农田，除极少数外，全靠人工灌溉。在西北没有灌溉就没有农田。近年来因为一部分灌溉计划之成功，于是凿渠计划在西北各省有风起云涌之势，大家似乎相信，只要能多多的开修堰渠，沙漠就可以变绿洲，黄土高原就可以成肥田，这实在是过分乐观的看法。据笔者看来，西北灌溉事业受水量、地形、土壤等限制，其前途之发展决不如我们想象那么顺利，请言其故。

我们不妨把西北可能种植的地面分为两大类：一是黄土西北，一是戈壁西北。黄土西北在长城以南，而以兰州天水一段为代表。这儿黄土常常成为台地，最低的离河面不下数十公尺，最高的可达数百公尺，这些台地通常被深沟下切，成为无数与主河多少成直交的峡谷。我们要想引河里的水上黄土高原已经是大不易事，纵使办到，这样的河渠又如何能够"飞渡"成千的深沟呢？所以引河水以灌溉黄土台地几乎是不可能。一般河渠灌溉的田亩，据笔者所知，限于大河旁的台地，通常高出河面不过三四十公尺，有时还要低一些。这

样的台地是冲积砂土和次积黄土(Redeposited loess)所造成,其时代较风成黄土更新,地质学家称之为皋兰期台地。皋兰期台地的范围有限,而且一大部分已经得灌溉之利。我们如能完成西北五万分之一军用地图,可资灌溉的皋兰期台地之总面积是容易计算的。

戈壁西北的面积较黄土西北更大,不过一般都缺乏壤土不宜种植。有所谓石头戈壁,地面虽属平坦,到处只是生根的岩石,例如从玉门到安西间的某一地段,有所谓石子戈壁,地面只见如拳如卵大的石子,纵横数十里全是此物,草木不生,野鸥不敢渡,从凉州到疏勒这样的戈壁大大小小何止万千!还有碱土戈壁,土壤中含多量的盐和碱,农作物无法生长其间,这样的地域常常靠近碱湖,湖水也不堪利用。除了这些不毛之地以外,剩下来可以耕种的地方真是少而又少,而况这可耕之地因为雨水之缺乏,实际上只有靠近河流的部分才被开垦,才成为沙漠里的乐园(西文 Oasis 译作绿洲,又作水草田,又作沃土)。乐园之最大者在甘肃有凉州、甘州、肃州、敦煌,在新疆有哈密、吐鲁番、库车、温宿、喀什、莎车、和阗等。这些乐园的生成,全赖人工灌溉,而且灌溉的方法与规模大都可以远溯汉唐。这种方法与规模都已臻完善之境吗?那自然还没有,所以新时代的工程师还大有用武之地。不过因受水和土之限制,无论如何改良,所能增加的农产究竟有限,大规模的移民是否可能实现是值得考虑的问题。

自然我们不得不承认大西北还有不少的河水尚未充分利用。地理学家亨廷顿认为昆仑山北麓有许多河流都流到戈壁滩里,未经丝毫的利用,是一件很可惜的事情。亨氏的说法虽不免夸大,其有一部分真理自不待言。如何善为利用这些水量是水利工程师的工作,就地质学言,属于地面水的范围,本文暂不多论。

五、西北之地下水

西北地面水灌溉之区域很小,其可能推广之范围亦属有限,我们现在来看看地下水是不是可以补救地面水之不足,为方便计,我们不妨分大西北的地下水为四大区域,就是黄土高原区、河西走廊区、天山区和昆仑山区。想要知道地下水分布情形,除了地层和构造之研究而外,还要特别注意泉水和水井之分布。西北的泉水很少人研究过,西北的水井都是土井,一般都很浅,而且也没有凿井记录,因此谈到西北之地下水,真有无从下手之感。兹仅就一般情形和笔者个人闻见,作一简括的讨论。

黄土高原区里黄土堆积甚厚,雨水降到黄土上面除蒸发与流走而外,透入土里的部分实在不多,而且只能下透三四尺,待天晴,黄土里的水又由毛细管上升到地面蒸发以去。所以黄土里不会有长期的饱和层,也就是没有固定潜水,纵有一点潜水也难供灌溉之用,而且因为含碱太多,也不适于家用。不过通常黄土底部常有砾石,这是最好的储水层。若是靠近大山这样的砾石层难免露出地面,因得收集雨水或山溪流水,而成为含水层。黄土位于砾石之上成为盖层,可以阻止潜水之外溢。黄土之下有时还有红土,红土底部往往亦有砾石,此种砾石亦可含水,而红土亦成为盖层。在纯粹黄土高原上面,因为水源不多,水头不足,黄土或红土的底砾石很难成为实际的含水层。不过在靠近大山一带,例如陕西终南山脚下的黄土,其底砾石含水的机会较多,或不失为可资利用的含水层。究竟如何,非实际凿井不得详知。

河西走廊的情形与黄土高原大异。走廊的南屏是高不可攀的祁连山,从这山里出来无数的河流。除几个主要的如甘州河北大河外,这些河流淌到山外的冲积扇上,顺疏松的砾石层而下,成为伏流,其实就是潜水的特别一种。这样的潜水面通常离地面不深,恐怕不过数十百公尺。有时愈离山远潜水面离地面愈近,在一定的地带竟可与地面相交,因而潜水重复流出地面成为泉水。例如嘉峪关的泉水水量甚大,可以推动几副水磨,关下农田全靠这泉水灌溉。详细考察才知道这泉水实是北大河的一个分流,在上游因为地势太平,河水就只能在河床里的石子层下面伏流,到了嘉峪关河身坡度突然变陡,潜水遂得露面。又如回回堡火烧沟一带的小村庄都靠近一些泉水,泉水的来源是南山脚下出来的白杨河。河水出山不久就潜入砾石,到回回堡一带因为地形适宜又重新出现。即以酒泉而论,地下水亦甚丰富,而且潜水面离地面很近,所以酒泉城内不难掘井。城东有名的"酒泉"虽只是细流涓涓,它的存在可以证明潜水而在此处已达地面。潜流重现的现象在河西似乎是很普遍的,而且多半已为当地的农民充分利用。值得注意的是潜流未出露的部分与永远不出现的潜流,纵使离地面很近,从未经人利用过,这实是很可宝贵的水源。

天山区的地下水情形与河西相似。东西绵亘数千里的天山山脉,把新疆划分成两部,北部是准噶尔盆地,南部是塔里木盆地。两盆地边沿靠山一带有连续不断的冲积扇,冲积砾石层从大山脚下向盆地方向延展达数十百里。无数的溪水从山上的冰川下流,到了冲积扇带也大部藏匿无踪,原来它们已透达砾石层的底层。在吐鲁番洼地这种现象最为明显,我们试一批阅斯坦因编制的"吐鲁番盆地地图"就可以一目了然。最值得注意的是潜水流到洼地中部,遇到有名的火焰山又重复出现,而且下切火焰山成为峡谷。峡谷里因为水源丰富,往往树木成荫,风景入〔如〕画,吐鲁番城东北的葡萄沟就是这样峡谷的代表。在天山北路乌苏线境内潜流重出的地方很多,从奎屯村经乌苏城以达四棵树,东面延展百余里的一条线上,到处都有泉水,我们不妨叫这条线为泉线。泉线代表潜水面露出地面之迹,而天山北路潜水之丰富亦可以见一般。笔者曾考察过奎屯村附近的泉水,约略估计其流量每秒钟可三四立方公尺。由这泉水所灌之田不下数百亩。

昆仑山脚的情形与天山多少相同,而且那里从大山下来的溪水更多,潜流的分布范围或当更为广阔。

六、新疆之坎儿井

吐鲁番一带的坎儿井是举世罕见的东西,我们如果称它为奇迹似乎并没有过分。原来吐鲁番可耕地的面积很大,可资灌溉的河水则甚少,为充分利用沃土计,当地居民乃有坎儿井之开凿。凿井方法异常巧妙。先从平地向山脚方向掘一明槽,因为地势略带斜坡,掘到相当距离之后,明槽之深度可达一丈余。于是舍明槽而继以地洞,洞愈往前进洞身离地面愈远。为通风和抛出泥土起见,在相当距离之内(通常三四丈不等)由平洞上凿直井以达地面,这样的直井就成了平洞的天窗。平洞继续前进直到一定的地下含水层方才停工,于是潜水顺平洞流出,"水到渠成"。这就是所谓坎儿井,坎儿井最长者可达十余公里,所开直井最多时可到三百个,最深的在百公尺左右。坎儿井水常常很大,周年四季流溢不绝。据估计吐鲁番鄯善一带,坎儿井在二百与三百之间,而由井水灌溉的田亩,数量竟与河水灌溉者相当,甚且过之!所以吐鲁番的富户,本地所谓巴易者,计算财产往往不说若干亩田,或若干石租,只说有多少坎儿井。

坎儿井的成功靠两件事。一是井外要有可资耕种的沃土,否则纵有大量的水亦无处利用。一是地下要有含水层。这样的含水层往往是造成山坡冲积扇的砾石,而砾石里潜水的来源是从博格多山下来的溪流。由于坎儿井之众多,与乎坎儿井水所灌田亩面积之大,我们不难想象天山脚下地下水之丰富。所可惜者这丰富的水源似乎大部还没被利用。

七、地下水灌溉之可能性

根据上面的讨论,我们可以把西北的地下水分为两大类:一是普通的地下水,一是潜伏在砾石层下面的河流,就是潜流。吐鲁番洼地的坎儿井水是潜流,乌苏的泉线是潜流,嘉峪关的巨量泉水也来自潜流,所以潜流在大西北是异常之重要。据笔者所知,天山南北坡地形和地质环境与吐鲁番相似的地方很多,昆仑山北麓适于凿坎儿井的区域想来亦复不少。为什么坎儿井只产生于吐鲁番洼地与哈密一带?为什么这样的巧妙方法不曾被普遍的采用?原因很简单。前面说过一个坎儿井有时长十余公里,直井数目可达二百。这无疑是一种巨大而艰苦的工程。这样的工程并不用工程师设计。他们开凿坎儿井不但用不着机器,也无须用火药"放炮",他们只用坎头曼(维人称铁锹为坎头曼)。他们日复一日、月复一月、年复一年的继续努力挖井,有志者事竟成,终究达到目的。坎儿井成功,沃田得灌溉之利,一年两熟的收成是可以计日而得的。所以凿井工作虽是旷日持久,虽是费用浩繁,而农产丰收所得确能补偿所失。这完全因为吐鲁番得天独厚,土地异常肥美,气候甚为适宜。在气候较差或土性较劣的区域,纵令坎儿井准可挖成,农产所得决不能偿所失,这种折本的工作,自然推行不广。由此看来,吐鲁番坎儿井之多,与吐鲁番以外的区域坎儿井之少,乃地理环境有以致之。

现在我们如果废止坎儿井而代以洋井,我们自无须开凿 10 余公里长的平洞,我们只要在可以种植地带以内的适宜地点打一直井,以到达潜伏在地下之含水层,使潜水喷流而出,这样一来,工程既简单,又节省,而且井成以后,管理和使用都很容易。笔者敢断言,这种洋井的费用较之坎儿井的费用相差"实不可以道里计"。自然,洋井有时或需甚深,例如二三百公尺,乃至四五百公尺,但是若与十余公里长的坎儿井比较,孰难孰易,似乎很为明显。我们如觉用新式钻机打水井太贵,则四川凿盐井的笨法也未尝不可以在天山瀚海间施展开来。这样工程的初步实施自带不少的冒险性,所以应由政府当局极力提倡试办,试办如有成效,老百姓自然会如法炮制的。

洋井代替坎儿井的办法如能实现,则此法不但可以适用于吐鲁番,还可以推行到天山南北路,昆仑山的北坡乃至祁连山的北坡河西走廊一带。我们相信,地质构造和吐鲁番相似的区域在大西北地面上不难找到许多,那么万井计划甚至十万井计划都有成功的可能。何处是适宜于凿洋井的地方?这问题属于地质学范围,而解答这问题的第一步工作是调查与研究。调查与研究不但是办理许多国家大事的起点,而且是许多事业成功的基石。我们相信,真正的政治家一定不"河汉斯言"。

最后笔者要声明的,我们并没有说地下水灌溉方法可以代替地面水灌溉方法,而是说前者可以补后者之不足。在西北灌溉工程上,地面水将永占最重要的位置,那是不容置疑的。不过在地面水穷于应付之时,或在根本没有地面水可资灌溉的地方,地下水有时确可以发挥特殊效能的。在西北,尤其在内陆流域的西北,丰富的地下水既属有望,我们为什么不设法予以充分利用呢?

原载《经济建设季刊》1944年第2卷第3期

经济部的战时工业建设

翁文灏

我国战时工业建设负有四个基本的任务：第一，增加军需原料和制品的生产，以提高国防能力；第二，增加出口物资的生产，以提高对外的支付能力；第三，增加日用必需品的生产，以安定人民的生活；第四，发展基本工矿业，以奠定工业化的基础。为了迅速有效地达成这四个基本的任务，经济部自始就以最大的努力，积极推行两大政策，即一方面用国家资本，在后方各省自行经办各种重要的工矿业，另一方面协助战区的重要民营工矿迁入内地，并奖励人民大量从事后方的工业投资。

国营事业的兴办，主要的系由经济部资源委员会依照计划负责进行，到目前为止，该会已设或筹设的工矿业已达70余个单位；其中已较有规模者，计工业29个单位、矿业22个单位、电业20个单位。工业方面，特别注重机械、电气、冶炼、化学等基本部门。矿业方面，特别注重开发和国防及易货有关的资源，如煤、铁、石油、铜、钨、锑、锡、汞等。电业方面，则特别注重后方各新兴工业中心的动力的供给，庶几动力的发展可以和整个的工业化之推进密切配合。为促进金矿增产，经济部附设采金局，民国二十九年度后方各省产金约共4 000万两。

民营事业的协助，主要的系由经济部工矿调整处负责推进。工矿调整处的前身是军事委员会工矿调整委员会。在这个委员会以前，还有一个上海工厂迁移监督委员会，成立于沪战发生以后，由资源委员会及军政、实业、交通等部派员参加。故上海的迁厂工作可以说是和战争同时开始的，以后战区日见扩大，迁移的工作遂亦随之扩展到无锡、苏州、鲁东、豫中、江西、湖北、湖南等地。当时兵荒马乱，笨重的件机辗转搬移，实非易事，负责办理的人员因此不得不设法利用一切可能的运输工具,以达成使命。拿当时运输最方便的长江来说,因轮船多已征作军用,故器材的输送大部分只得仰赖民船。大家知道,民船的运输能力非常低微,且易遭敌机的袭击,更因经过许多危滩深峡,木船往往出险;然而办理的人员都能不顾困难,英勇地完成了任务。尤其是在武汉撤退的时候,全体工厂均能依照计划,于最短的期间内,安然撤出,秩序井然,行动迅速,实在值得赞佩。

迁移的时候,政府特别注意机械、电器、化学等厂,因为这些工厂都能直接帮助兵工的制造。其他与民生有重要关系的各厂,如纱厂、面粉厂等也都尽先受到帮助。这些工厂都是依照政府的既定计划,分别迁到各指定区域,从事重建工作。政府除了低利放出大宗的贷款,供它们作迁建之用外,还自海外大量购储各种材料和协助技术员工内迁,以应各厂的需要;同时又颁布兵险法以保证各厂的器材,使其不受空袭的损失。

截至二十九年年底止,由政府奖助迁到后方的厂矿共有 450 个单位,器材的重量几达 12 万吨;由政府出资迁入的技工共计 12 000 余人,加之他方协助迁入者当不下 3 万余人。兹将过去三年迁到后方的机器和材料之累积吨数依照种类表列如下(单位为吨):

	二十七年底	二十八年底	二十九年底
煤矿业	4 833	6 268	7 457
钢铁工业	28 152	37 152	37 242
机械工业	5 162	13 254	18 587
电力及电器工业	3 052	5 300	5 375
纺织工业	26 150	30 822	32 116
化学工业	6 506	8 093	9 756
其他工业	6 228	5 148	5 842
总　计	77 083	106 037	116 375

经济部除了协助战区的民营厂矿内迁外,对于后方新的工矿事业亦多方加以奖励,奖励的方法可分四方面:(一)战前国府原有工业奖励法及特种工业保息及辅助条例公布,不过这两项法规,一则奖励的方法太少,只列五项,即减低或免除出口税,减低或免除原料税,减低国营交通事业之运输费,给予奖励金,获准在一定区域内享有五年以下之专制权;二则标准太高,即资本额

在国币 100 万元以上者,始得呈请保息或补助。二十七年十二月经济部呈奉国府明令公布非常时期工矿业奖助暂行条例,将上列两种缺点,加以矫正,关于奖励办法由五项加至九项。关于奖助标准,将实收资本 100 万元以上之限制取消,凡国人在后方所办有关国防民生之重要工矿业,实收资本已达必要数额,即可呈请奖助。(二)战前国府原公布有奖励工业技术暂行条例,其中主要之点,即受奖励者得享有专利权十年或五年。去年十一月,经济部又公布奖励工业技术补充办法,对于研究机械化学之物品或方法有发明者予以实验的便利,在实验期间,生活如有困难,经查明属实者,经济部得照技佐的俸给给以半年或一年的生活费。(三)经济部于二十八年二月公布小工业贷款暂行办法,凡经营纺织、制革、造纸、金属冶制、化学、陶瓷、农林产品制造等工业,资本在 1 万元至 5 万元之间者,可呈请经济部贷款。二十九年三月又公布小工业示范工厂暂行办法,在川康两省,设立制革、造纸、纺织、制糖、烛皂、玻璃等示范工厂,采用机器和手工混合制造,以便人民仿效。中央工业试验所对于工业改良及推广方面,均有贡献。(四)经济部又于二十九年三月呈奉国府令公布特种股份有限公司条例,此种公司由政府发起组织,准许本国人民或外国人认股,以便利私人参加国家的重要建设事业。依此条例成立的新公司,对于后方建设,颇有相当关系。

经济建设原是一件费时费事的工作,非短期间可以奏功。不过我们过去由于政府和人民多方努力,在短短的三年多中,居然在后方建立了 15 个新的工业中心区域。这真是一件值得兴奋的事。根据去年年底的统计,资本在 1 万元以上,劳工在 30 人以上的用动力的工厂,在这 15 个区域中,已达 1 354 家。其种类如下:

机器工业	312 家
冶炼工业	93 家
电器工业	47 家
化学工业	361 家
纺织工业	282 家
其他	259 家

我国战前的工业发展有两大缺点:一是各重要工厂都集中于沿江沿海的通都大邑,一是重工业的发展过于落后。经过这次的抗战,这两个缺点可以

说都已获得适当的矫正,这是最值得注意的。

过去三年多的建设工作,到底使后方的工矿产品增加到怎样一个程度,恐怕是国人最关心的一个问题。现在由于各地的小厂矿过于分散,生产数字不易搜集,对于后方工矿生产的总数还无法估计。但就以政府所能直接管辖的各重要厂矿来说,二十九年全年的出口价值,依照我们最近的估计,亦已达国币47万万元。其分配情形约如下表:

煤	114 000 000 元
铁及钢	127 000 000 元
金	28 000 000 元
铜	1 200 000 元
钨	65 000 000 元
锑	10 000 000 元
锡	160 000 000 元
汞	5 000 000 元
其他矿产	2 500 000 元
机器制造	67 000 000 元
电器制造	181 000 000 元
化学工业	1 438 000 000 元
纺织工业	1 736 000 000 元
食品工业	39 000 000 元
电　力	99 000 000 元
其　他	342 000 000 元
共　计	4 693 700 000 元

后方的工矿建设现正在积极推进中。将来筹设的各厂次第完成,已设的各厂努力改进,生产的数字自然还要激增起来。最近八中全会通过了一个战时三年建设计划大纲,对于今后的经济建设工作定有重要方针,详细办法正在分途促进,要使后方的工业化更进到一个新的阶段。

原载《中央周刊》1941 年第 3 卷第 42 期

中国工商经济的回顾与前瞻

翁文灏

一、战前工商经济之特征

自 1862 年逊清李鸿章、沈宝桢等展开经济革新运动,相继在上海、天津、武汉各地创办了几个兵工、机器、矿冶、纺织工厂以后,现代工业的新生命,即已在中国萌芽,迄今已应有 80 年的寿命了！在这 80 年中,经过了 1862(同治元年)至 1894 年(光绪二十年)的官力经营时期、1895 至 1900 年(光绪二十六年)的外力经营和 1901 至 1927 年(民国十六年)的民力经营时期(参见拙著《中国经济革新的回顾与前瞻》,新中华第三期),中国的民族工业,始终是龟行蜗步的在脆弱、艰苦之中兜着圈子。其间虽一度食第一次世界大战之赐,表现过繁荣的曙光,但终因当时企业家的缺乏远大眼光,使这方兴未艾的生机,变成了昙花一现。

中国新式商业的滥觞,也是 1842 年(道光二十三年)签订南京条约,开放五口通商以后的事。因当时外商络绎来华筹设所谓洋行,以营业逐渐发达,多在沪发行股票吸集资本,国人应募入股者甚多,风气因以渐开。迨及 1903 年(光绪二十九年)间,清廷立法定制,护助民营,制定公司律,民间公司组织始渐发展。当时注册之公司,其资本总额已达 46 248 000 元。其后商会同业公会之组织相继出现,旧式的商业组织乃日趋没落。民国八九年间,也曾以受世界大战的刺激,各种公司大为增加,其资本总额由民元之 110 888 000 遽升为 252 788 000 元。但不久也是好景不长而遭遇了不景气的命运！

1927 年国民政府定鼎南京,即努力于关税自主,裁除厘金,改革币制,发展银行,开拓交通,因之国内工商业也呈现着欣欣向荣之气象。惟可惜为时不久,即又遭受了日寇的摧残,使其刚刚建立起来的基础,复整个趋于动摇!

我们试纵观战前的中国工商经济,可以发现它有三个特点。

第一,在工业的构成上,是轻工业比率的庞大。依据实业部工厂登记统计,自民二十一年五月起至二十六年止,已登记的工厂有 3 935 家,资本总额有 377 857 742 元,工人总数有 457 143 人,其业别的分配情形如下表:

工业类别	工厂数（家）	占工厂总数百分比	资本数（元）	占资本总数百分比	工人数（人）	占工人总数百分比
(一)水电工业	119	3.02	59 807 740	15.82	5 377	1.17
(二)冶炼工业	60	1.52	2 618 550	0.66	4 671	1.02
(三)机器工业	340	8.60	3 677 394	0.97	10 196	2.33
(四)电器工业	58	1.47	2 677 850	0.71	4 534	0.99
(五)军械工业	3	0.07	423 000	0.11	316	0.23
(六)化学工业	708	17.99	47 927 604	12.70	47 131	10.31
(七)食用工业	920	23.38	48 373 447	12.80	23 398	5.12
(八)纺织工业	833	22.43	135 877 090	35.96	259 686	56.70
(九)其他工业	844	21.48	76 395 067	20.24	101 834	22.23
总 计	3 935	100.00	377 857 742	100.00	457 143	100.00

表列第一至五项为重工业,第七、八两项为轻工业,第六项虽兼包轻重两种工业,但据吾人所知,重化学工业可谓绝无仅有。第九项包括金属品、木材处理、土石品、烟草、服饰品、土木建筑、木竹藤草器、交通用品、文化、艺术、杂项等 11 种工业,亦绝少重工业。故仅举水电、冶炼、机器、电器、军械五种工业,即可据以测度当时重工业发展之程度。由上表可知,全国工厂以食用工业为最多,如与纺织、化学两种工业合计,竟达工厂总数的五分之三以上。而五项重工业合计,则仅及 14.72%。如依资金数额分析,仅纺织工业一项,即已占总额三分之一而强;如与食用工业合计,几占总额之一半(48.76%)。而五项重工业则尚不及五分之一,冶炼、机器、电器、军械四者,且均在百分之一以下。再依工人人数比较,仅纺织工业一项即已囊括半数以上,而五种重工业则仅达百分之五。中国重工业的贫弱,由此可见!

第二,在工业分布上,是沿江海地区密集度的过高。我们如再将前举实业部于战前登记的 3 935 家工厂依地域别加以分析,则可知当时工业分布的情形如下表:

地域别	工厂数(家)	资本数(元)	地域别	工厂数(家)	资本数(元)
上海	1 235	148 464 463	广东	101	1 427 738
浙江	783	26 183 976	天津	44	11 755 000
江苏	318	39 562 718	威海卫	43	215 645
福建	170	3 843 370	河北	19	22 049 700
青岛	148	6 051 090	其他	937	122 316 543
山东	137	23 308 149	总计	3935	377 857 742

表列六省三市一特区都是沿海地区，其工厂数已占全数76.9%（2 998家）。而上海、江苏、浙江这块三角地带，尤为工厂密集之区，其工厂数可占到总数的56%（2 336家），且仅上海一隅，即已达总数的三分之一以上。其次，我们更不能忽略，在其他各地的937家工厂中，尚有南京市102家，北平市101家，湖北省206家，安徽省2家，山西省91家，河南省91家，现在也大都陷在敌占区内。所以当时真正存在于西南、西北后方的，不过300多家而已。可见战前工业区位分布是如何不平衡了！至于各种新式商业之集中于沿江海的都市，则更不待言。

第三，在企业组织上，是旧式企业成分的较大。依据资源委员会二十一年的《中国工业调查》所载，当时全国合于工厂法之工厂凡2 435家，其企业组织类别有如下表：

组织类别	家数	百分比
（一）独资	561	20.34
（二）合伙	994	40.82
（三）公司	682	28.01
（四）政府经营及其他	198	8.13
合计	2 435	100.00

观上表，合伙、独资两种企业，共占到全数61.16%，而公司组织者尚不及全数的三分之一和前两项的一半。至于其不合工厂法之工厂作坊及一般商业，则更少公司组织了！

由于公司企业的较少，一般工商企业的规模，也都很微小。我们如再将前引实业部工厂登记统计中各业工厂数和其资金数加以比较，则可以求出其每一工厂之平均资本数，如下表：

工业类别	每厂平均资本数(元)	工业类别	每厂平均资本数(元)
水电工业	502 527	化学工业	67 793
冶炼工业	43 642	合电工业	52 579
机器工业	10 817	纺织工业	153 881
电器工业	46 169	其他	90 515
军械工业	141 000	合计	96 024

观上表，可知中国各业工业，每厂平均资本数，仅为96 000元，除水电、军械、纺织三种外，其余工业之每厂平均资本，则均在四五万元之间，而为一切工业之母的机器工业，其平均资本竟仅及万元，规模之小，实在可怜！

除以上三点，战前中国工商业以受到不平等条约的束缚，一方面要应付在华外厂的压倒式的竞争，如民国二十四年全国495万余纱锭中，日资占了194万，英资占了20万，英日合起来占去了全数的44%；而在同年全国48 000余布机中，日英合起来共占了25 000余台，约当全数的53%。另一方面还要直接地受到外资的钳制，甚至其出品都要送往国外。如大冶铁矿自1893(光绪十九年)至1934年(民二十三年)共产铁砂1 100万吨，运至日本的却有750万吨。象鼻山铁矿自1919(民八年)至1934年共产铁砂185万吨，运往日本的倒有141万吨。安徽繁昌各矿的出品，更是全部为席卷以去。这也是我们应指出的一点。

二、战时工商经济之演变

抗战给予中国的新兴工商业以沉重的打击，同时，也给予它以再苏的新机。首先，一个有史以来最伟大、最艰巨的厂矿内迁运动展开了，无数吨钢铁的行列，从敌人炮火的火网里由江海沿岸万里长征，迁徙到西南大后方。继之，在政府领导之下的内地工业建设运动也急剧发展。六年来，经朝野上下的惨淡经营，已在内地荒芜的高原上建立起若干新的工业中心和商业市场。因之，中国的工商经济在各方面都引起了很大的蜕变：

甲、属于工业方面者：

第一，是工业区位的拓展。依经济部民营重要工厂登记统计，自民二十七至三十一年止，其分布情形如下表：

位次	省市别	工厂数	位次	省市别	工厂数	位次	省市别	工厂数
1	重庆	781	8	云南	71	15	山西	15
2	四川	560	9	贵州	70	16	江苏	11
3	湖南	508	10	浙江	41	17	西康	7
4	广西	264	11	福建	31	18	绥远	7
5	陕西	233	12	河南	29	19	安徽	5
6	甘肃	108	13	广东	24		总计	2 807
7	江西	73	14	湖北	16			

由上可知，全国工厂有百分之九十以上是集中在西南的渝、川、康、湘、桂、滇、黔，西北的陕、甘一带。至国营各厂则更以渝、川、湘为最密集之区，所以今日的工业分布较战前已大见调整！

第二，是重工业比重的加大。依同一统计，后方民营工厂的业别分配情形如下表：

位次	业别	工厂家数	位次	业别	工厂家数
一	化学	847	五	冶炼	173
二	机器	812	六	电器	82
三	纺织	624	七	印刷文具	67
四	食用	231	八	其他	80

表中化学工业尚包括一部分重工业，如将后者剔出分列，则机器工业实可跃居第一位。其他如冶炼、电器各重工业，较战前的地位也渐见增高。如再益以国营各重工业的工厂及本表所未包括的民营电厂，则重工业的比重更可加大，此足为我国战时工业进步的表征。

第三，是公营事业的增加。战前据实业部调查，截至民二十四年止，全国公营工厂的资本总额为 30 297 729 元，占当时已登记的公营民营工厂资本总额的 11% 弱，实属微不足道！但至抗战以后，由于事实的需要，国营事业加速膨胀。单就资源委员会而论，其重工业部门的资本总额，已达 × 万万元。同时各省营的企业，也日益突飞猛进。三十一年经营此种省营企业者，已有川、康、湘、赣、桂、粤、闽、滇、黔、绥、浙、皖、苏、豫、陕、甘、宁等 17 省，全年营业收入总计已达 32 584 173 元。由此可看出中国的实业建设，正是往发达国家资本节制私人资本的民生主义的方向前进！

第四，是工业生产的加大。抗战以来，无论国营、民营工业，生产数字都是在扶摇直上。对此可援引工矿调整处编制的工业生产指数加以说明。看下表：

项目	二十七年	二十八年	二十九年	三十年	三十一年
总指数	100.00	130.72	185.85	242.96	302.17
(1)电力	100.00	135.88	205.01	261.04	291.65
(2)煤	100.00	109.15	119.50	169.87	207.10
(3)灰口铁	100.00	118.75	648.63	1 299.75	3 134.25
(4)铜	100.00	211.11	350.56	875.00	2 214.44
(5)电铜		100.00	282.75	159.50	127.33
(6)内燃机	100.00	151.09	529.09	706.36	715.09
(7)发电机	100.00	71.18	1 217.47	1 809.61	1 747.16
(8)电动机	100.00	10 360.71	14 820.24	26 059.52	12 322.14
(9)工具机	100.00	204.52	296.39	367.47	340.66
(10)变压器	100.00	81.78	127.31	236.04	351.16
(11)水泥	100.00	230.80	246.50	124.18	193.38
(12)烧碱			100.00	300.48	359.81
(13)硫酸	100.00	72.49	251.76	367.65	392.76
(14)汽油	100.00	103.96	1 669.23	4 029.46	39 679.27
(15)酒精	100.00	264.31	1 489.77	1 767.37	2 566.43
(16)棉纱	100.00	142.37	277.25	387.52	718.97
(17)面粉	100.00	127.29	214.09	298.08	322.54

表列各项，除第16、17两项外，均为有关国防之产品，其增加以灰口铁、铜品、发电机、电动机、代汽油为最巨，足可窥知中国战时工业机械化、电气化的深度。同时还有应注意的一点，即许多战前后方不能生产的工业品，如灰口铁、电铜、汽油、烧碱、无线电收发报机、电话机等，现在都已有大量出产，这不能不说是战时工业的一大贡献！

第五，是工业技术水准的进步。战时工业技术的进步，可以从两方面加以观测：其一为经济部历年核准技术发明的专利案件统计，其二为各工厂在成品质量上的实际表现。关于前者我们可以看出最近一般工程学者的注意力已逐渐集中于机械工具、电气器具和化学品的设计与试验（据统计各年核准的专利案件累计：机械64件，化学品63件，电气器具35件），可与整个工业发展的趋向相吻合。关于后者，我们可以看出各工厂的工程人员都能不断的在实际工作中求创造求发明，在技术上颇多可称之表现。如以坩埚炼制高炭铜自硬风铜，以桐油制炼汽油，及煤低温蒸馏的试验，都已见成功。出口矿产之钨砂、精锡、纯锑的品质，都已能达到世界最高的标准。各机器厂成品的精度，也都能得到满意的收获。似此不过略举一二，已可想见一般技术水准进步的一斑！

第六，是工业联合组织的强化。在抗战中，由于事实的要求，政府对民营事业加以有计划的扶助与管制，因之如民营工厂之间的联合组织的趋势也日益强化。其联合的动机，或为社会性的，共谋事业之发展，如中国全国工业协会、迁川工厂联合会、国货厂商联合会、西南实业协会；或为经济性的，共谋营业之互助，对原料的自给、机械的利用、运输的疏畅、工作的承揽等，以群体力量加以解决，如过去的湘西楚胜染织联合公司、中国火柴原料厂（为川黔火柴工商联合会及中华火柴股份有限公司合组而成）等。此外，最近工矿调整处在×××新工业区督导工厂共同从事于公共事业之设备，如修码头、辟道路，建电厂，设给水公司，立学校、医院，也是工业联合组织的一个最好的例证。总之，今日中国进步的企业家，已咸能体认到民生主义的特殊精神，而以协调代竞争，以互助代孤立，以国家利益代个人利益，这也不能不说是一个可以欣慰的事实！

乙、属于商业方面者：

第七，是公司企业的扩展。伴随着工商业的发展，各地新公司的设立也如雨后春笋，大量增加。看下表：

公司类别	二十七年设立数	二十八年设立数	二十九年设立数	三十年设立数	三十一年设立数	总计
无限公司	10	34	48	73	19	184
两合公司	1	1	2	3		7
股份有限公司	91	107	198	320	233	949
股份两合公司			2	1		3
合　计	102	142	250	397	252	1 143

此外，尚有一种特种股份有限公司，即政府资本与社会资本合组之公司，尚未计算在内，由此也可看出公司企业的发展情形了！

第八，是公营贸易的发展。由于配合战时物资管制政策的实施，公营的贸易事业也渐渐发展。其一为出口物品的统购统销，如资源委员会对于钨、汞、锡、锑，贸易委员会对桐油、茶、猪鬃。其二是重要消费品的专卖，如各专卖局的盐、糖、火柴、卷烟等。其三是日用必需品的平价购销，如日用必需品管理处的食油、纸张，燃料管理处的煤炭，花纱布管制局的棉花、棉纱、布匹。其四是工业原料器材的统筹配销，如工矿调整处的土铁、烧碱、水泥、燃料、染剂等。

第九，是同业组织的加强。为了推行限价政策，政府对各同业公会及商会的管辖随之加强。特别是对于日用必需品商业，一方面限定各业商人组设公司行号，加入同业团体，一方面并赋予同业公会以督导同业交易，推行平价，取缔居奇等"目的事业"的权责。所以各种商业的同业组织较战前已加强很多。

丙，属于工商及其他企业者：

第十，是混合企业的发展。目前各种企业，以联合组织，除同业的联合以外，还有一种将不同的企业同置于一个管理权之下的趋向，就是所谓混合企业。如省营企业中贵州企业公司包括电机、化学、矿业、信托及运销等部，广西企业公司包括□□土厂、炼铁厂、煤矿、金矿、农林、牧场、贸易公司、桂林国货公司等。其他各省也多系如此。在民营企业中，如华西建设公司包括农林、牧畜、工矿、贸易等部，宝源公司包括煤矿、运输、工业、地产等部，其余如中国兴业公司、华府企业公司等不胜枚举。此亦可引为战时工商经济之特征。

三、战后工商经济的展望

战后我领土主权完全收复，诚为复兴振作绝好机会。时乎不再，我举国上下，必须把握时机，群策群力，以从事于近代之建设。

惟战后建设，问题繁多，尚有待于国内有识人士之研讨，当非本文所能尽言。兹仅略发绪论，以供研究此问题者之参考。

第一，工业区位必须有统筹规划。我国战前工业分布之不当，已具见前述。抗战后虽在西南西北后方重新缔造，建立新工业中心多处，然此种建设大都系迫于时势需要，利在速成，未必尽合经济条件。将来设战事停止，运输畅通，生产恢复常态，则战时称盛之事业，势必因工本过高而不易支持长久。恐今日所为，决不能悉视国家宏远之建设。是以战后对工业区位之分布，必须参酌各地资源、交通、市场及国防等实际条件，重新通盘筹划，使国防工业与民生工业，悉能充分合理发展。

第二，工业生产必须有预定目标。战后建设必须为计划经济之建设，因之工业生产亦必须为有计划之生产。无论为国营省营或民营工业，其生产品种类、数量、品质，均应由政府统筹规定。如对于充实本国国民衣食用途所必需之面粉、纱布，对于为发展吾国建设能力所必需之煤、铜、水泥、汽油、电力，对于为供应各种交通用具所必需之车、船、电讯器材，及对于制造各种工业要件，追取时代进步所必需之发电机、蒸汽透平、硫酸等，各应生产若干，品质之标准如何，均有待于政府之规划决定。

原载《资源委员会公报》1943年第5卷第2期

抗战期内中国实业概况

翁文灏

自九一八事变以后，吾国政府凛于外患之深，国防需要之切，埋头工作，以期增强国力，故抗战前夕，中国经济正在迈步上进之途经。当时政治方面，国内已现统一曙光，中央法令及制度，已可通行于各省。法币政策，经一年余努力及友邦赞助，已告成功，在此种环境之下，中国工业自萌芽新生命，民间工业，在沿江沿海各大都市亦继续进行。政府方面，于民国二十五年七月起实行重工业三年计划，其内容共有十点：（一）统制钨锑，同时筹划制造钨铁；（二）建设湘潭的下摄司钢铁厂，期能年产30万吨；（三）开发宁乡及茶陵铁矿；（四）开发大冶、阳新及彭县铜矿，同时建设炼铜厂；（五）筹划改善开发水口山铅锌矿；（六）开发高坑、天河及谭家山煤矿，补充华中、华南产煤之不足；（七）筹建江西煤炼油厂，同时开发延川、延长及巴县油矿；（八）筹建氮气厂，制造硫酸铔及硫酸、硝酸，以为兵工之用；（九）建设机器厂，包括发动机厂原动力机厂及工具机厂；（十）建设电工器材厂，包括电线厂、电管厂、电话厂及电机厂，又设立无线电机制造厂。此计划仅为中国大规模工业化之一个始基，自更需第二第三个计划建设中国，使成为现代化的国家。

迨民国二十六年夏间，抗战事起，政府在经济动员方面首先从事两种工作：一为工矿设备之内迁及其重新建设，二为经济管制工作之开始实行。关于前者，因鉴于战前中国新式设备多集中于沿海各地或长江下游，内地各处之生产绝少机械设备，远不足以供长期抗战之需要，故决定尽量内迁，以厚实力。又恐私人经营工业者囿于程途，绌于资本，以致怠于远迁，故政府自始允助运输，并贷资金，以资鼓励，由工矿调整处认真办理。自抗战年起，至民国二十九年底止，内迁工厂639家，其中经由政府助迁者共448家，按业别言，其中计有钢铁工业2家、机械工业230家、电器制造41家、化学工业62家、纺织工业115家、饮食品工业54家、教育用品工业81家、矿业8家、其他工业54家。内迁器材共计12万吨。内地以四川、陕西、湖南、广西、云南容纳新迁事业为数最多。同时对于若干基本工业原有设备尚感不足者,政府特设法购置外国机械。此项新添设备,以资源委员会所管国营厂矿为数最多,当共达20 000吨左右。因此努力,遂在内地建成新设工矿中心多处。凡如四川之重庆、成都、自流井、威远、嘉定、五通桥、犍为、宜宾、泸州、内江、资中、綦江、南川、长寿、万县,云南之昆明、个旧、会泽、巧家、宣威,贵州之贵阳,广西之柳州、桂林、全州,湖南之祁阳、衡阳、零陵、沅陵、辰谿,陕西之西安、咸阳、汉中、宝鸡,甘肃之兰州、永登、玉门,青海之西宁,西康之会理、西昌等地之厂矿,皆在战期内缔造建置。

此项建设之成效,可以民营事业所得之生产力量作为标准。就棉纱言,后方战前(二十七年度之数为准)年产29 700余件,至三十一年度已能产12万件,即增多四倍;就面粉言,自每年150万袋增至480万袋,计增三倍又半;就皮革言,自每年56 000张增至102 000余张,计增二倍;就硫酸言,自每年170吨增至670吨,计增四倍;就纯碱言,自每年320吨增至1 360吨,计增四倍有奇;就肥皂言,自每年82 000箱增至40万箱,计增五倍;就机制纸言,自每年14 400令增至252 000令,计增十七倍;就煤言,自每年260万吨增至540万吨,计增一倍;灰口铁自每年800吨,增至12 000吨,计增十五倍;钢自每年180吨增至2 300吨,计增十二倍有奇;水泥自每年12万桶,增至23万余桶,计增二倍。凡此皆就后方战前及民国三十一年生产能力互相比较,而确见已有长足进步,此项进步特可重视者,尤在后方制造力量之提高。良以战前后方设备极少,故仅能年制原动力机600马力、工具机300部。至三十一年度,则一跃而能年制原动力机3 800马力。抗战五年间,共已制成动力机一万零二百数十马力,又三十一年度共制工具机1 000部,抗战五年间共已制成工具机4 030余部。在此五年中,民营各厂制成者,又有发电机共8 010余度,电动机共10 400马力,故后方之制造能力,藉以年益加强,产品中有因国营民营共为努力,遂使战前所未有而战时充分增添者,例如在三十一年时,电铜600吨,汽油200万加仑,酒精700万加仑,无线电收发报机1 400架,报话机2 000余架,此皆对于抗战急需极为重要之物品,其所以克能生产者,极赖主管机关精心推动,而由专门人才辛勤规划,期见成效。

惟有应注意者,战时建设,利在速成,而因限于敌军封锁,运输困难,物资之数量有限,故事业之规模,亦不易充分发挥,例如钢铁出产以及其轧制方法,均远不足以语建国意义。而且功在早成,以济急需,往往未计工本,故如酒精数百万加仑,由桐油提炼汽油、柴油,供应内地卡车,诚极有益,但俟战事停止,运输通畅,则战时称盛之事业,势必因工本过高而不易支持长久。此又纯为战时生产难免之现象,而不可以为国家宏远之建设。但其中有引为深慰者,国营工矿电业,在抗战时期认真实施,自民国二十六年至三十一年六年之间,在内地素无基础之地方,从头建设,已颇有数量可观。新建电厂发电至2 300余万度,新添汽油至200万加仑,润滑油至36 000加仑,酒精至235万加仑,煤至76万吨,生铁至14万吨,铜至1 700吨,电铜560吨,动力机至3 000千瓦,电动机至7 000马力,变压机至11 000伏安,工具机至120部,铜铁电线至400吨,无线电收发报机至1 770架,电话机至1 265部,电子管至20 000只,干电池至448 000只,磁碍子至140万只。试以此项数量与上述后方之整个产量(国营民营皆并计在内)比较观之,即见电铜、汽油、润滑油、电线、电子管、磁碍子等,殆全赖国营事业供应。酒精、铁、钢、湘、滇及岷江之煤,国营事业之所生产者,亦占重要成分。动力机、电话机、收发报机国营生产者,达总数之半乃至四分之三。战时小试其端,已足见国营事业确有成效可期。且在此抗战时以政府有计划的推进,国营以重工业为先,民营以轻工业为主,分途进行,又复相辅相成,亦已具有规辙,亦即此可以证明国父所主张之国有方针,诚为吾国建设时代所不可或忽。

原载翁文灏著:《中国经济建设概论》第四部分,1944年3月印行

战时经济建设概况

傅润华

第一节　厂矿西迁

就战时的工业而言,在七七事变前,据比较可靠之估计,战争前夕工厂总数(不包括东北)超过 10 000 家,动力超过 200 万马力,资本不下 20 亿元,劳工超过 160 余万人,产值超过 47 亿元。战争既起,中国工业发展之经过,概言之,可分下列三点,即战区与陷区之损失、前方工厂之后迁与后方工业之勃兴。

战区工业遭毁坏、拆卸、变卖、掠夺及没收等之直接损失极大,上海一地,被毁工厂 2 000 余家,损失约 8 万万元。若假定上海工业占全国之半,则沿海各省沦陷后,损失当甚可观。加以日人统制原料,操纵汇价,推销日货,以及恐怖骚扰等,工业界蒙受之间接损失,尚不在内。至于二十七八年间上海之变态繁荣,一则由于市区人口之骤增,再则由于后方采购之巨大。但终因人民购买力减退,及后方交通隔阻而衰微,少数投机利润,终不抵国民经济的损失。

抗战初期,政府自上海一带迁移大批工厂,先至湘鄂二省,继迁四川与云贵等地,而以四川为最多。鄂、湘、豫原有工厂,也有迁设于后方者,迁移费用且皆由政府负担,到达后方后,政府更贷与资金,供给技术人员,并为招募工人。工人之在陷区招募者,政府并担负旅费、安家费及他种便利。另一方面,政府对迁移各厂矿之生产则加以督导,使与战时之需要相配合。总计内迁工

厂,截至二十八年底止共 410 家。略如下表所列:

中国抗战初期内迁工厂统计表

(民国二十六年—二十八年)资料来源:经济部统计处

业别	钢铁	机械	电工	化工	纺织	食品	文化	其他	合计
厂数	1	168	28	54	92	22	31	14	410
技工(人)	360	5 588	684	1 376	1 603	549	606	270	11 036
原料与机器运输(吨)	1 152	13 255	5 300	8 093	30 822	3 213	1 374	560	63 769

据此,内迁工厂约占全国合于工厂法规之工厂总数 17%。其中规模较大者,有扬子、汉阳等铁厂,震寰、申新等纱厂,龙章纸厂,华生、华兴、中国实业等机器厂。民国二十九年以后,湘、赣等省尚有陆续西迁者,技工内迁者万余人,约占全国技工 22%,其由各厂直接由陷区招募者,恐数倍于此,迁移设备,在六万吨以上。如此数千里大规模之工业迁移,实为世所罕见。中国抗战工业之建立,即以此种内迁工厂为基础,而对于后方各厂之工业化影响尤非浅鲜。

第二节 大后方工业勃兴

战前后方工厂极少,而滇黔尤甚。据民国二十二年调查:四川仅有工厂 33 家。抗战以来,迁川工厂达 144 家,其中尤以机器、化学工业为最多,对于促进后方其他工业之发展,影响至大。此外,后方新建工厂,截至民国三十一年止,达 3 000 余家。多数工厂,虽设备在标准以下,然对于后方民生必需品与重要军用品之供应,尚无匮乏。复次,战时后方手工业经政府提倡之结果,亦呈突飞猛进之势。于民国三十一年五月,计有小工场 1 596 个,规模之小,自不足以谈现代工业。但于中国农业经济之裨益关系至大。

后方工厂当战争结束之日,约有 6 000 家,资本不下 85 亿元,惟如依战前币值折合,不过 5 亿元之谱。以厂数言,战前设立者只有 7%,而大部分皆开工于民国二十九年以后。以法定资本言,战前所有不过 3%,因物价升腾与币值贬落,逐年增加者为数甚巨。以币值资本(即法定资本依各年物价指数折合为战前币值)言,战前各厂约占30%,而民国二十七年至民国二十九年占54%,以后各年工厂虽纷纷设立,资本累积上之实际甚微。其情形略如下表所列:

中国战时后方工厂厂数及资本统计

资料来源:经济部统计处

年 份	设立开工厂数	法定资本(千元)	币值资本(千元)
二十五年前	300	117 950	117 950
二十六年	63	22 388	22 166
二十七年	209	117 750	86 583
二十八年	419	286 569	120 914
二十九年	571	378 973	59 031
三十年	866	709 979	45 718
三十一年	1 138	447 612	9 896
三十二年	1 049	1 486 887	14 486
三十三年	549	1 119 502	3 419
年份不明者	102	113 635	7 317
三十四年	732	3 684 681	
合计	5 998	8 485 926	487 480

由此可见,第一,币值资本5亿元,仅等于法定资本85亿元之十七分之一,而大于战前全国登记工厂资本(373 359千元)约三分之一,并大于战前后方重要省区登记工厂资本(23 508千元)约占20倍。此种现象,一面说明战时后方工业较战前发达,一面说明工业资本在后方各业中增加之微薄——因一般物价上涨二三千倍,而工业资本只增加20倍。第二,工厂厂数与法定资本历年增加趋势大体一致,而币值资本之变迁则迥不相同。前二者自二十七年逐年增加,至三十一二年达最高峰,以后即向下降落;后者繁荣时期在二十七年至二十九年,而以二十八年为顶点,此后即呈猛烈下降趋势。此种不同之工业投资趋势,实由于后方较大工厂均系迁建,而内迁工厂大多在二十七年至二十九年间复工,三十年以后所开设者,大都系小型工厂故也。

后方生产递增之情形更可以工业生产指数证明之

资料来源：经济部统计处

年　份	生产品消费品及出口品	生产品及消费品
二十七年	100.00	100.00
二十八年	130.57	133.46
二十九年	185.85	214.45
三十年	242.96	275.56
三十一年	302.71	372.93
三十二年	375.64	520.41
三十三年	376.75	528.13

观此，生产增加三倍以上，其中出口农矿产品，因战事进展，海口封锁，空运艰难，生产遂有减退，若不计此项生产，则指数增加五倍以上，内中生产品增加约三倍半，而消费品几近十倍，足见抗战期间后方生产虽尚在幼稚萌芽之时期中，犹有突飞猛进的发展。

第三节　战时工业之特点

战时后方工业发达之经过，已略如上述，其转变之情形，约分下列五点：

第一，重工业之抬头。战前工业发展偏重轻工业，已如前述；战时情形一变，政府力求重工业之建树，一方面迁建以军需及国防上有关者为主，如动力、冶炼、机器、电器、交通器材、化工及医药等，另一方面资源委员会以发展重工业与基本工业为职责，八年以来，发展极速。兹以后方工业发展至最高峰之三十一年度略列如下：

业别	厂数(%)	资本(%)
化工	22.0	28.83
纺织	21.0	14.98
机械	18.1	17.42
饮食	9.6	4.30

续表

业别	厂数(%)	资本(%)
文化	6.0	1.10
金属品	4.3	1.18
冶炼	4.1	15.59
服饰	3.9	0.57
水电	3.3	7.39
土石品	3.2	3.32
电器	2.6	4.80
木材及建筑	1.3	0.29
杂项	0.6	0.19

该年后方工厂总计3 758家,资本总数达1 939 026 000元,由此可得,厂数方面重工业占35%左右,资本方面重工业占50%左右,足证抗战期间已逐渐改变战前轻工业之畸形发展。

第二,工业区位之建立。战前工厂集中上海,次及沿海沿江都市,而西南及西北几无现代工业之可言,战时迁移及建设之结果,四川以交通便利、原料丰富,已成后方工业之中心,辅以桂、湘、黔、滇、陕等省。兹仍以三十一年之3 758厂略列如后,以明工业区位之分布概况。

省别	厂数(%)	资本(%)	动力(%)
四川	44.01	58.28	43.22
贵州	2.98	2.39	1.13
云南	2.82	10.80	10.32
广西	7.77	7.90	7.92
广东	1.85	0.48	0.95
福建	2.34	0.58	8.34
湖南	13.34	3.92	10.51
江西	2.71	1.72	3.23
浙江	1.89	4.71	2.46
陕西	10.24	3.43	9.63
甘肃	3.69	3.19	1.14
其他			

注:其他包括康、苏、皖、青、宁、绥、鄂、豫、晋九省。

第三，公营事业之优势。战前国家多故，除军需及交通等工业外，政府少有事业之经营。直至抗战前夕，资源委员会着手兴办国营重工业，十年努力，蔚有可观。同时各省政府亦有较小规模之企业，尤以黔、桂、闽、赣为然，国家银行亦逐渐投资实业，如中央之于川康，中国之于陕甘，即为显例。此外，各战区经济委员会亦有建树。综此各方面之努力，三十一年公营事业资本已占后方工业资本总数69%强，近来当更不止此。以省别言，此69%中，四川36.68%，云南10.12%，广西6.83%，浙江4.58%，甘肃2.77%，陕西2.25%，贵州2.03%，湖南1.47%。除湘、陕外，各省公营资本皆较民营为大。以业别言，此69%中，化工21.66%（其中以炼油、酸碱、酒精等最发达，但当时资委会之化工并不占主要地位），冶炼14.18%，机械12.71%，纺织7.35%，水电6.58%，电器4.21%，土石1.64%，由此可见，公营资本大多数集中在基本工业的领域。

第四，公营与民营工业规模之悬殊。以三十一年之3 758家工厂为例，公营只656家，民营则达3 102家，数量上民营占绝对多数，但资本上民营规模甚小，而公营则较大，公营工厂资本在10万元以下者约占40%，而民营则在70%以上，再平均资本公营为200万元，民营则不及20万元，公营工厂工人平均100余名，民营50余人，平均动力设备，公营工厂约100马力，民营则30马力，公营工厂之中，若专以国营为限，不计省营小工业，则与民营之差异更显。

第五，公营民营工业侧重之分野。公营民营事业之分野，在抗战末期前，并无原则上之划分，但就其趋势而论，公营事业在冶炼、水电、电器、机器、化工等方面占优势，民营事业在金属品、木材及建筑、服饰品、饮食品、文化及杂项工业上占优势，而纺织及土石品则公营与民营相差无几。于此可知重工业及基本工业已在公营势力范围内，而轻工业及民生工业则以民营占优势，与理论上尚相吻合。

综上所述，战时后方工业对于中国工业化之影响，约如下列数端：

第一，后方工业中心之建立。战前中国工业中心，多在沿海沿江各大都市，抗战初期即拟迁建"武汉—宜昌"及"长沙—衡阳"两区域。不意战事失利过速，武汉、广州相继失守，乃改变计划，川、滇、黔、陕及湘西遂成为新工业区域。

第二，奠定后方工业之基础。战后纵有一部分厂矿回迁或停闭，不能磨灭此深邃之痕迹，而尤以机械与化学工业为著，前者奠定制造及修理机器之基础，后者开基本原料供应之先声，从而发展他项工业。

第三，开发动力之渊源。战时昆明、贵阳、修文、万县、长寿、重庆、泸县、宜宾、自贡、五通桥、成都、宝鸡、西安、天水、兰州、西昌、西宁、柳州、桂林、沅陵、辰谿、衡阳等电厂，尤其昆明、修文、龙溪河（长寿）、泯江（五通桥）及都江堰（成都附近灌县）等大水力发电厂基础已肇，战后再加扩充，即可完成后方工业化之一重要条件。

第四，技术员工之训练。战时后方技术员工训练，并无长足发展，以致复员时期，后方员工顿感不足。然半技工与小工亦能得有工业环境之印象，未始不可为内地将来工业化之助力。

第五，代用品之发明。战时海口为敌封锁，机器原料与成品均难进口，生产既受限制，代用品遂而兴起，酒精、植物油、炼油与木炭之代汽油皆其显例。

第六，制造方法之改进。战时制造方法，有两种方向之改进，一为舍土法而用新法，昔日手工业改进至简单之机械化，昔日窳劣之机械化改进至新式机械化，一为手工业之复兴，一部分机械化工业因设备不周，改用手工业，如土布、土铁、土纸甚至水泥，皆为显例。

第七，工业化心理之促成。西南西北诸省，原以农民为主，风气闭塞，科学程度低微，工业常识幼稚，战时工业勃兴之结果，穷乡广漠如玉门者，尚有准新式油矿之设立，心理上影响当非浅鲜。

再就复员之工业而观，日本投降迄今，国内政治、经济、社会情形均甚紊乱，统计资料尤不周全，所谓工业复员，显系指原有厂矿之复员与敌伪厂矿之接收。以言原有厂矿之复员，若干供应战时需要之厂矿，战后已无存在必要，且战争结束，供需顿失平衡，经营不易得利，资金人才更须移调前方，遂不得不停闭或合并，但一部分厂矿仍维持生产，继续供应。敌伪事业之接收，政府先后颁行《收复区敌产处理办法》、《工矿事业接收处理办法》、《收复区敌伪产业处理办法》及《复员紧急措施方案》。机构方面，亦先后由经济部成立七"区特派员办公处"，行政院又设"全国性接收事业委员会"及四"区敌伪产业处理局"，迄三十五年八月底止，经济部接收厂矿事业如下：

苏浙皖区	536 单位
湘鄂赣区	170 单位
粤桂闽区	82 单位
鲁豫晋区	171 单位
冀察热绥区	334 单位
东北区	147 单位
台湾区	1 409 单位

合计 2 849 单位,其中包括工厂 2 665 单位,矿厂 104 单位,电气事业 80 单位。处理方法分移转、标售、发还三种。其由经济部各区特派员办公处直接接管复工者,计有工厂 790 单位,矿厂 32 单位,电气事业 36 单位,其余则分别移转、标售、发还。

第四节 交通状况

铁道与公路。九一八前关内外铁路合计 10 523 公里,因战事转移,三十一年仅余 2 344 公里,抗战胜利之时,原有保持之铁路,更减为 1 409 公里。嗣后在收复沦陷区内接收之铁路,应有 18 391 公里,在敌人占有区内所筑之新路应予接收者,应有 10 230 公里,加上此胜利后一年所陆续修复及新筑之路约 200 公里计,中国全国现有之铁路,包括东北、台湾及海南岛等区之国营民营路线,总计应有 30 200 余公里。唯因战火烽起,时修时断,可运用之里程过少,客运货运两感困难。

公路。公路方面,滇缅、川滇、青藏、西北等路之完成,在战时既示人以中国民族艰苦奋斗之成就,尤建立行军馈粮之功效。在胜利以后,尤须担负复员之大部分任务,故在此时内,川、滇、湘、桂、赣、皖各省境内紧急修复之公路,分为二期修复,每期路线,各长 4 000 公里以上,实际通车者约 7 000 余公里。至于公路之在战时沦陷及破坏约 68 000 余公里,东北及台湾未计于内,战后除复员路线者外,其余需要接收修复者,约为 56 000 公里。

航业与海港。在抗战期内,沅江、嘉陵江、金沙江及长沙、宜昌间航运之开辟扩充,不独本身分担战时内地交通之重任,且为应运而兴的驿运工作之主要配合工具,但船舶之缺乏,则为战时及战后共同之现象。且以军兴之初,为阻塞港口及水道而毁沉之轮船达 10 余万吨,使船荒益加严重。战后接收各区之船舶,除台湾外,计有 2 751 艘,合 251 288 吨,而千吨以上者,仅 20 艘,五百吨以上者,仅 23 艘而已。

航空与测候。交通事业中之航空运输,为近代新生而势将长足进步的事业,战时仅有中央及中国两航空公司,以其少数之飞机担任客运及特产出口,胜利时仅共有 70 余架,在复员初期(三十四年九月至三十五年一月)亦曾运旅客 23 000 余人、物件 120 万公斤、邮件 18 万余公斤。战后两年中,稍有扩展。

此外,交通方面,电政、邮政均著成绩,而改良木船,以木炭煤气行车,自制车船配件等均应事实需要而产生,胜利后仍积极未辍。邮政方面,进步尤速。

本文节录自傅润华主编《抗战建国大画史》之第 8 编第 2 章,中国文化信托服务社 1948 年 7 月版

中国战时经济概观

刘大钧

战时经济情形甚为复杂,非区区数千言所可尽道其详。刻只能就我国战时经济作一个极简略的叙述,同时笔者所常用之材料尚未运到重庆,故本文只能就记忆所及略述大概,空泛与遗漏之处在所难免,尚希读者加以指正。

叙述战时经济,如分项列举,则所需篇幅甚多。笔者与同志数人现正撰述我国战前、战时与战后经济建设一书,系用列举办法,共数十万言,虽该书时期不以战时为限,但战时经济亦不以建设事业为限,互有详略,现欲只述大概,必须限制范围,而不遍及各种事业或问题。同时本文拟侧重战时之特殊经济状况而略其他。如此着手,计应特加叙述者为:(1)工业中心之后移;(2)公营事业之增多;(3)各种经济统制之实施;(4)物价之变动;(5)金融市场之波动五事。明知挂一漏万,然限于篇幅,殊非得已。

一、工业中心之后移

战前我国工业集中于沿海各省,虽武汉工业亦有多年之历史,但比较上海、天津等处,则仍瞠乎其后。至于现在后方各省,更只有四川工业略堪一顾。约略言之。如将东北四省除外,则战前我国工业之在沿海各省者,约占全国90%,而上海一隅即占50%。战事发生,政府协助各民营工厂迁移后方,其国营者更无论矣。其结果则后方忽因此增加工厂四五百家,数倍于前此所固有。吾人近年调查西南各省工业,藉知多种工业或为战前所未有,或战前所有遗留至今者,占甚小部分,而大部分则为前方各省所迁来,或战事发生后所新设。此项统计尚未编成,故确定之百分数尚未知悉,然假定战时之新工业占全体百分之七八十,或亦去事实不远也。

尤堪重视者,即后方之新工业多为基本工业,而其机械化之程度亦远过于前。目前冶铁、炼钢、炼铜、炼锡、制酸、制碱等厂或为战前所未有之工业,或新厂之规模远较旧者为宏大。至于机械与液体燃料制造业之勃兴,尤为战时后方之特征。二十七年渝市机械制造业尚只二三十家,而目前则有 200 余家,相差达 10 倍之多,足见各业需要机械之殷。其他市县虽不及重庆,然比较重要之都市,若昆明、桂林、柳州、贵阳等处皆有相当之发展,而昆明之中央机器厂、电工器材厂等规模尤为宏大。至于川省之酒精厂,几如雨后春笋,指不胜屈。其他制造代汽油、代柴油之工厂,在各省亦复甚多。水泥厂战前只有一家,而此时已开工及在筹备中者共有四家。冶铁业之发展尤关重要,惜统计材料尚未整理完备,无从缕述耳。

我国生产消费品之工业向以棉纺织与面粉两业为最重要,然战前后方各省只云南、陕西有纺纱厂二三家。战事发生以后,川省始有纱厂,然目前厂数与锭数皆超过滇陕两省所已有。同时,滇省棉纺业亦有相当之发展,而各省织布业之进步亦殊有可观。面粉业为战前所已有,战时之发展尚属有限。机械制纸业在后方几全为战时之产品,其他轻化学工业亦多相同。

电力厂之多寡可为工业化程度之指标。战前电力厂多集中于沿海各省,但战时后方之电力厂已有长足之进步,且多有利用水力者,此亦为沿海各省(战前闽浙两省略有例外)所鲜见者也。

同时,沿海各省之工业则或在战时被毁,或为敌人所掠夺。年前上海租界以内之工业曾有一度变态的繁业,然嗣后又复衰退,至此时租界已为敌所控制,比较重要之工业恐已非吾人所有矣。

二、公营事业之增多

我国公营事业本已不少,但战时更增加甚多。战前主要交通事业如铁路、轮船、电报、电话、公路运输等,或全属公营,或大部分为公营,然公营工业尚不甚多。战时为增加抗战力量,动员一切资源起见,政府不独辅助商民,创办或迁移工厂,同时更自设工厂不少。目前最大之机械厂、炼铜厂、炼锡厂、电工器材厂、植物油料厂等皆多为政府所经营。此外更有不少工业,由政府与银行合办,其规模亦远较民营者为大。

后方矿业本不甚发展,现亦多赖政府之力加以开发。甘肃之石油,川滇之铜铁,贵州之汞,皆为显著之事例。公营公路运输之范围更十分扩大,且有将省营县营之事业改归国营之趋势。其主要国际路线之运输,如目前自仰光经昆明以达重庆之一线,且直接由军事机关主持之。政府更办理木船运输与驮运事业,以补轮船与汽车运输之不足焉。

属于商业方面者,则有贸易委员会及各省类似之机关办理大宗商品之输出,资源委员会办理特种矿砂之收买与运销,粮食部之采运食粮,农本局之采运花纱,及一般平价机关之购销日用物品等。目前组织中之物资运销局亦为从事于此之一机构。而各省特设之机关,办理特种物品在国内运销者亦指不胜屈。公营商业实为我国战时之特殊发展,而为战前之所无。

上述各种公营事业有为政府创办者,亦有本属民营而由政府收归公营者。大约完全由政府办理,而不准人民经营者少数;大都政府只主办其重要之事业、物品或路线,而其余则仍许人民经营,甚或政府与商民同时兴办某种事业,而各不相蒙。盖政府在战时举办事业,其目的本在补民营事业之不足,或因后者流弊太多,而以公营方式矫正之也。

在计划之中者更有数种专卖事业如盐、糖、茶、酒、烟、火柴等,此项专卖与上述之公营事业性质稍有不同,系仿照各国前例,以专卖裕财政之收入。为推行便利起见,闻将由火柴专卖入手,现已在筹备中。各省亦有专卖事业,如云南之火柴与纸烟即其一例。将来专卖事业增加,则公营事业之范围更见扩大矣。

三、各种统制经济之实施

在战争期中,统制经济有甚大之需要,而欧洲若干国家且有在平时实施此项制度者。我国在战时采用此制当以贸易与外汇为最早。二者有连带之关系,其目的在保持我国外汇资源及维持汇价。故在输出方面,政府指定若干种重要物产,令输出商人将所得外汇售予政府;如此项外汇不按规定办法结售于政府银行,则海关即禁其输出。在输入方面,商人须具申请书,经指定之机关审查,认为正当商业,始由政府银行供给外汇。果使一切输出输入贸易皆能受政府之统制,则可藉此维持国际贸易之平衡,而汇价亦可免波动。所可憾者,沿海各省之口岸陆续沦陷,海关之政权一部分入于敌人之手,以致贸易统制不能周密,而陷区之贸易遂不得平衡。外汇资源既时为敌人所掠夺,汇价遂亦不易维持,此则受军事之影响,而非统制制度所可补救者也。

为适应军事需要起见,政府统制运输,已非一日。在粤汉相继沦陷后,其最重要者为公路运输,盖后方铁道不多,军用品之输入与运往前线,大都系赖公路。航路一部分亦受统制,即航空乘客亦须经军事机关之核准,始得起程。此亦为各国战时所通常施行之办法,而我国近来运输统制之日加严密,事权之日益集中,已使统制之功效增加不少。

抗战第一二年,各地物价之变动尚不甚大,故政府初未从事于统制。嗣后各物相继涨价,尤以近日为甚,而物价统制之需要乃益亟。在初政府不过评定官价,令商民遵守,其不从者加以惩办。唯此种方式仍不足以应付战时物价之变态波动,故中央与各省及各地方政府乃逐渐从事于物品之平价购销。此种设施在若干方面曾收相当效果,然战时物资之需要甚亟,而后方有若干种供给不足,需供不能适应,物价终不易安定。中央在行政院内设立经济会议,以平衡物价为主要工作,在一方面调查物价,一方面另组织经济检查队,以监察市场之价格。此外粮食设立专部,不仅为动员物资,使后方食粮可以供求相应,且藉此可使粮食价逐渐安定。第三次财政会议更议决田赋征收实物,使食粮一部分为国家所有,以为调剂供需之用。同时重要都市皆由政府供给平价米面,以减轻人民生活之困难。

为节省物资及平衡物价起见,政府更实行消费统制。其最显著之例为汽油,凡购用汽油者必须得液体燃料管理委员会之许可,始得向美孚及亚细亚汽油公司购买。上述平价米之供给亦采按口授粮办法,对于公务员、教员、学生及贫民,规定其每人每月购买之数量。但凡一种经济行为经政府统制之后,商民必有在轨外活动者,而消费统制须普及一般人民,范围极广,实施亦最困难。故我国现行之统制制度尚仅限于一二种主要物品,未能遍及其余,即在此范围以内,亦只以政府所供给者为限,其他则未加过问也。

四、物价之激烈变动

各国在战时,物价皆有激烈的变动,其事固无足异。我国在抗战之第一二年中，物价可称安定，仅少数之输入品因汇价跌落，且运至后方比较困难，故稍有上涨之趋势。同时川黔等省之输出物品，因不能利用长江运至上海出口，其市价反稍见跌。二十七八两年，川省米价因丰收之故，且较战前为低。追武汉沦陷，国际交通不能利用铁路与轮船，运费增昂，输出入物品乃大受影响。后方工业产品因当地工业尚未发展之故，向多取给于上海、武汉、港粤等处，是时亦因运输困难而市价上涨。在二十七年后期中，后方物价变动之最足引人注意者，为川省纱价之狂涨，较上海约高两三倍，是时从事棉纱投机者颇不乏人。所以然者，当时迁川各纱厂尚未开工，存货日渐减少，而需要则因人口增多而增加故也。平时倚赖舶来之化学原料及五金制品价亦上涨，然非一般消费者所需要，故常人尚不甚感觉其变动。

　　二十八年后期，滇省米价继涨增高，一般人之生活始直接感觉严重之影响。然当时川省粮价尚属常态，而其他后方省份亦多未有激涨之现象。嗣后一般物价受粮价上涨之刺激陆续上涨，同时粮食亦复受他种物价上涨之心理的影响，于是水涨船高，后方物价之变动乃日趋激烈矣。政府虽出售平价米面，然供给尚不充足，未能借此控制全体之粮价也。

　　与一般物价变动有连带关系者为工资之上涨。在通常物价上涨之过程中，大都物价先涨，工资落后。然我国抗战以来之情形殊不相同。后方积极从事建设，所需要之劳工极多，故工资之上涨实较一般生活必需品市价为早。昆明情形尤为显著。该市兴建厂屋及其他建筑物甚多，同时滇缅路复在建筑中，劳工需要大增，工资暴涨，而当时生活必需品之物价尚无上涨之现象。此为积极从事建设事业必然之结果，然因此增加劳工之购买力，间接遂影响于日用品之市价。

　　至于技术工人，后方需要尤殷。工矿各业之发展皆需要相当之技工，而公路运输之增剧尤足影响汽车司机及汽车修理工人之待遇，中央与各省政府虽竭力提倡技工之训练，并招来沦陷区及海外之技工，然终感供不应求，于是技工之待遇乃与所谓劳心者相等，甚或驾而上之焉。因各方面之争相罗致，技工不独收入增加，更且转移频繁，大有往日政客五日京兆之情形。我国素不重视劳工，彼等如因战事而能增高其生活程度，固属佳事，特转移率太大，则又不免影响各种事业之进行耳。

　　论者对于物价之领导与追随，意见未能一致。自我国战时情形言之，则在各时期与各地域,领导之情形殊不一致。若以时间之先后言之,则吾人可谓上涨最早者为输入物品,其次为沿海之工业产品,其次为工资,而粮价反居最后。然如就其影响一般物价之力量言之,则工资与粮价实远较其他物价为重要,自此二者上涨以来,各种物价皆受其影响,而亦步亦趋,故吾人不得不认二者居于领导之地位也。

五、金融市场之波动

吾人于此用金融二字以包括一切有关货币与金融之现象,在货币方面,我国战时最重要之变动为法币价值之下跌。货币对内价值反映于物价,关于物价之上涨,前节已详言之矣。至于对外价值则表现于汇价。战事初发生后之八个月,我国对于外汇并未加统制,而汇价并无变动。嗣后因敌人一再发行伪钞及推行军用票,从事扰乱我国币,并套取我国外汇,致上海汇价逐渐下跌。同时上海对外贸易本有巨额之入超,战时内地产品不能运经上海外销,或被敌人统制,其取得之外汇头寸既不为我国政府之所有,亦不流入市场,以供正当贸易之需要。于是求过于供,汇价频落,而投机者复推波助澜,外汇市场遂时呈混乱状态,政府虽数经英美协助,指定基金维持汇价,然终未能使其长久安定也。

汇价激变之症结由于战前金融中心在于上海,自战事发生以来,沪市沦陷,租界成为孤岛,虽市民效忠于中央而鞭长莫及,政府无由统制上海之市场。同时因政治及外交关系,政府又未便置上海市场于不顾,于是割肉补疮,耗费不少外汇资源,而汇价仍无由维持。假使早将上海完全放弃,而能得英美之协助,在后方另建新外汇市场,则上海市场早将成为黑市。因敌人掠夺陷区外汇资源之故,上海外汇供给必日益减少,而黑市之影响亦随之而减矣。乃直迟至今年七月,英美始冻结我国存款,嗣并在上海施行"外在的统制"。然不旋踵而日英美战事发生,此项统制已不能实施,但同时亦无限制解冻之需要矣。

上海既为金融中心,而外汇又有激烈之变动,于是沪市外汇投机之风甚炽,资金游离大部分作为投机之用。同时商业在战时亦获厚利,从事运销者日多,而借囤积以致富者尤属不少。次于上海者则为香港,于是资金皆为两地所吸引，而后方对于申港汇水乃上涨无已。港币为外国货币，需要增加，且影响于汇价焉。

后方商业获利亦未尝不厚，然所运销之货物往往来自上海或外国，故因此抬高申汇，压低外汇。又后方工业方兴未艾，资金尚有长期投放之一途，而上海工业必于年前达其战时发展之最高峰，长期投资毫无需要，故申港游资远较后方为多。游资本为扰乱金融市场之因素，所在之地无不食其恶果，非有健全之金融机构殊难加以统制也。

后方市场之利率亦异乎常态。战前川省本有比期放款，当时放款之对象多为鸦片。现在鸦片虽经禁止，而一般工商业既获厚利，资金之需要甚殷，故利率仍甚高昂。论者或谓信用膨胀，由于积极建设之所致，殊不知短期信用膨胀之影响远过于长期，而利率既高，信用自难免于膨胀。如欲收缩信用，则利率将更加上涨了，如欲压低利率，则信用膨胀必更变本加厉。二者必居其一，此亦今日金融之中心问题也。

以上所述不过我国战时经济几种特殊之事项，前三者大半为政府之措施，而后二者则为市场之现象。至于其他各种事业或日臻繁颐，或渐见衰落，事甚繁颐，不能缕述，然物价及金融则可反映各种经济活动，故特加论列焉。

原载《中央银行经济汇报》1942年第5卷第4期

中国战时工业概观

吴承洛

现时的经济问题,为物价不合理的高涨,压迫人民的生计,应予如何救济的问题。这种局面的发生,它的主因,我不相信是由于通货的增加,我不相信是由于物资的缺乏,我不相信是由于运输的困难,我不相信是由于建设的太猛,我不相信是由于消费的太浪,我不相信是由于外汇的变动,我不相信是由于统制的流弊,我不相信是由于劳力的失调,我不相信是由于走私的风炽,我不相信是由于经济的封锁,我不相信是由于心理的恐慌,我不相信是由于囤积的居奇,但这些均是构成这个物价不合理高涨、压迫人民生计的种种元素。我要武断的说,我相信这个主因,是由于一般游资之未曾走入正当径途,而竟以物资的买进卖出之间,企图不劳而获的利润,这种利润,翻本〔来〕覆去,累积递加,任何物价,均为提高。为今之计,惟有诱导所有资金加入生产建设,尤其是工业建设。本篇承经济研究处嘱为执笔,所以我写这文的对象,是整个的金融界与一般拥有多少游资的民众,希望政府能有一种制度与组织,使人人的资金可以自由投入生产建设,尤其是工业生产建设。

是篇把战时我国工业的全貌,寻出其若干特征以便易于认识,分为民族工业的发扬、国防工业的统筹、民生工业的开展、乡村工业的推广、工业合作的创制等等,其说详于民生,而略于国防,盖以国防工业在中央政府统筹办理,正如兵工工业然。其进展也,自有最高当局及主办机关,便与军事及保卫配合推进,毋庸人民的过虑。现代的国际战争,实为国力的战争;现立〔代〕的国防,端赖国力的培养。所以吾侪小民,只要在民生主义之下努力投资,从事一般工业的发展,就是为国家培养国力。不过今后的工业,包括国营方式、省营方式、公营方式、合办方式、合作方式与私人方式,均应在整个国防政策之中,中央受国防最高当局的领导,省方受中央的领导,教师方面受省方的领导,私人受各级政府的领导,如是乃将整个民族工业组织起来,使中央、地方与人民成为整个系统,民间资金随时可以加入工业建设的任何部门与其组织,则游资完全导入于生产建设的径途中,而国民经济于以平均发展于各区域及各阶层。兹分析战时工业的特征如左〈下〉:

第一,民族工业的发扬

战前中国可谓无民族工业,凡是自甘居于殖民地的地位,在所谓外国割让地、外国租借地、外国压迫开设的商埠以及外人势力达到的地方,开设工厂,构成工业,这些工业,无论是外国人经营的,或是本国人经营的,只可称为在中国的工业而不能称为中国的工业,更不能称为中华民族的工业。抗战以前,沿海沿江及沿河下游的工业,其生存、其兴荣莫不倚赖外力为转移,直至战时如迁移于适当的后方与大后方,于是得完全依照国家的政策,相互配置、自由发展,成为民族生存的生力军。

战时后方民族工业的发展,现时连同当地为〔原〕有极为薄弱的工业基础,旧有、新设及迁建的工厂已达 1 000 余家,形成内地 10 余个工业中心区域。其中内迁的达 600 多家,由经济部工矿调整处协助内迁的达三分之二。其分布情形,四川最多,占 250 余家,湖南次之,占 220 余家,已立〔占〕一半以上,其他滇黔桂陕赣浙等省约 200 家。就业别分析,计钢铁工业 2 家、机械工业 230 家、电工器材工业 40 余家、矿业 8 家、化学工业 60 余家、纺织工业 110 余家、饮食品工业 40 余家、教育文化工业 80 余家、其他工业 50 余家。大抵钢铁工业、产工矿业、机械工业、电工业器材工业以及化学工业的一半,是属于重工业的范围,而纺织工业、饮食品工业、教育文化工业及其他一半的化学工业,是属于轻工业的范围。所以内迁工厂 600 家中,可谓一半是重工业,一半是轻工业,门类之多,已可概括我国沿海沿江沿河下游原有工业的部门。

我们所最感觉痛心的,就是广东与山西省营的工业,以及山东的重要矿厂,及南京无锡的民营工业,未能依照计划,或妥定迅速拆迁的实施。不然,现在内迁的厂矿,又可增加 200 个单位,而化学工业、纺织工业、机械工业与煤矿事业及面粉工业,在后方的全貌,又必因之改变其面目。

自上海成为孤岛以后,尚有若干企业者与专家及技工,贪其一时的利润,力求其已有工业的图存与新工业的创立，其较为有能力者，则在又一孤岛的香港，从事新工业的建设，是又一民族工业史上所应感觉痛心的。如果以战时的经营沪港工业的资金、设备、技术、劳力与时间，来到大后方的内地，至少可增加 400 个新单位，或可增加 600 至 800 个新设的民族工业单位，连同可以设法内迁而竟未内迁的工业，是又可增加 1 000 家的工厂与矿场，如是则我们后方的民族工业，可由现在 1 000 余单位，进而为 2 000 余单位，岂不是后方民族工业的力量因此增加一倍，亦即是我们抗战建国的力量增加一倍？苍天已经整整的给予我们以三个年头的时间去做这些工作，现在上海横被接收，香港又复转移敌手，此中国家与民族的损失是诚不可以胜计。然而经此抗战，我国已有真正的后方民族工业，我国过去亦不无先觉之士，从事建设后方能自主的民族工业，但此民族工业的发扬，却是战时始行开始，虽然尚待坚毅的努力，但其前程已甚稳步，是为战时我国工业发展的特征之一。

第二，国防工业的统筹

战前中国可谓无国防工业，国防工业以重工业为主体，而重工业又以煤铁为起点。凡是外国政府、外国企业集团或外国私人集资开采我国的煤铁各矿厂，无论单独投资或有我国政府、我国企业集团或我国私人加入资金，但经营之权，如果仍系操诸外国政府、外国企业集团或外国私人，这些煤铁各矿厂，自不能称为我国的工业，更不能称为我国的国防工业。至于我国政府、我国企业集团或我国私人集资经营的煤铁重工业，而中间被外国政府、外国企业集团或外国私人横加干涉，或借入资本，受其支配，这些煤铁重工业，亦自不能称为我国的国防工业。抗战以前，自我东北以至所谓华北，迄于所谓华中区域，凡已开发的煤铁事业，大部分属之外国，或为外国所操纵，直至战事开始以前一二年，我国对于发展国防重工业，以西南为中心，始定为国策，战时更作有计划的推进，成为国防军事的枢纽，其他机械与化学及矿冶工业，一并配合发展。

国防重工业的发展，始于二十五年七月起，资源委员会实行重工业计划，这个计划，包括统制钨锑，筹制钨铁，建设两大炼钢厂，开发两大铁矿，开发三大铜矿，从事炼铜，开发铅锑矿，开发华中华南煤矿，开发石油矿，筹设煤炼油厂，建设发动机器厂及工具机械厂，建设电线电管、电话及电机厂，筹建氮气硫酸硝酸厂等，接住〔着〕当有第二第三个几年计划。迄至战事发生，该会调整自己事业，又来个几年的重工业计划，现在已有七八十个单位，其中工业包括大规模机器厂、电工器材厂、动力油料厂、动力酒精厂、化工材料厂、低温焦油厂、钢铁厂、铜锌铅钨等精炼厂等。矿业，包括大规模煤、铁、铜、铅、锌、锑、锡、钨、汞、石油等矿。电业，包括大规模水力发电厂及火力发电厂，分布于西南西北及江川南各省区，大部分是属于国防重工业的范围。至民营的事业，重工业的地位也特别显著，即就迁厂而论，600个单位中，有300个单位可谓是属于重工业的范围，但其规模大多甚小，不能与国营重工业的单位重量相提比较。

我们的国防工业，虽在战前开其端，但至抗战以后，始能完成其初步的任务，亦可谓因抗战关系，促成国防工业在民族工业中的领导地位。而此种国防工业，现在已经确定应归中央主管机关统筹办理。战时初期，虽稍有纷乱，但迄今各省营事业以及民营事业中，凡与国防有关的工业，莫不先行请示中央，由中央酌定统筹，全国上下，极诚拥护其推进，是为我国战时工业发展的特征之二。

第三，民生工业的开展

战前中国可谓无民生工业，民生工业以轻工业为主体，而轻工业又以纺织为起点，纺织工业之需要最广者，又为棉纺织工业。国人对于棉纺织工业，自提倡植棉，开设纱厂，扩充织厂，曾经艰苦奋斗，力谋进展，然而传受外人在我国设厂的压迫，华商在经营上、在技术上、在管理上、在资金上均不能与比肩并立的外商工厂共存共荣。在通商大埠，论厂数华商虽多于外商，但论锭数或资金，则华商每不敌外商远甚。是以华商纺织业的生命，每每操诸外商之手，倒闭、改组、转让甚至加入外资、出盘外人者，时有所闻。我国大规模纺织工业之在沿海者，危机四伏，而再比较内地的少数纱厂，其价格与生产亦莫不受沿海外商纺织业的影响，甚至本国棉产不足供给沿海需要，而至入超甚巨。棉纺织品的输入，为数至足惊人，而与棉纱合织必需的人造织维，又完全为外货，此项棉织品与织维品的输入，又以劣货跃居首位，我国如求民生，而衣的问题，不能自信，真是"皮之不存，毛将焉附"？至于其他日用品工业，多属化学工业的范围，虽国人努力结果，多能自制，而数量至为有限，仍赖输入甚多。这样情形的民生工业,又安能自许〔诩〕为我们自己的民生工业？殆战时我国以政府的力量,创设西南的棉纺织工业,大规模机器纺纱工厂始能卓然自立于民族新工业之林,而化学日用品工业普遍的设厂兴办,手工纺织工业多方面推广于前后方的农村,如是化学轻工业日用品与文化用品分途并进,而纺织轻工业机器与手工配合开展,军要〔需〕与民生,胥得其用。

战时民生工业的开展,有由中央经济部努力者,有由各省努力者。就机器纺纱而言,多由中央设法推进。战前西南西北在西安、长沙及昆明者只残存4万锭,战时因迁厂的增加,已可有23万锭,其中四川最多,占15万锭,陕西5万锭,云南、湖南各1万锭,广西2 000锭。计分为12个单位,迁厂的民族工业中,有300个单位,是属于民生轻工业的。

战时省营工业突飞猛进,其在江以南各省,均以民生为召号,如江西省营各厂,均冠以民生二字,称为民生某某工厂。食的方面,如负担军米,设立五个民生碾米厂,在赣州设立炼糖厂、卷烟厂,并将罐头厂让与商办。衣的方面,设立纺织厂及漂染厂、麻织及苎麻纤维厂与光泽染料厂以改良土靛,又设皮革厂、药厂、棉布厂,又设天蚕丝厂,以制汉丝、麻纤维及天蚕丝,均供输出。住的方面,设立民生建筑公司,完全免用五金,设立锯木厂,筹设水泥厂,设立玻璃厂、瓷器厂、植物油灯厂、火柴厂、日用品厂。行的方面,设立车船制造厂,其轮船吃水量浅不过两尺,又设立酒精厂、电池厂。文化方面,设立光泽改善手工纸厂,使其标准化,宜宾设立半机械化纸厂,赣县设立全机械化纸厂及文具、油墨、教育用品厂,并三个印刷厂。重工业方面,设立机械厂,包括五金及电讯器材修造,与资源委员会合办硫酸厂、炼铁厂、筹储厂矿提炼厂,筹备电机厂,又充实赣县吉安、泰和、光泽、大夏各电厂设备,另有香油精炼、樟脑精炼等厂及农村工业社及手工业习艺所,总共资本额达1 600余万元,实用去1 000万元,全年生产总值3 400万元,职员1 000人,工人约5 000人,年可盈余500余万元。于最近创设江西全省兴业公司,统筹一切省营工业。

福建战时工业建设,民生日用各制造业方面,计有面粉、肥料、纺织、皮革、造纸、炼糖、酒精、瓷器、煤球、乐器、工艺品各厂,肥料利用植物及堆肥人肥及含氮磷钾等质料,而以活性炭吸收臭味以制成,工艺品厂制造证章与像具。电厂方面有永安、南平、龙岩、沙县等六处,除供给电灯厂,尽量利用日间电力,自力经营附属工场,如磨米、砻米、制冰、榨油、锯木等工作;营造厂方面有砖瓦、石灰、锯木、木工各工场；铁工厂方面，称为中心工业，制造各种动力机械及日用生产机器、电信器材及火柴原料如气酸钾等，后经组织为福建企业公司，二十九年度总共资报为550万元，三十年度营业，预计当在700万元左右。其经营方针，在建立某某工业中心及永安新省会，已继续扩充，为资本1500万元，增加水厂及矿厂部分，并其他必需的制造工厂。

省营企业公司组织完备者，贵州企业公司业务，包括机电及化学工业、矿业、信托业、运销业等，资本1000万元，由省府与工矿调整处及中国交通与农民银行合股，计实报资本700万元，其中工矿业占470余万元，技工1000人，计自办事业有化学工业厂、制糖厂、陶瓷厂、印刷厂，合办事业有中国机械制造厂。除机械外，制造汽车用木炭代油炉，动力用煤气发生炉。贵阳电厂、火柴公司、烟草公司、油脂工业厂、面粉厂、丝织公司、建筑公司、水泥公司、筑东煤矿公司、梵净山金矿、贵州矿务局（水银）等，并拟利用黄果树瀑布筹建电石厂。

省营工业，在战前已有10余单位，投资达750万元的，有广西一省，亦大多系中小规模。战时如南宁制革厂、染织厂、机械厂等，曾经数次迁移。电力总厂，移调桂南，收复后，电力公司及电力分厂均经恢复，广西印刷厂工场，业经迁回，自来水亦予恢复。其在整理改进或扩大业务者，有酒精厂、自来水厂、省立工业试验厂等。新完成开工者有面粉厂，即在完成者有士敏土厂、自来水厂等，家畜保有所增设制厂场，与工厂〔矿〕调整处合办纺织机械厂，并设立造纸试验厂，又设立炼铁厂，并注重地质矿产的调查，以便分别开办。近来以10000万元资本设立广西企业公司，以资统筹经济实业的发展，连同中央所设备矿厂机厂等，亦有50家以上。

湖南战前工业多受影响，现已扩充原有机械厂第一厂，恢复第二厂，设立九种机械厂及农具制造厂。第一纺织厂及酒精厂已迁建复业，并恢复原有机器造纸厂，设立永顺、来阳二纸厂，并以每厂40000元设立南岳、浏阳文化、东安、桃源等造纸厂，筹设硫酸、火酒、电工器材、水泥等厂，继续炼铅炼锌厂，于沅水流域设立黑茶压砖厂，采用螺旋式手工压砖机，更设制麻厂，其在湘西，连同迁厂，已有七八十家。

广东省营工厂，战前有制糖、酒精、硫酸、苛性钠、木浆道纸、肥田料、饮料、士敏土、纺织、麻织等十余大厂，用去4800万元，为战前及战时省营工业投资的首位,连同民营工业100余家,或遭破坏,或已资敌。省府新建小型工厂,计有机器制造修理厂及电池、肥皂、药棉、制纸示范、酒精等单位,并筹设炼铁、火柴、面粉、纺织、农具、干馏木材等厂,但投资数额,尚不及战前十分之一。惟北江各小型民营工厂尚有数十,经订有奖励侨胞开发实业办法、小工业贷款办法及各县推进公共造产办法,并设立工业奖助委员会以资推进。

浙江省营工业,除业〔工〕业改进所及其示范厂的系统外,电力有省营浙东电力厂,总揽丽水、碧湖、垄泉、金华、杜阳、小顺、大港头等分厂。机械有省营铁工厂,纺织有省营纺织厂,化学有省营化学厂,制造三酸及烧碱。各县公营小型工厂不少,民营电厂亦有9处,其他各种工厂,亦属不少,共计100余厂。

湖北除鄂东鄂北战区工业外,其在鄂西有恩施造纸厂、手工纺织厂、咸丰第一化工厂、利三硫酸厂,尚有复兴酒精厂及制革厂,与移设万县之造纸及织麻与机械厂,移设咸阳县纺织工厂则系与中国银行合办。省府建设新湖北的计划,包括战后,其建设经费的分配,拟为工业占40%居首位,农业30%,矿业10%,交通10%,文化10%。

云南战前已有水电2厂、火电5厂及盐、纺织、五金、炼锡等厂,战时除由中央机关主办及与省方合办厂矿外,云南经济委员会自办及与银行界或私人合办者有裕滇纱厂、蚕丝公司、茶叶公司等,财政厅所主办者有矿业锑钨等公司,其他公私投资的新厂,各种重要工业均有之,为数不在广西之下。

四川省营工业,多系合办性质,乃加入资金于丝业、酒精、酱糖、制革、自来水、电力、公共汽车、轮渡、麻织、药产提炼、植物酒〔油〕料、木业、矿务、印刷等,并设立地质调查所,力谋矿业之开发。近来三年生产计划,分水电、农林、工矿、交通共50单位,拟为10万万资金,设立兴业公司,第一年资金4 000万元,其各单位百〔再〕分设分公司。至工业试验所近设立,分有机、无机、电化、分析、机电五组,并附设机器、水电、酒精、造纸等14个示范工厂。中央工业试验所亦在四川设立各种示范工厂,又以重资扩充度量衡〔制〕造厂,可谓统筹办理。至民营国营及兵工工业,川省均居首要,诚为复兴民族根据地,四川全省已有工厂,已在五六百家以上,其将来之发展,诚不可限量。

西康战前只有制革工业,战时省营工业,于雅属设立专制军毯的毛织厂与边革厂、造纸厂、木材干馏厂、制碱厂,利用芒硝并附设肥皂厂、酒精厂、度量衡制造厂、电气厂等。于康属设立机械厂、毛织厂、洗毛厂等，于宁属由经济部设立制革、皂烛、玻璃、造纸等示范工厂及纺织制糖指导组。宁属屯垦委员会亦设制革厂及实业厂，并拟设染料厂、植物油厂、宁属电力厂，更由交通局设立营造工厂，又有地质调查所及化验室，即拟扩充为工业试验所，矿冶工业如金铜锌铁煤等则与中央合作办理，亦有计划设立西康兴业公司统筹办理的趋势。

陕西原有省立机器局及大华纱厂与面粉公司、咸阳酒精厂、集成三酸厂等，战后内迁工厂来陕日多，陕南××一带成为新工业区，大小工厂不下100余家，每日可产机纱5 000包，机粉40万袋，机器70吨，皮革5 000张，省府曾设立土布织造传习所，手工纺纱改进处，造纸试验所附设技工训练班，与陇海铁路合办同有煤矿公司，又指导工业合作。为统筹起见，设立陕西省企业公司，资本2 000万元，分贸易、生产二大部门，生产方面，拟设立水泥、玻璃、打包、砖瓦、陶器、造纸等工厂，贸易宗旨在购日用必需品以平抑物价，工业原料向推棉花，现产销售于四川各大纱厂占70%以上。

甘肃之工业建设，导源于前清之甘肃制造局及织呢局，战时设立甘肃制造厂总管理处，后又将所属机械、营造、化学、造纸厂改为独立经营，又筹设酒精厂、水泥厂、玻璃厂、小型纺织厂、机械厂，改善洮沙机器新厂，又拟改组新陇铁厂为成县钢铁，成立燃矿管理处，改组天水电灯厂，查勘昆县及享堂水力发电厂，度测制造厂附设于建设所，度量衡检定所长由厅长兼任，甘肃企业公司计划包括棉毛麻纺织、纸革、烛皂、火柴、酒精、制药、制磷、玻璃、陶瓷、水泥、砖瓦、锯木、营造、印刷、机器、电气、水利、畜牧及金、铜、铁、煤、硝矿各矿。

青海大战前工业方面，只有一个火柴厂，战时由中央查勘石油，开发金产，并设立电气处，其毛织工业、皮革工业、乳制品工业、煤产工业、硫硝工业及其他矿产工业，前途希冀甚大。近来转移视线，着重西北，康青考察团俟完成任务，必能作有计划的开发，加以本省人民，特为勤劳，绝无不良嗜好，省政府亦励精管治，必能为工业前途努力。

新疆于战前开始实施第一期三年计划，于战时实施第二期三年计划，其生产部门，系由裕新土产公司主持，复于南疆各区设立分公司，计开设各轻重工业，如公用事业，为水力电厂2所，电灯厂10所，自来水厂1所，各物工业为罐头厂2所，造酒厂啤酒厂各1所，面粉厂3所，榨油厂2所，烟草厂1所，食品工厂1所，衣服工业为纺织、针织、棉织、毛织、织毯、皮革等厂各1所，丝织厂2所，日用工业为肥皂厂2所，陶器、火柴、制蜡厂各1所，文化工业为印刷厂4所，造纸厂2所，建筑原料工业于迪化及伊犁各设水泥厂1所，矿业则将石油精煤厂扩大，以期足敷本省处用，并希冀大量运出，煤矿在迪化增设皮矿2处，又于伊黎、塔城、喀什阿山、哈密均增开皮矿，开拓孚远铁矿，组织伊犁和阗新金矿厂，运输方面扩充修理厂，建立小规模发电厂。

西藏在抗战现阶段的地位更为增强，不独为通印度及世界的国际大道，且当民主反侵略阵线，军事上将有联盟时期，其与友邦英国的关系，可以更为改善，西藏工业的建设，始引起吾人的注意，俾得与交通建设相往而行，其开发矿产畜产农产原料的资金，可从大量拓金与宝石而得，建省以建设的时期，似已到临，从事自给自足的民生工业必为当地人民所欢迎。

至于外蒙，与国内失却联络有年，在此战时，其关系亦有改善的可能，森林与矿产，特为丰富，工业方面已有库伦发电厂、制革厂、砖瓦厂、锯木厂、毛织厂、印刷厂等。苏联政府在外蒙经营各种公司受苏蒙贸易公司的统制，与外蒙古中央消费合作社互相联络，值兹国际战局转变迅速时候，外蒙民生工业问题，亦应予注意。

战前东北四省沦陷，民生不堪，以前东北以开发煤铁金森林及豆油纺织为主，在战时化学重工业的创设包括酸碱炸药及液体燃料等人造织维等，敌人几尽其能力成为亚洲最大的化学工业区域，其投资额占总数四分之一，这件品价值占总值三分之一以上，以供侵略战争的迫切需要。

其在关内沦陷区，敌人经济活动分为蒙疆、华北、华中、华南四大集团，所有我国固有之沿海及江河下游的工业区完全受其管理统制，或攫集经营，重要者计有煤产工业、钢铁工业、电气工业、机器工业、蚕丝工业、人丝工业、纺织工业、面粉工业、火柴工业、油灯工业、酸碱工业、铝产工业、石棉工业、茶叶工业、造纸工业、制药工业等，莫不直接间接为其四大经济开发的公司所包办，战前及战时我国工业大中各型工厂，归其掌握或统治的，当在××之数。自津沪港三个孤岛之行政摧〔权〕移转后，工业产品与设备上的损失，诚不可以数计，幸而战时在自由中国中轻重工业兴盛最速，尤其是各省政府，均能力本中央意旨，各自设法领导其本省的民生工业，于是我国今有民族性的民生工业，即在此战时予以开展，其在各省多能依照公司组织，及〔吸〕收全部资金,协同办理。此民生工业的开展,是为战时我国工业发展的特征之三。

第四,乡村工业的推广

(内容非西部内容,故略——编者)

第五,工业合作的创立

战前中国可谓无工业合作,并可谓无生产合作。农工合作,虽曾推行有年,资金运用,为数甚巨,均属信用合作范围,合作社数在三四万个之间。原本农业的信用合作,其目的亦在增加生产,但战前主持此项合作贷款的,完全为金融机构或行政机构,而无农业技术的机构,或农工技术人员参加,所以生产的要素至为有限,自不能列于生产合作之例,若战时各省农业改进机构,相继成立,农业合作的生产要素,乃能逐渐增加,尤其是受工业合作运动的良好影响,农村副业的推进,渐受相当的注意力。至于工业合作,完全为战时的产物,由于国际人士的声援,乃能于全国合作事业中另成一个新系统,西北、西南、东南、川康、云南各区,及于十有八省,工业种类共分十大部分,计114项,成立2 000余社,社员二三万余人之间,基金总额为1 600万元,银行临时贷借在外,现已贷出800万元,其中各社贷款在1 000元以下者占38%,1 000元以上5 000元以下者占51%,5 000元以上30 000元以下者不及10%,30 000元以上者只1%有奇。其各社业别分配,计纺织最多,占34%,化学19%,服装12%,矿冶10%,土木石7%,食品5%,机电3%,文化3%,交通工具1%,其他杂项6%。工合运动的开展,估价颇有不同的观点,但若与农业合作比较,则工业合作在全国合作社总数87 000余个中尚在23%,就人数而言,其在全国合作社员总数400余万人中,尚不及1%,就其所化金钱,与农业合作贷款动以若干万万元计,及其所得效果而言,工合的成绩,可谓已在农合之上。

吾人对于工合运动的看法,在其初期,仍是工业信用贷款的性质,多于技术指导与改良的成分,训练无技艺人民以相当技能的性质,多于组织有技能而失业人民以增加其生产力量的成分,协助社员以种种调剂及教育事业的性质,多于直接提高其工作效能的成分。故工合的推进,如提倡一般小工业然,一定要有量而后有质,先有救济而后有事业,先有训练而后有进步,吾人不应即行盼望工业合作,在现阶级中,即能为工业生产最经济的单位,可先行承认工业合作制度为广播工业种子最好方法之一,合作制度有其一般的弱点与优点,工业合作亦然。工业合作的广播工业种子,必需于广大的区域中,本适者生存的原则,每个区域培强若干可以比较长期间存在的工业,则工合的目的已达。其在战时,仍当一面增加营运资金,并扩展其教育上的功能,又一方面,力求精进,以期发生工业上的真正作用,使与农业生产及乡村工业、国际工业及民生工业配合发展。值兹战时我国工业合作协会所领导的工业合作,使我国始有真正的生产合作,此项工合的创制,是为战时我国工业发展的特征之五。此外尚有几种特征,如:

第六,自用工业的扩展

如铁路方面,向本自设铁路工厂,现在战时,公路方面,亦有设车辆修理及配件工处,并自设燃料工厂,将来必至自设汽车制造工厂,市政方面,自设锯木及凿石工厂,财政金融方面,自设造纸处及印刷厂,教育方面,自设教育用品及仪器制造处,学校方面,专设精制分析用化学药品厂,凡不对外营业,而自造以供自用,这种办法,在战时已渐扩展,亦为实逼出此,是为战时我国工业发展的特征之六。

第七,专卖工业的养成

硝磺工业,可谓已属专卖的工业,由财政部设厂制炼。现在实行专卖制度,对于食盐,既在设立公司,必致设厂精制,如台湾的樟脑专卖,即系政府专制,而酿造工业的研究指导,属诸税收的机关。我国实行糖及烟草与火柴等专卖,收本趋势,不免有若干工厂情愿转移于专卖机关之经营,因此养成专卖的工业,是为战时我国工业发展的特征之七。

第八,振济工业的试办

战前的振济,所谓以工代振,均属土木工,如筑路、水利、开垦等工程。其以制造工业,用振济方式来经营,则始于战时。如振济委员会直辖工厂单位将有二十个上下,包括纺织、造纸、陶瓷、羽毛等工业,而各省振济工作,对于纺织特为重视,并及陶瓷、砖瓦、皮革等,其效果虽然尚是低微,然就训练难民以必要技艺立场,则振济工业的试办,原亦有其用处,如能增加教育意义,则比战前如平民习艺者一类的训练当较优良,是在办理之得当,是为战时我国工业发展的特征之八。

第九,工业干部的训练

战前对于工业教育的重视,业使大学教育的方向由文法而趋于工程,但工业干部的训练,至战时始觉迫切需要添设工业专科学校,创设工业技艺专科学校,扩展工业职业学校,尽量利用各学校、各大工厂附设技工训练班,其他特种技能的训练,如防毒、防空、驾驶、电化教育、测绘、印刷、机工、电工、电讯、机械化部队等,以至推及化学分析的技工,如此多方设法训练工业干部,是为战时我国工业发展的特征之九。

就以上所述九种我国战时工业的特征,可以认识我国战时工业的全貌。为欲积极推进我国工业之量与质的增加,唯有全国人民个个以其积蓄所得与游资,投入于工业生产的建设,资金用于工业生产,而不用于不劳而获的买卖盘剥,则生产增加,合理的利润亦得,而物价不合理高涨的主要因素解除,战时工业当能更其蓬勃的发展,战后工业的基础更为稳固的奠定。

原载《中央银行经济汇报》1942年第5卷第4期

资源委员会经办事业一览表

资源委员会经济研究室

民国三十四年七月一日

（○独资经营，△参加经营并主办，×参加经营不主办）

事业名称	地址	经营方式	参加经营者	成立时期	附注
甲、工业部分					
一、冶炼工业					
1. 资渝钢铁厂	四川巴县	○		三十三年三月二十二日	原名资渝炼钢厂，于三十二年七月一日成立，三十三年合并陵江、资和两钢铁厂后改今名
2. 资蜀钢铁厂	四川巴县	○		三十三年八月一日	
3. 威远铁厂	四川威远	○		三十年一月八日	
4. 电化冶炼厂	四川綦江	○		三十年七月一日	
5. 昆明电冶厂	云南昆明	○		二十八年三月二十二日	
6. 云南钢铁厂	云南安宁	△	云南省政府、兵工署	三十二年七月一日	
7. 江西炼铁厂	江西吉安	△	江西省政府	三十年二月一日	已停顿
8. 钢铁厂迁建委员会	四川巴县	×	兵工署	二十七年三月一日	辖七制造厂、大建分厂、南桐煤矿及綦江铁矿等
9. 中国兴业公司	四川重庆	×	商股	二十八年十一月	
二、机械工业					
10. 中央机器厂	云南昆明	○		二十八年九月九日	
11. 宜宾机器厂	四川宜宾	○		三十三年六月六日	原名中央机器厂，四川分厂于三十年七月十一日成立
12. 甘肃机器厂	甘肃兰州	△	甘肃省政府	三十年九月十五日	

续表

事业名称	地址	经营方式	参加经营者	成立时期	附注
13. 江西机器厂	江西泰和	△	江西省政府	三十年七月一日	
14. 江西车船厂	江西泰和	△	江西省政府	二十九年十一月一日	
15. 四川机械公司	四川成都	×	川康经济建设期成会	三十一年	
16. 江西兴业公司	江西泰和	×	赣省府、四联总处		
三、电器工业					
17. 中央电工器材厂	云南昆明	○		二十八年七月一日	辖五分厂及三支厂
18. 中央无线电器材厂	四川重庆	△	湖南省政府、中央广播事业管理处	二十七年四月一日	该厂辖二分厂
19. 中央电瓷制造厂	四川宜宾	△	交通部	二十六年十二月六日	辖衡阳分厂迁筑复工
20. 江西电工厂	江西泰和	△	江西省政府	三十一年七月一日	已停顿
21. 华亭电瓷厂	甘肃华亭	○		三十年八月八日	
四、化学工业					
22. 动力油料厂	四川重庆	△	兵工署	二十八年八月二十一日	
23. 巴县炼油厂	四川巴县	○		二十九年五月	
24. 犍为焦油厂	四川犍为	○		二十九年五月十六日	
25. 北碚焦油厂	四川北碚	○		二十九年十二月	
26. 重庆酒精厂	四川重庆	○		三十二年六月	
27. 北泉酒精厂	四川北碚	△	液体燃料管理委员会	三十年五月十二日	
28. 四川酒精厂	四川内江	△	四川省政府	二十七年六月六日	
29. 内江酒精厂	四川内江	○		三十三年三月	
30. 资中酒精厂	四川资中	○		二十八年六月十三日	
31. 简阳酒精厂	四川简阳	○		三十一年一月一日	辖成都支厂
32. 泸县酒精厂	四川泸县	○		二十九年三月一日	
33. 纳谿酒精厂	四川纳谿	○		三十一年一月	
34. 广汉酒精厂	四川广汉	○		三十一年九月	
35. 遵义酒精厂	贵州遵义	○		二十九年六月一日	
36. 安顺酒精厂	贵州安顺	○		三十一年十一月	
37. 盘县酒精厂	贵州盘县	○		三十三年十月	
38. 云南酒精厂	云南昆明	△	云南省政府	二十九年四月一日	
39. 南康酒精厂	江西南康	○		三十一年十月	
40. 上饶酒精厂	江西上饶	○		三十二年三月	

续表

事业名称	地址	经营方式	参加经营者	成立时期	附注
41. 南城酒精厂	江西南城	○		三十一年十一月	由南京行辕暂管
42. 鹰潭酒精厂	江西鹰潭	○		三十二年三月	
43. 褒城酒精厂	陕西褒城	○		三十一年五月	
44. 咸阳酒精厂	陕西咸阳	○		三十年四月十日	
45. 益门动力酒精厂	西康会理	×	西昌行辕、乐山西路工程处		辖泸佐支厂
46. 中国联合炼糖公司	四川内江	×	中国银行		
47. 重庆耐火材料厂	四川重庆	○		三十年十一月二十七日	
48. 甘肃水泥公司	甘肃永登	△	甘肃省政府、中国银行、交通部	三十年五月十五日	
49. 贵州水泥公司	贵州贵阳	×	贵州企业公司、兴华水泥公司		
50. 江西水泥公司	江西泰和	×	江西省政府、华中水泥公司		
51. 华新水泥公司	云南昆明	×	商股		
52. 昆明化工材料厂	云南昆明	○		二十九年七月一日	
53. 甘肃化工材料厂	甘肃兰州	△	甘肃省政府	三十二年十一月十六日	
54. 江西硫酸厂	江西大庾	△	江西省政府	三十年八月八日	已停顿
55. 裕滇磷肥厂	云南昆明	△	云南经济委员会、中国银行	三十一年七月一日	
56. 天原电化厂股份有限公司	四川重庆	×	商股	二十八年三月二十二日	
57. 乐山木材干馏厂	四川乐山	○			
58. 四川氮气公司	四川重庆	×	商股	三十一年八月	已停顿
乙、矿业部分					
一、煤矿业					
1. 建川煤矿公司	四川重庆	×	商股	三十年十月一日	
2. 威远煤矿公司	四川威远	×	盐务总局、中福公司	二十九年七月一日	
3. 嘉阳煤矿公司	四川犍为	×	中福公司、商股	二十八年一月一日	
4. 四川矿业公司	四川成都	△	四川省政府、商股	三十年六月一日	
5. 贵州煤矿公司	贵州贵阳	△	贵州企业公司、商股	三十年五月八日	
6. 黔南煤矿筹备处	贵州都匀	○		三十三年七月	

续表

事业名称	地址	经营方式	参加经营者	成立时期	附注
7. 明良煤矿公司	云南宜良	△	商股	二十八年九月一日	
8. 宣明煤矿公司	云南宣威	△	云南省政府	二十九年一月十五日	
9. 辰溆煤矿公司	湖南辰溆	△	商股	二十九年十月一日	
10. 辰溆煤业办事处	湖南辰溆	○		二十七年八月一日	
11. 湘南矿务局	湖南湘阳、祁阳	○		二十八年九月十四日	湘兴矿场系该局与湖南建设厅合办，湘永、湘登、湘盛矿场均有商股，已沦陷
12. 湘江矿业公司	湖南湘潭	×	商股	三十二年十月	已沦陷
13. 祁零煤矿局	湖南祁阳	○		二十九年八月一日	已沦陷
14. 高坑煤矿局	江西萍乡	○		二十七年四月二十四日	已沦陷
15. 萍乡煤矿整理局	江西萍乡	△	江西省政府	二十七年二月	已沦陷
16. 江西煤矿筹备处	江西吉安	△	江西省政府	二十六年二月二十五日	已沦陷
17. 粤北工矿公司	广东乳源	△	广东省政府	三十四年一月	辖八字岭煤矿及粤北铁工厂，已沦陷
18. 甘肃煤矿局	甘肃兰州	△	甘肃省政府	三十二年十二月二十一日	
19. 甘肃矿业公司	甘肃兰州	×	甘肃省政府及四行	三十一年一月	
二、石油矿业					
20. 甘肃油矿局	甘肃玉门	○		三十年三月十六日	辖乌苏油矿工程处
21. 四川油矿探勘处	四川巴县	○		二十五年九月八日	
三、铜铅锌铁矿业					
22. 川康铜铅锌矿务局	四川成都	○		三十三年一月一日	原名川康铜业管理处，系于二十七年七月一日成立
23. 康黔钢铁事业筹备处	贵州威宁	○		三十二年六月一日	原名黔西铁矿筹备处，系于三十五年三月十二日成立
24. 滇中矿务局	云南易门	○		二十八年二月二十七日	原名易门铁矿局
25. 滇北矿务局	云南会泽	△	云南省政府		原名滇北矿务公司，于二十八年三月一日成立

续表

事业名称	地址	经营方式	参加经营者	成立时期	附注
四、钨锑锡汞矿业及管理事业					
26. 钨业管理处	江西大庾	○		二十五年三月	辖湖南及广西两分处,已沦陷
27. 锑业管理处	湖南零陵	○		二十五年一月一日	已沦陷
28. 锑品制造厂	贵州贵阳	○		三十一年十二月一日	原设湖南零陵
29. 锡业管理处	广西桂林	○		二十八年二月二十七日	辖湖南分处,已沦陷
30. 汞业管理处	湖南晃县	○		三十年五月一日	
31. 云南出口矿产品运销处	云南昆明	○		二十八年十一月一日	
32. 云南锡业公司	云南昆明	△	云南省政府及中国银行	二十九年九月一日	
33. 平桂矿务局	广西八步	△	广西省政府	二十七年十月一日	已沦陷
34. 新疆钨矿工程处	新疆伊宁	○		三十三年七月十五日	为匪军占据
35. 国外贸易事务所		○		二十七年九月二十一日	
五、金矿业					前采金局参加之采金公司未列入
36. 西康金矿局	西康康定	○		三十三年四月十五日	
37. 湘黔金矿局	湖南洪江	○		三十□年四月十五日	
六、矿产测勘事业					
38. 矿产测勘处	四川重庆	○		三十□年十月一日	
丙、电业部分					
1. 万县电厂	四川万县	△	四川省政府	二十七年八月六日	
2. 龙溪河水力发电厂	四川长寿	○		二十六年七月二十四日	
3. 泸县电厂	四川泸县	○		三十年一月一日	
4. 自流井电厂	四川自贡市	△	四川盐务管理局	二十九年十一月一日	
5. 岷江电厂	四川犍为	○		二十八年七月一日	
6. 宜宾电厂	四川宜宾	○		三十年九月十二日	
7. 西昌电厂	西康西昌	○		三十年五月八日	
8. 昆湖电厂	云南昆明	○		二十八年六月一日	
9. 贵阳电厂	贵州贵阳	△	贵州企业公司	二十七年七月一日	
10. 修文水力发电厂工程处	贵州修文	○		三十三年三月十日	

续表

事业名称	地址	经营方式	参加经营者	成立时期	附注
11. 湘西电厂	湖南沅陵	○		二十八年一月一日	辖辰谿分厂
12. 湖南电气公司	湖南长沙	△	商股	三十年七月	辖衡阳长沙两电厂，已沦陷
13. 柳州电厂	广西柳州	△	广西省政府	三十一年一月十六日	已沦陷
14. 汉中电厂	陕西汉中	○		二十八年十月一日	
15. 汉中水力发电厂工程处	陕西汉中	○		三十二年十一月一日	
16. 天水电厂	甘肃天水	△	甘肃省政府	三十一年六月十六日	
17. 天水水力发电厂工程处	甘肃天水	○		三十二年十一月一日	
18. 兰州电厂	甘肃兰州	△	甘肃省政府	二十六年八月十六日	
19. 西京电厂	陕西西安	△	中国建设银公司、陕西省银行	二十五年四月十七日	辖宝鸡分厂
20. 王曲电厂	陕西王曲	○		三十三年一月一日	交西京电厂管辖
21. 西宁电厂	青海西宁	△	青海省政府	二十九年十一月一日	
22. 西宁水力发电厂工程处	青海西宁	○		三十三年一月二十二日	
23. 浙东电力厂	浙江龙泉	△	浙江省政府	二十八年七月	
24. 都江电厂	四川灌县	○			
25. 巴县工业区电力厂	四川巴县	×	商股		
26. 富源水力发电公司	四川北碚	×	商股		
27. 水力发电勘测总队	四川重庆	○		二十八年十二月	
丁、服务部分					
1. 运务处	贵州贵阳	○			辖渝筑兰三区办事处及昆明代表办事处
2. 电讯事务所	四川重庆	○			辖分台七、支台四十九
3. 保险事务所	四川重庆	○			
4. 昆明办事处	云南昆明	○			
5. 兰州办事处	甘肃兰州	○			
6. 酒精业务委员会	四川重庆	○			
7. 钢铁业务委员会	四川重庆	○			

原载《资源委员会公报》1945年第9卷第2期

我国战时工业生产之发展趋势

李紫翔

一、前言

今日后方各省的工业，几乎完全是抗日战争中发生和发展起来的新兴事业。这些新兴工业的特征，如我们已在另一篇文章中指出的，战地既成工厂的内迁，是后方工业产生的主要方式。但是后方工业的迅速发展却已显示了几个重大意义的事实：第一，后方工业是从近百年来半殖民地经济和买办经济的清算中，深刻认识并完全采取民族工业的新形态。第二，技术的必须自求解决，打破过去完全依赖外国输入的方法，而为我国幼稚的工业技术真正开始了若干奠立基础的工作。第三，后方工业的长期发展，必将由在经济落后的区域移植若干工厂的方式，进步到工业广泛而长足的发展，以至各个经济部门依照工业的要求的全盘改造。还有，后方工业是完全适应战争的需要而兴起的，所以尽量供应争取最后胜利所必需的军需民用，自仍是今日最主要的任务；但同时，如果今日后方工业能够在技术上、经济上和组织上建立较坚强的基础，则在战后实现工业化的大建设中，今日的所谓后方工业自应成为登高自卑的重要凭借，而在艰苦奋斗中积累起来的技术上的和经营上的经验，亦更将成为利用外资发挥较高效率的主动能力。

上面所说的几点，自是在后方工业的发展过程中已经萌芽而存在的事实，但如希望它能繁荣滋长为工业革命的主导力量，实在还需要许多重要的客观和主观的条件。战争固然给予了我们的工业许多困难挫折，譬如器材、原料、动力、交通以及经济落后区域的一切不与工业经济相配称的条件，但是外商特权停止后的绝对保护条件、绝对的有效需要以及有利于生产者的通货膨胀等,却是空前未有的有利环境。亦就因为这种战时的特殊条件,许多工业经营家担心于战后国际自由竞争的市场的恢复,发生民族工业能否存在的怀疑,自不是一种无病呻吟。同时,资金、成本、原料和销场等错综织成的当前困难问题,使得公私工业都陷入左右为难的苦境,而寄其希望于逝去不久的景气重复来临!

这一切问题的分析与解答,自不是我们这里所能做到的。本文只是根据几种较完全的材料,将我国战时工业发生和发展的各种特点作一个较客观的具体分析,以便我们对于前途的希望能够获得坚实的把握,而对于当前的困难也有较实际的认识。假如其能对此有所贡献,似乎亦正是我们现时所最缺乏与需要的了。

二、工厂设立上的观察

现时所称后方的诸省,都是我国经济落后的区域。近百年来,国际经济的侵蚀,在这些地方所起的作用更多是属于消极的一方面。换句话说,除促进少数的日用必需品输入和原料输出的商品化外,机械的生产方法既少移植,而社会经济亦仍保持在半自足的家庭手工业基础上的地方经济的形式。如以新式工业的创立来说,据我们依据工业登记的统计,则现时的后方诸省,在战前全国3 935家工厂中,仅占有237家,在38 000万元资本中,仅占有1 600万元,在42万工人中,仅占有3 300人。此项厂数、资本及工人数字,在全国占取的相对地位,亦仅为6.03%、4.28%和7.24%,并且这些工业还多为纺织工业,日用品的化学工业和供照明用的电气事业罢了。老实说,这些工业在全国的地位既无足轻重,而在地方经济上,无论从产品的数量或新的生产方式言,亦似极少影响的。如与其所占全国三分之一以上的人口和二分之一以上的土地面积相较,显然更可看出这个落后中国的落后区域的经济发展程度。后方各省工业,直到中日战争发生才真正开始踏上建设之路,而那些由上海、武汉等处内迁的446家工厂以及12万吨左右的器材,就是发动后方工业普泛建立的一个原动力。我们知道,一个地区的工业建设是需要具备多方面的高度的经济条件,举凡机械、动力、劳力、原料、销场和交通、金融等都须有适当配合,而这些条件,在后方各省都是最不完备,在平时亦非短期内所能准备起来的,所以过去这些地方的资本所有者,既不知兴办工业,而沿海地区的工业家,以至于最热心于在华设厂的帝国主义者,亦都对此缺乏了兴趣。只有抗日战争的发生和发展,才改变了人们对于落后区域经济价值的认识,与开始做些改变经济条件的人为努力。举例说:战争的特殊需要,国际路线断绝后的供需失调,以及通货膨胀下生产者的利润率的提高等,都在在激动了工业家的经营勇气,改变了经济的计算标准。同时,这些内迁的工厂,不单迁移了相当数量的机器和技术人才,并且因为在446家工厂中,所谓工业之工业的机器制造工业差不多占了总数的一半。所以它们内迁之后,当然不只是各个工厂的单纯的恢复,而在它们恢复生产过程中,必然供给了发展其他工业的一个物质条件。在这样的客观的和主观的新因素之下,后方各省的工业就蓬蓬勃勃的在战时的特殊环境中空前的发展起来了,依据截至三十二年底的最新统计,后方各省共已拥有工厂4 524家,资本2 636 851 801元,工人273 336人。如与战前相较,计工厂数增加了18倍,资本额增加了164倍,工人数亦增加了82倍。因为通货价值的变动关系,资本额的增加,或不足适当的反映工业发展的真实状况,但从厂数和工人数的巨大增加上,指示后方工业业已面目一新了。这种后方工业的面貌有如下表所统计:

第一表 我国战时工业之地域分布

类别	总计	水电工业	冶炼工业	金属品工业	机器工业	电器工业	土石品工业	化学工业	木材及建筑工业	饮食品工业	纺织工业	服饰品工业	文化工业	杂项工业
共计	4 524	123	180	162	849	115	139	1 082	61	450	908	163	243	30
四川	2 011	29	79	82	46	72	58	471	25	221	295	59	169	23
西康	12	2	2	—	—	—	—	4	—	—	2	—	—	—
贵州	187	1	7	5	13	2	12	101	—	9	31	1	3	—
云南	133	7	14	4	14	4	7	39	3	9	24	4	3	—
广西	351	12	11	38	94	13	11	58	9	30	19	13	35	3
广东	78	3	—	1	1	5	6	45	1	7	4	—	2	1
福建	96	18	—	3	2	2	3	—	7	18	4	—	—	—
湖南	635	15	47	41	188	10	113	81	9	33	136	43	6	2
江西	24	10	3	4	2	3	2	38	—	16	23	5	6	—
浙江	85	14	—	1	14	1	2	6	—	8	12	—	2	—
江苏	6	—	—	—	—	—	2	—	1	2	—	—	—	—

续表

类别	总计	水电工业	冶炼工业	金属品工业	机器工业	电器工业	土石品工业	化学工业	木材及建筑工业	饮食品工业	纺织工业	服饰品工业	文化工业	杂项工业
安徽	85	—	1	—	—	—	—	17	—	5	56	—	2	—
陕西	401	4	9	11	12	2	10	75	1	71	121	23	5	—
甘肃	178	2	2	2	12	2	4	59	4	6	6	6	4	—
青海	1	1	—	—	—	—	—	—	—	—	—	—	—	—
宁夏	14	0	—	—	—	—	—	3	—	1	8	—	1	—
绥远	7	—	—	—	—	—	—	—	—	—	6	1	—	—
湖北	17	—	—	1	—	1	—	8	—	1	6	—	—	—
河南	89	2	—	—	3	—	—	31	—	12	39	—	—	—
山西	13	—	2	—	—	—	—	1	—	—	2	—	—	—
河北	1	—	—	—	—	—	1	—	—	—	1	—	—	—

从上述的统计中,有两个特殊意义的现象值得加以强调的说明:第一,后方工业的工业部门的分配,和战前的情形已发生了极大的变化:譬如战前3 935家工厂中,饮食品工业占24.19%,纺织工业占22.44%,化学工业占13.80%,机器工业占9.50%,服饰品工业占了7.80%,冶炼和电气工业只占1.5%左右。但战时工业中,化学工业以1 081家占了第一位,机器工业以仅次于纺织工业的839家占到第三位,文化工业占第五位,金属品和冶炼工业则占了第六、第七位。在一般情形下,重工业的比重的大小,如可作为一国工业发展的指标的话,那末,我国输入新式生产方法以来即局束于轻工业的局面,在战争中却已完全把它改换过来了。第二,战前工业的地域分布,大多偏于沿海的几个通商口岸,但战时工业即已普遍到后方的各个省区,而四川、湖南、陕西、广西、贵州、云南和甘肃,更已成为新兴的工业区域,尤以四川一省的工厂数量占了总数的44%以上,它的地位几乎可以和战前的江苏相媲美了。我们在上面已对后方工业作了一个业别和地域别的横的观察,现在更在设立时期上作一纵的观察:

第二表　我国战时工厂设立时期统计

类别	二十七年 厂数	指数	二十八年 厂数	指数	二十九年 厂数	指数	三十年 厂数	指数	三十一年 厂数	指数	三十二年 厂数	指数	共计 厂数	指数
总计	218	100.00	450	206.40	575	263.76	862	395.41	569	261.01	766	351.38	3 440	1 377.98
水电工业	7	100.00	19	271.43	8	114.29	13	185.71	2	28.57			49	700.00
冶炼工业	16	100.00	23	143.75	23	143.75	25	156.25	18	112.30	25	156.23	130	1 812.00
金属品工业	14	100.00	18	128.57	33	235.11	34	242.86	23	164.09	32	218.57	154	1 100.00
机器制造工业	49	100.00	94	195.84	113	230.61	159	324.49	149	304.08	157	320.41	721	1 534.69
电器制造工业	7	100.00	15	214.28	18	257.14	22	314.29	22	314.29	17	242.86	101	1 442.86
土石品工业	14	100.00	9	64.29	19	135.71	28	200.00	19	135.71	17	121.43	106	757.14
化学工业	32	100.00	78	251.61	154	496.77	261	841.94	90	290.32	255	822.58	869	2 803.25
木材及建筑工业	3	100.00	8	266.67	8	266.67	11	366.67	5	166.67	12	400.00	47	1 366.67
饮食品工业	13	100.00	24	215.38	41	315.38	89	684.62	86	661.53	90	692.31	347	2 669.23
纺织工业	31	100.00	104	335.48	107	345.16	164	529.03	126	406.45	120	387.10	652	2 103.23
服饰品工业	13	100.00	26	200.00	24	184.62	36	276.92	15	115.38	16	123.08	130	1 000.00
文化工业	17	100.00	25	147.06	23	135.29	16	94.12	9	52.94	19	111.77	109	641.18
杂项工业	3	100.00	3	100.00	4	133.33	4	133.33	5	166.67	6	200.00	25	833.33

依据第二表的统计，我们可以对后方工业的发展得到如下的几个较明晰的认识：首先，从总的方面看，自二十七年以来，各种工业每年设立的厂数都有迅速的增加，尤以三十年达到发展速度的最高峰。在此以前，每年的新增工厂约当其前一年的127%，150%以至206%；在此以后，发展速度却已大见减低，尤其三十一年的新增工厂，仅当三十年的66%，而成为战时工业最不景气的一年，但是这种不景气并没有继续发展，如三十二年的新设厂数则已出乎一般意料之外的复重见上涨之势，如三十二年开工工厂虽仍只当三十年的87%，但较三十一年却已增加36%，即较二十九年亦已增加33%。就各个工业部门看，则以机器制造工业、电器制造工业、饮食品工业、纺织工业等发展速度较为稳定，化学工业的上涨速度虽最高，但三十一年的下落程度亦最甚。至于在三十二年已恢复三十年之水准者，则有木材及建筑工业、饮食品工业、文化工业及冶炼工业等。另一方面，水电工业、土石品工业及文化工业等，则

比较的不能追随一般的发展趋势，而表现颇不稳定的状态。再从二十七年至三十二年工厂设立的累积数看，则以化学工业及饮食品工业的增加倍数最多，前者约为 26 倍，后者约为 25 倍，其次为纺织工业约增 19 倍，木材及建筑工业和机器制造工业各约增 13 倍，电器制造工业约增 12 倍，其增 5 倍至 9 倍者，为金属品工业、服饰品工业、冶炼工业、土石品工业及水电工业，而以文化工业增加倍数最少，仅 4 倍而已。

上面已将后方战时工业作了一个鸟瞰式的分析，这里仍须对三十二年的设立工厂加以必要的说明。因为近一两年中工业的困难继续增加，停工闭歇的事时有所闻，所以许多人就误以为三十一年以后工厂设立已走上一年减少一年的下坡路了。其实，如第二表所示，事实上并不尽然的。并且我们所统计的三十二年工厂数字，因为时间关系尚不能将已设立而未申请登记的工厂全部包括在内。据我们的估计，三十二年实际设立的工厂，恐怕已赶上或超过了三十年的总数。现在为了对三十二年设立工厂有一更明确的认识，我们特制了第三表和第四表：

第三表　三十二年设立工厂之业别分布

业　别	厂数 实数	厂数 百分比	资本数 实数	资本数 百分比	工人数 实数	工人数 百分比
总　计	766	100.00	700 825 766	100.00	31 674	100.00
冶炼工业	25	3.26	60 620 000	8.65	2 947	9.30
金属品工业	32	4.18	26 542 000	3.79	1 395	4.40
机器制造工业	157	20.50	106 146 700	15.15	4 565	14.41
电器制造工业	17	2.22	15 810 000	2.26	560	1.77
土石品工业	17	2.22	44 554 000	6.36	1 309	4.13
化学工业	255	33.29	201 940 500	28.80	6 464	20.41
木材及建筑工业	12	1.57	16 200 000	2.31	387	1.22
饮食品工业	90	11.74	79 384 566	11.32	2 696	8.52
纺织工业	120	15.67	121 458 000	17.33	8 793	27.76
服饰品工业	16	2.09	10 640 000	1.52	1 282	4.06
文化工业	19	2.48	15 040 000	2.15	1 075	3.39
杂项工业	6	0.78	2 490 000	0.36	201	0.63

第四表　三十二年设立工厂之地域分布

地域名	厂数 实数	厂数 百分比	资本数 实数	资本数 百分比	工人数 实数	工人数 百分比
总　计	766	100.00	700 825 766	100.00	31 674	100.00
四　川	107	13.97	140 913 000	20.11	5 026	15.87
贵　州	75	9.79	42 910 000	6.12	1 796	5.67
云　南	27	3.52	69 810 000	9.96	712	2.25
广　西	59	7.70	70 804 000	10.10	2 617	8.26
广　东	9	1.17	1 550 000	0.22	174	0.55
福　建	8	1.04	2 580 000	0.37	276	0.87
湖　南	134	17.49	130 726 500	18.65	8 590	27.12
江　西	22	2.87	16 663 566	2.38	1 431	4.52
江　苏	3	0.39	375 000	0.05	69	0.22
浙　江	15	1.97	12 755 000	1.83	794	2.51
陕　西	16	2.09	18 950 000	2.70	1 237	3.91
甘　肃	39	5.10	25 418 800	3.63	1 537	4.85
河　南	1	0.13	20 000	0.00	16	0.05
河　北	1	0.13	40 000	0.01	15	0.04
重庆市	250	32.64	167 309 900	13.87	7 384	23.31

上列二表之分析,已甚了然,今为使各业相对地位的变动更得一明确观念,特与三十年以前之情形比较说明如下:在厂数方面,化学工业则由22%增至33%,机器制造工业则由18%增至20%,饮食品工业则由9.6%增至11.74%。在资本方面,化学工业仍保持原来的比数,其相对地位获得增进者为饮食品工业和纺织工业,前者由4.30%增为11.32%。后者由14.98%增为17.33%;其减低了的为冶炼工业及机器制造工业,前者由15.59%减至8.65%,后者则由17.42%减至15.15%。在工人数方面,纺织工业、化学工业和机器制造工业三大重要部门大致尚能保持原来地位,不过相对的比数,纺织工业则由38.59%减至27.76%,而文化工业则由11.67%增至20.41%,机器制造工业亦由13.06%增至14.41%。此外,冶炼工业及饮食品工业的比重亦多增加。第四表所列工业的地域分布,亦已发生相当重要的变动,即在厂数方面,四川已由44%增为46.61%,湖南由13.34%增为17.49%,贵州

由 2.98% 增为 9.79%，云南由 2.72% 增为 3.52%，甘肃由 3.69% 增为 5.10%，可见工业益有向这几省集中的趋势。此外，广西只保持原来地位，而陕西却由 10.24% 降至 2.09% 了。在资本方面，湖南由 3.92% 增至 18.65%，广西由 7.80% 增至 10.10%，贵州由 2.39% 增至 6.12%，反之，四川、陕西、云南等却颇有低减。在工人数方面，亦以湖南由 13.06% 增至 27.11%，广西由 6.63% 增至 8.26%，贵州由 1.89% 增至 5.67%，所增较多；反之，四川、陕西、云南诸省皆有减低。从上面的比较分析中，可知三十二年工厂的业别分配上大致尚是集中于机器、化学、饮食品等事业上。但可注意的，即年来一般所谓机器制造工业不景气的氛围中，减产停工或倒闭的现象竟未吓倒企业家，以至三十二年新设的机器工厂仍然占了 157 家之多。如以重庆区而论，各方调查去年停歇的机器工厂约有五六十家，可是同年开工的工厂仍有 83 家，超过停工的厂数以上，足见当前工业生产问题，原因极为复杂，决不是浮光掠影的，偶举一二事实所能完全说明的了。其次，工业区域的分布，现已有由四川、湖南两大工业中心渐向其他原料和市场条件较能利用的省区转移之趋势，上述的甘肃和贵州相对地位的增高，就是一种说明。同时，陕西新设工厂的减低趋势，似乎在工业建设已达饱和状态的原因之外，恐怕尚要在其他的经济政治因素上寻求解释的。此外，还有一点须说明的，即从每一工厂的平均资本和工人数量看，则资本由 516 000 元增至 915 000 元，而每厂工人数量又由 64 人减至 42 人。前者的原因自是通货价值不断变动的表现，决不可以作为工厂规模扩大或资本准备充分的了解。反之，由于后者的减少，证明新设工厂更加是以小型工厂占了最大的比数；同时，我们还可以补充的说明，这些工厂在动力的使用上，一般的均无什么进步。这样。这种小型工厂的普遍设立，是与近年来从实际经营中所发生的合并集中趋势不相协调的；同时亦即说明大多数的工业经营家仍没有接受实际教训。换句话说，他们仍没有放弃以商养工和以工护商的商业政策，而将他们的生产事业建立于较健全的基础之上。

最后，我们还要从工厂异动另一方面的情形上，观察三十二年度工业变动的趋势；依据工矿调整处的调查，重庆区停工的机器工厂共有 52 家，共有工具机数 201 部。这里告诉我们的，不只是停工厂数占了总厂数 14.3% 的一个较严重事实；同时，由于停工工具机数只占总数的 6% 的一事实，可见停工的全部属于规模微小的机器工厂及修理厂，而规模较大的工厂却都尚能支

持,甚至相反还有能进行充实扩大的。又据我们不太完全的资料,三十二年上半年全后方工厂异动的情形是:

第五表　后方工厂异动统计(三十二年上半年)

类　别	共计	歇业	改组	增资	转让	迁址	更名	其他
总　计	117	28	25	32	9	7	2	4
冶炼工业	4		1	2				1
机器工业	32	9	5	8	4	2		4
电器工业	4		1	2				1
木材工业	2	1			1			
土石品工业	45	9	11	11	4	2	2	6
化学工业	2		2					
饮食品工业	4		1	2				1
纺织工业	19	6	2	9		2		
服饰品工业	1							1
文化工业	4	1	2			1		1

就上表所统计 117 家工厂异动性质来看,以增资居最多数,计有 32 家;实际上改组的 25 家中,还包含了 17 家增资的在内,如此,增资的已占总数的 42%,歇业次之,共 28 家,如与转让合计,亦仅占 31% 弱。就各工业部门来看,则以土石品工业最多,占 38% 强,机器工业次之,占 27%,纺织业又次之,占 16%,而以化学工业状况最好,其变动的 2 厂亦仅属改组性质。再分析歇业的原因,计资金缺乏的占 25%,经营不善的占 21%,销路停滞的及原料缺乏的各占 21%,技工缺乏的占 3%,其他占 8%。依据上述分析所示,我们可以说,三十二年后方工业的不景气情形,并非如传言之甚,而所谓一般的不景气情形下,还掩蔽了集中和淘汰的积极作用。不过,如果此种构成工业变动的原因,不能适时的加以克服,而任从其自然的发展下去,同时,亦没有什么足以刺激或支持生产的新因素,则今后工业生产的疲滞趋势似将更会发展,而此种淘汰和集中的作用,亦将日趋剧烈的了。

三、工业产品数量上的观察

在上面,我们已从工厂的业别和区域分布的分析,对于后方工业的发展趋势提供了一个概括的认识。不过这种分析，自是十分粗略的；现在为了获得更进一步的较具体的认识，我们打算再从各种工业产品数量增减的角度上来作一较详实的观察。

关于后方工业的生产统计，工矿调整处曾有工业生产指数的编制。其以二十七年为基年的总指数，是二十八年130.72，二十九年185.85，三十年242.96，三十一年302.17，三十二年375.64。这种指数的一般的增涨，或能相当地反映后方工业生产的总趋势。不过这个指数仅包括了34种产品（计生产用品18种，消费用品12种，出口品4种），而有产品报告的厂数亦欠完全，所以它的代表性不免受了较大的限制。同时，更因产量没有公营、民营的分别统计，对于我们的分析亦少适用。今特依经济部统计处新编二十九年至三十二年后方重要工矿产品产量第二次统计之数字，分制生产用具、材料用品及消费用品产量之量比，以为分析的根据。今先将生产用具产量的量比录载于下：

第六表　生产用具产量量比（以二十九年产量为100）

品名	三十年	三十一年	三十二年
原动机	104.95	128.25	38.44
发电机（部）	157.48	118.90	103.15
K.V.A	130.32	305.75	294.25
电动机（部）	148.66	91.29	76.84
马力	131.46	118.38	94.04
工具类	228.78	187.90	169.11
工具	14 137.95	11 462.30	111.65
冶炼业用机	160.17	106.18	68.85
土石品业用机	600.00	471.79	125.64
炼油业用机	2 225.00	4 160.50	11 987.50
酒精业用机	4 317.14	142.86	208.57
制糖业用机	533.33	575.00	66.67
制纸业用机	628.57	1 900.00	
制革业用机	81.82		
大型纺纱机		33.33	200.00
小型纺纱机	75.00	250.00	205.00

续表

品名	三十年	三十一年	三十二年
铁轮织布机	355.91	259.45	85.44
面粉机	375.00	450.00	550.00
碾米机	1 613.16	907.89	355.29
制烟机	500.00	400.00	133.00
印刷机	256.67	128.57	120.95
造船	141.67	133.33	50.00
修船	133.71	103.41	82.19

上表中我们所以将原动机、工具机、作业机和交通工具归并一起来考察的原因，是因为此类产品的增减，不单表示机器电器及交通工具制造工业本身的兴衰，并亦可以作为一般工业生产状况的指标看待的。根据上表的量比，我们可以得到关于生产用具生产情形的几个较明晰的认识：第一，就各年度的一般情形看，三十年可算是最景气的一年，除了纺纱机、制革机生产微有减少外，各种产品均行增涨，且发电机（以部数计）、电动机、工具机、工具、冶炼业用机、土石品业用机、酒精业用机、织布机、碾米机、制烟机、印刷机及造船修船等都曾达到产量的最高峰。三十一年则是转变中的一年，上述21种产品中，指数表示继续上涨的，只有原动机、发电机（以 K.V.A 计）、炼油业用机、制糖业用机、制纸业用机、小型纺纱机、面粉机等7种，其他约占三分之二的产品已开始下降，不过多数均曾保持二十九年的水准以上，其中只有大型纺纱机和以部数计算的电动机是例外，以及制革业用机更已达到了没有出品的地步。三十二年的生产用具的生产，则已如一般人所说的已进入萧条时期，在21种产品中，没有生产的占了2种，减产的有15种，降至二十九年水准以下的亦达7种之多，比较上年增加的仅炼油业、酒精业、大型纺纱机及面粉机4种作业机，而原动机冶炼业用机及交通工具之减产速度特别显著，似尤值得注意者。第二，在各种产品中，有一最显著的特征，就是增减趋势至不稳定，而在各项作业机的生产中更表现了突增突减的现象。这不单指示各项消费用品工业包含了客观条件的不定因素，同时亦说明了各种基本工业之市场基础的薄弱。无疑的，此种产品需要的急剧变换，实给予机器制造者以计划上、技术上和原料上难以克服的困难。第三，在各种产品中，工具机的生产趋势比较稳定，尤其三十年及三十一年工具生产指数的特增，似是表示机器

制造工业本身之扩张及充实的特殊需要，而三十二年之产量的突然下落，又似是说明此种扩充已达到饱和的地步。第四，发电机及电动机的量比，以K.V.A及马力计算的减少程度，远不及以部计者减少之甚，这似又一面说明我们制造技术的进步，另一面又说明市场上对于较大动力的发动机的需要却仍有增未减，如果我们的这个观察未曾错误的话，那末生产用具的生产问题中，实在包含了需要和技术的两个因素，而如何改进技术和扩张需要，正是我们当前亟待解决的双重任务了。

其次，我们来观察材料用品的生产情形：

第七表　材料用品产量量比（二十九年产量为100）

品名	三十年	三十一年	三十二年
铁	113.87	140.44	152.77
钢	132.77	332.33	1212.46
铜	54.76	48.52	52.48
铅	115.26	98.35	88.13
锌	188.52	281.15	458.20
锡	404.35	246.62	310.16
钨	129.57	125.85	103.19
锑	94.33	41.44	6.20
汞	132.97	179.12	138.46
水泥	58.07	80.12	81.92
硝酸	128.77	195.89	210.27
硫酸	73.97	106.58	103.05
盐酸	61.97	87.35	102.30
烧碱	152.92	186.60	213.08
纯碱	124.79	171.22	248.75
硫化碱	284.92	220.39	319.76
漂白粉	453.86	675.10	643.46

材料用品的生产趋势和生产用具的情形不大相同：第一，除了锡钨锑汞因为外销运输条件的限制，铅与水泥因为内销的限制，和铜因为原料的限制，不得不表现增减不定或萎缩外，一般均在正常的逐年增产之中。第二，在铜铁生产过剩的呼声中，它们的产量反表现稳定的增涨趋势，尤其是钢的产量，

三十二年更表现突飞猛进之势,这似是说明多年来的艰难缔造,已到了可以大量增产之时。第三,材料用品的生产,除了少数的原料或外销运输问题外,只要内销不[产]生大的问题,它的增产趋势是可以继续维持的,而品质的如何改进以及生产适合需要的更多样式的产品,却是摆在工业家前面的问题;同时,所谓优胜劣败的淘汰作用,亦似将愈演愈烈的。

复次,我们再来观察消费用品的生产情形:

第八表 消费用品产量量比(二十九年产量为100)

品名	三十年	三十一年	三十二年
煤	110.36	117.58	124.71
焦	118.72	157.13	153.53
汽油	285.93	2 589.92	4 134.30
煤油	348.20	1 859.48	1 451.01
柴油	230.55	111.73	168.65
植物油代汽油	501.08	1 267.40	3 212.10
植物油代煤油	407.76	547.20	809.27
植物油代柴油	504.70	377.80	707.27
酒精	159.52	242.32	256.40
机制纸	512.88	388.09	479.07
重革	864.02	790.45	775.75
轻革	100.99	377.09	396.33
火柴	158.52	137.85	110.67
肥皂	157.18	180.81	183.07
面粉	103.52	101.45	106.84
机纱	182.93	209.62	213.68
厂布	155.76	166.12	146.52
电灯泡	76.50	92.40	127.76
电线	269.39	229.38	140.76

如上表所示,消费用品的生产,是后方各种工业中情况最称良好的一个部门,除了电灯泡及电线的生产,因为原料的限制,发生波动不定的现象;火柴的生产,因为销场的限制,表现减产趋势外,一般均能稳定上涨或维持正常的水准。总之,各种消费用品的工业中,并非没有遭遇原料、销场、资金或运

输等问题的烦扰,但就客观的可能及需要条件而论,这些工业依然存在着更大的发展可能的。

　　由以上三表对于生产用具、材料用品及消费用品的比较研究,我们可以概括的说,在我国战时特殊环境下,这三种工业的遭遇除了相同的条件外,还有各自不同的特殊问题,并由于这种特殊条件的作用,而影响了它们各自的发展趋势。如我们在上面所究明的,这三种工业生产的一般趋势,只有消费用品工业是处于较正常的发展状况中,现在主要的是如何增加生产的问题。材料用品的诸工业,一部分供给国内市场之需要者,则在产量上和品质上还继续提出了增加和改进的问题;另一部分供给国际市场的产品,品质上虽多有极大的改进,而在目前的国际运输条件之下,自仍不易脱离萎缩萧条的厄运。然而处在最恶劣的境遇的,还是要算生产用具的诸工业。这种生产用具的诸工业,除了三十年或三十一年所谓景气的时期,一般的均已遭遇最实在而普遍的销路问题。据我们的研究,生产用具工业,虽说是一切工业之母,而其所以繁荣滋长仍须依存于一般消费及材料用品的工业之发展速度,如果此种生产用具的工业建设,仅仅建立于单方面的主观计划,或依赖于自身的扩张所生的需要,则在短时繁荣以后,终必遭遇再生产上的严重困难。不幸的,我们生产用具的诸工业的问题,最主要的正是消费及材料用品工业的发展速度比较的远为落后,以致发生了极大距离的脱节。另一方面,生产用具工业的生产技术,在战时已有了各种个别的重要进步,但终因为过去技术基础的薄弱和战时条件的特殊困难,我们的机器工业仍难胜任整套或整件产品的制造。它的主要业务,无疑的仍是停留在部分制造和配件零件的阶段上,至于品质的不能尽合标准要求,似乎尚是次要的问题。这种产非所需和需非所产的矛盾现象,正是整个问题的关键。这种问题的形成原因自然极为复杂,亦非哪一个人或短时的努力所能克服,不过我们以为过去一切浮夸的空谈,一知半解的曲论,从技术上、政策上和配合上重新检讨几次,总是切实有效的工作。我们到目前才能注意这类的问题,确不免已有为时稍晚之感,但亡羊补牢究竟还不失为明智勇敢的行为。我们如要真正建设工业的话,无论将来有怎样完美的条件可以利用,而学习并通过这种考验,还是一个不可跳跃的过程。

　　从产品数量的比较研究上所观察的后方工业发展趋势的几个特征,已如上面的论述。但是这些发展趋势的特征，尚只可说是一种总的趋势，我们如果更进一步的依照工业经营方式——公营或民营的分别来研究，则在许多工业部门中又有各自不同的特点。我们知道自战争发生以来，公营方式的工业已以新的姿态、新的发展方向而取得日益重要的地位。依据三十一年的统计，公营工业的地位，在厂数上，已占取 17.5%，资本总额上占取了 69.58%，工人总数上占取了 31.95% 和在动力设备上占取了 41.29% 的重要地位，我们现在再从公营民营工业之产品产量上作一更具体的比较，以观察其发展趋势的特征。

第九表　公营及民营工业之产品产量比较（百分比）

品名	二十九年 公营	二十九年 民营	三十年 公营	三十年 民营	三十一年 公营	三十一年 民营	三十二年 公营	三十二年 民营
生产用具共计	22.95	77.05	13.20	86.80	36.45	63.46	34.45	65.46
原动机	6.75	93.25	16.78	83.22	55.33	44.67	55.20	44.80
发电机（部）	37.01	62.99	35.50	64.50	58.28	41.72	53.44	46.56
K.V.A	50.69	49.31	33.01	66.99	61.12	38.88	53.87	46.13
电动机（部）	8.77	91.23	21.36	78.64	67.01	32.99	50.00	50.00
马力	18.01	81.99	34.01	65.99	68.13	31.87	42.25	57.75
工具机	15.05	84.95	14.34	85.66	19.93	80.07	39.11	60.89
工具	29.96	70.44	0.31	99.69	0.73	99.27	25.48	74.52
冶炼业用机	12.28	87.72	16.56	83.44	31.61	68.39	31.36	68.64
土石品业用机	79.49	20.21	90.17	9.83	78.26	21.74	26.53	73.47
炼油业用机	100.00		5.06	94.94	89.79	10.21	98.12	1.88
酒精业用机		100.00	0.26	99.74	12.00	88.00	87.95	12.05
制糖业用机	33.32	66.67	3.12	96.88	20.29	79.71		100.00
制纸业用机	14.29	85.71		100.00		100.00		
制革业用机		100.00		100.00				
大型纺纱机		100.00				100.00	66.67	33.32
小型纺纱机	75.00	25.00		100.00	90.00	10.00	75.78	22.22
铁轮织布机		100.00	2.77	97.27	3.03	96.97	11.52	88.48
面粉机		100.00		100.00	8.89	91.11	13.64	86.36
碾米机	28.95	71.05		100.00	1.45	98.55	11.11	88.89

续表

品名	二十九年 公营	二十九年 民营	三十年 公营	三十年 民营	三十一年 公营	三十一年 民营	三十二年 公营	三十二年 民营
制烟机	100.00		100.00	58.33	41.67		100.00	
印刷机	10.48	89.52		100.00	15.70	86.30	10.63	89.31
造船	8.33	91.67	11.76	88.24	43.75	56.25		100.00
材料用品共计	13.58	86.42	19.42	80.58	24.17	75.83	24.84	75.16
铁	5.76	94.24	15.09	84.91	25.64	74.36	50.96	49.04
钢	41.06	58.94	54.17	45.83	80.86	19.31	91.65	8.35
铅	100.00		93.28	7.72	86.39	13.61	84.17	15.27
水泥		100.00	0.14	99.86	1.06	98.94	6.82	93.18
硝酸	0.68	99.32	4.26	95.74	9.79	90.21	12.38	87.62
硫酸	0.08	99.92	2.13	97.87	10.76	89.24	17.02	82.98
盐酸		100.00	0.49	99.51	1.33	98.67	1.75	98.15
烧碱	0.06	99.94	0.04	99.96	1.93	98.07	2.07	97.93
纯碱	1.69	98.31		100.00	6.85	93.15	5.86	94.14
硫化碱		100.00	45.00	54.97	41.44	58.56		100.00
漂白粉		100.00		100.00		100.00		100.00
消费用品共计	38.79	61.23	39.12	60.88	50.33	49.67	51.83	48.17
煤	9.64	90.36	15.62	84.38	18.86	81.14	23.74	76.26
焦	7.21	92.79	13.04	86.96	25.92	74.08	26.46	73.54
汽油	100.00		100.00		100.00		100.00	
煤油	100.00		100.00		100.00		100.00	
柴油	100.00		100.00		100.00		100.00	
植物油代汽油	62.85	37.15	34.91	65.09	73.56	26.44	72.99	27.01
植物油代煤油		100.00	4.65	95.35	16.52	83.48	14.11	85.89
植物油代柴油	74.34	25.66	50.16	49.84	34.26	85.74	59.15	40.85
酒精	29.64	70.36	26.84	73.16	37.61	62.39	44.44	55.56
机制纸	33.79	66.21	35.34	64.66	31.50	66.50	31.11	68.89
重革	4.35	95.65	10.57	89.43	18.04	81.54	20.68	79.32
轻革	12.49	87.51	16.00	84.00	74.07	25.96	78.90	21.10
火柴	5.81	94.19	17.05	82.95	12.91	87.09	16.29	83.71

续表

品名	二十九年 公营	二十九年 民营	三十年 公营	三十年 民营	三十一年 公营	三十一年 民营	三十二年 公营	三十二年 民营
肥皂	0.25	99.75	0.68	99.32	3.27	96.73	6.12	93.88
面粉	0.38	99.62	3.32	96.67	8.87	91.13	24.06	75.94
机纱	44.34	55.76	55.62	44.38	64.96	35.04	64.37	35.63
厂布	14.32	85.68	24.93	75.07	30.41	69.58	34.73	65.27
电池灯	37.67	62.33	43.01	56.99	99.62	0.38	67.61	32.39
电机	100.00		91.56	8.44	93.44	6.56	100.00	

上表我们所以不惮烦琐的作出每一产品的公营民营之百分比数,不单希望指示公营民营工业之在各工业部门中之分布的方向和相互的真实地位,并与第六表第七表及第八表所统计的生产用具、材料用品及消费用品诸工业生产的量比较研究,更可具体的知道后方工业生产的一般趋势中,公营工业和民营工业的盈虚消长颇有差异极大的特点存在的。这种公营民营工业间的细密的比较研究,只有任从读者的继续工作,在这里,我们只能提供下列四个较一般的认识:第一,近年来许多学者和企业家对于公营民营工业范围如何划分问题,曾发表各种不同的理论和主张,但根据我们这里的产品统计,可见公营或民营工业在各工业部门的分布上,已经并无什么重工业轻工业的范围可分,只有彼此不同的重心所在了。在上表所列51种产品中,除了石油工业的产品是公营工业的专利事业,电线的生产亦已渐成公营工业的专营业务和漂白粉为民营工业的产品外,我们可以说公营工业的重心,生产用具工业方面是在原动机、发电机、电动机的生产,民营工业的重心,是在工具机和船舶的制造,而各种作业机则公营民营都有制造,且增减变换,年多不同,不过一般的说,民营工业在作业机的生产上是较占优势的。材料用品工业方面,公营工业的重心是钢铁铅的生产,尤其钢的产量,现已有90%以上握在公营工厂的手中,反之,酸碱及水泥的生产,民营工业则占绝对的优势,这在基本工业应归国营的主张上,却成了理论与事实恰相矛盾的现象。消费用品工业方面,除我们已在上面指出的石油和电器产品已为公营工业专营业务外,最值得注意的是公营工业已普遍的从事各种消费用品的生产,而其地位亦已日臻重要,除肥皂、火柴和植物油代煤油的比数尚在20%以下,普通已达四分之一乃至三分之一,而植物油代汽油、代柴油,轻革和机纱的产量,更已占取60%

至80%的优势。反之,民营工业占优势的则在肥皂、植物油代煤油、火柴、重革、面粉、煤、焦、机制纸、厂布、酒精等产品的生产。此项产品之公营民营工业重心的所在,除可比较其相对地位外,并可在产品的重要性上看到今后变动的趋向。第二,有一值得注意的现象,即除了各种作业机的生产因受市场需要的影响,公营和民营工业都表现或增或减至不稳定的现象外,公营工业的相对地位一般的多在继续增涨之中,而民营工业的产品,无论产量的绝对数字是在增加或减少,但在相对地位上却是一年一年的显著的低落下去,这在生产用具的原动机、工作机,材料用品的钢铁和酸碱,或是消费用品的煤、焦、植物动力油、酒精、面粉、机纱、厂布、电泡和电线的生产上,不论彼此的客观条件优劣,而公营工业的相对地位日在增高之中,则已是不可争的事实,且在现存的一般条件之下,公营工业更将继续发展下去也是无可怀疑的。第三,我们在前面论工业生产的一般趋势时,会指出少数工业产品指数的上涨以及多数产品指数的下落的现象,但如依据第九表公营和民营分别观察时,则上涨的因素,既多属于公营工业产量的突增,例如铁、钢、锌、锡、酸、煤、焦、植物动力油、酒精及机纱等,在民营工业方面,实际产量还是颇有减少的;反之,在指数下落的诸工业,如原动机、发电机、电动机、工具机及厂布等的生产,在公营工业方面又是续有增加的。唯一的例外,是酸碱等指数的升高,却出于民营工业的增产。有人以为公营工厂的产量报告不尽可靠,民营工厂的报告或多隐讳,这虽多少影响了我们的数字的确实程度,但是我们如误解为公营工业可以独外于萧条条件而繁荣滋长,则某种需要的确定、原料的便利以及资金融通的容易等比较有利的条件,自可使公营工业较易实现生产计划和较多的忍耐逆流的袭击力的。最后,我们还要特别指出的,即是无论公营或民营工业,增产或维持旧状的都是属于规模较大设备较全的大工厂,规模愈小的工厂却多是减产、停工以致在工业范围内已被集中被淘汰着的。因此,我们可以了解已在发展的合并或联营组织,正是工业自救的必然方向。同时抗战以来盛行一时的小型工业的主张,以至于工业农村化或农村工业化借尸还魂的农本主义,已遭遇客观事实的无情的清算。这是很明白的,即使在战时的绝对保护的条件之下,工业的经济条件仍然不能完全抹煞的,哪一种形式更合于经济的要求,亦即谁能获得更多的生存发展的机会,即使没有国际的自由竞争,这种集中或淘汰作用亦是不会停止的。

四、工业技术改进上的观察

技术是工业的发生及发展的基本动力之一。同一的资源或原料,因为技术的进步或落后,就发生了利用的范围和程度的差异;同一的工具,亦因技术条件的优劣,就产生产品种类和品质的多寡优劣。我国近百年来工业建设的艰难挫折,不单由于我们没有创造新的生产工具,亦还因为我们的技术不能充分的控制和使用输入的自然科学和机械。自然,技术的进步又须依赖于工业的发展,而不能由其自身来决定的。抗战的发生,一方面由于外援的断绝,另一方面更由于迫切的需要,迫使我们的工程师不得不在技术上作了许多仿造、改良和发明的努力。这种工业技术的进步,对于今后工业发展的意义和影响,实在比在后方建立几个工厂更为重要而深远。关于工业技术的改进,经过经济部审查而得到专利的有如下的统计:

第十表　经济部核准专利案件统计

类别	共计	二十七年	二十八年	二十九年	三十年	三十一年	三十二年
总计	338	16	21	49	90	69	93
机械及工具	56	1	4	10	23	11	7
电器器具	35	4		4	11	5	10
化学物品	84		5	6	18	22	33
矿冶	14				3	1	10
交通用具	27	3		4	5	6	9
家具	45	1	6	14	10	10	4
印刷及文具	49	5	3	7	11	10	13
其他	28	2	2	4	9	4	7

上表统计六年来我国工程界和学术界仿造发明的案件共有 336〔338〕件,这在工业先进的欧美各国或视为卑不足道,但在技术落后并向以输入成品的我国,如与自民元至二十六年核准专利者共计不过 257 件相较,自不能不谓为空前的盛事。尤其值得欣喜的,就时期言,几乎年有增加,而年度越后发明仿造的数量亦愈增多。就性质言,二十九年以前,家具文具的创作占了极大的数量;三十年以后,机器、电器、化学、矿冶及交通用具的发明已占到重要地位,且在年年增加之中;而化学物品的呈请专利,始于二十八年,矿冶的

发明,始于三十年,尤足说明我国工业技术之质量并进的新现象。

就核准专利各案的内容分析,则以仿造欧美制品或方法的占最多数,其意义亦最巨;发明的件数虽在逐年增加,但因种种客观主观条件的限制,距离重要而广泛应用的阶段究尚遥远。而就目前以至将来的需要看,学习并把握先进国的技术,通过普泛的仿造,实为走上发明和发展工业的必要阶段,今将战时技术改进的重要内容略加介绍:

矿冶技术之进步:探矿方面,如川黔滇康的铁矿、金刚石及白金矿,滇黔的铝矿,滇省的磷矿,以及甘青的石油矿等之发现;而物理探矿,亦由学理的探讨,进而实际应用于川康滇的铁矿,四川油矿及云南铜铝锌褐炭等有经济价值之矿藏的探勘。采矿方面,如后方各省煤矿的开采、通风、排水及运输的新式机器和技术之应用。战前不注意的菱铁矿,今已普遍开采。钨锑锡汞等矿产,由土法开采洗选,进而利用机器的较大规模之开采。石油的开采精炼,并制造蒸汽或燃油嘴,以解决油甑及汽锅用燃料问题。井口加装节油嘴以加强油井之管制;设计输油、温油系统及保温设备,以避免气候影响,增加输油量;设计自流式油线炼油,增加汽油的产量。四川油矿探勘处完成我国第一深井及高压天然气井,并采用小油袋,使80余大气压力之天然气,减低压力,得用为行驶汽车的燃料。选矿方面,如铝锌铜等选矿技术,颇多改进,收回率及纯度大有增加;动力选矿方法,今亦为钨锡矿场正式采用,选矿药剂及代用品,如黄酸盐、脂肪酸、松油等亦可自造。洗煤炼焦方面,如四川三叠纪煤试用简单设备,制炼上等洗焦,足供兵工及冶炼工业之用。至于副产品炼焦厂,收集煤膏及副产品,尤为我国自力建设副产焦炉的第一。冶炼钢铁方面,如5吨小型炼铁炉的创设,30吨炼铁炉的完成,灰口铁的炼制,开吾国钢铁界的新纪元,矽铁锰铁钨铁亦已达到自制的阶段,利用低温炭素还元〔原〕方法,采用劣质矿砂,生产纯铁,尤为远亘创举。复由本国技师设计电炉平炉贝色麻炉各种炼钢技术及轧钢设备,生产工具钢、高速度锋钢、钢轧及钢板等产品。酸性贝色麻炉所用含磷较高之土铁生铁,亦已设法减少钢的含磷成分,此外,电炉所用的十英寸直径炭极,白砂石代替贝色麻炉的耐火砖、马丁炉的矽砖、镁砖及代替品白云石等,亦多试验仿制成功,特种矿产冶炼方面,如钨之纯度超过美国战时新标准,去砒至0.2%以下,锑之纯度达99.8%以上,含砒减少至0.5%以下,锡之纯度达99.95%以上,汞之纯度达99.8%,均已合于以至超过国际标准。锌之纯度达99.85%以上，复利用本国产铅，自制铅皮铅线，以及铅之提炼成功，又皆属可以大书特书之技术进步。

机器及电器制造工业技术之进步：机器制造方面，如动力机容量达2 000千瓦的汽轮机，1 500千瓦的汽轮发电机，120及180匹马力船用蒸汽机，250匹马力陆用蒸汽机，小型水力机及250匹马力以下各种煤气机等，均已自制成功。其他制造桐油汽车，以800个大气压力，压桐油入燃烧室燃烧，成绩既佳，而自引擎至车身全部自造之煤气汽车，尤属难能可贵。至于仿造引擎活塞、活塞针、前后钢板等配件，种类日益繁多。工具机仿造种类加多，精密程度亦多所改进。作业机方面，如试制大小型纺纱机，各厂合制造纸机，利用回流空气细度分析的原理，试制水泥切磨机，以及仿造缝衣机及炼钢炉炼铁炉、鼓风机、轧钢机等，均大有益于重轻工业的发展。又如水平仪、流速仪、显微镜的制造，准确耐用，已得相当好评。工具及材料方面，如齿轮、罗拉、轴承、铰刀、麻花钻、罗丝板牙、螺丝帽、钳、锉刀及各种电焊丝，各厂均能自造。电器制造方面，如200千瓦发电机、大小马力电动机，十万伏变压器的制造成功，且有渐趋各厂专业化的趋势，而33 000伏长87公里高压输线电路的建设，尤为战时后方的创举。至如收发报机、无线电话机、广播收音机、交换机、电话机及真空管等电讯器材的制造，电话机的磁铁、短波无线电定向器、炭质电阻噪声检验器、真空管电压表电抗计、拍频振动器、电解质电容器、电压稳定器、纸质电容器、汽车用电容器、云母电容器等仿造或设计的成功，亦为值得称许的自造产品。又如电器器材方面，现亦成我国工程师的熟练技术了。

化学工业技术之进步：如低温蒸馏烟煤的焦油厂取得液体燃料及煤膏，木材干馏厂取得丙酮醋酸，以及氯酸钾、黄磷、赤磷、硫化磷、木纸浆、化学纸浆的先后仿制成功。如高压法裂化或皂化桐油，炼制代汽油，汽油精及飞机汽油，颇能提高汽油辛烷值，普遍利用糖蜜、干油及杂粮，酿造动力酒精及无水酒精，已成汽油的重要代用品。他如由小便提取硫酸钯，利用白腊树皮及五倍子制造染料，利用青杠树皮制成制革材料，利用槲树皮制造栲胶，利用废革制造无水阿母尼亚，均能代替舶来品。又如轮胎翻新，以桐油精溶剂，自造速合剂及预防剂，并从桐油中研究制造人造橡皮及新橡胶原料的发现，可谓自力解决橡胶问题开始。又如试制制造硫酸的锡铬接触剂、证券纸、卷烟纸，亦有相当成功。他如磷灰石矿的开采，可供黄磷的原料及农业肥料之用；电木试制成功,可供电器工业之需;以及锑红锑白锑黄的试制,为钨开一新用途。而在经济部奖励之下,轮带革、黄白盐、植物染料、炼钨及无接缝毛毯等,已有应征专利者,遥望将来,自有更多的人接踵而起了。

说到发明和创作,较重要的在机械及工具方面,有旋篦式蒸汽锅炉及竖立回火管锅炉小型锅炉的制造,有转缸式飞机发动机及仲明动力机的专利,有煤气机副空气活门及差压引火方法的发明。作业机中如大型纺织大牵伸机上各附件的部分改良,小型纺纱机如快式、川亚、三一、新农、利民、西北等式的新创,以及川盐之汲取和煮熬方法的改进等。电器器具方面,有多丝灯泡的制造,三CA三电子管、滤波器的发明,挂线匣、插座、灯头、开关等的改良,隔层滤杯式阳电极的创造,均颇合实用。化学方面,有五倍子、没食子酸、柏树皮、松皮、白腊树皮、合锁树皮及金刚藤等所制青蓝棕灰黄黑等色染料,加压裂解桐油的液体燃料,低温烧制的水泥,桐油生漆氧化锌木层制造的电木粉代用品,植物油提炼轻油时所生之有毒催泪废气,或植物油皂化时所生之稀甘油,用化学方法制成的电木粉及革藤试剂的橡胶等。矿冶方面,有小型炼铁炉治疗一切风嘴结碴病的K孔,用明矾食盐及用氢氧钾或钠,用柴油液除杂质及硫化铁矿除铜的纯锡提炼方法,对于炼铁炼锡业贡献颇大。交通工具方面,战前多属于柴油化汽器,战时则转为煤气炉及节油器的发明,以帮助战时交通工具问题的解决。家具方面,以植物油灯及电石灯的创造较多实用。印刷文具方面,以印刷工具、计算器及打字复印器具等较为重要。

五、结论

我们在上面已将我国战时工业的发展趋势,从各方面作了一个具体的分析。这种分析,虽然十分粗略,但既是从具体材料出发的,自不必在此结论中多所申说。这里,只能综述我们所见和所信的于下:第一,我国战时工业曾是以最大的速度在后方各地经济中树立并发展了自己的相当重要的势力,但自三十一年后确已度过发展的高峰而转入一个困难重重的新阶段。这个阶段,尚不是什么崩溃的性质,各类各式工业的盈虚消长既不尽相同,而淘汰与集中亦复起着相当有力的作用。但是一般的说,萎缩中的挣扎已代替了蓬勃的生气,临时的因素已代替了长期的工作计划,几乎可说是到处皆然的,而从各种条件观察,严重的困难所激起的急剧变化,亦显然不是属于已经过去的一年,今后的若干时期将会是更需要艰难奋斗的。第二,当前的工业生产问题是发生及发展于多方面复杂矛盾的条件之上,工业经济与农业经济,产业资本与商业资本,经济政策与财政政策,通货膨胀与货币紧缩,原料与市场,公营与民营,管制与自由以及各个工业部门之间,技术与制造之间都存在了许多客观和主观不能配合的矛盾,而此种客观困难的日益发展,主观的愚妄与各自的图谋近利,又不免尽了极大的促进作用。问题是必须解决的,亦是可能解决的,但必须有敏锐正确的远见,本末主从的方针和大刀阔斧与砥柱中流的决心和勇气,才可减少生的阵痛,而开展一个光明平坦的前途。第三,我们的工业生产问题,并不多是暗淡的画面,如同工厂的设立和技术的改进年有增加的事实,就说明当前的困难实是属于继续发展过程中所遭遇的客观上和主观上不能配合工业要求的问题,而我们对于此种困难解决的广度和深度,亦就决定了工业发展的速度和方向。同时,战时保护和通货膨胀的条件所提高的超额利润,最大部分虽然又成了商业资本或奢侈糜烂生活的支出,但亦有不少的成为累积工业资本的源泉,事实上我们亦已看到若干由小厂发展起来的大工业和产业组织,兢兢业业的在技术上产品上讲求改进,而意识的负起民族工业家的任务了。最后还要说一点,战争固然给了工业以许多难以克服的困难,同时亦唯因战争才给了民族工业以发展的机会。如何把握这种最好的时机,政府和民间都应用最大的决心和努力,使基本的改善工业条件和治标的工作互相配合起来,以使全部工业都能走上长足发展的道路,才是符合战时经济以至整个国民经济的真正要求。在工业生产的现阶段上,还有宽广的园地可供真正工业生产者的各自的发展之用,而不需,亦不必以他人的牺牲为自身的生存发展之条件的。

原载《四川经济季刊》1944年第1卷第3期

战时工业管窥

杨桂和

一、前言

从七七事变以来,于今已是六度年关了。在这六年中,我们从事抗战的表现,中外人士均引为奇迹。因为日本在开战时就说过六个月可以覆亡中国,然而不仅这种狂言没有兑现,而且永远也不会实现。这就是因为我们有决心,不仅从事抗战,而且在那里埋头建国。其中重要的一项应该说是工业方面的努力,七七事变虽然给中国工业一个意外而沉重的打击,可是中国工业也是从此得到了新生。虽然它的结果还不算丰硕,可是在这种艰难困苦的环境里,已经可以称得起难能可贵了。我们愿意略略描绘一下后方工业发展的情形,揭举那般埋头工作者的一些成绩,同时提出几点拙见,籍供当局的参考。

二、战前工业述评

中国工业的发展,虽然已有四五千年历史,可是进步很慢,迄二十六年底为止,依据经济部统计处的统计,合计每万方里或10万人仅有工厂1家,每方里之投资不过90元,每国民之投资平均不及1元,工人人数占全国人口总数不过千分之一,每一工厂的资本尚不及10万元。这种统计与刘大钧先生统计相差不多,可以代表过去中国工业的梗概。

这细微的工业在分布上至为畸形,上海一地即拥有全数30%以上的工厂,其他沿海省份亦占50%。若广大之内地所有的工厂尚不及总数20%。

这种发展的情形,就是因为散漫与没有计划,这也可以从工业内容上来得到证明,过去我们的工业几乎完全是轻工业,属于重工业范围的不过占全数20%左右,轻工业中的纺织及饮食品工业的资本合计已占全部资本的50%以上。于此就可见工业发展的畸形。

推敲这其中的原因虽然很多,可是主要的不外两点:第一点就是由于中国社会形态的特殊,也就是说因为中国社会机构是公会式超过公司式,含有救济性质的互助组织很多,没有西洋资本主义式的雇佣关系,用人也没有客观标准,汲引成为家庭亲属间应尽的义务。所以现代资本主义在这种社会环境之下,当然不容易迅速发展,此其一;第二点则由于中国经济的不能自主,尤以中国关税不能自主,外国工厂的巨大生产支配了我们国内的价格市场,国际贸易破坏了中国自足的地方经济,新工业中心区的兴起是完全为了对外贸易,而于工业类别中,自然形成两大类型:一种属于易于模仿的工业,这种工业的出品泰半为已有市场,而且技术简易的,例如棉纱、面粉、卷烟、火柴等项是;另外一种就是属于买办工业,这种工业完全为准备出口者,如同缫丝、打蛋、打包、皮毛等项均是。这两种工业发达的结果,就演成了凡需要高深技术、远离港口而复需与进口货相顽抗的工业,即无发展的余地。这可以说是战前中国工业的主要特征。

三、战时工业的发轫

因为我们工业泰半集中在沿海,所以一当战事发生,如何使工业不受敌人的蹂躏,即成为极重要的问题。所以当八一三沪战将起的时候,政府就下令沿海沿江易被敌人侵入的地带的民营厂矿,限期向内地迁移,设立厂矿迁移监督委员会主持这件事,并派人分赴各区督导。自二十六年七月起至二十九年底止,乃完成了中国有史以来第一次工业大移动。其中尤以二十六年七月至十二月第一期的工作最为紧张,成绩最为难得。这一时期为时虽短,可是已经完成了内迁厂矿总数的三分之一。第二期为由二十七年一月至九月,因为有一部分由上海内迁的工厂已在汉口复工,此外,又要转迁大冶以[及]武汉三镇一带的工厂,所以经由武汉内迁的厂矿,为数最为庞大。二十七年十月至二十九年六月,则以宜昌为枢纽,二十七年底前为将由武汉迁移的物资尽速西运入川。此后则为采购棉纱,转运沪浙一带物资;至于在这时期的工厂迁移,均甚零星,不关重要。

分析这次内迁各厂矿的性质,机械工业约占迁入总数40.40%,纺织工业占21.65%,化学工业占12.50%,教育文具工业占8.26%,电器工业占6.47%,饮食品工业占4.91%,钢铁工业占0.24%,其他工业占3.79%,矿业占1.87%。由这里的数字,就可以看出内迁工业的重心,是落在机械、纺织、化学三工业上。若以迁往的省别来说,则以四川为最多,计占内迁总数的54.67%,湖南次之,占29.21%,陕西占5.90%,广西占5.11%,其他各省占5.11%。这种情形,就大半决定了后方工业的分野,奠定了后方工业的初步基础,后方工业从此才长出来新芽。

经过这样一次的大迁移,后方工业顿然改观,试比较战前与当今的情形,就可了然这其间突然的发展。四川省战前的工厂,不过电力厂1,水泥厂1,面粉厂5,纸厂1,机器厂11;陕西省不过有纱厂1,面粉厂2;贵州省不过纸厂1,江西省不过有机器厂1,后方各省较具规模的工厂不过如此。可是现在呢?依据经济部统计处的统计,四川的工厂已超过1 600余家,五年来增加7倍以上;其他如湖南、陕西、云南、贵州、甘肃等省,工厂的增加约在4倍以上。合计后方工厂总数已几达4 000家,其发达的迅速,不能不说是近年来努力的结果。

过去原为荒芜之地,现在已经是烟囱高耸,机声卡卡,这又可以从后方工厂开工年份上看得出来,依据经济部统计处的统计,后方工厂自二十七年起即有突然的进步,4 000厂家中开工在二十七年前的不过占总数15%,二十七年至三十一年开工的约占70%以上,这就说明了这几年虽然环境日益艰难,然而朝野的努力却无时或懈。

试更以电力厂来说,二十三年后方各省电厂的投资计四川为320万元,西康为2万元,贵州为8万元,云南为233万元,广西为113万元,甘肃为10万元,共计不过686万元,占全国电厂投资总额(不包括外资电厂)6%;若以发电容量言,四川为5 611千瓦,西康为115千瓦,贵州为150千瓦,云南为1 852千瓦,广西为2 291千瓦,甘肃为131千瓦,共计不过10 060千瓦,约当全国总数4%弱,而上列各省的发电度数又不过占全国发电68 700万度的2%左右,其数额的细微,是不待多说的。如果再考察一下,这几省工业用电的情形,二十三年四川不过 2 万度,云南不过 40 万度,广西为 61 万度,这与全国工业用电总额 22 733 万度相比较,真是微小到不足道。

可是现在的情形就大异于先前了。第一就是发电容量与度数的逐步增加。如以二十七年为基期,国营电厂发电容量的指数,二十八年为 106,二十九年为 112,三十年为 127,三十一年为 134。发电度数的指数二十八年为 175,二十九年为 275,三十年为 439,三十一年为 573,比起二十七年增加 5 倍以上,至于民营电厂发电度数三十一年也比二十七年增加 3 倍左右。第二就是工业用电比率的增大。国营电厂向以供给电力为主,而不以电灯为主。目前各厂用于工业的电力,约占发电总度数的 70% 以上,这还不算各厂的自备发电。所以由此可以看出战时后方工业电气化的程度正在逐渐发展,而工业和电气的关系也日趋密切,电力与现代工业既然成为母子的关系,所以电力事业的发达就是象征着后方工业已经步上新兴的阶段。我们试随便选列几种物品的生产指数,就可以证明这种话的究竟(以二十七年为基期):

物品名称	二十八年	二十九年	三十年	三十一年
煤	109	120	170	207
灰口铁	119	649	1 300	3 134
铜	211	351	875	
工具机	205	296	367	341
蒸汽机	100	492	747	581
内燃机	151	529	706	715
发电机	71	1 217	1 810	1 747
电动机	10 361	14 820	26 060	12 332
汽油	104	1 669	4 029	37 679
酒精	263	1 490	1 767	2 566
机制棉纱	142	277	388	719
面粉	127	214	298	323
机制纸	107	134	257	691
电灯泡	3 103	999	898	1 253

四、战时工业的新生

后方工业经过五年来的努力,虽然不能说蔚然成观,也可说粗有基础。我们知道过去上海一地,即集中半数以上的工厂,内地各省几乎没有现代工业之可言。抗战军兴,政府西迁以后,沿海沿江的工厂在政府协助与鼓励之下相继西迁,这已经在上节略略说过了,根据经济部统计处的统计,后方各省区的工厂发展情形略如下表:

省别	厂数(%)	资本(%)	动力使用(%)	工人数(%)
四川	44.01	58.280	43.22	44.770
西康	0.32	0.170	0.30	0.160
贵州	2.98	2.386	1.13	1.890
云南	2.82	10.804	10.32	7.490
广西	7.77	7.897	7.92	6.630
广东	1.85	0.475	0.95	1.080
福建	2.34	0.577	8.34	2.560
湖南	13.34	3.919	10.51	13.060
江西	2.71	1.720	3.23	3.770
浙江	1.83	4.710	2.46	2.750
江苏	0.08	0.003		0.080
安徽	2.20	0.058	0.04	0.330
陕西	10.24	5.431	9.63	9.740
甘肃	3.69	3.192	1.14	3.260
青海	0.03	0.051	0.05	0.003
宁夏	0.40	0.049	0.11	0.597
绥远	0.20	0.007		0.100
湖北	0.45	1.106	0.08	0.490
河南	2.34	0.151	0.57	1.020
山西	0.40	0.014		0.220
总计	100	100	100	100

由这张表内，我们已可看出在五年内我们已经在内地建立不少工业中心，矫正了过去只知注重沿海的错误。因为以厂数而论，川康占了44%强，陕西、湘、赣各占13%强，云贵占5%强，闽浙占4%。资本方面，川康仍占首位，计占58%强，云贵占13%强，陕甘两广各占8%强，湘赣闽浙各占5%强。动力设备方面，川康仍占41%强，湘赣占13%强，云贵占11%强，闽浙陕甘各占10%强，两广占8%强。工人方面，亦复大同小异。这种分野很可以为将来工业区位划分的蓝本，对于集中分散的原则，也树立了一个实际的楷模，此其一。

次之，就是在抗战以前，中国的工业偏重于轻工业，但在后方所建立的工业，重工业已居于领导的地位。不但资源委员会所办的事业大部分是属于重工业的范围，就是民营的事业，重工业的比重也大有可观。资源委员会所办的事业，已有96单位，其中工业部分属于冶炼的为11单位，属于机械的4单位，属于化学的18单位，属于电器的4单位；矿业部分属于管理的有6单位，属于生产的有31单位；电业部分属于火电的有18单位，属于水电的4单位。这种成绩实在是重工业奠定基础的主要力量。

至于民营工业，工矿调整处在协助迁建的时候，就以军需及在国防上确有需要者如机器、化学、冶炼、动力材料、交通器材、医药等厂为主。其贷款的原则，亦规定（甲）与军事有关，（乙）为民生所必需，（丙）可增加出口或减少入口及（丁）可增加内地生产及制造能力。依照这项原则的放款，历年来按业的平均百分比（二十六年下半年至二十九年下半年），以化学工业为最多，计为36.7%，机械工业为14.0%，冶炼工业为13.6%，纺织工业为9.7%，电器工业为8.6%，矿业为6.2%，饮食品工业为1.2%，教育用品工业为1.3%，其他工业为8.7%，从这里也可以看出政府对于重工业及基本工业奖励的不遗余力了。依据经济部统计处的统计，后方工业的分类及其所占的百分比约如下表：

工业类别	厂数	资本	动力设备	工人数
水电工业	32.3	7.39	35.59	1.90
冶炼工业	4.1	15.59	6.71	7.20
金属品工业	4.3	1.22	1.43	3.43
机器制造工业	18.1	17.42	11.17	13.06
电器制造工业	2.6	4.80	5.95	2.98

续表

工业类别	厂数	资本	动力设备	工人数
木材及建筑工业	1.3	0.29	0.40	0.76
土石品工业	3.2	3.32	3.34	4.41
化学工业	22.0	28.83	17.26	14.95
饮食品工业	9.6	4.30	6.74	4.74
纺织工业	21.0	14.98	10.74	38.59
服饰品工业	3.9	0.57	0.11	3.83
文化工业	6.0	1.10	0.46	3.03
杂项工业	0.6	0.19	0.10	1.12
总计	100	100	100	100

从这张表我们可以看出属于重工业范围的工业，按厂数计约占工厂总数35%左右，按资本计约占50%，按使用动力来说，约占60%，按工人说，约占35%。由此可知数年来抗战的结果，重工业已经奠定了基础。

这还可以从机械工业来说，过去中国机器制造工业极为幼稚，每年进口机器值四五千万元，但其中还是以纺织业机器为最多。二十四年以后电力机动力机的输入，才渐渐增大，可是仍以修理配件为主。试以上海二十三年机械工业的统计为例：

类别	厂数	类别	厂数
柴油引擎制造业	6	印刷机器制造业	22
纺织机制造兼修理业	15	碾米机制造业	7
织机制造业	16	面粉机制造业	6
漂染机制造业	16	卷烟机制造业	6
轧花机制造业	6	车床制造业	8
拉绒机制造业	2	其他各业机制造业	17
纺织用具制造业	31	机器零件制造业	60
针织机制造业	40	机器修理业	52
袜针机制造业	16	其他什色机器制造业	150
织绸缫丝机制造业	19	合计	475

细观上表即可见上海之机器厂，要以修理机器与制造零件之厂为主，次之即为纺织针织机之制造，若动力机及工作机之制造则为数极少。上海如此，其他各地亦大同小异，要不过为普通机器之制造，如纺织、针织、印刷、碾米、面粉（钢磨尚不能制造）、卷烟、柴油、引擎、抽水、榨油等类机器而已。是以全国机器制造厂，数虽逾千家，但资本则小，最大者不过50万元，小者仅为二三千元。其不足以为制造重要机器，殊极明显。

但在目前，这种情形已经大变。已有的厂数是600余家，资本近4万万元，工人3万余，使用动力约×万匹马力，在全部工业中已占到第三位。所能制造的机器，也逐渐着重于工具机、作业机及动力机方面。这在生产指数上可以看出，这里不加赘述。我们另把机器厂的类型分析一下，也可以帮助我们了解机械工业的内容。

类别	厂数	类别	厂数
动力机制造厂	58	车辆修造厂	51
工作机制造厂	303	船舶修造厂	25
翻砂厂	100	机器修造厂	29
零件制造厂	116		

这还只是机械工业的情形，若加上电器制造工业，则其重工业的成分当格外加大，此其二。

次之，公营事业的渐占优势，也是战时后方工业的一大特色。过去国家多故，除军需、铁路等工业外，政府少有余资举办实业。直到抗战前夕，资源委员会才开始着手办理国营工业，经过几年来的努力，现在已经是蔚然成观，同时各省政府、各国家银行、各战区经济委员会在这方面也有不少建树。因为这种原故，所以公营工业，已经占了后方工业的重要部分，这与战前是截然不同的。按经济部统计处的统计，公营厂家资本额约占资本总额69%强，其中四川占36.68%，云南占10.30%，广西占6.83%，浙江占4.58%，甘肃占2.77%，陕西占2.25%，贵州占2.03%，湖南占1.47%。除湖南、陕西外，各省公营工业的资本均较民营资本为大，一般如是，各别也如是，试分列已知的公营、民营工厂的资本分组表于后：

组别	公营厂数	民营厂数
5 000 元以下	41	306
5 000 至 1 万元	20	366
1 万至 5 万元	105	1 104
5 万至 10 万元	59	418
10 万至 50 万元	129	485
50 万元至 100 万元	59	118
100 万至 500 万元	77	113
500 万至 1 000 万元	22	31
1 000 万至 5 000 万元	28	11
5 000 万元以上	9	

由以上分组比较中，公营厂家资本在 10 万元以下者约占全数的 40%，而民营部分则在 70% 以上。若以平均资本而论，公营厂家平均每厂为 200 万元，而民营厂家则尚不及 20 万元。以工人而论，公营工厂每厂平均可得工人 100 余名，而民营工厂则为 50 余人。以动力设备而论，亦复如是，公营工厂平均每厂有 100 匹马力，而民营工厂则约为 30 马力，试更按业别比较公民营厂家之资本百分比如次：

工业类别	公营部分(%)	民营部分(%)
水电工业	89	11
冶炼工业	90	10
金属品工业	3	97
机器制造工业	73	27
电器制造工业	89	11
木材及建筑工业	4	96
土石品工业	49	51
化学工业	75	25
饮食品工业	23	77
纺织工业	49	51

续表

工业类别	公营部分(%)	民营部分(%)
服饰品工业	8	92
文化工业	16	84
杂项工业	6	94

由以上分析中,可以见出公营占绝对优势的为冶炼、水电、电器、机器、化学等工业。民营占绝对优势者为金属品、木材及建筑、服饰品、饮食品、文化及杂项等工业,而公营民营相差无几者,有纺织及土石品工业。

从这里我们可以说后方基本及重工业已经在公营势力范围以内了。民营方面占优势的工业,全属于轻工业的范畴,这对于国营民营事业划分的原则,恐怕有很大的实际影响。

五、有关战时工业的几个问题

从以上的叙述里,我们可以约略地看出战时工业的一般状况。虽然战时工业有很多令人兴奋的事,可是它也有不少难题。我们愿意提出几点来,与关心工业的人研讨。

1. 工业资金的不足　吾人在检讨战时工业以后,发觉不少可喜之点,然而仍觉得有些地方太弱,在生产指数上也许进步很大,可是实际上我们工业的生产能力还是非常薄弱。翁咏霓先生在《国民经济建设运动》一文里曾指出各国工业生产力的比较,下表即是每人平均分数量:

名称	单位	英国	法国	德国	苏联	日本	中国
电力	千瓦/小时	608	490	735	215	421	6
煤	公斤	5 165	1 065	3 313	757	643	40
生铁	公斤	183	189	234	86	30	5
钢	公斤	279	188	291	105	62	1
水泥	公斤	154	86	173	32	60	15

所以我们工业化的程度,比起别国来还是小得很,过去我们曾经分析过我们近年来财政的支出,得到一个大略的数字,军政支出所占全数的百分比

颇高，经济建设及交通建设则较低，虽然与事实情形不尽符合，但是也可以看出我们支出的一个分配状况，钱昌照先生在《重工业建设之现在及将来》一文里曾说过："关于建设经费，资源委员会到现在为止，账面投资近6万万，实际上资产价值当然远过此数，但是资源委员会的预算，从来没有超出中央总预算3%，有时少至1%以下。"这就可以说明我们用在重工业上的资本还是太少。总裁在《中国之命运》一书中所指出的实业计划最初十年内所须完成的各项工作是：

煤15 000万吨，钢铁556万吨，石油177万吨，棉纺锭300万枚，棉织机96 000台，动力机1 000万马力，工具机15万部，各类机械150万部。这里数字虽大，但实际并不为多，所以我们不言工业化则已，否则一定要节衣缩食，苦挨数十年，把主要财力用到重工业上，然后我们才能希望工业化中国。因为种瓜得瓜、种豆得豆，这是千古不易的道理，什么都可以打算盘，独于此不能太小气。

　　2. 效力的提高　次之，我们觉得后方工业仍嫌缺乏效率，这不仅民营厂家是这样，就是公营各厂也不免有此现象。据谷春帆氏的估计，后方生产的效率仅及战前70%。这种情形固然是由于战争、空袭、交通不便、工人移动、原料缺乏、动力不足等原因和资金周转不灵原因所促成。可是产业界本身的有待改进努力的地方，还是不少。目前许多工厂的经营方式并不是依照工业经营的原则，而谋取利润亦在投机取巧，囤积居奇，不仅目光不及于事业本身的健全，而且也不着眼于未来前途的远大。重在抢购原料，不重生产，所以弄得资本永觉不足，成本无日不增，维持再生产的困难愈演愈烈，这种情形当然不是普遍的，然而也不是全无。我们对于产业里所感受的种种困难极表同情，可是我们更觉得产业界应该尽其责任，不然的话，就是环境改良，恐怕并不一定是工业界之福。因为未来世界，国际竞争必仍激烈，不健全当难长久立足。国家保护也只能适用于短时期，在长期内终将看工业界自身效率的能否提高以为断。现在的情形虽然对于工业不利，恐怕较战后为优，政府的种种协助，也不算少。真正有眼光的企业家正应该善于利用时机，树立健全的组织，使用科学方法，讲求效率的提高，延纳大批技术人才，研究技术的改进，不计目前小利，而要争取远大的将来。我们试观各国大工厂试验研究人员的众多，就可以知道工业的重心仍在讲求成本的减低，所以我们以为产业界不应过分责难外界的不良,而应先反求诸己,否则只图暂时的便利,绝对不是本身之福,努力发明,讲求效率,应该列为工业界最大的目标。

3. 彻底调整　次之,工业的合理发展,亦极重要。抗战以来政府对于工业虽已确立奖惩办法,数年来重要工业,确已日渐抬头。可是仍有与国计民生关系甚少的厂家逐利兴起。同时也有不少厂家名实不甚相符,也可大售其招摇撞骗之术。国营厂往往限于预算手续之过繁,不能收即时扩张之效,以致始误全部计划者,民营方面,亦有甲厂拥有机器而无人工,乙厂拥有人工而无机器,丙厂动力过剩,丁厂修配零件充足。此外还有一种现象,即一方面高呼原料不足,但于另一方面则仍事浪费。例如碱之产量极感不足,但用碱甚多的玻璃制造品,因仍有不少为装饰品并非必要的。凡此种种均在说明当前的工业并未完全纳入正轨,其有待于调整的地方正多,吾人以为政府应调查各厂家的生产设备情形,按照区域的实际情形,以现有之原料,可能的生产力,确定厂家的裁并扩增。然后统筹分配,减少竞争。不应以为能生产,即认为满足,而应规定各种物品的生产数量,尤应禁止不必需品的生产,因为世界任何国家一当战时,未有不停止不急需生产的,最近日本的产业大调整,将停办许多厂家,时人称之为日本产业革命。其要点亦不外集中力量于必需品的生产。盖这种调整并不影响于生产,而且可以免去产业间的倾轧磨擦,收得管制之效。我国以有限的资源与人力,固不容再事浪费虚掷,所以彻底调整产业界,以求其合理的发展,实在是切要的。

中国工业界的问题,当然并不仅上列的三种,他如资金、原料、人工、设备以及税收等等均是极重要而待解决的问题。但此间均不及讨论,惟综合观之,我们以为仍以此间三大问题为最根本。如果这三点能够得以解决,则其他诸问题均不难谋得调整,当今后方工业于百难中滋生,尚未成长,许多部门尚远不及战前之规模,战后之建设,务必以此种现有之产业为基石,扩张而增大之。所以在战事未结束前,必先要使这块基石日趋巩固,日趋合理,然后才能担负得起总裁在《中国之命运》一书里所昭示给我们的实业计划最初十年内所须完成的各项工作。

原载《四川经济季刊》1943 年第 1 卷第 1 期

抗战时期后方工业鸟瞰

国民政府经济部统计处

一、战前工业之回顾

中国工业化之历史距今虽已数十余年,然其进步极缓,分布至为不均,迄二十六年底为止,全国工厂总数,依据经济部工厂登记之统计,不过3 935家,资本总数不过37 700余万元,工人总数45万余人,若以4 000万方里、45 000万人口平均分配,计每一万方里或10万人仅有工厂1家;若以投资计算,则每方里不过90元,每人投资不及8角,工人占全人口总数不过1‰,而平均每厂之资本尚不及10万元。若与1933年美国14万厂家600万工人、德国190万厂家900万工人相较,固为望尘莫及;即与日本比较,1937年日本工厂总数为106 005家,工人为2 937 000人,亦复瞠乎其后,此种数字虽不甚完全,然已可见其梗概。

分析此3 900余厂家之分布,计上海有1 235家,约占全数30%以上,其他沿海各省份共有2 063家,占全数51%,合计内地各省所有之工厂不过占全数19%左右,此种分布之畸形,久已为识者所诟病,无待申述。

然此尚为地域上之偏重,若按业别略加分析,即可见战前之工业,泰半属于轻工业范围,而重工业所占成分极少。上列3 900余厂家中,属于轻工业范围者约占全数80%以上,其发展之不平均,极为显著。而轻工业中复以纺织及饮食品工业为最发达,纺织工业资本为141 297 069元,饮食品工业资本为65 699 447元,两项合计为206 996 516元,已占全部资金总额55%。以纺织工业而论,纱线锭历年均有增加,试观下表:

年份	锭数	年份	锭数	年份	锭数
民二	982 812	民九	2 843 000	民十八	4 201 000
民三	1 148 332	民十	3 232 000	民十九	4 498 000
民四	1 148 332	民十一	3 550 000	民二十	4 904 000
民五	1 278 028	民十三	3 581 000	民二十一	5 189 000
民六	1 388 396	民十四	3 570 000	民二十二	5 172 000
民七	1 602 668	民十六	3 685 000	民二十三	5 382 000
民八	1 468 000	民十七	3 850 000		

二十年来纱线锭增加5倍以上。若与1896年417 000锭数相较,则已增10倍以上。且于世界经济恐慌、纱锭减退状况中,我国锭数反年有增加,惟所增加者要以外商纱厂为多。此种情形在面粉及卷烟工业中,亦复类似。

推敲中国工业发展畸形之原因,可得两端:一则由于中国社会形态之特殊,一则由于中国经济之不能自主,前者使现代工业在中国难于迅速发展,后者则促成中国工业发展之畸形,因之新经济中心乃完全集中于劳工集中、资金丰厚、运输便利、市场广大以及不受政治影响之区域。而于工业类别中,自然形成两大类型:一为易于模仿工业之发达,此类工业出产之物品,泰半均属已有市场者,且制造之技术简易,如棉纱、面粉、卷烟、火柴等项是;另一种即为买办工业之蓬勃,此种工业完全为准备出口者,如缫丝、打蛋、打包、洗毛等项均是。其结果乃演至凡需要高上技术、远离港口而复需与进口货相顽抗之工业,即无发展之余地,战前中国工业之特征,要不外此。

二、工业内迁运动

以中国有限之工厂,复大半集中于沿海省份,一当战事,自将遭遇严重威胁。是以当七七事变与八一三沪战将起之间,政府即下令沿海各厂矿迁入内地。由二十六年七月起至二十九年底止,三年半之时间乃完成中国有史以来第一次工业大移动。除公营国营厂矿不计外,经工矿调整处协助迁建之厂矿计共448家,机料70 900余吨,技工12 000余人。以各地迁移厂矿而论,因目标中心在上海,故由上海迁出之民营工厂共146家,机料14 600余吨,技术工人2 500余名,于仓促试办期间,能得如此成绩,已属难得。苏州、无锡、常州一带之工厂,除少数厂家内移外,余均以目光短小,未果成行,即遭沦陷。南京、九江、无锡,因时间迫急,仅少数迁移成功,青岛工厂实行彻底破坏,河北方面因军事关系,厂矿未能迁出。济南迁出一家,开封迁出一家,焦作煤矿迁出 2 000 余吨,郑州、豫丰迁出 9 000 余吨,梁河、许昌等地迁出数厂。太原方面由西北制造总厂总办张书田氏之努力拖出 20 余吨及大车头两座。广州方面,以种种关系,厂矿未迁,大半资敌。最为成功之处为湖北。盖自上海迁移之后,已形成一种风气,且亦较有经验与准备,故武汉附近厂矿之拆迁比较彻底。大冶铁矿共运出 57 000 余吨,武汉共迁出民营厂 160 余家,省有各厂迁出 6 000 余吨,汉阳钢铁厂及六河钢铁厂,亦完成拆迁。长沙省营工厂亦均能安全迁移。此外浙江有 86 厂,福建有 105 厂,则由地方政府负责,分别内迁。

迁移期间,以二十六年八月至二十九年七月为主。于此三年中又可分为数阶段:第一阶段(二十六年八月至十二月)情势紧张,工作至为棘手,于百般困难中,仍能将 14 000 余吨机料由上海迁至汉口,至为可贵。第二阶段(二十七年七月至十月)为武汉撤守之前夕,由上海内迁之工厂,有一部分曾于汉口复工,后以情形紧张,重复内迁,此外尚需拆迁大冶以及武汉三镇一带之工厂。在此期间,经过武汉及由武汉起运之内迁厂矿,经工矿调整处协助有案者计共 304 家,机件物资 51 100 余吨,数量上最为庞大。第三阶段(二十七年十月至二十九年六月),则以宜昌为枢纽,二十七年底前系将由武汉迁移之物资尽速西运入川,其后则为采购棉纱,转运沪浙一带物资,计经过宜昌运入四川者,共得 45 200 余吨。自此之后,迁移即大体完成,虽仍有继续,然均规模不大,厂数零星,无关宏旨。

计此次内迁运动,若按厂矿性质分类,机械工业约占迁入总数 40.40%,纺织工业占 21.65%,化学工业占 12.50%,教育文化工业占 8.26%,电器工业占 6.47%,饮食品工业占 4.91%,钢铁工业占 0.24%,其他工业占 3.79%,矿业占 1.78%。于此可以概见内迁工业之重心,乃在于机械、纺织、化学三工业上。至于迁往省别,以四川为最多,计占内迁总数 54.67%,湖南次之,占 29.21%,陕西占 5.90%,广西占 5.11%,其他各省占 5.11%。若以内迁器材而论,于 70 000 吨中,四川即占 45 000 吨,湖南、陕西各占 10 000 吨,广西占 3 000 吨,其他各省占 1 000 余吨。此种情形,对于后方工业区域之分野,有莫大之力量。总之，三年半之工厂迁建运动，给予后方工业之赐予，实至深且巨。

三、后方工业之生长

抗战期间，除战区工厂内迁外，后方新设工厂为数亦多。战前后方较具规模之民营厂家，在四川仅有电力厂1，水泥厂1，面粉厂5，纸厂1，机器厂2；陕西有纱厂1，面粉厂2；贵州有纸厂1；江西有机器厂1。后方规模较大之工厂，仅此而已。试更以二十三年后方电厂投资而论，四川为320万元，西康为2万元，贵州为8万元，云南为233万元，广西为113万元，甘肃为10万元，共计不过686万元，占全国电厂投资总额（不包括外资电厂）6%。若以发电容量言，四川为5 611千瓦，西康为25千瓦，贵州为150千瓦，云南为1 852千瓦，广西为2 291千瓦，甘肃为131千瓦，共计不过10 060千瓦，约当全国总数4%弱。至于发电方面，四川为471万度，西康为4万度，贵州为37万度，云南为416万度，广西为450万度，甘肃为21万度，共计不过1 400万度，在全国发电68 700万度中，仅占2%左右。若更以发电用途分析，则用于工业上之电力，二十三年四川不过2万度，云南为40万度，广西为61万度，与全国工业用电总额22 733万度相较，其数目之细微尤为昭著。电力与现代工业既为母子之关系，故电力事业之不发达，即可想见后方工业之落后。

经过数年来之努力，后方工业已大异旧观。据本报告之统计，后方各省厂数已超过3 700家，资本总额为20万万元（此中虽有战时货币关系在内，然其影响并不为大），工人共约24万人，动力约为14万马力，此项数字已与二十二三年间上海工厂之情形不相上下。

依据本报告之统计，后方工业自二十七年起即有突然之进步，3 700余厂家中，开工在二十七年以前者，不过590家，约占工厂全数15%，在二十七年者即为240家，二十八年为466家，二十九年为589家，三十年为843家，合共2 138家，约占工厂全数60%，三十一年以交通封闭，工厂开设为500余家，较三十年为少（开工年份不明者不包括在内）。

除接近战区省份外，后方各省工业之增长，要以四川为最速。二十七年前四川之工厂不过240余家，但至三十一年底止，即已增至1 600余家，五年来较原有增加7倍以上。其次为湖南,二十七年前共有工厂90余家,五年来增加4倍。再次为陕西,二十七年工厂数为70余家,三十一年底止共增加4倍强。云南、贵州、甘肃等省,工业之增进均大体类此。

四、后方工业之特征

依据吾人之分析,后方工业之发展具有下列四大特征:

1. 重工业之抬头 过去我国工业之发展偏重于轻工业,已如前述。抗战以后,情形为之转变,政府力求树立重工业之规模,故协助迁建之厂矿,即以军需及在国防上确有需要者,如机器、化学、冶炼、动力、材料、交通器材、医药等厂为主。资源委员会则专以办理重工业及基本工业为任务,数年以来,进展极速,计所办事业,已有96单位,其中工业部分属于冶炼者11单位,属于机械者4单位,属于化学者18单位,属于电器者4单位;矿业部分属管理者有钨锑锡汞6单位,属于生产者为煤铁石油铜铅锌31单位;电业部分属于火电者18单位,属于水电者4单位。此种成绩,已使重工业之建设稍有基础。本报告3 700余厂中;如以厂数而论,化学工业占总厂22.0%,纺织占21.0%,机械占18.1%,饮食占9.6%,文化占6.0%,金属品占4.3%,冶炼占4.1%,水电占3.3%,土石品占3.2%,电器占2.6%,计属于重工业范围之工厂约占工厂总数35%左右,如以资本而论,各业所占百分比则为:化学28.83%,机器17.42%,冶炼15.59%,纺织14.98%,水电7.39%,电器4.80%,土石品3.32%,合计重工业占50%左右。可知数年抗战之结果,已使中国工业更易过去发展之畸形。

2. 工业区位之建立 过去中国工业地理之分布,亦至为偏畸,上海一地即集中半数以上之工厂,而内地各省几无现代工业可言。抗战以来,政府即注意发展内地各省之工业,除四川为抗战中枢,交通便利,原料丰富,迁入工厂较多外,并另在湘、桂、滇、黔、陕等省从事建设,以为补助。经数年之努力,此数区域已逐渐发展。试以本报告之统计观之,厂数方面,四川最多,约占全数44%;湖南次之,占13.34%;陕西又次之,占10.24%;广西更次之,占7.77%;此外,云南占2.82%,贵州占2.98%,甘肃占3.69%。若以较大区域划分,则川康约占44.33%,湘赣占13.05%,陕甘占13.93%,两广占9.62%,

云贵占 5.80%,闽浙占 4.16%。资本方面,仍以四川为首,计占总数 58.00%,云南次之占 10.80%,广西又次之占 7.89%,陕西占 5.43%,浙江占 4.71%,湖南占 3.91%,甘肃占 3.19%,贵州占 3.38%,若以较大区域划分,则以川康占 58.45%,云贵占 13.19%,陕甘占 8.62%,两广占 8.37%,湘赣占 5.64%,闽浙占 5.28%。如更以动力设备比较之,此种分野仍极显著,计川康占 43.52%,湘赣占 13.74%,云贵占 11.45%,闽浙占 10.80%,陕甘占 10.77%,两广占 8.87%。

3. 公营事业之优势 此外,公营事业渐占优势,亦为战时后方工业一大特色。过去国家多故,除军需、铁路等工业外,政府少有余资举办实业。直至抗战前夕,资源委员会始着手办理国营工业,经过数年之努力,现已蔚然成观。各省政府于抗战期中亦纷纷组设工厂,其中尤以黔桂闽赣等省为最。同时国家银行亦逐渐投资实业,如中央银行之于川康,中国银行之于陕甘即为显例。此外各战区经济委员会在此方面亦有建树。由于上述各方之努力,后方公营工厂已渐占重要之地位。此点可于资本分配中见之。依据本报告之统计,公营厂家资本额约占资本总数 69% 强,其中四川占 36.68%,云南占 10.30%,广西占 6.83%,浙江占 4.58%,甘肃占 2.77%,陕西占 2.25%,贵州占 2.03%,湖南占 1.47%,除湖南陕西外,各省公营资本均较民营资本为大。如按业别分析,则公营资本所占 69% 中,复以化学工业为最多(其中以炼油、酸碱、酒精等业为最发达,但资源委员会方面之化学工业并不占重要地位),计为 21.66%,冶炼工业次之,为 14.18%,机器制造工业又次之,为 12.71%,此外,纺织工业占 7.35%,水电工业占 6.58%,电器制造工业占 4.21%,土石品工业占 1.64%。于此可见公营事业已大半集中于基本工业之领域。

4. 公营民营厂矿规模之悬殊 此外应特为揭出者,即为公营民营工厂规模之悬殊。本报告所统计之 3 700 余厂家中,公营不过 600 余家,而民营则达 3 100 余家,在数量上民营当占绝对多数,惟若一按实际,则知民营厂家泰半规模甚小,资本不多,而公营厂家则反是。此可于后方工业资本分组统计中见出。试将公营民营工厂之资本分组表列于后(资本不明之厂家除外,以下同此):

组别	公营厂数	民营厂数
5 000 元以下	41	306
5 000 至 1 万元	20	366
1 万至 5 万元	105	1104
5 万至 10 万元	59	418
10 万至 50 万元	129	485
50 万至 100 万元	59	118
100 万至 500 万元	77	113
500 万至 1 000 万元	22	31
1 000 万至 5 000 万元	28	11
5 000 万元以上	9	

由以上分组比较之,公营厂家资本在 10 万元以下者约占全数 40%,而民营部分则在 70% 以上。若以平均资本而论,公营厂家平均每厂为 200 万元,而民营厂家则尚不及 20 万元。以工人而论,公营工厂每厂平均可得工人 100 余名,而民营工厂则为 50 余人。以动力设备而论,亦复如是,公营工厂平均每厂有 100 匹马力,而民营厂则约为 30 匹马力。试更按业别比较公营民营厂家之资本百分比如次:

工业类别	公营部分(%)	民营部分(%)
水电工业	89	11
冶炼工业	90	10
金属品工业	3	97
机器制造工业	73	27
电器制造工业	89	11
木材及建筑工业	4	96
土石品工业	49	51
化学工业	75	25
饮食品工业	23	77
纺织工业	49	51

续表

工业类别	公营部分(%)	民营部分(%)
服饰品工业	8	92
文化工业	16	84
杂项工业	6	94

由以上分析中,可以见出公营占绝对优势者为冶炼、水电、电器、机器、化学等工业,民营占绝对优势者为金属品、木材及建筑、服饰品、饮食品、文化及杂项等工业。而公营民营相差无几者有纺织及土石品工业。于此可以概言,后方之基本工业及重工业均已在公营势力范围之内,而民营占优势之工业则均属于轻工业之范畴。此点与国营民营事业划分之基本原则似尚吻合。

五、后方重点工业之剖析

以上所述全属一般性质,亦即后方工业轮廓之描绘,至是拟更进一步选择数种重要工业略事分析,以明后方重点工业之梗概。

1. 电力厂 电厂为工业之原动力。抗战前我国之电厂计共460家,发电容量为631 165千瓦,二十五年度发电度数为172 400万度,但此中包括外资电厂10家,其发电容量为275 295千瓦,约占全国总数44%,发电度数为95 135万度,占总数55%。是以国人自营电厂之发电容量在二十五年不过355 870千瓦,发电不过77 255万度。且多数电厂均集中沿海各埠,内地之电厂则更寥寥无几,此点已于第五〔四〕节中略为申述,计发电容量不过10 000千瓦,发电1 400万度,资本686万元。若与目前所统计之后方116家电厂、电容53 000千瓦、发电能力9 300余万度、资本13 500余万元相较,其进步自极显著。此中虽包括半沦陷之省份在内,但其为数不多,对于总数影响甚小,无足重视。

目前后方电力最发达之省份,当首推四川,计有27厂,资本7 000余万元,发电容量23 000千瓦,发电4 900余万度,约占全数44%。其次为云南,发电容量为6 000千瓦,资本1 400余万元;次为陕西,发电容量为5 000千瓦强,资本400余万元;次为湖南,发电容量为3 000千瓦弱,资本1 000万元;再次为广西,发电容量为5 500余千瓦,资本600余万元,此种分布与工厂分布之情形极为一致。

公营电力厂资本平均为 230 万元以上,而民营电力厂则不过 15 万元,但以公营电厂设备较晚,故平均每厂发电容量尚不及民营电厂。据已有资料分析,发电容量在 5 000 千瓦以上者共计有民营 2 厂,在 1 000 千瓦以上者计公营 5 厂、民营 3 厂,500 千瓦以上者计公营 10 厂、民营 2 厂,100 千瓦以上者计公营 10 厂、民营 13 厂,50 千瓦以上者计公营 9 厂、民营 7 厂。故概括言之,四川、广东、福建、湖南之民营电厂能力较公营为强,至若云南、陕西、贵州,则几全为公营者。

2. 钢铁厂　中国过去钢铁工业至不发达,新式钢铁厂寥寥无几。铁厂不过六七所,最大生产力不过 60 万吨,钢厂不过七八所,最大生产力不过 10 万吨,且事实上大半停工,实际生产额在民二十三年计铁为 15 万吨、钢 5 万吨。二十七年武汉撤守时,汉阳及大冶六河沟三厂由钢铁厂迁建委员会内迁,但总能力不过月产铁 100 余吨、钢 200 余吨,设备至为薄弱。现经数年努力之结果,铁厂已有 114 厂,其中公营 16 厂,民营 98 厂,资本约为 12 000 万元。炼钢厂 10 家,公营 6 家,民营 4 家,资本约 10 000 万元。每年最大生产力,公营铁约 55 000 吨、钢 20 000 吨,民营铁 44 000 吨、钢 19 000 吨,但实际产量铁不过 30 000 吨,钢不过 4 000 吨,可见生产能力仍极薄弱。

公营铁厂在钢铁业中颇占优势,设备均较民营为大,平均资本公营铁厂约 600 余万元,民营厂则不过 20 万元;100 万以上之铁厂共 12 家,公营即占 9 家。炼钢厂方面,此种情形更为显著。公营厂平均每厂资本 1 500 万元,民营厂则不过 80 万元,相差至为悬殊。

就地域分布言之,冶铁厂以四川为最多,约占全部之半数,江西、云南次之,甘肃、湖南又次之。湖南之厂数虽居第二位,但规模均小。公营势力较大之省份为四川、云南、江西、甘肃等省,若湖南、广西、陕西则多属民营。炼钢厂方面仅于四川云南二省有之,几全为公营势力,云南二厂均属公营,四川八厂中公营占半数,而资本及动力则均五倍于民营者。

3. 机器厂　过去中国机器制造工业极为幼稚,每年进口四五千万元中要以纺织机器为最多。二十四年以后电力机动力机之输入始渐增加,但仍以修理配件为主。试以上海二十三年为例:

类别	厂数	类别	厂数
柴油引擎制造业	6	印刷机制造业	22
纺织机制造兼修理	15	碾米机制造业	7
织机制造业	16	面粉机制造业	6
漂染机制造业	16	卷烟机制造业	6
轧花机制造业	6	车床制造业	8
拉绒机制造业	2	其他各业机器制造业	17
纺织用具制造业	31	机器零件制造业	60
针织机制造业	40	机器修理业	52
袜针机制造业	16	其他什色机器制造业	150
织绸缫丝机制造业	9	合　计	475

细观上表即可见上海之机器厂要以修理机器与制造零件之厂为主。次之即为纺织、针织机之制造,若动力机及工作机之制造则为数极少。上海如此,其他各地亦大同小异,要不过为普通机器之制造,如纺织、针织、印刷、碾米、面粉(钢磨尚不能制造)、卷烟、柴油引擎、抽水机、榨油等类机器而已。是以全国机器制造厂厂数虽逾千家,但资本则小,最大者不过 50 万元,小者为二三千元,其不足以制造重要机器,殆极明显。

抗战军兴以后,内迁器材中除纺织业外,要以机器工业为最多,约计 13 000 余吨,若以厂数记则占内迁工厂之首位,计为 181 厂。数年来发展之结果,已有厂家 682,资本 33 000 余万元,工人 30 000 以上,使用动力 16 000 余马力。在全部工业中,已占第 3 位,所能制造之机器,亦逐渐着重于工具机、作业机及动力机方面,至于各厂家之类型,略如下表:

类别	厂数	类别	厂数
动力机制造厂	58	车辆修造厂	51
工作机制造厂	303	船舶修造厂	25
翻砂厂	100	机器修造厂	29
零件制造厂	116		

目前机器制造工业与过去有一显著不同之点,即为公营之抬头。过去之机器工业泰半属于民营范围,目前已有公营厂 50 家,而均为资本充足、规模

较大者。公营资本占机器工业总资本70%以上,民营厂家之资本远不足以抗衡。试观下表可知:

资本组别	公营厂数	民营厂数
5 000 元以下者		15
5 000 元至 1 万元	1	64
1 万元至 5 万元	4	282
5 万元至 10 万元	5	103
10 万元至 50 万元	13	123
50 万元至 100 万元	7	22
100 万元至 500 万元	6	6
500 万元至 1 000 万元	2	2
1 000 万元至 5 000 万元	4	
5 000 万元以上者	1	

若按厂家性质分别,除翻砂厂几全属民营外,其他各类之情况如次:

资本组别	动力机制造厂 公营	动力机制造厂 民营	工作机制造厂 公营	工作机制造厂 民营	零件制造厂 公营	零件制造厂 民营	车船及机器修造厂 公营	车船及机器修造厂 民营
5 000 元以下者		1		4	2			
5 000 至 1 万元	1	1	17	22	10			
1 万至 5 万元	10	1	117	57	3	47		
5 万至 10 万元	11	3	60	18	2	8		
10 万至 50 万元	3	18	6	65	1	8	3	14
50 万至 100 万元	3	6	1	9	1	3	2	2
100 万至 500 万元	1	4	4	1		2		
500 万至 1 000 万元		2	1	1				
1 000 万至 5 000 万元	1	3						
5 000 万元以上者	1							
合计	9	49	20	276	4	110	10	83

从此种分布上,可以见出公营民营厂家半数以上均从事动力机及工作机

之制造。而公营方面,动力机制造厂与工作机制造厂之比例为一比二,民营方面则为一比五,但民营翻砂厂及零件制造厂以及修理厂之总数尚在 290 厂以上,且工作机制造厂亦多数资本微小。故其性质仍有别于公营者。地域之分布,以四川之厂数为最多,约为 330 余厂,为全数之半,资本亦为全额之半弱。次之为广西,厂数有 87,资本 9 000 余万。再次为贵州、云南、甘肃、湖南等省。云南、贵州、广西、甘肃、广东、福建、江西、浙江等省均以公营厂为多,湖南、陕西、湖北、河南则以民营势力较大。若四川省,则公营民营参半。

后方机器制造厂生产能力之发展,可以下列生产指数表示之(二十七年每月平均数为100):

产品	二十七年	二十八年	二十九年	三十年	三十一年
工具机	100	204	296	367	340
蒸汽机		100	492	747	581
内燃机	100	151	529	706	715

蒸汽机与内燃机生产之增进,足以表示机器制造工业已步上正当途径。

4. 电器制造厂　电器制造工业,本可与机器工业合并讨论,惟以其重要性不减于机械,且其本身亦自有特色,故仍予以分述。过去电器工业在中国并不发达,其厂数不过六七十家,资本不过三四百万元。内迁之时,计移入 29 家,机料 5 000 余吨。数年来建设之结果已增至 98 家,资本约达 10 000 万元,技工 8 000 余人,使用动力 8 000 余马力,生产之增进最为迅速,试列其生产指数如次:

名称	二十七年	二十八年	二十九年	三十年	三十一年
发电机	100	710	1217	1 809	1 747
发动机	100	10 360	14 420	26 059	12 332
变压器	100	81	127	236	351

此种进展泰半应归功于国营工厂之努力,国营事业亦以此部分之发展最有计划。如电工器材厂、无线电器材厂、电瓷制造厂之配合,已掌握大部分电工器材之领域。而电工器材厂方面复预有计划分设各地分厂,担任特定器材之制造,尤能有条不紊。试以三十年公营民营电工器材产量比较于次,即可见公营势力之强大:

名称	单位	公营	民营	合计
发电机	千瓦	2 481		2 481
	部		103	103
手摇发电机	部	112	585	697
移动发电机	部		35	35
电动机	马力	3 609		3 609
	部		1 192	1 192
无线电收发报机	部	1 866	514	2 380
电话机	部	4 529	230	4 759
变压器	部		2 062	2 062
	K.V.A	6 979		6 979
电线	吨	656	78	734
	码	2 747 890		2 747 890
电泡	只	226 425	300 000	526 425
电池①	只	205 247	10 967	216 214
	打	52 607	230 513	63 120

除少数不重要之产品如单节电池电泡之外，公营产品均占优势。发电机、电动机两项之民营产品均属小型，能力不大，绝不可与公营相抗。资本方面，公营厂约占电器制造工业资本总额 90%，居于绝对之优势，工人两倍于民营，动力则 6 倍之。500 万以上之厂家，均属公营，民营资本大半均为 10 万至 50 万之间，平均资本公营约为 350 万元，民营则为 15 万元。其实力之悬殊，自极明显。

电器制造工业之内容，大致可分为电机、电具、电料及电镀四种，至其间之分布情形，约略如下：

---

① 电池数据有误，原文如此。

类别	公营厂数	民营厂数	资本在50万元以上之厂数	
			公营	民营
电机制造厂	2	7	2	2
电具制造厂	9	15	7	2
电料制造厂	12	43	2	
电镀厂		10		

于此亦可看出民营方面不过为电料之制造、电镀之加工。若电机电具之制造,殆全属公营之努力。

就地域分配论之,在厂数资本方面均以四川为最多,计共63家,资本3 300余万元,约占电器工业三分之一以上;次之为云南、广西、湖南。但若就公营方面观之,则以云南所占之资本为最大,四川、广西次之。此三省之厂数资本已占公营全部三分之二以上。

5. 酸碱制造厂　酸碱均为一切化学工业之基础,且为制造军火之原料,其有关一国之国防,至为重要。过去我国化学工业多偏重于日用品方面,如烛皂、火柴、化妆品、电木等类之产品逐年增加,且能替舶来品之地位,惟酸碱工业则甚不发达。截至二十五年止,全国仅有制酸厂12家,资本不过500万元,年产约计盐酸为6万余担,硫酸为25万余担,硝酸为3万余担,醋酸为4 000余担,其中以天利氮气厂、两广硫酸厂、广东硫酸厂、开成造酸厂、天原电化厂、渤海化工厂等为较大。制造有机酸类之醋酸,在国内仅江南化学厂一家。碱类工厂在战前不过六七家,资本500余万元,年产碱86万余担,其中当以塘沽永利为最大,即其一家之资本及产量均占全部碱厂80%。若益以兴业、渤海两家,则塘沽之制碱业已占全国90%以上。次之则为上海之天原、开元、肇新三家。至如氮气厂则仅有永利铔厂及天利氮气厂两家。永利铔厂规模宏伟,于二十六年三月开工,日产硫酸铔150吨,硝酸40吨。抗战发生以后,津沽失守,塘沽永利沦于敌人,卸甲甸铔厂亦以拆卸过迟陷入敌手,实为中国化学工业一大损失。

近年以来,基本化学工业颇形发达,政府对之奖助颇多,至今已有44厂,计酸厂31家,碱厂13家。四川方面有29家,贵州有4家,云南有3家,广西、江西、陕西均各有2家,浙江1家,资本12 000余万元,约占化学工业资金总额25%,其中以浙江为首,四川次之,云南、贵州又次之。生产能力最大为硫酸 10 000 吨、硝酸 5 000 吨、盐酸 1 000 吨、纯碱 2 000 吨、烧碱 1 000 吨,然实际产量则距此尚远。计三酸总额不过 2 000 吨,碱不过 3 500 吨,此盖由于原料有限,大厂如犍为新永利尚未建成。公营方面亦少大厂,故历年来生产不能大增,试观其生产指数可知:

名称	二十七年	二十八年	二十九年	三十年	三十一年
硫酸	100	73	252	368	392
盐酸	100	73	153	131	182
纯碱	100	132	116	67	160
烧碱		100	300	360	

公营造酸厂不过 5 家,碱厂不过 1 家,平均分配于川、黔、滇、赣、浙、鄂 6 省,但公营势力则以浙、滇、黔、赣 4 省为盛,若川、桂、陕、鄂则属诸民营。实际上酸碱工业仍极薄弱,资本在 100 万元以上者不过 10 家,公营民营各居一半,且尚有未建成之新永利在内。有 15 家资本在 1 万至 5 万之间,有 13 家资本在 5 万至 10 万之间,平均资本每厂尚不及 30 万元,且有半数以上之厂家系在民国三十年后开工,故设备较差。

6.纺纱厂　以上所云均属于重工业范围。实则过去中国工业之中心,乃在轻工业方面,至于轻工业中,当以纺织厂为最早而最发达。截至光绪二十一年为止,中国已有纱厂 7 家,纱机 17 万余锭。欧战期间且一度繁荣,以后因外商纱厂之竞争,渐趋颓势。唯就一般而论,仍极重要。内迁之时,吨位亦最多,计共 3 万余吨,厂数 97 家,计四川占 65%,陕西占 30%,迄今此种分布,仍极明显。

目前纺纱厂之情形,计 76 家,资本 17 800 万元。大型纱厂现有锭数为 30 余万枚,开工者有 176 000 余枚,小型纺织机有 15 000 余锭,故只当战前中外纱厂总数 10%,华商纱厂 15%。生产方面,三十年不过 8 万件,较之二十七年亦不过增加 6 倍。若与战前相比,则仅及全数 4%,华商产量 10% 左右。在昔纱厂多属私人企业,现以抗战关系,已参加不少公营色彩。计 76 家中有 33 家属于公营,资本亦占半数。大型纺厂,公营有 8 家,锭数为 111 000,开工者为 54 000,小型公营者有 10 家,计 7 000 余锭。

民营方面之厂家,以厂数及资本而论,均以四川为第一,陕西第二,云南第三,湖南第四。公营方面,亦复如此。如以资本比较分列,其情形如次:

组别	公营厂数	民营厂数
10 万至 50 万元	10	10
50 万至 100 万元	4	7
100 万至 500 万元	8	6
500 万至 1 000 万元	2	6
1 000 万至 5 000 万元	2	1

公营民营之势力可称不相上下,唯大型纱厂中仍以民营方面较占优势。

7.面粉厂 次于纺纱厂之轻工业,常推面粉工业。面粉厂之兴起,仅次于纺纱,欧战时发展甚速,但战后外粉侵入,乃受打击。截至抗战前为止,全国有 100 余家分布各省,以江苏为最发达,次为山东、河北,全年可产粉 7 500 余万袋,最大之厂家,每日能产 14 000 余袋,故设备尚称完善。抗战以后,损失颇多。现后方仅有 70 厂家,资本总额 2 700 万元,最大之厂,如陕西成丰,日不过出产 5 000 袋,能日产二三千袋者只四五厂,其他各厂,均规模不大。故三十年产量尚不及 400 万袋,三十一年亦不过 500 万袋,且历年产量之增进速率亦不大,三十一年生产指数不过为二十七年之 3 倍。

多数厂家集中于陕西、四川两省,广西、湖南次之,云南、江西又次之。公营厂家不多,除甘肃有雍兴公司所办一厂及贵州有企业公司一厂规模较大外,其他均不足道。面粉业之重要厂家均属民营,71 厂中公营者仅有 12 家,资本不过 700 余万元,产量不过占总产量 4% 左右。

原载经济部统计处编印:《后方工业概况统计》,1943 年 5 月印行

战时后方工业建设概况

袁梅因

一、战前工业概况及战后工厂内迁经过

我国工业在抗战以前一向趋于畸形发展,工厂大多分布于沿海通商口岸。据调查 1935 年中国新式工厂之公〔分〕布有如下表:

沿海	厂 6 123	工人 469 583
腹地	厂 206	工人 47 381
西南	厂 16	工人 4 011

而沿海区工厂之分布,则又偏于上海及天津两地。据实业部自二十年十一月开始工厂登记起,至二十六年九月底止,我国只有工厂 3 849 家,此等工厂为合于当时之工厂登记法者,即具备动力或工人 30 名以上者。单是上海一处,即已有 1 290 余家,占全国工厂总数三分之一以上。而当民国二十六年七月,分配在川黔滇桂粤鄂陕豫甘闽浙等省只共有合于当时工厂登记法之工厂 279 家。内分冶炼厂 4 家,机械厂 37 家,电工器材厂 1 家,化学工业 78 家,纺织及服装工厂 102 家,面粉厂 6 家,其他 51 家。至于矿业则只有煤矿 745 区合 500 余公亩,铁矿 33 区合 67 000 余公亩。在今日后方盐区域则仅(1)电力设备不足 27 万千瓦,约合全国总数 3%;(2)燃料约合全国 1.4%;(3)面粉厂 6 家,每日产量约 8 000 袋,合全国 2%;(4)煤矿铁矿大多数系土法开采;(5)冶炼厂仅有 4 家;(6)水泥厂仅有 1 家,尚未开工;(7)炼汽油厂无;(8)酒精厂仅 2 家,均未开工。

七七事变发生,我国工业基础为之全部动摇。幸于事变发生之初,政府竭力督导工厂内迁,计此次由沿海沿江一带内迁之工厂共达 452 家:

迁入四川者 250 家。

迁入湖南者 120 家。

迁入陕西者 43 家。

迁入广西者 25 家。

其他省份 15 家。

此外尚有浙江省 86 家,福建省者 105 家。迁移后方之器材其重量越过 12 万吨,由政府出资迁入之技工共达 12 000 余人。

二、战时后方工业之进展

1. 厂家之增加

据经济部统计,截至三十年底止,正依工厂登记法准予登记之后方工厂共有 1 350 家,计:

(1) 冶炼工厂由 4 家增至 87 家。

(2) 机器厂由 371 家增至 376 家。

(3) 电工器材厂由 1 家增至 44 家。

(4) 化学工厂由 78 家增至 380 家。

(5) 纺织服装工厂由 102 家增至 273 家。

(6) 水泥厂由 1 家增至 7 家。

(7) 酒精厂由 3 家增至 133 家。

(8) 机器制纸厂由 3 家增至 14 家。

(9) 面粉厂由 6 家增至 17 家。

(10) 炼汽油厂已达 22 家。

(11) 炼滑润油厂 5 家。

(12) 炼柴油厂 15 家。

(13) 煤[铁]矿由 33 区增至 112 区。

2. 工厂分布之合理化

我国战时之工厂分布情形,恰与战前相反,过去是偏于沿江沿海一带,兹则多设于内地之西南西北;而且颇多利用当地特产而就地设厂生产者。例如后方现有工厂共达 1 300 余厂,而其中重庆市占 450 厂,约总数三分之一,恰

同战前上海比全国工厂所占者一样,至各省市之工厂分布有:

重庆市:451厂,内中冶炼工业16厂,机器五金工业210厂,电工器材工业27厂,化学工业108厂,纺织及服装工业42厂,饮食品工业17厂,印刷文具工业17厂,其他工业14厂。

四川省:203厂,内中冶炼工业26厂,机器五金工业10厂,电工器材工业3厂,化学工业102厂,纺织及服装工业46厂,饮食品工业14厂,印刷文具工业1厂,其他工业1厂。

湖南省:242厂,内中冶炼工业31厂,机器五金工业63厂,电工器材工业3厂,化学工业53厂,纺织及服装工业74厂,印刷文具工业2厂,饮食品工业13厂,其他3厂。

广西省:133厂,内中计冶炼工业5厂,机器五金工业64厂,电工器材工业5厂,化学工业20厂,纺织及服装工业11厂,饮食品工业8厂,文具印刷业13厂,其他7厂。

陕西省:74厂,内中计机器五金工业11厂,电工器材工业2厂,化学工业24厂,纺织服装工业30厂,饮食品工业6厂,其他工业1厂。

甘肃省:47厂,内中计机器五金工业3厂,电工器材工厂〔业〕1厂,化学工业17厂,纺织及服装工业24厂,饮食品工业1厂,印刷文具工业1厂。

云南省:29厂,内中计冶炼工业3厂,机器五金工业3厂,电工器材工业2厂,化学工业12厂,纺织及服装工业6厂,饮食品工业3厂。

贵州省:37厂,内中计冶炼工业2厂,机器五金工业7厂,化学工业15厂,纺织及服装工业6厂,饮食品工业3厂,印刷文具工业2厂。

江西省:40厂,内中计冶炼工业4厂,机器五金工业3厂,电工器材工业1厂,化学工业9厂,纺织及服装工业14厂,饮食品工业6厂,印刷文具工业2厂,其他工业1厂。

浙江省:12厂,内中计机器五金工业1厂,化学工业5厂,纺织及服装工业5厂,饮食品工业1厂。

福建省:9厂,内计机器五金工业1厂,化学工业3厂,饮食品工业5厂。

河南省:3厂,内计机器五金工业1厂,化学工业1厂,饮食品工业1厂。

湖北省:5厂,内计化学工业3厂,纺织及服装工业2厂。

广东省:7厂,内计化学工业3厂,纺织及服装工业4厂。

江苏省:4厂,内计纺织及服装工业4厂。

西康省:4厂,内计化学工业2厂,纺织及服装工业2厂。

安徽省:2厂,内计化学工业1厂,纺织及服装工业1厂。

山西省:2厂,内中计纺织及服装工业各1厂。

宁夏省:计纺织及服装工业3厂。

绥远省:计纺织及服装工业1厂。

3. 增产成绩

目前我国各种工矿业之产量,虽由于资本额之有限及器材设备不甚完全关系,未能作大规模生产,以供大量之消费需要,然就历年增产成绩以观,则年有进步也。例如:

(1)电力工业　电力工业包括火力发电与水力发电,大后方之国营电厂电容量在二十九年底为10 332千瓦,三十年十月底止为12 664千瓦。民营电厂三十年以前新增2 062千瓦,每千瓦合一千瓦特。

(2)纺织工业　抗战以前后方纱厂开工者约共17 000锭,五年之间共增10倍,约10万锭以上。

(3)机制纸张　在抗战以前,年产纸仅200余吨,至三十年度已共产5 200吨,增至20倍。

(4)汽油　二十八年产量为5 406加仑,二十九年增至86 800加仑,增10余倍,三十年再增至263 303加仑,较二十九年又增加3倍多。

(5)柴油　二十八年产量为8 212加仑,二十九年增至150 235加仑,较二十八年增18倍强,三十年为853 240加仑,较二十九年又增5倍强。

(6)动力酒精及代汽油　二十八年产量为270 777加仑,二十九年为632 224加仑,较二十八年增3倍强,三十年为1 302 405加仑,较二十九年又增加1倍,此外,民营酒精产量亦颇有进步,如二十九年为3 920 800加仑,三十年为4 110 000加仑,较二十九年增89 200加仑。

(7)煤　单就国营煤炭矿产言,当二十八年产量175 479吨,二十九年为1 201 602〔301 602〕吨,较二十八年约增1倍,三十年为464 506吨,较二十九年又增半倍。

(8)焦炭　二十八年产量为3 600吨,二十九年为16 751吨,较二十八年约增5倍,三十年为32 499吨,较二十九年又增1倍。

三、战时后方工业之困难情形

战时我国之工业性质及分布比较战前有显著之进步,已如上述。而战时后方之工业,不论就厂家之增加言,或增产成绩以观,复年有进步。然因工业资本薄弱,不仅限制增产,而且由于战时物价之高涨,各厂虽获利颇厚,同时却以开支增加,机器涨价等关系颇多发生资金不足困难,加以战时运输不便等引起其他种种困难,此则又需加以注意者也。

大后方1 000余工厂,总资本或各家资本额究有若干,虽尚无统计,然据中国西南实业协会就四川省调查得资本确数之390余工厂,总资本合计34 400余万元。而各工厂之资本额则最大者为中国兴业公司之12 000万元,然该公司属于重工业方面,每部分亦仅分配得数千万元,其中各厂资本在2 000万元以上者仅1家,1 000万元以上者2家,800万元以上者1家,600万元以上者2家,500万元以上者1家,400万元以上者7家,300万元以上者3家,200万元以上者17家,100万元以上者21家,此外,在100万元以下10万元以上者计154家,占总数38.189%,而若干家资本额最小之工厂每家仅数百元。

工厂资本额既若是之小,欲扩大组织,增加生产固将感资力不足,即应付开支之增加机器涨价等亦不免有资金周转不足之灵〔虞〕。据中国西南实业协会调查四川省692厂之困难情形,属于资金不足者即有187厂,占困难总厂数27.02%。虽然最近金融投资已有转变之趋势,即由商业而渐次走上工业化之途径,据统计,四联总处工贷自二十六年九月至三十年十二月总额为367 506 000元,其中贷于民营工业者计221 349 000元。唯此数包括大后方各地之民营工业,因此每厂工贷额为数殊极有限也。

此外,由于战事之影响所加于各工厂之特殊困难如属于器材方面之困难者,计228厂,占困难总额5.78%。属于技术人员缺乏者计64厂,占困难总厂数9.25%。属于生产成本高涨困难者计74厂,占困难总厂数10.69%。属于销路困难者计27厂,占困难总厂数3.90%。其他困难者计72厂,占困难总厂数10.41%。为兹供给改进我国战时后方工业之参考起见,再据中国西南实业协会之调查详情列示如左〈下〉:

各工厂困难内容项别厂数统计表

困难内容	厂数	占分组困难总厂家之百分率	占困难总厂之百分率
属于资金方面者：	187	100	27 02
扩大组织资力不足	60	32.09	8.67
拟贷款者	13	6.98	1.88
周转金不足	73	39.04	10.55
被灾后资力不足	12	6.42	1.73
添购原料资力不足	29	15.50	4.19
属于器材方面者：	228	100.00	32.95
材料购置困难（缺乏原料）	124	54.38	17.92
材料运输困难（工具及人工）	66	28.95	9.54
材料价格上涨（收购不易）	38	16.67	5.49
属于动力方面者：	40	100.00	5.78
电力不足	20	50.00	2.89
燃煤不足	13	32.50	1.88
柴油不足	5	12.50	0.72
窃电无法制止者	2	5.00	0.29
属于技术人员者（流动性太大招募不易）：	64	100.00	9.25
属于生产成本高涨困难者：	74	100.00	10.69
工料价格上涨	36	48.65	5.20
技术员工伙食上涨	21	28.38	3.03
技术员工薪俸上涨	17	22.99	2.46
属于销路困难者：	27	100.00	3.90
不属于上列各类者：	72	100.00	10.41
技术人员征服兵役困难	14	19.45	2.02
疏散困难	8	11.11	1.16
空袭时生产困难	6	8.33	0.87
食米供给困难（粮价上涨不易购买）	44	61.11	6.86
总厂教	692	100	

原载《中央银行经济汇报》第9卷第5期

我国战时民营工业之鸟瞰

吴文建

我国工业一向落后,战前内地各省,尤其幼稚得可怜。据经济部工厂登记的统计:在二十六年以前,内地工厂总数,大小公私合计只有637家,仅占全国工厂总数18%。而较具规模的民营工厂,在四川计有电力厂1,水泥厂1,面粉厂5,纸厂1,机器厂2;陕西有纱厂1,面粉厂2;贵州有纸厂1。总共不到20家。

民国二十六年是后方工业一个划时代的转变,这个转变,开始于厂矿的内迁。当七七战起与八一三沪战将起的时间内,政府为保存我国工业元气计,下令沿海及邻近战区的厂矿,一律迁入内地。从二十六年七月至二十九年底止三年半内,经过无数的艰难困苦,终于完成了中国空前的工业大移动。据当时主持内迁机关的统计:内迁民营厂矿共有448家,而这些厂矿,都是具有新式设备的。若与战前内地原有的数量比较,简直不可以道里计。

后方的工厂,除内迁工厂外,自二十七年以来,因为初步的基础已经粗具,同时又因事实上需要的增加,所以新设工厂便接踵成立,一如雨后春笋。至三十一年底止,后方民营工厂据已在经济部登记者,已达3 111家,较战前内地公私合计的637家竟超出5倍之多。至其业别的分类,若以三十一年底止的工厂总数作100,可以列下面一表:

机械工业	25.23%	（包括金属制品业）
化学工业	22.53%	
纺织工业	21.85%	（包括服饰品业）
食品工业	10.54%	
文化工业	6.37%	
建筑工业	4.69%	（包括木石制品工业）
冶炼工业	3.64%	
电器工业	2.41%	
水电工业	2.03%	
其他工业	0.71%	

由上表可以看出后方民营重工业的发展，尚有待于继续努力。各业资本总额共计为589 774 631元，约占全后方工业资本31%。资本数额以纺织工业占第一位，其次是化学工业、机器工业、电器工业、食品工业，而冶炼工业的资本总数，仅占总额5%。就后方工厂的分布而言：以四川占48%为第一，其次湖南占14%，陕西占10%，广西占8%，甘肃占4%，贵州占3%，云南占2%，其他各省占11%。现有工人约17万人，以纺织工业的10万人为最多，而以水电工业的4 000人为最少。至于各业的动力设备，若以后方民营工业的总马力为100，则以水电工业占总数37%列首位，机器工业占22%次之，化学工业占16%居第三，纺织工业占15%居第四，其余各业合占10%，这种排列，是颇正常的。动力设备是新式工业的动脉，所以我们拿来作为举例，其他工业必需的设备，过于繁复，一一列举，为篇幅所不允许的，只好从略了。

关于后方工业的生产，从二十七年以来，也历年都有急剧的增加，据经济部工矿调整处所编的第一卷第二期工业生产指数，单就纯粹民营工厂生产的几种物品来说，以二十七年的产品产量为100，至三十二年上半年，如烧碱的产量已增至441.18，漂白粉增至416.67，盐酸增至337.56，棉纱增至756.61，机制纸增至634.78，油墨更增至5 277.97，纸烟且达19 504.26。

总而言之，战时后方民营工业自二十六年到现在，五年以来，不但数量上有显著的进步，即在质量上也有相当的成就，如以回流空气细度分析法的原理制造水泥球机，用高压裂化法炼制代汽油，自榭树皮提制植物性拷胶代替制革用的胶剂，及制造200千伏安发电机等，不过是举其较为适于实用的几种而已。年来后方工业的勃兴,固然在于事实上的需要;然政府的创导与协助,及各厂家的努力求进,也是一个重要原因。

上面的叙述,简陋粗疏,或未必能代表五年以来后方整个民营工业的全貌,但我们也可在那些数字中,看出我国战时民营工业的一个大概轮廓。

原载《西南实业通讯》1943 年第 8 卷第 4 期

后方民营机器工业过去及现在概况

马雄冠　叶　竹

自抗战军兴，政府西来，陪都重庆不独为战时之神经中枢，尤为后方各业发展之最重要地域。以工业而论，其有关国防军需及其他国营工厂，姑置勿论，仅以民营之工厂言，其分布于后方者，要以重庆市郊占最多数。兹即就重庆民营机器工业述其过去及现在概况如次：

我国工业原以文化及交通关系，多建设于滨海各省，川康内地向不发达，重庆各业虽较繁荣，然机器工业以发展条件初未具备，故抗战前如凤毛麟角，仅有数厂，无不设备简陋，不足以言大规模之工业生产也。究其原因，其所以不能发展者，实亦为环境所限，盖川省地势险阻，蜀道自古称难，乃又承闭关自守之余，故新式企业之管理人才及熟练技工甚难罗致，大规模工厂所需之各种机器工具与机器工业所需之主要原料如钢铁五金等，购运既均感困难，而金融弊制之混乱又在在足以阻滞工业之进展，投资者既以获利困难而裹足不前，同时其他工业又均滞于落伍状况，卒使机器工业难于单独畸形发展，实势所必然也。

抗战以后，重庆一地百业俱兴，资金集中，人才集中，即一切机器设备及应用之原料器材等，亦无不内迁。此环境时势既均有急遽之变化，机器工业自亦配合进展，适应当时之需要。据最近调查机器工业一般情形，则重庆市郊之民营机器工业，无论于资金方面、厂数方面、设备方面以至于技术工人人数方面，均有长足之进展。

兹将三十一年底重庆市郊各民营机器工厂之各种统计列表如下：

厂数	资本总数	技工人数	动力机			工具机					
			电马达	其他	总计	车床	钻床	龙门刨床	牛头刨床	其他	总计
436家	173 882 000元	11 762人	489具 2 207马力	147具 3 204马力	636具 5 411马力	1 240具	395具	65具	195具	505具	2 400具

前表所列动力机电马达之马力总数虽有2 207马力之巨，然实数所耗之电量并不如此，因机器工厂之工作时间，大都并非昼夜不息，且有数种机械之应用动力时间复相当短促，工具机之消耗动力颇不固定，重工作应用十足动力时亦属甚少，故所备之马力则不能不依最大负荷计算，而实际所用之电量，则与前表所列马力颇有相差。其他动力机一项，系包括发电机、煤气机、蒸汽机、柴油机及汽油机而言，以现时机器工业中所用之动力机，多数均为电马达，故以上各种动力机之个别数字未一一列举。

就以上所论，重庆一地之民营机器工业，在抗战以前机器工厂究有若干？资本总额究有若干？设备情形究属如何？吾人以缺确实数字，无从了断，不能于抗战以前及抗战既起之今日为一划时代之比较。唯观于上表所列各项，其进展之速，当可概见。至于每一年度之进展情形，第一区机器工业同业公会统计，二十八年六月底仅有机器工厂69厂，二十九年六月则增为112家，二十九年底复增为185家，当时资本总额已达7 948 000元，技工人数有4 200人，工具机总数为970具。此后继续发展至三十一年底止，工厂数已增为436家，资本总额已增为173 882 000元，技工人数亦增为11 762人，工具机总数亦增为2 400具。兹列表对照如后：

项别 年度	厂数	资本总额	技工人数	工具机数
二十九年	185	7 948 000	4 200	970
三十一年	436	173 882 000	11 762	2 400

兹就上表所列数字比较，则重庆市郊民营机器工厂，于二十九年至三十一年之两整年时间，厂数之增加约为2.3倍，资本总额之增加约为22倍，技工人数之增加约为2.8倍，工具机数之增加约为2.5倍。除资本总额一项增加之倍数特多，自有其特殊原因外，其他各项所增加之倍数，均甚相近，大抵在2.3倍与2.8倍之间，其发展尚称平均。

工业之进展与商业之繁荣，其难易与迟速原不可相提并论。重庆市郊之民营机器工业,经政府之提挈扶持及同人等之艰苦奋斗,于两年期间,虽有如上之成就,然吾人犹感不能满意,盖各种困难,紧紧束缚,以致难于加速进展,至属可憾!于此两年之间困难至多,如技术员工之缺乏,因而有工厂挖工,工人跳厂之波动;电力之不足,因而使工作时辍,不能继续进行;设备之不良,因而使生产效率无法尽量发挥;运输之困难与材料之缺乏,因而使一部必需之制品不能动工;资本之不足,因而使各厂难于周转运用;税收方法之欠合理,因而使厂加重其负担。凡此种种,无论其是否解决或待解决或竟迄未解决者,无不阻滞工业之进展,此则深盼我各界高明贤达加强努力,亟谋克服,而后我机器工业始有突飞猛进之希望。

机器工业目前之困难既已如此,瞻望将来,则此后之责任又异常重大,盖抗战未达最后胜利之期间,凡民生一切必需品及抗战所需之军工器材,除盟国之接济与本国兵工厂之生产外,无不仰仗现有之机器工业为之制造,足见现时之机器工业,须负担战时生产之全部责任,其艰巨已可想而知,苟不设法补充扩大,断难完成此伟大之工作。至于战后建国,虽应各方面同时并进,要以工业化为最重要之目标,欲求工业化之见诸实施,则利用外国机器又为必走之道路。吾人为整个工业化着想,则机器工业自不能以其本身之利害而不予赞同,惟利用外力实施工业化,要亦不能事事物物均求诸人,重要之机器虽能借外力获取,而次要部分势必以自力生产不可;彼时所需数量之庞大,绝非现时仅有之机器工业所可担任。更进而言之,全国工业化之大,工作自非短时期所可完成,而工业化后之出品,亦非短时间即能供应需要,于此工业化未完成及工业化后出品尚不能供应需要之期间,所有工业上之需要又非目前机器工业完全担任不可,则今后责任之艰巨,又非举国上下,共同努力,实难望其有成也。

原载《西南实业通讯》1943年第8卷第1期

抗战八年来之我国钢铁工业

王子祐

一、绪论

我国钢铁工业，抗战前基础极为薄弱，汉冶萍煤铁公司之汉阳、大冶二厂，以经济困难，贷款拖累，早已停工。龙烟公司之北平石景山铁厂，其炼铁炉及附属设备完成之后，终未开工。中央钢铁厂以筹计较晚，尚未建厂，即遭事变。西北实业公司之钢铁厂已达为山九仞，亦以事变仓卒，未能生产。新式炼铁厂之开工生产者，仅有汉口湛家矶之六河沟铁厂及山西阳泉保晋铁厂。前者主要设备有100吨炼铁炉一座，后者有25吨炼铁炉一座，总共年产量约2万余吨。炼钢方面计有上海浦东之合兴钢铁厂、高昌庙之上海炼钢厂、太原之育才钢铁厂以及其他兵工厂机器厂内附属铸钢厂，至其产量，亦仅4万余吨。此外尚有土铁土钢，即以民国二十五年最高产量而论，总额亦不过14万吨。东北之鞍山及本溪两厂，虽有大量之钢铁生产，但俱为日人攫有，非我华夏所能运用。全国钢铁之消费量以民国二十五年计，已达75万余吨，其不足之50万至60万吨，自必为舶来品是赖。以如此渺小之消费量，尚须外货之补给，钢铁业之基础等于乌有，以致抗战后钢铁来源断绝，建立钢铁厂工作之坚〔艰〕苦，实非笔墨所能形容也。

自七七事变以后，我国为保卫国家主权，延续民族生存，不得不起而抵抗，以与日本帝国主义者作殊死战。奈以科学工业落后，物力军备远不如人，沿海城镇之失陷，外来材料之中断，势有必然。为长期抗战争取最后胜利，不得不集中人力物力财力。故抗战开始，即由最高当局指定经济部督导协助，将沿海及长江流域之工厂，在可能范围内尽行逐步内迁。而钢铁厂之迁建，尤为积极。由经济部兵工署合组钢铁厂迁建委员会,负责择要迁运汉阳钢铁厂、大冶铁厂、六河沟炼铁厂及上海炼钢厂等设备,以作后方筹设钢铁厂之基础。现时川省之大渡口钢铁厂之全部设备,即赖此建立。政府迁渝后,海口逐渐封锁,钢铁材料需要益急,而大厂建立,难收速效,兼之川省原料除綦江铁矿、南桐煤矿储量较丰外,大多零星散漫,难于供应大规模钢铁厂之需求,故除加紧建设大渡口钢铁厂外,并在重庆附近由资源委员会另设资渝钢铁厂、威远铁厂、电化冶炼厂及资蜀钢铁厂,兵工署加强二十四厂,设立二十八厂,及民力举办中国兴业公司、渝鑫钢铁厂、中国制钢公司,及其他在滇湘桂三省亦有国营民营之小钢铁厂,分途进行,以期增加钢铁产量,适应兵工机械及其他工业之需求,而为抗战前途竭尽最大之贡献。

大规模钢铁厂之建立,以迁运仓卒,残缺不全,一切添修补充,备极困难。而小规模五吨十吨炼铁炉之设计制造,以无前例可循,欲求改进,不出白口生铁,亦经几次失败,若干艰苦,始达目的。又白口土铁之利用机件铸造,增加产量,理论上添加矽铁或经过热处理,即能如愿以偿,但实际亦经若干试验,乃告成功。至于炼钢采用平炉,固为正常方法,但为减少建设费用,赶速生产,间有采用柏士麦炉者,实乃应变权宜之计,无非求能以最少之资金,最快之时间,达成多量之生产,以应各类工业之急需,俾能配合抗战大业。更有进者,土铁之利用为炼钢原料,泡沙石之采为矽质耐火材料以及其他炼钢制铁轧钢及制砖等技术之改进,至足惊人。他如技术员工之训练,生产消费之管制,对于将来钢铁厂之创立,已奠定相当之基础,弥足珍也。

为明示我国抗战八年来钢铁工业之建立与演进,特将后方煤铁资源之展望、后方钢铁工业之概况及后方钢铁工业之检讨分别陈述于后,以志过去缔造之艰难,亦可为将来创办新厂之借镜也。

二、后方煤铁资源之展望

钢铁工业之建设,有赖于煤铁资源之供应,其储量之多寡与品质之优劣,势足以影响钢铁厂规模之大小、制炼方法之选择与产品性质之优劣,是则煤铁资源之重要性,实为显而易见之事实也。

后方煤铁资源足以供应钢铁工业之需用者,为量有限。就铁矿言,在四川只有綦江铁矿、涪陵彭水铁矿、威远连界场铁矿,在云南只有易门铁矿,差可用以制铁。就煤矿言,在四川只有南桐煤矿、江合煤矿、天府煤矿、嘉阳煤矿,在云南只有宣威煤矿、一平浪煤矿,勉强可炼冶金焦炭。至于其他耐火材料、熔剂材料,虽各地均有生产,但质量均差。兹将后方之煤铁及其他有关钢铁冶炼资源择其重要者分陈于次,以见抗战时期后方钢铁业奋斗之艰苦。

(一) 铁矿

后方钢铁厂多集中于川省,滇次之,湘桂又次之。故煤矿之开采亦以四川为主要之区,其重要者为綦江铁矿、涪彭铁矿及威远连界场铁矿。綦江铁矿为大渡口钢铁厂所取给,涪彭铁矿为中国兴业公司及资渝钢铁厂所应用,连界场铁矿则为威远炼铁厂所专有。至于嘉陵江零星铁矿,产量不多,大都供给附近之小炉。在云南只限于易门铁矿局所开采之易门安宁铁矿以供云南钢铁厂之应用。

(甲)綦江铁矿 该矿位于四川綦江县境内,属赤铁矿,由上而下形状互异,上层系鲕状,中为块状,下为结核状,为侏罗纪之产物,矿层厚度不规则,薄者只0.17公尺,厚者达1.80公尺。主要产地分土台、麻柳滩、大罗坝、小矿山及白石塘五处,俱由钢铁厂迁建委员会綦江铁矿负责开采,以供大渡口钢铁厂及附近土炉冶炼之用。矿砂由矿运渝极为困难,原以綦江水运险滩颇多,有意建筑铁道,唯以经费材料俱感困难,乃由导淮委员会负责先行修堤筑坝,疏浚綦江,以利运输。后因綦江虽经疏浚,运量依然不足,不得不再为进行修建铁路,足见运输影响之大也。

綦江铁矿储量之估计,各方意见不一,下列数字或较近真实。

表1 四川綦江铁矿储量

产　区	储　量
土台场	3 000 000 公吨
麻柳滩	200 000 公吨
大罗坝	1 000 000 公吨
小矿山	400 000 公吨
白石塘	100 000 公吨
合　计	4 700 000 公吨

表2　四川綦江铁矿分析

产品	铁	磷	硫	锰	矽氧	铝氧	钙氧	备注
全区	47.02	0.47		0.52	16.98	4.91	1.57	大渡口钢铁厂分析
					矽酸及不溶物			
土台场	56.70	0.33	痕迹		13.94			西部科学院分析
麻柳滩	50.71	0.30			12.20			
大罗坝	55.45	0.33	痕迹		14.08			
白石塘	48.93	0.26	0.20		25.00			

（乙）涪陵彭水铁矿　川省之铁矿除綦江外,以涪陵彭水之铁矿较著,亦为赤铁矿,生于侏罗纪与二叠纪之间,大部呈鲕状。产地在涪陵为矿山,在彭水为贾角山及矿洞崖。矿层以受剧烈变动,厚薄不一。矿山之厚度较大,自0.8至1.2公尺。贾角山及矿洞崖二区之厚度较薄,变化亦烈。涪彭二区铁矿,俱已划归国营,由中国兴业公司资渝钢铁厂及渝鑫钢铁厂分别领出开采。唯以山地崎岖,运输困难,影响钢铁成本莫此为甚。为增加该矿区之价值,实有赖于运输道路及设备之解决也。

涪彭铁矿之储量,以地质构造之变动,估计至为困难,依据王竹泉、熊永先二君之估计,列如次表：

表3　涪彭铁矿储量

产区	储量
涪陵矿山	1 738 400 公吨
彭水贾角山	708 000 公吨
彭水矿洞崖	60 000 公吨
合计	2 506 400 公吨

涪彭铁矿之品质,依矿冶研究所之分析列表于后：

表4　涪彭铁矿分析

产区	铁	硫	磷	矽氧	钙氧	镁氧	铝氧
矿山	55.22	0.05	0.09	7.84	0.50	1.14	9.07
贾角山	41.60	0.04	0.19	6.08	9.60	1.83	3.94
矿洞崖	39.37	0.04	0.15	6.72	10.50	1.78	8.14

（丙）威远铁矿　该铁矿在威远西北约90里之连界场，为菱铁矿，成层状（俗称排矿）或结核状（俗称癞巴矿），计有四层，每层厚度由0.1至0.7公尺，为侏罗纪产物，储量约计100万公吨，矿质据中央工业试验所分析，结果如后：

表5　威远连界场铁矿分析

铁矿类别	铁	硫	磷	矽氧
排　矿	38.38	0.19	0.05	10.72
癞巴矿	35.42	0.17	0.07	17.20

（丁）易门铁矿　该矿为云南唯一较著之矿，由国家投资经营，为水成变质，赤铁矿产于震旦纪变质岩系之千枚岩中。计共三层，厚度变化甚大，由0.5至5公尺不等。储量约计300万公吨，含铁成分颇高，由50%至68%，为西南不可多得之佳矿。

（二）煤矿

炼铁用之焦炭及平炉炼钢用之煤气均需适当之煤质，倘加以严格规范，在后方实为量甚微。但为生产钢铁以应兵工机械及其他工业之急需，不得不降格以求。四川之煤矿分二叠纪与侏罗纪二类，俱能炼焦。二叠纪之煤，煤层较厚，但煤质较劣，分布不广，侏罗纪之煤，煤质较佳，分布亦广，但煤层过薄，开采至为困难。至于用以制造发生炉气备供平炉燃料之煤，只有嘉阳一区。云南之煤矿如宜良、宣威及一平浪三处俱能炼焦，尤以一平浪所产者为最佳，距离安宁铁矿较近，所产焦炭颇佳，极适于炼铁之用。兹就各钢铁厂主要取给焦煤之矿厂略述于后：在四川将以天府煤矿、江合煤矿，在贵州将以南桐煤矿，在云南将以一平浪煤矿为代表。至于其他各省之煤矿，因与战时钢铁工业无密切关系，姑从略。

（甲）天府煤矿　该矿区属四川江北县，东南距重庆水路130里，位于嘉陵江之南岸，煤系为二叠纪，共有煤层14层，上7层称外连，下7层称内连，厚度不一，由0.22至1.55公尺。矿区储量估计为3 000万公吨。煤内含硫灰甚高，唯内连较优，经洗选后可炼焦。兹将西部科学院之分析摘要抄示于后：

表6　天府煤矿煤焦分析

煤别	水分	挥发物	固定炭	灰分	硫分
大连炮炭	1.15	17.51	67.70	16.64	1.70
大独连	1.06	17.34	58.07	23.53	4.46
焦炭	1.33	3.27	72.85	22.55	2.01

（乙）江合煤矿　该矿在江北县距嘉陵江边之狮子口及水土沱均为15公里。煤系为侏罗纪,厚度0.30公尺左右。灰分硫分均低,较之二叠纪煤品质为佳,可炼冶金焦。煤质据西部科学院分析结果于下：

表7　江合煤矿煤质分析

产区	水分	挥发物	固定炭	灰分	硫分
龙王洞	1.29	26.96	65.54	6.21	0.41

（丙）南桐煤矿　矿区位于贵州桐梓之桃子荡东北,与四川之南川万盛场煤田相接。煤系为二叠纪,含可采煤层三层,可炼焦,据李春昱、潘钟祥之估计,储量有3 300余万吨,所产煤焦成分依四川地质调查所之分析列表于后：

表8　南桐煤矿煤质分析

类别	水分	挥发物	固定炭	灰分	硫分
大连子	0.77	20.14	66.20	12.89	
矿子峒	0.88	28.34	40.91	29.87	
焦炭	0.75	1.85	81.84	15.56	1.14

（丁）一平浪煤矿　一平浪为云南最佳焦煤,产地在广通县东30余公里。煤系为上二叠纪,含可采煤3层,每层厚度由1.0至1.5公尺,煤质硫灰均低,极合炼焦。兹将其煤焦分析结果列后：

表9　云南一平浪煤焦分析

产地	水分	挥发物	固定炭	灰分	硫分
滥泥洼	1.93	30.21	59.88	7.98	0.98
羊桥箐	0.58	25.74	46.63	27.05	1.02
新庄	0.97	25.74	69.91	3.38	0.47
乾海资（焦）	1.22	1.24	79.21	18.29	0.73

(三)其他

除以上所述煤铁主要资源外,其他如锰、钨、矽、铬、钼、镍等亦为炼铁制钢所需合金之原料,石灰石莹石之用为熔剂,耐火材料之用以建炉,亦不可或少者也。炼铁所需之锰矿以川省之菱铁矿含有锰质,可以掺和赤铁矿应用,但制钢所需锰铁合金之锰矿,则非由远道如贵州遵义之团溪与湖南湘潭上五都运来不可,否则只有取给于外货。矽铁以矽质岩石各地多产,不生问题。钨矿在湘赣粤交界处藏量颇丰,但长距离运往重庆提炼纯钨以制炼高速钢,殊不经济。至于合金钢所需之铬钼镍,则唯有依外货供应。石灰石随处皆是,炼铁炼钢溶剂自无问题,莹石需用较少,贵州之安顺可以供应。

耐火材料种类繁多,后方所能自制者因原料及技术关系仅限于火砖(黏土)与矽砖,火砖厂有四川之大鑫火砖厂、德胜窑业厂、美成火砖厂、威远火砖厂,云南之长城窑业公司,湖南之中国窑业公司及各厂矿附属之火砖厂之火砖,如四川之威远铁厂,广西之平桂矿物〔务〕局,云南之昆明电冶厂及中央机器厂等。兼制火砖矽砖之厂,有四川之重庆耐火材料厂、中国兴业公司窑厂、钢铁厂迁建委员会第六制造厂、第二十四厂火砖部等,总计每年生产能力约9000公吨,耐火泥之取给,在四川为叙永、威远、江津及南川等处,在湖南为零陵,广西为八步西湾煤矿附近,在云南为昆阳。至于矽砖之原料,以川省之泡砂石最足标奇,而产于侏罗纪香溪煤系之上部者尤为佳品。此外,四川之江油、重庆所产为鹅卵石含矽在98%以上,允称上品。

三、后方钢铁工业之概观

七七事变,关系民族存亡,最后胜利,原非幸而可致。明知敌我实力悬殊,亦不得不作长期抗战之准备,盖最后胜利,固有赖于国际局势之转变,而人力财力物力之集中利用,实有待于自身之努力。故自事变以后,政府即指定经济部协助沿海各工厂加速内迁,以免资敌,并贷款奖掖新兴工厂,以增加物资供应。抗战期间,我国海口虽遭封锁,而一切军用民用物资,尚差可自给,对于争取胜利,实有不可磨灭之功绩。其钢铁工业之迁建,尤属重要,政府为慎重其事,特成立钢铁厂迁建委员会,负责迁运上海炼钢厂、六河沟炼铁厂及汉冶萍钢铁厂等设备，以为后方建厂之凭借。迁委会之抢运工作，以为时迫促，机器之拆运，煞费苦心，散失沉没，在所难免，举凡整理、修配、设计等工作，俱非立时可竣，而兵工需用钢铁之殷，达于极点。且自二十八年下期以后，抢运到渝之钢铁皆已用罄，而四川土铁，又以铸品不能车刨，无法应用，钢铁界人士鉴于川省煤铁原料分布散漫，遂不得不注意于小型炼铁炉之建立，以期速即推广生产，而解决当前之铁荒问题。二十九年五月，大渡口钢铁厂赶建之20吨炼铁炉首先开工，生产灰口生铁，三十年人和炼铁厂及试验炼铁厂之五吨炼铁炉先后开工，出产灰口生铁。其他如大昌、荣昌、永川之五吨炉及中国兴业之30吨炉，均接踵出产。三十一年二月，大渡口钢铁厂百吨炼铁炉开工，三十二年度云南钢铁厂之50吨炼铁炉亦相继开炉生产，以致生铁供过于求，销路停滞，亦足见我国各种工业规模之小，数量之少，求之急而需用之微也。

彼时生铁虽已过剩，但钢材之需求转急。川省原有少数工厂，用半吨至3吨之电炉制炼钢品，不独成本过高，产量亦微。为谋解决钢品之供应，因平炉之建造，需费多而历时久，遂有创设轻而易举之酸性柏士麦炼铁炉之建议与实施。三十一年度大华铸造厂首先以柏士麦钢问世。按柏士麦炼钢之原料，须用硫少之土铁掺和锰铁矽铁以达适于柏士麦炼钢所需生铁之成分，白口土铁遂又发现其新用途，销场转旺。后因土铁掺和锰铁矽铁之成本过高，乃有柏士麦生铁冶炼之进行。终以所炼生铁之含磷过高，不适于酸性柏士麦法，故柏士麦炼钢法虽有设备简单、操作便易之优点，但因含磷较高，影响钢品之性质，不合于高度条件之需求，于是向已着手之平炉建设乃更积极进行，实为势所必至，理所当然也。迄三十二年，中国兴业公司及大渡口钢铁厂之平炉相继试炼成功，始为炼钢方面奠定合理之基础。他如特殊钢、工具钢之制炼，有电化冶炼厂之高周波感应电炉。二十八厂之坩埚炉，均先后生产，以应市场之需求。

以上系后方钢铁工业进展之经过，兹进而论各厂之筹建设备及生产情形，以见其梗概焉。

后方筹建之各钢铁厂为数颇多，其规模较大堪资纪述者有下列各厂：

（一）钢铁厂迁建委员会大渡口钢铁厂及大建分厂

（二）资渝钢铁厂

(三)威远铁厂

(四)电化冶炼厂

(五)资蜀钢铁厂

(六)云南钢铁厂

(七)兵工署第二十四工厂

(八)兵工署第二十八工厂

(九)中国兴业公司

(十)渝鑫钢铁厂

(十一)中国制钢公司

(十二)中国电力制钢厂

(十三)其他各小型炼铁厂

(一)钢铁厂迁建委员会

(甲)筹建经过 钢铁厂迁建委员会于二十七年三月成立于汉口,其主要任务为择要拆运汉阳、大冶二厂、六河沟铁厂及上海炼钢厂等设备,同年九月由资源委员会与兵工署合组钢铁厂于重庆西南20公里之扬子江边,以杨继曾为主任委员,进行大渡口钢铁厂之建立。利用綦江铁矿及南桐煤矿为主要之原料。迄二十九年五月,20吨炼铁炉即行开炉生产灰口生铁,三十年末及三十一年炼钢轧钢部门及百吨炼铁炉相继开工,可谓由筹建阶段进入全部生产时期矣。除大渡口钢铁厂外,并在綦江之蒲河设立大建分厂,炼铁炉为20吨,亦于三十二年出铁。

(乙)设备概况 大渡口钢铁厂计分7所,第一制造所为动力厂,以供给全厂为主,其重要设备有1 500开维埃(K.V.A)蒸汽透平交流发电机2座,水管式锅炉7座、抽水机5座、水塔1座。第二制造所以冶炼生铁为主,设有100吨及20吨炼铁炉各1座,前者系由六河沟炼铁厂迁来,后者系在川新建。第三制造所以炼钢及铸造为主,计有10吨碱性平炉2座及其附属之煤气发生炉3座,3吨及1.5吨电炉各1座,3吨柏士麦炉1座,铸铁方面有4.5吨熔铁炉4座,1.5吨熔铁炉1座。除此并有30吨、15吨及10吨吊车各1部,以备起重之用。第四制造所分钢条、钢轨钢板及钩钉3厂,钢条厂设有18吋二层三联式钢条及轻钢轨轧机1套,14吋、12吋及10吋三层二联式钢条轧机各 1 套,动力设备有 400 马力蒸汽机一部及其锅炉配备。此外尚有再热炉 2 座及热锯压直机钻孔机等设备,主要产品为各种钢条、轻钢轨角钢及钢轨。钢板厂设有 34 吋二重〔层〕三联式钢轨轧机及 30 吋二层三联式钢板轧机各 1 套,并附设冷却床及连续式再热炉 2 座。动力设备有 6 500 马力蒸汽机 1 部,并配有锅炉 5 座。其他附属设备有水力机 3 座,钢板压直机、剪钢板机、热剪机及热锯机各 1 座。钩钉厂设有螺钉机钩钉机 10 余部。第五制造所以研究高温炼焦为主,建有废气式炼焦炉五室一组及副产品吸收装置。第六制造所以制造耐火材料水泥为主,火砖部主要设备为圆窑 2 座、方窑 2 座、马弗窑及试验窑各 1 座,及烘坯碎料磨料混合压砖等设备,水泥部分有立窑 3 座及碎磨机等设备。后因工作性质关系,第六所已撤销,原耐火砖部分归并于第三制造所,水泥部分归并于第二制造所管辖。第七制造所以修造机件锉刀、洋钉、五金及兵工器材为主,设有车钻刨工作机百数十部、蒸汽锤 3 部、制钉机及制锉机各 2 部,均系由第三兵工厂及汉阳钢铁厂所迁建。除以上各所外,并有运输所,以运输卸载厂内及附近码头之原料器材为主要任务。

(丙)生产情形　钢铁厂迁建委员会大渡口钢铁厂自二十七年春开始拆迁,迄二十九夏开炉出铁,三十年及三十一年钢铁作业设备先后完成,更进而踏入正常生产阶段矣。除生铁外,可能生产之钢品有圆钢、方钢、扁钢、八角钢、钢轨、钢板、螺钉、螺母及铆钉等(见表 10)。

表 10　大渡口钢铁厂钢品生产种类

类别	钢品尺吋
圆钢	2 分至 3 吋
方钢	3 分至 4 吋
扁钢	5 分 2 分及 5 分 2.5 分
八角钢	6 分 7 分及 1 吋
钢轨	8 公斤 35 磅 85 磅
钢板	长 6 至 8 呎,宽 3 至 4 呎,厚度由 2 分至 1 吋
螺钉及螺母	4 分 5 分 6 分 7 分及 1 吋
铆钉	3 分 4 分 5 分 6 分 7 分及 1 吋

钢铁产量大致系逐年增加,迄抗战结束生产锐减,尤以生铁为甚。盖以三十四年末 20 吨及 100 吨炼铁炉俱告停工也。

表11 大渡口钢铁厂各种钢铁品历年产量

单位:公吨

年度 类别	二十九年	三十年	三十一年	三十二年	三十三年	三十四年	共计	备注
生铁	2 932	4 441	12 170	11 699	2 255	524	34 021	*系估计数字
钢锭		113	1 231	4 063	6 551	6 201	18 159	
钢品			960	*1 200	*2 500	*2 000	6 660	
铸钢				10	*50	*150	122	332

(二)资渝钢铁厂

(甲)筹建经过　资渝钢铁厂原为资渝炼钢厂,后以合并资和钢铁冶炼公司炼铁厂及陵江炼铁厂而改名资渝钢铁厂。资渝炼钢厂成立于三十年十月,厂址在嘉陵江西岸巴县之甘家碑,距渝市约50里,水运便利。三十一年二月开始建厂,三十二年七月各项建筑设备粗成,改筹备处为资渝炼钢厂,由郑葆成任厂长。资和钢铁冶炼公司炼铁厂系就协和炼铁厂之基础改组而成,原由资源委员会与民生实业公司及原股东合办,三十二年四月十九日正式开炉,以原料供应不继,于七月二十五日停炉。本会接收后乃划归资渝钢铁厂,于三十二年四月九日开炉。陵江炼铁厂于二十八年初由矿冶研究所与资委会合资经营,原名试验炼铁厂,于二十九年夏生产,开后方小型炼铁炉之先河。三十三年初为集中管理,节省开支计,乃将该厂合并于资渝钢铁厂。后因生产太不经济,决予停工。

炼铁厂所需之铁矿,大部分购自下列两地:一为涪陵矿洞崖之赤铁矿,由渝鑫钢铁厂承租开采,二为江北汪家山龙王洞一带之菱铁矿,自当地各矿商购取。嗣以感于原料供给困难,于三十一年秋在合川县属之老厂沟及巴县属之石燕沟设定国营矿区自行开采。焦炭来源除在木洞上游之石灰沱炼焦厂及北碚草街子香饼炼焦厂自行炼焦外,并向天府及三才生收购,以补产量之不足。

(乙)设备概况　资渝钢铁厂计有炼铁厂二所,一为潼家溪之陵江炼铁厂,只有5吨炼铁炉,坩埚炼钢及翻沙〔砂〕设备;一为原在石门之资和炼铁厂,该厂除20吨炼铁炉及其附属设备外,动力设备方面有锅炉4座合计520匹马力,60马力蒸汽机2座,40开维埃(K.V.A)发电机2座,60开维埃

(K.V.A)变压器1座,离心抽水机2座,蒸汽抽水机3座,卧式蒸汽打风机3座。修理方面有车床2具,钻床、刨床各1具及马达2部。甘家碑炼钢厂设备分为炼钢、轧钢及修造三部门。炼钢部门之主要设备计有酸性柏土麦炼钢炉半吨及一吨半者各一座,附属设备有2吨熔铁炉各1座,3吨熔铁炉2座,蒸汽打风机2座,叶氏打风机1座,离心式鼓风机3座。动力及起重设备有200马力,卧式锅炉1座,40开维埃(K.V.A)发电机1座,10吨及5吨电动吊车各1只,4吨手摇起重机1具。此外尚有退火炉1座,烘模炉1座,轧石机1座和沙机1座。在铸造方面,该厂有离心铁管浇铸机1部,附32吋三节熔铁炉1座,实为后方仅有之设备。轧钢部门之主要设备计有17吋三重〔层〕三联式钢条及轻轨轧机,22吋三层一挡钢板轧机各1套,1 000马力直立三汽缸蒸汽机1座,500马力锅炉2座,再热炉1座,5吨手摇起重机1座,轧滚车床3具,热剪机1具,热锯机1具,滚筒式较直机1具,曲臂式较直机1具,半吨蒸汽锤2具。修造部门分供电、供水、修理及运输四种设备。供电设备计有200开维埃(K.V.A)蒸汽发电机2座,75开维埃(K.V.A)柴油发电机1座,30开维埃(K.V.A)煤气发电机1座,150马力锅炉2座,大小马达40具。供水设备计有60马力六吋出水打水机3具,10马力二吋出水打水机1具。修理设备计有车钻刨等工具机约30部,65公斤空气锤1座,1吨熔铁炉及打风机1套,电焊设备1套,以及铸钢冷作木样锻工等设备,运输设备计有码头起重机3部,手摇起重机2部。

(丙)生产情形 资渝钢铁厂之产品颇多,其主要者为生铁、元钢、角钢、扁钢及轻磅钢轨(表12)。

表12 资渝钢铁厂产品种类

品名	名称	备注
生铁	高矽生铁	掺加土铁翻沙〔砂〕
	翻矽生铁	
钢品	钢轨	12磅及16磅
	元钢	1吋2分至3吋
	方钢	1吋2分至3吋
	角钢	
	扁钢	

三十一年四月,所接办之资和铁厂,以过去种种迁变,于三十三年七月始正常开工,迄三十四年十月钢厂与铁厂俱因战事结束先后停工。

表13　资渝钢铁厂历年产量

单位:公吨

类别＼年度	三十一年	三十二年	三十三年	三十四年	合计
生铁			2 512	3 255	5 767
钢锭及铸钢	207	435	524	1665	2 831
钢品	34	112	未详	1551	1 679
备注	原资和产生铁1 026公吨,陵江产1 650公吨				

(三)电化冶炼厂

(甲)筹建经过　电化冶炼厂系于三十年七月合并资源委员会原有之重庆炼铜厂、綦江纯铁炼厂及綦江炼锌厂而组成,叶渚沛任总经理。后因增加钢品生产,乃添设炼钢部门,共分第一、第二、第三、第四等厂。厂址设于四川綦江三溪镇,当綦江、蒲河之交汇,交通称便。第一厂为炼铜厂,姑置不论。第二厂为纯铁炼厂,拟用綦江所产铁砂在转窑内于低温下将其还原成纯铁,以作炼钢原料,后以綦江铁砂含矽成分过高,迭经试验,未克达到预期标准,中止工作。第三厂系电冶合金钢厂,利用高周波感应电炉,以废钢、土铁及铁合金等制炼合金钢。第四厂为平炉炼钢厂,原思利用纯铁厂所出之纯铁为原料,后因纯铁制炼未见顺利,煤气发生炉之烟煤又须远道取之黄丹,原料之供应,殊感困难。故三十二年春建筑虽全部完成,正式开炉竟延至三十四年八月。

(乙)设备概况　纯铁炼厂之主要设备为转窑1座,煤气发生炉1座,集尘器1座,加料机1座及磁力选矿机1座,除此并有钳嘴碎矿机3座,滚筒磨矿机2座及筛矿机1座,为处理矿砂之用。合金钢厂设备有200开维埃(K.V.A)高周波感应电炉,包括发电机、马达、电容器、电钥板、电表等全套,系美Ajax Northrup公司出品,计500公斤熔炉2只,150公斤熔炉1只,交换使用。附设之铸造厂,设备至为完全,除有熔炉2座,混沙机1座,筛沙1座,电筛2座,活动烘模炉1座,空气压缩机1座,3吨吊车1座,5吨吊车1座及2.5吨吊车1座外,并有试验设备,如透气性测定仪1具,万能式合沙机1具,砂模硬度仪1套,试泥心强度仪1具。平炉炼钢厂设备包括15吨平炉1座及煤气发生炉3座,起重机及铸锭等附属设备。此外,轧钢设备,计有16吋二层四联钢皮轧机1套,动力设备计有100开维埃(K.V.A)柴油发电机1套,水管式锅炉1座,280马力蒸汽机1部,2 100开维埃(K.V.A)发电机1具。修造设备计有车床12部,万能铣床1部,精细铣床1部,刨床2部,钻床4部,卷铁板机1部及电焊机2具等。为辅助实际作业,更有完备之研究室,其主要设备计有万能试验机1部,硬度试验机1部,冲击试验机1部,金属显微镜1具,35开维埃(K.V.A)高周波感应电炉1具,X射线设备1套,电炉2具,定炭器、定热器及定器仪各1具。

(丙)生产情形 电炉于三十三年一月即开始生产,每月产量最高将近20吨,订货者以S.A.E.3120及3140等类钢料为最多,用以制作汽车配件。平炉自三十四年初始有产品,约产60公吨。该厂主要产品,可于后表见之。

表14 电化冶炼厂主要钢品种类

钢品编号	品名	规格	备注
S 1010–1015	特低炭钢	一吋以上元条	(一)以上所列各项钢品均该厂高周波电炉产品,成分均可照规范达到,含磷含硫俱在0.04以下 (二)该厂S编号产品特点照美国S.A.E.标准用号码制造
S 1020–1035	低炭钢	同上	
S 1040–1070	中炭钢	同上	
S 1075–1095	高炭钢	简军锻式铸件	
S 1033–1350	锰钢	同上	
S 2325–2350	镍钢	同上	
S 3115–3150	镍铬钢	同上	
S 4130–4150	钼钢	同上	
S 5120	铬钢	同上	
S 9255	矽锰弹簧钢	同上	
T 04	黄牌钢	同上	
T 06	蓝牌钢	同上	
T 010	高炭工具钢	同上	
T 40	低钨工具钢	同上	
T 61	钨铬工具钢	同上	
T 91	钨铬热模钢	同上	

续表

钢品编号	品 名	规 格	备 注
T 41	钨铬冷模钢	同上	
T 231	高铬拉丝模钢	同上	
电冶(1841)	高钨锋钢	同上	
电冶(5442)	钨钼锋钢	同上	
电冶(102)	钼锋钢	同上	
A002	高锰不伸缩钢	同上	
A011	低铬不伸缩钢	同上	
A111	钨铬不伸缩钢	同上	
A1212	高锰钢	简单铸件	
A42	矽铬耐热钢	一吋以上圆条	

(四)威远铁厂

(甲)筹建经过　威远铁厂系于二十九年十二月由资源委员会收购新威炼铁厂之资产而组成,派靳树梁为厂长,该厂位于四川威远之连界场,原有之炼铁设备为抗战前第三十四军所筹办,以防地迁移,移交省府,捐赠西南实业协会。后因该会于二十八年春价让新威冶炼公司,二十九年终,新威以绌于经费,恳商本会接办。接办后,举凡装设炼炉、购运机器、修筑公路、兴建厂房、开采矿山及采购材料,莫不积极推进。迄三十一年终工竣开炉,每日平均产铁10吨,铁矿及煤焦均取给于附近,甚称便利。

(乙)设备概况　该厂专事炼铁,其一切设备,俱在辅助炼铁作业,计分炼铁工场、炼焦工厂、动力工厂及修造工场数部门。炼铁工场计有15吨炼铁炉及其附属之铁管式热风炉2座,集尘器2座及出铁场1间。炼焦工场计有50马力锅炉1座,双缸卧式30马力蒸汽机2部,水泵2部,碎煤机3部,洗煤机6座,长方形炼焦炉20座,圆形炼焦炉4座。动力工厂计有火管式80马力锅炉3座,30及40马力单缸蒸汽机各2部,复缸式蒸汽机1部,50开维埃(K.V.A)交流发电机1部,叶式打风机2具及水泵4具。修造工场计有电焊机1具,8呎车床、6呎车床、立式铣床、1吋钻床、18吋牛头刨床及15马力马达各1部;除此尚有翻沙〔砂〕设备,计有三节熔铁炉1座,附带打风机及马达各一具。

(丙)生产情形　该厂系于三十一年十二月开工,仅产生铁18公吨,三十二年继续作业,迄九月停工,全年计产生铁1 695公吨。三十三年一月再行开炉至十月下旬止,计产生铁1 913公吨。三十四年七月为供应市场碱性生铁需求,恢复生产以至十一月停止,计产生铁1 468公吨,合计三次共出生铁5 094公吨。该厂除出产生铁外,并制造火砖,兹将该厂生铁及火砖产量表列后:

表15　威远铁厂历年生铁及火砖产量

单位:公吨

品名＼年度	三十年	三十一年	三十二年	三十三年	三十四年	合计
生铁		18	1 695	1 913	1 468	5 094
火砖	76	59		56	38	229

(五)资蜀钢铁厂

(甲)筹建经过　资蜀钢铁厂系资源委员会接收人和钢铁冶炼公司之全部设备而成立。民国二十八年,杨萃文、康乐七、刘刚诸氏,鉴于民营工厂纷纷内迁,生铁需要激增,乃发起组织人和制铁公司,创立小型炼铁炉以速生产而应急需。为接近原料起见,选定江北县三圣乡人和沟为厂址,积极筹建,并采购附近煤铁矿以图自给,历时一载即已完成,乃以小炉设计及作业之困难,经七次试验,始于二十九年春正式出铁,为后方小型炼铁炉首先成功者。斯时重庆附近灰口生铁极感缺乏,该公司生产之灰口生铁成色较佳,销路甚畅,曾博得社会好评。迄三十年以生铁销路渐滞,为谋出路计,添设炼钢厂于江北县水土沱,并增股改名。唯钢厂创办之初,适太平洋战事发生,海外器材无法进口,国内物价又形高涨,工业建设至感困难。主持人艰苦挣扎,乃于三十一年九月出产钢锭,终以资金冻结,周转不灵,至三十二年以无法维持,宣告停工。资委会以其缔造艰难,于三十三年八月十九日允该公司股东之请,作价收买,改名资蜀钢铁厂,任高禩瑾为厂长,经积极整理,于三十三年十一月炼铁厂恢复生产,三十四年五月炼钢厂亦开始试炼。

(乙)设备概况　该厂主要设备计分炼铁、炼焦、炼钢各部门。炼铁厂计有7吨炼铁炉2座,附设铁管式热风炉2座,轮换开炼,动力有立式锅炉3

座,蒸汽机 2 部,打风机 3 部及发电机 1 座。炼焦厂在人和沟有圆形炼焦炉 2 座,长方形炼焦炉 7 座;在八字岩有圆形炼焦炉 2 座,长方形炼焦炉 10 座。炼钢厂计有四五吨熔铁炉 1 座,一吨半及半吨柏士麦炉各 1 座,并附有锅炉、蒸汽机、鼓风机、发电机起重及工具机以为动力及修配之用。

(丙)生产情形　该厂自三十三年八月接办,十一月十二日开炉,每月产量以三十四年三月为标准,计烟煤 1 037 公吨,铁砂 489 公吨,生铁 177 公吨,焦炭(三十四年五月份)达到 229 公吨,铁铸件 56 公吨,三十三年生铁总产量为 244 公吨,三十四年为 1 300 公吨。

(六)云南钢铁厂

(甲)筹建经过　云南钢铁厂系由资源委员会、兵工署、滇省府合办,创始于二十八年十一月,建厂于三十年八月。厂地设于昆明西南安宁附近之郎家庄,利用易门铁矿与宣威及一平浪焦煤为原料。人事组织名称几经变迁,最后定名为云南钢铁厂,由严恩棫任厂长,50 吨炼铁炉于三十二年四月全部完工,五月底正式出铁,七月底柏士麦炼钢炉设备亦相继完成。

(乙)设备概况　该厂主要设备在炼铁部门,为 50 吨炼铁炉 1 座及其附属之热风炉 4 座,清灰器 2 座,打风机 4 套,在炼钢部门为 1 吨柏士麦炉 1 座及其附属之熔铁炉 1 座,打风机 2 套。原动力设备计有水管式锅炉 2 座,小型立式锅炉 2 座,抽水机 6 座,蒸汽发电机 1 座,柴油发电机 1 座,其不足之电力则仰给于昆明电厂。修理及制造设备计有 12 呎车床 1 部,8 呎车床 4 部,6 呎车床 5 部,1 吋至 3 吋铣床 3 部,12 吋 16 吋牛头刨床及 8 呎龙门刨床各 1 部,1 吨熔铁炉 1 座及手摇吊车 1 具。

(丙)生产情形　云南钢铁厂于三十二年五月底出铁,十一月出钢。炼铁炉工作,以销场关系,时开时停,柏士麦炉每月俱有小量生产,三十四年九月以抗战结束全部停工。

表 16　云南钢铁厂历年钢铁产量

年度 品类	三十二年	三十三年	三十四年	合计	备注
生铁	3 134	3 642	3 510	1 086	炼铁炉每年 5 月开炉, 10 月底停炉
钢锭	2	175	196	33	

(七)兵工署第二十四工厂

(甲)筹建经过　二十四厂原名重庆钢铁厂,设于重庆磁器口,系二十三年由熊克武兴办,派杨吉辉主其事,以机件购运困难,迟至二十五年,始将三吨电炉及其附属设备安装完竣,二十六年一月正式开炉出钢。后以抗战军兴,工厂内迁,钢品之需求激增,乃于二十七年三月改隶兵工署,更名为第二十四工厂,将该厂之炼钢、轧钢及动力等设备,大加扩充,以适应兵工及其他工业之需求。供给炼钢用之原料,为土生铁、毛铁、废钢,不虞缺乏,钼铁铬铁等类合金,多赖战前存货维持。

(乙)设备概况　该厂分炼钢、轧钢、动力、机器、砂模等五部,炼钢部计有3吨碱性电炉2座,3吨柏士麦炉1座,1.5吨熔铁炉3座及10吨平炉2座,此外尚有15吨吊车,10吨吊车及矽铁炼炉、烘模炉、碎石机、混沙机等设备。轧钢部计有12吋三层五联钢条轧机1套,用350马力电机带动,24吋三层二联式钢坯轧机及24吋二层二联式钢板轧机各1套,用600马力蒸汽机带动,大小再热炉各2座,热剪机1部,此外尚有2吨汽锤及1.5吨电动锤各1座。动力部计有1 500开维埃(K.V.A)透平发电机及2 000开维埃(K.V.A)透平发电机各1座。机器部计有钻床20部、龙门刨床14部、小刨床6部、车床60部、铣床10部、剪刀机1具、牙床1具、磨床2具、刨木机1具、平盘压力机2具、插床1具及制钉机2具。火砖部计有方窑2座。立窑1座以及碎石机、筛机、混合机、球磨等各1部。砂模部计有熔铁炉2座,三节炉1座,平碾盘1座。

(丙)生产情形　二十四厂电炉于二八年开工,柏士麦炉于三十一年开始产钢,举凡元钢、方钢、扁钢及钢板俱能轧制。兹将其历年产量列于次表。

表17　第二十四工厂历年钢品产量

（单位：公吨）

年代 类别	二十七年	二十八年	二十九年	三十年	三十一年	三十二年	三十三年	三十四年	合计	备注
电炉钢锭	*2 300	2 330	2 387	2 357	2 527	2 390	3 003	1737（1至6月）	19 031	*系估数字
柏士麦炉钢锭					184	260	330	（1至6月）410	1 184	
钢品	500	1 800	1 000	1 000	2 920	2 610	2 990	未详	12 820	
铸件				28	162	418	466	未详	1 074	
火砖（块）		35 000	1 046 300	1 036 000	108 290	100 000	未详	未详	2 325 590	

（八）兵工署第二十八工厂

（甲）筹建经过　兵工署第二十八工厂乃一合金钢工厂，设于重庆市磁器口，由兵工署材料试验处处长周志宏兼代厂长。原以后方合金钢之需求日增，而材料试验处对于研究耐火材料试提纯钨及改良钢铁俱获相当成效，兼之制造合金钢之原素如钨、如矽均可自产，其他原素如镍、如铬亦有枪炮废料可用，唯限于原料设备，难于大量生产，不得不采用坩埚炼钢法，以收速效。卅〔二十〕七年九月开始筹建，三十年三月已可产少量之合金钢，至三十一年十一月乃进入正式生产时期，为后方合金钢唯一供应之场所矣。

（乙）设备概况　该厂共分四所，第一所以制造矽铁及钨铁合金为主，计有400开维埃（K.V.A）矽铁炼炉及200开维埃（K.V.A）钨铁炼炉各1座，试制矽铁及钨铁合金，唯至抗战结束时尚未正式开炉。第二所以提炼纯钨为主，采用化学方法，自钨矿中提取纯钨。其设备中有铁锅以代替白金锅，布袋以代替滤纸为临时应变之办法。第三所以坩埚炼钢为主，计有坩埚压制机1部，焦炭坩埚炉12座。第四所以锻制合金钢为主，计有锅炉汽锤及各项锻轧设备。

（丙）生产情形　该厂主要产品有矽铁、锋钢、冲模钢及其他合金钢四类，其产量见次表。

表18　二十八厂合金钢历年产量

单位：公吨

年度 品名	三十二年	三十三年	三十四年
矽铁	45	95	88
锋钢	28	45	56
冲模钢	52	56	50
其他合金钢	52	14	10

表内其他合金钢，包括磁钢、钨铬钢、镍铬钢、镍钢、不锈钢、弹簧钢及枪管钢等。

(九) 中国兴业公司

(甲) 筹建经过　中国兴业公司创立于民国二十八年七月，由华联钢铁股份有限公司、中国无线电业公司及华西兴业公司矿业组合并扩大组成。股本资金迭经变迁增加，最后股本为12 000万元，官股占91.5%，商股占8.5%，总经理先后由傅汝霖、胡子昂担任。钢铁厂设于重庆对岸之香国寺，系于二十七年冬开始筹设，二十八年春设计蒇事开始建筑厂房及炼炉。电炉于二十九年开工，炼铁炉轧钢机相继于三十年生产，平炉及柏士麦炉于三十一年亦先后出货，该厂规模之大仅次于大渡口钢铁厂，除炼铁、炼钢、轧钢及窑业外，并兼营涪陵铁矿及合营江北三才生煤矿，以图原料之自给。

(乙) 设备概况　中国兴业公司之主要设备，分炼铁、炼钢、轧钢、机器、动力及窑业等部门。炼铁设备，计在香国寺总厂有30吨炼铁炉及其附属之热风炉3座、清灰器1座、洗灰炉1座。在涪陵铁厂有15吨炼铁炉1座，建筑尚未完成。在永荣铁厂有5吨炼铁炉1座。炼钢设备计有10吨平炉1座及附设之煤气炉3座，还热炉2座，炼白云石炉1座，10吨及15吨吊车各1部，此外有1吨电炉1座及1.5吨柏士麦炉1座。轧钢设备计有10吋三层五联式钢条轧机，18吋三层四联式钢条及锋钢轨轧机各1套，热锯机2套，压直机1套，750公斤汽锤1座，冲机1部。机器设备计有各种大小车床、刨床、钻床、铣床等60余部，以供制造修理之用。动力设备计有各式锅炉10部，各式蒸汽机6部，为炼铁轧钢之用。150马力柴油发电机各1部，以备辅助电力之用。叶式打风机6部之用于炼铁，马达94部之供应打水、鼓风及工具机，可称全备。窑业设备计有倒焰半连续式八室砖窑 1 座及各式碎石磨粉机 10 余部。此外尚有给水运输及研究设备。

（丙）生产情形　中国兴业公司钢铁生产,开始二十九年及三十年,每年产额虽有盛衰,而工作未尝中止。迄三十四年抗战结束时始全部停工。兹将其历年钢铁、火砖及水泥产量表附后。

表19　中国兴业公司钢铁、火砖、矽砖及火泥历年产量

单位：公吨

类别＼年度	二十九年	三十年	三十一年	三十二年	三十三年	三十四年	合计
生铁		970	5 095	1 954	2 455	8 241	13 715
钢锭	153	303	1 179	2 352	2 857	2 027	8 871
钢品		271	732	1 535	2 080	1 800	6 418
钢铁铸件	94	78	72	82	234		560
火砖	657	680	511	407	479	258	2 992
矽砖		237	268				505
火泥			134	39	39		212

该厂钢铁出品种类繁多,举凡各类生铁、轻钢轨、方元钢、角钢、扁钢、工字钢、槽钢、钢板,俱能生产,以应市场需求。

（十）渝鑫钢铁厂

（甲）筹建经过　渝鑫钢铁厂为内迁之唯一民营冶炼工厂,抗战前在上海名大鑫钢铁厂。该厂于二十二年八月开始筹备,次年一月勘定上海杨树浦齐物浦路为厂址,由总经理余名钰主其事。迄九月筹建工作完成,开始生产。当时设备计有电炉、熔铁炉及各种工具机,出品以合金钢材及铸件为主。七七事变,拆迁重庆与民生实业公司合资经营,改名渝鑫钢铁厂股份有限公司。二十七年四月择定小龙坎土湾为厂址,开始复建工程,迄九月即陆续复工。除总厂外并在土湾对岸之石马乡设第一分厂,专司轧钢拉线及制钉等工作。在北碚江家沱设第二分厂,筹建五吨平炉,准备炼钢。为谋原料自给,更在涪陵承租矿洞岩铁矿,北碚后峰岩经营涂炭沟煤矿及投资大鑫火砖厂、清平煤铁厂及中国金属制片厂等。

（乙）设备概况　该厂自沪迁川之设备,仅有 1 吨电炉 2 座,熔铁炉 3 座,

起重机1具及工作机若干而已。在渝复工以后，积极扩充始有现时之规模。主要设备分炼钢、轧钢、动力及机器等项，炼钢方面计有1吨碱性电炉2座，1吨柏士麦炼钢炉2座，5吨平炉1座，3吨熔铁炉5座，3吨及5吨吊车各1部。轧钢方面计有10吋三层二联式钢条轧机，12吋三层四联式钢条轧机，17吋三层三联式钢条及轻钢轧机各1套，1吨汽锤1部、半吨汽锤2部及电动大锤1部。机器方面，计有大小车床15部、刨床11部、钻床4部、锉刀机2部、剪车3部。动力方面，计有各式锅炉9座，发电机5组，大小鼓风机15部及抽水机12部等，此外尚有拉线机18部，造钉机22部，炭精电极制造机1组。

（丙）生产情形　该厂每月平均约产钢锭150吨，钢品100吨，产品种类计有元钢、方钢、扁钢、竹节钢、角钢、钢板等，其历年钢铁产量见表20。

表20　渝鑫钢铁厂钢铁历年产量

单位：公吨

年度 品名	二十八年	二十九年	三十年	三十一年	三十二年	三十三年	三十四年	总计
生铁	350	410	487	1 235	1 265	1 460	850	6 057
钢品	144	454	660	774	1 120	1 260	1 174	5 586
备注	生铁系清平铁厂所产，三十四年产量迄九月为止							

（十一）中国制钢公司

（甲）筹建经过　抗战越时四载，后方钢铁工业已有相当进展，唯以产销未能适应，以致生铁过剩，无法继续生产。为解决此种困难，势非发展炼钢轧钢事业不可。中国制钢公司遂于三十一年应运而生。而公司勘定厂址于江北董家溪，派黎超海为总经理，负责筹建，五月开始修建厂房及添置设备，次年春工程完竣，正式生产钢品。

（乙）设备概况　该公司设备计分炼钢、轧钢及机器厂三部分。炼钢厂计有1吨柏士麦炼钢炉1座、3吨熔铁炉1座。轧钢厂设有10吋三层三联式钢条轧机1套，750公斤汽锤1座，并附有再热炉1座，起重机1具。此外尚有300马力水管式锅炉1座，300马力蒸汽机1部。机器厂计有工具机多部。

（丙）生产情形　该公司约计每月平均产钢品约30公吨，主要为元钢及特种铸件。

(十二)中国电力制钢厂

(甲)筹建经过　抗战后中央研究院工程研究所南迁昆明,该所所长周仁鉴于钢铁自给之重要性,乃集合同志创办中国电力制钢厂于云南之安宁,建设酸性电炉,利用附近之毛铁及生铁炼钢,于三十年七月开始生产。

(乙)设备概况　该厂设备计有1吨及半吨酸性电炉各1座,1吨柏士麦炉1座,12吋三层五联式钢条轧机1套,500开维埃(K.V.A)变压器1座及工具机若干部。

(丙)生产情形　该厂仅有一吨电炉经常开工,平均每月约产钢锭40公吨,钢品30公吨。出品计有元钢、竹节钢及钢铁铸件等。

(十三)其他各小型炼铁厂

除以上所述各厂外,尚有无数业已开工生产之小型炼铁厂,产量由2吨至10吨不等,在川省有蜀江矿冶公司、清平炼铁厂、福昌炼铁公司、渠江矿冶公司、东原实业公司、中华工业社綦江铁厂、上川钢铁公司、永和实业公司、大昌矿冶公司等;在湘省有湘华炼铁厂、民生炼铁厂、碌江炼铁厂;在广西有全州机器厂炼铁部、平桂矿务局炼铁厂,产量除平桂为每日10吨,碌江为每日2吨外,余俱为每日5吨。

四、后方钢铁工业之检讨

根据以上所述,我国钢铁工业设备之简陋,产量之微小及资源之贫乏,较之欧美,固望尘莫及,即与日本相比,亦瞠乎其后。但各钢铁厂之产品,在某一时期尚有供过于求之现象,各种工业落后未能配合,诚可慨也。虽然,在抗战中谈建设,诚非易事,尤其钢铁工业毫无基础,设备添置之困难,器材收购之不易,兼之后方资源有所限制,运输交通非一时所能解决,欲求发展,真乃千辛万苦,幸经八年来之惨淡经营有此结果,亦差可勉慰国人。兹就各钢铁厂之设备、产量、技术及整理各方面,加以综合检讨,以见过去经营之得失,进而略贡刍荛,亦抛砖引玉之意耳。

(一)钢铁厂之设备

就各钢铁厂之设备(表21)而论,炼铁方面之最大设备,为大渡口钢铁厂之100吨炼铁炉,其次为云南钢铁厂之50吨炉,中国兴业公司之30吨炉,资渝钢铁厂之20吨炉及威远铁厂之15吨炉,再次为10吨5吨之小型炼铁炉。平炉炼钢方面之最大设备为电化冶炼厂之15吨平炉,其次为大渡口钢铁厂、兵工署第二十四工厂及中国兴业公司之10吨平炉,再次为渝鑫钢铁厂5吨平炉。柏士麦炉炼钢方面之最大设备为兵工署第二十四工厂、大渡口钢铁厂之3吨柏士麦炉,其次为资渝钢铁厂之1.5吨及渝鑫钢铁厂、中国制钢公司、云南钢铁厂之1吨柏士麦炉,最小有资蜀钢铁厂之半吨柏士麦炉。电炉炼钢方面最大之设备为大渡口钢铁厂及二十四厂之3吨碱性电炉,其次为中国兴业公司、渝鑫钢铁厂及中国电力制钢厂之1吨电炉,至于电化冶炼厂之高周波感应电炉,系专供制炼合金钢之用。钢轨方面最大之设备为大渡口钢铁厂之34吋钢轨轧机,可以轧制35磅至85磅之钢轨,及30吋钢板机,能轧制4呎宽8吋长之钢板。其次为二十四厂之24吋钢板轧机,中国兴业公司之18吋钢轨轧机及渝鑫与资渝之轧钢设备。

表21 中国后方主要钢铁厂生产设备

厂名	厂址	资金	生产设备及能力		
			炼铁	炼钢	轧钢
大渡口钢铁厂	重庆大渡口	国营(兵工署与资源委员会合办)	1—100吨 2—20吨	碱性平炉2—10吨	34吋2层3联式钢轨轧机 30吋2层3联式钢板轧机 18吋2层3联式钢条及轻钢轨轧机 14吋3层2联式钢条轧机 12吋3层2联式钢条轧机 10吋3层2联式钢条轧机 1吨蒸汽锤 17吋3层3联式钢条及轻钢轧机 22吋3层1档钢板轧机 0.5吨蒸汽锤
资渝钢铁厂	重庆柏溪	国营(资源委员会)	1—30吨 1—5吨	酸性柏士麦炉2—2吨 1—0.5吨	
威远炼铁厂	四川威远	国营(资源委员会主办)	1—15吨		16吋2层4联式钢皮轧机

续表

厂名	厂址	资金	生产设备及能力		
			炼铁	炼钢	轧钢
电化冶炼厂	四川綦江三溪	国营（资源委员会主办）	碱性平炉1—15吨 高周波感应电炉2—500公斤 1—150公斤		
资蜀钢铁厂	四川江北县水土沱	国营（资源委员会主办）	2—7吨	酸性柏士麦炉1—15吨 1—0.5吨	
云南钢铁厂	云南安宁	国营（资源委员会主办）	1—50吨	酸性柏士麦炉1—1吨 1—2吨（未完成）	
二十四厂	重庆磁器口	国营（兵工署）		酸性柏士麦炉2—2吨 碱性电炉2—3吨	24吋3层2联式钢坯轧机 24吋2层2联式钢板轧机 12吋3层5联式钢条轧机
二十八厂	重庆磁器口	国营（兵工署）		坩埚炉12个	半吨蒸汽锤
中国兴业公司	重庆香国寺	民营	1—30吨	碱性平炉1—10吨 酸性并用电炉1—0075吨 酸性柏士麦炉1—1吨	1吋3吋5联式钢条轧机 18吋3层4联式钢条及轻钢轨轧机
渝鑫钢铁厂	重庆小龙坎	民营		酸性电炉2—1吨 酸性柏士麦炉2—1吨 碱性平炉1—5吨	10吋3层2联式钢条轧机 12吋3层4联式钢条轧机 17吋3层3联式钢条及轻钢轨轧机
中国制钢公司	重庆	民营		酸性柏士麦炉1—15吨	12吋3层3联式钢条轧机
中国电力制钢厂	云南安宁	民营		酸性柏士麦炉（未完成）1—2吨 酸性电炉1—1.5吨	12吋3层5联式钢条轧机

后方钢铁厂之设备，既如此规模之小，且分散各处，未能通盘计划，盖由于后方煤铁资源之不富，一切器材配购之困难以及交通运输之不便，困难重重，实于无法中求一办法，兼之战时工业需求之不正常，因时而起，随地而建，

自所难免。战事结束后,除大渡口钢铁厂及二十四厂以兵工关系仍照常开工,其他各厂大都停顿,此因由于生产成本过高,难于平时市场上竞争,而原有内迁及后方新建之其他工厂,亦多停止生产,致使钢铁销路锐减。

(二)钢铁之产量

就钢铁之产量言(表22及23),自二十七年起至三十四年止,中经若干变化,白口生铁以用途限制,大致逐年减少。灰口生铁由二十七年起,年有增加,迄三十二年,产量达最高峰,约5万公吨。三十三年上半年产量锐减,盖因三十二年下半年各项工业衰落,以致供过于求。三十三年下半年及三十四年产量渐有增加,乃由此时战时生产局成立为钢铁业开辟市场之故。至于钢品产量,则系逐年增加,盖路矿及兵工之需求,始终未达饱和状态也。

表22 后方钢铁历年产量

年度 类别	二十七年	二十八年	二十九年	三十年	三十一年	三十二年	三十三年	三十四年	合 计
生铁	41 000	41 466	55 182	66 836	77 499	70 000	40 130	20 867	412 980
钢品	900	1 944	1 500	2 011	5 793	7 707	13 361	12 048	45 264

备注:(1)生铁包括白口铁与灰口铁。
(2)此表系经济部矿业司所估计,惟三十四年系根据生产局(一月至九月)之资料。

后方钢铁产量总额在抗战期间自二十七年起至三十四年止,生铁为412 980公吨、钢品为45 264公吨,较之美国之年产钢品9 000余万吨及英国之年产约1 900万公吨与日本之年产约1 000万吨,何啻霄壤!产量如此之微,固由于各钢铁厂生产设备能力之渺小,煤铁资源之贫乏,但一方面兵工机械及其他各类工业之未有基础,钢铁缺乏市场,无从发展,他方面如原料运输之困难,电力输给之不足,俱不能辞其咎也。

表 23　后方钢铁生产指数

年度 类别	二十七年	二十八年	二十九年	三十年	三十一年	三十二年	三十三年 上半年	三十三年 下半年	三十四年 1至3月	三十四年 4至6月	三十四年 7至9月
白口铁	100.00	116.67	150.00	106.50	82.00	56.84	56.68	66.58	40.00	35.72	27.64
灰口铁	100.00	118.75	648.63	1 299.75	3 134.25	4 058.31	1 725.37	3 532.83	2 486.57	3 302.99	4 273.13
钢品	100.00	211.12	350.56	875.00	2 214.44	4 973.33	6 520.00	9 113.33	12 426.67	12 520.99	11 260.00

注：此表系工矿调整处及经济部统计处编制。

（三）钢铁冶制之技术

就钢铁工业之技术言，更有足为吾人将来建设钢铁工业之借镜者。以言炼铁，因炼铁炉容量之小以及煤焦之多灰多硫，铁砂之高矽高磷，除威远铁厂外，几以冶炼碱性生铁为难事，幸有白口生铁及毛铁尚能利用为炼钢原料，否则将予平炉炼钢原料供应上以最大之困难。有人以为如用美专家岳康氏（C. M. Yocom）之建议将高矽之液体生铁于出炉时加入锈钢片以去矽，可使合于碱性生铁之条件，但此在经济上殊难立足。以言炼钢，后方各钢铁厂所采用之方法不外碱性平炉、酸性柏士麦炉及电炉三者，电炉在今日之地位，应限于冶炼合金及特殊之钢，以之冶炼普通钢，在后方实为权宜之计，而非正常经济之道。酸性柏士麦炼钢以原料含磷过高，不能减去，将予钢材品质以不良之影响，其用途自必受若干限制。美专家岳康氏建议用固体石灰锈钢片及萤石之混合物加入钢液以除磷，虽经几度试验，卒以后方各厂所设之柏士麦炉为量过小，最大不过三吨（美国用此法去磷者多为六吨以上），钢液本身所储之热量过少，兼之该法须原料所含矽锰为 2.5∶1，尤不易控制，以致未有良好结果，非钢液注模发生困难，即去磷成分过少。后方柏士麦炉单独炼钢实非所宜，当时只图速效，遂尔铸成此种反常之现象。至于碱性平炉炼钢，虽为正常适当之法，但以生铁原料含矽过高，以致熔剂数量加多，作业时间延长及冶炼能力减少，虽然赖白口土铁之掺和应用，终非根本之图。窃以为后方炼钢之方法应采用复级法，即先用酸性柏士麦炉主要以去矽，再用平炉以去磷较为妥善也。轧钢方面之技术问题尤多，就轧滚之制造言，在欧美以轧滚之浇铸系一种专门技能，仅有一厂或二厂从事制造，乃在后方各钢铁厂凡有轧钢设备者，俱自浇铸车制，各自为政，以致因技术不佳，设备不全，破裂废弃之轧滚,触目皆是,殊为可惜。就轧滚所用之材料言,有普通铸铁、冷面铸铁、普通铸钢及合金铸钢等之分,当依平炉之大小用途而资选择,乃后方各厂只在就本厂设备之能力而加试制,亦非善策。至于电力之供应不足,时常中断,再热炉之容能颇小,不与轧钢设备配合,以及整个设备之因陋就简与轧钢技术之未臻纯熟,均为不可讳言之事实。

(四)四川原有各钢铁厂之整理

四川原有各厂以战时建设,在物资艰困、时间仓促、空袭频仍之环境下,自难一切合于工程及经济之条件。但四川既有相当之钢铁工业基础,且綦江涪彭之铁矿与南桐之煤矿亦均有足资继续开采之价值。兼之华西方面之兵工制造,交通建设,矿山开发,在在需求钢铁材料,倘能将原有设备,择其能利用者加以整理,不足者予以添设,亦未始非经济之道。窃以为川省钢铁工业最大之困难厥为炼铁原料之运输,为解决此种困难,除完成綦江至重庆之綦江铁路外,并须另设炼铁厂、炼钢厂及钢坯轧钢厂于接近煤铁资源之三溪附近,而将原有之大渡口钢铁厂、兵工署第二十四工厂、资渝钢铁厂及中国兴业公司等加以合并整理添补,使成为相当合理之轧钢厂及铸造厂,于此则只须将煤铁矿原料运至三溪经炼铁、炼钢、轧钢以成钢坯,再将钢坯运至重庆轧制各类钢品,不独运费大为减少,原有设备,亦可利用,亡羊补牢,深值吾人之考虑也。

(五)今后钢铁工业之途径

根据以上之检讨,窃以为今后钢铁工业之建设应注意于下列数事:

(甲)钢铁厂厂址之选择,一方面须作整个分区之计划,使能配合其他工业平衡发展,他方面更须注意于原料供应之充足,运输交通之便利与市场销售之畅达,务期成本轻、销路畅,始能竞争外货而奠定钢铁工业之基础。

(乙)各钢铁厂之设备必须考虑外货之竞争及市场之需求,而加以合理分配,例如华中方面之大冶厂应认为我国之基本钢铁厂,凡笨重及基本性之设备,可悉装配于此。华北方面之石景山厂,轻重设备可兼而有之。就原料运输及销场而论,华中产量应较华北为大。至于东北方面,资源虽富,只能就现存之设备加以补充重建,决不能恢复原状,盖以日本在该处经营之钢铁厂,其目的在配合日本国内之钢铁事业，故其生铁产量二倍于钢品产量。现在产量目标，似应着重于东北及外销，以不超过于华中华北为限。四川方面如交通能改善，亦可加以整理扩充。其他钢铁厂之建立，以基础薄弱，资源销路俱有问题，当在以上四厂设备充实销路扩展后，始能加以考虑。

（丙）后方各钢铁厂，以炼铁厂为最多，炼钢次之，轧钢又次之，故人才之训练亦偏重于炼铁，而最缺于轧钢，兼之轧钢人才必须对冶金及机械两方面俱有相当之学识与经验，故今后国家对于培养轧钢人才似应特加注意。至于钢铁之利用尤赖铁路造船建筑机械及各项工业设备之繁兴，此非大量动员工业人才不可。

（丁）其他如管理之科学化，技术之求改进，国内外市场之调查，供应需求之配合，莫不有待于吾人之努力以赴，为国家奠定钢铁工业之基础，而光辉整个工业之前途也。

原载《资源委员会季刊》1946 年第 6 卷第 1、2 期合刊

抗战期间后方煤矿之开采及利用

萧柱中

一、导言

抗战以前,国内煤矿业其规模较大或产量较多者,约集中于辽宁、河南、河北、山东、山西数省,而达于安徽北部。推原其故,以各该省有北宁、平汉、津浦、平绥、同蒲、正太、胶济、陇海、淮南及辽宁各铁路贯穿其间。其沿海部分,复得水运之便,无形中皆足以促进其发展。返观陕、川、湘、赣各省之煤矿,论藏量亦略与上述各省相颉颃,只以无铁路可资远运,遂鲜发展之机缘。例如萍乡煤矿为南方创办最早、规模较大之唯一矿场,卒因汉阳铁厂停办,失去本身雇主,同时失去转运工具,遂致无法另谋销路,难于生存。而北方各煤矿,以取得陆运水运之便,对于沿江沿海各重要市区,如汉口、芜湖、上海、广州、福州等地,尽量运销其煤斤,积久则成为固定来源。此为现时后方各省之煤矿业在抗战前未能发展之原因。

迨至民国二十六年卢沟桥事变以后,北方各煤矿相继沦陷,同时浙赣、粤汉、湘、桂各路又相继完成,沿海、沿江各工厂复多迁至川、陕、云、贵、湘、桂等省。在此时期中,北方之来源既告断绝,而后方之需要又大量增加。关于抗建两方所需之煤斤,究系如何供应,自应先就后方煤矿业之发展,分区加以概述。其由抗战至今,关于生产及供应方面无变更或所生产而不属于紧急需要者,姑不赘及。

二、湘赣煤矿

在二十六七年间,浙赣、粤汉两路先后完成。当时萍乡、醴陵、鄱乐、宜章、辰溆各矿所产煤斤虽略有增加,亦仅能供应该两路及湘省内地工厂轮船之用,而武汉月需煤斤四五万吨,向由井陉、中兴、淮南各矿供应者,虽经临时抢运,中兴贾家汪各矿存煤终于二十七年夏季完全断绝来源。是时专赖收购湘乡、湘潭、安化及万县各土窑煤斤,以供武汉三镇及平汉路南段之用。甚至四川之云阳、万县及嘉陵江区各煤矿之煤斤,亦以木船运济。一面督促萍乡、醴陵各矿增产,并于湘潭、萍乡、吉安另开新矿,而武汉会战时期关于铁路轮船及一部分工业用煤,遂得以勉强支持。至二十七年秋冬之季,萍乡、安源、高坑及湘潭、中湘、湘江各煤矿,以接农〔近〕战区,先后停业,于是浙赣中段铁路用煤专赖鄱乐、上饶各矿所产煤斤维持。粤汉、湘桂两路所需煤斤,专赖醴陵、宜章、资兴各矿及湘乡、祁阳各土窑所产,并以萍乡存煤补充。二十八年以后,湘桂铁路完全通车,用煤渐多,原有存煤又已用罄,正感供不应求之际,则赖经济部资源委员会新办之零陵易家槁煤矿,湖南省政府新办之祁阳观音滩煤矿及时努力,逐渐生产,前者月产煤约 6 000 吨,后者月可产煤 3 000 吨,遂为供应湘桂路用煤之生力军。同时,湘江及中湘两矿相继复工,湘江煤层较厚,产量日增,并经资源委员会加入资本,扩充采运工程,从事大量增产,于粤汉铁路北段用煤关系甚巨。此外,宜章、资兴两矿煤斤,每月产量已增至万吨以上,尤为粤汉铁路南段及湘桂铁路机煤之可靠来源。至于辰溆各煤矿经资源委员会予以协助,每月产量由二三千吨增至四五千吨,则为沅水流域各工厂及轮舶之唯一供应品,此外,资源委员会湘南矿务局所办永兴煤矿,亦可月产 10 000 吨左右,惜大部分为无烟煤,仅可补充湘粤各地炊爨之用,于铁道、工厂、轮舶各项需要关系尚少。

三、黔桂煤矿

黔桂铁路兴筑于三十年左右,现已通至独山县,唯沿该段路线,以前尚无大量生产之煤矿,是为该路机煤之最大问题。经合山公司先后领采迁江宜山各属煤矿,现该两处煤矿所产每月达8 000吨以上。因煤质过劣,耗量增多,尚不敷该路之用,时以湘煤补充之。唯都匀、独山、贵阳、荔波各属煤矿,已次第开发。现时贵阳煤矿月产砂〔煤〕数千吨,以供当地电灯厂、火柴厂之用。都匀煤矿亦略有产量,将来该路完全通车,或通至都匀时,自可解决一部分用煤问题。

四、川滇煤矿

国府移渝后,川省人口渐增,沿海沿江大小工厂,亦多随同迁川,而分布于嘉陵江、沱江、泯〔岷〕江、綦江各流域,同时川省盐场,又曾一度增产,所需煤斤因以骤增,故在二十七年以后,始而盐场缺煤,继而工厂缺煤,经政府多方协助,约得下列三项结果:(一)为已有基础之矿场而显著增产者,如嘉陵江之天府、宝源、江合、二岩等矿,岷江之凤来、张芭马合作社,沱江之义中和等矿是也。其中尤以天府煤矿为最,每月由5 000吨增至40 000余吨。(二)为新办之矿成绩较著者,如南川之南桐,巴县之建川,屏山之嘉阳,犍为之华昌,威远之黄荆沟等煤矿是也。各矿每月产量少者5 000吨,多者一万数千吨。(三)为已停顿之矿营业复振且能增产者,如嘉陵江之华安,綦江之东林等煤矿是也。此外,增产或新办之矿虽各生产有限,而汇总计算实亦积少成多。至川省各重要产陵〔煤〕地带,约可分为五区:(一)为嘉陵江区及重庆市附近各矿:其每月总产额约由三万数千吨增至八万吨左右,其新增之额,大部分系供给重庆工厂电厂之用,尤以工厂为多。(二)为泯〔岷〕江区:每月产额约由三万余吨增至五万吨左右,彭灌各县煤矿,且在方兴未艾期间。此项新增之额约为嘉阳华昌各矿所产,除以一部分补充盐场用煤外,其余大部分系销售于乐山、犍为、宜宾、泸县、重庆各地,以供工厂之用。(三)为沱江区:其增产量虽不过数千吨,而旧时土窑多已洞老煤空,全赖威远、义中和各新矿所产补充,富荣盐场及资内工厂之用煤,始得不感缺乏。(四)为綦江区:前此每月运渝者仅为一二千吨岚炭,现时已增至七千吨左右(包括洗焦),以南桐东林两矿为主,大都供给大渡口钢铁厂冶炼及渝市炊爨之用。(五)为云万奉区:是区煤矿业,月产二万吨左右,原无显著发展,唯关系川东长江轮船及云奉盐场用煤甚巨,与川省西南部之无烟煤产,其价值迥有不同。

滇省昆明、宜良两县,各土窑在抗战初期月约产煤 2 000 吨,后以昆明市区工厂及人口均有增加,以致供不应求,乃由官商合资组织明良煤矿公司,正式划区设权整理采运工程产量,遂逐渐增加,现时已月达六七千吨,足供昆明市区及滇越路北段之需要。此外,宣明公司所办宣威煤矿,因限于运输及销路,其产量尚不甚多,但所炼焦煤,适应云南钢铁厂、中央机器厂、中央电工器材厂、昆明炼铜厂、中央造币厂昆明分厂等之需要。又一平浪及清运各煤矿所产煤斤亦有增加,除大部照旧供应盐场及滇越铁路外,并以一部运济附近新设立工厂。

五、陕甘煤矿

在抗战前,陇海铁路西段(洛阳以西)及西安市用煤,月在五万数千吨左右,大部分系取给豫省陕县观音堂民生煤矿、巩县大东煤矿、渑池县豫庆煤矿。二十八年以后,陕省之同官白水煤运达陇海路线上者,略有增加,然同时宝鸡方面之工厂,其需煤数量已逐渐增至 12 000 吨,遂由五万数千吨而达于六万数千吨,由陕豫两省煤矿各半供应之。自洛阳失陷,豫煤来源断绝,陕省内之陇海铁路用煤虽已由 45 000 吨减至 20 000 吨,然并入西安宝鸡两市用煤,仍月需 40 000 吨左右,须全由陕省自为供应。幸同官宜君白水陇县各地煤矿已次第开发,由咸同路运出之同官宜君煤月约 30 000 吨,由渭北路运出之白水煤月约 4 000 吨,其他如陇总澄城蒲城各矿煤斤运至路线销售者,亦有约数千吨,共在 40 000 吨左右,恰可供给陇海陕西段及宝鸡西安各地之用。此陕省煤矿业之开发与利用确有进步之明证。近年来,政府力谋开发西北,而甘肃之兰州遂居要冲,因是兰市人口及大小工厂均有增加,而煤料需用量,亦随同增加,渐有供不应求之势。已由资源委员会与甘肃省政府兴办阿干镇煤矿,月产千吨左右,该地各小矿亦产千吨左右,悉以供应该市之需。此外,永登县永登煤矿月产亦达千吨,除供给本市附近之用外,并以一部分运兰市销售,当为甘肃煤矿业发展之开始。

六、豫鄂煤矿

豫省东北部之陕县、渑池各地煤矿,原为陇海路西段用煤之主要来源。

在二十八九年之间，陕省〔县〕之观音堂煤矿曾大量增产，月产万吨左右。嗣后该路又自办渑池之英豪煤矿，皆为陇海路西段之基本煤料。复由河南省政府开办龙门煤矿，亦可月产二千余吨，以济当地工业及炊爨之用，此为豫省新发展之煤矿业。鄂西方面煤田较少，煤质亦劣，运输尤为困难，然宜昌巴东间，军轮用煤不可缺乏，而香溪流域遂为主要产地，约计每月可产煤数百吨至一千吨，现已由鄂省府设法整理组织兴秭煤矿管理处，在秭归、兴山两县划定矿区从事开采，大部分为供军轮之用，将来克复宜昌，进攻武汉时，军轮所需为量必多。川东煤斤既以道远难济，则兴秭煤矿所产，实居重要地位，现虽接近战区，仍应加倍注意，筹划发展，俾于宜昌上下游大量需煤时，得以就近供应也。

七、结论

综观上述，各省其用煤量较巨之工业区或铁路线，计重庆市区月需煤八万吨至九万吨(包括一切)，粤汉、湘桂、黔桂各路线用煤月需四万五千吨以上(工厂及炊爨用煤在外)，陇海路西段月需煤斤六万五千吨(包括西安市及宝鸡区)，大部系由抗战期内新增之产量。供应川省各盐场，月需煤斤五六万吨，用量虽未增加，而原有之煤矿，多已采尽，系由新矿所产补充。此外，昆明、兰州、成都、贵阳各市区及其附近，亦各因用煤之量激增，而有以促进其煤矿业之发展。今后宝天、滇缅、叙昆及其他计划中各铁路线如能及早完成或兴筑，则甘之两当，陕之陇县，滇之祥云、宣威、寻甸，川之宜宾、屏山各属煤矿，将来均有发展以〔之〕希望。且抗战期内，后方各省，已设权领采之煤矿，约在850区之上，而一切公用或专用交通事业以及炼焦提油等事业，亦日在筹划发展中，要皆为今后煤矿业发展之基础及其煤产品利用之途径。

原载《资源委员会季刊》1945年第5卷第3期

抗战八年来之电气事业

孙玉声

一、抗战开始时全国电气事业概况

我国电气事业之发轫，始于光绪八年（1882年），时外商在上海租界成立上海电气公司，实创吾国电力之先河。至国人自办之电厂则推京师华商电气公司，于光绪三十一年（1905年）成立，装置150千瓦蒸汽机发电机二套。此后人民及官厅在各大城市均先后有所建立，但除外商经营者或少数通商口岸之国人自办电厂外，类多规模甚小，设备简陋，仅足供照明之用，工厂需电，往往自备机器，不向电气事业购买。故直至民国十七年建设委[员]会成立以前二十余年间，中国之电气事业甚少进步，而数个外资经营之电厂始终处于领导地位。

民国十七年建设委员会成立，该会为主管全国电气事业行政之机构，故一面制定各项电气法令，对于当时各电气事业颇多指导改进；一面并自行办首都电厂、戚墅堰电厂、西京电厂等，以示模范。经该会不断之努力，不数年间，业务工程大见进步，各省市政府起而效仿者甚多，如杭州、南昌、广州等地原有民营电厂，相继被地方政府收归公营，大加扩充，而其他民营电厂亦多纷纷整顿，并扩充其业务，电气事业之发展，颇有蓬勃现象。根据该会之统计，历年之发展情形如下第一表：

第一表　抗战前历年电气事业之扩展

年份(年)	发电容量(千千瓦)			发电度数(兆度)		
	自办	外资	共计	自办	外资	共计
民国二十一	236	242	478	434	761	1 195
民国二十二	251	245	496	531	891	1 422
民国二十三	269	273	542	591	900	1 541
民国二十四	301	275	576	663	956	1 569
民国二十五	356	275	631	773	951	1 724

附注：东北沦陷地区未计在内

就上表而言，则五年之中，国人自办电厂发电容量增加50%，发电度数增加80%，若包括外资电厂在内，则发电容量亦增加三分之一。至二十六年抗战开始时新装置完成，而正在接装中之发电设备尚有广州3万千瓦、首都1万千瓦、上海华商3万千瓦、长沙7 500千瓦、重庆9 000千瓦、成都2 000千瓦等，已订购而待内运者亦有浦东1万千瓦、西安2 000千瓦等，总数亦在10万千瓦以上，设如当时战事不发生，则二十六年底国人自营电气事业之容量可能超过50万千瓦，而以后数年间其发展更不可量。惜乎战事发生，大部分电气事业俱遭沦陷，而八年来敌伪非特不事扩充，且损坏迁拆殊多，致有今日全国各地均感缺电之现象也。

但战前中国工商业，均汇集于沿海及长江下游，故西南、西北各边远省份均甚少开发，乃至毫无发电设备者。兹就民国二十五年全国各省电气事业之分布情形列表如下：

第二表　战前全国事业电气分省统计表(民国二十五年度)

省别	发电容量		发电度数	
	千瓦	百分比	千度	百分比
上海市	260 420	43.30	1 006 998	61.20
江苏	77 140	12.62	171 360	11.12
安徽	4 644	0.76	9 533	0.562
浙江	30 908	5.06	50 566	2.98

续表

省别	发电容量 千瓦	百分比	发电度数 千度	百分比
福建	11 555	1.89	23 783	1.40
广东	36 060	5.90	102 631	6.05
广西	2 846	0.469	5 423	0.32
云南	1 614	0.264	5 166	0.305
贵州	165	0.027	367	0.022
湖南	7 074	1.156	18 108	1.07
江西	3 792	0.62	6 045	0.356
湖北	27 502	4.50	74 991	4.42
四川	51 72	0.845	10 381	0.613
西康	25	0.004	40	0.002
青海	0	0	0	0
新疆	0	0	0	0
甘肃	141	0.023	337	0.02
宁夏	100	0.016	200	0.012
陕西	709	0.116	682	0.04
山西	5 572	0.911	7 434	0.438
河南	2 110	0.345	3 474	0.205
山东	52 044	8.53	82 543	4.87
河北	80 979	13.22	110 691	6.50
察哈尔	385	0.063	726	0.043
绥远	608	0.098	2 176	0.128
西藏	100	0.016	158	0.009
共计	611 665	100	1 692 816	100

从上可知抗战发生时吾国之电气事业，上海、江苏、浙江、山东、河北、福建、广东等沿海各省市共占有发电容量之90%以上。故战事一旦发生，敌骑纵横我滨海地区时，彼时我国几已全无电气事业可言矣。

二、抗战时期之电气事业

抗战发生后,在二十六年至二十七年间,沿海各省相继沦陷,政府迁往重庆,但政治重心及政府工作人员则均在汉口,故当时湘鄂一带,均成为军政要区。自沿海各都市内迁之工厂,除一部分迁入四川外,大多以川江运输困难而分别设厂于湖南湘潭、株洲、衡阳及湘桂路沿线各地及湘西沅陵、辰谿一带。各该地点对于电力遂均感迫切需要。汉口原有设备,尚为充足,长沙已于年前完成其 7 500 千瓦之新机,故亦尚能应付裕如。其他各地,则都感缺电之困难。

二十七年春,中央调整政治器〔机〕构,建设委员会归并入经济部。资源委员会亦经改组,国营电气事业归资源委员会主办。资委会鉴于电气事业对于国防民生之重要,故于接办之后,即把握时机,努力进行,在湘潭办理湘江电厂,供给下摄司一带工厂用电;在湘西沅陵、辰谿设立电厂,与贵州省政府合作扩充贵阳电厂。又鉴于昆明为后方通海外之孔道,工厂亦日渐加多,原有民营电气事业不敷需要,乃于该处设立云南电厂工程处筹办昆湖电厂。战前资源委员会及建设委员会本已向国外订购 2 000 及 1 000 千瓦电机多套,乃积极进行内运。同时鉴于后方电厂机器之缺乏而需要殷繁,海外器材则因海口被封锁内运困难,缓不济急,不得不将邻近战区之发电设备拆迁后方尽量修理利用,计在常熟、九江、汉口、连云港、郑州、长沙、宜昌及浙赣路各地拆移发电设备30 余套,器材总重在 5 000 吨以上。后方电气事业得有今日之基础者,大半赖于此项拆迁之旧机。当日从事拆迁工作,每每在军事十分危急之际方能开始,工作人员不辞劳瘁,冒轰炸之危险及运输之困难,拆迁抢运,煞费苦心,备极辛苦,厥功实不小也。

资源委员会又鉴于迁川工厂纷纷在万县、宜宾、五通桥区建厂复业,而各地动力或感缺乏或付缺如,乃与四川省政府合办万县电厂,并独办宜宾、岷江等电厂。又以兰州为西北重镇,乃与甘肃省政府合办兰州电厂。汉中为交通要冲,自流井为大后方食盐供给之总汇,对电力均有需要,乃复筹办汉中电厂及与川康盐务管理局合办自流井电厂。上列各电厂均先后于民国二十七年及二十八年成立,装置电机发电供应需要。惜乎湘江电厂于装机完成时,即因外围战局渐紧奉令拆迁,嗣即于祁阳成立分厂,又于郴县成立湘南电厂(不久均即停办)。而更不幸者,则因海防失陷,向海外订购之新机,除昆湖电厂二套已运进外,其余电机多套均告沦亡,使西京、贵阳等厂之扩充工程均致停顿。

资源委员会当时鉴于后方燃料供给之困难昂贵,遂计划选择地形有利之地点开发水力。龙溪河地处重庆下游四十公里,蕴藏水力至富,二十四年已经初步计划勘测,二十六年复勘详测后,遂决定开发。先兴办工程较易之桃花溪及下清渊硐二处,于抗战期间先后完成供给当地工商用电,同时积极筹备上清渊硐及狮子滩等巨型工程,拟以高电压输送至重庆,供给陪都用电。但终因抗战期间人力、物力、财力均受限制,致使此项大计划迄今犹未克实现。万县方面,亦以燃料价格奇昂,乃于二十八年勘测瀼渡河之水力后,亦于二十九年开始初步土木工程筹备开发。

除资委会经办之各厂外,后方各大都市如重庆、成都、昆明等地原有民营电厂,当时亦因需要增多均加扩充。重庆为陪都所在地,军政机关甚多,工厂林立,故需要特多,幸该厂已于战前运进 4 500 千瓦机炉 2 套,当即着手安装。成都启明公司及昆明耀龙公司亦均有扩充。此外在株洲桂林等地,亦由湘桂等[矿]务局机构筹办电厂,兼供公用。但株洲电厂未落成,即因战局而疏散。

总计在抗战初期中(二十七八年间),由于战局之不断失利,前方原有电气事业什九沦陷,泰半且遭破坏,后方虽因需要增加而急谋建设,然财力物力既感缺乏,交通运输尤觉艰难。而机料在运输途中,或者失去,或者沦亡,乃致建厂未成,又复令疏散(如湘江电厂之拆迁及重庆电力公司分设二个发电所等);已成立之厂,亦都因机件陈旧、配件缺乏,修缮困难,或忙于应付防空轰炸,而竟不能入于安定状态。故经办人员虽用力甚多,然成果则甚少。

待至民国二十九年以后,我国虽仍局处一隅,四关俱遭封锁,但战局则渐趋稳定,政府措施已趋于正规,各电厂之迁移重建初步工程,亦已完成,于是一切渐入安定状态中。

资源委员会经办之昆湖、万县、岷江、宜宾、贵阳、汉中、龙溪河、自流井等电厂均已陆续发电,供应当地需要。然初期建办之各厂为期迅速成立以应急需起见,所装设备容量均不大,故不久即告满载,而机件又都陈旧不堪;益以缺少修缮器材,故障碍时生,效率亦低;复以物价飞涨,电价不能追随增加,故扩充及改善原有设备,遂觉刻不容缓。

资源委员会对各电厂之扩充计划,为尽量利用水力发电,以节省燃料之消耗,一面并向国外订购新机以代替原有设备,在水力燃料均感缺乏之处,则拟建筑高压输电线,自他处取得电力。

本诸上述原则,故在龙溪河方面,先于三十年九月完成桃花溪水力发电工程,计 876 千瓦,同时进行下清渊硐及回龙寨水力发电工程。前者于三十二年终土木工程全部告竣,机电设备原向英美订购,初步总容量原定为 3 000 千瓦,嗣因美货阻于战争,滞留未运,英货运抵仰光而告沦陷,乃由资源委员会自行监造 1 000 马力水轮机 2 座,并将旧变周率机一具改修成发电机,先行装置应用,于三十二年底装竣。万县电厂方面,瀼渡河之水力,于详细勘测后,在二十九年着手建筑仙女硐、鲸鱼口两处工程,机件均向美国订购,惜乎未能内运,乃亦在国内订制小型水轮发电机二座,计共 520 马力,分别装置供电。岷江电厂先于二十八年完成 200 千瓦机一套,嗣即连续装置拆迁自宜昌之 500 千瓦及湘潭之 2 000 千瓦汽轮发电机,分别于三十年及三十四年先后完成发电。又向英国订购 1 000 千瓦设备 1 套,则于缅甸沦失,宜宾电厂先完成发电机 3 具,计共 744 千瓦,并将拆自汉口既济水电公司之 6 000 千瓦发电设备 1 套迁装该处,该机原有锅炉两座,当时在撤退匆忙中,仅能拆得 1 座,故容量只 3 000 千瓦。又以该机原为 60 周波,不合标准,乃加以修改成 50 周波,缺少之配件,向英国原制造厂订购,但一度沦失于海防,再度沦失仰光,终乃作三度订购,而借航空运入,于三十二年十月完成发电。当日并曾向英国订购 1 000 千瓦设备 1 套,亦沦失于缅甸。自流井电厂于二十九年秋先完成 500 千瓦,唯该地为后方食盐供给之总汇,原有盐井设备简陋,唯人力兽力是赖。为求增产及减低成本,急欲加以电气化,故自流井电厂亦需扩充。先向英国订购 1 000 千瓦机 1 套,亦于缅甸沦失。后以该地燃料供给困难,而宜宾 3 000 千瓦机完成后,尚有余电可以转供,遂于三十年开始筹建井宜长距离输电线,电压初拟用 66 千伏,后因限于器材,乃改用 33 千伏,可送电力 1 000 千伏安,该线路于三十三年二月完成。贵阳电厂初向长沙湖南电气公司购得发电设备 320 千瓦,后因向捷克订购之 1 000 千瓦机损失于安南,只得再向该公司洽购旧机 2 套,计 520 千瓦,于三十一年装竣。并以海外新机运入无望,而贵阳煤价奇昂,遂即开始兴办修文河水力,于三十三年开始开工,不幸于年底因黔桂战事失利而停顿,战后始再恢复进行。昆湖电厂,装置2000千瓦机2套,于二十八年夏完成;二十九年九月,越南局势一度紧张,该厂奉令采取紧急措置,将机炉一座拆装安全地带。嗣后局势稳定,昆明需电日增,该机又有安装之必要,为求经济安全计,乃重装于昆明郊外之山洞内,地处丛山中,附近即有煤矿,燃料供应便利而价廉,至三十二年完成发电,添设22千伏之高压线70公里,送电至昆明城郊四周。三十三年又向资源委员会中央机器厂订购2000千瓦机1套,装竣供电。汉中方面亦为经济关系,利用褒惠渠水力,建筑水力发电厂。兰州电厂先添装小机2座,后又添装拆迁至连云港之500千瓦机1座,但仍不敷用,乃向英国订购1000千瓦机1座,已运到仰光而沦失。西京电厂之2000千瓦新机沦失于海防,嗣后亦无新机可供扩充。而该厂设备过于陈旧,乃于三十二年组成整修工程处,大加整修,勉维发电。

除上述各电厂外,资源委员会又为适应事实上之需要,或应地方当局之请求,于二十九年与青海省政府合办西宁电厂,三十年兴办柳州、泸县、天水及西昌电厂,三十一年兴办长沙及衡阳电厂。西宁电厂先装柴油发电机90千瓦,继于湟水支流上建筑水力发电厂,在渝订购200千瓦水轮发电机1座,于三十四年装竣发电。柳州电厂系与广西省政府所合办,计装置自湘潭迁桂之2000千瓦机一套,于三十三年春装竣。是年终柳州沦陷,该厂遂遭破坏。泸县电厂亦装置2000千瓦设备1套,机炉均由资源委员会中央机器厂承制,三十三年秋完成发电。天水电厂亦先装煤气机及柴油机,同时即开发借河水力,于三十四年春先完成200千瓦,西昌先装煤气机60千瓦,同时在东河上建水力发电厂,装小型水轮发电机四座,共计220马力。长沙为湘省首垣,其原有电气事业颇具规模,但二十七年大火一役,几至全毁。迄后资源委员会即筹恢复供电,然三度会战,器材运进运出,所费不赀。三十三年夏,拟装之2000千瓦设备1套,已着手装置,而该地又复沦陷,该厂亦被破坏。衡阳电厂于三十一年春开始进行,装置1000千瓦设备1套,三十三年四月底完成,五月中试车,而六月衡市失陷,该厂全毁,功败垂成,至堪痛心。

资源委员会又应四川省政府之请,在灌县筹办都江电厂,开发都江水利,于三十四年成立,唯存印机器迄未能运进,至战事结束,仍未完成。此外又与浙江省政府合办浙东电力厂,计包括七处共729千瓦。三十一年浙东战事失利,其中四厂沦陷,其余各厂设备亦多损坏,剩余容量仅194千瓦。又广西八步资源委员会所办之平桂矿务局,有 3 200 千瓦之发电设备,除供给矿用外,亦兼供公用,并可作为电气事业之一。

上述资源委员会各电厂,在四川者共计六厂 11 224 千瓦、云南一厂 6 436 千瓦、贵州一厂 1 240 千瓦、陕西二厂 2 520 千瓦、甘肃二厂 1 177 千瓦、广西二厂 5 530 千瓦(均遭沦陷)、青海一厂 290 千瓦、西康一厂 230 千瓦、湖南三厂 3 890 千瓦(3 000 千瓦最后沦陷)、浙江七厂 729 千瓦(535 千瓦最后沦陷),共计 33 266 千瓦。除去沦陷者外,在战事结束时,尚保留 24 200 千瓦。滞留印度之电机待运入安装者,尚有火力 7 000 千瓦、水力 1 840 千瓦。

三十三年资源委员会为西京、兰州、昆湖、岷江、贵阳、都江各厂在美租借法案项下又申请新机 9 000 千瓦,战事结束时,均陆续订购,但尚未交货。

除资源委员会经办各厂外,后方之电气事业其主要者尚有:(甲)重庆电力公司,为商办,计共 11 000 千瓦,为后方最大电厂。抗战开始时,该公司仅有 2 000 千瓦,当时已运抵渝 4 500 千瓦设备二套,遂赶装应用。后以陪都空袭频繁,为避免损害计,乃拆迁一套至西郊山洞中,于三十一年完竣供电。唯重庆为陪都所在地,军政机关及工厂比比皆是,负荷特重,该公司容量虽不少,仍觉不能胜任,除竭力提倡节约用电外,并不得不分区停电。三十三年战时生产局成立,曾计划添装 5 000 千瓦,机件已运抵印度,未能内运战事即告结束,计划于焉中阻。(乙)巴县电力厂,为商股及前工矿调整处官商合办,容量 1 000 千瓦,机件系自株洲拆来者,与重庆电力公司合作,供给巴县区工厂用电。(丙)成都启明电灯公司,为商办,容量 3 000 千瓦,亦不敷该地需要,故川省府乃与本会有合办都江电厂之议。(丁)昆明耀龙电气公司,为商办,该公司为昆明原有之电气事业,容量 3 940 千瓦,内 2 690 千瓦为水力发电。该公司容量原不敷昆市需要,幸得资源委员会昆湖电厂之转售电流始差足应付。(戊)桂林电厂,为广西省政府所经办,容量 1 709 千瓦,其 1 000 千瓦新机完成未久,即于三十三年湘桂战役中全毁。(己)开远水力发电厂,为云南经济委员会所主办,容量 1 792 千瓦。(庚)康定水力发电厂,为西康省政府所主办,容量 500 千瓦,三十三年完成发电。(辛)赣州电厂,为江西省政府所经办,容量 1 000 千瓦,完成未久即沦陷。除以上各厂外各地小电厂尚多,唯容量甚小,在 100 千瓦以上者即不多,故虽近 50 单位,总容量只 3 500 千瓦左右。唯其中值得注意者,为不少电厂均系利用水力发电,机器设备均国内自制,虽效率不高,亦为物资缺乏时补救之一法。

非资源委员会经办各厂,向英美订购电机滞印待运者,亦有火力5 000千瓦,水力1 000千瓦,但在战事结束前,终未能运入。

兹将抗战第八年度后方各省市电气事业之容量列表于后:

第三表 抗战第八年度后方电气事业概况

省别	发电容量(千瓦) 资源委员会经办	其他机构经办	共计	发电容量指数 二十五年为100	备注
重庆市	—	11 000	11 000		
四川	11 221	5 758	16 982		
云南	6 436	5 732	12 168		
贵州	1 240	20	1 260		
西康	230	503	733		
广西	5 530	3 540	9 070		湘桂之役全部沦陷
湖南*	3 890	1 490	538		湘桂之役什九沦陷
广东*	—	540	540		
福建*	—	952	952		
江西*	—	1 000	1 000		
陕西	2 520	—	2 520		
甘肃	1 177	—	1 177		
新疆	—	865	865		
浙江	729	—	729		浙东之役大半沦陷
安徽	—	62	62		
共计	2 420	2 532	49 632		不包括抗战末期沦陷各厂
	33 266	31 462	64 728		包括抗战末期沦陷各厂

附注:抗战初期沦陷各厂不计在内

从上表可知大后方电气事业总数仍极有限,此固因于战事时期人力物力诸感困难及运输尤无办法之故。然以西南、西北各边远省份而言,容量增加均在二三倍以上,其进步已属不少。同时由于后方电气事业容量之不足及有若干地点迄无电气事业，故各工厂多有自设电厂者，总容量亦颇可观，仅川黔滇陕各省，共已有 38 522 千瓦之多。

三、抗战时期电气事业之特征

抗战时期中，吾国电气事业之建设虽少成绩可言，但其中颇多特点，足供注意，而为今后建设之参考：

（甲）重要电气事业国营。在抗战期中，由于在军事紧急中拆迁设备之困难及电气事业经营之不易，私人资本均不愿及此，而由资源委员会专任其事，乃得于后方添设许多电厂，造成重要电气事业国营之趋势。综计后方电气事业中，由资源委员会经办者在半数以上，目下虽均为单独之小电厂，然如川西之岷江、宜宾、都江、自流井等电厂，陕中之西安、宝鸡、汉中各厂，将来加以互联成网，对于该区域之开发，其影响必至大。

（乙）开发水力资源。利用优良地形建设水力电厂，实为最经济电力之来源，而于水利航运尤多帮助。我国西南西北各地，良好之水力发电处所甚多。故资源委员会于抗战期间特别注意此点，先后由本会水力勘测总队及全国水力发电工程总处在各地作详细探勘。重庆之河流如川东之龙溪河、瀼渡河、大洪河、綦江、乌江及其支流、嘉陵江，川西之大渡河、马边河、都江堰，滇北之螳螂川、巴盘江、晒雨河，黔中之修文河、猫跳河，广西之柳江，湖南之资水，广东之漁江，陕西之宝鸡峡，甘肃之藉河、打通河、黄河上游，青海之湟水，湖北清水江、汉水及长江三峡等均加探勘，收集详细资料。其规模较小者已加开发，如上节所述龙溪河、螳螂川等，则已拟就详细设计，即可兴工。其余各处，则尚在探勘航测或设计中。上述各地水力资源中，其尤足注意者为长江三峡之开发，以长江为我国第一大川，三峡水力之雄厚，建设工程如一旦完成，其影响于国家福利民族前途者，实不可限量。

（丙）建设产煤区电厂。就一般情形而言，输电较之输煤为经济，尤以设厂于矿口后，可以尽量利用劣等煤为燃料，更合经济原理。资源委员会兴办之昆湖电厂喷水洞发电所及灌县蒲村之都江电厂，以及重庆市电力整理委员会拟办之 5 000 千瓦新厂，均根据此项原则而选择厂址。

（丁）高压长距离输电线路之采用。开发电力资源及建设矿口电厂之结果,必致电厂与负荷重心相距甚远,高压长距离输电线路遂属必需。我国以往对于输电甚少经验,战事期间兴建之井宜线及昆明马街子喷水洞间之联络线,距离各为87及72公里。电压原拟采用66千伏。因限于器材设备,始暂用作33及22千伏。此二线路之设施,可视作长距离输电之先锋。

(戊)边疆电化之示范。我国边远各省,文化水准较低,大都尚不知电之为何物。资源委员会先后于宁属之西昌及青海之西宁建设电厂,对于启发边民知识关系甚大。且以边远各地均有良好之水力资源,可得廉价之动力,更足以为其他各处示范。资源委员会又曾派员赴新疆、宁夏各地,在技术上协助当地政府建设电气事业。

(己)协助农村电化。我国农民当不知用电之利,西南各省以少川渠之故,田地需水均凭时雨,天久旱便致荒芜。资源委员会有鉴于此,乃于川西岷江清水溪协助当地合作事业试办灌溉工程,所有供电设备均由资源委员会供给,打水设备则由资源委员会贷与。放水以来,农民称便,其他各县,群起效仿。清水溪灌溉工程以限于资力及设备,受惠农田不过三万亩,然其示范作用则甚大。

除上述各点外,抗战时期电气事业方面对于人才之训练亦不遗余力。优秀之工程及管理人员,均资送国外深造,而各厂则训练初中级人员。故复员以来,接收敌伪事业需人至多,而仍能勉强应付。资源委员会又于三十三年以后,向英美加各国接洽流动电厂之订制,后又改向善后救济总署接洽。前者虽未成功,后者则允拨给大批快装电厂,以供复员之需。数年以来,资源委员会与其他电气及电工界人士合作拟订电气事业主要设备标准,于前年由工业标准委员会通过施行,足供今后电业界及电工制造之准绳。

以上种种均为抗战时电气事业之特征,而为我国电业界之进步。

四、今后之展望

八年艰苦之抗战,今日业已结束,失土重光。然遍视国内,则烽烟未靖,经济凋敝,工业尤觉不景气。补救办法虽甚多,其一则为竭力提倡廉价电力,以求工业早得复苏之机会,此为以往一般国家所曾经采用者,故我国工业复员之第一声为先恢复电气事业。

收复区电气事业，其规模及发电容量固数十倍于后方，尤以东北及台湾经敌人若干年努力经营，实已颇具规模，堪与欧美先进国家比拟。惜乎东北之设备，大部为苏军拆迁，剩余者亦多为共军毁坏。台湾之设备，则受前数年空袭及飓风之灾害，亦损坏达三分之二。收复区其余各地如冀北、山东、江南、广东、鄂中一带，战前均为电气事业极发达之地区，数年来敌人或有拆卸及破坏，或有增多及建设，然一切设备，因运用不善之故，无不损蚀成千疮百孔之局面。

一年以来，资源委员会及其他电气事业经办机关虽竭全力加以修理，然一由于内战之未停止，交通运输困难，再由于配件器材之缺乏，人力物力均受限制，故结果皆未能达到理想程度。现在各主要都市，虽在工业停闭状态下，仍感缺电恐慌，若谓拟以廉价之电力，刺激工业之复苏，则更距离理想远甚。

兹将战事结束时收复区各省市电气事业之装见〔机〕容量及现在情况列如第四表：

第四表　抗战结束时收复区电气事业容量表

省市	装见〔机〕容量（千瓦）	现在情况
河北	124 597	现在可用容量为 114 000 千瓦
山东	78 120	青岛可用容量为 8 000 千瓦，其他各地情况不明
察哈尔	25 000	情况待查
山西	36 586	情况待查
河南北部	9 018	情况待查
江南地带	226 190	可用容量约为 175 000 千瓦
海南岛	6 263	可用容量约为 5 000 千瓦
台湾	321 385	可用容量为 129 274 千瓦
东九省	1 748 000	已查明为苏军拆去设备约计 1 000 000 千瓦，目下剩余设备已经政府接收者共计 309 000 千瓦

据上表，我国之电气事业近一年来虽因内战外患损失不少，然现有装见〔机〕容量较之十年以前中国本部则约略相同，加上东北及台湾，则总容量可在 120 万千瓦以上，若善加利用，则建设前途固非无望者。昔苏联于第一次大战结束时，其发电容量亦不过此数（1921 年为 1 230 000 千瓦），待第一次

五年计划完成,即增加达四倍(1928年第一次五年计划开始时之容量为1 700 000千瓦,至1932[年]计划完成时,即增至468万千瓦,至1937年第二次五年计划完成时,则可达810万千瓦)。虽苏联建设条件远胜中国,但如吾人以现有事业为基础,并以抗战八年中建立后方电气事业之艰苦精神及后方电气事业之优点为准绳,上下一心,努力从事建设,则五年之后,全国电气事业必可有惊人之成功,对于吾国工业之复兴,亦必能有伟大之贡献,深愿国内电业界共勉之。

原载《资源委员会季刊》1946年第6卷第1、2期合刊

抗战期间之大后方纺织业概况(节选)[①]

中国纺织染工程研究所资料室

七七事变发生后,全面抗战开始,我国滨海各省相继沦陷,当时政府虽竭尽全力协助各工厂内迁,但以交通工具缺乏,时间迫促,虽艰苦备尝,而能安全到达后方重新开工者,实为数无几。我国纺织工厂因大部集中沿海各都市,或陷敌手,或被破坏。其已迁至后方者,又因机械设备补充之不易,物料之缺乏,运转资金之不充裕以及敌机之轰炸,经悠长之奋斗而能完成设厂开工者,实如凤毛麟角。但大后方军需浩繁,民用急迫,对于纺织品之需要"尤感殷切,故纺织工厂应运而生,支持抗战,厥功甚伟"。兹将抗战期间大后方纺织事业概况录后,藉见其对于国家民族之贡献,并表示吾人崇高之敬意!

四川省

一、重庆豫丰纱厂

(一)迁厂　该厂成立于民国八年,初设于河南郑州,原有美制电机4座,共3 500吨,美制纱锭机56 400锭,布机230台,国产并线机5 600锭。

抗战军兴,战事逼近豫省,该厂决定拆迁。二十七年二月十九日开始拆机,在寇迫黄河之时,敌机狂炸之下,员工3 000余人昼夜分班工作,幸能于

---

① 非抗战大后方的湖南、广东、江西、浙江四省内容略。

20余日毕事，所有机件分装大小机箱118 000余件，计重9 000余吨。

该厂拆机之初，即已决定迁渝，经由汉口运抵宜昌，以后战局恶化，初定轮运入川者，不得已乃改雇木船，共雇木船360余艘，沿途因浪激触礁而沉没者竟达100余艘，虽捞获一部，究难悉还合浦，完整之机件从此残破不齐矣。

（二）重建　入川之初，厂址曾经指定北碚，嗣以不甚相宜，乃在重庆择定水陆两便之土湾，发动人工千余，历时8个月，始将山坡夷平。本厂既入川境，利在速成，临时厂房，因陋就简，从事纺纱，二十八年底即已开足万锭。一方面根据现代工厂建筑之原理，建立正式厂房，举凡工厂设备，力求完备，其规模则以容纳3万锭为标准。

渝厂现有职员约一百余人，工友二千五六百人，内女工一千七八百人，男工七八百人，员工福利设施虽在后方环境极度艰窘之下亦少〔稍〕能尽力增进。所有职工膳宿，概由厂给，举凡洗澡、理发、洗衣、图书、娱乐、运动等设备，凡可以恢复工作疲劳、促进身心健康者，均已举办。至工人工资则视能力高下而有参差，并视物价情形按期调整，年底且有奖金之发给，故工人颇能安心工作。

（三）设立支厂与机器厂　迁于后方之纱厂，以该厂规模为最大，而遭敌机轰炸之损失，亦以该厂为最惨重。计民国二十八年被轰炸1次，毁房屋96间，二十九年被炸6次，纱锭损失5 000余锭，厂房被毁多幢，幸能屡炸屡复，气不稍馁，至今仍得继续维持生产报国之使命。

该厂于二十九年十月迁移纱锭15 000锭于合川，兴工建筑厂房，成立支厂，于三十年五月开纺。嗣因后方棉纱不敷供应，力谋扩充，复向雍兴公司租借由仰光内运纱机装10 000锭，嗣又继添5 000锭，共为30 000锭。

合厂民〔国〕三十年五月开工，三十一年十月添设二厂开工，三十二年十二月开始建筑第三厂，三十三年四月底完成开车。一厂原有旧机15 000锭，二三两厂各有新机10 000锭，因添加新锭电力不足，一厂拆去5 000锭移设重庆本厂，故一二三厂现时各为10 000锭。三厂建筑在沿江山坡，开土石方49 000余立方公尺，建筑物面积722平方丈，工作总和171 130人工，装足10 000锭机器，在5个月时间内完成全部工程，纺机为Platt厂皮圈式大牵伸单程清花及单程粗纱，为后方最新设备，每锭每24小时20支纱，产量在一磅上下。

全厂面积1 000余亩,各种员工福利设施完备,离城5里,背山面水,环境清幽,有职员130余人,工友2 800余人。

全厂组织分工务、事务两部分,工务有电气、保全、运转、整理、训练、试验等科,事务分会计、文书、物料、花纱、庶务、考核等科及合作社、医院、学校、农场等附属事业。

本厂复鉴于被炸受损之纱锭废弃不用至为可惜,又以机件内运时在川江失事经捞获之部分须待装修,同时又以向雍兴公司租借之纱机其细纱机部分亦须加以修配,因在余家背地方复设立机器厂一所,专门修配纺织机件。该厂现有工作机一百数十台,以限于资力物力,暂时未能扩充,故工作范围仅限于本厂内部机件之修理分配制。

二、汉口裕华纺织公司渝厂

(一)沿革　民国十年,集资120万两,筑厂屋于武昌省城外下新河,购纱锭30 000枚,布机500台。翌年三月正式开工,用天坛、赛马、万年青、双鸡等商标。旋将纱锭增至43 000枚,资本增为156万两,今已增为1 200万元。

民国二十七年拆迁一部分机件运渝,迨至八月,所有机件器材3 000余吨于旬日间全部装箱运宜。历时半载,始将机器货物经万达渝。木船时有沉没,存宜机件原料屡被敌机轰炸,以致毁损非轻,其中以机器损失为最重。

渝厂基地共280余亩,于二十八年六月下旬正式开工。二十九年八月两度被炸,三十年八月第三次被炸,损失虽重,越时未及三月,又恢复二十九年旧观。

(二)机械

(甲)发动机:在武昌时有1 700匹蒸汽发动机与锅炉全部,迁渝后改用透平冲动式乙座,发电1 000启罗。

(乙)纺织机:原有机器现开27 000锭,布机尚未开工,未受损失而能运转者约370台。

(丙)工具机:车床自6至20呎,刨床自1至6呎。此外,钻床、锐〔铣〕床、磨床、电焊机、打水机等一应俱全。

(丁)马达:自半匹至50匹,共计592座,国货英货俱有,共计2 800匹,用于纺纱机者十之八,用于织布及其他机械者十之二。

(三)职工　职员共85名,工人共计2 600余名,内机械电气技工104名,普通男工410余名,女工2 000零数十名,童工20余名。

(四)福利事业

(甲)职工子弟学校:为一完全小学,有教职员14人,学生240余人。毕业者两班,升入中学者居多,制服、书籍、文具等悉由厂方供给。

(乙)医疗所:于民国三十年建筑,聘医师3人,司药2人,护士4人;设有普通床位40,隔离床位16,诊断室2间,医室1间,病人浴室4间。

(丙)员工消费合作社:分营业部、织造部、洗衣部。

(丁)托儿所:该所于三十一年夏开办,除设备外,耗11万元,聘职员2人,助理2人,现有儿童19名,三十三年度拟增至40名。

(戊)图书室、运动场:图书室分技工、普通、男工、儿童四室。运动场以地位关系,尽辟篮球、网球场各一处。

(己)职工俱乐部:分戏剧、球类、棋类、音乐、电影五组。

(庚)其他如女工浴室,每次能容200人;专辟理发室;购置有声电影一座;设有工友补习班,分女生高中初级三班,男生一班,以三个月为一期,人数共700有余。

(五)各项设备

(甲)职工宿舍:职员宿舍可容120户,每户平均五间。工人宿舍分为四部,即技工眷属、普通男女工眷属、单身男工与单身女工,均在厂外近周,共容4 000余人。

(乙)饭厅:以地位关系计120桌,每桌每次用膳者达十人,每餐两次,先后交替。

(丙)自来水厂:悉由自己设备,以一年平均每日用水约计900公吨。

(丁)防空洞:全长约160丈,设有洞门8处,可容3 500人。

三、申新第四纺织公司重庆分厂

(一)迁建经过　该厂系汉口申新四厂之一部分,于二十七年七月奉命内迁,一部分机器迁宝鸡设厂,迁渝部分有纱锭万枚,力织机80台,木布机100

台,染布机4对,厂址设南岸猫背沱,纱厂部分于二十八年一月开工,唯纱锭则于二十九年二月始全部装竣。复工后曾一度改称"庆新实业公司",二十九年三月始定今名。

二十九年八月该厂曾两遭敌机滥炸,纱机受损均重,建筑亦大都被毁,幸全厂员工安全无恙。自遭此巨变后益形努力,损毁部分经积极修葺,不久即行复工。

(二)纺纱工场　当时实开纱锭9 300枚,有男女工900余人,月可产20支棉纱500件,10支棉纱100件。该厂因无原动设备,赖重庆电力公司供电。

该厂于二十九年遭敌机轰炸后,曾于厂址附近苏家湾疏建第二工场,装置纱机占全厂十分之四,其后因自分设二工场后,开支益形浩繁,且生活程度日高,棉花价格与统制纱价复不能平衡,为免过于亏蚀赔累计,遂于三十一年九月复行归并。

(三)织布工场　现开力织机40台,有男女工100人。按月向财政部花纱布管制局领取棉纱织成布匹全部缴局,月可产棉布8万码,漂染部分以拆迁途中机物被敌机炸毁过多,不易复工。

(四)三八制之实施　该厂自三十年五月起纱厂女工工作施行"三八制",每班每日轮流工作八小时,其余时间施以教育,并予以适当之娱乐休息。自实施以来,工作员工因日常工作生活获有调剂,非唯不致影响工作,工作员工疾病率已因是大见减低。

(五)其他设备　该厂厂内建有职工宿舍共五座,凡单身男女职工均得免费寄宿;膳食完全由厂供给;厂外建有职工家属宿舍百余幢,以供职工之携有家蜀〔属〕者居住;并设职工子弟小学一所,凡该厂职工子弟一律免费入学,职工患病除聘有医师护士治疗外,并有疗养室可资疗养;其病情较重者送特约医院诊治;其他并组有职工消费合作社以减轻职工消费负担;设有职工俱乐部、运动场,藉增职工康乐焉。

四、沙市纱厂

该厂于民国十九年设于沙市宝塔河,装细纱机锭20 000枚,至二十年冬始开工,所制荆州牌棉纱供销鄂西、川东一带。二十七年武汉撤守,该厂为避免资敌计,遂于二十八年春拆机西迁。当时将全部机器共装木船100余艘,在敌机轰炸之下抢运至渝;唯因途中水涧滩多,沉没船只10余艘,损失殊重。旋即着手筹备复工,择厂址于李家沱工业区,得地80亩。二十九年夏兴工建筑一切设备,均力求简便。三十年春厂房建筑及第一期6 400锭之装机工作全部完成,因接电迁延,至五月中旬始开机纺织。八月中更被敌机轰炸,幸损失不重。翌年春筹划扩充,增建厂房,加装纱锭4 400枚。同年秋继续开齐,现开纱锭计10 800枚,每月约出20支棉纱650件至700件,堪为后方军民服用之一助。至残余纱锭,正继续积极修理中。该厂对于工人训练,机器保全及发挥其效能,增加生产,节省原料诸端,以合理化为最高准则,努力以赴。至员工福利事业,则在极度艰苦中尽最大可能而设施之。除员工膳宿概由厂供给外,并建有员工家属住宅,一律免收房租。员工子弟学校、西医院、中医诊所、员工俱乐部、图书室、运动场,均已次第完成。并为便利员工起见,设有供应社,以平价供应日用物品,成衣部、制鞋部、理发室,均由厂供给膳宿。凡此设施,旨在使工至如归,泯除畛域,精诚团结,努力生产,以达工作合理化、工厂家庭化三〔之〕目的,而共向民主〔生〕主义之途迈进。

五、中国纺织企业公司

中纺公司于三十一年九月开始筹备,同年十月勘定小龙坎汉渝公路北岸渡口附近厂址,十一月购石姓地皮90亩,三十二年二月设工程处开始建筑厂房,并已先于筹备前向中央机器厂订购小型纺织八组及农本局让购四组。复于公司设立后定造铁木制织布机40台、染布机8部、烘布机1台、码布机1台、钢炉1座等机器,一面向西安东华漂染公司善昌新染厂、重庆申新纱厂先后让到烘布、上浆、伸幅、码布等机器,分别交货装用。

该公司原定资金2 000万元,嗣物价继续增高,建筑厂房、采办原料物料、购置机器等项支付金额超出预算颇巨,故又经第三次董事会决议由股东组成银团垫借□千万元,顾物价上涨不已,未几垫借之款又在樽〔撙〕节之下运用罄尽,资金依然有周转不灵之苦。乃经三十二年十一月十七日第二次股东临时会议决由股东增资1 000万元,及花纱布管制局投资2 000万元,共增为5 000万元,改组为特种股份有限公司。

六、维昌纺织厂

民国二十八年设立于重庆化龙桥对岸猫儿石地方。是年夏季,向顺昌公司重庆铁工厂制造高须式小型纺纱机一组,计168锭。试纺之后,能力颇佳,堪与大型纱机相比拟。并于二十九年夏添设三组,前后共计纱锭672枚,方将于翌年夏间全部开始工作,不幸一部被炸,仍只得局部开工,同时修复。经长期之改良与策划,规模整然。近年纱机逐渐改进并添设大型细纱机400锭,益以增补之小型细纱机96锭,全部共为1 168锭。其内部组织朴而不华,实事求是,故其开支省而工缴得能特小也。

七、大中华实业公司纺织厂

大中华纺机厂是用大型机器小规模的组织,他的历史还不到两年。起初专制棉纱布,三十三年夏季改变了产品的种类。该厂以最低棉花耗量(每件纱用棉四市担半)纺成较细的棉纱(25支),织成细质的布匹(经密每寸68根,纬密每寸66根)。全部职员仅仅6位,有844只纱锭和28台布机,经理虞乃丹,厂中办了一个充实的工人图书馆,又有一份完备的运动器具,再有一套音乐戏剧的道具,工厂各种记录、仓栈管理、物料统计、货物提运等等都是由工人一手办理。工人自治的力量为其特色。厂在渝郊窍角沱。

八、富华纺织厂

本厂设于重庆南岸大佛寺,现有纺锭360枚,纺机设备计有和花缸1具、摇纱车2部、小型印度式纺纱机2组、美国式大型钢丝车1部、英国式4头6尾大并条机1节及英国式160锭三道组〔粗〕纱机1部,织机设备有铁木机12台、牵经车1台。各项小型印度式机器均由华康机器厂代造,纺织能力可自原棉织成布匹。

该厂共有职员14人,男女工友116人,开日夜班,每班工作12小时,以此人力及物力每月应能纺制20支细纱十三四件,编织加宽布二百五六十匹。

唯因停电或电力不足缘故,实际生产数量恒在此数以下。

九、中央工业实验所纺织实验工厂

三十二年春正式开工,有印度纺纱机一又三分之一组,织机 20 台,除经常纺纱织布外,主要工作在致力于印纺机之改良。业经改良者有下列各种:(一)A. 改良清梳机斩刀油箱为活婆司。较未改前装卸便利,且不易损坏;B. 给棉部分,改用平牙传动,极少损坏。(二)改良粗纱机:该机原有六根纱头,因卷取罗拉牙极易损坏,致粗纱产量不能配供细纱之用,全套 168 锭最多只能开足半数。现已改用两头并条式之粗纱机一种,省去易坏之齿牙 30 只。粗纱产量大增,足供细纱之用,往年产量较三十二年增加 3 倍,预计三十四年经更进一步之改良后,产量可再增 3 倍。

十、振济第三工厂

(一)创办　二十八年由江苏难民纺织委员会拨款 5 万元,择定江北头塘筹备,于二十九年六月由振济委员会接办,并加拨资金 12 万元予以扩充,于三十年方始筹备完竣正式开始,资金增加 30 万元,三十三年增加 30 万元,同时历年盈余先后共计资金 192 万元余。

(二)设备　该厂原办小型纺纱机一组,于三十一年增加铁木布机 20 架,三十四年增毛巾机 20 架,房屋先后建造 40 余间。

(三)产品　每月纺 20 支细纱 5 件,一码宽细布 300 余匹,毛巾 1 000 余打。

(四)工人　共有工人共计 120 余名,其中三分之一为技工,其余均由振济委员会先后遣送来厂学习训练之难民。

十一、民康公司纺纱部

民国十九年开办,原设汉口,以制造药棉纱有〔布〕为主。二十七年内迁,分设重庆、宝鸡两厂,三十二年渝厂增精纺织机一部,计有纱锭 192 枚,三十三年七月开始装车,前纺部分机器尚缺,暂由申新纱厂纺粗纱,所纺为20支细纱,经织成纱布脱脂漂炼而成医用纱布。

陕西省

一、大华纺织厂

(一)沿革 西安大华纱厂为抗战期中国内唯一屹立未迁之纱厂。原脱胎于石家庄之大兴纺织股份有限公司,于民国二十四年着手筹备,定名大兴二厂。嗣因增加股额,乃于二十六年改名大华纺织股份有限公司。最初资本250万元,嗣又陆续增至600万元。厂址设于长安陇海车站之北,占地232亩,于一年之内全部落成,二十五年春正式营业。

大华最初原拟以大兴原有纺织机器之一部迁运陕厂,嗣经缜密研讨,佥认大兴原有机器过于陈旧,不足与现代化之纺织厂相竞争,乃改变计划,决定购置大牵伸纺纱机60 000锭、润湿制并线机8 000锭、自动力织机1 400台、与日产2 000匹纺织品之整理印染全套配备。完成此项计划之步骤,计分三期:第一期所订购者,为大牵伸纺机12 000锭、自动力织机320台。第二期所订购者,为大牵伸精纺织13 000锭、润湿制并线机1 120锭、自动力织机500台。其余则为三期所订购之大牵伸精纺机35 000锭、润湿制并线机6 800锭、自动力织机580台,与日产2 000匹纺织品之整理印染机全套之配备。

是年该厂所能运转之纱机,仅为第一期所计划之12 000锭、布机320台。翌年六月将二期所购之机全部装竣,先后开车,随即开始三期工作。所订购之机器,已有一部装船起运,不意七七事变,末期计划遽遭顿挫。

(二)设备 大华纱厂纱布两厂之建筑,均采用锯齿形式。厂内光线颇为充足,屋架梁柱系用角铁所铸,屋顶之设计选用三夹板、牛毛毡、石棉瓦等轻巧保暖之器材。两厂设有单复二式之喷雾装置、输送装置、保险装置以及冷气通风等装置。关于机器方面者,清花间有单一式清棉机、萧礼式除尘装置,梳棉部有梳棉机上之真空自动抄除器,往来自动磨砺针布装置,并条机则有断头电动停车装置,粗纱间有四列罗拉单程纺机,细纱间有各型大牵伸精纺机。布厂方面,则有自动换纬换梭装置之力织机,及经纬纱断头自动停车等装置。

(三)福利设施　员工福利关于智育方面者,有工商人员训练班、劳工技术补习班、工人认字补习班以及读书室与阅览室。关于体育健康方面者,设有员工中西医院、特约医院、男女养病室、男女浴室、运动场、游戏场,举凡各种球类运动,无不俱备。关于娱乐方面者,设有员工俱乐部、歌咏队以及平剧、豫剧、楚剧、秦腔、话剧、双簧、杂耍、魔术、化装表演等等。他如员工理发室、缝纫室、饮水室、洗手室、托儿所、合作社、男女工房、员工食堂以及职员眷属住宅、机匠技工眷属新村等,均有严密之组织,完善之设备。

(四)生产量　大华纱厂除本身纱布各机而外,尚租有同业中之纱机20 000锭,合计共有纱机45 000余锭,布机800余台。若悉以此锭数之纱机纺制16支之棉纱。每锭平均以1.4磅之产额计算,则每日夜可产棉纱150余包,全年当产棉纱48 000余包。若悉以其所有之布机制织经纬16支之11磅棉布,每台平均以2.7匹之产额计算,则每日夜可产棉布2 200余匹,全年当产棉布717 000余匹。

(五)被炸概况　该厂二十八年十月十一日,敌机11架集中投弹轰一次,纱厂厂屋之建筑全部被毁;厂内各机,自清花以至于成包遍被焚烧。物质与金钱之损失,殆难估计。而间接影响于生产产额之损失,更难补偿。二十九年五月六日再度被炸,花栈棉花惨遭焚毁。幸于事前以半数纱机迁运四川广元,在广元成立分厂,损害尚不若上次之重。翌年八月,不幸复遭回禄,纱布两厂又蒙重大之损失。但该厂未曾因此而气馁,反再接再厉,努力以赴,卒于最短期间,将被炸被焚之机器次第修复,各部工作,亦复旧观。各机迭经创伤,效能大减,生产数量随之降低。且在战时物料奇缺,来源断绝,故不得不因陋就简勉强应付,且常采用代替物品,以应急需。

二、咸阳工厂

(一)沿革　该厂系由湖北省政府与中国银行合组而成。所用机器皆湖北省官纱官布两局旧有之物,创于前清张文襄公,迄今已有50年之历史。民国二十七年秋武汉告紧,该厂奉命内迁,因将一部分机器运往宝鸡,改设纱布局迁建筹备处,进行复工。旋由经济部工矿调整处驻陕办事处刘前主任介绍与中国银行商议合作,即利用中国银行主办之咸阳中国打包公司旧有原动房屋,复商得湖北省政府同意,遂于二十九年三月正式签订合约,开始筹备。时值警报频繁,员工不避艰险,加紧改建厂房,装置机器,即于当年八月开出千余锭。不意八月三十日突遭敌机轰炸,房屋原料多处被毁,工人亦有伤亡。三十年度开始,敌机轰炸更烈,自五月至九月间,前后达九次之多,机器原动、厂房宿舍,毁损几至不堪使用。旋修旋炸,旋炸旋修,卒于三十年底装齐第一个5 000锭,三十一年底装成第二个5 000锭,前后共开出10 000锭。后又将存宝鸡之布机155台由宝运咸,继续装置以裕生产;唯以原动无着,尚未开出。

(二)组织　该厂设总经理一人,下设经理、副经理、厂长、总稽核各一。副经理下设总务、营业、会计、文书四课。厂长下设纱布两厂、原动训练二部、人事材料两课及花纱库。共有职员77人,工友1 008人。

(三)设备　原动及机器设备有200及250匹马力卧式引擎各1座、直流交流发电机各1部、10 000锭纱机全套、布机155台及修理工具等。

(四)出产　该厂棉纱于三十二年全部归花纱布管制局管制后,所需原棉均由管制局供给,所出产品均由管制局取回,每月约产20支及16支棉纱500大包左右。

(五)福利　该厂于供给职工膳宿外,另设员工消费合作社、职工储蓄部、图书馆、简报室、俱乐部、游戏室、浴室、理发室、托儿所、幼稚园及员工子弟学校等。关于卫生设备,除对职工膳宿力求清洁外,并设有诊疗室与养病室,随时对职工疾病施行疗治,并注射预防针等。

三、蔡家坡纺织厂

(一)开设经过　本厂创办于民国二十九年秋间,所用纱机来源有二:其一系前山东成通公司之国产纱机半制品。该公司在战前曾集合若干专家试制国产纱机,民国二十五年将此项未制成之纱机移置西安,拟在陕设厂继造。嗣因双十二事变,继以抗战军兴,原定计划未能实现,此项未制成之纱机遂被搁置。至二十九年秋季，雍兴公司成立，乃全部购进，继续制造应用。计有半制品6 000锭、毛坯2 000锭，惟上项毛坯因损蚀过大无法修造应用；其二系前彰德豫安纱厂于二十六年购自英国之纱机，后以战争爆发，彰德沦陷，此项纱机尚存香港，二十九年雍兴公司商妥以其中4 000锭转让该厂，自行运陕应用。

本厂于民国三十年春在陇海路西段之蔡家坡购地建厂，同时着手修造成通半制品纱机及运输豫安存港纱机。前项工作自三十年初开始，几经努力至当年十月始修成2 000锭，十一月开始试车，运转情形尚佳，与舶来品相较不相上下。至三十二年春，成通半制品机6 000锭业已全部修成开车，至豫安纱机之运输工作，费时甚久，困难尤多。先自香港运至海防，又运至仰光，由仰光内运，辗转抢运，颇有损失，至三十二年夏季始全部运到。总计此两项纱机之修造运输费用，共达6 000余万元。

该厂纱机既系临时配购，均未附带原动设备，不得已乃自豫陕各地搜购各式残旧小原动自行修配。该厂开足6 000锭时，共用各式小原动达十数部之多（自十余匹马力之汽车引擎，至百余匹之蒸汽引擎电机），不但效率低微，人力物料耗费尤多。

三十二年春季，该厂为增开纱锭启罗减轻成本计，乃设法调整原动设备，向重庆豫丰纱厂租得1 000启罗之透平发电机1具，又购到工矿调整处之600马力锅炉1部，当年秋季运陕安装，至八月二十六日正式装妥试车，现已开足10 200锭。此外另由雍兴公司所属蔡家坡西北机器厂代制纱锭2 000枚，所有清花钢丝精纺各机均已设计完成兴工赶造，如无特殊困难，明年可望开齐12 000余锭。

（二）概况　该厂位于蔡家坡车站北，背负高原，前临渭水，占地370余亩，共有房舍1 100余间，现有职员56人，工友800人。在组织系统方面，由经理对雍兴公司总公司负责，经理以下设副经理、厂长各一人，副经理下设有会计、文书、材料、营业、事务五课，厂长下设原动部及工务处，工务处内分为运转、保全二部。在工作方面现在开纱机10 200锭，每月产20支纱及16支纱600余件，平均每锭产量20支约为1磅，16支约为13磅，产品全部由花纱布管制局征购。在职工福利方面，设有幼稚园、员工子弟小学校、技工训练班、图书室、运动场、俱乐部、医务室、浴室、理发室、日用物品供应部等。

该厂过去全在艰苦缔造时期,一切均未纳入正轨。现原动设备已渐改善。自此以后,该厂将集中力量于厂务之整理、工作效率之提高、员工福利之增进。

四、申新第四纺织公司宝鸡分厂

(一)沿革 该厂为申新公司分厂之一,原在汉口,成立于民国十年。至民国二十六年时,有纱锭51 000支〔枚〕、布机1 150台,日出2 000余匹,色布之漂染整理机全套,3 000及1 000千瓦发电机各1座。自抗战军兴,我国沿海各省相继沦陷,该厂仍照常工作,供应前后方军民急需,未稍间断。迄二十七年八月,即汉口沦陷前二月,始奉命分迁川陕,以时间匆促,运输工具缺乏,迁入之机器属于重庆分厂者,仅有纺纱锭10 000枚、布机60台,属于宝鸡分厂者,仅3 000千瓦发电机1座、纺纱锭20 000余枚、织布机400台而已。宝鸡分厂设该县十里铺,现在占地面积870余市亩,厂房总面积72市亩,于二十八年八月复工。因大原动机械一时不易装就,即租赁蒸汽木炭引擎及汽车引擎共10余具,开始运转纱锭2 000枚。翌年七月,向陇海路局商借机车拖动运转,增为纱锭4 000枚。三十年春,原动机械装配完成,正式发电,纱锭亦陆续增加,迄今共有23 000余枚。三十一年七月,织布工厂装置完竣,开出布机140台。三十二年二月续开70台,迨六月底,又有112台装置藏〔竣〕事。漂染工场有染缸4副、烘机2部及烧毛机、拉幅机、上浆机等,正在整理配装中,每日约可整理布匹500匹。主要负责人:经理李国章,副经理华栋臣、章剑慧、李冀曜,正副厂长瞿冠英、华迩英、蒋叔澄。

(二)机器 甲、动力机:①英制B. W. S. Water tube汽压三五锅炉2座,现开1座,交换使用,每日用煤45公吨;②英制3.750K. V. A三相交流发电机,现时负荷1000K. W.,供给动力1.100HP.;③英制蒸汽锅炉1部;④各种马达150只。乙、主要作业机或工具:40″单程清花机2台,英美制;40″梳棉机64套,美制;并条机8台,英美制;单程粗纱机3台,英制;头道粗纱机九台,美制;二道粗纱机11台,美制;400锭精纺机32台,英美制;400锭精纺机10台,本厂自制;326锭精纺机15台,英制;摇纱车134台,本国制;打包机大1部小4部、纡子机11台、筒子机2台、经纱机4台、浆机7台、布机322台,日本制;

验布机2台、折布机1台、喷雾机3台，钢丝机2部。

(三)出品

名称	品级	每月最大产量	平均每月产量
棉纱(红四平莲)	20支	1 000件	6 877.50件
(蓝人钟)	16支	295件	261.50件
(无牌)	14支	238件	95.50件
棉布(四平莲布)	14P	6 400匹	4 445.83匹
(粉袋布)	6P	1 730匹	1 305匹

注：根据三十一年度生产量，销售地本地40%，本省40%，外省20%。

(四)员工人数　该厂现有职员159人，男工女工及童工约3 500人之谱。除粗重工作需用成年男工外，其余大部分工作如粗纺、摇纱、织布等，均由童工及女工担任。工作时间因工作之繁简分"两班制"及"三班制"两种。

(五)惠工设备　工友膳宿，概由厂方供给。有眷属之技工，并给以家属住房。医药设备亦均由厂方负责，聘有特约及驻厂医师各1人、药剂师1人、看护3人。其他员工福利事业如补习班、训练班、职工子弟学校、俱乐部、图书室、合作社、储蓄部、人寿保险、运动场及哺乳室等，均已次第完成。

(六)隧道工场　该厂迁陕之初，宝地时有敌机空袭。为欲减少空袭损失计，除将工厂房屋尽量分散建筑于广大地面外，并将70%纱锭安置于隧道之中。此项工程，经3年之久方告完竣。隧道体积约占554 000立方尺，完全深入山下；墙壁用砖砌成弧形，涂以石灰，铺以地板；道内遍装电灯，复用鼓风机抽换空气以资调节。二十九年八月及三十五年五月，曾遭敌机又〔两〕次轰炸，投弹约200枚，隧道工场幸告无恙。

五、业精纺织厂

(一)沿革　该厂原系业精纺织公司于二十八年由现任该厂经理王瑞基、现任厂长刘振国两君发明之业精式手摇纺纱机试办渐次扩充者。当时该厂在虢镇寨内，资本系由中国银行投资10万元。其创办之目的，仅在推广纺纱机，使其能深入农村，减少纺纱成本，借以压低纱价，纯为手工制造业。后因人工太多,产纱成本过大,不能与机器纺纱业竞争,遂于民国三十年由雍兴公司改组为业精纺织厂,复增资为若干万元,在虢镇车站附近购买基地110华亩,开始建筑新厂房。因此抗战时期为避免空袭计,紧倚北原,南带渭水,各部房屋颇合新式建筑条件。

(二)业精式纺纱机　王刘二君所发明之业精式纺纱机,构造至为轻便,高不过3尺,长亦仅4尺,宽只有1尺,木料多,铁料少,装置运输都甚轻便,可以用人力摇,也可以装原动机械。如果装原动机械,只有两人看纱便够。全机装50纱锭。并有伸长调匀的调节装置。普通可纺16支,纱条之匀细与机器纱无异。每台机一昼夜可出纱七八斤,如与机器纱之生产量比较,约五锭合一锭,即等于机器纱之五分之一。倘与中国旧式的纺纱机比较,则高过十倍有余。

(三)机器　英国 Platt 厂1938年新式纺纱机2 000锭(由雍兴公司拨给),因原动不足,暂开1 200锭。织布机180台(内120部为织军布用)、轧花机(美国制)1部、合股线机2部(由豫丰纱厂运来)、50匹马力发电机1部、汽车头发电机1部。

(四)出品　1.30支纱日出6件余,供本厂织制军布及各色布匹之用。2.条子布(线色配合,新鲜雅观)。3.四七床单(花样新颖,经久耐用,堪与上海三友实业社出品并驾齐驱)。4.棉毛呢(较西安各厂所产为优)。5.各种印花布(配色甚佳)。6.毛线、毛毡及毛巾(质地优良,销路交[较]广)。

(五)管理　该厂全部共有工友800余人,除粗重工作为男工外,多数由女工担任。如经纬、织布、提花、整理、印花、浆纱等轻工作,悉用女工。每日工作时间连用膳为12小时,食宿及卫生设备均由厂方供给。各项设备颇合乎新工业条件。

六、民康棉毛厂

(一)沿革　该厂原设汉口,民国二十九年十一月迁,设厂于宝鸡十里铺。与湖北省建设厅纱布局合股后,将原民康实业公司毛棉厂改为民康毛棉厂,于民国三十二年一月正式改组。占地面积约20市亩,建筑中式平房108间。

(二)机器　梳棉机、并条机2,头道粗纱机2,三道粗纱机2,细纱机5,摇纱7,打包2。

(三)原动及原料　本厂原动力由申新分厂供给,暂无清花设备,故花卷由申新供给。

(四)出品　每日可产20支纱1件强,以"健康"为商标,销售到本地及附近各县。

(五)员工人数　本厂现有职员21人,工友268人。

七、泰华毛棉纺织厂

(一)沿革　该厂原系西安华兴铁厂分设,实际自制纱机。三十二年纱机实验成功,乃增加股本为700万元。厂址在宝鸡十里铺,建筑楼房平房共332方。主要负责人:董事长毛虞岑,经理徐滋叔、助理阮少圃。

(二)机器　蒸汽原动机2部,纺纱机1 130锭,织布机30台,修造部现有元车、刨床等共9部。

(三)原料　棉花羊毛。

(四)出品　出品数量每年约计纱四五十件、布2 000匹、锭100个,均以"三羊牌"为商标,销售以本省为多。

(五)组织系统　全厂由经理室统驭,下分业务、工务两科,科下设股,分掌理事。员工人数共320人。

(六)惠工设备　员工宿舍、理发间、俱乐部、医疗所、消费合作社等。

八、民康实业股份有限公司宝鸡分厂

(一)沿革　该厂原设汉口宗关,抗战军兴,奉命内迁,于二十七年秋将一部分机器迁往重庆,另一部分机器迁至宝鸡。初设厂于宝鸡十里铺,因当时财力人力均感不足,故停顿未曾开工。二十八年秋始整理机件,建筑厂房,购置原料,筹备开工。二十九年春出品药棉纱布后,因营业兴盛,添设布机,自织布匹,旋感厂屋不敷应用,且时有空袭之威胁,乃迁往渭河南益门镇太平庄,自置地基12亩,建筑厂屋若干间,办公室、机房、工场、饭堂、宿舍等俱备,均系木房,所费建筑费约65万元之谱,并用水力原动。三十年秋,增设布机及织袜机；同时将药棉纱布产量增加，以供军民需要。总厂现仍在渝，主要负责人为李国伟、章剑慧、华迩英等。

（二）机器　5 H.P. 水力发动机1套、煮炉2座、高阳式布机42台、袜机7台、整理机4台、合线机16台、济苍式纺纱机20台、中华实业社式纺纱机10台、筒子车50部、纡子车4部。

（三）原料　20支纱、棉花、颜料、漂粉、烧碱等。

（四）出品

种类	商标	每月产量
400 gr. 纱布	健康牌	2 000 磅
400 gr. 药棉	健康牌	1 000 磅
400 gr. 药棉	飞轮牌	2 000 磅
厂呢	健康牌	300 匹
各色厂布	健康牌	400 匹

（五）制造程序　1. 药棉纱布：脱脂、漂染、通酸、整理、包装。2. 布匹：染色、合线、浆纱、综纱、织造、整理。

（六）组织系统　经理下设正副厂长，下分工务、会计两股。全厂职员11人、伕役6人、技工35人、粗工120人。

云南省

滇省地处边陲，交通素不发达，工业一向落后，民生四大需要之衣，大半仰给于外。据战前海关统计，滇省每年纱布入口总值竟达国币1 500万元。为数之巨，诚属惊人！政府当局鉴于衣被供应关系民生亟为重要，为提倡本省纺织事业以利民生起见，爰由云南经济委员会筹备云南纺织厂，建筑厂房，购办机械。二十四年开始筹备，历时两年，至二十六年八月正式成立。自抗战发动，滇省成为后方重镇，经济建设中心，各业相继林立，人口激增，纱布需要亦渐浩繁。原有纺织一厂出品不敷供应，扩充纺织事业，已属刻不容缓。为求供需调和计，复由经济委员会与中国、交通、富滇三银行投资，扩充裕滇

纺织公司。二十七年开始筹备,至二十九年开工。兹将滇省棉纺织工业概况简述如后:

一、云南纺织厂

(一)建筑　本厂系云南经济委员会创办。民国二十四年四月经委会开始筹备,收买昆明市玉皇阁北面耕地60余亩建筑厂房,订购机器。二十五年八月厂房建筑完成,机器亦全部运到,于二十六年七月底装设竣事,即于八月开工。其厂房建筑计纺纱、织布厂各一所,均系锯齿式平房,取其光线平均、厂内工作便利也。

(二)设备　纺纱机为美国沙谷罗威厂1935年出品,织布机为英国迭克生厂出品。其传动方式,纱厂部分除梳棉机为地轴传动外,余均采用单独马达。布厂部分各机完全采用地轴传动,兹将机器设备列左〈下〉:

纱厂	打粗纱头机1台	打垃圾机1台
	喂棉机4台	直立式开棉机1台
	一道清棉机2台	梳棉机24台
	三角机2台	并条机4台
	头道粗纺机3台	二道粗纺机6台
	精纺机13台	摇纱机40台
	成包机2台	
布厂	筒子机4台	经纱机4台
	纬纱机2台	浆纱机1台
	织布机60台	折布机2台

除上列机器外,纱布两厂均装置喷雾机全套、自动喷水管及水桶等。

(三)组织　内部设厂长副厂长各1人,总揽全厂行政技术事宜。下设秘书处、会计处、制造部、营业部。秘书处分设购料、庶务、仓库、文书、物料、人事各组科及稽查、医务两室,会计处分设会计、出纳两组,制造部分设纱厂、布厂主任、工账组,纱布厂主任之下各辖运转、保全、电务、统计、试验各部,营业部分设销售、会计两组。

(四)原料　纺纱原料在民国二十六年开工之初,系采用申花、沙花、缅花三种。自越南、缅甸沦陷以后,滇越及滇西交通断绝,运输不易,乃就渝、泸、叙等处设立办事处,自行购运陕、川、鄂、湘花来滇供应。但因战事军运频繁,公商车辆不易购运,为谋运[输]便利计,乃由经济委员会组织运输处代厂运棉。依照原订每日工作24小时计算,每年约需原棉3万余担。近年因电力供应关系,每日午后6时至12时之间均供照明,致该厂机器用电不能供给,每日仅工作约18时,其原棉需数较前略减。自三十二年度起该厂生产原料棉花,概由财政部花纱布管制局在陕、湘、川、鄂四省采购,分批供给。

(五)生产　出品分纱、布两类。棉纱又分10支、14支、16支、20支、22支、24支,并以10支者为主(其余纺纱供该厂织布之用)。棉布分9磅、11磅、12磅、14磅、16磅数种,其中以11磅斜纹及12磅细布为主,余应市场之需要。而制织纱布产量,依照前实际工作每日15小时计算,每月能产棉纱约400余大件,厂布约2 000余匹。产品商标,棉纱为金龙、碧鸡两种,棉布为金龙一种。

(六)福利　职工约1 000余人,因分班工作,除由厂供给膳宿外,并设有医务室、书报室、娱乐室、运动场,以供职工业余活动。又举办团体寿险及抚恤条例,以增进职工身心之保障。工友补习教育亦分别实施,藉以养成学术并进之美风。

二、裕滇纺织公司

(一)建筑　民国二十七年十二月间开始筹备,系经济委员会与中国、交通、富滇等银行合办之公营生产事业。厂址仍就昆明市玉皇阁之西南,购地100余亩,建筑25 000锭纱厂1所。旋因建筑工程浩大,为提前开工以求纱布供应计,暂于大货栈先行装置纱机六千数百锭,于二十七年七月一日开始生产。讵意厂房建筑期间敌机肆扰,致公司一部分机械被毁损失。为安全计,另择西山龙王庙附近建筑分厂,历时年余,厂屋机械始均告竣,三十一年十月一日起正式开工。截至目前为止,总厂装置纱机7 560锭,西山分厂装置纱机10 080锭,均已全部开工生产。

(二)设备　机械设备均为英 Tweedles Smalley co. Platt Brarners 工厂1939年出品。其配备于下:清棉机2套、垃圾机2台、粗纱头机1台、钢丝机

61台、条子机10台、粗纱机16台、细纱机140台(中国出品)、成包机8台(中国出品)、大打包机1台(自造)。

(三)组织 以董事会为最高机构,由股东会推定人选组织之。董事会下设经理副经理各一人,总揽公司全部事务。下分设总务、工务、财务、业务各处。总务处辖人事、仓库、文书、庶务各科,工务处辖第一、二工场主任,财务处辖会计、出纳各科,业务处辖营业、材料各科,总务、工务两处除设主任之外,并各设总稽核及总工程师一员,以协助总工两部事务。

(四)原料 所用原棉,前向农本局订购,后以运输关系,乃告终止。唯因需要棉花较多,自二十九年度起与云南纺织厂合作,径向川、湘、鄂省设立机构采办棉花,并委托经济委员会运输处代运来昆,供给尚无缺乏。至三十二年度因政府实行花纱布管制,该公司原棉与云南厂所需悉由财政部花纱布管制局定量就渝陕等地购拨,自行运昆供给。依照现时每日工作15小时计算,每月需要棉花约5 000市担,全年需棉约6万担。

(五)生产 棉纱分10支及20支两种。按目前工作两班计算,每月约产棉纱600余件。设原料供应不断及电力充足,工作时间延长,产量自可增加。产品商标为五花、西山两牌。

(六)福利 职工合计1 500余人,均由厂供给膳宿。并设有员工子弟学校、职工团体寿险、消费合作社、医务处、运动场等,以安定员工身心,增进工作效率。

以上为滇省云南、裕滇两纱厂概况。此外,小型纺业亦有数厂,再列其概况于后:

三、云茂纺织厂

云茂纺织厂为经济委员会与昆明茂恒商号合办之小型纺织工厂,三十二年十月开始筹设,在昆明金殿公路小坝附近建筑厂房。内部计设新农式小型纱机384锭、动力织机20台。纱机已装置就绪,于三十三年八月起开始工作,布机尚在装配中。产品为棉纱、布匹两种,原棉系就地购用,产量因该项纱机在昆为初次设备,其效率如何,须待试验结果而定。产品商标亦未确定。共有职工150余人,分三班工作。组织设经理1员,下设厂长1员。厂长之下分设工务、业务两处。工务处分纱布厂运转、保全两科,业务处分会计、事务两科,会计科下分出纳、审核,事务科下分仓库、庶务。

四、太华纺织厂

太华纺织厂纯系商办;三十一年七月在昆明冈头村沙坝营建盖厂房,设有中央机器厂出品印度式小型纺纱机两套,计336锭。于三十三年一月份开工,每日分两班工作,共10小时,每月约产棉纱10余件。原棉采用陕、湘、鄂花,每月约需100市担,在渝或就昆购入供应,职工约110余人。出品商标为熊猫牌。厂内组织于总经理协理下分工务、业务两部,工务部分总务、工务两科,业务部分会计、营业两课。

五、中央机器厂附设小型纺纱厂

中央机器厂为求改进所造纺纱机起见,曾于三十年元月附设纺纱机实试工场一所。内装小型纺纱机两套,共计336锭。旋为原棉供应不足,已于三十一年五月间结束。

六、中原纺纱厂

中原纺纱厂系属商办,厂址在冈头村,设置小型纺纱机168锭。开工未久,因原棉供应困难,近已将机械出让与实业银行。

综观该省纺纱工业,因受战时物价高涨及原料供应困难影响生产,今后欲求全省衣被充分供应,必须推广植棉,以谋纺纱原料自足自给而利棉纺工业。查该省植棉事业前经政府指派主管机关推行,惜以财力技术缺乏,未能尽量发展。前岁经济委员会设立收花处,为云南、裕滇两厂收购原棉,并于开远、蒙自等处专设棉场,实际提倡种植木棉,倘能顺利进行,则于纺纱前途大有裨益焉。

广西省

桂林

（一）广西纺织机械工厂　原有中央研究院棉纺织实验馆机器，计纱锭1 864厂〔枚〕、织机47台、自造大型纺纱机。其梳棉机仿造沙可罗威尔，并条机仿造Platt，粗纱机仿造Whitin，细纱机仿造Ricter，预定连原有纺机制成10 000锭。现自制者已开1 000余锭，另有该厂自造之印度式纺纱机336锭。

（二）新友企业公司　自三十一年春内迁以来，设铁工厂于桂林良丰，迄今两年，已造成新农式纺纱机17套，计2 176锭。现继续大批制造，以应各地需要。并准备制造大型新农式纺纱机。

（三）广西省工业试验所纺织示范场　有新农式纱机3套，单独马达传动，纺出棉纱，完全供应自备之铁木机应用。

（四）中国物产公司所办之中国普达织造厂　有新农式纺纱机两套，现在日夜生产。

（五）广西银行与广西企业公司合办之桂林纺织厂　有新农式纺纱机及前南宁布厂之力织机，待原动机安装完成即可开工。

全州

第五军眷属工厂　有印度式纺纱机160锭。

原载《纺织染工程》1947年第9卷第1期

战时之交通（节选）

《中国战时经济特辑续编》编委会

交通为一国之命脉，是故国家之强弱，基于交通之便利与否实有密切之关系。我国地大物博，甲于全球，其所以未能树强于世界，虽有其他之主因在，但交通之未致力，则为不可讳言者。职是之故，经济衰落，民生困苦。自国民政府成立后，深以交通建设影响于国家之发展甚大，故比年以来积极建设，不遗余力，徒以格于种种事实上之关系，与国内目的〔前〕之所需相距尚远。正期此后分别缓急，逐步进行，不意抗战事起，原定计划，遂不得不随战事之演变而趋向后方西南各省之建设矣。

西南各省地属高原，崇山峻岭，浅滩湍流，向为交通落后之处。今则因适应战时之需要，对交通建设均按抗战建国纲领之主旨积极进行，至今成绩斐然。现将战时交通建设分铁道、公路、航政、电政、邮政诸端，提要分述于下。

第一节 铁道

一、战时之运输（略）

二、新路之建设

旧有各路，除随战局之演变而告沦陷外，其未沦陷者则极力维持军运、货运、客运。同时,西南、西北各省已成为后方重地,政府鉴于欲开发西南西北富源,发展地方经济,对新路之建筑努力以向。盖在西南之四川、西康、贵州、云南、广西与西北之陕西、甘肃、青海、宁夏、新疆等 10 省中,人口总数约 10 000 万名,土地面积约 492 万方公里。但如此广大地域,仅有滇越铁路及陇海路之潼关西安段、西安宝鸡段、个碧石等数段,合计长度仅 900 公里。若欲开发西南西北之富源,则繁重之货运与军运,均非负重与致远之铁路不能胜任。故在积极进行下,已完成通车与正在赶筑中及计划中者之新路,约有下列所述之路线:

(一)成渝铁路 本为川汉铁路之西段,自川汉铁路失败后,搁置达 20 年之久。民国二十五年三月,铁道部遵照五中全会之议案,首先筹建成渝路。分八队测量,其路线由成都至重庆,为川省物产富饶之区,全长 523 公里,建筑费约需 5 000 万元。政府除组川黔铁路公司收足资本 3 000 万元外,并由法国银团承借购料款 2 450 万元。该路于二十六年二月开工,战事发生后,奉令提早完工,兹已完成通车矣。

(二)川滇铁路 由四川叙府至云南昆明,全长约 1 170 公里,归川滇铁路公司承建。现已完工者,计有新津至王〔五〕通桥一段,长 142 公里;犍为至清水溪一段,长约 15 公里;江门场至叙永一段,长约 10 公里;共计完成之里程为 167 公里。

(三)湘桂铁路 为西南通安南之要道,其路线由粤汉路之衡阳站起,中经桂林、柳州、邕宁、龙州至桂越交界之镇南关,与滇越铁路支线接轨,全长 950 公里,分四段兴筑,以衡阳桂林为第一段,桂林柳州为第二段,柳州邕宁为第三段,邕宁镇南关为第四段。其衡桂段长约 360 公里,二十六年八月沪战发动即筹划兴筑,10 月开始动工,二十七年九月通车。此段路线在平时须 2 年完成,今则费时仅 10 个月,缩短时间达两倍以上,共费建筑费约 3 600 万元。桂林柳州段,亦于二十八年十二月十五日通车,其余二段路基亦已完成,正在分段赶筑中。

(四)宝成与宝兰铁路 陇海铁路通至宝鸡后,即有西上与南下二路;西上者,以兰州为目标,南下者,以成都为终点。政府以宝成线在经济价值上比较为重大,且为西北、西南两大铁路系统之主要联络线,故决定先行建筑。该路长约 500 公里,建筑费需 5 000 万元。自二十五年秋间派队实施勘测以来,行将动工兴建。至宝兰线,则俟宝成线竣工后再行兴筑。

（五）湘黔铁路　自浙赣铁路拟改中国铁路公司后,欲将由长沙经贵阳至重庆之西南铁路概归该公司承办。此议虽未实现,而湘黔铁路工程局已于二十五年六月成立,决定先筑株洲至湘乡一段,全路长约1 000公里,需建筑费16 000万元,系由株洲经湘潭、湘乡、新乡、新化、芷江而达贵阳。其株洲至湘乡段业已完成通车。

（六）川黔铁路　以成都为起点,中经重庆、崇溪河、松坎、桐梓而达贵阳,全线长约979公里,业已完成通车。

（七）川陕铁路　自成都起,经新都、广汉、德阳、罗江、绵阳、梓潼、剑阁、昭化、广元而至陕西宁羌为止,其由绵阳至宁羌长约412公里一段已通车行驶。

（八）川鄂铁路　以四川简阳起,经乐至、遂宁、蓬溪、南充、岳池、广安、渠县、大竹、梁山、万县,渡长江而达鄂省之利川,全线长约809公里。其简阳至渠县段长约470公里业已通车。分水岭至万县长约45公里一段亦已完成。

（九）川康铁路　由成都起,经双流、新津、邛崃、名山、雅安、天全、泸定而达西康康定,全长373公里。其成都到雅安段长173公里,现已通车;雅安至康定段则在赶筑中。

（十）川青铁路　此路从川陕路之绵阳起,经彰明、江油、平武、松潘,至索格藏寺而达青海,全长552公里。其绵阳至江油段约长53公里,现已通车。

（十一）川甘铁路　自川陕铁路昭化起,经保宁院而达甘省之碧口,全长100公里,拟计划兴筑中。

以上为国内铁路交通线,而国际铁路交通线则有:

（一）滇缅铁路　为西南通缅甸之要道,系连接滇越铁路。路线自昆明起,经大理、腾冲而至缅甸腊戍,长860余公里。该路工程局于二十七年七月成立,八月开始踏勘测量,十一月起分段陆续开工,预计二十九年可有一段通车。

（二）桂越铁路　自邕宁起,经龙州、镇南关而至安南谅山,以达河内,全长258公里,在我国境内约150公里。该路建筑经费需1 200万元,已勘定自邕宁至镇南关一段由法国投资兴筑,现已在沿线铺设汽车路,以备运输建筑材料。其越南敦旦至镇南关段,于二十八年五月四日通车。

（三）新海铁路　由陇海路延长至新疆之总称，该路完成后，即可由塔城、韦塘子接苏联公路，达西土铁路而转通至苏联首都莫斯科及欧洲各地，现正计划兴建中。

第二节　公路

近年以来，我国公路之建筑颇具成绩。战前所筑公路，自民国二十年迄二十六年，共成11万公里。战起以后，以铁路之沦陷，公路运输更见迫切需要。交通部随战事之发展增修各主要干线，自二十六年八月至二十七年三月，计由中央专案拨款兴筑之最急公路有冀、晋、苏、豫、皖北部之公路，如海州、郑州、开封、汤阴、太原、大同等路十余线，共1 500余公里。其他由军事机关径交省方自筑者，尚不在内。例如江苏一省，于战事发生前早将干线完成。但上海战事发生，战区支路及沿海要塞新路兴筑者达二三千里之多。浙江及皖南方面亦临时增筑公路甚多。又西北方面新增之路线计600余公里。尚有由该部担任一部分经费督造完成可通车者，共3 200余公里。至于各路之沿线修车厂、车站、无线电台、电话等设备亦经陆续添设，并筹设汽车配件制造厂以利运输。

同时，交通部为改善公路设施起见，对西南各省重要公路由该部西南公路运输管理局分别接管，先后通车。西北方面，则有西北公路运输管理局将原有西北各省公路工程及运输管理事项统归管辖，以一事权。关于司机之训练、油料之节省、汽车之修理，亦均由该局等详细计划，严加规定，切实改善。盖非如此，不足充实西南西北各省之公路运输也。复因后方运输可采用人工畜力经营货运，促使出口贸易，增益外汇基金，特设驮运管理所办理此项运输。先行设立叙昆公路驮运管理所，由该路着手办理；估计该路每日运输数量，可逐渐增至100吨；视施行成绩，再推行于川黔、黔桂等路，举办各该路驮运，以应时需而充运输能力。

为适应战时之运输，西北西南各省之公路建设颇有成绩，如西北各省陕西与新疆等省完成公路不下数千公里。如自库伦起，经雅马台、霍达森、沙布克、南北店而入宁夏省,由宁夏再经威远,更南至酒泉等公路业已完成。而由绥远经蒙古而达新疆之绥新公路,亦已通车。至西南诸省公路建设,较之西北尤为发达,计已完成者,共有27 000余公里。而各省之联络干线,则有赣滇、川桂、桂闽、湘桂、川滇、湘鄂、桂滇、川鄂、湘黔、滇黔与川黔等。此外,各省亦均有关于其本省公路之有系统建设计划。如贵州省现正赶筑之干线:(一)川滇路赤威段,现已通车。(二)兴仁路,由兴仁起,经兴义达昆明。(三)安渡路,由安龙经广西百色达龙州,以上为该省与邻省衔接之公路。至各县间之县公路,则有:(一)玉松路;(二)定罗路;(三)都三路;(四)遵平路;(五)遵松路;(六)桐赤路;(七)穗榕路。

在云南,兴修完成或计划之公路有:(一)宣昭路,由宣威起,经贵州威宁而达四川,转达昭通,长约295公里。其宣威至滇黔段则已完成。(二)路开路,由路南达开远,业已完成。(三)开剥路,自开远起,经砚山而达剥隘,长490公里又100公尺。由开远至砚山段业已完成。(四)开个路,开远至个旧,长78公里,业已完成。(五)峨新路,峨山至新平,长184公里,在兴筑中。(六)新宁路,新平至宁洱,长359公里又240公尺,在积极建造中。(七)武元路,武定至元谋,在兴筑中。(八)大丽路,大理至丽江。长180公里又6公尺,在建造中。至各县公路即可完成者有:(一)昆明至富民;(二)祥云至宾川;(三)宾川至永胜等三线,筹备建筑中者,尚有广富、广剥、玉溪、河西、通海、江川、华宁等七路。

至沟通国际公路线,则有:(一)中苏公路,自西安起,越甘肃之平凉、兰州、酒泉、嘉峪关,而达新疆之哈密、迪化、塔城,至苏联中亚细亚土西铁路上之塞米巴拉敦斯克车站,全长4 391公里,业已完成。(二)滇缅公路,自昆明起,经大理附近之下关,而转入缅甸之腊戍,全长约716英里。在腊戍即有铁路直达仰光,共长约630英里,统长1 346英里。该路自二十六年底开工,费时10月之久始告完成,现已通车。

政府为增进公路交通之效率计,拨款7 600万元为改进费,其中5 200万元将用以购买新卡车,1 300万元用以改良路面。在政府对公路不惜以巨款实行建设与改进之下,则今后之公路运输力必能日益发展与强大,殆无疑义。

第三节 航政

我国航业向称落后,是以船舶缺乏,运输极感困难。据战前统计,全国轮只大小共为 3 577 艘,624 783 吨,不及全世界船舶总吨数百分之一(外籍轮船航行我国沿海内河者,则有 511 艘,共计 713 092 吨,超我国总吨位 88 300 余吨),可见其幼稚之一斑。战事发生,交通部为实施江阴、黄埔口、闽江口、镇海、海州、珠江口及马当一带封锁阻塞工事,拨充沉没之轮船为数甚多,航运工具因之益感不敷。计沉没之轮船共 99 艘约达 14 万吨。其中属于招商局者 14 艘,计 20 519 吨。沉没之船为新江天、新铭、泰顺、遇顺、同华、公平、嘉禾、海宴、新丰、德利、福安、华平、万象、静安、老太平、新华安、宏利等艘。其未被作封锁下沉之各轮,除驶往长江上流外,余均因日舰封锁沿海及长江下流口岸后被迫停航。而被日方扣留者,则有逵兴之新鸿兴、大达之广祥、崇明之天赐、华通之中和、源兴之源兴等轮。至战前租与日商行驶而遭没收者,计有中威公司顺丰等 18 轮。故战后航业之损失颇属重大,据初步统计,达 7 000 万元之巨,但其精确数字,尚有待他日之计算耳。

沿海口岸虽遭封锁,而内江航运则仍不辍。更以战时水道运输颇属重要,故交通部为统筹支配、集中航运起见,一面由招商局及各民营航业机关合组长江航业联合办事处,办理江海各轮之军事征用及客货支配事宜;一面令饬各商埠航政局成立内河航业联合办事处,编制各该辖境之内河小轮。施行以来,极有成效。其中最著者,厥为长江航线、粤汉联运航线及湘省航线三项。兹分述如左〈下〉:

(一)长江航线,长江航运情形,可分为两期:

(甲)第一期 自二十七年一月至五月半止;集中各段之船舶,计:(1)集中宜渝洪水轮船、汉宜枯水轮船 14 艘于汉宜段;(2)集中宜榆枯水轮船 11 艘于宜万段;(3)集中叙渝轮船 8 艘于万渝段;(4)集中木船 200 余艘于宜渝段。本期运输成绩:约计疏散人口在 5 万人以上,运输兵工器材 2 万吨以上,运输公物、民营迁厂器材及液体燃料 2 万吨,共计 4 万吨。

(乙)第二期　自五月半起至年底止；集中各段之船舶，计：(1)集中江海轮船16艘以上于汉宜段；(2)集中川江轮船17艘于宜渝段，逐渐集中一部分轮船于宜万段，复集中一部分小轮于宜昌、奉节及宜昌、巴东间；(3)集中木船700余艘于宜渝、宜万段。本期运输成绩：约计疏散人口10万人以上，运输军需品及兵工器材9万吨，运输公物、民营迁厂器材5万吨，计共逾14万吨。

　　(二)粤汉联运航线　此线分三段联运：汉口、长沙、衡阳间，利用水路；长沙、衡阳、曲江间，利用铁路；曲江、广州间，利用水路。计：(1)集中江轮4艘于汉长间；(2)集中北江拖轮驳船于广州曲江间；(3)集中浅水轮船驳船于长沙衡阳间。此线运输成绩：计疏散人口5万人以上，出口联运货物5 000吨，联运内销货物6 000余吨。

　　(三)湘省航线　分为汉口、常德及长沙、常德两线；计集中小型江轮及江浙拖轮30余艘、驳船100余艘。此线运输成绩，除人口不计外，共运兵工器材及迁厂器材5万吨以上。

　　战事逐渐西移后，交通部为适应事实上之需要召开公路水道会议。以西北西南各省现为抗战建国之根据地，关于内地经济之开发、国际贸易之沟通、前方给养之输送，在在有赖于水陆运输。而水道运输较之陆运尤为经济，所有重要水道，自应尽量利用，并设法与公路或铁道衔接，以增进运输效能。特规定水陆联运干线及改进后方主要水道，并拟增加船舶。其水道部分第一期疏竣工程，决议由经济部督促办理，限于二十八年五月底完成；增加船舶，则由该部限期赶造30吨以下之木船1 500艘，以便分配应用。

　　自汉口、广州相继沦陷，重庆、昆明间交通益繁。行政院于二十八年一月十日327次会议设水陆运输联合办事处，特办理渝昆联运，由重庆轮运至宜宾，再经叙昆大道驮运昆明，对于后方运输效率不无裨补。又因川江滩险甚多，船舶上驶，利用人力拉牵，不但费时费力，且易肇事端。近来川江运输益关重要，当经罗致富有学识经验人员组织绞滩管理委员会，改进绞滩方法，拟先择险要之青滩、泄滩等处设立滩站，施用机器绞滩，俾川江航运，得趋安全迅速。

第四节　航空

战前我国航空线,虽有沪汉、沪平、沪粤、京陕、平汉、京滇六大干线,但均在沿海及长江各口,以致战事爆发后,即告停顿。其后经政府积极推动与努力下,中国、欧亚、西南等三大航空公司负责建设新航空线,计有(一)渝蓉线,长达290公里。(二)渝昆线,长达788公里。(三)渝嘉线,长达200公里。(四)重庆哈密线,长达2 700公里。(五)陕蓉线,长达700公里。(六)广琼线,长达406公里。(七)庆邕线,长达551公里。

至国际航空线,战前原有港河线、渝港线、陕港线、昆港线、广河南线、广河西线等六干线。战后因原有航线不敷应用,随又增开中缅航线、中越航线(于二十八年三月八日试航,同月十四[日]正式通航)、中苏航线(系重庆为起点,而以新疆哈密为联络站,然后至苏联土西铁路之阿尔摩塔,而转达莫斯科,二十八年十二月五日正式通航)。此外,重庆与德国间之直接航线,亦于该日成立,中德定期飞行服务正在筹备,不久即可正式通航矣。而中英合办之中欧间旅客与邮件之直接空运,已与英帝国航空公司商妥,其协定于二十八年一月二十四日签字,三月五日曾经试航,其正式通航,尚未有定期,然其对外航空线之添设,则为事实也。

第五节　电信

战时电讯,关系战事甚为重大。交通部特组织战时电讯委员会统筹一切,以应机宜。同时,并与各省所设长途电话线密切联络,以利长距离之通讯。计至二十七年底止,该部增加线路达4 480.5公里;正在设立者,尚有3 583公里。是以在此抗战一年余中,电政方面所用之铜线,可等于以往十年之数量。关于西南各省无线电通讯网之扩充,计已装设无线电台8处,正在筹设尚未完成者14处,话机已装设完成者3处,正在装设者1处。至国际无线电台,则早经完成,可与欧美各大都市直接通报,甚为畅利。

至战时电信之抢修工程,与铁路性质相似,关系军事通讯,至为重要。抗战发生之初,平汉沿铁路电线即遭日机轰炸。为抢修迅捷、便利军讯计,即于保定石家庄等处编组修线工程队两队,配备卡车及自行车,就近随时抢修。至"八一三"沪战开始,复于东战场如南翔、真如、昆山、苏州等处加组修线工程队。旋以战线愈广,工程队亦随之增多;至二十七年底止,分布于各地者,总共约50余队。

至电话之建设,有重庆至昆明长途电话,于二十八年三月一日通话。昆明至成都、昆明至贵阳两长途电话,于同月十五日通话。重庆至香港长途电话,于二十八年八月五日举行通话典礼。此外各省县之电话,亦竭力添设与原有之扩充中,已颇有成绩之可观也。

第六节 邮政

交通部在战事发生之初,为适应作战部队通讯之需要起见,即办理军邮,其设置范围,常随阵地而转移。第一期抗战军邮区域,仅限于晋、冀、鲁、沪、苏、浙诸邮区之内;继而渐及陕、豫、皖、赣、鄂各区。二十七年八月底,经军邮会议,充实组织,整理规章,益加严密。现在鄂南、湘北、粤东、沿海一带,均已发生战事;军邮范围,因之扩大。目下共设陕、晋、豫西、鄂、皖湘、鄂赣、皖、浙江、粤东、苏北等8个总视察段;每一总段内,设若干分段,以便管理。

军邮既经缜密办理,民邮之便利,亦不能不予顾及。自国府西迁,西南各省通讯需要骤增:邮件壅积,疏运困难。因原有交通工具以战时运输过繁,无法充分利用运送邮件,故不得不依照实际需要情形,一面增辟局所,一面增辟邮路,随时调整改进,俾利军民通信。统计自二十七年三月以来新设之邮局代办所及村镇信柜1 294处、信箱630具、新辟邮路10 460公里。此外,并尽量开辟汽车运邮专班及充分利用河道与民间手车,以资疏运。

第七节　战时交通之设施

　　战时之交通概况,已如上述,而其种种设施,则因战局之演变,故随时采取适应事实上之措置。二十八年十一月二十八日,行政院441次会议准交通部提议,设中国运输股份有限公司,目的在统一运输机构,集中人才,加强管理。举凡公路、铁路、水路及航空运输及运输工具之制造、装配,统归该运输公司办理,以期增进运输之效能,配合战时之需要。查六中全会开会时,曾有提议设立运输部之议案,当时即交付特别委员会,予以考虑。今中国运输公司之设立,或即就原来之提案,加以修正耳……

　　自沿海口岸遭受封锁后,仅浙东宁波口岸,照常维持航行,为入内地之要道。是故内地土货之运销沦陷区域及沦陷区之货物运入内地,俱以宁波为转运集散地,因之宁波防守司令部特订定航运办法,唯因时有变迁,其章则从略。

　　总之,交通与军事相为表里,因军事之发展,益增交通之重要,只以我国交通建设未臻完备,应付建国伟业,不无困难,幸交通员工,无论路、电、邮、航,咸能以本位之精神,充实交通之机能,不负使命。而政府为战事之需要,对交通建设积极扩展,完成建国任务,尤为昭人耳目之事实。

　　节选自《中国战时经济特辑续编》之第九章《战时之交通》,1940年版

扬子江水利委员会整理后方水道之经过

傅汝霖

抗战以还,后方交通最感迫切需要,水运之改善,为当前急务,本会奉命整理湘桂水道、岷江马边河及酉水各水道,大都坡陡流急,滩险罗列,低水时期,水深不足,若施以渠化,则费用浩大,工程非仓促所能完成,将无以应抗战之需要。经切实筹维,采用导流浚渫炸礁等方法,将各水道加以改良,俾早收实效,爰将办理经过情形概述如次:

(一)整理湘桂水道 湘桂两江源出桂北,中介灵渠,南通苍梧,北达长岳,贯通长江珠江之航道,绾毂湘桂两省之运输,对于西南交通至关扼要,唯以水浅坡陡,沙滩罗列,礁石暗布,非特河运本身功能无由发展,且往来行舟,反视为畏途。二十八年秋,本会奉命加以整理,于桂林成立湘桂水道工程处,就查勘测量之结果,先行整理桂林大溶江间及桂林平乐间桂江之局部改进工程,计分整理堰身、改建堰口、导浚航道、打除礁石、设置绞关及添设航行标志等六项,于二十七年十一月二十八日兴工,至二十八年四月上旬完成大溶江桂林间局部改进工程8处及桂林平乐间3处。四月以后,即为高水时期,停止办理,至同年八月继续兴工,办理桂平间各部工程凡27处,至二十九年二月竣工,二十九年及三十年冬,复分别举办补充工程,将次要之滩险,加以整理,俾全段航道之水深,达到同一之标准,至三十一年一月底全部告竣。而湘桂水道工程处以工作告一段落,亦即结束撤销。桂江上游经此整理后,流势减缓,水流增深,向之仅能行驶三四公吨之船只者,今则载重10公吨之船只可以畅行无阻,并以航道拓宽,上下船只可以同时并行,航行困难既多减除,而航行时间,亦较前大减,据二十八年九月初旬及二十九年一月中旬之实地查验结果,同一载重船只,由平乐上行至桂林,改进后航行时间较改进前缩短

45小时之多，设每日航行10小时，即可节省四日半，约为原有航程时间三分之二。又据广西省政府之调查，二十九年度之货运量较二十六年度几可超出一倍，局部改进之成效，概可想见。然此仅为应非常时期之需要，至湘桂水道之根本治导，则已拟有具体计划，因闸坝工程较多，目前施工颇有困难，须俟战后促其实现。

（二）整理岷江航道　岷江[为]扬子江上游重要支流，自灌县以下经成都、彭山、眉山、乐山、犍为、宜宾等县，均为四川盆地人口稠密、物产丰富之区。国府西迁以来，沿江矿产之开发，工商业之发展与人口之增加，均有蒸蒸日上之势，而货物之运输与旅客之往返，除少数可以利用公路外，大多则唯岷江之水运是赖。唯查岷江水道情形，比降陡峻，滩险密布，30公吨以上汽船，仅高中水位时可以通行于乐山宜宾之间，成都至乐山之间，则仅木船可通。低水时期，水浅流急，船只载重既减，往返时间亦增，并有险滩多处，水势汹涌，偶一不慎，即有倾舟毁船之虞，以致航行困难，运输效力减弱。二十九年二月，本会奉令加以整理，谋在蓉叙间终年通行适宜之汽轮与较大之木船，以1.5公尺为低水时期之标准深度，唯工艰费大，须分期实施，乃决定首从下游乐宜段着手，于二十九年九月间，开始兴工整理宜宾、犍为间思波溪、清油坝、夯口、石马槽口、老君碛、乾龙子等六处重要险滩，整理方法，浅急处以导流为主，浚渫为辅，使河槽固定，水流趋一，而增加航深；险恶处则着重炸礁，平缓流势，使航道顺适，流速平匀，俾航行安全；并于坡陡流急处安设绞桩，上行船只，可借以缩短航行时间，至三十年四月十日先后完工。于竣工时，曾观察各险滩水流变化情形，已较前改善，航道增深自12公寸至78公寸不等，水流亦已平缓。三十年九月继续兴工，除上述六处重要险滩按照原定计划予以完成外，并将雷劈石、石鸭子及肖家湾险滩整理告一段落。据本年四月之实地调查，往年此时由犍为下驶之木船，载重量最大不过二十七八吨，今已增至四十六七吨，且触礁覆舟之事，已无所闻，行驶安稳，可以想见。全部整理工程，预计三十二年内完竣，嗣后乐山宜宾间在枯水时期载重四五十吨之民船，可以通行无阻，而载重五六十吨之汽轮，亦可终年航行矣。

（三）整理马边河航道　马边河为岷江一重要支流，下游马庙溪一带，煤藏甚富，有嘉阳张沟等矿，日可出煤千余公吨，均以马边河为运输要道。唯自马庙溪至河口一段，计长26.3公里，计有大口险滩40处，洪水时期，波涛汹涌，每致停航，枯水时期，水深不足，航行尤感困难，致煤运滞阻，影响后方燃料供给甚巨。三十年二月本会奉命整理，即派员实地勘测，拟具"马边河马庙溪河口间水道整理工程计划"，规定最低水深为 7 公寸，底宽为 10 公尺，旁坡为一比四，使载重八九公吨之船只，在枯水位时，可以上下通行无阻，整理方法，分炸除礁石、浚渫航道、开辟纤道及安设绞关等四项，施工地点计 40 处，由岷江工程处设立工程段办理之，于三十年四月十日开工，至本年三月十四日全部告竣。该段水道经此整理后，险礁悉除，浅滩浚深，由 3 公寸增至 7 公寸，煤运已畅通无阻。据嘉阳煤矿之记载，三十年三月最高载重为 11 公吨，最低为 6 公吨。本年三月，最高载重为 17 公吨，最低为 11 公吨，两相比较增高几达一倍，依此计算，在每届枯水时期十一月至翌年三月，五个月内，可节省运费 270 万元，而本工程共用工费 64 万余元，一年之枯水时期，所有运费即达工费之四倍以上，若再加缩短航行时间（上行时间较前减短四分之一）、减除撞毁船只（已往每年毁船二三十只，自整理后一只未毁）及增产煤量之利益，其裨益抗战，非可以数字计也。

（四）整理酉水航道　酉水为沅江左岸一大支流，长约 300 余公里，源流所经，尽系崇山峻岭，在黄龙潭至沅陵间水道，川盐多借此运入湘西，航运颇繁。自宜昌沦陷以后，该段水道，关系尤为重要，为川湘水陆联运之干脉，亟须整理，以便航运。本会于二十九年十月奉令办理后，即派员查勘，拟具"整理酉水航道工程计划纲要"，以浚渫导流炸礁等方法，整理主要滩险 31 处、零星工程 28 处及开辟纤道安设绞关等，使现时航行酉水中之船只，可以终年通行。低水时期之航深，规定为 5 公寸，航道最小底宽为 6 公尺，施工范围，自龙潭至保靖间，共长 113.1 公里。三十年二月间，开始兴工，至是年大水时为止，已择要将炸礁浚渫及辟修纤道等工程实施告一段落，大水时期，仍继续炸辟溪道，其余工程，于三十年九月间赓续赶办。至本年四月，除小部工程须一至□后办理外，颇均按照计划实施完竣。浅滩经改进后，航深均达规定标准，行驶方便，尤以驼背一滩凶险为全河之冠，往昔上行船只，必待盘驳后始行曳过滩，今则径沿新龙航道前进，而绞夫可以省去过半，改进后之成效至为显然，船只之载重量，因以由二三公吨增至五公吨余，而上行船只牵挽时，因可遵循新辟纤道，节省挽力与时间甚多，估计枯水时期，同一船只之运输效能，较前可增加三倍，将来全部工程完竣后，当不止此数。

本会整理上列各项水道前后将近 4 年,施工地点大多在穷乡僻壤,深山高谷之间,水流汹涌湍急之处,值兹非常时期,一切设备极为简陋,办理自多困难,就事业言,所供献于国家者实甚为微薄,唯在事员工,均能精进力行,忠勇奋斗,不辞艰险,不辞劳苦,使各工程按照核定计划顺利进行,如期告竣,有大禹菲饮食、恶衣帐、卑宫室而尽力乎沟洫之精神,则每引为欣慰焉。

原载《行政院水利委员会季刊》1942 年第 1 卷第 2、3 期合刊

中国西南之经济发展

李卓敏

我国自抗战四年以来,虽沿海各埠以及沿海岸铁道公路线之重要镇市,不幸先后沦陷,然我国仍能力抗强敌;此不但因政治上国民政府在西部诸省已日臻巩固,以及军队之组织日臻完善,亦因经济上后方之资源已入于充分发达利用之途。本文之目的,即在说明此经济方面之发展情势。

考我国战时经济之基础,厥在西北各省,如陕西、甘肃、绥远、青海、宁夏、新疆以及西南各省,如四川、西康、贵州、云南、广西。此并非谓其他各省于经济上毫无贡献,不过因其近于前线,军事上尤较经济上为重要耳。西北各省之重要出产为皮革、羊毛、牲畜,但我国之重要输出品如桐油、茶叶、猪鬃、皮革、锡矿等皆产自西南各省,良以西南各省在气候上以及资源上得天较厚,而运输上又较西北各省为便利也。因此下文讨论之范围,仅限于西南经济发展之趋势,惜现时若干统计材料皆未能分开,而若干已发表之统计刊物又因故未能继续出版,故此文之所论列,乃不过根据已经搜集之资料。就此文之目的言,此资料亦已足矣。

抗战以前,西南各省多重农业,工厂则不过数家,但自抗战开始后工厂骤然内迁,西南已呈工业化之象。吾人只观各内迁工厂之性质,即可概知西南之工业为何如矣。抗战开始后半载,战争尚限于上海一隅,其时约164家私人工厂即已开始内迁,计其中66家为机器金属工业,19家为化学工业,18家为电气及无线电零件工业,14家为印刷工业,7家为纺织工业;其余或为食品制造,或为玻璃陶器工业,或为造船,或为炼钢,以及他种工业。当此批工厂内迁时,2 500余熟练工人及5万吨之机器材料皆一度积存汉口,以便输送至重庆、成都、长沙、株洲、贵阳、昆明以及梧州等埠。至二十八年四月,内迁机器材料已达 63 000 吨，其中 60% 迁入四川，其余则迁至陕西、湖南、广西各省。机器金属工业占全部内迁机器材料 40%；其次则为纺织工业，再次为化学、文具、电器、食品、矿冶等工业。75 000 熟练工人亦已随厂内迁，其中有 2 000 女工系来自纺织厂。政府在选择内迁之工厂时，侧重于能特别辅助发展内地工业之工厂，至于国营兵工厂以及其他政府企业之内迁，皆未列入以上数字。

根据最近之统计，西南已内迁就绪之工厂达 504 家，其机器材料约计 20 000 吨。以纺织工业而论，有纱锭 280 000 枚，织机 400 台。在四川、云南、贵州三省之工厂，其资本在 20 000 元以上者，有 472 家。

至政府之内迁工厂，最要者为兵工厂及重工业。据二十八年四月之估计，吾人至少有四大冶矿厂、四家机器制造厂及电气厂以及四家化学工业厂。即以四川一省而论，吾人已有三大钢铁厂。贵州之水银厂已经开工，在云南则有一大规模之机件厂以及一飞机制造及飞机零件之制造厂。

在抗战以前，内地原仅有极少之城市能获得电流。但自抗战开始后，特别自汉口失陷后，内地已设立若干新发电厂，而旧厂亦已扩充，甚至西康、青海之若干城市，亦可获得电流之供给。在西北及西南各省，有若干地点原可利用水力发电，但以需要大量之资本，故未能设厂。至现有之厂及拟设之发电厂皆为小规模，且疏散于各处，以期减少轰炸之损失，此亦战争期内必然之趋势也。

吾人如欲求我国西南工业化，当不能仅止于内迁若干工厂而已，因此吾人当努力于工业合作运动。此运动始于二十七年八月，至二十八年四月，已有 657 工业合作社散布 10 省之广，社员则达 8 596 人。及至二十八年八月，已有 1 600 余之工业合作社组织就绪。直至现在，其放出之低利贷款约达国币 100 万元。借款之各种工业皆受合作社之指导，至其产品则有：矿产品如煤、铁、金矿；手工制造品如纺织机、织布机；日用品如布匹、纱布、纸张、肥皂、面粉、蜡烛等；以及军用品如制服、军毯、鞋袜等。当工业合作协会创办之初，国府借拨 500 万元以作经费，但因后来成绩极佳，尝陆续增发补助费。至三十年一月时，行政院复通过增加其资金，约已数倍于前矣。

抗战以前，西南采矿之方法多极原始。抗战之影响，使内地亦得见现代之开采方法，盖若干大规模采矿公司皆全部西迁。如河南之中孚煤矿公司、山东之中兴煤矿公司以及安徽之淮南煤矿公司,而其中最珍贵之 4 000 吨机件皆已迁至四川、湖南各地。二十七年夏,利华与源华之煤矿及象鼻山之铁矿机件,亦已大部徙入内地。湖南、四川二省蕴藏铁矿不少,散处各地,战前各地采炼,皆用极陈旧之方法,但现在若干地点已有新式公司之设立。至若其他矿产如铜、铅、锌、金、钨、锑、锡、水银等,内地之蕴藏亦为不少。钨、锑二矿以前所输出者皆为矿砂,现则已设钨铁合金制造厂以及提炼锑、钨诸厂,故输出者非复纯砂矣。

西南各省最显著之经济发展厥为运输之猛进。抗战前,整个中国仅有 14 000 公里之航空线、约 9 600 公里之铁路、111 000 公里之公路以及 18 000 公里之内航线。但抗战以来,即以自由中国而论,即具 16 500 公里之航空线、2 800 公里之铁道、40 000 公里之公路以及 9 000 公里之内地水路线,此项运输路线之大部分皆在西南。抗战以前,上海与汉口号称为空运中心,但现在之重庆亦可媲美。现在之昆明可以与战前之北平比拟,盖已成或拟修之铁路线多集中于昆明也。西南之公路中心为昆明及贵阳,西北则为兰州,至水路中心则为四川之重庆及广西之梧州。

在航空运输上,号称陪都之重庆,已可与后方各主要城市如桂林、昆明、成都、兰州、西安联络一气;至若国际之联络,则南可达香港(自二十六年七月起)及河内(自二十六年至二十九年),西可达仰光(自二十八年三月),西北可达苏联边境(自二十八年十二月起,途中经过哈密、迪化、阿拉木图),如引而伸之,则可直达南洋、美洲,以及欧洲大陆各国。

在抗战以前,偌大之西南仅有一法人经营之滇越狭轨铁道,但在二十九年年底,600 余公里之铁道已告修筑完竣,而 4 000 余公里之铁道则正在修筑中。自衡阳至桂林之湘桂铁路计长 366 公里,已于二十七年十月开始运输。此路原拟直至越南,但因受南宁战事之直接影响,于二十九年十月止于柳州,但后又延至宜山,以便直伸至河池而与贵阳接合。今日最引人重视之铁路为叙昆路(774 公里)与滇缅路(773 公里),二者皆已于二十七年冬动工。叙昆路之路线,乃经过蕴藏丰富而未开采之煤矿区域。

战时之中国运输线系以公路为主。在战前,西南公路不过将西南各省省会接合而已,二十六年四月始有 3 000 公里之新辟公路,自南京通达昆明;至二十八年七月,国民政府在西南已控制 4 000 公里之公路,并已载输 725 000

之旅客、348万公斤之行李以及16 000吨之货物,其总距离约为1 000万吨公里。滇缅公路约长1 000公里,经动员200工程师以及征工15万人,始克于二十八年夏赶筑完成。此路在今日有极端之重要性,盖一方面为我国桐油、丝、茶、皮、药、矿产出口必经之路,另一方面又为军用品、机器、金属、汽油、汽车、电器材料、棉纱、布匹之入口路线也。此路自缅甸通至昆明后,复有昆泸路紧接至泸州,而由泸州水路至重庆,一日半即可到达。因有以上各公路之修筑,故抗战以来,输入之汽车货车以及零件等等日有增加。其中一部分为政府及私人企业所订购,其他则为海外华侨与友邦同情人士之赠品。如红十字会之伤兵救护车,大部分皆来自美国、荷属东印度以及马来半岛。

比较言之,西南西北皆乏水路运输,有之者仅四川、广西、湖南三省而已。政府目前正竭力发展水陆联运,如改进湖南沅江之航行,俾与公路衔接而达滇越铁路,以及改良金沙江之航线,以便船只能航行四川宜宾以西1 000公里之水路,直迄云南之青江街,由此地陆运,即可与滇缅路接连。至若湖南、桂州、广西之水路,则皆已尽量利用作军运矣。

为辅助交通运输,最近又成立一驿运系统,以利用所有旧式之水陆交通运输工具,此项旧式运输方法即指人力与畜力之各项运输方法,如人力则或挑或捐,或以洋车,或以板车;如畜力则或骡或马或驴,或用以驮运,或用以拉车。水道则用木船,或驶帆,或打桨,或拉索。总而言之,各项方式,莫不齐备。

我国战时经济基础仍以农业为重,故年来政府除发展西南经济外,并致力于农业之改进。在人力物力未大规模移入西南以前,西南社会仍保持自给自足之形态,当时仅有少数物品如药材、锡矿、茶叶、生丝等为输出之商品,大体上农业尚未商业化。但自抗战开始,因西迁之结果,整个西南面目为之一改,今日之城市,莫不皆为人口密集之城市,因之城市之食粮厥唯乡村之供给是赖。中央农业试验所特见及此,乃联合各省之农业改进所,一方面致力于农业种子之改良,而他方面,则竭力促进谷物之生产。同时资源委员会亦发动若干灌溉计划,此项灌溉计划特别侧重四川一省,盖该省为农业最有希望之一省也。此外,农本局复多方扶助农民,如运销农产,扩大农贷,以及在西南西北各地遍设农业金库等事。因战时经济变迁之结果,大体上农民生活皆有极大之改进,因此农民之积债或皆已偿清,而农家之存有现款数百元者,此日几已成为一普遍之现象矣。

以上各端,不过概述二十六年秋抗战以来西南经济之变迁状况,事实上泰半之建设皆在抗战开始后方行举办,此伟大工作之繁重,而政府所遭遇困难之多,自不待言。然以短短三年之经营,而有如是宏大之结果,不但使西南成为抗战之经济柱石,抑且为将来树立一国家强盛之基础,若非政府与人民之通力合作,历尽艰难,盍克臻此！然而吾人绝不以此成绩而自满,政府目前正拟有更远大之计划,以期于西南经济建设能获得更大的成就。

吾人既知将来之工作计划甚为庞大,则实施时非有大批之技术人才、资本以及良善之机构不为功。政府现在亟求达到各项事业组织之完善,而同时更希望人民竭诚与之合作。至若技术人才及大宗资本,则吾人亟望能获得海外侨胞之援助。

作者在此可告读者故事一则:有友人三岁时即离中国而之美洲,在美国某大学卒业后,在彼邦从事采矿之经营,获得厚利。然而彼每愧其未能为祖国服务,因此于去年毅然返国效劳,在国内能找得工作与否,未尝顾虑也。及抵香港,工业合作协会某君即劝其加入工合运动,余友欣然从之,至今工作顺利,达到协助祖国政府完成抗战建国大业之目的。彼云:无论何种技术人才,在各方面皆未发展之中国,目前实皆有从事服务之机会。吾人当知其言之不谬也。

吾人急需之资本,非指金钱,乃指生产工具及货物而言。事实上,中国此时对于各种机器及货物皆同属必要,但较急需者为运货车及汽油,俾从速发展中缅、中俄以及后方各地之运输。吾人所以亟言此项之重要者,盖几乎每种机器吾人皆不克自制,是以必须依赖海外输入;而吾人之农产因端赖天时之故,有时一地丰收而他地大歉,是以必须有通畅之运输以资调节,方可解决粮食问题,进而使战时后方经济更趋安定,俾预定之伟大计划,更能迅速发展耳。

吾人固知在今日国际情势紧张之局势下,任何方式之资本输出皆受各国政府之统制。但吾人既知我国与西方民主各国之国际关系业已如此密切,达至休戚相关之程度,则不难于英美荷兰诸友邦政府间获得通融办法也。吾人可进一言于海外人士者,即西南经济之发展,不但为抗战一时权宜之计,抑且为未来建设新中国之永久坚固基础,基于此种原因,故目前各种资本之输入,尽可视作一种长期之投资可也。

原载《华侨经济》1941 年第 1 卷第 2 期

云贵高原上的民营工业

建 子

滇黔两省，尤其是贵州，在抗战以前，说到工业，真是一片荒芜的高原。据经济部统计处调查的记录，二十六年以前，云南全省境内，比较粗具规模的工厂，公营民营一并计算，总共不过12家；贵州更少，全省只有10家。在一般的设备方面，云南似乎要比贵州稍为强些，但也只在五十步与百步之间，它们在战前全国工厂总数中所占的位置，同在百分之一以下。所以，云贵高原上虽说蕴藏着许多可贵的工业资源，一直到抗战为止，仍旧是一块未经开发的处女地。

抗战以后，在这两个省份内复工的内迁厂矿，因受运输及各种工业条件的限制，虽然不多，可是在政府的鼓励协助、事实需要的鞭策以及从事工业者的努力之下，7年之内，民营工厂已增加到158家，与战前公营民营合计的厂数比较，竟超过了7倍以上。马达的吼声，振破了静寂的高原，粗壮的烟突，也逐渐在古老城镇的周围纷纷竖立起来；荒芜的高原，已开始抽发出工业的萌芽，若从这块575 063平方公里的面积而论，这158家工厂，平均要5 000平方公里才分配得到工厂一家；若以人口25 357 150人而论，更显得渺小，平均16万人之中，才有一家工厂；据三十一年底的调查，两省民营业的资本额，共计国币16 637 550元，若以158厂平均，每家资本不过10万元，按目前的币值来测度，其规模之大小，不难想见。再以两省人口及工业资本计算，每人平均对于工业的投资，只有国币六角，实在太少，但从它们过去的工业基础来说，我们不能不承认云贵两省的工业，抗战以来已有了非常的进步。将来两省对外铁路完成，云南的铜锡铅锌，及贵州的汞铅等主要矿产品，能尽量开发利用，云贵高原不难成为我国主要工业用矿品的供应区域。

根据工矿调整处的统计,截至民国三十一年底止,云南省内具有新式设备的民营工厂共计64家,贵州共有94家,合计只及四川全省民营工厂的10%,湖南的33%,广西省的65%。云南的厂数,虽比贵州少20厂,但其资本额与动力设备总计,平均却比贵州高出约三分之一。这可以云南过去基础较强于贵州来解释。详细资料,且留待后面再举,现在先将云贵两省较具新式设备的民营工业业别及厂数,分类列表于下:

	厂数	
业别	云南	贵州
冶炼工业	—	3
冶铁厂	—	3
机器工业	9	7
动力机制造厂	—	2
工作机制造厂	3	1
翻砂厂	2	—
零件制造厂	—	3
车辆修造厂	1	1
机器修理厂	3	—
电器工业	—	1
电具制造厂	—	1
化学工业	12	37
酸碱制造厂	2	3
酒精厂	2	1
炼油厂	1	—
涂料厂	—	1
火柴厂	2	2
造纸厂	1	9
制革厂	—	9
制胶厂	2	1
制药厂	—	1
皂烛厂	2	5

续表

业别	厂数 云南	厂数 贵州
其他	—	2
纺织工业	20	28
棉纺厂	2	—
棉织厂	16	28
漂染厂	2	—
水电工业	3	—
电力厂	3	—
金属品制造工业	1	3
土木建筑工业	5	9
锯木厂	1	—
水泥厂	1	—
砖瓦厂	—	1
陶瓷厂	1	2
玻璃厂	1	6
饮食品工业	7	2
面粉厂	3	1
碾米厂	1	—
调味品制造厂	1	—
酿酒厂	1	—
卷烟厂	1	1
文化工业	1	2
印刷厂	1	1
铸字制版厂	—	—
其他工业	6	3
总计	64	94

上面这些工厂，都是已在经济部登记过的，而且是截至民国三十一年度为止的数字，此外未登记及三十二年新建的工厂未计在内；但前者大致都是

小厂,规模设备均在最低标准以下,并且据我们所知,厂数也极有限;后者因年来工业凋敝的关系,亦不多见,据工矿调整处初步统计,在这两省内,三十二年度新成立的民营工厂,其规模较大的,仅有造纸厂1家及电力厂1家,而造纸厂尚未正式开工出货。所以上列资料虽嫌稍旧,然对于云贵高原上民营工业的轮廓已可看出一个大概。再看这158家工厂,化学工业以49厂占第一位,其次是纺织工业的棉织厂,也有48厂,几乎占去90%,而冶炼、机器、电力等厂,共计不过22厂,可见尽是些设备简单资本很小的轻工业。

其次,从两省民营工业的资本额,来观测它们的规模。至三十一年底止,云南全省民营工厂资本总计为9 737 950元,贵州为6 899 600元,共计为16 637 550元,只有四川全省的4%,湖南的35%,广西的80%。其分配情形如次:

资本额分类(元)	厂 数	
	云南	贵州
5 000	14	12
5 001—10 000	6	6
10 001—50 000	10	24
50 001—100 000	8	15
100 001—500 000	18	25
500 001—1 000 000	3	1
1 000 001—5 000 000	3	2
资者不明者	2	9
总 计	64	94

据上表分析,以1万至5万元组及10万元至50万元组为多,尤以10万元至50万元组为最多,两共占77厂。而5 000元以下组内,亦占26厂,三组的厂数,已占去全部158厂的三分之二,100万元以上资本的工厂,只有5家,由此可见云贵两省民营工业的规模,实在有加拓展的必要。又云南民营工业的厂数虽较贵州为少,但资本总额却较贵州为多,这里有两个解释,其一是50万元至500万元两组的厂数,云南较贵州多3厂,其二是贵州资本不明的厂数,较云南多7厂。此外,云南过去的基础较贵州强,亦是一个可能的解释。

至于云贵两省民营工业的设备,在动力方面,若以后方三十一年民营工业全部动力的马力作100，则云南全省民营工业的动力占全部0.48%，贵州仅占0.28%，是目前除江西、安徽、甘肃、河南外后方动力设备最差的两个省份。云南厂数虽少于贵州22厂，但动力设备却多于贵州0.2%，这亦可说明云南过去工业基础比贵州强的一个例子。在工具机方面，若以三十一年后方民营工业总数为100，云南全省民营工业占总数1.93%，贵州占2.05%；再以工具机的类别说，以两省工具机总数作100，可以列成下表：

所占百分数

工具机类别	云南	贵州
车床	25.74	39.60
刨床	8.92	1.98
钻床	13.86	7.92
铣床		0.99
磨床		0.99

两省工具机合计总数为四川全省的4%，湖南的12%，可见其设备尚待加强。

关于两省民营工业工人数额，据经济部统计处三十一年调查，计云南6 661人，贵州为2 555人。若以云南64厂平均，每厂不过100人，贵州以94厂平均，仅及28人。这种数字，恐怕未尽完全，但就两省工厂的规模来看，大致也许不会差得太远的。

原载《西南实业通讯》1944年第9卷第1期

抗战中成长之西南公路

萧庆云

一、总述

西南公路为抗战后诞生之新机构，全路计分五大干线，以贵阳为中心，东至长沙，西至昆明，南抵柳州，北达重庆，此外复有自四川綦江至湖南茶洞之川湘一线，跨越川、湘、黔、滇、桂五省，总长为3 500余公里。最初兴筑系民国十七年之长沙常德段及由贵阳至马场坪、黄果树、松坎三段，全路竣工乃在二十五年冬。至统一运输管理则始于二十七年一月一日，是时抗战局势日益扩大，军运频繁，迥非昔比。政府为提高运输能力，健全后方交通机构起见，爰有"西南公路运输总管理处"之设立，隶属全国经济委员会。当时设处于长沙，旋即改隶交通部，更名"西南公路运输管理局"，开始与有关各省洽商接管原有各干线，先自湘省长沙至晃县一段入手，渐及黔、滇、川、桂各省。历时经年，始全部接管竣事。于是开始调整全路组织，逐步推行统一运输与管理。为便于指挥起见，局址亦自长沙迁至贵阳。当时，人才缺少，经费支绌，器材匮乏，而运输则因战局而日繁。于此种环境中，一面须支撑维持，一面又谋改善扩展，应付殊非易易。嗣交通部亦认为以如此绵长之路线，将运输业务与交通管理及工程事项交由一处负责办理殊太繁重，因于二十八年八月予以调整，另设川桂公路运输局专理运输业务，而原有之西南公路运输管理局则改组为"西南公路管理处"，以负工程及交通管理之责。至三十年七月，复奉令改隶军事委员会运输统制局。迨三十一年二月，统制局为统一附属机关名称起见，又令饬改称为"西南公路工务局"，专管工程及征收养路费事宜。兹就其运输、工程、管理三项分别述之于次。

二、统一运输

西南公路,系于二十七年四月十六日开始通车,彼时经费非常拮据,关于业务之周转及油料之储备,端赖借款运用,或竟借油济急,幸能勉强维持。至接收各方移交旧车,总数虽有 105 辆,而可用者仅 70 余辆。适值彼时机关后撤,物资内运,军民移徙,工厂内迁,在在需车。仅恃此接收之旧车,实难应付。中央虽拨发购车专款 200 万元,而外汇一时无法结得,仍属画饼。在万分困难中,唯有在汉口长沙各地登报收购旧车。窘迫情况,可见一斑。后汇兑渐通。即以上项专款购置新车 357 辆,分装客货车身,然仍感不敷,乃又百计设法,向各机关及商业公司等借款购车,约定在承运货物运费内分期偿清。前后成立借款者,有国币 85 万元、美金 56 万元、港币 20 万元,共购得各牌车辆 687 辆。最后又得交通部拨到美贷款案内道奇车一部分。截至二十八年底,实际可供运输者有 880 余辆。于此二十七年四月至二十八年冬 20 个月中,运输物资总额 23 400 余公吨,行驶 14 676 000 余公里,运送旅客 969 000 余人,行李包裹总重 4 564 000 余公斤。

三、工程设施

(一)改善工程 西南公路,原由各省分别兴筑,时期先后不同,人力财力亦异,故各线工程设施颇多差别。更以路线所经为崇山峻岭、悬崖绝壁,建筑之时,或以经费支绌,或为限期促迫,一切设施未能悉合工程标准。路线纵坡有大于 25% 以上,曲线半经〔径〕有小至 6 公尺以下者,路基宽度亦不一律,大部分山路宽仅 6 公尺左右,甚至宽仅 4 公尺者。路面每以大块片石与泥土相胶结,缺乏粗细混合之级配材料。桥梁则大多为石拱或半永久式之石台木面,载重既不一律,且皆岁久失修,桥身腐朽,难于负重。自统一管理后,首先注重原有工程之改善及养路工作之加强,决定原则四项:1.添建新桥,减少渡口;2.充实暂难建桥各渡设备;3.加强旧桥载重;4.修改危险路段。并先后成立各改善工程处以专责成。计桥梁之重建及加强者达 240 余座,全路原有渡口 22 处,除长沙港口益阳 3 处已在破坏路段中外,经兴建大桥者,共计 13

处。其中重要者如筑晃段之施秉桥、重安江桥，筑渝段之綦江桥、赶水桥、乌江桥，筑柳段之怀远桥、三江口桥，筑晃段之盘江桥、江西坡桥等，跨度自30公尺至200余公尺不等，均为钢筋混凝土墩座钢结构纵梁。以材料采购及运输之困难，各桥施工颇属不易，现全路渡口尚余辰豀长江江口彭水湾塘5处，因工艰费巨，暂难建桥，然均经加强设备，添置大批汽划板划，严密管理，以利交通。即已建桥者，于原来船渡设备仍予维持。如遇意外，车辆仍可通行无阻。至路段改善之处，其著者若筑渝段之九龙坡、花秋坪、钓丝岩，筑柳段之擦耳崖、白腊坡、黑石关，筑晃段之盘山、蜜蜂坡、鹅翅膀等处，过去均属急弯陡坡，危险异常。皆经分别彻底改线，或拓宽路基，并于傍山险路悬崖绝壁之处大量添设护栏，总长达53 000余公尺。又埋立路缘石约计120余公里及其他各种交通标志3 600余方。完成以来，行旅称便。至路基之拓宽及路面之经过加料翻修者，约计有800余公里。

(二)建筑新路 二十八年冬，中央倡修川桂东路。其自川境秀山至黔境松桃一段，奉命划归此路测量兴建，路线共长45公里。所经在秀山境内，地势尚平，松桃境内，颇多高山，于二十九年春开始兴筑，迄三十年九月完成通车。一切工程，均严格遵照交通部所定丙种公路标准，路基宽7.5公尺，最大坡度10%。路面宽5公尺，厚15公分，桥涵均为永久式。全路工程及管理费用，共支155万元，平均每公里仅及35 000余元。衡之当时一般物价，颇为低廉。

(三)道路保养 道路养护，系由11个工程处分负其责。每一工程处管辖三四百公里不等，视其所辖路线之长短及工程之难易，分设3个或4个分段。每一分段管辖80公里至100公里。每10公里设一道班，每班规定路工17人，以班长一人统率之。每2道班设工一人监督之。常班之外，更设飞班，担任紧急抢修工作。为安定路工生活起见，于全路各段普遍建置道房，约每隔十公里即建有道房一所，每所可容三四十人。其中除工人宿舍食堂工具室外，复另辟一室以作监工与养路工程人员食宿之所，使员工生活打成一片，以期促进工作效率。现已完成者计有284所。

为提高养路干部人才学识起见，曾开办监工人员训练班，受训期限为3星期，科目分精神训练、技术训练、体格训练及工人管理4项。已受训者有200余名。又举行道班工作竞赛，分路容、道房整洁、路面、业余增产等项目。

各段按季举办,每次派员评判,分别奖惩,收效颇宏。

路工因入不敷出,与夫外界之引诱,在昔颇多逃亡,影响工作极大。故凡可安定其生活者,莫不力为筹措。除前建道房外,并按季贴费制发单棉制服。复视米价之高下,加发米贴。此外,更创办巡回诊疗车、道房壁报及提倡储蓄等等;而最重要者为增产运动,利用沿路荒地及道房余地,并由各段工程处分别购得地3 000余亩,以之造林栽树种植作物。植树分公路行道树与种桐两种。现全路行道树共已植39万余株,内有16万株完全为路工工余所栽。桐树已播种8万余粒,栽植36 000余株。农作物则已有1 000余亩垦殖矣。至畜养猪羊、编制竹器草鞋亦颇有成绩。均于路工略有沾益。将来推而广之,希望能达到自给自足之目的。

四、交通管理

(一)设置管理站　西南公路因路线过长,管理指挥殊难集中,为求管理周密、指挥便利计,于全路各重要地点,如贵阳、昆明、重庆、沅陵、南川等处分区设办事处。每区各辖管理站若干处,负责督导实施交通管理。已成立者有贵阳之三桥图、云关及平彝、盘县、六寨等30余处。自三十一年七月一日起,复奉令改称养路费征收站。站屋系斟酌实际情形,分特等及甲乙丙丁等五种,自行设计建造。

(二)实施联合检查　西南公路运输既繁,军警税务机关咸在沿路设立站所,各别检查,地点不同,手续各异,行车颇感不便。因就冲要地点所建之甲等管理站,邀集各检查机关,集中一处联合办公。实行以来,省时省事,颇称便利。

(三)统一征收养路费　自统一机构成立后,适军公商车辆数量激增,路面损坏既速,养路费用支出日巨,仅恃政府贴补,殊难揸注,乃根据中央颁布之专营公路征收汽车通行费规则征收通行费。嗣为确立公路保养基础,经决定统一征收养路费,奉颁公路保养设施通则及公路征收汽车养路费规则。同时并规定养路费征收率,所收费用,即充养路之用。此项征收率,以料价日高,不得不随之一再修增。自二十八年九月开始时,每卡车每吨公里收费6分,至三十一年七月已增至6角。

（四）训练管理员警　统一公路交通管理工作，在国内尚无足资借镜之处。负荷此项工作之员警，因手续之繁重，规章之细密，非加以适当之训练不可。故曾经先后举办管理人员训练班暨路警训练班。抽调各处站服务员警予以短期之训练。关于交通管理之各项常识规章，征收养路费各种手续之处理，以及服务精神之修养，均经订定课程，认真教授。并举行小组讨论会及座谈会，对各种管理问题作公开自由之研讨。受训后分发各处站服务，尚称满意。成绩优良之路警，并经提升为正式站员，以资鼓励。

（五）完成电讯设备　电讯为交通事业之脉络，各路路线四布，广达五省。非有组织完善之电讯设备，不足以收指挥灵活调度迅捷之效。统一接管之初，各线电讯设备，均极简陋。经逐步整理旧有话线，同时择要添设新线，并完成无线电报通讯网。自运输划分后，此项电讯设备，大部分转辗移交中国运输公司接管。现工务局方面，除利用该公司原有设备，或借用省公路局话线以作短距离通话外，所有各重要工程地段，经与所在地电政管理局洽装长途专线，或自置无线电台。目前已设置者，计共 15 座，全路已能得相当联络矣。

五、附言

西南公路为适应抗战之需要而诞生，且已负荷后方交通责任者五年矣。然以先天不足，成长匪易。不特须予以充分之滋补及修养，使其健全而活泼，即在未臻健全以前，已须尽量发挥其全身之力量。诸如军队之调遣与前方物资之抢运、内地贸易之流通以及人口之疏散，莫不有赖于此路。而在改进期中，如陡坡险途之彻底改善，及多数渡口兴建大桥，匪独化险为夷而已，其有利于军事上之争取时间，迅赴事功，尤关重大。当时主持者之功绩，殊不可没。其经过情形，当为社会人士愿闻。故述其大略如上。现抗战方在争取胜利之紧要关头，战事愈烈，则此路之责任愈大。虽已有极良好之基础，然未来之事业，正与日俱增。瞻前顾后，敢不奋勉乎。

原载《经济建设季刊》1943 年第 1 卷第 3 期

西北工业建设现况及其前途

高平叔

一、前言

西北一区，依地理环境来划分，可分"大西北"与"小西北"。大西北的范围：北界是阿尔泰山脉和蒙古的瀚海，南界是昆仑山脉和东延的巴颜喀拉山脉及秦岭山脉，东界是从北向南流的黄河即〔及〕与黄河平行的吕梁山脉，西界约略相当于中国和苏联的国界。小西北则为对大西北而言，也就是大西北中间的一段，它的范围：北界是瀚海，南界是昆仑山脉和东延的巴颜喀拉山脉及秦岭山脉，东界是南北走向的六盘山脉，西界是玉门关。为便于叙述起见，本文所述，大体属于大西北的范围，而包括通常所谓陕西、甘肃、宁夏、青海、新疆五省。

西北的工业建设，从各种条件来考虑，我们觉得毛纺织工业可能成为西北的中心工业；其次，陕西省的棉花产量极为丰富，将来也不难成为全国的一个重要棉区。为发展西北的毛棉纺织工业，首先就得建立工具的工业。其他如制革、肥皂、面粉、造纸、水泥等工业，亦因原料取给的便利与当地实际的需要，亦须择要举办。兹分别论述于后。

二、毛纺织可能是西北的中心工业

西北各省，由于自然条件的限制，农艺前途，颇不光明，唯有畜牧还可以出奇制胜。偌大的西北，除了极高的高山地带，到处都是牧场，就中尤以祁连山地里的宽谷、柴达木盆地、黄河上游的宽谷、秦岭山地里的低缓山坡，牧场面积甚大,管理畜牧的人甚少,在这些地方增加人口与牲畜,非但可能,而且必要。还有,西北是黄土高原,水量甚少,天然不宜于庄稼,又因地形不利,灌溉的方法也不大适用,逼得我们也只有放弃农业来推动大规模的畜牧。据三十年度各省牲畜估计,陕西、甘肃、宁夏、青海四省绵羊共有 3 478 000 头,即占全国绵羊总数82.62%,山羊 2 302 000 头,即占全国山羊总数 32.20%,新疆省的绵羊 1 000 万至 2 000 万头,山羊 50 万至 100 万头(据中国边疆及新疆概观估计数字)尚未计算在内。可见西北各省在畜牧事业上原已占有极其重要的地位,将来大西北如果真能成为现代化的畜牧区,那末,西北毛纺织工业的前途,实在是不可限量。

现时西北羊毛产量与毛纺织工业的情况,在甘肃省方面,每年可出产山羊毛 90 万斤,绵羊毛 1 000 万斤,总共是 11 万担以上。同时青海与宁夏的羊毛,多数集中到兰州,因而兰州自然成了理想的发展西北毛纺织工业的重镇。远在 76 年以前,左宗棠就看清了这一点,他在兰州创设的甘肃织呢总局,便是以兰州作中心而向西北各地广设分局的一种用意。左宗棠的远见是值得我们永远纪念的!他手创的那个具有历史意义的织呢总局,成立于 1876 年,那年,他正在兰州做陕甘总督。他看到西北特产的羊毛还没有加以利用,便筹集了 8 万镑资金,向德国人购置到 240 匹马力的发动机 1 台,织呢机 21 台,在兰州的畅家巷建设厂屋,聘用外国技师,1879 年出货,每天可以出呢 20 匹。这是中国毛纺织工业的开山鼻祖。不幸,不到一年,左宗棠离开了西北,织呢总局也因人事的更迭而停顿起来。1893 年至 1903 年 10 年中间还改做洋炮局。一直到 1906 年,甘肃的劝业道彭英甲始将洋炮局仍然改回织呢局,添拨经费,扩充内部,聘用比国的技师。但在续办的三年期间,并未获利。1915 年,营业愈加困难,又告停办。延至 1920 年,由甘肃省绅商招集资本 20 万元,向实业厅租用改组为甘肃织呢股份有限公司,继续营业。这是甘肃织呢总局经过的大概。在前此六七十年中,由于政局与人事的多变,由甘肃织呢总局而至甘肃织呢公司,非但生产工具与技术没有能紧随时代以俱进,而且,连旧有的一点机器,一则年久失修,再则又有一部分为军阀官僚所占用,以致纺织工作,时作时辍。这些军阀官僚的荒谬与无知固然是罪不可恕,然而因此而织呢总局没有能担负得起奠立西北毛纺织业基础的责任,则是我们所最为遗憾的。现在该厂已由军政部接办,增拨资金 100 万元。该厂刻尚在大事整理，目前出品以军毯为主，每月约可出军毯××余条。除此以外，目前兰州市的毛纺织工厂，计有兰州、大隆、难民、青年、济生、家庭、民丰、共济、万利、义合、工业职校等12家。其中历史最久的是民国八年创设的甘肃省立工业职业学校附属工厂，该厂最初有编毛机数架，十五年添置纺织机器，供学生实习，规模甚小。规模最大的要算兰州毛纺织厂，纺织机器比较完全，资金60万元，出产单幅斜纹呢、单幅合股花呢、单幅合股平纹呢、双幅各色花呢、床毯、地毯、围巾等，每年出产共约值600万元。此外尚有纺织工业合作社12家，工合毛纺织实验所一家，该所每年生产总值亦在540万元以上，合计共有毛纺织厂社26家，资金共约280余万元。生产能力，则年产军毯95 600条，各种毡毯30 440余条，裁绒毯800方尺，各种毛呢1 062匹。各厂全年营业共约值2 260余万元之谱，工业合作社承制军毯的数量与价值大部尚未计算在内。最近，贸易委员会及重庆中国毛纺织公司在兰州合办大规模洗毛厂一家，为国内仅有的机器洗毛厂，预定每天洗毛5 000斤，现正在运输机器与建造厂屋之中。

陕西省的羊毛，大部分出产在陕西的北部，陕北的榆林俨然成为包头以西的皮毛市场，二十九年集中榆林的羊毛，即有251万公斤，共值约340万元。榆林商人收买羊毛的范围，南至延安以南，西北伸入伊克昭盟的西南部及定边等地，甚至宁夏的盐地一带。在抗战以前，除黑毛大半由当地销用，其余则运销包头，由平绥铁路转运天津出口。从前羊毛畅销的时候，陕北每年输出的羊毛，价值曾达当时币值300万元以上。自从晋绥放弃以后，交通中断，公开交易停顿，但仍有不少羊毛源源私运包头。直到二十八年贸易委员会富华公司在榆林设立收货处，收买陕北羊毛，运往甘肃与苏联交换货物；一面积极向绥蒙大量收购，供给工业合作协会制造军毯的用途，因而资敌的羊毛一转而为自用。这是在对敌经济作战中值得提起的一件事。至于榆林当地所能利用的羊毛，为数极少，据估计，每年本地自行利用的至多不过集中总额的1/20，战前陕西省立榆林职业学校设有实习工厂，备有少数新式工具，但规模甚小。二十六年时，榆林共有地毯工厂15家，手工织造裁绒地毯，约有工人60人，平均每人每月可织造两条，每月共可出产地毯120条。又有毛毯厂21家，共有木机50部，专造羊毛毯，平均每部每天可制一条，每月可造1 500条。战后晋绥两省撤退至榆林的居民与部队日见增加，毛织品的大量需要刺激了毛纺织工业的发展。现在榆林共有公私毛纺织厂19家,毛纺织工业合作社9家,共有纺织机具204具,只有省立榆林职业学校工厂备有一套新式的轻便纺毛机,其余都还是使用手工的工具。除榆林以外,陕西省的毛纺织工厂,西安有13家,宝鸡有9家,三原有1家,大荔、白水各1家。以西安的实验毛织厂设备较为完备,现出产毛呢、毛袜、毛围巾等日用毛织品。三原的第二战区毛织厂,则系由太原迁入陕境,大部使用新式机械,所产毛毯在西北颇为风行。这25家毛纺织厂,每年大致需用羊毛72万斤左右,尚不及榆林二十九年集中的1/3。此外,工业合作协会在陕西省所制军用毛毯,先后制成六七十万条,该会在西安、宝鸡组织军毯合作社10家,军毯实验厂1家,每天可以出毯2 000多条,每年约可出毯六七十万条。他们的实验厂,并已部分的使用新式的工具。

青海省的羊毛,通常叫做西宁毛,这是西北羊毛中最好的一种。它具有几个优点:第一,羊毛柔韧而卷曲,富于弹性,成波纹与锯齿形状,富于鳞片;第二,毛丛密生;第三,羊体健壮,粗毛死毛极少;第四,毛色透明,易于洗涮染色;第五,纤维细柔,长度适宜,对于机械纺织,非常便利。其主要产地:东区为贵德、循化、化隆;西区为玉树综举族、娘磋族、玉树雅拉族;南区为扎武族、囊谦族、苏尔莽族、猓猡族、及雅砻、澜沧江上游一带;北区为都兰来布哈河沿青海淖一带;中区为柴达木河流域。战前青海的羊毛,几乎全部输出。每年共约输出1 550万斤左右。所有柴达木盆地以北的羊毛,由新疆商人转于俄国商人。玉树一带的,则由西康及四川商人运往成都,转于英国商人,顺长江经上海出口。青海淖北岸一带的,由甘肃敦煌、张掖一带的商人收买,以骆驼运往包头,转平绥铁路至平津销售。河东一带及河南诸藏族的一部分羊毛,由甘肃夏河、宁夏一带商人经营,用皮筏由黄河运到包头,由平绥铁路转达平津。河南的藏族及柴达木诸蒙旗的羊毛,均由湟源、大通、循化、贵德的商人经营,亦用皮筏由黄河至包头,然后东出。柴达木西部及玉树西南诸族所产的羊毛,多为新疆商人所收,转往拉萨而输至印度。抗战以后,青海省羊毛无法输出,本省能自行利用的,为数极少。现时除手工作坊外,尚未闻有较具规模的毛纺织工业,因而不得不大部运往兰州,由贸易委员会收购,转运苏联易货,并供给甘肃省毛纺织业的需用。据估计,青海现有绵羊363 000头,山羊171 000头,每年可出产羊毛71 500担,占全国总产量11.3%。

依三十年度估计,宁夏省有绵羊 183 000 头,山羊 123 000 头,每年出产的羊毛是 57 200 担,占全国的总产量也在 9.1%,和青海比较起来,在产量上虽略逊一等,但在工业建设上却来得发达。截至眼前为止,该省已有纺织厂 5 家,其中规模最大的是省办的宁夏省毛织工厂,它的资金是由中央建设专款项下每年拨给的;其次是宁达工厂纺织部以及义兴织染工厂、兴灵纺织工厂、中和纺织工厂,资金一共是 23 万余元,他们出产毛毯、毛呢、毛布、毛袜、毛线等日用毛织物,每年出品共约值 120 余万元。尚有省立初级职业传习所及省立妇女职业传习所,国立宁夏初级实用职业学校附属实习工厂,均有毛纺织部分的训练与生产。最近,宁夏兴业公司正在招股,计划设立毛纺织厂一所,以推动新式机械的毛纺织工业发展。

新疆的畜牧事业,是新疆省人民生活两大泉源之一。该省从事畜牧的人,要占到全省人口的 1/4 以上。因之,新疆省的绵羊多至 1 000 万头乃至 2 000 万头,山羊 50 万头乃至 100 万头。还有人说这个数字估计得太低。我们姑且假定绵羊是 1 000 万头左右,那就已经比后方 15 省绵羊 421 万头的总数超过了一倍。其中,阿尔泰山的羊群与羊毛的品质是相当有名的,而羊毛则尤为新疆出口的大宗。苏联税关 1926 至 1927 年统计,新疆输入苏联的羊毛,约在 869 万斤以上,值 489 万卢布,占新疆对苏联出口的第一位;其余尚有少数运入印度。至山羊毛则运销国内沿海各地,数量无法查考。新疆省自行利用的羊毛,为数亦有限,现除大部分仍为手工制品以外,就目前所知,仅有阜民纺织公司从事新式毛纺织工作。最近正筹组大规模的女子实业工厂,资本 1 500 万元,预定内部亦有毛纺织及绒织等部门。

以上为西北各省羊毛产量与毛纺织工业的概况。西北畜牧的条件不可谓不优,羊毛的产量不可谓不富。抗战以前,占着全国半数以上的西北羊毛,一方面以原料品输出国外供给工业先进国毛纺织业使用;别方面又由工业先进国输入我们自己的原料所制成的毛织物来解决我们服用上的需求。因而西北五省,虽则具有如此丰富的资源,依然停滞在原始的经济生活阶段,西北人民生活的困苦几乎是难以想象的,这一事实是今日我们开发西北时的宝贵的教训。我们首先检讨一下西北现有的毛纺织工业,眼前西北的毛纺织工业,不但在数量上寥寥可数,在质量上尤有待于积极的充实;具有全部机械设备的,只有左宗棠手创的甘肃织呢总局一家,即现在的军政部第二织呢厂,他们的机器还是 70 年前的旧物,而且残破不全。兰州的兰州毛织厂,西安的实验毛织厂,宝鸡的军毯实验厂,也都只部分的使用机器,一部分还得利用手工,其他则全是手工操作,对于生产效率的提高是颇为困难的。在目前战时情况下,我们自然不能徒然憧憬于空中楼阁全部大机器的幻想。同时,军毯木织机每日产量由 1 条增加到 51 条,固然也可以说明中国手工业还大有可供改进的余地,但是,我们却不能不有一个全部改造的计划,一步一步的向机械化的路上推进。笔者两月前离开西北时,工业合作协会正在仿制 HF 纺毛机,由于材料的极度困难,能在短期内完成的数量定然不多。但这类工作还是值得全力来扩充,免得战争结束激烈的市场竞争到来的时候有陷于解体的危险。今后发展计划,应以兰州及其附近为西北毛纺织工业的中心区域,拿甘肃织呢总局或另组大规模毛纺织厂一家来作为发展的基础,然后再向迪化、西宁、宁夏、榆林、西安、天水、平凉、岷县等地添设新式毛纺织厂。在 10 年内,达到 4 万个乃至 5 万个毛纺的锭子。这样,西北一区,就可能每年生产 2 000 万码以至 2 400 万码宽呢绒的衣料。自然,在这一计划之下,我们并不主张西北现有的手工毛纺织业立即加以废止,不过,我们认为西北手工毛纺织工业已经达到相当的数量,似乎不必再作什么大规模的扩充,当前需要解决的,倒是手工业技术的改良与促进小工业与大工业的联系两个问题来得较重要。我们希望中央工业试验所到西北去把这一任务担负起来。

三、陕西省是西北的棉工业区

陕西省棉花的产量与棉田的面积,在战前即已占到全国总产量与总面积的第六位。抗战以后,由于河北、河南、山东、江苏、浙江、湖北等重要棉产地的沦为战区,所产棉花大部为敌伪所掠夺,豫西、洛阳、灵宝一带的棉花亦因东路交通断绝,多数由陇海路倒运关中,因而陕西一省每年集中输出的棉花多至 120 万担,约占后方 13 省所能供给市场总数半数。陕西省的棉花成为了战时西北西南机纺原棉唯一的来源。

抗战以前,陕西省棉花的产量,二十三年 1 908 000 担,二十四年是 959 000 担,二十五年是 1 122 000 担,二十六年是 1 068 000 担,平均每年出产皮棉 1 078 000 担。那时,大华纱厂还在筹备期间,陕西省所能自行利用的为数极少,多数由陇海路运由〔至〕连云港出口或由津浦路运至上海,平均每年输出的棉花,约在 788 000 担以上,占产量的 75.1%。抗战以后,自二十七至三十年四年中间,平均每年的产量是 987 000 担;计二十七年是 1 070 000 担,二十八年是 924 000 担,二十九年是 1 003 000 担,三十年是 945 000 担。比较战前四年的平均产量,每年约减少 9 万担光景。除了三十年棉产的减低由于棉价与粮价的悬殊以致棉农放弃种棉,演至三十一年情况愈益恶劣的一个原因,这一点我们在后面还要讨论以外,二十八年是多少受了黄河水灾的影响,二十七二十九两年与战前相较,则并无显著的差别。

据二十九年调查,陕西省 92 县中,种植棉花的有 60 县,主要的棉区要算下列各县:

县名	棉田面积(市亩)	皮棉产量(市担)
泾阳	375 692	12 391
临潼	320 754	90 434
渭南	255 907	76 770
长安	242 135	72 643
富平	220 816	66 245
三原	211 946	5 291
高陵	170 797	39 239
咸阳	166 156	48 185
兴平	123 007	36 902
华县	10 904	32 714
合计	2 196 257	640 104

以上 10 县都在关中,棉田的面积共计是 2 196 000 亩,要占到全省棉田的 60%;皮棉的产量共计是 64 万担,要占到全省产量的 63% 以上。这些县份都在渭河、洛河、黄河的两岸,土地肥沃,全年雨量平均在 16 吋左右,极适于棉花的种植。其次是陕南汉江上游的城固、洋县、沔县、褒城等处,产量亦颇可观。至于陕北,则因沙砾过多,沟岭起伏,只有延川、延长、肤施三县总共一年出产不到 1 700 担,其余榆林、神木、府谷、米脂、定边、绥德、清涧、保安、鄜县等 16 县,几乎可说是并无棉花的出产。

陕西省的棉花,原有灵宝棉、脱字棉、普通德棉、退化美棉、普通中棉、斯字棉、德字棉7种。普通中棉为陕棉中最早的一种,现已绝迹市场。退化美棉与普通德棉品质不佳,产量亦甚低,但目前种植仍很普遍,可作20支纱的原料。灵宝棉、脱字棉、斯字棉、德字棉4种,都可作24支至42支细纱的原料,而以斯字棉与德字棉的成效最好。这两种原产于美国,于二十二年输入,经屡次试验,证明其最适于在黄河流域种植,二十六年始在陕西省推广。较以往所种普通中棉,产量可增加至65%,较脱字棉与灵宝棉亦高出30%。近年以来,斯字棉的推广工作,在该省农业改进所主持之下进展甚速。二十五年仅试种1 000亩,二十六年推广至12 900亩,至二十九年,推广范围达17县之广,面积857 000亩,较初期增加了800多倍。至于德字棉,该所原在洛河流域试种,本年起计划移至陕南去推广,关中区则全部推广斯字棉。

陕西省的棉产虽如此丰富,但是陕西省的棉纺织工业并不见得怎样的发达。十八年至二十年的时候,陕西全省的衣料几乎全由外省供给,每年从陇海路输入的布匹,至少就有5 000匹以上的数目。同时,截至二十五年为止,尚未见有新式纺织工厂的设立。这一事实,一方面固然足以说明以往陕西经济建设的落后,在别方面也可以看出未来的陕西棉纺织业是极有发展的余地的。

抗战促进了陕西省棉纺织工业的发展,早在二十三年,我们就听说有一家裕秦纱厂在筹备,但在机器还没有运到之前,就夭折了。大华纱厂也是二十三年筹备的,但开工却迟到二十五年二月,真正发生生产的效用也在二十七、二十八两年。此后申新第四纺织厂、湖北官布局两家由汉口迁入陕西,雍兴公司纺织厂也在××坡开办。这样,本来一个锭子也没有的陕西,一跃而拥有6万多纱锭的数目,这不能不说是抗战的赐予。在下面,我们且把这段经过叙述一下:

大华纺织厂是二十五年开工的,它是从前石家庄的大兴纱厂与武昌的裕华纱厂两家在它们所存的公积金项下各提150万元作股本而开办的,地点在西安。最初只有12 000个纱锭,二十六年又由上海运到13 000个纱锭,共有纱锭25 000个,布机820台,于二十七年全部开齐。计纱类可出10支至42支的单纱及20支至40支的双纱,布类可出10磅、12磅的细布,10、13、14、16磅的粗布,以及粗细斜纹、哔叽、直贡呢、法兰绒、各色印花布等数十种。每年消费原棉约8万担,可产纱11 000包,粗细布60万匹。二十八年十月,敌机轰炸该厂，纺纱部分损失甚大，几于无法恢复，刚巧汉口的大成纱厂移到陕西，没有能开工，便把它15 000个锭子转卖给大华，分别在西安、广元两处继续工作，产量方面较为减低，每年约可出产粗细布匹40万匹。去年春间，该厂又被敌机轰炸燃烧，损失更重。现在该厂已经修复，连新置的纱锭，大致共有×××个，开工的只有×××个，每月约可出纱××件。

申新第四纺织厂是二十七年秋天由汉口迁入陕西的。该厂于20年前创设于汉口，资金是300万元，原有纱锭45 000个，布机2 000台，迁到宝鸡的只有××个锭子，××××台布机，还有××基罗瓦特的发电机一座，蒸汽机两部，煤气机两部。于二十八年八月开工，最初只开动××个纱锭，每月只出20支纱××件，现在则已开始到×××个锭子，每月约可出纱××件。它们的发电机，不仅供给本厂使用，还供给附近面粉厂的动力与宝鸡市内电灯的用途。

湖北官布局是张之洞所创设的，原设在武昌，有4万个纱锭，1 000多台的布机，于二十七年秋间与申新纺织厂同时迁到陕西。因为迁移的时间过于急促，许多机件都来不及迁出，移到陕西的不过××个锭子，而内部又老是有问题，一直到二十九年春季才和中国银行商定，由中国银行投资600万元，改组为咸阳纺织厂。在咸阳中国打包厂内复工，第一批先开纱锭××个，每月约出纱×××件。

××坡纺织厂是中国银行雍兴公司所创办的，资本为500万元，有纱锭××个，开工的只有××个，每月出纱约××件。

这四个机器纺织厂，总共有纱锭×××个，开工的只有××个，还有××多个尚没有能加以利用。每月所出的棉纱一共只有×××多件，假定每一个纱锭每年需用原棉3市担计算，则全部纱锭所能消费的原棉至多不过××万担，只不过占到三十年陕西省棉产总额的××%。这一个数目，比起陕西本省棉产量与后方衣料的需要量真是差得太远了，因之，陕西省的改良手工纺织业便在这一情况下应运而起。业精式、兴国式、经建式、西北式、快式等改良纺纱机，便如雨后春笋似的提倡起来。这种改良纺织厂，规模较大的，要算西北实业公司纺织厂、第×战区经济建设委员会纺织厂、陕西省振济会难民工厂以及业精纺织厂等厂。我们也把它们的情况简述在下面：

西北实业公司原设在山西，自二十一年创办以至抗战发生，惨淡经营，规模颇大，计有钢铁、机器、电化、兵工等厂，资金是2 300万元。太原撤退以后，该公司特在三原设一纺织厂，先后购置清花机、弹花机、筒纱机、织布机等，并自制"西北式轮纺机"一种。这一个机器是以弹花机一部并条机两部、纺纱机4部合组而成，每部有纱锭16个，所用材料多数为木质，可纺制16支至20支棉纱，毛纺亦可应用。该厂每年可产棉纱约2万斤，14磅粗布约1 700匹。第×战区经济建设委员会亦在宜川泾阳两处成立三个纺织厂，资金共为50万元，共有经建式纺纱机220部，每部有纱锭50个，共有纱锭11 000个，每年共可出14至16支纱七八十万斤，出14磅粗布62 000匹。陕西省赈济会为收容沿海迁陕的难民，特在宝鸡虢镇设一难民工厂，一方面实施对于难民的救济，另一方面则谋当地生产的增加。该厂有业精式纺纱机30部，建国式织布机3台，收容难民180余人，每年约可出布3 000余匹。至于业精纺织厂，则为业精式纺纱机创制者王瑞基、刘振国所创办。刘王两人原在山西纱厂任厂长、工程师职务，战后退至陕西从事业精式纺纱机的设计，于二十七年设厂于虢镇，由中国银行投资30万元，有纺纱机织布机各60部，每月约可出布1 500匹。此外，尚有农本局推广七七纺纱机，工业合作协会推广水力纺纱机，利华纺织厂采用快式纺纱机。这一类纺纱机都是用人力摇动，或用电力带动，每部纺纱机装置纱锭约50个，大致每4个纱锭，才可以抵得上大纱机一个纱锭的速率；并且所纺的纱，只可作为粗布的纬线，并不能作为经纱的用途。

  以上我们把陕西省棉花的产量与棉纺织工业的现况做了一个简略叙述。在棉产方面，我们觉得陕西省棉花的产量原已相当的丰富，将来如能充分发展，还不难达到每年150万担的产量。而且，斯字棉与德字棉的推广已有了显著的成效，在品质上亦不成问题。所以陕西棉产的前途是有希望的；所成问题的，倒是目前棉产减低的问题。据估计，去年陕棉的产量，不过三四十万担，合产量最丰时的1/4，比起1941年亦不到一半。减少的原因有两个：一个是去年的雨水失调，在棉花结实的时候正好干旱，在收获的时候，反而多雨，以致收获量大为降低。另外一个是粮价与棉价的悬殊，旱田种棉，自耕农须亏本260元，佃农须亏本380元；水田种棉的收获虽较多，但自耕农所得的纯利，亦不过110元，佃农则当须亏本120元，而栽种小麦，每亩至少可得纯利370元。并且自从三十年田赋征实，对于棉田亦征小麦，棉农不但无利可图，且因负累过重,不得不将棉田改种杂粮。因之去年关中区棉田面积大为缩小,棉产量亦因之锐减。这是一个极其严重的问题,由于各地纱厂还存有相当数量的原棉,去年后方的棉荒当不至于表面化,但假使今年的情况并不好转,则那时×××万纱锭所需的原料,拿什末〔么〕来供给?影响到纱价与物价又将飞涨到什末〔么〕程度?实在是难以想象。这一问题的解决,我们首先看到陕西本省纱锭所能消费的原棉,不过××万担,同时,战时交通的困难降低了陕棉输出的数量,战后每年的输出尚不到战前每年的半数,因而陕棉发生了供过于求的现象。针对这两点,自然以增加纱锭扩充棉纺织工业最为基本。其次,由政府大量收购,一面运销西南各省,大量供给各纱厂的需用,以提高陕棉的空间效用,一面还可以免除中间商的垄断与剥削。还有田赋征实与军粮摊派,须改征棉花,不再征收小麦。这样才可以使棉农不至于改种杂粮,后方衣料的恐慌亦不致愈演愈烈。

在棉纺织工业方面,我们觉得陕西省只有××个纱锭,开工的不过××个,所能消费的原棉多不过××万担,只不过占到三十年棉产额的12%。这一个数目比起需要来真是太不够。我们认为西安、咸阳、三原、宝鸡、渭南等关中各县必然要成为西北棉纺织工业的中心区域,在那里,首先要把大华、申新、咸阳××坡四个纱厂还没有利用的××多锭子统统开齐,然后,逐渐在那一带扩充新厂,希望能达到30万乃至40万个纱锭的数目。目前申新纱厂已有去年自制的纱锭在转动,宝鸡铁工厂亦已制成纱锭2 000个,除了钢丝布以外,所有钢圈钢轴过去必须仰给于外来的,现在均已能自制。所以,这一个数目,在战后十年内是不难大部完成的。至于改良手工纺纱机,在生产效用上既然极有限,将来还不免沦于淘汰。我们以为不必再扩充,只须维持原有的数量就足够了。

四、发展毛棉纺织业的工具工业

从以上所说,我们可以知道要想发展西北的毛棉纺织工业,首先就得建立工具的工业。必须工具的工业建立有适当的规模,毛棉纺织工业才可以得到大量的发展。

不久以前,我们看到过这样的一个通讯:

"纺织业在西北工业中具有最光明之前途,记者在某工业区参观后,更坚定此项信心。在物质条件欠缺下,某纱厂已有三十年自制之纱锭在转动,此项纱锭除钢丝布外,过去如钢圈钢轴必须仰仗于舶来品者,现均能自制,其成绩固不逊于同厂中之1895年英制纱锭之出品也。据承造者云,因钢料缺乏,故所用材料,均系由烂铁废钢拼集而成,预定本年内可出××××锭。某地之铁工厂,以制造细纱机为主,已制造1 000纱锭,运抵此间后,将以××铁厂纱机实验部名义于12月内开工,现又赶造1 000锭,完成后亦自行装置。张之洞昔在鄂时所购之棉纺毛纺机,战前已视为废铁破钢者,经纺织专家任理卿重新配置,现已有1 000锭开工,其出品之精良,与完整纱机无异。尚有2 000纱锭亦待最近与鄂省府签订合同后,即改为官商合办。全部开工以后,每月可出20支标准纱100余包。其纺毛部分,亦将同时开始工作。纺织工具之制造,若干工厂已作为专门业务。某某数厂投资之纺织用具制造工厂,每日产粗纱管800支,细纱管2 000支,足供后方全部纱厂之需要。此外更制造布机,已有10台完成,每部售价5 000元,此可为各纱厂扩充布机时之准备站。据记者调查,后方各纱厂自备有布机完全开工者,为数甚少,在布匹缺乏之今日,似宜予以倡导,使尽量开工。此外,汉阳某铁工厂内迁后,即以制造纱机为主,其供应之机件亦属不少。根据此一区论,业已有迅速之发展,而制造纱锭,尤为一大进步。据统计,后方虽已超过20万纱锭,然与战前全国华商共有290万锭相较,实相差甚远,此有待于政府之扶植,与纱界自身继续努力,以图扩充者也。"(三十一年十月十八日《中央日报》)

从上面这一段通讯,我们可以看出西北纺织工业已在自制纺织的工具,而且已有部分的成效。笔者在西北时,亦曾参观过申新纱厂机器制造部。在前面,我们还提到过双石铺工合机器厂亦在仿制HF纺毛机。这一类事实,都足以说明今日的西北纺织工业,已步入自力更生之路,值得关心西北经济建设的人们的欣慰。不过,我们同时也知道这不过是自制工具的一个起始,距离我们的理想还很遥远。我们再进一步看一看西北工具工业的现况以及应当怎样去发展它。

西北的机器制造业在陕西省方面,历史较久的有西京机器厂,成立于满清末年,现有元车、洗车、钻车、刨床等机器55部,每年可制元车4部,抽水机3部,织布机10部,弹花机5部,轧花机20部,及印刷机5部,造纸机若干部,并可修理机器及枪械,配置零件。其次为西京机器修理厂,每月可制汽车活塞 90 件、涨圈 2 500 件、齿轮 180 件,可供 80 辆汽车的需用。及××第×战区经济建设委员会铁工厂,每月可出弹花机、并条机、粗纱机、精纱机等 20 余部,××钢铁厂全部机器系全由该厂承造。又××坡西北机器厂,亦有旋床、刨床、钻床、铁〔铣〕床 80 部,现虽仅为各纱厂配制纱机零件,但其固定资金即为 150 万元,在陕西省机器制造业中,实力最为雄厚。此外,尚有陕甘、亚立、洪顺、华兴等铁工厂,资金自 1 万元至 50 万元,车床自数部至 40 部,均可承制小型机器及配制零件。在甘肃省方面,以甘肃机器厂规模最大,其次则为兰州机器厂。此外,尚有同义、大东、文利、合众等厂,亦可制工具机、弹毛机、织布机以及纱机零件。截至三十一年九月底止,西北各省共有机器工厂 51 家,计陕西省 45 家,甘肃省 6 家。宁夏、青海两省尚未闻有机器厂的设立。至于新疆省,据中国工业月刊所载,有迪化、伊犁、塔城机器厂三家,但情况不详。

如上所述,西北各省现仅有机器工厂 51 家,仅占后方各省机器工厂总数 720 家的 7.2%。从数量上看,自然是为数太少。但是机器工业所需的原料以钢铁为主,目前西北的钢铁事业还没有发达,铁矿亦尚在探勘之中,这就使得我们在发展工具工业之前,不得不对于原料取给的可能加以郑重的考虑。

铁矿的储量与开发,有关国防资源,这里只得从略。我们只能先从西北纺织工业的需要方面来设想一下。我们以为西北工具工业的发展,可以分做两个步骤:第一步是扩充旧厂,首先扩充甘肃机器厂,使能制造毛纺织工业的作业机及毛纺锭;其次扩充宝鸡的申新、西安的西京机器厂等,使能充分制造纺织业及其他工业的作业机。第二步是建设新厂,在西安设立大规模机器厂一家,使其专制棉纺织工业的作业机及纱锭,并在西宁、宁夏、迪化三处各设机器厂一家,亦使其制造纺织业及其他工业的工具机与作业机。我们希望这些机器厂每年共可出产毛纺织机器 500 部至 1 000 部,棉纺织机器 1 000 部至 2 000 部,毛纺锭 1 000 锭至 2 000 锭,棉纺锭 1 万锭至 2 万锭。这样,西北一区的纱锭与毛锭,除了战后由国外输入半数以外,在 10 年内,不难达到自制纱锭 20 万个毛锭 2 万个的希望,西北的毛棉纺织工业也便按照预定计划普遍的开展起来。

五、其他工业的举办

除以毛纺织工业为西北的中心工业,并以陕西为西北的棉工业区以外,由于西北各省畜牧的繁殖,一方面既可以充分利用羊毛以发展毛纺织工业,别的方面还有大量的牛羊皮尚有待于皮革工业的使用。同时,西北牛油的产量甚丰,亦应举办肥皂工业,以供给毛纺织工业洗毛之用。还有,面粉为西北人民的主要食粮,造纸的原料亦不虞不足。而完成西北国际交通,尤须建立水泥工业,以解决建筑材料的需要。因之,我们认为制革、肥皂、面粉、造纸、水泥5项工业,亦有举办的必要。现在也依次论述在下面:

（一）制革工业　西北牛羊的生皮,甘肃省年产约15万张,陕北榆林一县每年集中的羊皮,最多时曾达30余万张,其他各省虽尚无正确统计,但如合西北五省产量来估计,每年至少在100万张以上。目前西北的制革厂,较有规模的,在陕西省方面,要算西安的西北化学制革厂,有底皮床、压光机、压花机、刷里机、喷色机、发电机、转鼓等设备,每月约消耗原皮1000余张,可出皮鞋、皮带及各种皮件。在甘肃省方面,要算兰州制革厂,亦有磨皮机、缝纫机、抽水机等设备,可制底革、面革、里革及皮衣、皮鞋、皮箱各种军用皮件。此外,陕西省尚有西北制革厂等10家,甘肃省尚有建国制革厂等11家,共计23家。每年产革共约18万张,仅占西北5省生皮总产量至多不过18%,尽有扩充的可能。而且制革所用材料,如明矾、槲皮、五倍子等,西北各省均有出产,在制造上亦不致发生困难。

西安、兰州两处的制革厂,已经部分的使用机械的工具,全部机器的设备自然要等到机器制造工业充分发展之后。所以,第一步还只能从简单的设备入手,先在西安、兰州两处设立制革厂两家,每年以产革各5万张为度,制品以军用革为主。并在陕西的安康、甘肃的临洮、宁夏的宁夏、青海的西宁、新疆的迪化五处,各设制革厂一家,每年各产革自1万张至2万张,制品亦以军用革为主,设备尽量采用土制机械,如转鼓及磨光机等。然后,一面在陕西的宝鸡、大荔,甘肃的天水、平凉四处各设新厂一家,每年制革各3万张至5万张。一面并扩充西安兰州两厂,提高产量至10万张,扩充宁夏、西宁、迪化三厂,提高产量至5万张。原有的23厂亦须扩充,使其提高产量至一倍左右。

这样，西北五省每年所产的生皮100万张，除以少数运销内地各省应用而外，当地自行制用的不难达到80%以上。

（二）肥皂工业　肥皂为毛纺织工业洗毛所需的主要物料，亦为人民日用必需品。陕西省有国华烛皂厂、大业香皂厂等5家，甘肃省有陇右化学工业社、自强化学公司等4家，资金自1万至10余万元，设备有锅炉、旋片机、压皂机、挤皂机等。厂数既不多，设备简陋，每年出产的肥皂共约35 000箱，仅可供极小部分家庭之用。其余宁夏、青海、新疆三省，则还没有听说有肥皂厂的设立。至于制造肥皂所用的牛油，虽还没有确实的估计，但西北牛羊数量之多，油脂的供给决不会不足。当地虽没有烧碱的出产，不过西北天然碱产量亦甚丰富，只须用石灰加以苛化，即可应用。制造肥皂所用的设备，如皂化釜等各项器具，均可就地制造。无论从需要与物料各方面来考虑，扩充肥皂工业，不但可能，而且必要。

扩充西北肥皂工业，可以分做两个步骤：第一步在陕西的宝鸡、甘肃的兰州两处各设肥皂厂一家。皂化用蒸汽加热，用动力搅拌，每年每厂须出产肥皂3万箱至6万箱。同时，在陕西的安康、甘肃的岷县、宁夏的宁夏、青海的西宁、新疆的迪化5处各设肥皂厂一家。皂化用直接火加热，搅拌、切皂、打印等工作，均用手工操作，每年每厂须出产肥皂5 000箱至2万箱。第二步在西安设立肥皂厂一家，规模和宝鸡、兰州两家相仿佛，每年出产肥皂亦自3万箱至6万箱。另在陕西的邠县，甘肃的平凉、张掖、天水，新疆的哈密5处各设肥皂厂一家，规模同安康、岷县、宁夏等厂相同，每年出产肥皂亦自5 000箱至20 000箱。还要扩充原有的9家肥皂厂，提高产量一倍。这就可以使肥皂增加到每年四五十万箱的产量，洗毛与人民日用的需要，都可以得到适当的满足。

（三）面粉工业　西北各省的食粮，以小麦为主，小麦可说是西北人的主要食粮。拿甘肃省做例子，甘肃省栽种小麦的面积，要占到耕地总面积的60%；大米、大麦、燕麦、玉麦、荞麦、粟麦、玉蜀黍、高粱等合起来才占到39%，水稻则仅占1%。据金陵大学农情报告，甘肃二十一年至二十四年，平均每年出产小麦7 555 500担，大米185 533担，大米的产量只占到小麦产量的2.4%。秦岭以北的陕西，以及宁夏、青海、新疆三省小麦的栽植亦有同样的现象。依最近调查，陕西省每年出产小麦18 754 470担，甘肃省12 475 520

担,宁夏省1 052 670担,青海省6 460 500担,新疆省7 620 660担,西北五省合计每年出产小麦46 363 920担。这就清楚说明了面粉工业在西北的重要。已往西北人民所用的面粉,一小部分由当地商人组织极小规模的磨坊,用人力畜力磨制面粉出售;大部分还是由农民以简单的碌碡碾制自用。现在,用机器磨制面粉的工厂,在陕西省有8家,在甘肃省有2家。其中规模较大的,要算西安的华丰及成丰两家面粉公司。每日均可出面粉3 000袋至5 000袋。宝鸡申新纱厂附设的福新面粉厂,每日亦可出面粉5 000袋。兰州的兰州面粉厂,资金500万元,实力亦甚雄厚。其他如宝鸡的大新面粉厂,兰州的西北面粉厂,每日亦可出粉数百袋至1 000袋。但这10个厂总共一年只不过出面粉6 500 000袋,如若每一袋面粉需用小麦以54市斤计算,共约需小麦350万担,只占到五省小麦总产量的7.5%,比起需要来真是差得太远。我们必须在那里大规模的推广面粉工业,来适应西北人民食粮上的迫切须〔需〕要。

在西北发展面粉工业,我们首先就得考虑到眼前西北工具工业还没有健全的建立。面粉机器大量的制造几乎是不可能的,同时,眼前西北各地交通的困难,对于机械的运送与原料的集中,在在都感困难。陕西某地一家酒精厂就是因为原料的取给不便,始而时作时辍,终于不得不停办了的。所以,在战时,最初除了陕西已有面粉厂8家,不必再增新厂以外,只能先在甘肃的天水、宁夏的宁夏、青海的西宁、新疆的迪化4处各设小规模面粉厂一家,各设钢磨四五部,每日出产面粉每厂以500袋为度。等到西北机器制造工业具有相当基础以后,再在西安、兰州两处各设大规模面粉厂一家,每日须能出产面粉5 000袋至10 000袋。并在新疆的哈密添设日产1 000袋的中型面粉厂一家,天水、宁夏、西宁、迪化四家面粉厂亦须在这一时期内扩充,提高产量自2 000袋至3 000袋。陕西甘肃两省原有的10家面粉厂,当可增加产量1/2。这样,西北各厂每年就可以出产面粉2 200万袋,较原有产量增加约近3倍。

(四)造纸工业 笔者于去年秋间曾往陕南西乡、洋县、镇巴、城固、安康、紫阳各县勘察造纸情况,费时两月。洋县为蔡伦造纸的故乡,关于蔡伦的掌故,附会颇多,并不可考。镇巴县有竹山,面积极广,洋县产枸树亦多。当时,笔者认为陕南一区工业条件太差,大规模发展造纸工业,大致是不可能的,因而主张推广改良手工造纸业。但镇巴、洋县两处僻处穷山,即连手工制造亦感种种的不便,所以主张在镇巴、洋县两县组织竹穰构穰合作社若干所,大量供给造纸原料,而以城固为制造中心。一则有济惠渠的水力可利用为动力,再则西北工学院化工系同仁对于改良造纸极有研究的兴趣,技术上可以得到不少的帮助,还有城固距南郑仅40公里,公路交通及水道运输非常便利。如果在城固大量造纸,经南郑、褒城北运关中及陇南各县,当可不再仰给于川纸的供给。陕南之外,关中区的蒲城、凤翔、扶风、宝鸡、西安等县,甘肃省的临洮、两当、天水、清水、民勤、平凉、武都等县,宁夏省的灵武、宁夏、中卫、金积等县,均有小规模的土法造纸。它们制纸的方法,纯用手工操作,设备异常简陋,技术亦十分拙劣。所用原料,有麦草、稻草、竹穰、枸穰、构穰、麻绳、破布、废纱、破纸等。把这些原料浸在池子里,池子里盛满石灰水,也有加入天然碱的,浸的日子久了,便结成胶团,用木制或竹制纸架捞制成纸,贴在墙壁上晒干,规模较大的还有烘墙的设备。所制纸张,有黑白麻纸、火纸、草纸、烧纸、毛头纸、棉纸等。最近几年,由于当地对于纸张的需要,陕西、甘肃两省,已有改良手工制纸厂数家成立。西安的益生造纸厂,还有新式造纸机器一套,能制报纸、卷烟纸、牛皮纸等,不过它们所用的纸浆为木粕纸浆,还是战前的舶来品存货,或由战区流入,不能大量制造。甘肃省现亦在筹设甘肃纸业公司。不久以前,陕西省建设厅还成立了一个造纸试验所,从事造纸技术的改良与推广,实足为改进陕西造纸事业的先声。

我们不主张在西北建立大规模机械化的造纸工业,不只是觉得机器的制造有困难,特别是感觉到原料供应上怕是有问题。我们以为扩充西北造纸的工业也可以分做两个步骤:第一步在陕西的城固、凤翔、宝鸡,甘肃的天水、清水、临洮,宁夏的中卫、宁夏,青海的西宁,新疆的迪化等原来产纸区各设手工造纸厂一家,雇请内地各省的优良技术工人,前往指导并训练当地工人,使能改良制造,普遍推广。设备方面,如捣料石碓、碎料石碾、浸料池、煮料锅、漂料池等,均就当地材料制用。出品以出报纸、书写纸为主,每年每厂须造纸50吨至100吨。第二步,在陕西的西安、南郑、凤翔,甘肃的临洮、兰州、天水,宁夏的宁夏,青海的西宁,新疆的迪化等处,添设半机械造纸厂9家,设备增用蒸煮球、打浆机等,每厂每年须出产各种纸张300吨至500吨。

(五)水泥工业　水泥为建筑铁路、公路、水渠、工程、军工设备以及高等建筑物必需的材料。西北五省中,陕西省有水泥厂2家,甘肃省有1家。其中以陕西省的建华洋灰厂成立最早,二十七年,陕西省政府以官督商办的方式创办,资金为20万元。该厂有灰窑19座,每日可制灰粉六七桶,所用原料石灰石均由当地取给。二十八年底,陕西省企业公司又在××创设水泥厂一家,资本200万元,年产水泥约一万七八千桶,但因设备尚欠完善,品质粗细不匀,尚未被陇海铁路采用。甘肃省水泥公司,现改名××水泥公司,系甘肃省政府、交通部、资源委员会、中国银行四个机关所合办,资本总数是450万元。设备有轧石机、磨粉机、发电机、锅炉等,刻尚在建筑装置之中。

西北的水泥工业,要看未来西北的交通建设与工矿建设发展的情形与需要来决定产量的增加。首先是从扩充前面三个水泥厂入手,在技术与品质上急待加以改良,资金与设备亦须加以充实,使能总共每年至少出产水泥10万桶,以供给筑路与建造的需用。同时,测勘铁路沿线附近的煤矿、石灰石等原料分布情形,再行选择适当地区,添设新厂。

六、结语

本文约略叙述西北工业建设的现况及其可能发展的方向。我们觉得由于自然条件的限制,唯有推动大规模的畜牧事业才可以充分利用西北各省的土壤与地形。将来大西北如若真能成为现代化的畜牧区,则西北羊毛的原料当可用之不尽,因而毛纺织工业必然成为西北一区的中心工业。陕西省的棉花,在战时,已成为后方各省机纺原棉的唯一来源,而且,陕西省斯字棉与德字棉的推广,亦已具有显著的成效,陕西省关中各县如西安、咸阳、三原、宝鸡、渭南一带,不仅是西北同时还是全国的一个重要棉区。但是,要想发展西北的毛棉纺织工业,首先就得建立工具的工业,必须工具的工业建立有适当的规模,毛棉纺织工业才可以得到大量的发展。除此以外,因着西北各省牲畜的繁殖,牛羊的生皮与牛油均有待于皮革工业与肥皂工业的利用。还有,面粉是西北人的主要食粮,造纸的原料分布得虽嫌散漫,但并无不足之虞,而完成西北的交通建设,尤须〔需〕建立水泥的工业,以解决建筑材料的需要。因之,我们以为制革、肥皂、面粉、造纸、水泥五项工业亦须同时兴办。至于火柴、酒精、玻璃、制药等工业,在西北亦并不是毫无建设,可惜规模太小,原料取给亦有限制,没有大规模发展的可能,只能以小工业的技术与原有设备以济其穷,用以部分地适应当地日常生活的要求。末了,我们认为西北的工业建设:"有了大规模的运输能力,大规模的生产事业才能进行;没有大的运输能力,各种大规模的事业是不容易办成的。因为大批原料不能运来,大批成品亦不能运出,这种事实的限制,足以妨碍事业的发展。因此,要赶快用新的方法,提高西北的运输数量。"

原载《经济建设季刊》1943 年第 1 卷第 4 期

西北民营工业概观

建 子

提起西北，在一般脑子里，总以为是冰天雪地、资源缺乏、无可开发的边塞。这种印象，到抗战开始为止，还没有被改变过来。抗战以后，沿海沿江一带相继沦陷，于是，这中国边远的一角，才逐渐被人注意。开发西北的口号，虽曾一度高唱入云，而实际到西北去从事开发的也颇不乏人，但以限于过去的基础和目前客观上的种种条件，还不能达到预期的境地。单就工业而论，亦属相同。在西北区内，甘肃的石油产量藏量，都很丰富；陕西的棉花及陕境南部的煤，也极有希望；甘肃、青海、宁夏一带的盐碱羊毛，尤其遍地皆是。只有钢铁，以目前所知的资料看来，比较不易发展；但这并无关系，因为其他各种工业就是没有钢铁也可单独存在，只要将来运输设备完全，并不是一个严重的问题。西北既拥有这些已知的工业资源，天赋不能说是太薄；然其一般工业发展的程度，仅较强于云贵高原，却远不如川、湘两省。所以，对于西北工业建设，仍有待于我们的努力。

本文所谓西北区的范围，原包括陕西、甘肃、宁夏、绥远、青海五省，除青海因只有公营工厂一家，并无民营工业，暂时从略外，实际上本文的西北范围，只指陕、甘、宁、绥四省。据经济部工矿调整处的纪录，到三十二年底止，综计已在该处登记的民营工厂共有472家，其中以陕西省占342家为最多，甘肃省115家次之，宁夏与绥远两省各占7家。四省民营工厂的总数，只及四川一省民营工厂总数的25%，湘桂粤赣区的53%，但比云贵两省合计多261家。以四省的总面积1 582 448平方公里而论，要3 352平方公里始有一家工厂；以四省人口总数而论，要46 037人才能分配到工厂一家；但以四省民营工业资本总额国币70 489 665元与人口总数比较，平均每人对于工业的投资不过3元。西北工业落后的原因,一方面固因过去没有被人注意,基础太差,不可能遽求发展;但运输条件不够,无从被人注意也是一大原因。以西北幅员之广,目前可能利用的新式运输工具,运量较大的仅有半条陇海铁路。黄河虽然流贯四省,可是无法利用作重要的运输工具。所以,建设西北工业,运输问题始终是一个必先解决的困难。抗战以后,因一部分内迁工厂的迁入,及在战时为适应需要而兴起的工厂,已在这片沙漠上开出了繁花。二十六年以后成立的工厂,竟比战前原有的厂数超出几达6倍。但作者以为若欲使西北这些工业能在战后维持繁荣,或再逐步发展,将来西北铁路交通的增设,仍是刻不容缓的。

年份	成立厂数			
	陕西	甘肃	宁夏	绥远
二十年以前	23	5		
二十年	3	1		
二十一年		1		
二十二年	1			
二十三年	3			
二十四年	14	1		
二十五年	11	1		
二十六年	17			
二十七年	22	11		
二十八年	44	7		
二十九年	46	12	1	2
三十年	75	24	1	1
三十一年	45	23	4	
三十二年	20	8		
不 明	19	21	5	
总 计	343	115	7	7

四省民营工厂成立的年份,以二十九、三十及三十一年三年最多,三十二年又呈减少的趋势,这是后方工业一般的现象。而抗战前后的工厂数目,差不多相差到6倍,虽不如四川与湖南增加之速,但以西北过去的基础而论,已

是很可观了。

西北4省472家民营工厂，可以分为35个业别：

业别	陕西	甘肃	宁夏	绥远	合计
电力厂	1				1
冶铁厂	8				8
金属品制造厂	12	2			14
动力机制造厂	3				3
工作机制造厂	33	3			36
翻砂厂	4	2			6
机器零件厂	4	1			5
车辆修造厂	3				3
电器制造厂	2				2
营造厂	5	3			8
砖瓦厂	3	1			4
陶瓷厂	3				3
玻璃厂	4	2			6
酸碱制造厂	3	1			4
酒精厂	24	4			28
火柴厂	5	6			11
造纸厂	4	5			9
皮革厂	13	16			29
皂烛厂	7	6			13
制药厂	6	2	1		8[9]
面粉厂	28	2			30
碾米厂	27				27
榨油厂	7				7
调味品制造厂	2	2			4
酿酒厂	3	2			5
制冰厂	1				1
卷烟厂	4	1			5

续表

业别	陕西	甘肃	宁夏	绥远	合计
棉纺厂	10				10
棉厂	74	17	2		94〔93〕
毛纺厂	6	29	3	6	44
制线厂	2				2
打包厂	4				4
被服厂	8				8
鞋帽巾袜厂	16	5	1		22
印刷厂	4	3	1		8
总计	343	115	7	7	472

上表业别中，以棉纺织、毛纺、工作机、面粉、皮革各业厂数243家占第一位，居总厂数1/2以上，这是一个很正常的趋势，因为棉花、羊毛、小麦、兽皮正是西北的特产。

西北四省民营工厂虽有472家，但各厂的资本大抵在1万至5万元之间，可见一般工厂的规模并不很大。

资本额	厂数 陕	甘	宁	绥远	合计
5 000元以下	39	4			43
5 001—10 000元	42	15	1	2	60
10 001—50 000元	116	55	4	4	179
50 001—100 000元	50	14	1		65
100 001—500 000元	59	9	1		69
500 001—1 000 000元	11	9			20
1 000 001—5 000 000元	9	4			13
5 000 001—10 000 000元	5	1			6
10 000 001—50 000 000元	5				5
总　计	343	115	7	7	472

上表所列各厂的资本额，以5 000元至50万元4组内厂数最多，共373家，约占总数80%。就目前物价增涨的倍数而论，虽说西北的民营工业多属

轻工业,但在比例之下,终觉规模太小。而且如棉纺、毛纺等工厂,都是最化〔花〕钱的工业。陕西、甘肃两省,尚有几家资本较大的民营工厂,宁夏与绥远,却几乎都集中在1万元至5万元之间。至陕西5家资本在1 000万元以上的工厂,全是纱厂。所以开发西北的工业,资金的补充亦是一个较次于运输的切要问题。据经济部统计处三十一年底止的统计,4省民营工业资本总额共为70 489 665元,若以省别分,列如下表:

省别	资本数额(国币元)
陕西	61 702 561
甘肃	8 002 104
宁夏	650 000
绥远	135 000
总计	70 489 665

上表所列各民营工厂资本总额,约占同期后方民营工业资本总数9%弱。

由于新式动力设备的多寡,可以看出工业发展的范围及机械生产能力的程度,西北四省民营工业,事实上只有陕西、甘肃两省具有新式动力设备,其他如宁夏、绥远两省都付阙如。陕西民营工业的动力设备,因为有5家资本在1 000万元以上的工厂,所以动力设备的总数,除四川省外,是目前后方民营工业动力设备最多的一个省份。若以陕、甘两省动力设备总数做100,陕西占98%以上,甘肃不到2%。两省合计约为后方民营工业动力设备总数15%,四川的27%。

上面已将西北民营工业叙述了一个大概,虽非全貌,有待于日后补充的资料尚多,但对现阶段的西北民营工业,似乎可表示出一个梗概。

原载《西南实业通讯》1944年第9卷第3期

西北之陆路交通[①]

刘　晨

交通对国家之重要,也和脉络对身体一样,是构成一个文化整体不可缺少的因子。一个国家的文化发展,可以从国内的交通上知其梗概,愈是文明的国家,其交通也愈发达;一个国家的动态和静态,也可以从交通上看到它的变化,愈是国家猛进突飞的进步,其交通也愈繁忙。交通不但能代表国家的文化或动态,而且是立国的主要条件,凡属物产之运销,都市间之沟通,国防之巩固,以及文化之推行,都需要以交通为先决条件。尤其吾国正处于抗战建国的过程中,交通问题更加增了重要性。无论是国内物产资源的调整,也无论是国际物资的供给或商务的进行,都要靠交通来解决。

西北是抗战建国根据地之一,同时又是国际路线所必经,有无穷尽的人力物力,有广大的山野田畴,有未被开发的富源,有未被充分利用的土地和动力。但由于河流的短小或淤积,水力的微弱和间歇,不能够利用航运,唯一可恃的便是陆路。所以西北的陆路问题,也就是西北的交通问题,也可以说是整个的交通问题。西北陆路的交通,不仅是西北问题的重要部分,也是整个抗战建国问题中的重要部分。本人积近年来之心得,草成此文,以求证于国内关心交通问题人士。

一、西北陆路交通之过去与现在

在秦始皇帝统一六国以前,现在陕西省几乎就没有人工的道路,其他各

[①] 本文原为上、下两篇,现合为一整体。

省的驰道更是很晚。大概说起来,陕西省的道路在秦代汉代才有了规模,甘肃绥远的正式道路一直到唐代才发达起来。通新疆的大道更是很晚很晚,一直到清代左宗棠率兵出征天山南北路的时候,才由兵工正式修筑起来。在我所说的年代以前,西北各省虽也有道路,但都是所谓"自然路"或"自然道路",严格说起来不能够算是真正的道路。

谈起来自然道路不外乎是河流的道路和人行的小道,河流的通路,也就是河流所经过的地段,在水流的两旁,有很狭的一段平地,人们行走的路线,便是追随着水流的方向。这种狭窄的自然形成的滩地,当然不能算是道路。人行的小道,虽是人们走出来的,但也是顺着地理形势的坡度,下陷的沟道,由经验□□是最省力的或最便捷的,就成了小路。这种小路不仅是很窄狭,而且是弯弯曲曲高高下下的没有规律,当然也不能算是真正的道路。

真正的道路是人力开辟出来的。曾费了不少的人力去改良,而且继续不断的用人力去修理,像现在的公路或从前的陆路驰道,才能够算是真正的道路。所以道路的本身便是一种文明,未开化的人也大半是没有有计划的道路,未开化的人也轻易用不着道路。在很古的时候,人们靠着渔猎,当然还没有道路。后来由渔猎进入了畜牧,依然用不着道路。一直到农业发达了,才开始有了道路。等到工商业发达以后,道路才真正的发达起来。

西北的陆路在秦汉时始萌芽,到唐朝时才略有了规范,经过元、明、清三朝才大致完成,一直到了最近才开始发达起来。从前的陆路具〔俱〕是一些或宽或窄的带状土地,缺乏碎石及其他坚固的材料。在晴天留着一条很深的车辙,在雨天便成了一块淤泥地。缺乏人工的修理和设备,在僻乡稀少人烟的地方,根本就没有桥梁和涵洞。但现在比较好得多了,许多地段的路基都已经翻修,并且已设立机关专负修路养路的责任。

在公路没有修筑的时候,海拔 5 000 英尺上下的秦陇丘原是被旅客们视为畏途的。从前一个人从西安走到兰州是非常的不易,仅有的交通工具是马车和牛车,走一趟少则 10 天,多则半月,在崎岖不平的路面上震荡着。但自从公路修好以后,这时形势便大不同了,坐着汽车走一趟,有二十几个钟头已经足够了。

在七七事变以前,想从兰州到新疆,中间有一段路是不通的,几乎连马车也无法通过。但抗战发生以后,由于国人的努力,这 2 600 里的大路已经是畅行无阻了。这条大道,已成为完全现代化的国道,有些地段完全更换了路基,桥梁、涵洞和水道都完全改善了。单讲桥梁就有 260 余个,共长 8 000 余尺,涵渠水道有 1 000 多条,车站房屋有 200 多间,可以说是近代的奇迹,也是抗战后的一大进步。

现在西北陆路交通在质上已大大的改进了,在量上究竟是如何呢？关于这类的数字是非常的缺乏,而日新月异的变迁又使旧日的统计成为不正确。本人参照各种材料,并加以订正和推算,分别列表于后:

A. 西北铁路长度表:

陕西省	约长 770 里
绥远省	约长 829 里
合　计	约长 1 599 里

B. 西北之公路长度表:

陕西省	约长 3 710 里
甘肃省	约长 4 888 里
青海省	约长 3 096 里
宁夏省	约长 1 970 里
绥远省	约长 1 723 里
新疆省	约长 6 302 里
合　计	约长 21 689 里

C. 西北之陆路长度表(公路与旧时大道之总和):

陕西省	约长 15 314 里
甘肃省	约长 14 133 里
青海省	约长 3 670 里
宁夏省	约长 2 305 里
绥远省	约长 3 202 里
新疆省	约长 18 040 里

上面的数字,也只是近似而已,实际上的里数大约较上述数字为多,尤其

是青海、宁夏和新疆的道路，各省的旧式大道，大致较本表为多，而实际上之公路里数，亦略有出入。况现值抗战期间，军运频繁，公路与大道之里数极为接近，推其原因，乃由于往昔之大道，而近来因建国需要，各省当局均领导民众将大路翻修而成了公路。若拿抗战前的西北交通和现在的西北交通来比较，在量上几乎增加了一倍，在质上已改进了数倍以上，这当然应归功于贤明的政府与各省内不辞劳苦的同胞们。

陕西在西北各省中，可以算是变通最发达的省份，论公路，论大道，在比例上都要算是最长，但陕省的陆路交通多偏于南部，我们假使在北纬35度引一条线，把陕省分为大略相等的两块面积，可以看出来本省的铁路都在南半部，主要的公路也几乎如此。即以旧有大道而论，35度以南的里数约有11 000里，而35度以北的地区内的里数不过是4 000里，它的比例几乎是3与1之比。这无异议的可以说关中谷地与汉水流域的交通是最便利，而陕北丘陵地和黄土高原上是最不便利。在量与质的比较上，大约要相差十几倍。铁路公路是比旧式大路好得多，何况陕北连旧式大路也不及南部五分之二呢。

甘肃的陆路交通，在西北各省中是较次于陕西的。公路里数比陕西长些，但在面积的比例上却短些。主要公路与旧式大道多在陇东，但陇东与陇西的差数，没有陕省南北部相差之大，其比例倍数约在四五倍之间。

青海的交通情形和陕甘就大不相同，我们要是从北到南划3条直线，把青海分为3段地带的话，那么在东部的一块是道路最发达，而中部和西部是几乎赶不上东部的1/10。在东经98度以东，几乎就包括了青海省内所有的陆路，在东经98至94度之间，还可以寻找到少数的旧式大道，但都是几乎成了自然道路，在过去也和没有路径差不多，在东经94度以西，根本就无道路可言，少数的行旅也只是在丛山中寻找自然道路的痕迹，这种情形一直保留到抗战发生。但抗战发生以后，青海的路政有了飞快的进步，过去的公路也只有公路的名义和形式，但现在已逐渐有了公路的实质，并且在山地还斩荆除莽，许多新的公路已在开始修筑起来。

宁夏的陆路交通也和青海有些相仿佛，主要的道路都在省境东部，省境中部的道路便异常缺乏，省境西部更是无道路可言的。我们在东经105度从北到南引一条直线，直线以东便几乎汇集了所有的道路，直线以西也就无道路可言了。在过去宁夏的公路和大道是无甚差别的,在抗战以后,许多大道已经翻修成公路了。

绥远的交通又和陕西相仿佛,它省内的交通也是偏于南部的。在南部有一条铁路,长度与陕省相仿,公路的汇聚也是以南部为主的。不过和陕省也有略不相同之处,就是绥省中部相当于陕省的关中,但绥南的交通是远不如汉水流域的。即以绥北而论,其交通比较陕北亦大有逊色,在北纬42度以北几乎是没有道路,在北纬40度以南也几乎无道路可言,主要道路在北纬40度至42度之间。但是这个区域内又可以划分南北二部,在41至42度之间约有道路600里,但在41至40度之间,却有道路2 600里,南北相差简直在4倍以上。我们也可以说绥省的陆路交通完全集中在北纬40到41度之间,在那里有唯一的铁路,也有全省4/5的道路敷设着。

新疆的陆路交通又和其他省不相同,它是北部的陆路较为发达,而南部较为落后。从北纬42度可以分个界限,界线以北的陆路长度约为界南的二倍,虽然它的面积并没有界南的面积大,尤其是北纬44度至46度,更是新省交通发达的中心。在最近几年内,新省的进步很快,公路的里数已大大的增加了,并且还预备敷设铁路,不过可靠的数字□□□,所以在前面的表中也没有列入。

二、西北陆路交通的因素问题

关于西北陆路的现状,在上节已略略说了个大概,但这种现状是怎样造成的呢?它的原因是什么呢?在本节内要加以简单的讨论。现将地理因素分述于后:

(A)陆路交通与面积的比例:道路在理论上是与面积成正比的,面积大的省份,道路也应该长,然而事实上不是如此的。兹将西北各省之面积与道路长度表列于后:

省名	面积(方里为单名[位])	公路里数	每百方里内之公路里数
陕西	564 800	3 710	约0.66
甘肃	1 139 500	4 888	约0.43
青海	2 294 800	3 096	约0.14
宁夏	911 600	1 870	约0.22
绥远	916 000	1 723	约0.19
新疆	4 947 700	6 302	约0.12
合计	10 774 400	21 589	约0.20

由上表可知西北之公路甚不发达,每千方华里仅有公路2里,西北六省中以陕甘二省最发达,宁绥二省次之,青新二省最不发达。

省名	面积(方里为单位)	陆路里数	每百方里内之陆路里数
陕西	564 800	15 314	约2.73
甘肃	1 139 500	14 133	约1.25
青海	2 294 800	3 670	约0.16
宁夏	911 600	2 305	约0.24
绥远	916 000	3 202	约0.35
新疆	4 947 700	18 040	约0.36
合计	10 774 400	56 654	约0.53

由上表可知陆路在西北甚不发达,每200方里内仅有道路一里半而已,六省中以陕甘最发达,绥新次之,青宁二省最不发达。

省名	面积(方里为单位)	铁路里数	每百方里内之铁路里数
陕西	564 000	770	0.14
绥远	916 800	829	0.09
合计	10 774 400	1 599	0.01

由上表可知西北之铁路与面积之比例数相差最远,每万方里仅有铁路1里,以陕省之铁路较长,绥省较短。

(B)陆路交通与地形的关系:陆路交通是受地形的限制,地形愈高,交通愈不发达,兹将西北各省之地形大概表列于后,以资比较:

省名	400 公尺以下	2 000 公尺以下	2 000 公尺以上
陕西	约占 55%	40%	5%
甘肃		40%	60%
青海		5%	95%
宁夏		95%	5%
绥远	约占 5%	90%	5%
新疆	约占 40%	40%	20%

由上表可知陕西之地形最低,海拔多在 400 公尺以下,故交通最发达。反之,青海地形甚高,海拔多在 2 000 公尺以上,故交通最不发达。宁夏、绥远、新疆三省虽地形并不甚高,但因沙漠沼泽面积较大,其影响交通之发展比地形高度更要厉害得多,在绥远北部与宁夏西部几乎就没有道路,其原因即在于此。

(C)陆路交通与人口密度之关系:交通乃人类文化形态之一,人口愈稠密,则交通也愈发达。反之,人口愈稀少,交通也愈不发达。兹将西北之交通与人口关系表示于后:

省名	人口数字	人口密度	公路密度
陕西	10 634 468	每方里 19 人	每千方里 7 里
甘肃	5 626 774	每方里 5 人	每千方里 4 里
青海	1 313 584	每二方里 1 人	每千方里 1 里
宁夏	402 662	每二方里 1 人	每千方里 2 里
绥远	2 033 304	每方里 2 人	每千方里 2 里
新疆	2 577 749	每方里 2 人	每千方里 1 里
合计	22 588 541	每方里 2 人	每千方里 2 里

由上表可知陕甘二省的公路的发达,与人口有密切关系,人多则建设力大,人多则需要大,当然公路也容易发达起来。

省名	人口总数	人口密度	陆路密度
陕西	10 634 468	每方里 19 人	每千方里 27 里
甘肃	5 626 774	每方里 5 人	每千方里 13 里
青海	1 313 584	每二方里 1 人	每千方里 2 里

续表

省名	人口总数	人口密度	陆路密度
宁夏	402 652	每方里1人	每千方里4里
绥远	2 033 304	每方里2人	每千方里4里
新疆	2 577 749	每方里2人	每千方里4里
合计	22 588 541	每方里2人	每千方里5里

由上表可知陕甘二省的人口密度比其他省份大好几倍,所以交通密度也完全大好几倍,这都不是偶然的,而是因为人口具有促进交通的效用。

省名	人口总数	人口密度	铁路密度
陕西	10 634 468	每方里19人	每千方里1.5里
绥远	2 033 304	每方里2人	每千方里1里
合计	22 588 541	每方里2人	每万方里1里

由上可知陕省人口较绥省人口为密,故需要铁路之建设也愈急,整个西北当然更需要铁路,现今平均二万人方能享受1里之铁路,不但远不如欧美各国,亦还不及其他地区。

(D)陆路交通与都市关系:交通为都市命脉,没有交通,都市便得不到发展,但没有都市,交通也失去依附。故凡都市密集之地,交通也必定发达,都市稀疏的地区内,交通也很难发展。今将西北城市与交通关系表示于后:

省名	都市名称	数目	都市与面积比率(万方里)
陕西	西安、汉中、三原、凤翔、榆林、宝鸡	6	9:1
甘肃	兰州、天水、平凉、凉州	4	30:1
青海	西宁、乐都	2	100:1
宁夏	平罗、金积、[西宁]	3	30:1
绥远	归绥、包头、集宁、萨县	3[4]	30:1
新疆	迪化、伊宁、塔城、疏附、哈密、奇台、吐鲁番	7	70:1

由上表可知陕西都市最发达,甘肃、绥远、宁夏三省次之,新疆又次之,青海最不发达。

省名	都市与面积之简比率	公路比率	大路比率	铁路比率
陕西	1:9万	0.66	2.73	0.14
青海	1:200万	0.14	0.16	
宁夏	1:100万	0.22	0.24	
绥远	1:50万	0.19	0.35	0.09
新疆	1:70万	0.12	0.36	

由上表对都市与交通之关系便可了然，都市对面积之比率愈小，而交通之比率愈大，即前者愈稠密，而后者愈发达。

除主要都市外，县城分布稠密亦影响交通。因县城乃都市之小型者，为大都市与村镇之中接点，都市愈多，其需要之中接点亦愈多，兹更列表于后：

省名	县治数目	县治与面积之简比率
陕西	92	1:6 100
甘肃	63	1:18 400
绥远	17	1:53 900
新疆	65	1:76 100
宁夏	10	1:91 100
青海	14	1:163 800

由上表可知县治之密度，以陕西省最大，甘、绥二省次之，新疆又次之，宁夏、青海最小，这和都市的比率完全吻合。试与前面二表相比较，便可知道我的结论是不错的。城市如几何学中所言之点，交通道路乃通过点或连接点之线，唯有点多，方能使线多。故欲求交通之发展者□□□□□□市之扩展，与修公路时必设立车站之情形相同。

（E）陆路交通与物产之关系：交通与物产亦有不可分离之关系，道路固然可以沟通各地物产，促进各地物产之改良和增进，但物产之多寡，亦可影响道路之发展。不仅养路之原料取给于是，而且道路的目的也是为了流通物产。如果物产不充足，自然便不需要很多的道路。我们都知道游牧民族是不需要什么道路的，因为游牧的产量小，用不着频繁的流通。但是由游牧进入了农业，便需要较多的道路，因为这时的生产量已加多，自然需要流通的机会便多。到了工商业发达以后，生产更是突飞猛进，当然交换的机会也特别频繁,所以交通也需要得很迫切,于是道路也就特别多起来了。

再看看西北的交通情形,也与物产很有关系。陕西的陆路为什么最发达呢?便是因为游牧生活在省内几乎没有一点儿痕迹,全省土地大都成了农田,工商业在西北各省中也是最发达,如西安、汉中、宝鸡等地,都成了西北的可数城市,虽然还没有十分工业化,但工商业也都已经有相当的发达了。

甘肃省的陆路是次于陕西的,游牧只剩下极小的一段区域,土地也都大部分成为了农田,工商业在少数的城市内也都日有起色,它的道路发达也不是没来由的。

再看看绥远和新疆二省,情形便不同了。虽然工商业已经萌芽,但农业还没有发达起来,大部分土地还停留于游牧状态,在这样情形下,想发达交通当然是不大容易。

最后谈到宁夏和青海,在这两省内,农业仍然是非常落后,□□商业更是谈不上,经济生活主要的是畜牧,况且宁夏的沙漠地带与盐湖区域占了大块面积,青海全省几乎都是山地和高原,这也直接间接影响了产业的落后,当然道路的疏稀也是不可避免的事实。

关于西北陆路交通的因素,在本节内已大略讨论过了,除了上述的因素外,如文化、政治、教育等等,对交通也有些影响,因为较前所述的都素为次要,所以不加讨论。

三、西北陆路交通之展望

在上节内,我根据学理已大略把交通因素讨论过了。如果按照西北的面积上说,西北的交通是不应该这么落后的,西北六省的面积,差不多占全国面积的三分之一,陆路的长度也应该占三分之一,以现在的情形来说,恐怕扩张10倍还不到理想的程度。但这种说法是不合理的,现时西北的人力地力和财力都不够那种程度,想要立时建立一个完美的交通系统,当然还不可能。由于地形的复杂,人口的稀少,都市的缺乏,物产的落后,都限制了交通的过度发展。

是不是交通已被因素所完全限制?是不是交通的发展已不可能呢?我的答案却都是否定的,种种的因素并没有完全把交通限制,交通的发展不仅是可能而且是无限。因为西北的种种条件还能够容许交通的发展，并且初步的发展也能够改进现在的种种条件，地形虽然复杂，可以用机器和人力来克服它；人口虽然稀少，我们可以实行移民政策；都市虽然缺乏，我们可以在适当地点来设立新的城市；物产虽然是落后，我们可以想方法去开发、去改良、去推广。等到各种条件都进步了，自然交通也跟着发展起来。各种条件的改进是无尽期的，所以交通的发展也将是无尽期的。

我们现在所注意的是应该根据目前条件，来促进基础交通的完成，由于初步的交通，人口物产□因子也就可以得到了改进。以后再发展几条主要交通干线，开发各种资源，交通也不是主动的，但也不是被动的，而是与其他条件相辅而行的，有了交通才可以谈到各种建设，有了各种建设，于是更需要交通。我们现在最需要的是那〔哪〕些交通干线呢，将来交通干线又是如何添敷呢？我在后面要加以简单的讨论：

（A）最主要的一条便是西北国际路线，也就是从陕西经甘肃而直达新疆的大道。虽然在甘肃、新疆交界处有一段荒芜的地区，但其余地区皆西北重要农产地带，经过城市也都是比较在工商业上有地位的都市。公路在甘肃境内，附近便是沃土和森林带，兰州便是将来的农产木材的集中地，西望西宁，北望宁夏，又是将来畜牧产品的中心都市。公路在新疆境内，附近也□□土和森林带，迪化便是农产和林产的中心，附近还盛产油、□盐、银、铁、玉石等矿产，将来又是矿区的中心都市。根据这条路线，可以把西北的物产运到全国各地，又可以运送各地过剩人口到西北去开垦，同时还可以分出支路伸展到附近各产业区内，开发各地的矿产和林产，改进各地的农业和畜牧，这可以说是西北的主要生命线，通国际间的孔道。为了充分发挥交通的效能，最好是改为铁路，铁路虽然工程浩大，但其本身经济价值远胜公路何止数十倍，使用时不仅方便而且经济，同时亦唯有敷设铁路，方能使实业迅速发达起来。现在筑路虽不甚容易，也应该先敷设一部分，由宝鸡修至兰州，由迪化贯穿新省北境，应该尽力先修起来。在铁路未修好以前，公路的路面和涵洞等也应该随时加以改进，使汽车速率能够增进，这条路在抗战建国中日趋重要，将来之发展也不可限量。

（B）其次的一条干线便是由包头经过宁夏和兰州而直达西宁的一条道路。包头是绥远的工商业都市，又是农垦和畜牧的中心，东面是灌溉的良田，西北是肥沃的后套,控制着广大的牧场,又接近产煤的矿区,将来的发达是不可限量的。所以包头不仅是绥远的重镇,也是最有希望的北方商埠。由包头经五原到达宁夏,附近产煤和盐颇丰,同时宁夏也具有集中畜牧产品的条件,所以它本身发展也是很有可能。青海虽是个农产不发达的省份,但林产和矿产都是很丰富的,况且西宁又是青海林带的一个中心,是农业与畜牧沟通必经之地,附近有金矿和煤矿,将它变成开发青海的前站是很可能的。这一条和西北国际路线交叉的大道,是含有重要意义的:它贯穿了西北的四省,是开发这四省的交通干线,它可以集中物产于兰州,它可以运输物产到中国各地去,它和西北国际路线是相辅的,也是互为利用的,为了开发西北,这一条干线也应修为铁路。在铁路未敷设以前,应该翻修为近代化的公路,使它能发挥各省的物力,以供抗战建国之用。

(C)再其次的一条路线是从包头经过榆林、肤施、同官、咸阳、宝鸡而直达汉中的大道。自咸阳至宝鸡现为陇海铁路之一段,其交通已经相当完美,由咸阳至同官一段,铁路已将完成,但同官以北宝鸡以南仍为公路,交通略具规模。这条路线为贯穿陕绥两省之主要交通线。关中沃野与汉水谷地皆农产丰富之区,陕南盛产油漆、丝茶及铜铁,陕北有广大之油田与牧地,秦岭一带产林木,陕北高地产杂粮并有煤矿,在西北各省中也可为富裕之区,将来亦应敷设铁路。现在应尽先将公路改工,使便于运输。

(D)由迪化经过焉耆、库车、温宿、巴楚、莎车、和阗、宁羌、尉犁,而终于焉耆之环形路线,为沟通天山南北路之主要干线。新疆南境乃地大物博之区,沿路之地区,半为肥沃田地,半为农牧之区,有广大之产金地带,有著名之蚕桑地带,有丰富之矿产如铜矿、银矿、铅矿、铁矿、硫黄矿及盐碱,实为西北数一数二之宝库,可作为最有希望之工业地区。欲建立西北之实业基础,此区应加以特别注意,所以本区域内之交通开发亦为刻不容缓之事。依照将来之发展,这条路线也必须修为铁路,不然本区内之富源便很难充分利用。在铁路修筑前,扩展之近代公路亦为最迫切之事。

以上所述的四条干线,并不能代表西北之交通系统,不过可以说是最基本的陆路交通系统,在现时情形下,应先注重这四条主要道路,待将来视事实上之需要,可自此四条干线上添修支线。在未来之工业区中、矿业区中、农牧区中都有成立新都市之可能,当然,新的交通路线也必能另开捷径,在现在说起来还有点过早,只等候将来的客观需要。

最后我还要略略的谈到交通工具问题,因为陆路交通不能只有道路便算是完备,必需有充足之交通工具才能发挥其效用。陆路的交通工具不外是车辆问题,在这问题内还包括着汽车问题、汽油问题、马车问题、马骡问题等,我以为最简单的设备应该如后面所述:

(A)设立汽车机械引擎制造厂,以便国人自己制造交通工具之用。设厂地点应择交通便利并接近矿区之地。我以为在陕西南部、甘肃东部、新疆之南部和北部都应该设立工厂,厂址可选择适宜之地点,厂数可以国家之需要而定。

(B)设立汽油或其他流体燃料提炼工厂,以便制造汽车液体燃料之用。按汽油为汽车之原动力,其重要自不待言,最近因抗战需要,更有以其他流体燃料代替汽油者,共有二种:一种为提炼最纯之酒精,此法已见诸实用;另一种方法为自植物油中提炼代汽油。此法国人已试验成功,设厂提炼,倘能广为设厂,既可解决内燃机燃料问题,复可杜绝漏卮。余意设厂地点,应择酒之产地与油产地,且近交通干线者为宜。西北各省皆产酒,陕西、甘肃与新疆皆有广大之植物油区,且陕省延长、甘肃玉门一带更有广大之石油区,制造自不成问题,应该在各该省之适当地点设立若干之提炼工厂。

(C)木材问题:按载重汽车车皮需要木材,而新式胶皮轮之载重车与马车,更皆非木材不为功。在现时汽车生产不易,故对于马车之制造,仍为刻不容缓之事,普通马车之生产费与运费皆不甚昂,在此抗战建国期中,仍有推广之必要。西北之森林尚为丰富。在陕西、甘肃、青海、新疆四省山地中,仍有大块面积之自然林,应在四省之适当地点,设立伐木公司与造车公司,采取轮伐或择伐,取适用之木材以供造车之用。如甘青二省之森林仍有原始外貌,在彼处倘加以利用,甚为便利,而且合算。西北地域广大,道路纵横,车辆需要甚多,故造车亦为应加注意之事。

(D)驮兽问题:西北交通,因需要马车之行驶,而驮兽便为必需之要件。况且在山岭之地,沙漠之区,没有大道,缺乏车辆,更需要驮兽以为交通工具。普通驮兽不外马、牛、骡、驴、骆驼五种,牛行过慢,驴负载过少,不宜用作交通工具,唯青海之犁牛尚可应用,普通最好之驮兽首推马和骡,二者皆步行迅速,能耐劳苦,用以挽车载货皆甚适宜。故应在适当地点设立种马场和种骡场,选择良好品种以备应用。骆驼虽行走不如骡马迅速,然能载重耐劳,在沙漠中尤属必需,所以也应加以推广。

关于西北之陆路交通,因为材料缺乏,这篇短文所忽略的地方仍然很多,读此文者,希有以教之。

原载《西北论衡》1940 年第 8 卷第 14、15 合期暨第 16 期

后 记

抗战时期大后方经济的开发,虽然是在战争环境下迫不得已的行为,但对中国抗战和中国历史却产生了巨大作用和影响:一方面,中国抗战依托大后方的开发特别是经济开发,支撑了八年之久的抗日战争,为最终赢得抗日战争的胜利作出了巨大贡献;另一方面,因抗战而带来的西南西北大后方的经济开发,又缩小了东西部之间的发展差异,促进了整个中国历史的发展与进步,并为西南西北地区历史的进一步发展,奠定了坚实的基础。正因为如此,所以有关抗战时期大后方经济开发的研究,一直是学术界研究的热点和重点。作为拥有40余万卷抗战历史档案的重庆市档案馆,也十分重视此课题的研究,并于20世纪80年代中后期成立专门的课题组,在编辑出版有关抗战档案史料汇编的同时,还先后撰写并公开出版、发表了《抗日战争时期西南经济发展概述》、《抗战时期大后方经济史研究》、《抗战时期重庆的兵器工业》、《抗战时期国民党政府开发西南的历史考评》、《迁渝工矿企业在战时后方工业经济中的地位和作用》、《抗战期间西南后方冶金工业简述》、《抗战时期后方兵器工业的发展变化》、《抗战时期大后方的兵器工业》、《国府迁渝与西南开发》等学术专著与论文,并围绕研究收集了大量的档案文献史料。

为借鉴抗战时期大后方经济开发的经验教训,深化抗战时期中国抗战大后方的研究,让有限的史料为更多的专家学者服务,我们从2008年起,决定编辑《抗战时期大后方经济开发文献资料选编》一书,并于数千万字的档案资料中精选了抗战时期有关专家学者、政府官员关于大后方经济开发理论与实践结果的文章90余篇,作为《中国抗战大后方历史文化丛书》之一,公开出版。

本书由唐润明负责策划、选材与编辑工作,胡懿、罗永华、高阳等同志负责录入与校核工作,吕菊芬、李军同志在资料提供上给予了相当便利。在此,谨向为此书编辑及出版付出辛勤劳动的所有同志,表示衷心感谢!

编　者

2012年2月